Vital Statistics From
19ᵀᴴ Century Tennessee
Church Records

Volume I

Vital Statistics from

19th CENTURY TENNESSEE CHURCH RECORDS

VOL. I

transcribed and indexed by
Byron and Barbara Sistler

Nashville, Tennessee
1979

Vital Statistics from
19th Century Tennessee Church Records,
Volume I

Originally Published
Nashville, Tennessee, 1979

© Copyright 1979 by
Byron Sistler and Associates, Inc.

Reprinted for
Byron Sistler and Associates, Inc. by:

Janaway Publishing, Inc.
2412 Nicklaus Dr.
Santa Maria, California 93455
(805) 925-1038
www.JanawayPublishing.com

2007

ISBN 10: 1-59641-121-X
ISBN 13: 978-1-59641-121-0

Made in the United States of America

INTRODUCTION

This is the first of a projected three-volume series on early Tennessee church records. Births, baptisms, marriages, deaths and burials from 49 churches and/or church associations in 34 Tennessee counties are set forth in alphabetical order. Included are names and dates from membership lists. Altogether about 25,000 entries are in this volume.

Most of the information contained here is self-explanatory. Where a date is shown without notation it means the individual's name was on a membership list for the church from which the record was extracted. Other dates are explained with b. (born), bapt (bapt), m. (married), d. (died), etc.

The two or three digit number in parentheses at the end of an entry refers to the microfilm reel number for the record containing the information. A key to these reels can be found on the inside front cover.

With rare exceptions, all entries apply to the period before 1900, though we did include many deaths through 1913 (last year before death certificates were required by statute in Tennessee).

You will find duplications with conflicting information, and we have no way of knowing the meaning of some of this nor of some apparently extraneous information, such as names and places inserted without explanation. Generally we have copied such information as is, assuming some of it could be of help to the researcher in specific instances.

Note that not all data about any individual which was on the original record is included in the book (though in most cases anything of genealogical value has been set forth here). The reel numbers correspond with the accession numbers used by the Tennessee State Library and Archives, Nashville, TN 37219.

A more detailed description of the records is contained in the book Guide to the Microfilm Holdings of the Manuscripts Section, Tennessee State Library and Archives, either the 1975 or 1978 edition. If still in print, it can be purchased from that institution for a modest price.

Most of the microfilm reels cited in this book may be obtained under inter-library loan from the Manuscript Section of the Tennessee State Library and Archives. Check with your local library for the procedure.

We are indebted to the staff of the Manuscripts Section of the State Library and Archives, to its director Jean Brown Waggener, and to the inter-library loan director, Martha Adams, for simplifying our access to these records. The project would have been impossible without their cooperation.

It should be fully understood that we, the compilers, take complete responsibility for the preparation and publishing of this book.

                                                  Byron Sistler
                                                  Barbara Sistler

                                                  Nashville, TN
                                                  March, 1979

RECORDS INCLUDED IN VOL. I, 19th CENTURY TENNESSEE CHURCH RECORDS

21. Wayne Co. Cumberland Presbyterian. 1838-1920
22. Williamson Co. (Franklin). St. Paul's Episcopal. 1827-1954
23. Statewide. Lutheran Synods of Tennessee & North Carolina. 1813-1828 (almost no useful information on this reel)
24. Marshall Co. Bethbirei Presbyterian. 1827-1910
43. Williamson Co. (Boston). Church of Christ. 1855-1888
47. Davidson Co. (Nashville). Christ Episcopal. 1829-1958
48. Washington Co. Boone's Creek Church of Christ. 1834-1892
65. Davidson Co. (Nashville). West End Methodist. 1873-1959
90. Williamson Co. Wilson Creek Primitive Baptist. 1804-1945
120. Davidson Co. (Nashville). St. Ann's Episcopal. 1858-1962
128. Stewart Co. Indian Mound Methodist. 1842-1962; also
     Montgomery Co. Hopewell Methodist. 1842-1962
131. Williamson Co. (Peytonsville). Cool Springs Primitive Baptist. 1829-1934
162. Jefferson Co. Westminster & St. Paul's Presbyterian. 1804, 1819-1877
164. Dickson Co. Turnbull Primitive Baptist. 1806-1935
166. Carter Co. Siam Valley Primitive Baptist. 1891-1963
170. Rutherford Co. Rock Spring Church of Christ. 1835-1860
176. West Tennessee (Carroll, Dyer, Gibson, Obion and Weakley Cos.). Hopewell Presbytery of Cumberland Presbyterian. 1824-1892
177. Jefferson Co. White Pine Presbyterian. 1873-1901
205. Cocke Co. Slate Creek Baptist. 1812-1876
215. Macon Co. Hillsdale Baptist. 1831-1928
216. Smith Co. Peyton's Creek Baptist. 1834-1953
220. Roane Co. (Kingston). Shiloh Primitive Baptist. 1821-1953
225. Fayette Co. (Somerville). St. Thomas Episcopal. 1872-1916; also
     Fayette Co. (Macon). Mt. Pleasant Cumberland Presbyterian. 1847-1935
257. Sumner Co. (Gallatin). First Presbyterian & Shiloh Presbyterian. 1793-1968
259. Warren Co. (McMinnville). Liberty Cumberland Presbyterian. 1831-1912; also
     Warren Co. Friendship Baptist. 1831-1912
264. Roane Co. (Kingston). Bethel Presbyterian. 1818-1968
270. Jackson Co. Spring Creek Baptist. 1845-1968
271. White Co. (Sparta). First Methodist. 1825-1962
275. Meigs Co. Shiloh Missionary Baptist. 1840-1895
280. Henry Co. (Cottage Grove). Walnut Fork Primitive Baptist. 1821-1960
281. Henry Co. Blood River Church of Christ. 1867-1885
289. Davidson Co. (Nashville). Church of the Advent (Episcopal). 1857-1959
318. Hamilton Co. (Chattanooga). First Presbyterian. 1840-1968
322. Lincoln Co. Buckeye Primitive Baptist. 1871-1969
327. East Tennessee (Washington & Sullivan Cos.). Baptist Churches. 1845-1927
329. Wilson Co. Little Cedar Lick Baptist. 1815-1881
330. Lincoln Co. Boiling Fork Baptist. 1808-1861
331. Lincoln Co. (Fayetteville). Mt. Moriah Primitive Baptist. 1833-1904
334. Giles Co. (Lynnville). Roberson Fork Church of Christ. 1830-1868
335. Lincoln Co. Mt. Olivet Primitive Baptist. 1826-1963
338. Knox Co. (Knoxville). First Presbyterian. 1816-1941
341. Lincoln Co. (Concord). Baptist Church of Christ. 1808-1941; also
     Lincoln Co. (Fayetteville). Elk River Assoc. of Primitive Baptists. 1808-1941
345. Marshall Co. (Chapel Hill). Pleasant Grove Cumberland Presbyterian. 1840-1899
347. Maury Co. (McCains). Cumberland Presbyterian. 1848-1954

NOTE: Dates shown above are those actually covered by the records. Statistics we extracted were only through 1900, except death records where the cutoff date was 1913. The numbers in left margin correspond with those used by the Tennessee State Archives to identify the various microfilm reels.

Byron Sistler & Associates/1712 Natchez Trace/Nashville, TN 37212

AANDERSON, Wm. 1878 (43)
ABBOT, Cecelia adult bapt Jan 16, 1859 (289)
    Mary Comford (father Geo. E.) adult bapt.
        May 23, 1858 (289)
ABBOTT, Mrs. A. B. (wife of E. A.) 1889 (318)
    Charles m. Clara E. Davis 28 Nov 1876 (47)
    George B. m. Laura Snowden Jan 24, 1855
        (47)
    Laura E. buried 16 Oct 1873 (47)
    Laura E. d. Oct 16, 1873, age 38 (289)
ABBY, Jennings 1812 (330)
ABERNATHEY, Luezer 1850 (334)
ABERNATHY, Mrs. Burwell 1895, d. Apr 1902 (318)
    Enes 1833 (259)
    Miss Fannie 1895, d. 1890 (sic) (318)
    Matilda (or Nance) 1836 (334)
ABLE, Buela (nee Smith) 1892 (271)
    Della 1893 (271)
ABLES, J. E. 1886 (43)
    Jimmie 1883 (341)
ABRAHAM, Robert 1822, 1883 to Curnavon, Wales
    (318)
ABRAM, Maury 1876, d. Jul 4, 1877 (22)
ACAND, G. 1848 (220)
ACHARD, Sarah, mother of Clarissa bapt 1823
    (264)
ACHES?, Obadiah 1832 (335)
ACHLEY, James 1887 (275)
ACHOLS, Moses 1827 (335)
ACORD, Calvin 1845 (220)
ADAE, Otto M. 1884 (264)
ADAIR, Ann 1887 (131)
    J. R. 1887 (131)
    John 1822, 1817 (338)
    John d. Feb 24, 1827, age 95 (from Knox-
        ville Register Mar 28, 1827) (338)
    John d. Apr 1827 (338)
    John R. 1888 (131)
    M. N. (f) 1887 (131)
    Mary A. 1887 (131)
    Mary S. 1887 (131)
    V. P. 1893 (259)
    W. L. 1887 (131)
    Wm. 1893 (259)
ADAMS, A. B. 1876 (176)
    Ada m. Henry V. A. McCrea Nov 18, 1865
        (47)
    Allen 1862? (215)
    Ann 1849 (259)
    Arthur Andrew m. Carrie Belle Walton
        Apr 29, 1890 (289)
    Carrie Spencer d. Nov 11, 1895, age 38
        (289)
    Catherine 1849 (259)
    Chas. m. Fannie Holmes Oct 7, 1895 (318)
    Danl. W. m. Ann M. Bullus Sep 26, 1844
        (47)
    Early W. 1896 (318)

ADAMS, Elisabeth 1862? (215)
    Eliza 1860 (43)
    Eliza 1853, 1858, 1887 (215)
    Elizabeth 1855, 1858 (43)
    Elizabeth 1884 (164)
    Elizabith 1847 (215)
    Emma E. m. J. H. Gardner Dec 27, 1893 (318)
    F. L. m. Maud C. McLoud Dec 19, 1894 (318)
    Hiram 1843 (90)
    Elder James 1884 (215)
    James & Eliza parents of James b. Apr 14,
        1849 (289)
    Maggie m. William Doak Feb 15, 1870 (257)
    Marian M. 1887 (215)
    Marie L. m. C. M. Wellons Aug 22, 1894
        (318)
    Martha 1842, 1848 (215)
    Mollie 1889 (215)
    Nancy 1848, 1862? (215)
    Nathaniel 1862? (215)
    Patsy 1862? (215)
    Pauline m. George R. Dismukes May 19, 1870
        (257)
    Peggy 1826 (264)
    Rizee 1855 (43)
    Robert, Elder 1811 (24)
    Robert 1849 (259)
    Robert M. 1890 (215)
    Sam Benson & Ellen parents of Ethel May b.
        Jul 30, 1889 (289)
    Sue d. Feb 2, 1905, age 12 (289)
    Wm. & Eunice parents of Marion b. Oct 8,
        1859 (289)
ADCOCK, Martha 1890 (271)
    Sarah 1883 (164)
    Sally? C. 1866 (164)
ADCOX, Sarah 1866 (164)
ADEN, Sarah 1806 (164)
    Simon V. 1806 (164)
ADKISSON, William adult bapt Nov 19, 1852 (338)
ADKINSON, John G. d. Nov 28, 1884 (347)
    W. Y. d. Apr 6, 1877 (347)
ADKISON, Margrat m. J. P. Gilmer 1855 (347)
ADKISSON, Absalom 1848 (347)
    Cora d. Aug 1901 (347)
    Gracy 1848 (347)
    Henrietta m. Jeremiah Gilmer Jan 1849 (347)
    James H. 1848 (347)
    John m. Sarah T. Wilson 1860 (347)
    John G. d. Nov 26, 1886 (347)
    M. J. 1857 (338)
    Margaret 1848 (347)
    Reese P. infant bapt Oct 1848 (347)
    Sarah E. 1848 (347)
    Thomas Y. 1848 (347)
    W. 1852 (338)
    William 1857 (338)
    Wm. B. m. Mary J. Hoffer Jan 8, 1850 (338)

ADKSON, Joseph G. 1848 (347)
ADLER, Isadore (Jew) m. Nettie Hyman (Jewess) Jan 1, 1893 (338)
AEBLI, Marie m. Samuel B. Dow Feb 10, 1885 (338)
    Mary m. Saml. Dow, admitted to church Jun 1883 (338)
AELEXANDER, Julia 1868, wife of D. J. A. (281)
AGALHIN?, Frank d. 1913, age 55 (120)
AGEE, Amanda T. 1888 (90)
    Frank 1887 (90)
    George M. adult bapt 1867 (318)
    H. F. 1888 (90)
    Manerva 1888 (90)
AHART, George 1821 (220)
    H. (f) 1848 (220)
AHEARTS, Anna 1841 (220)
AIHART, Adam 1821 (220)
    Mitchel 1821 (220)
AIMSON, William d. Feb 28, 1904, age 67 (289)
AKEROYD, H. M. father of Isabella Warren bapt Nov 28, 1860 (289)
AKEROYED, Harry M. & Isabella parents of Fanny Louisa b. Aug 17, 1858 (289)
AKERS, Peter B. d. Apr 3, 1906 (Confed, aged 65) (338)
AKINS, Amy 1818 (164)
    William 1818 (164)
ALBERS, A. J. m. Bessie McClung May 12, 1891 (338)
    Geo. W. (Federal) d. Mar 23, 1903, age 57? (338)
ALBRIGHT, W. L. m. T. H. Dreher (f) Apr 3, 1888 (318)
ALDERSON, Alvarilla L. buried Sep 8, 1841 (47)
    Josephine m. Jonas M. Kleiser Aug 23, 1859 (47)
    Miss Josephine 1854 (257)
    Thomas & Rebecca C. parents of Alvarella Leighton b. 18 Aug 1840 (47)
ALDEUM, Thomas buried Feb 2, 1856, age 56 (47)
ALDRIDGE, James 1857 (43)
    James & Jane 1860 (43)
    Jane 1864 (43)
    Nancy 1860 (43)
    William & Elizabeth 1860 (43)
ALEN, A. M. 1877 (270)
    Fidda 1877 (270)
    Jane 1881 (270)
    Magret 1877 (270)
    Miliam 1877 (270)
ALEXANDER, Addison (son of Dr. Thomas) bapt 1827 (162)
    Bettie m. Walter Guild May 20, 1869 (257)
    C. G. 1848 (338)
    Cyntha ca. 1848 (225)
    D. C. 1887 (318)
    Prof. Eben. d. Mar 11, 1910, aged 59 (338)
    Eliza (dau of James) bapt 1820 (162)

ALEXANDER, Elizabeth 1871 (257)
    Fannie P. m. W. T. Newman (from Atlanta GA) Sep 20, 1871 (338)
    Francis 1879 (322)
    Mrs. Geo. d. Jul 10, 1882 (Methodist) (318)
    J. S. 1870, 1876 (176)
    J. T. d. Oct 12, 1887 (318)
    J. W. 1877, 1892 (318)
    James 1823 (162)
    James & wife Rebecca 1820 (162)
    Mrs. Jane 1865 (331)
    Jane 1883 (331)
    John 1878 (281)
    Jno. B. to Charlotte NC in 1890 (338)
    John M. 1857, ca. 1848 (225)
    M. M. (M.D.) m. Lucy Hunter Dec 13, 1871 (338)
    M. T. d. 25 Apr 1856 (225)
    Margaret E. 1855 (318)
    Margaret M. 1851 (318)
    Mrs. Margaret McClung (wife of Judge Eben Alexander) d. Jul 27, 1864 (338)
    Mrs. Mary d. Jan 25, 1860 in the 69th year of her age (225)
    Mary H. d. Sep 11, 1867 (318)
    Mary Hill m. Alexander Allison (from Huntsville AL) Nov 1, 1866 (338)
    Nancy R. 1849
    Nicholas B. m. Frances Rollings Oct 30, 1895 (338)
    R. A. 1879 (wife of John) (281)
    Rebecca 1823 (162)
    Richard 1876, d. 26 Jul 1876 (257)
    Richard m. Anna R. Brycon Dec 22, 1870 (257)
    Mrs. S. H. d. Feb 23, 1892, 80 yrs (318)
    S. S. 1881, d. Jun 12, 1881 (322)
    Samuel C. 1860 (162)
    Samuel H. d. Nov 29, 1843 (338)
    Sarah adult bapt Mar 21, 1875 (289)
    Sarah d. Jan 30, 1888, age 79 (289)
    Susan L.? 1857, 1881 (345)
    Theo. d. Sep 21, 1866 (318)
    Thomas King (son of James) bapt 1823 (162)
    W. W. 1848 (338)
ALEY, Henrietta Coleman infant bapt 1826 (22)
ALFORD, Rd. Blunt & Susan parents of Robert Washington b. Dec 14, 1835 (47)
    Nancy Pirce 1865 (275)
    Richard 1816 (178)
ALFUM, Alf (Norwegian) d. Dec 17, 1903 (318)
ALISON, Robt. V. buried May 14, 1866, age 21 (47)
ALKER, F. W. m. Belle M. Lee Feb 26, 1887 (318)
ALLAN, Mrs. Ella Middleton (from NY) d. Jun 3, 1897 (318)
ALLBRITE, Catharine 1871 (21)
ALLBRITTEN, Joseph V. ca. 1884 (281)
    M. R. (f) 1884 (281)

ALLBRITTEN, Mattie R. (see Mattie R. Wilson) (281)
ALLEN, A. M. 1881 (270)
    Alice M. 1867 (257)
    Miss Alice M. 1861 (257)
    Agnes 1839 (90)
    Amanda 1833 (259)
    Anna H. adult bapt Nov 24, 1872 (289)
    Arty 1890 (275)
    B. F. & Lou M. parents of Valeria Eliza & Franklin Campbell bapt 1866 (257)
    B. F. & Louise M. parents of Frank C. bapt 1866 (257)
    Bethel 1845, 1877 (270)
    Mrs. Celia d. Mar 21, 1905, aged 77, mother of Jno. M. Allen (338)
    Mrs. Celia H. d. Mar 21, 1905, age 77 (338)
    Charles 1845 (270)
    Chas. L. m. Sarah J. Lyon Jan 24, 1864 (47)
    Delila 1850 (334)
    Mrs. E. C. (taken to Marietta GA) d. Dec 19, 1896 (318)
    Elijah G. & Maria Polk parents of Robert Bolivar b. May 7, 1884 at Gallatin (289)
    Elizabeth 1848, 1850 (334)
    Elzbeth 1881 (270)
    Miss Fannie Y. 1884, m. Dr. Hayme Jan? 1883 (257)
    Frances Catherine m. James Jackson Aug 18, 1856 (47)
    George W. 1845 (259)
    H. E. 1897 (215)
    Hellen 1850 (334)
    Ida 1890 (275)
    Mrs. Ivie 1885 (128)
    J. A. d. Jan 31, 1906 (318)
    J. F. 1871 (176)
    J. H. 1845 (270)
    J. M. & J. K. parents of Cecelia b. Jan 16, 1892 (338)
    J. M. & Bella parents of John Mebane b. Mar 24, 1886 (338)
    James Calvin & Anna H. parents of James Richard b. Jul 3, 1861, Sol Calhoun b. Feb 10, 1864, Maude Eunice b. Mar 24, 1867 & Eleanora Fannie b. Jul 21, 1872 (289)
    Jasper 1848, to TX 1849 (334)
    John & Hattie parents of William Hobra (9 yrs old) bapt Nov 1, 1874 (289)
    Jno. & Isabella B. parents of Samuel Boyd b. May 28, 1883 (338)
    John K.? 1881 (270)
    John M. 1861, 1865 (257)
    Jno. M. & Bella parents of Richard Kendall b. Jun 7, 1899 (338)
    John M. (from AR) m. Bell K. Boyd Oct 6, 1881 (338)
    Jno. M. & Belle parents of Cynthia b. Oct 7, 1896 (338)

ALLEN, Jno. M. & Bella parents of Isabel b. Jan 28, 1889 (338)
    L. E. & Van parents of David VanHorn & Margaret Lafasley? Moore bapt 1877 (257)
    L. E. & V____ parents of David VanHorn & Maggie Lassley bapt 1877 (257)
    LaFayette W. & Louisa parents of Martha Catherine b. Jun 20, 1848 and Sarah Elizabeth b. Jun 21, 1849 (289)
    LaFayette W. & Louisa J. parents of Mary Ann b. Mar 4, 1851 (289)
    Leven C. m. Kate McKee 26 Feb 1874 (47)
    Lidda 1881 (270)
    Louisa & Frank parents of Louisa Trousdale bapt 1870 (257)
    Louisa M. 1866 (257)
    Mrs. Louisa 1861 (257)
    Louisa Trousdale 1886 (257)
    Miss Lucy Elizebeth 1877 (257)
    M. S. 1881 (270)
    Mandy 1897 (215)
    Mary 1818 (164)
    Mary d. Jun 1862 (289)
    Mary A. 1887 (215)
    Matha 1877 (270)
    Patsy 1845 (270)
    Rebecca 1877, 1845 (270)
    Richard bapt Jul 25, 1890 (289)
    Roley 1890 (275)
    Mrs.? Sarah J. d. Feb 6, 1908, aged 72 (338)
    Mrs. Sibyl Eleanor bapt Nov 4, 1882 (289)
    Sopha 1856, 1866 (220)
    T. A. 1875 (176)
    Thomas H. 1848, 1850 (334)
    Miss Valle 1875 (257)
    Van & L. E. parents of Lucy bapt 1882 (257)
    Miss Virginia D. 1876, d. Aug 13, 1887, m. T. Bridges 1880 (257)
    W. T. d. May 1909, age 58 (120)
    Dr. W. T. 1884 (257)
    W. Y. 1884 (257)
    William 1881 (270)
    Wm. m. Minnie Kitzmiller Jul 22, 1891 (318)
    William A. m. Annie E. Simmons Apr 4, 1888 (289)
    Wm. A. & Annie S. parents of Mary Graham b. Mar 14, 1892 (289)
    Wm. A. & Annie E. parents of Margueretta Eugenia b. Feb 19, 1889 (289)
    Wm. Argyle & Annie E. parents of Annie Louise b. Jul 29, 1890 (289)
    Wm. M. m. Mary H. Millard Jun 20, 1893 (318)
    Mrs., d. Apr 6, 1905 (510 Market St) (318)
ALLEY, Andrew & Aldwildw? parents of Forest Morgan b. Aug 9, 1862 (289)
    Mary J. m. W. W. Robbins Jul 5, 1892 (318)
    William m. Sarah Ann Woodhead Mar 5, 1850 (47)

ALLHANDS, Edgar 1899 (318)
    Harry H. 1898, d. 1 Jun 1917 (318)
ALLIN, Anna 1813 (164)
    Marah 1806 (164)
ALLISON, Aleck & A. parents of Mary b. Mar 23, 1879 (338)
    Alex. & A. parents of Patty Boothe b. Mar 17, 1881 and Elizabeth b. Aug 23, 1883 (338)
    Alexr. & Ida parents of Alexr. jr. b. Dec 30, 1876 (338)
    Alexander (from Huntsville, AL) m. Mary Hill Alexander Nov 1, 1866 (338)
    Anderson 1876 (259)
    Benj. F. adult bapt 1873 (318)
    J. W. 1897 (259)
    James 1841, 1869 (259)
    James A. 1876 (259)
    James F. ordained Aug 1882 (259)
    James M. 1866, d. 1888 (318)
    John d. Dec 18, 1852 (259)
    John 1841, 1876 (259)
    Joseph W. m. Mannie POrter 12 Jun 1872 (47)
    Mrs. Lelia J. to Franklin NC in 1900 (338)
    Mary m. E. V. Shuffield Feb 9, 1884 (345)
    Mary E. (see Mary E. Wilson) (345)
    Mary J. 1862 (318)
    Rachael 1851 (259)
    Wm. 1824 (90)
    _____ m. Mary E. Wilson Sep 26, 1882 (345)
ALLOWAY, Bettie 1878 (329)
    Emma 1878 (329)
    Dr. buried Sep 14, 1846 (47)
ALLWOOD, Anna 1833 (331)
    Lamar 1833 (331)
    Nancy 1833 (331)
ALMANROAD, Laura A. 1882 (327)
ALMAROAD, David 1882 (327)
ALSIP, C. L. 1874 (218)
ALSOBROOK, Vivian m. Harry N. Wilson Jan 19, 1898 (318)
ALSTED, Hans Peter & Lizzie parents of Ellen Margaret b. Dec 15, 1872 (289)
ALSTON, J. 1835 (90)
    Philip bapt May 13, 1860 (289)
AMBROSE, Albert Stephen d. Jun 1902, age 42 (120)
    Elijah d. 1913, age 56 (120)
    M. M. (f) 1879 (220)
    Mary M. 1866, 1871 (220)
    Susan 1856 (220)
AMES, Sarah E. 1848, 1860 (347)
AMIS, Elmira d. Mar 11, 1869 (318)
    James 1848 (334)
    Mary d. Mar 9, 1869 (318)
    Mrs. Mary d. Feb 20, 1868 (318)
    Sarah E. m. David Scott 1859 (347)

AMOS, W. T. father of Etruria Carolina bapt Mar 24, 1887 (289)
AMUS, Dorinda m. D. P.? Maxwell Sep 1852 (347)
ANDERS, Bolen 1884 (43)
    J. B. 1855, 1870 (43)
    Virginia (see Virginia Norment) (318)
ANDERSON, A. 1827 (162)
    A. 1842 (338)
    A. A. 1841 (338)
    A. W. 1868 (271)
    Addie (see Clara Anders) (289)
    Adelia V. 1857 (338)
    Adna & Juliet parents of Sallis bapt Jun 19, 1858 (289)
    Adna & Juliet parents of Van Wyke bapt Oct 30, 1859 (289)
    Alexander 1832, Elder (162)
    Alexander 1826 (162)
    Alexander 1857 (338)
    Alexander VonAlbade b. 7 Apr 1833 (son of Alexander) (162)
    Alice, John & Audley infants bapt 1867 (318)
    Alpheus 1881 (270)
    Alvin 1881 (270)
    Amos 1874, d. Jul 27, 1875 (322)
    Andrew Lewis b. ca. 1830 (son of Ann M.) (162)
    Ann 1881 (270)
    Ann M. 1832 (162)
    Ariella 1848 (329)
    Arminda 1877 (270)
    C. B. 1873 (329)
    C. C. (see Miss Julia Leach)
    C. C. & S. J. parents of John Lewis b. Oct 2, 1890 (338)
    C. C. & S. J. parents of William Rawls b. Jun 30, 1893 (338)
    C. C. d. Nov 20, 1902 (Chattanooga) (338)
    C. C. d. Nov 21, 1902 (318)
    Caladonia 1865 (329)
    Caledonia 1848 (329)
    Charles C. m. Sarah J. Davis Apr 11, 1889 (338)
    Chas. C. m. Mary M. Bachman Oct 9, 1888 (318)
    Chas. C. 1888, d. 20 Nov 1902 (318)
    Clara mother of Addie adult bapt Nov 10, 1888 (289)
    Clarance L. 1882 (345)
    D. D. & F. D. parents of Franklin Deaderick b. Jan 11, 1876 (338)
    D. Richard d. Feb 16, 1894, age 24 (289)
    David 1857 (338)
    David B. m. Laura Moore Sep 5, 1871 (257)
    Dorinda K. 1845 (270)
    D(r)ewsian B. 1877 (270)
    Eliza 1826 (162)

ANDERSON, Eliza 1857 (338)
- Eliza 1872 (329)
- Eliza Lewis bapt 1835 (dau of P. B. & Ann) (162)
- Eliza R. 1841, 1842 (338)
- Elizabeth 1848, 1860, 1866 (329)
- Elizabeth 1810 (24)
- Elizabeth 1836 (334)
- Elizabeth 1877 (270)
- Elizabeth 1840, d. 1889 (318)
- Mrs. Elizabeth R. ca. 1836 (338)
- Elizabeth S. 1881 (270)
- Elvira E. 1877, 1881, d. 1893 (270)
- Elvirer E. 1845 (270)
- Emily 1836 (334)
- Ester Ann 1877 (270)
- F. V. 1848 (338)
- Fannie V. m. Geo. A. McNutt Nov 11, 1891 (338)
- Faunie (1 yr old) bapt Sep 28, 1884 (289)
- Frances 1881 (270)
- Frances F. m. Thos. B. McMillan of Camden AL, Jan 15, 1852 (338)
- Gen. A. ca. 1836 (338)
- George m. Jeanette Boyer Mar 8, 1887 (318)
- George _____ 1845 (270)
- George Washington bapt 1835 (son of P. B. & Ann) (162)
- George W. 1877 (270)
- Geraldine d. Oct 15, 1886 (338)
- Geraldine 1843, 1857 (338)
- Miss Geraldine d. Aug 16, 1910, age 85 (338)
- Gray 1848 (329)
- Hannah 1827 (162)
- Hannah B. 1825 (162)
- Harriet 1845 (270)
- Hiram 1836 (334)
- J. C. m. Fannie J. Woodruff Mar 27, 1879 (318)
- J. C. 1877 (318)
- J. M. 1879 (120)
- James E. 1877, 1881 (270)
- Jas. H. jr. 1895 (318)
- Jane 1877 (270)
- John jr. 1881 (270)
- Col. Jno. H. & Virginia A. parents of Hardee b. Apr 27, 1868 (289)
- Jno. Lewis d. Aug 20, 1906, age 16 (338)
- John S. 1877, 1881 (270)
- Jonas R. 1877 (270)
- Joseph 1804 (162)
- Joseph Abdala (son of Revd William) bapt 1824 (162)
- Jos. Alexander b. ca. 1830 (son of Ann M.) (162)
- Joseph Deaderick (son of Alex) bapt May 1827 (162)

ANDERSON, L_____ 1845 (270)
- Laura d. Oct 27, 1860 (289)
- Lee 1890 (271)
- Lee P. bapt 1877 (271)
- Lewis? 1877 (270)
- Mrs. Lou 1878, m. Wilburn Morriss (318)
- Lou H. m. W. Morriss Aug 15, 1878 (318)
- Louisa P. 1840 (318)
- Margaret 1843 (338)
- Margaret 1836 (334)
- Margt. F. m. Jacob S. Stuart of Jonesboro Dec 8, 1853 (338)
- Marion d. 3/30/1903 (271)
- Mary 1832 (162)
- Mary m. Geo. Vincent Apr 6, 1881 (318)
- Mrs. Mary Bachman d. Oct 17, 1897 (318)
- Mary H. see Mary H. Owen (162)
- Mary L. member 1862, m. Geo. W. Vinson (318)
- Mat 1894, d. 7-1899 (271)
- Mrs. Matilda 1870 (264-2)
- Mils S. 1880 (son of W. W.) (318)
- N. H. 1881 (270)
- Nancy J. 1865 (329)
- Nancy Jane 1848 (329)
- Nannie (Mrs. Lee) 1890 (271)
- Nettie m. Jack Womble Dec 25, 1895 (318)
- Noah K. 1845, 1877 (270)
- Oren 1865 (329)
- Orin? 1848 (329)
- Ova? 1877, 1881 (270)
- Overton Bee? b. Mar 11, 1848, Carthage? TN to Wm. P. & Mary J., bapt 1898 (47)
- Pierce B. 1832 (162)
- Polly 1831, 1835 (205)
- Robert & Margaret parents of Wm. Henry McGregor bapt Jun 7, 1857 (338)
- Robt. & Margaret parents of Margaret Ann bapt Oct 27, 1860 (338)
- Robt. & Margt. parents of Robert James bapt Dec 4, 1858 (338)
- S. P. & Rachael parents of Laura bapt Oct 26, 1860 as an adult (289)
- S. P. & Rachael parents of Zachery, Caroline & Alice Belle (5 yrs, 8 yrs & b. Aug 30, 1860, respectively) (289)
- S. P. buried 27 Oct 1872, age 65 (47)
- S. P. & Rachael parents of Berry (12 yrs), Yeatman (adult) & Mary L. (adult) (289)
- Mrs. S. R. d. Dec 5, 1890, buried AL (65)
- Sally 1845, 1877 (270)
- Sally H. 1845 (270)
- Miss Sarah 1888, d. 3 Aug 1895 (318)
- Sarah d. Aug 4, 1895 (318)
- Sarah (Black) 1819 (162)
- Sarah C. 1877 (270)
- Thomas 1845, 1877 (270)
- Thomas A. 1827, 1825 (162)

ANDERSON, Thomas H. 1869, 1871 (345)
 Van buried Aug 17, 1864, age 4½ (47)
 Von. A. of Tulahoma m. Jane E. G. Scott Jul 1, 1858 (338)
 Dr. W. L. d. Sep 26, 1911, age 85 (338)
 W. S. 1845 (270)
 W. W. (father of Mils S.) 1880 (318)
 W. W. d. Oct 29, 1886 (318)
 William 1810 (24)
 William G. 1845, 1877 (270)
 William James bapt Nov 8, 1881 (289)
 William S. 1877 (270)
 William W., Elder 1840, d. Oct 29, 1886 (318)
 Wm. W. jr. 1855 (318)
 Dr. 1827 (162)
ANDES, Jas. A. m. Pearl E. Osburn Dec 28, 1898 (338)
ANDRESON, Hannah B. bapt 1825 (162)
ANDRESS, Anna 1833 (331)
ANDREWS, Fred F. m. Nana Grange Nov 17, 1897 (318)
 Col. Garnet? d. May 8, 1903 (318)
 J. A. W. 1836 (334)
 John 1848 (329)
 Margaret m. Faster McFarland Apr 10, 1895 (318)
 Mary E. 1865 (329)
 Polly 1862? (215)
 Rebecca 1848 (329)
 W. C. 1860 (335)
 Wm. 1862? (215)
ANGEL, A. J. 1842 (315)
ANGLAN, Mary 1806? (164)
ANGLE, Andrew J. 1842 (215)
ANGLEN, Mary 1818 (164)
ANGLIN, Eliza 1864 (164)
 J. C. 1862 (164)
 John C. 1862 (164)
 Jonathan 1866, d. 1873 (164)
 Matilda 1862 (164)
 Nancy 1862 (164)
ANKENNY, Lew & Mary parents of Talbot James (7 wks old) bapt Jan 21, 1889 at Dickson (289)
ANKENY, Lew & Mary parents of Phil Warren (6 wks old) bapt Sep 1, 1887 at Dickson (289)
ANKERBOUGH, Jno. m. M. C. Hamblen Apr 19, 1882 (318)
ANNIS, Henry m. Orneal Clinton Jan 18, 1883 (318)
ANSRELL?, Henrietta (5 mos--d. in Augusta) d. May 1, 1897 (318)
ANTHONY, Amzie 1867 (341)
 John J. 1890 (318)
 Miss Mary B. 1891 (318)
APPELBY, Amanda 1827 (24)
 Cathrine 1827 (24)

APPELBY, David 1827 (24)
 John 1827 (24)
APPERSON, Thomas 1836 (334)
APPLE, Henry & Sara Jane parents of Ella May b. 9/20/1869 and George Markley b. Jan 13, 1870 (289)
APPLING, Clard d. Feb 11, 1893 (printer) (318)
ARCH, George m. E. M. Reed Dec 1865 (21)
ARCHER, U. S. m. Viola L. Pfalygraf Feb 5, 1891 (318)
ARENT, Lizzie B. (from Newcomb TN) m. Henry C. McConnell (from Versailles KY) Feb 17, 1885 (338)
ARGO, Mrs. Mollie 1882, d. 1882 (271)
ARMAR, Elizza 1896 (220)
ARMISTEAD, Charles B. d. 1912, age 54 (120)
ARMITAGE, Mrs. Isabella buried Jun 17, 1849, age 51 (47)
ARMOR, Elizza 1883 (220)
ARMSTRONG, Capt. A. father of Mary F. W. inf bapt 1868 (318)
 Capt. A. father of Wm. H., Alice R. & Loula J. bapt 1866 (318)
 A. father of Evreyell infant bapt 1874 (318)
 A. (f) m. D. Palmeter (m) Oct 7, 1874 (318)
 A. E.? parent of James Trooper bapt Oct 14, 1848 (338)
 A. E. parent of Robert Aikin bapt Jun 29, 1845 (age 7 mo 15 da) (338)
 Alfred d. Nov? 27, 1865 (318)
 Amelia mother of Robert Houston & Leonidas Bruce bapt Aug 7, 1829 (338)
 Amelia mother of Marcellus Murat bapt Nov 23, 1832 (338)
 Amelia adult bapt Oct 1828 (338)
 Ann E. 1857 (338)
 Mrs. Ann E. d. Mar 6, 1886 in 70th yr (338)
 Ann E. mother of Frank Wells bapt Mar 30, 1851 (338)
 Ann E. 1842 (338)
 Ann Eliza mother of William Park bapt Jul 9, 1843, age 2 mo 22 da (338)
 Charles to Covington KY in 1888 (338)
 Chas. & E. L. parents of Boynton Lee b. Oct 21, 1874 (338)
 Mrs. E. McG. d. 1891 (338)
 Elizabeth d. Nov 14, 1872 (318)
 Enezell? infant bapt 1874 (318)
 F. L. adult bapt 1870 (318)
 Henry C. adult bapt 1873 (318)
 Imelia? mother of Adelia bapt May 7, 1831 (338)
 J. A. father of John S. infant bapt 1870 (318)
 J. A. father of Joseph B. infant bapt 1871 (318)
 J. A. father of James H. infant bapt 1874 (318)

ARMSTRONG, J. M. d. Mar 1, 1897 (318)
    James A. father of William P. infant bapt 1871 (318)
    James H. d. Dec 1872 (338)
    James L. m. Florence Dixon Jan 23, 1895 (318)
    Miss Jane d. Feb 15, 1867 (318)
    Jemima 1832 (334)
    Jno. M. 1872, d. 28 Feb 1897 (318)
    John T. m. Lelia A. Gleason May 20, 1865 (47)
    John V. m. Sallie E. Stanhoff Jul 18, 1872 (289)
    K. S. (Centenary Church) d. Oct 13, 1904 (318)
    LeRoy m. Mary Jane Riley Feb 13, 1850 (47)
    Mrs. M. A. d. Jul 24, 1891, age 53 (338)
    M. M. 1852 (338)
    M. M. d. Sep 4, 1896 (338)
    Marcellus M. 1857 (338)
    Mrs. Mary d. Mar 17, 1868 (318)
    Mrs. Mattie T. (wife of J. M.) 1872 (318)
    Robt. A. d. May 27, 1897 (338)
    Mrs. Sallie E. d. Dec 29, 1897, age 53 (289)
    Saml. V. m. Katherine J. Lowe Jan 16, 1895 (318)
    Susan 1819 (338)
    Turnley F. 1885, d. 26 Dec 1911 (318)
    Mrs. Wm. mother of Edward B. S. & Charles H. R. inf bapt 1872 (318)
    Wm. H., Alice R. & Loula J. bapt 1866 (infants) (318)
    Dr. Wm. H. m. Susan Miller Lyons (both from Hawkins Co.) Feb 11, 1890 (338)
    Wm. P. d. Jan 5, 1901, age 58 (338)
    Miss Zella 1885 (318)
ARNAL, James 1806? (164)
    Nancy 1806? (164)
    Ruben 1813 (164)
ARNELL, James m. M. F. Riders May 5, 1867 (21)
ARNOLD, Eugene St. Clair m. Elizabeth Caswell Branner Feb 20, 1889 (338)
    James jr. 1818 (164)
    James sr. 1818 (164)
    Nancy 1818 (164)
    Patsy 1820 (264)
    Sarah 1843 (275)
ARNOT, Emilia 1820 (162)
    John 1819, 1820 (162)
    Milly 1819 (162)
ARNOTT, Emila 1826 (162)
ARRINGTON, J. H. 1898 (318)
    Mrs. Nettie W. 1898 (wife of J. H.) (318)
ARTHER, William m. Elisabeth Cockrell 1850 (347)
ARTHUR, Eliza P. b. Jun 14, 1802, d. Jul 26, 1886 (338)
    William L. & Caroline (Weston) parents of Grace Weston b. Nov 23, 1893 (289)

ARTHUS, Miss Nancy Melissa d. Mar 1902, age about 80 (120)
ASA, Mattie W. d. Mar 20, 1861, age 6 mo (289)
    Robert d. Feb 9, 1861 in New Orleans (289)
    Robert m. Mary E. Wildon Nov 30, 1859 (289)
    Robert & Mary parents of Mattie Wheeler (6 mos) bapt Mar 18, 1861 (289)
ASBY, Ella 1883 (331)
ASCEW?, Malinda 1848 (329)
ASHBURY, Sophia M. bapt 1884 (318)
ASHBY, Ada 1883 (331)
    E. A. 1846 (341)
    E. W. 1883 (341)
    Hallifax 1846 (341)
    J. N. & Carrie ca. 1883 (341)
    J. R. 1846 (341)
    J. R. (Tobe) 1883 (341)
    Marth Ann 1846 (341)
    Nancy 1883, 1865 (331)
    Nannie 1883 (331)
    Newton 1883, 1848, 1865 (331)
    Rachal 1883, d. Jul 1890 (341)
    Rachel 1846 (341)
    Rachel d. Jul 1890 (341)
    Rebecca 1865 (331)
    Sallie 1865, 1883 (331)
    Sarah m. William E. West Mar 28, 1855 (47)
    T. D. & N. F. 1885 (Aunt Nannie & Uncle Travis) (341)
    Tennessee 1883 (331)
    Tennissee 1865 (331)
    Travis 1865, 1883 (331)
    Viney 1846, d. ca. 28 Sep 1873 (341)
    W. 1846 (341)
    William 1865 (331)
    Wilson J. 1889 (341)
ASHE, Mrs. Isabella 1874 (removed to Haywood Co. TN Sep 29, 1874) (225)
    Mrs. Isabella 1872 (225)
ASHFORD, J. M. d. 1913 (347)
ASHLEY, Nancy 1848 (331)
    Rachel 1833, 1848 (331)
    Rebecca 1833, 1848 (331)
    Samuel 1833, 1848 (331)
    Travis 1833, 1848 (331)
    W. C. d. Mar 9, 1904 (318)
ASHLIN, Mrs. Margaret d. 25 Jun 1851 (225)
ASHLY, Samuel 1843 (335)
ASHMORE, Wm. & J. parents of William Munroe b. Nov 18, 1886 (338)
    Wm. & Jenny parents of Hornor Henderson b. Sep 25, 1884 (338)
    Wm. M. m. M. Va. Hornor Nov 29, 1883 (338)
ASHTON, Charles (Giles Foundry) d. Ju- 6, 1878 (318)
ASKEW, Virginia 1871, d. 1879 (257)
    Virginia mother of Eugine L. bapt 1871 (257)

ASKINS, James R. T. of Sumpter AL m. Mary Jane Titlow Jun 2, 1842 (338)
ASTON, Mrs. d. 1873 (318)
ATCHLEY, Benjamin 1880 (275)
    Daniel & wife Emaline 1868 (220)
    Elizabeth 1859 (275)
    J. M. 1887 (275)
    James 1865, 1873, 1856, 1880 (275)
    Jane 1873 (275)
    John 1880 (275)
    Juday ann 1865 (275)
    Lidia 1843 (275)
    Linda 1873 (275)
    Lindia 1887 (275)
    Lyda 1865, d. 1892 (275)
    Malinda 1865, 1880 (275)
    Margret 1880 (275)
    Margret J. 1887 (275)
    Maryan 1873, 1880 (275)
    McComell 1843 (275)
    Nancy 1873, d. Jan 27, 1888 (275)
    Noa 1865 (275)
    Noah 1856 (275)
    Sary 1865 (275)
ATCHLY, Benjamin 1873 (275)
    John 1873 (275)
    Nancy 1865 (275)
    Noah 1873 (275)
    Sarah 1845 (270)
ATKERSON, Jessa 1835 (90)
    Jesse 1822 (90)
ATKIN, Mrs. Mary Iva d. Apr 11, 1901 (dau of J. M. Luttrell) (338)
    Otto (see Mary Iva Luttrell) (338)
ATKINS, Delila see Delila Dogget (334)
    Emarine d. Oct or Nov 1882 (128)
    John L. d. Sep 11, 1885 (reel # omitted)
    Otho m. Mary Iva LUttrell Mar 13, 1899 (338)
    Richard Powell Buchanan 1879 (128)
    Susan D. d. Apr 11, 1884 (128)
ATKINSON, Holland d. Aug 7, 1885, age 56 (289)
    Jessee 1821, 1825 (90)
    Polly 1821 (90)
    R. M. 1887 (318)
    Robert Emmet & Susan Letitia parents of Fannie Williams b. May 23, 1868, and Mary b. Mar 23, 1871 (289)
    Susan Letitia bapt Apr 5, 1874 (adult) (289)
ATLEE, Frank H. m. Eliza Mitchell Moses Oct 20, 1892 (338)
ATNIP, Jonathan & wife 1873 (259)
    Mary A. 1876 (259)
ATTAWAY, Mary R. (wife of D. A.) 1891 (318)
ATWOOD, Susan m. Geo. Courat? Aug 5, 1887 (318)
    Z. T. m. Tillie Newberry Nov 13, 1895 (318)
AULL, A. A. 1883, d. 6 Oct 1908 (318)

AULL, Mrs. Allie Erwin 1898 (wife of C. A.) (318)
    Anita B. (wife of W. C.) 1896 (318)
    Miss Anna A. 1885, m. Vance? Williams? (318)
    Charles d. Dec 13, 1904 (318)
    Chas. A. 1898, d. 10 Dec 1904 (318)
    Miss Dola B. 1886, m. Edward Betts, d. 1929 (318)
    E. M. d. Dec 30, 1898 (318)
    Fred A. 1885 (318)
    Mrs. Fredrica (wife of A. A.) 1880, d. 13 Oct 1906 (318)
    Mrs. Geneve R. 1897 (wife of Geo. W.) (318)
    George M. 1898, d. 29 Dec 1898 (318)
    Miss Nellie d. Jan 29, 1899 (318)
    Miss Sallie M. 1885, d. 20 Dec 1913, m. Edward E. Betts (318)
    Sara M. m. E. E. Betts Apr 23, 1889 (318)
    Wm. C. m. Annette B. Laman Nov 6, 1889 (318)
    William C. 1896 (318)
AULT, A. M. (see Emily Davis) (338)
    Alfred M. m. Emaline J. Davis Dec 2, 1886 (338)
    Mrs. Eliza M. McClung d. Nov 25, 1872 (338)
    Mrs. Emily Davis d. May 18, 1908, aged 72 (338)
    Henry T. & E. M. parents of Frederick Armstead b. Nov 21, 1872 (338)
    Henry T. m. Eliza Morgan McClung Feb 15, 1872 (338)
AUSTIN, Amanda m. George W. Greene Sep 3, 1839 (47)
    Charlie 1877, d. 1895 (318)
    Darthula 1867 (215)
    Edward bapt 1878 (271)
    Elizabeth 1862 (318)
    Elizabeth 1885 (215)
    George 1843 (170)
    James A. 1876, d. Oct 1878 from Yellow Fever (318)
    Josephine m. James A. Wemyss Jun 21, 1899 (257)
    Laura (nee Stimer) bapt 1878 (271)
    Nancey 1843 (170)
    Nancy 1818 (164)
    Pheby 1850 (215)
    Mrs. Ruth A. 1876, d. 1880 (318)
    Susan m. Wm. Jenkins Feb 22, 1880 (318)
AVEY, Benjamin 1848 (334)
AXELSON, Minna m. Frank Cuneo Oct 27, 1884 (318)
AYDELOTT, Mary A. 1848 (347)
    Sarah J. 1848 (347)
    Sarah J. d. 1900 (347)
AYDELOTTE, Nancy A. 1848 (347)
AYDLOTT?, Euphance E. 1848 (347)
AYERS, Aymon 1848 (335)
    B. W. 1844 (335)
    Elizbeth 1877 (43)

AYERS, J. 1874 (43)
BABB, Mrs. E. M. d. 1911, age 79 (120)
BABER, J. O. & Kitty C. parents of Harriet
    Winters b. Dec 24, 1893 (257)
    James & Kitty parents of Milton Allen b.
        May 30, 1895 & Mary Baker b. Mar 8,
        1898 (257)
    Lizzie (wife of William) 1869 (257)
    Lucy 1865, m. E. T. Bush (257)
    Lucy m. Elkanah T. Bush Nov 29, 1865 (257)
    Mrs. Sophia 1861 (257)
    Sophia A. 1865 (257)
    William & Lizzie parents of Lucy Trevillian,
        Sarah, William Henry, Evilina Douglass,
        Charles Elliot & Thomas Anderson, bapt
        1887 (257)
    Wm. & Lizzie parents of Maria Kimble bapt
        1873 (257)
    William & Lizzie parents of Mary Crutcher
        bapt 1871 (257)
    Willie Cantrell 1874, m. Mr. Crockett (257)
BACHE, Dr. Dallas m. Alberta P. McGavock Apr 19,
    1864 (47)
BACHMAN, Annie R. m. Rev. C. R. Hyder Jan 29,
    1889 (318)
    Miss Annie Rhea 1879 (318)
    E. K. 1852 (327)
    Miss Eva D. 1889, m. C. E. Buck (Buek?)
        (318)
    Eva E. (wife & mother) d. Jun 10, 1898
        (318)
    Miss Fannie T. 1877, m. W. L. Magill (318)
    G. M. father of Joseph S. infant bapt 1867
        (318)
    G. M. father of Lelia A. & Maggie E. infant
        bapt 1870 (318)
    G. M. B. father of Lelia A. & Maggie E. in-
        fants bapt 1870 (318)
    Geo. M. d. Jul 17, 1905, 88 yrs (318)
    J. L. & F. parents of Byers McKinney infant
        bapt 1879 (318)
    Rev. J. W. 1873, d. Sep 1924 (318)
    Margaret W. m. Jas. L. Caldwell Jun 20,
        1899 (318)
    Miss Margaret W. 1885, d. 12 Dec 1899, m.
        J. L. Caldwell 6/20/99 (318)
    Mary M. m. Chas. C. Anderson Oct 9, 1888
        (318)
    Miss Mary McK. 1879, d. 15 Oct 1897, m. C.
        C. Anderson 9 Oct 1888 (318)
    N. D. father of Wm. J. infant bapt 1869
        (318)
    N. D. B. father of Wm. J. infant bapt 1869
        (318)
    N. & J. parents? of Mary Powell infant
        bapt 1879 (318)
    Nathan L. 1889 (318)
BACHMERLE, John (National Cemetery) d. Jan 14,
    1896 (318)

BACK, Randolph m. Rowena Kirby May 28, 1889 (289)
BACKEN, Charles Henry m. Mary Frances Edmundston
    Dec 20, 1848 (47)
BACON, Gray 1893 (220)
    Greg 1888 (220)
    Jane 1860, 1893 (220)
    R. A. 1888 (220)
BADGET, Nannie V. m. Charles N. Martin Dec 22,
    1886 (264-2)
BADOUX, F. buried Aug 6, 1870, age 39 (47)
BAGBY, G. A. 1875 (176)
BAGSBY, J. T. 1887 (131)
BAILEY, Amand 1888 (220)
    Annie 1888, 1893, 1896 (220)
    Annie A. m. Arthur Beets Nov 23, 1898 (338)
    Charles d. Mar 10, 1900 (318)
    Charles bapt 1878 (271)
    D. F. 1888, 1896 (220)
    Drury B. 1872 (215)
    E. C. 1888, 1893, 1896 (220)
    E. S. 1888 (220)
    Eliza 1823 (264)
    Elizabeth 1888, 1893, 1896 (220)
    Frederick m. Mary K. Thornberg 22 Oct 1874
        (47)
    Henery 1822 (90)
    J. F. 1876 (176)
    J. F. 1893 (220)
    Jacob T. d. Jul 6, 1876 (220)
    James Milton m. Nellie Ross Jul 22, 1898
        (338)
    John G. m. Ada O. Bailey Mar 27, 1897 (289)
    Joseph & Ann parents of Lewis Robert b.
        Oct 7, 1855 (289)
    Julia 1855, 1858 (43)
    Laura m. Charles Richards 8 Nov 1887 (47)
    Lilie 1888, 1893 (220)
    Lucy J. m. Ben H. Roberts Jun 17, 1890
        (338)
    Lydia 1883 (331)
    Lydia d. 21 Jan 1887, aged 91 yr 26 da
        (220)
    M. L. 1888, 1893 (220)
    M. S. 1896 (220)
    Maggie 1888 (220)
    Mrs. Mary 1818 (264)
    Mrs. Mary B. d. Feb 1908, age 96 (120)
    Millie (m. Britton) bapt 1877 (271)
    Mollie 1888, 1893, 1896 (220)
    Nannie 1896 (220)
    Sarah 1888, 1893, 1896 (220)
    W. C. 1888, 1893 (220)
BAILY, E. (wife of D.) 1871 (281)
    M. F. bapt 1856 (271)
    M. M. (Don) 1885, d. 1886 (281)
    M. N. 1870 (281)
    Nancy 1835 (90)
    W. C. 1896 (220)
    Mrs. W. M. bapt 1896 (271)

BAILY, William 1821 (220)
    Wm. M. 1896 (271)
    William O. 1870 (215)
BAIN, Alex. (stone cutter) d. Jul 21, 1889 (318)
    Eliza moved Quincey FL May 5, 1888 (257)
    Miss Eliza 1854 (257)
    Rev. J. R. d. Jun 19, 1868 (257)
    Miss Mary L. 1861 (257)
    Mary L. 1866, from Quincey FL Oct 15, 1866
    Sarah E. 1866 (257)
    Mrs. Sarah E. 1861 (257)
    Sarah J. 1867 (257)
    Miss Sarah J. 1861 (257)
BAIRD, James W. 1841 (345)
    John 1863 (164)
    John 1821 (329)
    Martha 1821 (329)
    Peggy 1821 (329)
    Sarah 1821 (329)
    Srah Ann dau of James W. & Sarah Jane b. Feb 24, 1846 (345)
    Sarah Jane 1841, 1846 (345)
    William A. son of W. & Sarah b. Mar 6, 1843 (345)
BAITMAN, Bethe 1865 (331)
    Henry 1865 (331)
BAKER, A. E. P. d. Aug 12, 1854 (338)
    A. E. P. parent of Mary Elmira bapt Aug 9, 1854 (338)
    Mrs. A. J. 1866 (338)
    Abner adult bapt Nov 1828 (338)
    Agnes J. 1857 (338)
    Agnes J. mother of Margaret Almeda b. Feb 23, 1855 (338)
    Agnes J. (married name Wilson) d. Nov 4, 1904 (338)
    Alexander Rush 1873 (257)
    Bettie M. m. Henry Aug. Schell May 30, 1861 (257)
    C. V. 1842, 1848 (338)
    C. V. see Catharine V. Johnston 1857 (338)
    Callie M. member 1885, m. Joseph Weisiger (257)
    Catharine Virginia adult bapt Feb 20, 1848 (338)
    Charles see Anna Boyers (257)
    Charles & Anna parents of Louise & Thomas Boyers bapt 1888 (257)
    Clinton bapt 1892 (271)
    E. H. 1874 (176)
    Elizabeth J. (Mrs. C. C. Nelson) 1857 (338)
    Elizabeth J. m. Christian C. Nelson Jun 18, 1857 (338)
    H. N. m. Glennie Hooke Jan 5, 1882 (318)
    Hardy 1877 (329)
    Harry (crossed out) "given up his hopes Feb 1842" 1828 (338)
    Harvey adult bapt Oct 1828 (338)

BAKER, Harvey m. Agnes J. Brooks Mar 27, 1855 (338)
    Helen Tabitha 1874, m. C. H. Talbot 1883 (257)
    Henrietta 1854 (22)
    I. M. & Mira parents of Elizabeth Mathes b. Jan 27, 1891; Norvell Sanders b. Aug 14, 1892; & John Bell b. Mar 3, 1894, bapt 1894 (257)
    Ike & Mina parents of Wm. Henry b. Feb 9, 1898 (257)
    Isaac M. m. Mina Sanders Mar 19, 1890 (257)
    J. M. 1852 (338)
    James T. buried Sep 4, 1882, age 72 (47)
    Jennie m. Thos. S. Vincent Aug 24, 1871 (257)
    Jennie E. member 1870, m. G. Vincent (257)
    John bapt 1849, age 29 (47)
    John B. m. Mary C. Sanders Dec 24, 1896 (257)
    John B. 1868 (257)
    L. G. m. Blanch Tomeny Dec 22, 1892 (338)
    L. M. & Blanch parents of William Cecil b. Jan 16, 1899 (338)
    L. M. & Blanch parents of Lewis Melville George b. Nov 1, 1895 (338)
    Laura 1871 (259)
    Lee Anna m. Fred D. Gros Aug 20, 1895 (318)
    Leonadas 1884 (257)
    Leonidas W. adult bapt Nov 25, 1832 (338)
    Lewis M. G. m. Blanch M. Jomeny Dec 22, 1892 (338)
    Lillie (wife of J. K. Meek) d. Jul 26, 1905 (338)
    Lillie J. m. Jas. K. Meek Jul 22, 1885 (338)
    Louie m. Wm. J. Porter jr. Jun 20, 1889 (289)
    Louiza 1884 (259)
    Lucy E. see Lucy E. Davis (162)
    M. A. m. C. D. Mitchell Mar 7, 1891 (318)
    M. E. d. Dec 12, 1876 (21)
    M. W. d. Feb 12, 1856 (338)
    M. W. 1848 (338)
    Mahala 1875 (21)
    Manervy d. (no date given, between 1876 & 1878) (21)
    Martha 1871 (259)
    Martin & Elizabeth parents of Emma Elizabeth infant bapt 1882 (318)
    Mary A. 1857 (338)
    Mrs. Mary Ann d. Feb 9, 1883 (338)
    Mary Ann 1842 (338)
    Mary B. m. Scott Roscoe Jan 12, 1898 (257)
    Mary B. 1870 (257)
    Mary C. 1866 (162)
    Mary L. d. Apr 1, 1846 (338)

BAKER, Mrs. Mattie 1896 (271)
    Mattie bapt 1888 (271)
    Maud (m. Dr. E. E. Taines?) 1888 (271)
    Maud (see Maud Tailor) (271)
    Minerva m. Joseph H. Jouromon May 16, 1862 (338)
    Minerva m. Jos. H. Joroulmon Nov 1862 (338)
    Mollie bapt 1888 (271)
    O. E. 1868 (257)
    R. P. 1881, 1896 (271)
    Robert 1844 (176)
    S. B. d. May 17, 1845 (338)
    Sarah B. mother of Catharine Elizabeth & Abner both bapt Sep 22, 1844, age 2 yr 8 mo 24 da & 1 yr 1 mo 7 da, respectively (338)
    Susan mother of William Park bapt Nov 23, 1832 (338)
    Syvester 1816 (178)
    Thos. Shepard Webb d. Jan 3, 1899 (age 4 yr 7 mo) (338)
    Vallie (Wallie?) member 1897 (m. Javis) (271)
    W. P. 1848 (338)
    W. H. 1858 (120)
    W. R. 1875 (176)
    William & Margrett parents of Lulu McAlister (age 8 mo), Thomas Harvey Armstrong (age 5 yr) & Margrett Cynthi (age 9 yr) all bapt Mar 21, 1891 (289)
    Wm. H. & Feliciana parents of Amelia (b. 15 Aug 1846) (47)
    William H. m. Feliciana DeGrove Mar 10, 1845 (47)
    Wm. H. & Feliciana parents of Joseph Fisher Baker b. May 1, 1858 (289)
    William J. 1857 (338)
    William J. d. Sep 20, 1865 (338)
    William J. adult bapt Dec 25, 1842 (338)
    Wm. L. 1858 (170)
    William P. 1857 (338)
    Z. W. d. Feb 19, 1861 (257)
BALCH, James W. 1848 (334)
    Martha 1848 (334)
BALDRIDGE, Elizabeth adult bapt 1819 (162)
    Elizabeth G. d. Jul 27, 1820 (162)
    Francis 1820, 1823 (162)
    James P. 1848 (347)
    William 1850 (170)
BALDRIGE, J. L. 1855 (176)
BALDWIN, Mrs. A. H. d. Jun 22, 1905, age 66 (338)
    Ann Ward bapt 4 Nov 1832 (47)
    David C. m. Josephine H. Staub 1 May 1878 (47)
    Helen M. (wife of Selden) d. Jul 4, 1907 (338)
    Henry child bapt 1834 (22)

BALDWIN, Mrs. L. H. d. Jun 21, 1905, aged 68 (338)
    Lewis 1813 (164)
    Wm. D. adult bapt 1835 (22)
BALEY, E. S. 1856, 1865 (220)
    El. 1856 (220)
    Emaline 1856 (220)
    L. 1848 (220)
    Lydia 1856 (220)
    Manda 1856 (220)
    Saley 1882 (43)
    Sally Bett 1883 (43)
    W.? C. 1848 (220)
    W. C. 1856 (220)
BALL, Emmanuel 1868 (338)
    Miss Harriet adult bapt 1881 (reel # omitted)
    Miss Harriet 1881 (264-2)
    James 1873, 1880 (275)
    Mary 1851 (259)
    Philip 1831 (335)
    Phillup 1848 (90)
    Sam 1865 (220)
BALLE, Caroline Adalide 1867 (338)
    Mary 1868 (338)
BALLI, Emmanuel d. Jan 28, 1903 (338)
BALLOWE, Katie Patterson m. William H. Teafford May 7, 1873 (289)
BALOCK, Wm. & wife Milly 1813 (330)
BALY, John 1869 (205)
    Sally 1821 (90)
BANCOM, Mary 1846 (345)
BANDIFORD, Rachel 1813 (164)
BANDY, Miss Florence 1876 (264-2)
    Florence adult bapt 1876 (264-2)
    Lizzy 1846 (341)
    Louiza 1846 (341)
    Sarah 1846 (341)
BANKHEAD, James & Elizabeth parents of Carolene Welch b. 5 Jul 1838; Elizabeth Flint b. 5 Jan 1840; & Eunice Waters b. 24 Nov 1841 (47)
BANKS, Chas. Augustus inf bapt 1888 (318)
    Edward R. 1888 (318)
    H. F. see Laura Robb (257)
    H. R. father of Hugh Ella inf bapt 1889 (318)
    Hugh R. (Conf Vet) d. Nov 6, 1894 (318)
    Hughella d. Oct 21, 1889 (318)
    Mrs. Mary D. (wife of E. R.) 1888 (318)
    Miss Mary H. 1854, 1861 (257)
    Mary H. d. May 9, 1863 (257)
    Miss Maud E. 1888 (318)
BANKSTON, Louisa adult bapt Feb 7, 1875 (289)
    Mack Erwin adult bapt Mar 21, 1875 (289)
BANNER, Ezekiel? 1842 (275)
BARBEE, Baxter 1873 (259)
    Bettie C. 1876 (259)

BARBEE, Mrs. Rev. T. L. 1876 (259)
BARBER, Ed 1889 (271)
BARCLAY, Ann Murray buried Sep 16, 1855, age 27 (47)
    Elizabeth buried Jun 17, 1855, age 53 (47)
BARD, Sam & Martha parents of John adult bapt Apr 7, 1873 (289)
BARDSHAR, Miss Nettie G. 1886, 1888 to Sandusky OH (318)
BARENS, Mrs. Ella 1889 (318)
BARETT, Nancy 1848 (334)
    Say Ann 1849 (334)
    Sinthy D. 1849 (334)
    Thos. 1848 (334)
BARFOOT, Anna 1818 (164)
BARKALOW, W. V. d. Jul 1908, age 62 (120)
BARKER, A. 1858 (176)
    Mrs. Ad. Terry 1892 (318)
    Benjamin B. 1829 (335)
    Frank m. Jessie Rayl Feb 8, 1887 (338)
    Mrs. Julia A. bapt Oct 14, 1884 at Gallatin (289)
    Mary E. 1873, d. 4 Apr 1880, m. W. B. Schell 1874 (257)
    Minnie C. m. Edward Coykendall Feb 8, 1888 (338)
    Nancy C. see Nancy C. Davis 1866 (162)
BARKLEY, C. H. 1878 (176)
    Dr. C. T. V. d. Mar 22, 1895 (318)
BARLOW, Alice see Alice Mayberry 1897 (271)
    Mrs. Caroline 1854 (257)
    Caroline moved Kansas May 14, 1856 (reel # omitted)
BARNARD, E. J. (f) 1866, 1870, 1871 (220)
    E. J. 1856 (220)
    Ed 1866 (220)
    Eliza J. 1848 (220)
    Elizie 1896 (220)
    Elizy 1893 (220)
    H. 1848 (220)
    H.? 1866 (220)
    J. A. 1856, 1888, 1866, 1893, 1848 (220)
    J. M. 1888, 1893, 1896 (220)
    J. R. C. 1866, 1870, 1856 (220)
    J. S.? 1870 (220)
    J. T. 1856 (220)
    J. V. 1896 (220)
    Jonathan 1821, 1870 (220)
    Maggie 1888, 1893, 1896 (220)
    Mariah? 1866 (220)
    Mary 1866 (220)
    Rebecca 1888, 1893, 1896 (220)
    S. (f) 1848 (220)
    Samp 1866 (220)
    Sarah 1856, 1866, 1870, 1871 (220)
    Sophinah 1856 (220)
BARNES, A. A. d. Mar 17, 1901, age 80 (338)
    H. B. 1870 (176)

BARNES, John 1833, 1849 (259)
    Joseph Henry b. 1856, Hillsboro TN to Solomon & Margaret, bapt 1898 (47)
    Lula m. Rev. E. F. Sturgis Dec 3, 1879 (338)
    Nancy 1833, 1849 (259)
    William 1833 (259)
BARNET, J. M. 1869 (176)
    W. B. 1871 (176)
BARNETT, Ida G. m. Hardy E. McCormack 21 Jul 1886 (47)
    Elizabeth 1858 (131)
    Polly 1833 (259)
    W. R. 1869, 1875, 1878 (176)
BARNS, Pege 1813 (164)
BARNUM, A. W. 1896 (318)
BARNWELL, Mrs. Isabella C. d. Oct 25, 1882, age 64 (289)
    Robert G. m. Isabella C. Robertson Apr 11, 1871 (289)
BARON?, Martha A.? 1845 (270)
BARR, Mrs. A. H. (wife of J. H.) (reel # omitted)
    Bartlett Herndon 1897 (318)
    Miss Blanche d. May 1, 1892 (318)
    David m. Barbara Shalladay Dec 22, 1892 (318)
    Eliza K. 1848 (347)
    Elizabeth R. 1848 (347)
    J. H. d. Jul 6, 1899 (d. at Cumberland Island) (318)
    Jas. see Miss Lucy A. Green (318)
    James m. Birdie Green Oct 1, 1895 (318)
    James H. 1887, d. 4 Jul 1899 (318)
    James Victor 1896 (318)
    Mrs. Mary (wife of Wm.) 1893 (318)
    Robt. N. 1847 (338)
    Samuel Mc. 1896 (318)
    William 1893 (318)
BARRET, Eleanor 1836 (334)
    Elizabeth D. 1836 (334)
    Emeline 1836 (334)
    Martha J. 1836 (334)
    Thomas 1836 (334)
BARRETT, Mrs. A. T. d. Jun 23, 1902 (318)
    Amelia 1836, 1850 (334)
    Frances P. 1836 (334)
    H. C. (f) 1855 (334)
    Lucinda C. 1848 (334)
    Mary J. 1848, 1850 (334)
    Nancy J. 1850 (334)
    Sarah A. 1850 (334)
    Synthia D. 1850 (334)
    W. T. 1850 (334)
    Wade b. Jan 29, 1800 in NC, family moved to TN in 1818, settling in Giles Co., d. Dec 10, 1870 (334)
    William L. 1850 (334)
BARRIDGE, Theo m. Lavina Stone Dec 1, 1887 (318)

BARRON, Washington & Ann M. parents of John Shelby
b. 12 Jan 1829 (47)
BARROW, Caroline 1858 (215)
Catherin 1859 (215)
Hal. Claiborne buried Feb 7, 1877 (47)
Henry C. 1890 (215)
Margaret (wife of John S.) buried Aug 11,
1854 (47)
Mary 1858, 1859 (215)
Robert m. Mary Crabb Jul 11, 1839 (47)
Sarah A. 1853 (@!%)
Sarah C.? 1858 (215)
Sarah F. 1887 (215)
Victora A. 1870, 1887 (215)
BARRY, David Hooser d. Mar 8, 1874, age 47 (289)
Miss Eliza d. Jul 11, 1898, age 69 (47)
Hanna 1819 (338)
Mrs. Laura A. 1862 (318)
Richard Henry d. Nov 7, 1872, age 53 (289)
Richard Henry father of Richard Henry adult
bapt Nov 24, 1872 (289)
Robert L. 1862 (318)
William d. Sep 21, 1895, age 50 (47)
Wm. m. Mrs. Bessie Searight Oct 24, 1888
(289)
Mrs. Dr. Wm. buried Mar 23, 1886 (d. some
months ago) (289)
Wm. A. & Sarah J. parents of Pauline Brooks
b. Oct 28, 1874; Robt. Preston b.
Aug 4, 1876; & Wm. Hillis b. Aug 6,
1878 (289)
William A. d. Sep 21, 1895, age 50 (reel #
omitted)
William H. d. Jun 11, 1909, age 30 (289)
BART, Wm. H. 1853 (170)
BARTELY, Walter 1809 (330)
BARTH, Ann C. 1871 (257)
John G. 1871, d. Jun 15, 1880 (257)
BARTHELL, J. P. m. Frances Card Jan 22, 1858
(57)
Mrs. J. P. d. 1906 (120)
Mr. J. R. d. 1906, age 73 (120)
BARTLETT, Edwin L. m. Clara S. Williamson Jan 25,
1894 (318)
BARTLY, Betsy 1810 (330)
Elisabeth 1809 (330)
BARTON, H. L. 1858 (176)
Mrs. H. M. d. Mar 21, 1896 (318)
Mrs. H. M. (wife of R. M.) 1879, d. 20
Mar 1896 (318)
Hary A. 1894 (271)
John P. 1894 (271)
Louisa 1879 (280)
Mrs. Margaret 1818 (264)
McK. father of Robert McFarland & McK. Lee
White infants bapt 1881 (318)
Nannie E. 1894 (271)
Judge R. M. sr. d. Feb 29, 1896 (318)

BARTON, R. W. 1874 (176)
Robt. M. 1879, d. 28 Feb 1896 (318)
Roger 1818 (264)
S. C. 1875 (176)
S. G. 1870 (176)
T. G. 1871 (176)
Dr. W. W. 1890 (177)
Walter F. m. Mattie B. Coffey Oct 25, 1888
(318)
Mrs. (English) d. Nov 7, 1874 (318)
BARTT, Nathaniel 1855 (43)
BASKETTE, W. E. 1881, d. 29 May 1896 (318)
Mrs. Lizzie (wife of W. E.) 1881, 1899 to
Murfreesboro (318)
Wm. E. 1883, d. 29 May 1896 (318)
BASS, Elizabeth d. Mar 1878, 1848 (329)
Fanny 1822 (90)
Harriett 1848 (329)
Jno. M. & Mary W. parents of John Meredith
b. Apr 22, 1870; Jeanie b. Nov 24, 1871;
& Mary Connor b. Nov 22, 1873 (289)
Mary 1848, d. May 18, 1857 (329)
BATE, James Henry m. Rebecca Allison Hibbett Jan
3, 1895 (257)
BATEMAN, Bettie 1883 (331)
Henry 1883 (331)
James 1883 (331)
Marth 1846 (341)
Martha 1865 (331)
Penelope 1833, 1848 (331)
BATES, Lige? 1878 (43)
Mrs. Mary d. 1910, age 77 (120)
R. F. & Mary parents of Georgianna b. Aug
20, 1857 (289)
Robert F. & Mary parents of Robert James b.
Aug 30, 1859 (289)
Sarah 1821 (329)
Susan 1846 (341)
Thomas L. d. Jan 1903, age 31 (120)
Wm. Henry d. Mar 1903, age 47 (120)
BATEY, George 1843 (170)
James R. 1850 (170)
Louisa Jane 1847 (170)
Matilda F. 1858 (170)
BATT, A. W. 1867 (21)
Martha 1867 (21)
BATTE, Ann Eliza (see Mary Ida Batte) (225)
Bertha Harris b. Nov 14, 1877, bapt 1889
parent--Mrs. Ida Batte (225)
Mary Ida b. Jul 24, 1884; Ann Eliza b. Jan
16, 1886; Lucy Myra b. Jul 18, 1888;
bapt 1889, parent--Mrs. Ida Batte (225)
BATTIZER, Wm. 1895 (271)
BATTS, Addie M. m. Claude C. Daley Jul 26, 1899
(318)
BATTY, Edward Joseph & Helen McG. (Forde) parents
of Helen Armitage bapt Apr 7, 1894 (289)
Edward Joseph & Helen McG. (Forde) parents
of Edward Lionel b. Nov 16, 1895 (289)

BATTY, Rachiel 1846 (335)
BATY, John 1848 (331)
    Mary C. 1849 (334)
BAUCOM, Fanny R., dau of Mary, b. Feb 12, 1841 (345)
    John R., son of Mary, b. Oct 5, 1843 (345)
    Mary 1846 (345)
BAUDELL, Mrs. Emily F. 1866 (318)
    Samuel L. 1866 (318)
BAULDRIDE, Jane E. 1843 (170)
BAUMAN, G. A. 1883 (264)
    Henry Shase? b. Mar 30, 1818? to Jno. E. & J. Matilda, bapt 1898 (47)
    Jane Matilda b. Oct 22, 1822, Pulaski TN to Henry & Catherine Hagan bapt 1898 (47)
    John d. Oct 11, 1894, age 70 (47)
BAUMGARTNER, Conrad m. Hattie Smithson Sep 26, 1889 (318)
BAXTER, George Alfred m. Ellen Douglas 22 Apr 1879 (47)
    Jere b. Feb 11, 1852, Nashville to Nathanail & Mary, bapt 1898 (47)
    John, Elder, 1843 (24)
    Sarah E. 1883, d. 1891 (318)
    William M. m. Mary Washington Kirkman 24 Nov 1880 (47)
BAY, Canaday 1821 (329)
    Durinda 1865 (329)
    Elizabeth 1877 (329)
    Fanny 1821 (329)
    W. M. 1887 (131)
BAYLES, Miss Mary E. 1883 (177)
BAYLESS, Rees 1822 (205)
BAYNARD, Ed. T. 1888, 1901 to San Antonia TX (318)
    Mrs. Eliza C. (wife of E. J.) 1888, 1895 to New York City (318)
BAYSINGER, Miss Blance C. 1879 (318)
BEACH, Emma mother of Cyrus Woodford Beach (b. about 1850) bapt Apr 17, 1859 (289)
    G. C. d. Jan 15, 1898, age 22 (47)
    Mrs. Sarah Jane 1859 (22)
BEAL, Belinda V. 1836 (334)
    Benjamin 1836 (334)
    Britton 1836 (334)
    Charles F. 1836 (334)
    Clarkey 1850, 1855 (334)
    Clarky (f) 1836 (334)
    Delila 1836 (334)
    Delilah C. 1850 (334)
    Eliza 1836 (334)
    Elizabeth 1855 (334)
    F. M. 1850 (334)
    Frances 1836 (334)
    Jane 1836 (334)
    Joseph A. 1836 (334)
    Julia Ann 1836 (334)
    Lidia Jane 1836 (334)

BEAL, Lilly C. 1855 (334)
    Lydia 1836 (334)
    Mager 1836 (334)
    Major 1850 (334)
    Martha 1848 (334)
    Mary 1836 (334)
    Mary Malinda 1836 (334)
    Nancy 1832, 1836, 1855 (334)
    Permela J. 1855 (334)
    Presley 1836 (334)
    Rebecca 1836 (334)
    Sarah 1836 (334)
    Smith 1832 (334)
    Thomas 1836 (334)
    Thomas S. 1836 (334)
    Tobith 1855 (334)
    William A. 1872 (215)
BEALE, Mrs. H. C. d. Aug 9, 1891 (318)
BEALL, Coralette & John Campbell inf bapt 1885 (318)
    E. W. m. Mary E. Campbell Apr 12, 1881 (318)
    Felicia d. Apr 2, 1904, age 62 (289)
    Sarah (Capt. B's wife) d. May 15, 1895 (318)
BEAMAN, E. B. 1892 (318)
BEAN, A. d. Feb 11, 1870 (318)
BEANE, Benjamin 1833 (331)
BEANEY, J. S. 1873 (281)
BEARD, A. H.? 1852 (327)
    Aaron P. 1865 (164)
    Anna Elison 1873, d. Sep 8, 1887 (164)
    Aron P. 1865 (164)
    C. J. 1887 (131)
    Drusyller 1852 (327)
    E. L. (f) 1887 (131)
    Jessee 1858 (327)
    John d. Sep 5, 1890 (164)
    John 1813, 1873 (164)
    John 1852 (327)
    L. A. (f) 1887 (131)
    Mandie C. 1887 (131)
    Mary 1852, 1859 (327)
    Mary 1873, d. Mar 26, 1890 (164)
    Smecyler 1859 (327)
    T. A. (f) 1897 (131)
    W. L. A. 1887 (131)
BEARDEN, Albert M. 1848 (334)
    Chas. E. m. Maude Kaylor Nov 25, 1897 (318)
    Elizabeth 1846 (341)
    F. C. m. Nannie Buckwell Dec 18, 1883 (338)
    Hugh F. m. Inez Dixon Nov 17, 1897 (318)
    Laura S. 1852, 1857 (338)
    Laura S. m. David Richardson Dec 11, 1857 (338)
    M. D. L. parent of Frank Canning bapt Apr 9, 1854, age 7 mo (338)
    M. E. (f) 1855 (334)

BEARDEN, Margaret 1848 (334)
    Martha A. 1869 (338)
    Mary E. m. William J. Taylor of Lancaster
        PA, Sep 11, 1854 (338)
    Mary G. 1869 (338)
BEARDON, M. E. d. Jun 8, 1855 (338)
BEARDSLEY, Alfred d. May 9, 1891, age 61 (47)
BEASLEY, Camnade? (CV) d. Sep 24, 1904 (318)
    G.? W. 1858 (43)
    John P. 1855 (43)
    John P. & Sarah E. wife 1870 (43)
    L. B. & wife M. E. 1861 (43)
    L. B. 1856 (43)
    Laura E. 1887 (215)
    Margaret E. 1855 (by letter from Dunlap,
        Hickman Co.) (43)
    Mary T. 1858 (by letter, Liberty, Maury Co.)
        (43)
    Matilda d. Feb 12, 1858, aged 31 yr 10 mo
        and 17 da, bapt Aug 16, 1849 (43)
    R. W. bapt 1896 (271)
    S. E. 1877 (43)
    Saley __ 1883 (43)
    Susan 1889 (215)
    William & wife Mary 1858 (43)
    William 1855, 1856 (43)
    Wily E. 1855, 1857 (43)
    Y. W. 1886 (43)
    Z. W. 1877 (43)
BEASLY, A. C. 1883 (43)
    Crag 1888 (43)
BEAVER, Mrs. d. May 26, 1888 (318)
BEAVERS, Elizabeth 1806? (164)
    William 1806? (164)
    Mrs. Wm. d. Apr 18, 1905 (Montgomery Ave)
        (318)
    William sr. 1874, d. Apr 29, 1882 (322)
BEAZEY, Ann E. 1879 (280)
BECK, George d. May 8, 1873, age 45 (289)
    Jas. H. m. Mary T. Snyder Sep 1, 1896 (318)
    Laurence S. m. Sallie D. Hallam May 21,
        1891 (289)
BECKER, Miss Bessie B. inf bapt 1888 (318)
BECKET, Annie buried May 28, 1864, age 30 (47)
BECKETT, Eli m. Susan Brandon Nov 16, 1865 (47)
    J. W. 1882 (43)
    James 1860 (moved to TN from Snowville,
        Pulaski Co., VA) (48)
BECKHAM, D. F. m. May E. Connelly Aug 22, 1894
    (318)
    E. F. m. Mamie Russell Jun 6, 1893 (318)
BECKNER?, William 1846 (215)
BECKWITH, Ida May (see Ida May Shafer) (257)
BEDDINGER, B. R. (see Miss Lucy H. Gaines) (318)
BEDDINGFIELD, Catharine 1848 (335)
BEEAN, Samuel 1858 (330)
BEECH, Mary F. (see Mary Daugherty) (345)
    Mary Fannie m. Chas. Albert Tabel Nov 20,
        1887 (22)

BEECH, Mary Fanny (1 yr) bapt 1869 (22)
    James Ledbetter b. Jul 4, 1883 to Chas. Q.
        & Jessie A., sponsored in bapt by Dr.
        W. S. Reid, Mrs. Clara P. Gray & Sarah
        J. Beech (Mrs.) (22)
    Miss Kate Eliza 1869 (22)
    Mary Fannie 1885, age 17 (22)
    Mrs. Sarah J. 1876 (22)
    Mrs. Sarah J. d. Oct 26, 1892, 1876 (22)
    Mrs. Sarah Jane 1869 (22)
    Wm.? A. B. buried 15 Apr 1886 (47)
BEECHER, Herbert E. m. Frances A. Whitney Jul 14,
    1888 (318)
BEEDE?, Abbie Maria adult bapt Dec 20, 1882 at
    Gallatin (289)
BEELES, Mary Ann b. 14 Jan 1868 to Nancy & Wm.
    bapt 1880 (47)
BEENE, Jacob C. m. Hannah J. Crowley Jul 5, 1899
    (318)
BEER, Mrs. Jas. 1886 (264-2)
    Jas. D. 1884 (264)
BEESLEY, Bessie Walker m. William Oscar Pricket
    Aug 2, 1898 (289)
BEETS, Arthur m. Annie A. Bailey Nov 23, 1898
    (338)
BEHEN, Mrs. Frances O. (wife of Jere.) 1875
    (318)
    Jeremiah 1875, d. 1892 (318)
    Miss Nellie 1885, 1897 (318)
BELCHER, Nancy 1848 (275)
BELDEN, Charles m. Harriet V. Roberts Nov 27,
    1842 (338)
BELEW, Martin 1871 (176)
BELIEW, M. 1876 (176)
BELL, Miss A. E. 1851 (338)
    Allen W. 1881 (345)
    Allice G. m. S. Daniel Pickle Oct 23, 1884
        (345)
    Allice G. (alias Pickle) 1881, 1886 (345)
    Andrew & Catherine parents of Clara b. 1861
        and bapt Nov 7, 1861 (289)
    Ann E. 1857 (338)
    Ann E. d. Jan 1, 1892, age 71 (338)
    Baxter Manton b. Jan 9, 1821 (son of Samuel) (162)
    Betsy 1821 (162)
    C. W. 1898 (271)
    Calvin Haines (son of Samuel) bapt 1821
        (162)
    Calvin Hayne (son of Samuel) b. Feb 14,
        1821 (162)
    Mrs. E. A. d. Nov 5, 1898, 85 yrs (318)
    E. L. m. Leona Nelson Sep 4, 1884 (318)
    E. L. father of Leona Elmira inf bapt 1887
        (318)
    Edmund 1831 (162)
    Elizabeth J. 1881 (345)
    Frances 1849 (259)
    Harriet 1832 (162)

BELL, J. D. 1898 (271)
    James father of John R. bapt May 31, 1890 (289)
    James d. Apr 29, 1879 (338)
    Rev. John father of Betsy Dora Jane bapt Dec 7, 1851, age 1 mo 3 da (338)
    John 1867, d. 25 Apr 1875, aged 85 yr (257)
    John 1861 (257)
    Jno. 1879 (329)
    Leona E. d. Sep 21, 1887, 2 yr (reel # omitted)
    Levina 1833 (162)
    Lora Katharine (dau of Samuel) bapt 1825 (162)
    Lorrey Katharin b. Aug 4, 1824 (dau of Samuel) (162)
    Lucy Ann 1876 (345)
    Lucy Ann m. James M. Tankesley Feb 1889 (345)
    Luther M. 1891 (345)
    M. B. 1848 (338)
    Miss M. J. 1851 (338)
    M. V. d. Jan 8, 1901 (Policeman & C.V.) (318)
    Marcus Caswel bapt 1830 (son of Samuel) (162)
    Marcus Caswell b. Dec 31, 1829 (son of Samuel) (162)
    Margaret 1849 (259)
    Margaret Butler adult bapt Feb 20, 1848 (338)
    Margaret E. inf bapt 1888 (318)
    Nancy d. Jan 25, 1854 (338)
    Nettie 1898 (271)
    Oscar 1857, 1853, adult bapt Oct 29, 1854 (338)
    Polly 1820 (162)
    Rufus Whitefield (son of Samuel) bapt 1828 (162)
    Sallie R. m. W. E. Waldrop (from Jefferson Co.) Apr 5, 1881 (338)
    Samuel 1820 (162)
    Samuel Newel b. Jul 1, 1826 (son of Samuel) (162)
    Sarah 1840 (275)
    Stanley d. Mar 19, 1895, age 54 (47)
    Stanley H. m. Georgine C. Woods 6 Feb 1872 (47)
    Tennie 1884 (345)
    Thos. H. d. Feb 11, 1891 (345)
    Wm. d. Sep 19, 1894, age 81 (47)
    William H. m. Mary E. Taylor Mar 4, 1883 (345)
    William H. 1881 (345)
    Willie May 1898 (271)
BELLAMY, R. W., pastor 1870 (271)
BELLE, John 1874 (329)
BELLOWS, Miss Frances J. 1883 (318)
    Miss Lois A. 1883 (318)
BELLOWS, Marcella adult bapt 1885 (318)
    Miss Marcella R. 1885 (318)
    Mrs. S. J. d. Jun 20, 1887 (318)
    Mrs. S. J. 1883, d. 19 Jun 1887 (318)
    Miss Sarah M. 1883, d. 1911 (318)
BELOATE, Lucy A. 1860, m. Oct 12, 1864 (225)
BELOTE, Joseph William m. Anna Elizabeth Ward Dec 1, 1887 (225)
BENDER, J. H. m. Katie Englehart Jun 14, 1893 (318)
BENDERMAN, Margaret A. 1848 (gone to AR?) (347)
BENJAMIN, Mrs. Maggie A. m. Charles L. Hahn Oct 23, 1891 (338)
BENNET, J. M. 1887 (131)
    Tomas 1887 (131)
BENNETT, Archibald & Missouri parents of Eliza b. Apr 29, 1860 (289)
    Archibald & Missouri parents of Mary Elizabeth b. Aug 29, 1853 & Nancy Jane b. Feb 12, 1855 (289)
    Mrs. Bessie F. (wife of T. L.) 1895 (318)
    Elizabeth 1847 (170)
    Elizabeth Moore 1884, age 38 (22)
    Elizabeth Moore b. May 26, 1846 to James G. & Mary E., sponsored in bapt by Mrs. Harriett Cleland & Mrs. Clara P. Gray, bapt 1884 (22)
    F. J. (see Miss Irene Smiley) (318)
    Howard 1895 (318)
    Kate Louise d. Dec 30, 1897 (318)
    Laurah E. 1887, 1888 (131)
    Minnie D. (see Alexander E. Darrah) (289)
    Mrs. M. J. 1894 (318)
    Miss Nellie adult bapt 1891 (318)
    T. L. 1895, d. 1899 (318)
    Walter James bapt 1885, sponsored by Mrs. Harriet Cleland & Mrs. E. M. Bennett (22)
    Walter M. 1889 (22)
    Walter Moore b. Sep 14, 1876 to Walter J. & E. M., sponsored in bapt by Mrs. Harriett Cleland, Mrs. C. M. Gray, Rev. C. M. Gray, bapt 1884 (22)
    William H. m. Onis Payne Oct 15, 1868 (257)
BENNIT, Sary 1809 (330)
BENSLEY, J. F., pastor 1886 (271)
BENSON, Charles D. buried Apr 10, 1881 (47)
    Chas. D. adult bapt Oct 7, 1860 (289)
    Elizabeth A. 1848 (329)
    James 1888 (220)
    John 1888 (220)
    John A. 1848, 1865 (329)
    Jno. A. 1878 (329)
    Loua May (3 mos old) bapt Sep 28, 1884 (289)
    Mary Jane 1848, 1860 (329)
    Matilda J. 1848, 1865 (329)
    Nancy 1848, 1865 (329)
    P. P. 1848 (329)
    S. F. 1878 (329)

BENSON, Sylvanus E. m. Elizabeth Marshall Nov 30, 1837 (47)
    Tom 1888, 1893 (220)
    Wm. 1867 (341)
BENT, Elijah & Mary Cook parents of Francis Smith b. Apr 9, 1860 (289)
BENTHRALL, Mathew 1809 (90)
BENTLEY, Mrs. Adaline 1876, 22 Oct 1882, Monongahela PA (257)
    Carrie m. J. B. Nutt Jun 2, 1882 (318)
    Mrs. Mary Ellen d. Apr 30, 1892, age 35 (47)
    Mary Ellen b. Jul 4, 1857, Little Rock AR to John & Annie Gallyher, bapt 1898 (47)
    Priscilla buried Apr 10, 1878, age 70 (47)
    William D. m. Mary E. Vanburn 27 Aug 1882 (47)
BENTLY, B. F. m. Mary W. Seay Nov 16, 1860 (289)
BENTON, Ellen 1848, d. Sep 8, 1850 (347)
    Henry d. Sep 3, 1897, age 23 (47)
    Susan T. 1848 (347)
    Wm. R. H. 1848, 1859 (347)
BERCHEEN, J. (m) 1850 (334)
    Jos. 1849 (334)
    N. T. (f) 1850 (334)
    N. T. 1849 (334)
BERDIN, Elizabeth 1836 (334)
BERNET, Flora 1821, 1823 (162)
    Robert Hardin (son of Flora) bapt 1823 (162)
    Thomas Rodgers (son of Flora) bapt 1821 (162)
BERRY, Mrs. A. mother of Albert Henry inf bapt 1884 (318)
    Mrs. Anna 1884 (wife of Jim W.) (318)
    Charles infant bapt 1869 (22)
    Coburn Dewees m. Amanda McNairy Kirkman 29 Oct 1873 (47)
    E. R. 1860 (341)
    Emma m. Richard Cheatham 28 Jun 1883 (47)
    Evelyn Alice d. Jul 17, 1893 (318)
    Hanna P. 1831 (259)
    Horatio m. Nancy Smith Dec 1880 (47)
    Humphrey buried 30 Nov 1883 (47)
    Mrs. Isabella J. d. May 24, 1878 (22)
    Mrs. Isabella Jane confirmed 1869 (22)
    J. W. m. Anna V. Watkins Feb 18, 1880 (318)
    James, Elder 1840 (318)
    John P. d. Sep 5, 1901, aged 72 (338)
    John Parker d. Sep 5, 1901, age 72 (338)
    Joseph & Laura White (Newton) parents of Ella Nora b. Jan 14, 1876 in Bellevue, LA (289)
    Lucy inf bapt Apr 20, 1880 (289)
    Miss Orra Baxter d. Jan 9, 1898, age 31 (47)
    Orrie inf bapt 1869 (22)
    R. Caroline 1828 (264)
    Rebecca 1840 (318)
    Samuel 1869 (22)

BERRY, Samuel d. 1/2/1878, age 61 (22)
    Samuel M. & Robert C. parents of Annie b. Oct 8, 1869 and Mary Sadie b. May 20, 1872 (289)
    Samuel M. & Roberta C. parents of Jane Williams b. Oct 17, 1874 (289)
    Saml. Madison m. Roberta C. Samuels Dec 29, 1868 (289)
    Samuel Madison adult bapt Jun 7, 1885 (289)
    Sarah 1845 (220)
    Wm. W. 1828 (264)
    Wm. & Alice parents of Franklin Allen bapt 1886 (257)
    Wm. jr. d. Oct 19, 1893, age 10 (47)
    Wm. & Alice parents of William Wells bapt 1884 (257)
    Wm. T. buried 20 Apr 1889, age 77 (47)
BERRYHILL, J. m. Jennie L. Gohagan Dec 11, 1889 (318)
BERRYMAN, S. Price 1888, 1892 to Clay City KY (318)
BERSKAS, _____ m. Julia A. M. E. Rains 1861 (347)
BERTHEOL, George Eugene d. Aug 20, 1902, age 35 (289)
    James K. d. Mar 19, 1906, age 34 (289)
    William H. d. Feb 12, 1905, age 38 (289)
BETHEL, Mill L. I. 1855 (170)
BETHELL, Elizabeth 1843, d. Aug 1858 (170)
    Rufus 1843 (170)
BETHRICK, Mary Elizabeth adult bapt May 24, 1859 (289)
BETTER, Wm. m. Lizzie Frist Dec 21, 1880 (318)
BETTERS, Mrs. d. Dec 22, 1889, age 29 (289)
BETTIS, Bradley 1879 (177)
    Mrs. Catherine 1879 (177)
    Columbus T. 1883 (177)
    Isabela 1826 (162)
    John 1826 (162)
    John adult bapt 1826 (162)
    Luticia 1882 (177)
    Martha A. 1883 (177)
    Mary S. 1883 (177)
    Miss Sallie 1879 (177)
    Thomas A. 1882 (177)
BETTS, E. E. m. Sara M. Aull Apr 23, 1889 (318)
    Edward E. d. Jul 19, 1905 (318)
BETTY, J. K. 1876 (329)
BEVAN, Herbert Spencer (of England) m. Jennie Williams Nov 19, 1895 (225)
BEYLAND, Theodore Ferdinand & Clara Melissa parents of Clare Agnes b. Mar 26, 1882, bapt 1906 (264-2)
BIBB, Elizabeth, date omitted (164)
    Minor 1806 (164)
    Myner 1813 (164)
    Nancy 1806 (164)
    Sarah 1806 (164)
    Susan 1866 (164)

BIBB, Susanna 1806 (164)
BIBBS, Judy 1806 (164)
    Sophiah 1806 (164)
BICKNELL, Caroline Almira m. Jno. Blackwell
    Schenck Oct 12, 1842 (47)
    D. A. 1898, d. 1899 (318)
    D. A. d. Jan 5, 1899, 80 yrs (318)
    Ellen m. William O. Chilton Nov 13, 1845
      (47)
    Nellie Young & Willie Cleage (twins) d. May
      19, 1890 (318)
BIDDLE, Angaline 1846 (162)
    Eliza 1846, 1854 (162)
    Fannie m. Andrew O. Cloyd 26 Sep 1878 (47)
    John M. b. Feb 1850, Sumner Co. TN, bapt
      1871 (47)
    Lizzie buried 22 Jan 1884, age 24 (47)
    Mary 1827 (162)
    Mary m. Edward B. Snoddy Jan 30, 1834 (162)
    Sally m. Joseph Moser May 1822 (162)
    Samuel 1832 (162)
BIGGER, Alden 1886 (345)
    Elsie S. 1888, 1899 (345)
    Mrs. Hettie 1893 (345)
    J. (Britt) 1888 (345)
    J. R. & Hettie? parents of Clovis A. bapt
      ca. 1895 (345)
    J. R. 1891 (345)
    James W. 1885 (345)
    John 1854 (345)
    John N. 1855, 1873, 1879 (345)
    John N. m. Elizabeth Ezell Jun 24, 1868
      (345)
    Joseph R. 1884 (345)
    Maggie Bell 1894 (345)
    Mary E. 1881 (345)
BIGGS, Berney d. Aug 17, 1901, b. May 10, 1900
    (289)
    Wade & Ellen parents of Juery b. Nov 22,
      1889; Birdie b. Feb 12, 1892; Girdie b.
      Oct 16, 1895; Georgie b. Mar 12, 1896;
      Fanny b. Nov 10, 1898; & Berns b. May
      10, 1900 (289)
BIGHAM, S. Y. 1849 (176)
BIGHORN, P. Y. 1855 (176)
BIGS, David 1820 (90)
    Rebekah 1812 (330)
BILBRO, Dicy C. 1848, 1856 (329)
    Elizabeth 1821, 1848, 1856 (329)
    Wm. 1821 (329)
    Wm. d. 1 Mar 1852 (329)
BILES, J. C. 1881 (331)
    Laura (m. Pearson) bapt 1882 (271)
    Lou 1888 (271)
    Louisa 1868 (271)
    Maggie (m. Passmore) bapt 1882 (271)
    Mollie (nee Swafford) bapt 1878 (271)
    Mollie B. 1887 (271)

BILES, T. B. 1868 (271)
BILEY, Nancy 1822 (90)
BILL, Mary Eugenia 1878 (257)
BINYAN (Bingan?), L. E. (f) 1882 (43)
BIRCH, Geo. W. 1874 (259)
BIRD?, Joseph B. d. Jun 21, 1897 (345)
BIRDSONG, A. S. & Mary parents of Sadie Saxton b.
    Jun 26, 1897 (338)
    Albert Sidney m. Mary Reed Boyd Mar 3, 1896
      (338)
BIRDWELL, Charles 1808, 1834 (330)
    Sally 1825 (330)
BIRRUS?, Harry m. Edith Harris Aug 21, 1889 (318)
BIRTHRIGHT, C. A. 1879 (329)
BISHOP, Martha 1806 (164)
BISLAND, Leonora m. Alexr. B. Bradford 12 Dec
    1888 (47)
BISS, Charles 1899 (264)
    Charles Oliver 1897, d. Jan 31, 1907 (264-2)
    Miss Henrietta Charlotte 1886 (264-2)
    John H. & Jennie Adalaide parents of Anna
      Adalaide b. Dec 12, 1878, bapt 1906
      (264-2)
    Marsh 1883 (264)
    Richard 1899 (264)
    Richard Marks adult? bapt 1897 (264-2)
    Miss Wilhelmina Christina 1883 (264-2)
BISPLINGHOFF, Herman m. Jennie B. Suns Jul 1,
    1896 (318)
BISSPLINGHOFF, Lena S. m. Theo. A. Neergaard Oct
    1877 (264-2)
    Miss Lena Sophia 1877, d. Jan 22, 1882, m.
      Theo. A. Neergaard (264-2)
BIVENS, Abraham 1850 (334)
    Abriham 1836 (334)
    Elizabeth C. 1850 (334)
BLACK, A. A. 1879 (176)
    Alexander 1858 (259)
    Elizabeth F. 1874 (215)
    Galena Mason d. Sep 12, 1875, age 1 yr 3
      mo 10 da (289)
    Honey 1871 (215)
    James B. 1880 (177)
    John C. 1883 (177)
    Miss Mary 1888 (318)
    Mrs. Mary E. 1880 (177)
    Nathaniel m. Annie Kirkwood 30 May 1879 (47)
    Mrs. S. 1878, m. D. W. Miller 1889, d. 4
      Jun 1903 (318)
    S. S. m. D. W. Miller Oct 15, 1889 (318)
    Sarah E. 1866 (now Black) (162)
    Thomas 1851 (259)
BLACKBURN, Rev. A. 1850 (318)
    A. E. 1868 (338)
    Alex Anderson (son of James) bapt 1821 (162)
    Alexander m. Priscilla Morrow Nov 23, 1826
      (162)
    Alexander 1826, 1832 (Elder) (162)

BLACKBURN, Alexander Anderson (son of James) b.
　　Dec 4, 1820 (162)
　　Andrew (son of Alexander) bapt 1828 (162)
　　Andrew 1818 (162)
　　Catharine sr. 1818 (162)
　　Casper Bramer b. ca. 1829 (son of John jr.)
　　　　bapt 1830 (162)
　　Elexander m. Harriet Campbell (Sep 18,
　　　　1834)? (162)
　　Elvira 1826, 1829 (162)
　　Harriet 1834 (162)
　　J. M. 1869, 1870, 1874 (176)
　　James 1818, 1819, Elder (162)
　　James A. 1890, 1903 to Birmingham AL (318)
　　James Galaher (son of John) bapt 1828 (162)
　　James H. 1832 (162)
　　James Harvey (son of James) bapt 1818 (162)
　　John 1818 (162)
　　John (of James) 1822 (162)
　　Nora B. (wife of J. A.) 1890, 1903 to Bir-
　　　　mingham AL (318)
　　Polly 1826 (162)
　　Priscilla 1827, 1828 (162)
　　Sally 1826 (162)
　　Mrs. _____ (Mrs. Lauter's mother) d. Oct 1,
　　　　1883 (318)
BLACKETT, Edward & Sarah parents of Sarah b. Nov
　　　　10, 1868 (289)
　　Sarah (wife of Ed) d. Dec 17, 1884, age 54
　　　　(289)
BLACKFORD, Mrs. Josephine (wife of Dr.) d. Jun 29,
　　　　1889 (318)
BLACKIE, Berrien d. Nov 28, 1892, age 31 (47)
　　George J., M.D., buried Jun 20, 1881, age
　　　　48 (47)
　　George Stodart m. Martha Eliza Cheatham Jun
　　　　8, 1858 (47)
BLACKMAN, Bessie N. m. Reginald Stonestreet Oct
　　　　25, 1888 (289)
　　Wm. C. & Susan L. parents of Elizabeth
　　　　Hays b. Jun 2, 1865 (Elizabeth was wife
　　　　of Reginald Stonestreet) (289)
BLACKMORE, Mrs. M. C. 1861 (257)
BLACKSTOCK, J. m. F. A. Hilburn Mar 26, 1865 (47)
BLACKWELL, Lucy C. m. Geo. E. Brandon of near
　　　　Bendix Springs Jul 14, 1852 (both deaf
　　　　& dumb) (338)
　　R. F. G. 1880 (43)
　　Rebecca L. 1869 (43)
BLAG, Nancy 1808 (33)
BLAGG, Nancy 1825 (330)
BLAIR, Albert 1876 (259)
　　Andrew & wife Nelly P. 1845 (259)
　　H. F. 1888 (220)
　　J. F. 1888 (220)
　　J. J. 1870 (329)
　　J. N. & Mary E. parents of William Cunning-
　　　　ham b. Nov 2, 1875 (338)

BLAIR, J. N. 1866 (338)
　　J. R. 1888 (220)
　　Jno. N. & M. E. parents of James Embree b.
　　　　Feb 23, 1871 (338)
　　Mary 1888 (220)
　　Mrs. Mary E. d. Jan 7, 1882 (338)
　　Mary E. 1869 (338)
　　Nelly P., wife of Andrew, 1845 (259)
　　Olala Belle m. William W. McCarter Nov 3,
　　　　1898 (338)
　　Susan 1870, 1871, 1888 (220)
　　W. L. 1888 (220)
BLAKE, Lizzie B. m. Walter S. Brown Nov 8, 1893
　　　　(338)
　　Silvy 1812 (330)
BLAKESLY, C. H. m. Mary Trainor Mar 18, 1886
　　　　(318)
BLAKEY, Robert O. bapt 1883 (271)
BLAND, Theodora dau of James A. McRady & Virginia
　　　　1846 (22)
BLANE, C. W. d. 1901 (128)
BLANKENSHIP, Mrs. B. L. 1892, d. 3 Mar 1895 (318)
　　Marth 1832 (334)
　　Mrs. (taken to Yazoo City) d. Mar 4, 1895
　　　　(318)
BLANKINSIP, T. M. 1889 (275)
BLANKS, Monroe 1871 (259)
　　W. W. R. 1871 (259)
BLANTON, J. O., pastor, 1891 (271)
　　Willie S. 1892 (271)
BLAR, Conley 1866 (220)
　　Susan 1866 (220)
BLEADSAW, Fany M. 1881 (335)
BLEDSOE, Henry & Angy parents of Fredric b. May
　　　　3, 1879 (289)
BLEWETT, Dr. M. m. Mary C. King Jun 3, 1895 (318)
BLOCK, R. C. m. Georgia Chapman Apr 28, 1899
　　　　(318)
BLOOD, Henry m. Caroline Shelby Nov 18, 1844 (47)
BLOODWORTH, John 1848 (329)
BLOOM, Estella May & Olive Crystal inf bapt 1887
　　　　(318)
BLOUNT, A. E., Elder, 1840 (318)
BLUE, Williard C. 1854 (257)
BLUME, Lillie Madden m. James Franklin Jenkins
　　　　Oct 20, 1896 (289)
BLUNT, Mrs. A. E. 1840 (318)
BLURTON, Eleanor 1821 (329)
　　Elizabeth 1821
　　Jinsey 1821 (329)
　　Susannah 1821 (329)
BOARDMAN, Frances C. (Gillott) m. Franklin Gorin
　　　　Jul 30, 1841 (47)
BOATRIGHT, Clarissa 1830 (90)
　　Clarrasa 1826 (90)
BOAZ, Frances 1827 (335)
　　Prudence 1831 (162)
BOBBETT, H. 1849, 1855 (176)

BOBBETT, Henry 1858 (176)
BODDIE, Chas. E. & Susan parents of Margaret
    Maney, Fannie Bell, Mourning Douglass,
    Mary Elliston & Susan Maney bapt 1867
    (257)
    Miss Mary 1877 (257)
    Susan M. 1859, d. 14 Jun 1881 (257)
BOESCHEL, Max J. & Sonnia parents of Wally Alice
    b. Oct 13, 1889 (289)
BOGART, Anne d. Feb 9, 1893 (318)
    Elizabeth Gaines 1899 (318)
    J. N. to Chattanooga in 1893 (338)
    J. N. 1893, d. 22 Jan 1901 (318)
    J. Newton d. Jan 24, 1901 (318)
    Mrs. Kittie (wife of Dr. W. M.) 1893 (318)
    Mrs. Looela J. (wife of W. G.) 1888 (318)
    Mary 1827 (220)
    Dr. Wm. G. 1888 (318)
    Dr. Wm. W. 1891 (318)
BOGGS, C. C. 1898 (318)
BOGLE, Annie m. Geo. P. Culton Jun 14, 1899 (318)
    Mrs. Nannie M. 1888 (318)
BOHANAN, Leona m. Thos. Leslie jr. Jun 4, 1890
    (318)
BOHANNON, Flora bapt 1892 (271)
    H. M. & R. parents of Katherine McFarlane b.
        Feb 23, 1892 (338)
    Henreta 1891 (271)
    Herbert M. m. Ray Bridges (f) Jan 1, 1891
        (338)
    L. L. 1891 (271)
BOHR, A. d. Dec 20, 1891, 63 yrs (318)
BOILESTONE, Robert 1818 (164)
BOILSTONE, Rachel 1818 (164)
BOLE, Emanuel d. Jan 28, 1903 (338)
BOLES, Polly 1845, 1877 (270)
    William Lewis 1874 (177)
BOLLE, Adelia Caroline m. an Ogden in 1870 (338)
    E. & M. parents of Mary Eveline bapt Jul 2,
        1870 (338)
    Emanuel & Mary parents of Rachel Ellen b.
        Dec 2, 1874 (338)
BOLLI, Emmanuel d. Jan 28, 1903 (Confed) (338)
BOLT, J. T. 1893 (259)
    Josie 1893 (259)
    Julia 1893 (259)
BOMAN, Jim 1896 (220)
BOMER, John 1848 (347)
BOND, Benj. C. & E. J. parents of James T., W. F.
        & David M. bapt 1876 (257)
    Benjaman C. 1872 (257)
    Miss Catherine M. 1876 (257)
    Daniel d. Jan 26, 1898, age 48 (47)
    David M. 1876 (257)
    Mrs. E. J. 1876 (257)
    Henry Whitelaw & Mary Dunlap parents of
        Henry Whitelaw (a few mos old) bapt
        Aug 9, 1891 at Sewanee (289)
    J. F. 1876, 1878 (176)

BOND, James? 1852 (327)
    James T. 1876 (257)
    Martha 1858 (43)
    Martha F. 1855 (43)
    Mary 1852 (327)
    Nancy G. 1848 (347)
    Samuel 1881 (331)
    W. A. 1859 (43)
    William 1852 (327)
    William 1854, 1855 (43)
    William A. 1855 (43)
    William F. 1876 (257)
BONDE, Eliza V. 1867, moved May 23, 1869 to Lock
        Haren PA (257)
    Ellen C. 1861, moved Mar 15, 1872, Columbus
        MS (257)
    H. B. & Ellen parents of Cathrine Thompson
        bapt 1871 (257)
    Henry B. & Ellen C. parents of Caroline
        bapt 1862 (257)
    Henry B. & Elinor parents of Elinor Stock-
        ton bapt 1869 (257)
    Susan M. 1865, moved Jan 11, 1868, Lock
        Harin PA, m. Hagerman (257)
BONDS, Catharine 1841 (335)
    Miss Eliza V. 1861 (257)
    H. B. & Ellen C. parents of Alicia bapt
        1866 (257)
    Martha 1841 (335)
BONDURANT, Brown 1852 (225)
    John W. 1867 (225)
    Joseph Edward (225)
    Laura B. 1861 (225)
    Mary Adline (225)
    Peter M. 1846 (225)
    Robert Alvis & Joseph Edward & Mary Adline
        bapt 1861, children of Peter M. &
        Laura B. Bondurant (225)
    Robert M. 1846 (225)
BONE, James 1866 (225)
    Mary Lee 1865 (225)
    Mollie d. Jan 4, 1871 (225)
BONER, Henry & Mary (Wheeler) parents of Winnie
        Lee b. Sep 29, 1881 (289)
BONES, Mrs. A. bapt 1896 (271)
BONHAM, Charles E. d. May 27, 1890 (318)
    Mrs. S. J. (wife of W. C.) 1881 (318)
    Thomas O. infant bapt 1881 (318)
    W. C. 1881, d. 1913 (318)
BONNELL?, Mrs. Elizabeth Moore 1898 (22)
BONNER, A. J. 1869 (wife Ann C.) (259)
    A. J. 1874 & 1898 (259)
    Ann C. (wife of A. J.) 1869 (259)
    Benton 1872 (259)
    E. C. 1876 (259)
    Elizabeth 1833, 1841 (259)
    James 1856 (275)
    Jennie Bell 1876 (259)
    Lydia d. Oct 24, 1829 (335)

BONNER, John A. 1876, d. 1886 (259)
    Mary E. 1869 (259)
    Nancy S. W. 1869 (259)
    Polk 1876 (259)
    Polk (see Florence Medley) (259)
    Sarah 1841 (259)
    Thomas 1880, 1883 (275)
    William 1876 (259)
    Mrs. William 1876, d. Nov 1876 (259)
    William J. 1827 (335)
BONNET?, Elizabeth 1806? (164)
BONS, Mary E. 1855 (334)
BOOKER, Benjamin 1827 (335)
    Benjamin B. 1829 (335)
    Harriote B. 1845 (170)
    Mary A. 1847 (170)
    Sally Ann infant bapt 1831 (22)
    William P. 1843 (170)
BOON, Hanner 1813 (164)
    Orpha 1883 (331)
    R. H. 1869, 1874, 1875 (176)
BOONE, Nathan 1883 (331)
    S. M. m. Maggie B. Ingram Feb 4, 1896 (318)
BOOTH, Anna (from Vicsburg) m. Samuel McKinney Dec 3, 1879 (338)
    Edwin E. 1821 (338)
    Hannah 1813 (164)
    Robert B. 1879, d. 1890 (318)
    Samuel 1813 (164)
    Saml. Lorsby d. Apr 25, 1905, aged 36? (N.Y.) (338)
    Washington adult bapt Sep 30, 1875 (289)
BOOTHE, E. d. 1856 (338)
    Elsea 1828, 1841, 1842 (338)
    Elsea d. 1856 (338)
BOOZALIES, Angelina d. Apr 30, 1910, age 8 mos (289)
BOOTRIGHT, (brother) 1822 (205)
BORDEN, Dallas bapt 1886 (271)
BORDIN, Tennie 1888 (271)
BOREN, Daisey 1889 (345)
    James M. 1889 (345)
BORING, Mrs. Jno. d. May 10, 1900 (318)
BORUN, George W. 1848 (347)
BOSES, Louis m. Cornelia Thomae Apr 20, 1890 (289)
BOSLEY, John 1809 (90)
BOSTICK, John 1834 (90)
    Dr. Jonathan 1863 (90)
    Mrs. Mary T. 1853 (90)
    Manoah confirmed 1835 (22)
    Manoah d. 1837 (22)
BOSWELL, Mary 1846 (205)
    Mary B. ca. 1848 (225)
    May B. 1857 (225)
BOUDE, Rev. Henry B. 1861 (257)
BOUDER?, Sue M. m. S. A. Hagoman Aug 21, 1867 (257)

BOUGHTON, Belle B. m. J. D. Roberts Jan 5, 1895 (318)
BOULDEN, Chas. J. m. Gertrude A. Nees Jun 29, 1893 (318)
BOULES, Polly 1816 (178)
BOURNES, Hannah m. David A. McGredy Aug 24, 1857 (289)
BOWDEN, Catherine 1879 (280)
    B. T. d. Jun 19, 1863 (280)
    Elizabeth 1879 (280)
BOWDOIE, Edward d. Jan 23, 1891, age 49 (47)
BOWEN, Achilles & Rebecca O. parents of Marshall Polk b. Jan 5, 1853 (289)
    Amanda 1861 (225)
    Frederick, Benny & Julius inf bapt 1881 (318)
    Lenard 1808 (330)
    Susie Ellen d. Jul 25, 1892 (b. Mar 22, 1882) (289)
BOWENS, Robert Henry bapt 1852? son of Jacob & Mrs. Bowens (225)
BOWERS, Abraham 1861 (341)
    Abrom & wife Susanah 1850 (330)
    Annie Polk see Mary Jane B. (225)
    Elizabeth (see Elizabeth Nave) (166)
    Rev. J. L. b. Jul 30, 1830, d. Jun 23, 1902 (166)
    Jack Polk b. Nov 16, 1873, bapt in private because of the illness of the child, parents P. Henry & Virginia (reel # omitted)
    Jos. N. 1849 (176)
    Mary Jane b. Mar 20, 1872, Annie Polk b. Feb 15, 1870 to P. Henry & Virginia G., sponsors Atlas J. Peebles, Mrs. Olivia Bowling & Mrs. Carie B. Thomas, bapt 1875 (225)
    R. J. d. Dec 21, 1886 (318)
    Mrs. Virginia 1872 (225)
    Mrs. Virginia G. 1874 (d. _____ fever 1878) (225)
    Mrs. Virginia G. d. Sep 17, 1878 (225)
BOWIE, J. P. & F. parents of Sidney b. Jan 19, 1899 (338)
    Mrs. Jane P. d. May 21, 1897, age 78 (338)
    Langdon of Charleston SC m. Jane Park Sep 28, 1841 (338)
BOWLES, J. G. d. Oct 18, 1876 (A & C RR) (318)
    Rev. J. H. 1864 (120)
BOWLIN, Will 1896 (220)
BOWLING, Miss Mary 1870 (264-2)
    Melissa buried 16 Mar 1876, age 67 (47)
    Mrs. Olivia 1876, 1877 removed to Memphis (225)
    W. F. 1888 (220)
    Dr. W. K. buried 7 Aug 1885, age 78 (47)
BOWMAN, Adaline buried Jan 7, 1847 (47)
    Mrs. J. W. d. 1905, age 44 (120)

BOWRON, Frank 1896 (318)
    Frank Winfield infant bapt 1886 (318)
    Mrs. Irene V. 1885 (wife of Harry) (318)
BOXENDALE, Edward d. May 1909, age 75 (120)
BOYCE, Freddie Badell d. Aug 24, 1903 (318)
    Leonard d. Aug 17, 1893 (318)
BOYD, Angelina 1831 (259)
    Armstead 1848 (347)
    B. S. & Annie parents of Richard Hocker b. Dec 7, 1897 and James Stephenson b. Mar 14, 1899 (338)
    B. S. (see Annie Logan) (338)
    B. S. & Annie parents of Benjamin Stephenson b. Jan 10, 1890 (338)
    B. S. & Annie parents of Logan Woods b. Oct 14, 1892 & William Caswell b. Aug 10, 1894 (338)
    Bell K. m. John M. Allen (from AR) Oct 6, 1881 (338)
    Ben & Annie parents of Samuel Becket b. Nov 14, 1888 (338)
    Benjamin S. m. Marguerite A. Logan Jan 25, 1888 (338)
    Mrs. Cynthia d. Oct 29, 1890 (338)
    Cynthia 1841, 1842, 1857 (338)
    Cynthia Irvin m. James Halliday McCue Feb 6, 1896 (338)
    D. M. m. Sarah P. Smith Oct 13, 1869 (264-2)
    E. B. 1855, 1858 (176)
    Earnest L. 1895 (345)
    Elizabeth Wilson (dau of S. B. & R.) bapt May 7, 1854, age 3 mo 20 da (338)
    Henry D. m. Delia Smith (both from Concord) Jan 7, 1886 (338)
    Mrs. Irv N. 1860 (338)
    Isabella 1841, 1842 (338)
    Isabella d. Mar 30, 1855 (338)
    Mrs. Isabella R. d. Bristol TN Sep 25, 1907, age 76 yr 3 mo (338)
    Isabella R. 1857 (338)
    Mrs. Iva N. d. Mar 14, 1907 (338)
    J. B. d. Jun 21, 1897 (345)
    J. R. 1848 (338)
    Jane 1832, 1841, 1842 (338)
    Js.? d. Mar 30, 1855 (338)
    John m. Minnie Van G. Rogers 1890 (338)
    John C. 1853 (345)
    Dr. John M. (ME Ch S) d. May 16, 1909, aged 75 yr 4 mo 28 da, "the beloved physician" (338)
    Joseph B. d. Jun 21, 1897 (345)
    Joseph B. 1854, d. Jun 2, 1897 (345)
    Joseph B. 1853 (345)
    Joseph S. 1888 (345)
    Lizzie m. W. R. Caswell May 4, 1871 (338)
    Lizzie A. m. W. M. Hardison Sep 13, 1886 (345)
    Lizzie Anna 1880, 1888 (345)

BOYD, Lizzie W. 1866 (338)
    Mrs. M. S. d. Feb 2, 1886, 73 yrs old? (338)
    Martha (see Martha S. Wilson) (345)
    Martha 1858 (275)
    Martha S. 1866 (345)
    Mary Reed m. Albert Sidney Birdson Mar 3, 1896 (338)
    Nannie R. 1890 (name changed to Ezell by marriage) (345)
    Robert Isbel d. Oct 4, 1902, 25 yrs (338)
    S. B. & Bell parents of Isabella Kennedy bapt Apr 22, 1860 (338)
    S. B. 1852 (338)
    S. B. & Bell parents of Mary Reed bapt Jun 16, 1873 (338)
    Sallie (wife of H. N. Saxton) d. Sep 3, 1912 (338)
    Sallie M. 1880, 1890 (345)
    Sallie M. m. A. G. Dickson Apr 22, 1890 (345)
    Sam B. d. Jan 9, 1890, age 62 yr 7 mo (338)
    Saml. B. m. Isabella R. Boyd May 1853 (338)
    Samuel B. d. Jan 9, 1890 (338)
    Samuel B. b. Jun 5, 1828, d. Jan 9, 1890 (338)
    Sarah 1857 (338)
    Mrs. Sarah P. d. Sep 6, 1870 (264-2)
    Sarah S. m. Henry N. Saxton jr. Apr 20, 1887 (338)
    Susan 1829 (338)
    Susan W. d. Mar 1880, aged 70 yr 7 mo 9 da (345)
    Susan W. 1853 (345)
    Synthia mother of Isabella Reed bapt Nov 23, 1832 (338)
    Tennessee buried Nov 19, 1881 (47-1)
    Thomas A. m. Martha S. Wilson Dec 20, 1866 (345)
    Thomas A. 1873 (345)
    Wm. H. 1859 (264-2)
    Wm. L.? buried 2 Nov 1888, age 64 (47)
    Willis d. Jul 19, 1872, age 3 mo (47)
BOYDS, Sallie d. 1879 (281)
BOYENE, Wm. m. Martha M. Wright Jul 12, 1877 (318)
BOYER, Jeanette m. George Anderson Mar 8, 1887 (318)
BOYERS, Mrs. Anna 1861 (257)
    Miss Anna 1881, m. Charles Baker 15 Nov? 1888 (257)
    C. W. m. Elizabeth Solomon Dec 20, 1870 (257)
    Cincinnatus W. 1871, d. 21 Apr 1881
    Mrs. Elizabeth d. Mar 10, 1867 (257)
    Elizabeth 1854, 1861 (257)
    Robert 1861, 1867 (257)
    Robert M. d. Jan 8, 1871 (257)
    Robert M. 1854, 1861 (257)

BOYERS, Thomas & Ann parents of Robert bapt 1865 (257)
BOYETT, E. 1855 (176)
    Eli 1871 (176)
BOYNTON, Luella P. m. Andrew O'Donnell Jun 20, 1892 (318)
BOYS, Thomas 1833 (259)
BOYSINGER, Blanche adult bapt 1879 (318)
    Blanche m. Dr. E. H. Byrd May 19, 1892 (318)
BOZ, Joseph 1843 (170)
    Lucenda 1843 (170)
BRAACH, James 1858 (176)
BRABAZON, Capt. W. G. d. Jul 18, 1874, age about 48 (289)
BRABSON, Mrs. McEskin d. Aug 26, 1893 (318)
BRADBURY, Dan? and Annie parents of Berta b. Jul 26, 1874 (289)
    Willie d. Jun 25, 1875, age 3 (289)
BRADEN, Jane 1840 (345)
    John 1821 (220)
    Mrs. Kit d. Feb 13, 1910 (347)
    Malinda C. dau of Jane b. Mar 17, 1841 (345)
BRADFIELD, Mrs. M. E. mother of Lewis Klein bapt Jun 9, 1860 (338)
BRADFORD, A. P. d. Aug 31, 1896, age 72 (338)
    Alex. C. d. Dec 20, 1892 (47)
    Alexr. B. m. Leonora Bisland 12 Dec 1888 (47)
    Andrew bapt 1883 (164)
    C. Hoyt m. Ida R. Whipple Oct 23, 1889 (318)
    Chancellor W. M. 1880, d. 11 Jun 1895 (318)
    Clark E. 1885 (318)
    D. A. father of Elizabeth May inf bapt 1884 (318)
    David A. 1882, d. 30 Dec 1913 (318)
    Dora 1877, d. 1888 (271)
    Mrs. E. K. (wife of W. M.) 1880, d. 24 Jul 1903 (318)
    Mrs. E. K. d. Jul 26, 1903 (318)
    Elen 1880 (335)
    Exelandrew 1883 (164)
    G. & C. J. parents of George Echols bapt Sep 5, 1871 (338)
    Miss Gussie 1880 (318)
    Henry 1818 (162)
    J. C. 1868 (338)
    James Cowden m. Sarah Polk Jones 27 Jun 1888 (47)
    Jane m. Edward B. Darlington Nov 14, 1854 (47)
    Lucy 1885 (335)
    Miss Mary d. Jan 6, 1899 (318)
    Mary m. O. Dumas Sep 9, 1884 (318)
    Miss Mary C. 1880, to AL 1891, m. O. Dumas Sep 1884 (318)
    Miss Mary K. 1884, d. Jan 6, 1899 (318)

BRADFORD, Nathan 1846 (341)
    Rachal 1818 (162)
    S. A. 1893 (341)
    S.? A. 1884 (335)
    S. H. 1893 (341)
    Mrs. Sarah (wife of D. A.) 1882, d. 24 Oct 1913 (318)
    Sarah An 1883 (318)
    T. J. bapt 1877 (271)
    Judge Wm. M. d. Jun 12, 1895 (318)
BRADING, Mrs. Bina 1894 (264-2)
    Mrs. Bina Gatewood 1897 (264)
BRADLEY, Mrs. Ann Auguste 1869 (22)
    C. J. 1849, 1844, 1855 (176)
    Carrie adult bapt 1886 (318)
    Miss Carrie 1886 (318)
    Rev. E. 1869 (22)
    Ebenezer m. Mary Darby 24 Dec 1871 (47)
    J. C. m. Lila Tschudi Oct 19, 1887 (318)
    Master Lamuel 1869 (22)
    Martin Samuel confirmed 1869 (22)
    Mary buried 16 Mar 1876, age 3 (47)
BRADLY, Harriet 1865 (329)
    Wesley 1868 (329)
BRADSHAW, A. J. 1856 (318)
    Eliza 1821 (329)
    Euphelia E. 1856, family of Rev J. N. (318)
    Gannon 1840 (275)
    Rev. J. N. 1856 (318)
    John m. Mary Jane (Scott) Hickey May 28, 1840 (47)
    Mary 1879 (281)
    S. M. 1856, family of Rev J. N. (318)
BRADT, Mrs. Grace 1875 (257)
BRADY, Cherokee 1877 (271)
    Elizan 1873 (205)
    Frank W. m. Lucy B. Hammond Dec 12, 1895 (338)
    Hugh J. 1877 (271)
    Jas. W. adult bapt Apr 15, 1860, age 47 (289)
    Jane 1856 (220)
BRAELEY, Peggy 1841 (259)
BRAGDON, Mary 1857 (275)
BRAGG, Ann 1876 (259)
    Clarissa member 1872, m. Frank Hobbs (259)
    Louisa 1872 (259)
    Polly 1819, 1824 (162)
BRAIDEN, Hannah 1827 (220)
    John 1821, 1823, 1825 (220)
BRAKEFIELD, Elizabeth 1822 (330)
BRAMER, Eliza Caswell d. Apr 15, 1899 (b. Dec 1832) (338)
    Mrs. Jessie Roberts d. Jul 2, 1897 (47)
BRAMLET, Thomas bapt 1882 (271)
BRAMLETT, Amanda 1893, d. 11/16/1896 (271)
    Anne 1893 (271)

BRAMLETT, Frannie? bapt 1878 (271)
BRAMLETTE, John 1860 (341)
BRANCH, Alexander & Mary parents of Samuel Wader-
    tell b. Oct 7, 1848 (289)
    Coriolanus buried Jun 21, 1846 (47)
    Joseph m. Annie Martin 7 Sep 1848 (47)
    Lucia m. John Wm. Howard 11 Dec 1888 (47)
    Mary Evelyn m. Alexander Mackenzie Feb 25,
        1847 (47)
BRANDAN, Annie L. m. F. Neill Hughes Nov 24,
    1892 (338)
BRANDON, Estella m. F. A. Nardberg Feb 22, 1898
    (318)
    Geo. E. from near Bendix Springs m. Lucy C.
        Blackwell Jul 14, 1852 (both deaf &
        dumb) (338)
    John W. 1874 (215)
    Martha 1875 (215)
    Robert 1827 (335)
    Sally 1827 (335)
    Mrs. Susan d. Apr 1908, age 84 (120)
    Susan m. Eli Beckett Nov 16, 1865 (47)
    Susannah 1827 (335)
    William 1827 (335)
BRANDT, Ollie P. parent of Albert, Carlisle &
    Alice bapt 1893 (257)
BRANFF, W. J. m. Minnie Papineau Jul 31, 1885
    (318)
BRANHAM, Caroline 1888 (220)
    Jesse F. m. Ida Carter May 10, 1871 (257)
    John 1888 (220)
    Polly 1833, 1848 (331)
BRANINE?, Jno. d. May 12, 1893, age 80 (47)
BRANNER, Mrs. Eliza C. 1870 (338)
    Mrs. Eliza C. d. Apr 15, 1899 (338)
    Elizabeth Caswell m. Eugene St. Clair
        Arnold Feb 20, 1889 (338)
    Mary d. Nov 2, 1901 (338)
BRANNON, W. H. m. Mildred Simpson Nov 20, 1884
    (318)
BRANSE, Chas. F. 1883 (264)
BRANSFORD, Aletha 1872 (215)
    Bessie Lee d. Aug 27, 1891, age 10 (47)
    Elizabeth Ann 1862? (215)
    Hellena 1887 (215)
    John F. 1862? (215)
    John F. 1842 (215)
    Johnson jr. d. Jun 1903, age 16 mo (120)
    Martha J. 1853, 1858, 1887 (215)
    Mary 1852, 1858, 1862? (215)
    Mary Jane 1849 (215)
    Richard B. 1875, 1887 (215)
    Samuel A. 1871 (215)
    Sarah 1848, 1852 (215)
    William 1843, 1880 (215)
    William B. 1882 (215)
    William C. 1852, 1862? (215)
    William W. 1855, 1858 (215)

BRANTLY, Martha 1827, 1830 (335)
BRASHAN, Asa d. about Sep 1, 1879, age 53 (289)
BRASHER, Mary Ann d. Mar 17, 1906, age 73 (289)
BRATTON, Elizabith 1887 (215)
    Laura 1877 (215)
    Laurra? 1893 (215)
BRAUN, A. G. ca. 1870 (281)
BRAUSE, C. 1883 (264)
    Charles F. 1866, m. Mary C. Guenther Sep
        19, 1876 (264-2)
    Charles F. & Mary C. parents of Carry
        Ottilie b. Aug 9, 1877, bapt 1878
        (264-2)
    Chas. F. & Mary C. parents of Mary Matilda
        bapt 1885 (264-2)
    Charlie 1866 (264-2)
    Constantin & Eliese parents of George Con-
        stantine b. Sep 26, 1866, bapt 1867
        (264-2)
    Constantine d. Jul 23, 1889 (264-2)
    Mrs. Eliza 1867 (264-2)
    Miss Elizabeth C. 1870, m. A. W. Palmer
        Dec 19, 1878 (264-2)
    Miss Mary 1883 (264)
    Mary 1868 (264-2)
    Miss Mary Fanny 1868 (264-2)
BRAWLEY, A. F. 1841 (259)
    Alfred L. 1833 (259)
    Ann J. 1833 (259)
    Anna L. 1841 (259)
    Charles 1833 (259)
    Hannah 1841 (259)
    Honor 1833, 1831 (259)
    Honor P. 1841 (259)
    James 1846 (259)
    John 1833, 1841 (259)
    Lee & wife, mother & Sarah Brawley & dau
        Lester Honor P. Brawley & son John D.
        Brawley & dau Anna Jane, now Anna Jane
        Fletcher, 1854 (259)
    Lercy 1831 (259)
    Leroy 1841 (259)
    Peggy 1831 (259)
    Polly 1841 (259)
    Polly C. 1833, 1841 (259)
    Polly N. 1831 (259)
    Sally 1831 (259)
    Samuel A. 1846 (259)
    Sarah 1841 (259)
    Thomas 1841 (259)
BRAWNER, Jerrimiah 1844 (215)
    Mary K. 1895? (215)
BRAY, Elender 1857 (259)
    Evelyn 1857 (259)
    Lucinda 1857 (259)
    Mary 1857 (259)
    Tempie 1871, 1849 (259)
    Temple 1871 (259)

BRAY, Tempie d. before 1857 (259)
BRAZEAL, Clara M. d. Jul 23, 1878, 18 mo (318)
    Mrs. & son Franklin bapt ca. 1829 (264)
BRAZENDINE, Elizabeth 1834 (205)
    John 1819 (205)
    Patcy 1818 (205)
    Thomas 1819 (205)
BRAZIER, James & Melissa parents of Leonora b. May 9, 1851 and Charles b. Nov 3, 1854 (289)
    Melissa bapt Jan 27, 1862 (289)
BRAZIL, Mrs. J. M. d. Sep 17, 1901 (318)
    J. M. 1892 (318)
    John M. adult bapt 1892 (318)
BREADWELL, Julia 1840 (257)
BREAST, Wm. d. Dec 29, 1860 (289)
BREAZEALE, Betsey mother of Columbus bapt 1827 (264)
    Mary 1840 (318)
BRECK, E. C. 1848 (338)
    Mrs. Elizabeth d. Jun 7, 1911 (338)
BRECKENRIDGE, Dr. S. P. d. Mar 15, 1887 (318)
BREEDAN, Nancy 1856 (220)
BREEDEN, J. 1848 (220)
    N. (f) 1848 (220)
    W. 1856 (220)
BREEDIN, Jane 1843 (220)
BREEDING, John sr. 1843 (220)
    John jr. 1843 (220)
    Mary 1843 (220)
    Nancy 1845 (220)
BREEN (alias Deane), Annie D. m. Patrick McGriffin 20 Dec 1882 (47)
BRENNAN, Isabella Ann buried Apr 13, 1867, age 43 (47)
BRENT, Gabriella D. m. Edward J. Hinton Nov 30, 1892 (338)
    H. E. m. H. B. Wright Mar 5, 1898 (318)
    William m. Guila DeLoach 20 Nov 1878 (47)
BRENTLY?, Jacob adult bapt 1851 (225)
    Mrs. 1829 (335)
BRENTS, Stacy d. Jul 30, 1885 (335)
BRETT, Alaxander 1865 (329)
    Alexander 1848 (329)
BREVARD, F. E. & A. parents of Wanda Williams b. Mar 13, 1884 (338)
    F. E. & A. parents of Branda Frank b. Dec 13, 1888 (338)
    Mary Ann 1850 (215)
BREWER, Dora E. m. W. D. Nave Oct 19, 1896 (318)
    Elisabeth 1845 (270)
    Elizabeth 1845, 1877 (270)
    Emariah 1846 (341)
    Mary 1853 (170)
    Mollie m. Frank Neville Aug 24, 1889 (289)
    Pleasant 1877 (270)
    Plesant 1845 (270)
    Russel 1845, 1877 (270)

BREWER, Thomas d. Sep 15, 1891 (13th AL C.S.A.) (318)
    Mrs. d. Jul 22, 1881 (318)
BRIAN, Susanna 1822 (338)
BRIANT, A. N. 1881 (331)
BRICE, Ann adult bapt 1869 (318)
    Lida adult bapt 1873 (318)
    Lizzie m. G. H. Strong Jun 7, 1877 (318)
    Lizzie adult bapt 1873 (318)
    Robert adult bapt 1866 (318)
BRICK, Robert N. 1843 (338)
BRIDGE, Miss J. A. (wife of John Freeland) 1876 (281)
    Tom d. Dec 1, 1901 (318)
BRIDGES, Mrs. Anis mother of Mary McKimm bapt Jul 17, 1859, age 1 mo (338)
    Anne M.? 1857 (338)
    Anne M. mother of Susan Morgan b. Dec 31, 1857 (338)
    J. W. m. Ann M. Campbell Mar 19, 1857 (338)
    James W. 1860 (338)
    Miss Lydia A. d. Nov 10, 1893 (318)
    Martha L. 1876 (281)
    Prunella 1848 (329)
    Ray (f) m. Herbert M. Bohannon Jan 1, 1891 (338)
    Susin 1848 (329)
    Susannah 1821 (329)
    T. (see Virginia D. Allen) (257)
    T. P. 1882 (257)
BRIDWELL, Jas. M. d. Mar 22, 1901, age 74, killed of RR track (338)
BRIEN, Anna H. m. Howard C. Gordon 6 Jun 1877 (47)
    John S. 1898 (22)
    Mrs. Susan 1898 (22)
BRIESE, Niell Smith Brown buried 1 Oct 1875, age 7 (47)
BRIGANCE, A. A. 1871 (281)
    Mrs. B. A. (wife of John) 1871 (281)
    John 1873 (281)
    Mrs. Sarah 1871 (281)
BRIGGS, Eliza 1845 (220)
    Elizabeth adult bapt 1861 (22)
    I. A. m. Bertha Widman Oct 15, 1898 (318)
    Nathan B. 1843 (220)
BRIGHAM, Adeline Elizabeth buried Mar 3, 1855, age about 35 (47)
    H. C. ca. 1883 (281)
    Fidelio Williams m. Amelia V. Webb Nov 30, 1858 (289)
BRIGHT, A. B. m. Maude McBroyer? Jun 22, 1882 (318)
    Mrs. J. M. (Eleanor Hunt) d. Dec 1902, age 38 (120)
    James E. d. Apr 1, 1907 (338)
    James Gardner 1898 (318)
    Miss Judith C. member 1898 (m. F. P. Gracy) (318)

BRIGHT, L. P. 1878, d. 1880 (318)
    Miss Lucy 1887 (318)
    Miss Margaret G. 1892 (318)
    Richard G. 1898 (318)
    Robert L. jr. 1898 (318)
    Robert L. 1887 (318)
    Sallie G. (wife of R. L.) 1887 (318)
BRIM, Katharine 1833 (331)
BRINES?, Elizabeth Caroline 1848 (334)
BRINK, Addie mother of Leroy Harding b. Jul 3, 1893 (289)
    R. N. m. Sallie E. Douglass Apr 17, 1873 (257)
    Sallie C. 1865 (257)
BRINTON, Helen A. 1880 (128)
BRISCO, Tho. 1814 (330)
BRISCOE, Henry Rogan m. Lillie Etheridge Drake Dec 24, 1885 (338)
    J. E. m. Isabel White (dau of A. P.) Oct 30, 1895 (338)
    Jos. Earnest m. Isabel White Oct 30, 1895 (338)
    Mattie A. m. George J. Lea (from Cleveland TN) Mar 5, 1889 (338)
    Melinda Russell d. Mar 15, 1904, aged 26 (wife of Wm. N. Briscoe) (338)
    Mrs. Wm. N. d. Mar 15, 1904, age 28 (338)
BRISTOW, C. E. m. Elizabeth Williams Aug 16, 1899 (318)
BRITAIN, Thomas 1827 (335)
BRITON, Marthey Ann 1845 (170)
    Mary Jane 1845 (170)
    Patsey 1843 (170)
    Thomas 1850 (334)
BRITTAIN, Henry 1843 (170)
    A. L. 1858 (170)
    Harriett 1858 (170)
    Peyton S. 1858 (170)
BRITTON, C. L. 1855 (170)
    Culin 1843 (170)
    John jr. 1843 (170)
    Millie (nee Bailey) bapt 1877 (271)
    Sarh (Neal) (wife of Harry) 1855 (170)
    William W. 1843 (170)
BRIXEY, Wm. ordained Aug 1884, d. Apr 1890 (259)
BROADAWAY, L. 1847 (341)
BROADBENT, Thomas m. Florence E. Dillon Jun 15, 1861 (47)
BROADWELL, Cyrus & Jennie parents of Mary Day b. Jul 25, 1875 (289)
BROCK, Demarius 1816 (178)
    Elwood m. Dixie Payne Aug 27, 1889 (318)
    Mrs. Mary d. Mar 5, 1887 (318)
BRODFIELD, Mrs. Matilda E. d. Feb 7, 1861 (338)
BRODY, Mrs. d. Oct 25, 1877 (318)
BROGDAN, Betty 1873 (275)
    Jane 1880 (275)
    Sarah An 1873 (275)

BROGDAN, Wash 1880, 1883 (275)
BROGDEN, Parson M. 1850 (170)
BROGDIN, Mary 1865 (275)
BROGDON, Betty 1880 (275)
    Elizabeth 1880 (275)
    Nancy 1887 (275)
    Sarahann 1880 (275)
    William T. m. Eliza W. Darr Aug 11, 1886 (338)
BROGLEN, Dicia 1873 (275)
    Jane 1873 (275)
    Wash 1873 (275)
BROGLIN, Elizabeth 1873 (275)
BROMWELL, Joseph 1887 (271)
BROOK, C. P. & M. parents of Charlton P. b. Jan 23 1898 (338)
    C. P. m. Margaret McTeer Dec 14, 1893 (338)
    Franklin 1856 (275)
    J. G. 1855 (43)
BROOKE, Charlton P. m. Margaret McTeer Dec 14, 1893 (338)
    Jos. McTeer d. Jan 1, 1897 (b. Dec 31, 1896) (338)
    Mrs. Lila E. 1891 (318)
    Margaret McTeer d. Oct 30, 1904, aged 30 (338)
    St. Pierre m. Carrie W. Ehrhard 26 Dec 1878 (47)
BROOKES, Polly 1822 (330)
BROOKS, Ademla? I. 1866 (338)
    Agnes J. m. Harvey Baker Mar 27, 1855 (338)
    Alma d. Nov 17, 1900 (338)
    Alma m. John T. Wason Oct 26, 1892 (338)
    Anna 1808, 1825 (330)
    Betsey 1808 (330)
    Betsy 1812 (330)
    Cynthia m. Wm. B. Rogers Feb 9, 1865 (338)
    Elisabeth d. 1881? (335)
    Elisha C. 1833 (259)
    Fanny J. 1866 (338)
    Fairun? (crossed out) 1866 (338)
    J. M. & S. M. parents of Robert Craighead bapt Apr 29, 1883 (338)
    J. M. & S. M. parents of John McMillan b. Oct 1, 1881 (338)
    Jas. A. 1866 (338)
    James W. 1873, 1897 (345)
    Jno. M. & Sophy parents of Joseph A. b. Jul 18, 1878 (338)
    Jno. M. & Sophia parents of Alma bapt Apr 13, 1872 (338)
    John M. 1866 (338)
    John M. to Middlesboro KY in 1890 (338)
    John M. m. Sophie M. Park Nov 12, 1868 (338)
    Joseph A. d. Aug 8, 1879 (338)

BROOKS, Jos. E. (crossed out) 1866 (338)
    Josephine E. (m. a Luttrell?) 1866 (338)
    Lizzie 1883, 1897 (345)
    Lizzie __ (crossed out) 1866 (338)
    Margaret A. 1866 (338)
    Mrs. Margt. Almeda d. Mar 23, 1900, age 91 yr 10 mo 6 da (338)
    Mary K.? 1873, 1897 (345)
    Rebecca Ann m. Sam H. Davis Nov 23, 1864 (338)
    Robert 1808, 1812 (330)
    Sally 1811 (330)
    Sophia M. d. Apr 28, 1886 (338)
    Mrs. Sophie P. d. Apr 28, 1886, age 37 yr 7 da (338)
    Usley? (f) 1808, 1825 (330)
    Walter T. (from Columbia) m. Lois M. Crenshaw Nov 12, 1890 (338)
    Z. F. 1865 (275)
BROON, J. G. 1870 (43)
    Mrs. 1870 (43)
BROTHERS, William T. m. Mary C. Castleman 14 Sep 1882 (47-1)
BROTHERTON, John buried 24 Oct 1873, age 36 (47)
BROUGHS, Anderson 1877 (270)
    Judeh 1877 (270)
    Mary 1877 (270)
BROUN, Mary L. m. Charles F. Ordway 11 Jul 1881 (47)
BROUNORE, Ella F. m. W. L. Burk Aug 16, 1899 (318)
BROWDER, Elizabeth 1804 (90)
BROWER, Mary see Mary Cole (215)
BROWN, Prof. A. G. d. 1906, age 84 (120)
    A. J. 1881 (270)
    Hon. A. V. & Cynthia parents of Granville Pillow Brown adult bapt Jul 7, 1860 (289)
    Aaron V. m. Cynthia Saunders Oct 1, 1845 (47)
    Miss Alice member 1882, m. Lee Oldham (257)
    Alice m. Lee O. Oldham 1895? (257)
    Albert, see Mrs. J. I. Brown (281)
    Almeda Jane 1879 (280)
    Andrew adult bapt Oct 7, 1860 (289)
    Ann Maria buried Apr 1, 1878, age 69 (47)
    Annie d. Jun 28, 1885, 18 mos (318)
    Annie 1885 (257)
    Mrs. Annie A. (wife of A. L.) 1896 (318)
    Mrs. Annie E. m. ALbert A. DuRocher Dec 25, 1895 (338)
    Annie M. m. F. D. Willingham Jul 4, 1893 (318)
    Anny 1813 (164)
    Antoinette mother of Mary Frances bapt May 24, 1851, age 1 yr 8 mo (338)
    B. H. parent of Emma & Ben infants bapt 1885 (318)

BROWN, Belle 1888 (220)
    Benj. J. 1861 (162)
    Brice 1893 (220)
    Bricen 1896 (220)
    C. C. 1866 (162)
    Charles & Willie H. parents of Nellie Houston bapt 1888 (257)
    Chas. H. m. M. Westervelt Jun 6, 1865 (47)
    Christopher 1806?, 1859 (164)
    Mrs. Cynthia d. Sep 16, 1892, age over 80 (289)
    Cynthia H. widow of Hon. A. V. Brown bapt Jul 7, 1860 (289)
    Daniel 1818 (164)
    David Rees, 2 yrs, d. Jul 28, 1897 (318)
    Delily 1844 (335)
    Dica 1880 (275)
    Dollie m. Henry Smith Oct 13, 1887 (289)
    E. B. d. 1893 (341)
    E. H. 1867 (341)
    E. W. pastor 1898 (271)
    Ed & Emma parents of Nannie Phil bapt Nov 3, 1886 (289)
    Edmonie Peters adult bapt Feb 7, 1875 (289)
    Mrs. Edna d. Mar 2, 1893, 80 yrs (318)
    Edward I. & Marthanna parents of John Edward bapt Feb 6, 1883 at Dickson (289)
    Edward Isaac & Martha J. parents of Dollie Waller b. May 12, 1863; Lizzie Foster Chaplin b. Feb 27, 1866; Littleton Leftwich b. Nov 11, 1867; and Alice Henry b. Apr 19, 1870 (289)
    Elizabeth L. m. Lindsay W. Coleman 17 Oct 1883 (47)
    Ema E. 1883 (43)
    Emime? 1873 (43)
    Miss Emma Porter 1896 (318)
    Eva 1885 (257)
    Eva m. Miller Woodson 1895? (257)
    F. J. (wife of Bent) 1879 (281)
    F. R. 1879 (176)
    Faner 1884 (43)
    Florence 1876 (281)
    Florence, see Florence Cason (345)
    Frank A. 1885 (381)
    Miss G. bapt 1896 (271)
    Mrs. G. F. 1896 (271)
    Gabriel 1848 (347)
    Gabriel d. 1873 (347)
    George Alex. & Annie Myers parents of Harry & George (f) bapt Apr 22, 1886 (289)
    Geo. F. d. Sep 12, 1889 (318)
    Granville Pillow d. Apr 1862, age 14 (289)
    Gus & O. A. parents of Mary Eliza bapt Aug 8, 1896 (347)

BROWN, Harold Augustus 1887 (281)
    J. A. J. 1869, 1868 (259)
    J. C. 1881 (270)
    J. E. m. Mary E. Johnston Oct 8, 1883 (318)
    Mrs. J. I. (wife of Albert) 1871 (281)
    J. M. 1873 (43)
    J. O. 1890 (281)
    J. P. 1877 (281)
    J. R. C. jr. 1876, 1877 to Columbia SC (entered Seminary) (318)
    James bapt 1896 (271)
    James O. 1881 (281)
    James P. & Lisinka parents of George W. Campbell b. 27 Nov 1840; Percy b. 5 Mar 1843; Harriet Stoddert b. 1 Aug 1844 (47)
    James Percy m. Lisinka Campbell Apr 25, 1839 (47)
    Jane 1818 (264)
    Jane d. Apr 22, 1891 (341)
    Jennie W. m. Paul F. Eve 15 Apr 1884 (47)
    Jessee D. 1855, 1856 (43)
    John infant bapt 1881 (318)
    Jno. infant d. Nov 2, 1881 (318)
    Joseph E. d. Sep 30, 1887, 2 yrs (318)
    Josephine buried Oct 7, 1878, age 5 (47)
    Josephine J. 1863 (164)
    Josiah 1881 (270)
    Josiah J. 1863 (164)
    Judith 1813 (164)
    Mrs. Kittie 1861 (257)
    Kittie 1868 (257)
    Lasy 1865 (275)
    Leftwich & Maggie L. parents of Bryan Edward infant bapt Nov 29, 1887 at Dickson (289)
    Leonard & wife Paty 1837 (from Jackson Co. AL) (330)
    Liddy 1864 (43)
    Lizzie F. C. m. Benjn. Z. Hensley May 23, 1889 at Dickson (reel # omitted)
    Lua Dale 1874 (281)
    Lucinda 1828 (338)
    Luckey 1848 (347)
    Lucy 1869, d. Dec 25, 1884 (162)
    Lucy Emy 1865, d. May 23, 1866 (162)
    Lucy Susan d. Dec 1881 (347)
    M. E. & wife Sarah 1860 (275)
    Miss M. Ella 1870 (281)
    M. H. 1896 (271)
    Mrs. M. V. d. Sep 17, 1893, age 60 (289)
    Margt. 1828 (338)
    Margit 1868 (164)
    Martha d. 1866 (329)
    Martha d. Sep 1884 (164)
    Martha 1806, 1862 (164)
    Martha 1848 (331)
    Martha A. 1887 (43)

BROWN, Martha E. 1866 (162)
    Martha J. 1880 (177)
    Mary 1879 (281)
    Mary A. 1861 (162)
    Mary A. 1855 (43)
    Mrs. Mary E. (wife of B. H.) d. 31 Dec 1914 (reel # omitted)
    Mary H. adult bapt 1896 (318)
    Mrs. Mary H. 1854 (257)
    Mi-s Mary Halie 1896 (318)
    Mary P. 1867 (162)
    Maryan W. d. Oct 31, 1897, age 43 (47)
    Matha 1833 (331)
    Mattie J. (wife of Thos. Fell) 1879 (381)
    Mattie Susan 1876 (wife of Wm. Jackson) (281)
    Miss Minnie L. member 1885, m. C. C. Sansom (318)
    Mollie 1878 (Owen) (281)
    Mrs. Nancy 1828 (264)
    Nancy wife of Ths. 1822 (338)
    Nannie adult bapt Jan 29, 1888 (289)
    Nannie Phil. (infant of Ed & Emma) d. Nov 4, 1886, age 7 wks (289)
    Nelly buried 21 Jan 1875, age 13 (47)
    Owen V. 1848, 1852 (347)
    Patsey 1813 (164)
    Peggy 1825 (338)
    R. M. & Seley & M. A. 1881 (43)
    R. M. & A. G. & M. C. 1881 (43)
    R. M. & Sely, M. A. & George 1882 (43)
    Rebeca bapt 1896 (271)
    Ric. W. & Mary Ann parents of Maude Walcott b. Apr 17, 1869 and Emma Eugenia b. Jun 22, 1872 (289)
    Robt. 1873 (281)
    Robert H. 1871 (281)
    Rutha 1868 (164)
    S. 1847 (341)
    Mrs. S. 1850 (338)
    S. H. pastor 1858 (271)
    Sallie infant d. Jan 1877 (318)
    Sally An 1870 (43)
    Sally N. 1832 (338)
    Sarah (wife of Albert) 1871 (281)
    Sarah 1813 (164)
    Sarah 1891 (341)
    Sarah d. Apr 22, 1891 (341)
    Sarah Ellen 1858 (162)
    Sarah J. 1859 (162)
    Scytha 1881 (270)
    Susan 1848?, 1865 (331)
    Rev. T. parent of Wm. Leonidas bapt 1840 (264-2)
    T. B. 1877 (281)
    T. O. 1895 (341)
    Tennessee d. 1896 (347)
    Thomas pastor 1828--1867 (264-2)

BROWN, Thomas 1855, 1874 (43)
    Thomas 1864 (164)
    Thomas 1890 (345)
    Thomas father of Ann McCormick bapt Apr 26, 1818 (338)
    Tobitha Ann 1879 (280)
    Velma m. J. B. Smiley May 16, 1899 (318)
    W. J. m. Sallie Hodson Jun 22, 1886 (318)
    W. H. & Kittie parents of Minnie bapt 1875 (257)
    W. H. & Kitty parents of Hermon Setliff bapt 1868 (257)
    W. H. & Kitty B. parents of Minnie bapt 1876 (257)
    W. R. 1886 (21)
    W. T. 1877, d. Feb 13, 1879 (281)
    W. W. 1881 (270)
    Walter S. m. Lizzie B. Blake Nov 8, 1893 (338)
    William 1813 (164)
    William buried Oct 25, 1881, age 52 (47)
    William 1880 (322)
    Wm. B. & Katie parents of William Theodore bapt 1882 (264-2)
    William B. jr, pastor 1878--1882 (264-2)
    Rev. Wm. B. (see Miss Katie Sienknecht) (264-2)
    Rev. William B. 1844 (318)
    Wm. G. 1866 (43)
    Wm. H. & Kittie parents of Eva & Annie bapt 1871 (257)
    William H. d. Feb 13, 1892 (257)
    William H. 1865 (257)
    William H. 1861 (257)
    Wm. H. & Kittie parents of Alice Annie bapt 1869 (257)
    Wm. H. & Kittie parents of Herman Satliff bapt 1868 (257)
    Wm. J. (son of B. H.) d. Nov 5, 1895 (318)
    William J. 1880, d. 3 Nov 1895 (318)
    William P. 1866 (162)
    Winny 1836 (334)
    Mrs. d. Dec 6, 1875 (318)
BROWNE, C. T. 1876 (257)
BROWNER, Mrs. Arwin Clift (Mt. Olivet) d. Dec 30, 1895 (318)
    Jane 1862? (215)
    Jeremiah 1858 (215)
    Nancy 1853 (215)
    Sterling adult bapt 1868 (318)
    Mrs. buried 1 Jan 1886 (47)
BROWNING, J. J. d. Aug 22, 1876 (318)
    J. W. 1856 (176)
BROWNLEE, Esther m. John A. McMillan Oct 1, 1885 (338)
    J. L. & N. M. parents of Esther May b. Jun 23, 1895 (338)
    James H. d. Jun 3, 1894, age 72 yr 4 mo 11 da (338)

BROWNLEE, W. M. & M. parents of Laura Virginia b. Sep 13, 1893 (338)
    Wm. M. & M. H. parents of James Hamelton b. Mar 21, 1898 (338)
BROWNLOW, Cliffe (aged 10 mos) son of Genl. James P. & Belle C. Brownlow buried Apr 24, 1874 (22)
    Mrs. Margaret Isabella 1870 (22)
    Mrs. Margaret J. d. May 24, 1878 (22)
BROWNLY, William 1806? (164)
BROWNSON, W. C. (from Middlesboro) m. Lottie B. Fanning Nov 6, 1889 (338)
BROWON, Neill S. buried 3 Jun 1889 (47)
BROYLES, Elizabeth 1857 (271)
    Miss Sarah Virginia confirmed 1858 (22)
BRUCE, Marcus LaFayette & Sarah parents of Narcissa b. Jun 29, 1846; Joseph b. Apr 12, 1850; Walker b. May 7, 1853; James W. b. Jun 10, 1858; and Marcus Lafayette b. Mar 22, 1860 (289)
    Marcus LaF. & Sarah J. parents of Susan Ann b. Mar 22, 1859 (289)
    Martha N. 1871 (257)
    Mary A. 1871 (257)
    Nancy & dau Margaret Jane bapt 1821 (264)
    Nancy 1819 (264)
BRUMFIELD, Cynthia 1817 (90)
BRUMIT, George W. 1888 (215)
    Leroy 1819 (90)
BRUN, Susannah 1816 (178
    Thomas 1816 (178)
BRYAN, Albert D. & Eunice D. parents of Keneth Moe b. Nov 12, 1901 (289)
    Henry B. d. Dec 18, 1901, age 46 (289)
    Jane (Seay) d. May 31, 1907, age 32 (289)
    Jonathan Richd. & Annie Melissa parents of Maggie Lillian Brown adult bapt Nov 29, 1887 at Dickson (289)
    Joseph L. adult bapt Jan 6, 1861 (289)
    William & wife 1866 (22)
    Col. William P. d. Aug 13, 1868, age 47 (289)
BRYANT, A. C. 1875 (176)
    Ada m. W. J. Turner Oct 14, 1887 (318)
    Benjamin H. d. 1868 (164)
    Blanch d. 1899 (347)
    Cornelious 1878 (43)
    Mrs. D. J. (wife of James) 1872 (281)
    Drusilla 1892 (271)
    E. L. 1892 (271)
    Emily d. Feb 7, 1861 (289)
    Harriet 1855, 1860, 1888 (43)
    Ida m. Wm. F. Vickery Dec 29, 1888 (318)
    J. 1878 (43)
    James (see Mrs. D. J. Bryant) (281)
    James A. 1869, 1880 (281)
    John & Ann Jane parents of Anna Agatha bapt May 23, 1858, age 2 (289)

BRYANT, John & Ann Jane parents of Sarah Jane
    b. Oct 10, 1858 (289)
  John H. d. Jun 3, 1906, age 40 (289)
  Martha J. 1868 (164)
  Mattie m. J. P. Fyffe Dec 19, 1889 (318)
  Nancy J. 1868 (164)
  Newton Watts b. Dec 31, 1866 to Wm. Henry
    & Margaret Ann 1875 (22)
  Tennessee 1855, 1858 (43)
  Thomas 1855, 1858 (43)
  W. ca. 1872 (281)
  William 1878 (43)
BRYCON, Anna R. m. Richard Alexander Dec 22,
  1870 (257)
BUCANNON, Clem 1887 (131)
BUCHANAN, Albert & Ellen (Stevens) parents of
  Nellie Mary b. Jan 16, 1896 (289)
  Albert & Ellin parents of Archie Turner age
    2 wks bapt Dec 13, 1892 (289)
  Albert & Ella Stevens parents of Della Cal-
    lender bapt Apr 28, 1883 (289)
  Albert & Ellen parents of Addie Louise b.
    Jul 14, 1888 (289)
  D. S. 1879, ca. 1870 (281)
  E. O. m. Nannie Moss Apr 6, 1871 (257)
  Edward O. & Nannie parents of Moss bapt
    1876 (257)
  Fannie (wife of Martin Lane?) 1882 (281)
  Frank Owen b. Jan 22, 1885 to R. J. & K. E.
  sponsored in bapt by Dr. Wm. S. Reid & Mrs.
    G. M. Gray, Mrs. M. R. James (22)
  G. W. 1871 (281)
  Geo. 1882 (281)
  Henry & SUsan parents of Olivia bapt Feb 7,
    1886 (or 87?) (289)
  Mrs. KAte Eliza 1885 (22)
  M. Kline d. 9/28/1884, age 2 yr 4 mo (22)
  M. Kline b. May 24, 1882 to R. J. & K. E.
    Buchanan, sponsored in bapt by Mrs.
    Mary Rozena James, Miss Leighla O.
    Perkins & Mrs. Lula Perkins (22)
  M. T. 1871 (322)
  Nannie 1865 (257)
  P. W. ca. 1871 (281)
  Robert bapt 1849, age 44 (47)
  Sarah Branaugh m. Thomas Plater Jan 10,
    1851 (47)
  Susan L. m. R. Clifton Bywaters (from
    Crab Orchard KY) Apr 14, 1891 (338)
  Thos. 1882 (281)
  Mrs. d. 1902 (Jul), age 76 (120)
  Mrs., mother of Mary Ann, Elizabeth Clariss,
    John Wiles Lido, William Anderson,
    Eliza Jane & Sterling bapt 1824 (264)
  Mrs. 1822 (264)
BUCHANON, Amandoville 1887 (281)
BUCHI, Louise 1894 (22)
BUCHMAN, Mrs. Eva (wife Rev. J. W.) d. 9 Jun 1898
  (reel # omitted)

BUCK, Angie 1877 (257)
  Anna 1845 (270)
  C. Frank d. Jul 16, 1867 (257)
  Eligah 1845 (270)
  Mrs. Emaliza 1854 (257)
  Emaliza d. 2 Mar 2883 (257)
  John & Emaliza parents of Mary Catherine,
    Surmiza Ann, Wm. Pierce & Andrew Harri-
    son bapt 1855
  John H. & Emaliza parents of Lilly Balsh
    bapt 1872 (257)
  John U. 1854 (257)
  John W. d. 9 Apr 1876 (257)
  Joseph D. 1845, 1877 (270)
  Mary C. member 1858, married Micheal Daily
    (257)
  S. Ann m. Eli Odom Mar 3, 1870 (257)
  Miss S. Annie 1861 (257)
  Sousan 1881 (270)
  Thos. M. & Martha P. parents of of Walter
    Vernon bapt Jun 3, 1859 as an adult
    (289)
  Thomas M. & Martha P. parents of George
    Washington (13 yrs); Frank (10 yrs);
    William (7 yrs); Thomas Jefferson (5
    yrs); John Moreton 2½ yrs); & Sarah
    Jane (an adult) all bapt Apr & May of
    1859 (289)
  W. H. 1861 (257)
  William H. 1867 (257)
BUCKANAN, Mrs. Susan buried Jul 3, 1854, age 78
  (47)
  Mrs. U.? E. (wife of G. W.) 1871 (281)
BUCKINGHAM, Jane see James Cooper (289)
BUCKNER, Bruce jr. d. Oct 8, 1895, age 2 (47)
  Burrel 1818 (205)
  Daniel 1818 (205)
  James 1818 (205)
  James P. m. Virginia B. Powel Jul 12, 1893
    (338)
  John 1831 (205)
  Lucy 1826 (205)
  Maggie m. Edward D. Richards 5 Jun 1873
    (47)
  Nancy 1831 (205)
  Sally 1848 (329)
  Thomas & wife Elizabeth 1847, 1851 (205)
  William 1855 (215)
  _____ d. Dec 1861, age 2 (289)
BUCKWELL, Mrs. M. mother of Nannie Stephenson
  bapt Jul 10, 1859, age 3 mo (338)
  Margaret mother of Edward Bell bapt Apr
    25, 1807 (338)
  Margaret B. 1857 (338)
  Nannie m. F. C. Bearden Dec 18, 1883 (338)
BUCY, Ann Wilson 1870, d. Oct 1880 (wife of Dave)
  (281)
  E. T. 1870 (281)
  Emma J. 1880 (281)

BUCY, F. P. 1877 (281)
    J. S. 1874 (281)
    Mrs. M. A. 1870, wife of E. T. (281)
    W. T. 1877 (281)
BUEL, Clara C. buried Aug 3, 1883, age 23 (47)
BUELL, General (USA) buried Jun 3, 1883 (47)
BUFFETT, Edwd. F. m. Ella D. Kuhlman Oct 5, 1892 (338)
BUFFINGTON, Garland (from WV) m. Maggie Gaines Nov 2, 1887 (338)
BUFORD, B. C. d. May 13, 1881 (318)
    Comer 1881 (331)
    Mrs. Emma Sidney 1869 (moved to Jackson TN Feb 72) (22)
    Emma Sydney (see Mary Howard Buford) 1872 (22)
    Frank Cannon b. Jan 23, 1896, bapt 1897, parents--Frank G. & Corinne Cannon (225)
    James 1831 (335)
    John Whitaker 1871 (moved to Jackson TN Feb 72 (22)
    John Whitaker aged 5 mo, son of Col. Jno. W. & Emma Sydney bapt 1872 (22)
    Mary Howard infant dau of Jno. W. & Emma S. 1871 (22) (also at same time made certification of the baptism of Emma Sydney Buford & infant dau of in private)
BUG, Betsy 1813 (164)
BUGG, John 1880, d. 5 Nov 1882 (257)
    Mrs. Tabitha 1861 (257)
    Tabitha 1868, d. Sep 18, 1869 (257)
BULINAN, Joseph d. Mar 26, 1896, age 35 (289)
BULLOCK, Ann d. ca. 1865 (345)
    Ann 1853 (345)
    Anna 1848 (345)
    Granville 1889 (257)
    Maggie Lee (wife of Granville) 1889 (257)
    Pattie m. James N. Turner Oct 17, 1865 (257)
BULLUS, Ann M. m. Danl. W. Adams Sep 26, 1844 (reel # omitted)
    Elizabeth M. m. Charles Scott Sep 19, 1839 (47)
BUNCH, Daniel 1843 (275)
    Frances 1889 (275)
    Lambert 1843 (275)
    Manerva d. Aug 12, 1898 (347)
    T. H. 1852 (338)
    Thos. F. adult bapt Nov 19, 1852 (338)
    William Hill b. Dec 28, 1835, Maury Co. TN to Solomon & Anna bapt 1898 (47)
BUNN, Bettie 1882 (327)
    Bettie H. 1882 (327)
BUNTIN, Robert Franklin d. Sep 19, 1891 (257)
    W. A. & Jennie C. parents of William Allison b. Aug 13, 1872 (289)
    William Allison d. Aug 24, 1872, age 11 da (289)
BUNTLY, Jacob ca. 1848 (225)
BUNTYN, Mrs. buried 13 Feb 1887 (47)

BUNYARD, Ephraim & wife Hariet 1821 (220)
BURBANK, Clifton W. m. Margaret Dismukes Jun 20, 1899 (257)
    L. J. & K. T. parents of Dorothy b. Aug 9, 1898 (338)
    Lena m. Paul Porter Dismukes Jun 20, 1899 (257)
BURCH, Ellen Mary b. Apr 7, 1875?; Alice Elizabeth b. Jun 30, 1879; Albert Harrison b. Jun 30, 1879, bapt 1887, parents--George Henry & Ellen Jane, sponsors Minnie Burch, Edward Burch (225)
    Col. J. C. buried Jul 31, 1881, age 53 (47)
    Jennie b. 20 Feb 1866, bapt 1881 (47)
    Mrs. Lucille Newel d. Sep 6, 1897 (47)
    Margaret 1876, d. 1882 (259)
    Margaret C. 1876 (259)
    Mary Ballard m. Charles Schiff 12 Sep 1883 (47)
    Mary Fanny b. 11 Apr 1865, bapt 1880, parents--John & Ellen (47)
    Washington 1876 (259)
    Will 1876 (259)
BURDETT, Marie see Miss Marie McBrayer (318)
    Dr. W. P. (of Nashville) m. Seraphina Carter Nov 30, 1882 (338)
BUREN, Henry adult bapt 1866 (318)
BURFORD, Alice 1871, m. C. W. Head Dec 1874 (257)
    David m. Pattie A. Hall Dec 21, 1871 (257)
BURGDORF, Mr. L. J. d. 1910, age 50 (120)
BURGE, F. O. (m) m. M. E. Robinette (f) Nov 1, 1881 (318)
    Flora (wife of George) 1885, 1896 to Seymour IN, m. C. W. Campbell 8/24/87 (318)
    George m. Flora Taylor Sep 11, 1883 (318)
    George 1885, d. 3 Jul 1886 (318)
    Geo. father of Leroy Graham infant bapt 1885 (318)
    Geo. d. Jul 5, 1886 (318)
    J. W. 1847, 1860 (341)
    Jno. Morton d. Mar 23, 1892, age 34 (289)
    LeRoy G. 1895 (318)
BURGER, Victor d. Jul 13, 1902, aged 92 yr 2 mo (Jew) (338)
BURGES, J. W. 1871 (176)
BURGESS, James M. 1856 (275)
    Thomas 1816 (178)
BURGIS, J. W. 1867, 1868 (176)
BURIS, Drewsiannia B. 1881 (270)
    Jane 1881, d. 1883 (270)
    John S. 1881 (270)
    Juda 1881 (270)
    Martelie 1881 (270)
    Mary 1881 (270)
    P. A. 1881 (270)
BURK, W. L. m. Ella F. Brounore Aug 16, 1899 (318)

BURKE, Charles Henry b. Dec 27, 1844, Amherst Co.
    FA (sic) to Wm. & Margaret J. Burks,
    bapt 1898 (47)
    Willie d. Jul 13, 1902 (318)
BURKLEY, Almeda 1872 (329)
BURKS, J. T. 1876 (259)
    Mary Lee b. Apr 27, 1833, Wilks Co. GA to
        G. P. & E. C. Rucker, bapt 1898 (47)
    T. L. 1876 (259)
    Rev. Wm. P. d. Feb 25, 1905 (318)
    Willy (a minor) 1871 (259)
BURL?, W. M. 1879 (280)
BURLI(S), Mary m. John Holzhalb Jan 31, 1889 (22)
BURNES, James 1822 (90)
    William 1878 (43)
    William d. Apr 12, 1883 (43)
BURNETT, Geo. 1855 (170)
    Miss Nellie P. 1891 (318)
    Miss Patience member 1870, m. Thomas
        Mounger (264-2)
    Tom 1893 (220)
BURNEY, A. M. 1848 (347)
    H. P. 1875 (176)
    J. W. 1876 (176)
BURNHAM, C. W. m. Florence Hammond Apr 5, 1895
    (318)
BURNLEY, Alice J. 1893 (215)
BURNS, Miss Dolly adult bapt 1896 (318)
    Elizabeth 1855 (43)
    Isaac 1842 (215)
    J. 1868 (176)
    James 1821 (90)
    John 1871, 1875, 1879 (176)
    Joiner? 1825 (90)
    Louis K. d. Oct 1895, age 44 (338)
    Mary A. m. Rolland F. Martindale 26 Dec
        1885 (47)
    Mary E. 1875, 1887 (215)
    Miss Nellie adult bapt 1896 (318)
    Sadie Andrews d. Nov 10, 1913, age 31 (289)
    Saml. m. Minnie Corden Nov 9, 1875 (318)
    Sarah 1864, 1855 (43)
BURNSIDES, L. (f) m. J. Taylor (m) Apr 15, 1874
    (318)
BURNSS, Isack 1845 (215)
BURRAS, Joseph 1873 (215)
BURRASS, George W. 1877 (270)
    Jane 1877 (270)
    John 1845 (270)
    Sarah E. 1845 (270)
BURRIS, J. 1847 (341)
    John 1877 (270)
    Martelia 1877 (270)
BURRISS, Elijah bapt 1849, age 23 (47)
BURROW, A. G. 1879 (176)
    Delitha J. 1858 (215)
    Elisa 1862? (215)
    Elizabeth 1844, 1858 (215)
    Ella 1864 (225)

BURROW, Emily J. 1872, 1887 (215)
    Finia 1857 (225)
    James W. 1872, 1887 (215)
    John 1862?, 1858 (215)
    Laura E. 1881 (215)
    Louisa 1858 (215)
    Margarette 1862 (215)
    Martha 1879 (215)
    Mary A. 1853, 1858 (215)
    Mary Ann Allace bapt 1847, dau of Rev
        Reuben & Permelia (225)
    Matilda 1850 (215)
    May J. 1871 (215)
    Permelia 1846 (225)
    Pernicy D. 1853 (215)
    Rachel 1858 (215)
    Reubin 1858 (176)
    Sallie 1894 (215)
    Sarah Frances 1885 (215)
    Sarah J. 1853 (215)
    Victora 1887 (215)
    Victorea 1882 (215)
    William 1844, 1858 (215)
    William sr. 1887 (215)
    William J. 1880, 1887 (215)
BURT, Susan A. 1858 (170)
    Virginia 1853, d. Sep 15, 1860 (170)
    William d. Sep 3, 1883 (289)
    Wm. & Sarah parents of Edgar Wm. & Clar-
        ance James both bapt Mar 16, 1883 (289)
BURTON, Alice (wife of John) 1878 (281)
    C. N. 1873 (281)
    Carrie T. m. J. Ivor Morrison 10 Apr 1886
        (47-1)
    Charley J. 1873, 1881 (281)
    __ D. Allen 1883 (281)
    David & wife Fanny 1809 (330)
    Mrs. E. (wife of Smith Burton) 1871 (281)
    Edward W. m. Annie Irene Jones Oct 29, 1897
        (225)
    J. J. ca. 1873 (281)
    Jas. W. 1872 (329)
    John Tom 1882 (281)
    Minnie Dale 188_ (wife of C. J.) (281)
    P. G. 1855 (176)
    Porter 1820 (90)
    S. A. E. 1873 (281)
    Smith, husband of Mrs. E. (281)
    Miss Susan d. Oct 22, 1876, age 21 (318)
    T. C. 1876 (281)
    W. H. 1865 (281)
    W. T. ca. 1872 (281)
BURUS, Miss Dollie member 1896, m. Smith (318)
    Joseph A. 1896 (318)
    Mrs. Linda (wife of Jos. A.) 1896 (318)
    Miss Nellie member 1896, m. Weaver (318)
BURWELL, Richard Spotswood m. Blanche Franklin
    May 6, 1897 (257)

BUSBY, Zacheriah 1830 (335)
    Zechariah 1827, 1829 (335)
BUSH, Aura A., Maggie V. & Julius C. infants bapt
    1877 (318)
    Mrs. Cornelia 1854 (257)
    Cornelia 1855, moved to KY Oct 5, 1856 (257)
    Elkanah T. m. Lucy Baber Nov 29, 1865 (257)
    Dr. George V. m. Hattie E. Hicks Jan 5, 1894
    (338)
    Lucy A. 1865 (257)
    Mark 1869 (21)
BUSHANY, James 1882 (327)
BUSHONG, George 1827 (Sulivan Co. TN) (23)
BUSS, Francess 1823 (90)
BUSSEY, Liela K. m. Walter H. Smith Jun 29,
    1897 (289)
BUTERY, Elizy 1865 (164)
BUTLER, Adra 1893 (220)
    Adrie 1888 (220)
    Alice 1888 (220)
    Augustine & Mary Hyde parents of Sarah Jane
    b. 5 Jan 1832; Wm. Augustine b. 13 Sep
    1835; Maria Laura b. 2 Jul 1837;
    Emma Cora b. 1 Oct 1839; George Wash-
    ington bapt 30 Jun 1841; Ellen b. 22
    Jul 1842 (47)
    Bwenly? d. Nov 7, 1895 (318)
    C. G. 1888 (220)
    Catharine 1860 (335)
    Eliga A. 1857 (338)
    Eliza 1877 (43)
    Emma Cora buried Jul 20, 1841 (47)
    Fana 1884 (43)
    Geo. Washington buried Sep 19, 1841 (47)
    J. J. 1888, 1893, 1896 (220)
    J. J. jr. 1888 (220)
    J. T. d. Mar 19, 1885 (220)
    J. Williamson m. Sarah G. Wilson Jan 16,
    1842 (47)
    James A. 1843 (335)
    James R. 1860 (335)
    John m. Evie Weiseger Dec 29, 1896 (257)
    Mrs. Kizzie Lyons buried Dec 7, 1869, age
    20 (47)
    Liza 1884 (43)
    M. C. & E. A. parents of Henry bapt Apr 21,
    1855 (338)
    M. C. & Eliza A. parents of Ella Amelia b.
    Jun 6, 1858 (338)
    Mrs. Mary Ann 1869, 1871 (22)
    Matilda 1888, 1896 (220)
    Matildia 1893 (220)
    Milford & E. A. parents of William Milford
    bapt Nov 1, 1856 (338)
    Milford C. 1857 (338)
    Miss Nancy S. 1860 (338)
    Sarah Jane 1836 (334)
    William A. d. Jul 1908, age 71 (120)

BUTLER, William J. d. 1907, age 50? (120)
BUTT, Nathaniel 1860 (43)
BUTTER, J. 1847 (341)
BUTTERFIELD, Dyer (see Miss Gussie D. Gardenhire)
    (318)
    Mrs. Elizabeth Howard d. Apr 10, 1873 (289)
    Elizabeth Havard d. Apr 10, 1873 (289)
    Ellen Douglass b. Jun 29, 1867 (289)
    Harry L. d. May 1893, age 19 (47)
    Hugh McRae d. Mar 7, 1873, age 30 mo (289)
    Wm. C. m. E. H. Martin Apr 15, 1865 (47)
    William C. m. Maria Shelby Martin Apr 14,
    1874 (289)
BUTTERY, Mary d. 1865 (164)
    W. G. L. 1862 (164)
BUTTOLPH, Jas. D. 1886 (318)
BUTTREY, Eliza 1865 (164)
    M. E. 1893 (164)
    Mandy M. C. J. 1871 (164)
    Virginia Caroline 1885 (164)
    W. G. L. 1862 (164)
BYARS, C. D. 1879 (280)
    Sarah 1879 (col) (280)
BYERS, Maryfancus 1881 (270)
BYRD, A. M. 1886 (259)
    Mrs. Ann bapt 1819 (264)
    Ann 1819 (264)
    Dr. E. H. 1894 (318)
    Dr. E. H. m. Blanche Boysinger May 19, 1892
    (318)
    Eliza 1886 (259)
    Robt. K. 1858 (264-2)
    Mrs. 1823 (264)
BYRN, Amanda M. 1842 (345)
    Polina T. H. L. E. 1842 (345)
BYWATERS, R. Clifton (from Crab Orchard KY) m.
    Susan L. Buchanan Apr 14, 1891 (338)
CABELL, Ashley m. Margaret H. Stratch 19 Oct
    1881 (47)
    Ashley & Margaret H. parents of Selden
    Fanny bapt Nov 24, 1885 (289)
CABLER, Cemmie m. John H. Ward 17 Nov 1880 (47)
    Mary Jane m. Henry Murray Aug 22, 1856 (47)
CADWELL, M. Roberte 1843 (170)
CADZOW, A. D. & A. B. parents of Willie Hurst b.
    1888, bapt 1894 (257)
CAFFEY, Thos. bapt 1894 (271)
CAFFREY, Henry & Nancy parents of Alfred b. Aug
    4, 1858 (289)
CAGE, Fanny buried 20 Jan 1875, age 91 (47)
    Iry? 1897 (215)
    Mrs. Rd. Sally 1846 (47)
    _____ J. 1887 (215)
CAGLE, B. (see Mary C. Smartt) (259)
CAIN, David & Elizabeth parents of Andrew
    Francis b. May 1853; Emma Elizabeth b.
    1856; and Annie Rebekah b. Dec 19,
    1858 (289)

CAIN, Miss Gussie 1891 (318)
CAISON, J. & M. parents of Marietta Moria Carrie
    infant bapt 1879 (318)
CAISY, John 1821, 1823 (220)
CALDER, Alice M. m. H. S. Kirk Nov 9, 1887 (318)
    Annie L. m. C. C. Dugger Oct 22, 1889 (318)
CALDWELL, A. A. 1873? (177)
    Angeline b. ca. 1830 (dau of Samuel) (162)
    Anna W. d. Jul 23, 1876 (318)
    Blanch (wife of S. H. McNutt) d. Dec 8, 1911
        (338)
    Blanch m. Sam McNutt Oct 29, 1891 (338)
    Emily W. (wife of Tom) 1847 (170)
    F. H. father of Hallis M. infant bapt 1888
        (318)
    F. H. father of Margaret Thurston infant
        bapt 1886 (318)
    Fannie 1865 (331)
    Fanny 1883 (331)
    Frank H. 1875, 1892 (318)
    Harriet Eleanor b. Jan 23, 1834 (dau of
        David) (162)
    Infant of E. L. d. Jul 2, 1875 (318)
    J. A. father of Phobie? infant bapt 1884
        (318)
    J. A. (see Miss Elizabeth Stevenson
        Gillespie) (318)
    J. (m) m. E. Gillespie (f) Nov 25, 1873
        (318)
    James A. father of Elsie infant bapt 1887
        (318)
    James A. 1874, d. Jun 20, 1920 (318)
    James Adelbert 1868 (318)
    Jas. Edward 1873 (177)
    Jas. L. m. Margaret W. Bachman Jun 20, 1899
        (318)
    John 1867 (162)
    John A. (from Nashville) m. Maggie Campbell
        (d. Oct 11, 1891) Dec 23, 1890 (338)
    Joshua & wife Sarah 1858 (275)
    Jsi. A. m. Maggie Campbell Dec 1890 (338)
    Mrs. Kate 1873? (177)
    Mrs. M. Ella (wife of F. H.) 1883 (318)
    Maggie Campbell d. Oct 11, 1891, 10 mo 18
        da after marriage (338)
    Miss Mollie A. 1873? (177)
    Nora Ozell 1883 (331)
    Percey Adelbert infant bapt 1875 (318)
    Percy Adelbert 1889 (318)
    Mrs. Sallie 1873? (177)
    Mrs. Sallie A. (wife of M. M.) 1892, d.
        1914 (318)
    Samuel d. Sep 30, 1905, age 73 yr (338)
    Thomas Y. 1883 (331)
    William 1843 (170)
CALFEE, James 1818, 1822, 1824 (205)
CALHOUN, J. S. 1876 (281)
    James 1877 (281)
    Mattie L. 1876 (wife of J. S.) (381)
CALHOUN, Wm. H. buried 15 Dec 1871, age 27 (47)
    Wm. Hen. & Mary Ann parents of Mary Eleanor
        b. 28 Jun 1840 and Wm. Henry b. 11 Aug
        1844 (47)
CALIBUT, Harriette 1879 (280)
CALICUTT, J. W. 1879 (280)
CALL, Cassie 1879 (280)
CALLENDER, Annie Mary m. Charles Stuart Martin
    Jun 8, 1897 (289)
    Della adult bapt Jun 16, 1867 (289)
    Della Ford d. Sep 20, 1908, age 68 (289)
CALLISON, Mont. S. m. Jennie R. Neill Jan 10,
    1900 (338)
CALLOWAY, D. O. 1879 (281)
CALTON, Casto 1899 (271)
CALUN?, Oliver Perry buried Mar 28, 1854, age 35
    (47)
CALVERT, Grover 1836 (334)
    L. G. 1850 (334)
    Sarah 1836 (334)
    Sarah R. 1850 (334)
CAMBELL, Esq. 1833 (335)
CAMERON, Agnes before 1862 (318)
    B. H. 1896 (318)
    Cora E. see Cora E. Coleman (318)
    Mrs. Corinne d. 1910, age 37 (120)
    Emma before 1862 (318)
    Mrs. Irene (wife of B. H.) 1896 (318)
    James before 1862 (318)
    James 1860 (318)
    Kirk Mc. E. m. C. E. Coleman (f) Mar 31,
        1891 (318)
    Mary 1865 (271)
    Wm. (Mrs. Dale's husband) d. Jun 13, 1894
        (318)
CAMP, Abbie m. W. H. Ebbling Jul 10, 1890 (318)
    Joe S. d. Nov 26, 1897 (318)
    N. A. infant d. Jul 5, 1884 (318)
CAMPBELL, A. C. m. Lula L. McKinney Jun 1, 1899
    (318)
    A. J. 1866 (338)
    Ada (Crosby) d. Mar 1, 1890 at Augusta GA
        (289)
    Andrew 1827 (162)
    Ann 1848 (347)
    Ann M. m. J. W. Bridges Mar 19, 1857 (338)
    Anne M. 1853 (338)
    Miss Belle 1878, m. Capt. W. C. Wilkey
        (318)
    Belle m. W. C. Wilkie Sep 21, 1880 (318)
    Calvin T.? member 1848 (moved to TX) (318)
    Caroline R. 1855 (318)
    Carrie Eaton d. Feb 29, 1896, age 15 (289)
    Clint d. Jun 15, 1901 (d. at San Antonio)
        (318)
    D. 1852 (338)
    D. M. (f) m. O. A. McNabb Sep 5, 1891
        (318)

CAMPBELL, Daniel (son of James) m. Susanna Goins
    1819 (162)
  Donald m. Margaret Johnson of Philadelphia
    TN May 5, 1852 (338)
  Donald 1857 (338)
  Donald & Margaret parents of James Washing-
    ton bapt Aug 20, 1854, age 8 mo 17 da
    (338)
  Eleanor 1818 (162)
  Elizabeth 1819 (205)
  Eulalia 1874, d. 7/18/1883 (271)
  Frankie (infant of W. C.) d. Jun 20, 1881
    (318)
  George W. 1848 (347)
  Hannah 1818 (162)
  Harriet m. Elexander Blackburn (Sep 18,
    1834)? (162)
  Harriet 1857, 1871, 1884 (259)
  Harriot (widow of George W.) buried Dec 23,
    1849 (47)
  Henrietta 1826 (162)
  Hugh L. m. Tempie E. Holt Nov 20, 1889 (289)
  Isabella I. 1855 (318)
  J. O. 1882 (271)
  James b. Campbelton, Scotland in 1771 (reel
    # omitted)
  James d. Oct 31, 1838, age 61 (338)
  James 1817 (338)
  James 1818, 1819 (162)
  James & Mary parents of Nina Smith, 10 yrs
    old, bapt Jul 10, 1887 (289)
  Mr. James P. confirmed 1858 (22)
  James R. m. Lucy E. Proffitt Jun 18, 1890
    (338)
  Jas. W. & Susan C. parents of Donald age 11
    yr 11 mo 29 da; James Washington age 6
    yr 11 mo 22 da; Ann McIntosh age 5 yr
    ? mo 7 da; and Argyle age 1 yr 7 mo 24
    da (338)
  Jas. W. & Susan parents of Rachel McClung
    bapt Apr 16, 1843, age 4 mo 14 da (338)
  Julia J. member 1848 (moved to TX) (347)
  Julia d. 1857 (259)
  Julia 1871 (259)
  Kate bapt 1877 (271)
  Kate (nee Findley) 1877 (271)
  Lala 1882 (345)
  Lisinka m. James Percy Brown Apr 25, 1839
    (47)
  Lous A. 1872 (281)
  M. J. (f) m. L. W. Davidson Apr 2, 1866
    (338)
  Maggie m. Jsi. A. Caldwell Dec 1890, d. Oct
    11, 1891 (338)
  Maggie (d. Oct 11, 1891) m. John A. Cald-
    well (from Nashville) Dec 23, 1890 (338)
  Manurvie 1882 (345)
  Margt. mother of Eliza Walker bapt May 23,
    1858 (338)

CAMPBELL, Margaret mother of Willie Blake bapt
    Apr 12, 1856 (338)
  Margaret A. 1857 (338)
  Margaret J. 1866 (338)
  Margaret L. 1855 (318)
  Marie Louise m. Wm. L. Herblin Dec 21,
    1882 (22)
  Martha 1866 (257)
  Mrs. Martha 1861 (257)
  Mary 1857, 1871 (259)
  Miss Mary 1878, 1888 to Ringgold GA, m.
    Beall (318)
  Mary member 1884, m. _____ Jaco? (259)
  Mary E. 1848, 1849 (347)
  Mary E. 1826 (338)
  Mary E. m. E. W. Beall Apr 12, 1881 (318)
  Mrs. Mary J. d. Aug 22, 1887, age 50 (289)
  Mollie m. Jno. McKenzie May 28, 1888 (318)
  Nancy 1832 (162)
  Nancy wife of Jas. 1822 (338)
  Nancy adult bapt 1818 (162)
  Nina 1823, 1824 (162)
  Patrick ("Old Paddy") d. Sep 28, 1811 (338)
  Penelope H. 1855 (318)
  Penina 1826 (162)
  Peyton W. d. Jan 30, 1903 (318)
  Polly adult bapt 1826 (162)
  R. 1879 (176)
  Rachel M. 1860 (338)
  Rebecca 1848 (347)
  Richard B. d. Mar 13, 1883 (318)
  Robert m. Ada Crosby Apr 9, 1888 (289)
  Robert H. d. Dec 1, 1898, age 76 yr 5 mo
    (338)
  S. C. parent of McIntosh bapt Nov 8, 1846
    age 1 mo 5 da (338)
  S. C. parent of Charlie McGregor bapt Jan
    12, 1850 (338)
  S. C. 1842 (338)
  S. Y. 1883 (271)
  Samuel & Laura parents of Edward b. May 15,
    1887 (289)
  Susan 1824 (162)
  Susan C. mother of Franklin Morgan bapt
    Mar 7, 1845, age 1 mo 22 da (338)
  Susan C. 1857 (338)
  Sytha m. _____ Goodlin Mar 7, 1822 (162)
  Sythia 1818 (162)
  W. A. father of Jennie Bell & Robt. Goodall
    infants bapt 1885 (318)
  W. A. d. Jan 18, 1902 (318)
  W. B. 1882 (271)
  W. F. 1889 (271)
  Will d. May 5, 1903 (318)
  William member 1848 (gone to TX) (347)
  Wm. m. Mary Henderson Jul 6, 1881 (318)
  William adult bapt 1848 (225)
  Wm. B. 1882 (318)

CAMPBER, Sarah M. 1848 (335)
CAMPBILL, Mrs. Isabella 1872, to Ringgold GA
    1875, returned 1878, d. 28 Oct 1889
    (318)
CAMPELL, Nancy Groce? 1833 (331)
CANADY, Ann 1871 (21)
    Rody 1813 (164)
CANELY, Mary 1862? (215)
CANFIELD, Mrs. C. C. (car cleaner) d. Jun 27,
    1894 (318)
    E. W. m. Annie E. Hollyburton Sep 1, 1896
        (318)
    George M. d. Sep 1912, age 58 (120)
CANIDA, Sarah sr. & jr. 1848 (334)
CANIDE, Miss Kate 1868 (259)
CANNADA, James M. 1860 (225)
CANNADY, James 1823 (220)
CANNEDY, L. A. (f) 1850 (334)
CANNON, Ben 1865 (colrd) (331)
    Birtha bapt 1887 (271)
    Mrs. Catherine 1872, 1874 (225)
    D. E. L. 1890 (318)
    E. M. 1870, 1876, 1878 (176)
    Eliza 1833, 1848 (331)
    Fanny? 1856 (215)
    Mrs. Florence Berry 1891, 1894 to Midway
        KY (318)
    Henrietta (colored person) m. Frank Williams
        Jun 15, 1861 (47)
    Jefferson 1850, 1856 (215)
    John B. 1895, 1898 (22)
    Lizzie (m. Hull), member 1894 (271)
    Miss Martha A. 1872, 1874, d. Jul 26, 1875
        (225)
    Miss Martha A. buried Jul 28, 1875 from
        residence of her brother-in-law, Atlas
        J. Peebles (225)
    Mattie m. Junius Hobson Jun 5, 1883 (225)
    Moriah 1865 (colrd) (331)
    N. 1834 (90)
    Mrs. Nora 1877 (from Raleigh NC) (225)
    P. C. m. Mamie B. West Feb 18, 1897 (318)
    R. K. d. Jul 10, 1907, aged 18 (338)
    R. S. 1838 (90)
    S. 1878 (176)
    Sadie B. m. Walker Kennedy Jan 10, 1888
        (225)
    T. W. 1879 (176)
    Walker member 1894, m. Sanders (271)
    Wm. 1856 (176)
    William, M.D. buried Feb 1898 (225)
    William J. 1872, 1874 (225)
CANON, R. A. ca. 1872 (281)
    Jessie Eliza adult bapt Feb 26, 1888 at
        Dickson (289)
    John Rogers adult bapt Feb 26, 1888 at
        Dickson (289)
    W. S. 1876 (281)

CANSERN?, Cassandra 1827 (162)
CANTRELL, Abraham 1816 (178)
    Almira C. member 1865, m. Andrew Hooper
        (257)
    Clemma E. m. Andrew J. Hooper Aug 21, 1866
        (257)
    Miss Elmira 1861 (257)
    George C. 1861, 1865 (257)
    George C. m. Maggie Williamson Sep 10,
        1867 (257)
    Jane 1816 (178)
    John 1816 (178)
    Lillian James m. Leon Trousdale Dec 27,
        1892 (289)
    Mattie m. W. T. Goodman May 29, 1893 (318)
    Sarah 1816 (178)
    W. (see Georgie Walker Hitchcock) (257)
    William d. Nov 6, 1866 (257)
    William Edgar 1885 (257)
    William W. 1816 (178)
CANTRES?, Polly 1816 (178)
CANTRILL, William W. 1816 (178)
CAPEHART, Suenie? m. Wm. Scott Apr 28, 1881 (318)
CAPELART, Pleasant m. T. L. McGhee Dec 18, 1885
    (318)
CAPER, Elizabeth 1825 (330)
CAPERAL, Nancy d. Aug 4, 1862 (280)
CAPERTON, Elenor 1825 (330)
    Elizabeth 1808 (330)
    Nelly 1808, 1809 (330)
CAPS, W. W. 1874 (176)
CAPSHAW, Demarius 1816 (178)
    Elenor 1816 (178)
    Nancy 1816 (178)
CARAGER, Hulda 1865 (331)
CARD, Frances m. J. P. Barthell Jan 22, 1858 (47)
    James & Mary Ann parents of Samuel b. 5
        Nov 1839; Harriet Ann b. 18 Dec 41;
        Obadiah Jennings b. 2 Aug 43 (47)
CARDEN, J. H. m. Laura B. Clark Oct 17, 1883
    (318)
    Mamie d. Aug 4, 1888 (318)
CARDWELL, Georgeanna 1873 (264-2)
    Richard L. 1870, d. Jul 23, 1896 (264-2)
    Virginia d. Feb 2, 1907, age 63 (289)
    _____ d. Jun 22, 1858 (289)
CARE, Susanna 1806 (164)
CAREATHERS, Hugh 1836 (334)
    Jane 1836 (334)
CAREGOR, Britten 1883 (331)
CAREL, Lucinda 1887 (275)
CAREY, Ester 1819 (338)
    Ester mother of Julia Lowry bapt Apr 28,
        1822 (338)
CARGLE, Miss Mary 1881 (318)
CARICK, A. & wife & children Betsey Moore &
    Nancy Naylor bapt 1819 (264)
CARL, Allis 1896 (220)

CARL, Caroline D. infant bapt 1832 (22)
    T. A. d. Dec 16, 1887 (289)
    Thos. A. & Clementine Teresa parents of
        Lillie Belle b. Aug 8, 1868 (289)
    Thomas Asher adult bapt Nov 24, 1872 (289)
CARLIN, Mrs. A. G. (wife of W. J.) 1893 (318)
    David B. adult bapt 1898 (318)
    Jesse 1842 (220)
    Mary A. adult bapt 1898 (318)
    Miss Minnie d. Mar 31, 1901 (318)
    Robert J. adult bapt 1898 (318)
CARLIS?, Elizabeth Tarver d. Aug 21, 1890, age 6
    mo (47)
CARLISLE, W. 1860 (341)
CARLTON, John 1820, 1826 (90)
    Wm. 1826 (90)
CARMACK, J. G. d. 1872 (318)
CARMAN, Nancer? 1846 (215)
CARMANY, Huldah d. Aug 26, 1883 (220)
CARMICHALL, Mrs. 1819, 1820 (162)
CARMICHAEL, James 1876 (259)
    Miss Kate 1869, 1871 (259)
    Sarah d. Mar 9, 1871 (318)
CARMON, Carline 1843 (215)
    Laura 1888 (215)
    Louiza E. 1887 (315)
    Mindie? 1895 (215)
    Permelia 1843 (215)
CARNES, Mrs. Elizabeth A. 1872, 1874 (225)
    Stephen G. see Henry J. Cooper (225)
CARNESTEN, W. D. 1861 (43)
CARNEY, Jos. E. m. Lela E. Dumm Sep 23, 1891
    (289)
    Sarah buried Mar 16, 1869, age 85 (47)
CARNIEL?, Jane 1865 (275)
CARNS, Delily 1813 (164)
    Mary 1819 (338)
CAROTHERS, Mrs. Adelaide B. (wife of T. M.) 1886
    (318)
    Mrs. Cenie W. (wife of C. W.) 1882, 1896 to
        Texarkana AR (318)
    Cornelius W. 1882, d. 1 Feb 1901, 1896 to
        Texarkana AR (318)
    Elizabeth B. 1848 (347)
    Giles 1850 (334)
    Hugh 1850 (334)
    Jane 1850 (334)
    Julian S. (Neil's son) d. Jun 28, 1892
        (318)
    N. W. father of Wallace Montgomery inf bapt
        1888 (318)
    Neil W. inf bapt 1885 (318)
    Sarah 1849, 1850 (334)
    T. father of Andrew Meek inf bapt 1888 (318)
    Thomas M. 1883 (318)
    William 1850 (334)
CAROW, Catherine (wife of Dr.) buried Jul 1854
    (47)

CAROW, Henry M. D. d. Mar 31, 1860, age 45 (289)
CARPENTER, E. C. d. Aug 3, 1885 (318)
    J. H. m. Maud M. Litz Dec 24, 1888 (318)
    Martha 1827, 1829 (335)
    Mary M. adult bapt 1892 (318)
    Owen 1827, 1829 (335)
    Owen & wife Martha 1829 (335)
CARR, Edward 1884, 1887 to Aniston AL (318)
    George & wife Jane 1825 (330)
    John Doak m. Pattie Winston Feb 22, 1868
        (257)
    Maria b. Jan 13, 1803, d. Jul 30, 1886
        (338)
    Nellie Lucinda b. Nov 17, 1864, Tazewell Co.
        IL to Jno. Augustus & Sarah Wood, bapt
        1898 (47)
    Sarah Patterson d. Dec 1907, age 75 (120)
    Susan d. 1863 (164)
    William H. m. Lelia M. Hoss Feb 15, 1894
        (338)
CARREATHERS, Robert 1833 (90)
CARREL, Lucinda 1880 (275)
CARRELL, Lieusinda 1873 (275)
CARRICK, A. & wife parents of Hugh Lawrence
    White bapt 1826 (264)
    A. & wife & children Rebecca M. Dearle? &
        Sidney Gamble bapt 1820 (264)
    Adoufon? 1819 (264)
    Annis 1822 (338)
    Charles bapt 1878 (271)
    Leslie Dean d. 1883, age 14 mo (289)
    Matilda bapt 1858, d. 12/1/1901 (271)
    Rebecca mother of Betsey More bapt May 10,
        1817 (338)
    Rebecca mother of Nancy Niel bapt Sep 15,
        1818 (338)
    Rebecca (wife of Addison) bapt Dec 15, 1816
        (338)
    Rev. Samuel b. Jul 17, 1760 in York Co. PA,
        d. Aug 6, 1809 (338)
    Saml. P. & Mary Florence parents of Sam b.
        Jan 22, 1872 and Mary Florence b. Sep
        24, 1869 (289)
    Saml. P. & Mary Florence parents of Alice
        Van Leer b. Aug 1, 1875 (289)
    Sarah bapt 1858, d. 1923 (271)
    William 1822 (338)
CARRIGER, Ann H. 1883 (331)
CARRINGTON, John Benjamin m. Ann Washington
    Stevens Sep 6, 1849 (47)
CARROLL, Bud 1873 (275)
    J. M. 1869, 1875, 1878 (176)
    Margarett bapt 1878 (271)
    Mary A. bapt 1887 (271)
CARSON, Mrs. C. d. Nov 2, 1888 (reel # omitted)
    D. D. m. Martha C. Shuffield May 30, 1867
        (345)
    Darcas b. Sep 30, 1818 (dau of James) (162)

CARSON, E. (m) m. M. E. Watkins (f) Feb 6, 1878 (318)
    E. V. T. 1858 (43)
    E. V. T. (f) 1855 (43)
    Edward Lees (TX) d. Jul 9, 1905 (338)
    Elijah A. 1826, 1828 (162)
    Eliza (dau of James) b. Feb 22, 1821 (162)
    Mrs. Eliza 1879 (177)
    Elizabeth 1825 (162)
    Elizabeth V. T. 1858 (43)
    J. R. N. 1880 (177)
    James 1818, 1829 (162)
    James A. 1879 (345)
    James E. 1826, 1829 (162)
    James Fenney d. Mar 23, 1903, aged 17 (338)
    Jane 1832 (162)
    John & wife 1828 (162)
    John 1890 (318)
    John L. 1818, 1827 (162)
    John M. 1890 (318)
    Mrs. Lizzie F. 1833 (177)
    M. E. (f) 1887 (131)
    Maria 1826, 1829 (162)
    Miss Marietta 1890 (318)
    Mrs. Marietta (wife of Jno. M.) 1890 (318)
    Martha 1826 (162)
    N. T. (f) 1887 (131)
    Polly 1828 (162)
    Polly L. m. Joseph B. Woods Jan 24, 1822 (162)
    Prior G. (son of James) bapt 1824 (162)
    Prior Gibson b. May 1, 1824 (son of James) (162)
    R. A. 1887 (131)
    R. A. W. 1887 (131)
    Samuel A. 1826 (162)
    Sally 1818, 1827 (162)
    Sally m. Joseph Wood Jan 4, 1821 (162)
    Sarah 1829 (162)
    Sarah jr & sr 1818 (162)
    Syntha m. James Moyers Sep 2, 1824 (162)
    W. C. 1868 (176)
    W. M. 1870, 1878 (176)
    W. P. d. Jan? 1905 (338)
    W. W. & R. F. parents of Emma Finnie b. Feb 11, 1887 (338)
    W. W. & R. F. parents of James Finney b. Jul 29, 1885 (338)
    W. W. & R. F. parents of William Waller b. Jan 8, 1889 (338)
    William m. Mary Hunter Oct 24, 1849 (47)
CARTER, A. C. buried 9 Sep 1884 (47)
    Addie m. Edward Coykendall Apr 1, 1884 (338)
    Miss Alice F. d. Nov 30, 1909, aged 54? (338)
    Miss Alice F. 1870 (338)
    Alice Josephine b. 25 Jun 1857, Nashville, bapt 1871 (47)

CARTER, Atlas 1874 (259)
    Bailey & Jane, parents of John age 9, Samuel age 7 & Thomas age 5, all bapt on May 23, 1858 (289)
    Bettie 1858 (257)
    C. L. m. Mariam Mullekin Sep 1877 (345)
    C R. 1868 (259)
    Catharne 1852 (330)
    Chas. & Laura parents of Charles Perkins b. Mar 14, 1891 (289)
    Charley 1876, 1882 (345)
    Mrs. Chas. d. Oct 28, 1902 (318)
    Ches. R. 1869, went to AR 1871 but returned (259)
    Clark bapt 1887 (271)
    David Franklin adult bapt Mar 24, 1894 (289)
    E. J. d. May 2, 1902 (73--or 93 yrs) (318)
    E. I. J. d. May 14, 1904 (318)
    Elisabeth S. 1827 (330)
    Ellen C. m. Robert A. Milan 9 Dec 1875 (47)
    Emly 1843 (275)
    Emma 1889 (271)
    Mr. Fontaine 1872 (22)
    Hanse (father of Ed) 1856 (170)
    Henry d. Jan 23, 1895, age 38 (47)
    Ida m. Jesse F. Branham May 10, 1871 (257)
    Jane 1869 (259)
    Jas. 1843 (275)
    Jo & Katy parents of Sarah Ann infant bapt Jan 3, 1892 (289)
    Jo. W. d. Aug 7, 1891 (289)
    Joel Wenlocke & Kate French parents of Willie Ewing (f) b. Apr 17, 1885 (289)
    John Gant (son of Jo. & Katie F.) d. Jun 1889, age 10 mos (289)
    Joseph W. & Katy French parents of Horace Manlove b. Aug 16, 1886 (289)
    Joseph W. & Katy French parents of Willie Ewing bapt May 8, 1890 (289)
    Mrs. Kate (French) d. Nov 22, 1895, age 30 (289)
    Katharine 1827 (335)
    Laura Lee (infant of Mr & Mrs Carter of Pulaski) d. Aug 24, 1888 (289)
    Lora? 1880 (275)
    Malinda 1846 (341)
    Margaret 1860 (mother of Ed Carter) (170)
    Mariam 1877 (345)
    Mariam (see Mariam Mullekin) 1877 (345)
    Mrs. Mary d. Aug 11, 1899, 82 yrs (318)
    Mrs. Mary d. Mar 21, 1908 (338)
    Mrs. Mary C. d. Mar 21, 1908, aged 76 (338)
    Miss Mary Elizabeth 1898 (22)
    Nancy 1841 (259)
    Nathan W. 1850 (170)
    Nettie 1895 (345)
    Nora 1873 (275)

CARTER, Sallie Ella dau of Mr. & Mrs. M. B.
buried Jul 4, 1858 (22)
Sam T. 1874, 1882 (259)
Mrs. Samuella (wife of J. I.) 1890 (318)
Sarah (now Pierce) 1888 (341)
Sarah Ann dau of Jo. & Katy d. Jan 3, 1892
age 5 da (289)
Sarah Jane 1853 (259)
Seraphina m. Dr. W. P. Burdett (of Nashville) Nov 30, 1882 (338)
Tabith D. 1872 (215)
W. A. adult bapt 1873 (318)
W. C. bapt 1878 (271)
W. H. L. 1866, 1869 (259)
Warren B. 1895 (345)
Wm. 1860 (170)
Wm. & wife Nancy 1856 (259)
William A. m. Olive Winston Sep 12, 1876 (225)
William N. m. Bettie Franklin Dec 7, 1865 (257)
William T. 1848 (334)
Willis 1833, 1841 (259)
____ infant dau of Jo. & Kate d. Aug 22, 1890 (289)
CARTRIGHT, James 1847 (215)
CARTWRIGHT, Andrew 1880 (215)
Elizabeth 1854 (215)
James 1850 (215)
Josephus 1854 (215)
Sally 1862? (215)
Sarah 1850
CARUTH, Mrs. E. V. 1893 (318)
Miss Nora J. 1893 (318)
CARUTHERS, Lucy Ann d. Oct 26, 1857, age 50 (289)
Lueza 1850 (334)
Robert 1860 (335)
CARVER, Mrs. D. H. d. Sep 23, 1897 (318)
D. H. 1891, 1900 to Slaughtersville KY (318)
Mrs. Sarah E. 1868 (wife of D. H.), d. 22 Sep 1897 (318)
CARWELLS, Mary 1818 (205)
CARWILE, George 1877 (270)
Sarah 1877 (270)
Sarah 1845 (274)
CARWIT, George 1845 (270)
CARY, Mrs. A. E. 1882 (271)
Esten 1882 (271)
J. L. 1882 (271)
J. W. 1882 (271)
Lizzie (m. Dibrell) 1882, d. 6/7/1889 (271)
Robert E. 1882, d. 5/21/1882 (271)
CARYLE, Mary adult bapt 1881 (318)
CASE, F. L. m. Minnie L. Magee Dec 7, 1893 (318)
H. (m) m. J. Spooner (f) May 19, 1874 (318)
Miss Pollina d. Feb 1, 1866 (318)
CASEY, Daisey 1897 (271)

CASEY, Fannie W. 1892 (271)
George S. to Buncombe NC 1843 (338)
H. G. 1892 (271)
John 1821 (220)
Maggie member 1897, m. Dibrell (271)
Mary Kate 1897 (271)
CASH, Miss Caroline confirmed 1849 (22)
Elizabeth 1880, 1887 (275)
Mary 1813 (164)
Mrs. Virginia m. James A. McBrady Esq. Jun 17, 1844 (22)
Mrs. Virginia 1837 (22)
Wm. m. Lizzie Porterfield Aug 15, 1881 (318)
CASHION, Catharine 1871 (322)
Cathrine 1865 (331)
CASKEY, Adaline 1848 (334)
Adoline 1850 (334)
James J. 1850 (334)
John C. 1850 (334)
Nancy J. 1850 (334)
CASKIN, Theo. C. m. Lida Pickett 28 Apr 1876 (47)
CASKY, J. C. 1849 (334)
CASON, Bettie C. 1881 (329)
Drewrey D. 1881 (345)
Eliza J. 1881 (329)
Ephraim 1884 (345)
Miss Florence (name changed to Brown by marriage) 1891 (345)
Eldr. J. H. 1880 (329)
Jas. R. 1881 (329)
Joseph 1885 (345)
M. A. 1881 (345)
Martha C. 1867? (345)
Mary F. 1881 (329)
CASS, Hester J. 1872 (259)
Martha Lou Ella 1872, d. Jun 1878 (259)
Mary E. 1872 (259)
Mary P. see Mary P. Crawley (259)
R. E. 1893 (259)
Richard Martin 1869 (259)
CASSADA, Ann M. 1842 (162)
CASSEY, Fannie? 1890 (271)
Fred 1890 (271)
CASSIDY, M. A. m. Mattie C. Rogen Jan 13, 1881 (338)
CASTER, David 1813 (164)
CASTILLO, Anne L. m. W. S. Wagner Apr 2, 1890 (318)
CASTLEMAN, Lurania d. 1868 (164)
Mary C. m. William T. Brothers 14 Sep 1882 (47)
CASWELL, Clara B. m. P. Gaston Dismukes Nov 14, 1889 (289)
Dan & Lou parents of Clara Brownwell adult bapt May 14, 1884 (289)
Danl. H. & Lou. parents of Wm. Thomas b. Apr 7, 1877; Helen Louise b. Nov 5, 1878; & Henrietta Billings b. Sep 1882 (289)

CASWELL, Mrs. Elizabeth C. 1870 (338)
    Fannie Lee m. Charles Albert Hoyt Apr 18, 1894 (289)
    Louise mother of Fannie Hickell adult bapt May 20, 1888 (289)
    W. R. m. Lizzie Boyd May 4, 1871 (338)
CASY, Mrs. J. C. 1889 (271)
    J. C. 1899, d. 5/10/1890 (271)
CATE, A. M. adult bapt 1891 (318)
    A. M. d. Jun 30, 1903 (318)
    A. M. 1891, 1895 to Houston TX, d. Jun 1903 (318)
    Alice d. Oct 23, 1883 (318)
    Anna Swimmar? (Summar?) adult bapt 1898 (318)
    Miss Annie Guinn 1898 (318)
    Mrs. Dorcas d. Aug 1, 1899 (318)
    Mrs. Dorcas E. adult bapt 1891 (318)
    Dorcas E. (wife of A. M.) 1891, 1895 to Houston TX, d. 31 Jul 1899 (318)
    Miss Ethel L. (dau? of A. M.) 1891, m. T. E. Hall 2/28/1900, 1895 to Houston TX (318)
    Sam M. d. Sep 23, 1903 (318)
    W. T. d. Sep 16, 1882 (318)
CATEN, Jesse 1816 (178)
CATES, Berry 1883 (331)
    Harett 1848 (329)
    J. E. 1873 (gone to West TN 1876) (329)
    Julia Ann 1848 (329)
    Lizzie 1883 (331)
    Rachel 1848 (329)
    Rachel d. Mar 12, 1873 (329)
    Sarah 1848, d. 1860 (329)
CATHEY, Emaline 1827 (24)
    Geo. 1846 (345)
    Jane E. (dau of M. H.) b. Aug 27, 1841 (345)
    Jean 1827 (24)
    Mary F. (dau of M. H.) b. Jun 6, 1843 (345)
    Mary N. 1827 (24)
    Matilda 1827 (24)
    Matilda H. 1840 (345)
    Sarah 1846 (345)
CATHY, Gustavus A. 1877 (345)
    Mattie M. 1877 (345)
CATIN?, Charity 1816 (178)
CATON, Harvey 1871 (259)
    Mary 1871 (259)
CATRON, Miss Edna d. 1898 (225)
    Edna confirmed 1892 (225)
    Judge John, buried Jun 2, 1865, age 77 (47)
    Mrs. Susan M. buried May 5, 1847 (47)
    Susie confirmed 1889 (225)
CAUDELL, Buchner 1813 (164)
CAUGHLIN, Sophia m. C. F. Eichwurgil Sep 15, 1881 (318)
CAUTHORN, Maria C. d. Sep 17, 1894, age 51 (47)

CAVANAUGH, Robert 1846 (341)
CAVATHERS, Mildred d. Aug 15, 1903 (318)
CAVERT, Charles m. Maud Stone Feb 21, 1884 (289)
    Chas. F. & Maud parents of Mabel Gray b. Apr 25, 1886 (289)
CAVITT, Eliza 1852 (170)
    Thos. 1855 (170)
CAWTHRON, Mrs. A. 1856 (170)
    D. 1856 (170)
CAYKENDAL, Addie Carter d. Jan 21, 1885 (babe born 6 hrs before--dead)
CAZY, Louisa 1868 (90)
CELSOR, William 1886 (215)
CENTER, Felix 1899 (264)
    George 1899 (264)
    Sallie E. m. Hugh Martin May 1871 (264-2)
CHADDICK, Clara m. W. S. Gillespie May 3, 1875 (318)
CHADWELL, Maude m. Moses R. Priest 12 Sep 1876 (47)
CHADWICK, Henry (23 yrs old) bapt Apr 15, 1860 (289)
    Miss Kate 1876 (22)
    Miss Kate 1873 (from AL) (22)
CHAFIN, Christopher 1879, d. Jul 1882 (322)
    John 1867 (21)
    John m. Eliza Shaw Oct 1868 (21)
CHAMBER, Mrs. Ann L. (Hill City) d. Mar 16, 1895 (318)
    Kellar d. Sep 25, 1901 (318)
    Tilman P. d. Aug 13, 1902 (318)
CHAMBERLAIN, Henry Thomas buried 11 Jun 1872, age 6 mos (47)
    Mrs. M. A. 1887, 1895 to Decatur GA (318)
    Frances E. buried 7 Oct 1876 (age 1.3 mos) (47)
CHAMBERS, Dorel? d. 1868 (318)
    Eleanor Jane 1836 (334)
    Frances 1836 (334)
    Henry A. m. Lizzie Welcker Turner Dec 31, 1895 (338)
    Henry A. 1891, 1894, d. 1924 (318)
    James 1836 (334)
    Mrs. Laura L. (wife of H. A.) 1891, d. 4 Jun 1891 (318)
    Mrs. Lizzie Welcker (wife of H. A.) 1896 (318)
    Matilda 1873 (275)
    Mel d. Dec 11, 1903 (318)
CHAMBLISS, J. M. m. Julia Lewis Oct 31, 1880 (318)
    Mrs. Myra (wife of R. M.) 1891 (318)
    Saml. M. m. Annie M. Gerstle Dec 18, 1894 (318)
CHAMPION, Abigail 1825 (330)
    D. jr. 1861 (330)
    Daniel 1808, 1812 (330)
    Frances 1808, 1825 (330)

CHAMPION, Joseph 1829 (330)
    Martha 1808 (330)
    Mary 1808, 1825 (330)
    Nancy 1808 (330)
    Narcissa 1825 (330)
    Vuniel? 1839 (330)
    William 1812, 1822 (330)
    Willis 1825 (330)
CHANDLER, Mrs. A. L. (wife of I. S.) 1899 (318)
    Miss Blanch 1868 (318)
    Mrs. Catherine B. 1843 (318)
    D. J. d. Feb 24, 1905 (318)
    I. S. d. Oct 5, 1900 (killed at Tellico) (318)
    I. S. 1899, d. 3 Oct 1900 (318)
CHANEY, Leoline buried Jan 6, 1879, age 6 (47)
CHAPIN, Edward m. M. I. Vaughn Jun 5, 1890 (318)
    Mrs. Eliza N. 1892 (wife of E. Y.) (318)
    W. R. d. Sep 30, 1902 (318)
CHAPMAN, Mrs. Ann Augusta d. Jan 26, 1908 (nee Augusta McKelden) (338)
    Mrs. Caroline 1885, d. 14 Mar 1920 (318)
    Mrs. Carrie adult bapt 1886 (318)
    Mrs. Carrie (wife of Witt) 1886 (318)
    Delila 1836 (334)
    Elijah 1836 (334)
    G. R. 1888, 1893, 1896 (220)
    Georgia m. R. C. Block Apr 28, 1899 (318)
    Miss Georgia 1885, 1899 to SC, m. R. C. Black 4/18/99 (318)
    Miss Hattie adult bapt 1886 (318)
    Miss Hattie C. 1876 (257)
    Hugh Banks 1886 (318)
    Isabel 1859 (48)
    James C. 1885 (318)
    James E. m. Mary E. Mitchell 22 Jun 1879 (47)
    Jane 1836 (334)
    Jennie P. m. Samuel B. Parker Jul 2, 1896 (338)
    Jno. L. m. Sarah Cheatham Dec 10, 1844 (47)
    Josiah bapt 1849, age 59 (47)
    Mrs. M. B., mother of Henry infant bapt 1887 (318)
    M. Clifton (f) m. C. E. Powell (m) Feb 21, 1894 (257)
    M. Louise m. Howard Ayres? Kennedy 8 Jun 1886 (47)
    Margaret 1836 (334)
    Miriam 1836 (334)
    Miss Nellie 1889 (318)
    Nellie infant bapt 1887 (318)
    Ophelia buried Dec 29, 1880, age 24 (47)
    Richard A. original member, 1854, Nov 2, 1862--TX (257)
    Robert 1885 (318)
    Rosa C. m. James V. Jones Oct 16, 1888 (318)
    Sallie 1893, 1896 (220)

CHAPMAN, William 1854 (257)
    William A. 1836 (334)
CHARLTON, J. H. 1856 (170)
CHASTEEN, Paralee 1867 (259)
CHATHAM, Mary Ann 1848 (329)
CHATLIN, Robert P. (from Dakota) m. Alice M. Rising (from Greenville) Jan 14, 1885 (338)
CHATMAN, Elizabeth 1823 (90)
CHEATAM, Fanny 1851 (345)
CHEATHAM, Alice B. m. James Webb Smith Oct 13, 1859 (47)
    Mrs. B. buried Dec 24, 1881 (47)
    B. F. m. Anna Robertson Mar 15, 1866 (47)
    Edward S. m. Jane Eleanor Foster Oct 19, 1841 (47)
    Faney 1846 (345)
    Fanny 1846 (345)
    Felix Robertson m. Ophelia Clay McGavock Feb 17, 1857 (47)
    Frances d. 1855 (345)
    Frank buried 29 Oct 1883, age 23 (47)
    Genl. (of Springfield) buried Sep 10, 1845 (47)
    General L. buried Sep 6, 1886 (47)
    J. N. & M. parents of Willie Silas bapt May 16, 1886 (347)
    Leonard P. & Elizabeth parents of Ada Byron b. Dec 1833; Alice b. 26 Jul 1836; Samuella Riggs b. 30 Jan 1839 (47)
    Margaret mother of Merideth Ruth bapt Jun 17, 1883 (347)
    Maria? T. m. Robert F. Woods 12 Oct 1848 (47)
    Mrs. Marine T. d. Sep 3, 1894, age 86 (47)
    Martha Eliza m. George Stodart Blackie Jun 28, 1858 (47)
    Ophelia C. buried Apr 5, 1865, age 25 (47)
    Richard m. Emma Berry 28 Jun 1883 (47)
    Robert d. Oct 22, 1897, age 53 (47)
    Mrs. Sarah? buried 15 Jan 1888 (47)
    Sarah m. Jno. L. Chapman Dec 10, 1844 (47)
    Thos. m. Mary Thomas 1856 (345)
CHEEK, Ann m. Edward H. Kelly Nov 28, 1841 (47)
    Eliza buried Mar 15, 1865, age 44 (47)
    Mrs. M. M. (wife of T. H.) 1887, d. Feb 18, 1914 (318)
    T. H. d. Mar 29, 1906 (318)
    Thomas H. 1887, d. 28 Mar 1906 (318)
CHENOUTH, Henry 1849 (moved to AR) (48)
CHERRY, Frances 1871 (259)
    G. W. 1847 (341)
    J. B. 1884, d. Apr 1907 (259)
    Joseph B. 1871 (259)
    Minnie E. bapt 186_ (dau of James Bond & Margaret E. Cherry) (225)
CHESTER, Chas. 1893, d. 8 Jan 1898 (318)

CHESTER, Chas. d. Jan 9, 1898 (home from Central
    America) (318)
CHESTNUT, Samuel Lee m. Lizzie Ramsey Jarnagin
    Aug 10, 1898 (338)
CHETUM, Anna 1844 (335)
CHICK, Miss Eliza C. 1889, 1892 to Piqua OH (318)
    Sallie P. (wife of W. J.) 1889, 1892 to
        Piqua OH (318)
    W. J. 1889, 1892 to Piqua OH (318)
CHIDSEY, William, father of George Franklin adult
    bapt Nov 24, 1872 (289)
CHILCOAT, J. R. 1847 (341)
    Thomas 1808 (330)
CHILCOATE, Mimy 1812 (330)
    Pashe (f) 1812 (330)
    Thomas 1812 (330)
CHILD, May confirmed 1891 (225)
CHILDERS, Z. B. 1867 (176)
CHILDRESS, Henry? 1889, d. 20 Jul 1891 (318)
    James Madison buried Oct 1829 (22)
    Mrs. N. A. (wife of H.) 1889, 1892 to
        Attala AL (318)
    R. M. 1899 (264)
    Thos. B. & Matilda parents of John Catron
        b. Nov 1, 1858 (289)
CHILDS, Thos. 1828 (335)
    Wm. 1888, 1893 (220)
CHILES, Ameley 1893, 1896 (220)
    James 1833 (331)
    Mary 1833 (331)
    Naomie? 1896 (220)
    Wm. 1896 (220)
CHILTON, Catharine (dau of Jane) bapt Jul 1,
    1827 (162)
    Mrs. D. A. before 1862 (318)
    Garrett (son of Jane) bapt Jul 1, 1827
        (162)
    George (son of Jane) bapt 1828 (162)
    James 1836 (334)
    Jane adult bapt 1826 (162)
    Joseph (son of Jane) bapt Jul 1, 1827 (162)
    Nancy 1836 (334)
    Thomas (son of Jane) bapt Jul 1, 1827 (162)
    William (son of Jane) bapt Jul 1, 1827
        (162)
    William O. m. Ellen Bicknell Nov 13, 1845
        (47)
    Wm. Orrick & Ellen Sabra parents of William
        b. 5 Sep 1846 (47)
CHINALT, Kizza 1812 (90)
CHINWORT(H), Rowend 1842 (48)
CHISAM, M. J. see M. J. Sluder (259)
CHOLLETTE, Mrs. Almivera A. buried Jan 22, 1879
    (47)
    Theodore buried Jan 27, 1879 (47)
CHRISMAN, John T. 1870 (257)
    John T. m. Georgia A. Morris Sep 25, 1870
        (257)

CHRISTAIN, F. R. 1860 (21)
    H. T. 1884 (21)
    R. F. 1878 (21)
    Sarah C. 1863 (21)
CHRISTIAN, Amand 1884 (21)
    Amanda 1869 (21)
    Ann 1833 (259)
    David P. 1871 (21)
    Ed C. 1898, d. Jul 1901 (318)
    F. M. 1886 (21)
    Fanny 1841 (259)
    H. T. 1884 (21)
    J. L. (f) m. G. W. Cureton (m) Jun 29,
        1881 (318)
    Jacob P. 1872 (21)
    Myrtle 1893 (21)
    Mrs. Mary Agnes 1874 (225)
    Robert Somervell b. Feb 14, 1874, bapt Jun
        7, 1874; parents Mark H. & Mary Agnes
        Christian; sponsors, the parents &
        Atlas J. Peebles (225)
    Sarah 1831 (259)
    _____ m. Jas. Mackenzie McGregor Feb 1840
        (47)
CHRISTION, David P. 1871 (21)
    Mandy 1871 (21)
    Mariah 1875 (21)
CHRISTMAN, Ann D. confirmed 1834 (22)
    John d. Aug 28, 1896, age 33 (47)
CHRISTOPHER, Claude C. & Kate Kirkman parents of
    Claude Prichitt b. Dec 18, 1888 (289)
    Miss Guli 1887 (318)
    Mary 1870 (90)
CHUNNAHAM, James 1888 (259)
CHURCH, John Augustus b. Mar 19, 1860, Provi-
    dence RI to Jno. C. & Fanny L., bapt
    1898 (47)
    Marcus C. C. d. Mar 10, 1904, age 79 (289)
CHURCHWELL, Anderson 1869 (21)
    Fannie 1886 (21)
    James 1898 (21)
    James m. Fannie Currey Oct 1890 (21)
    John m. Anna Fite Dec 10, 1899 (21)
    M. E. 1845 (338)
    M. F. 1865 (21)
    Margaret 1840 (21)
    Martha 1857 (338)
    Mrs. Martha E. d. Feb 6, 1897, age 74
        (338)
    Mary J. 1869 (21)
    S. M. 1841, 1842 (338)
    Mrs. S. Moody d. May 14, 1898, in 81st yr
        (338)
    Sopha C. 1865 (21)
    Sophia M. (Sophia Moody Park) 1857 (338)
    Mrs. Sophia M. d. May 7, 1898 (338)
    Sophie C. 1865 (21)
    Ulissus m. M. Y. Rochell Jan 15, 1866 (21)

CHURMAN, Bersheba 1831 (259)
CINCADE, E. (f) 1848 (220)
CLABORN, Augustine 1841 (335)
CLABROOK, John S. 1854 (90)
CLABROW, Charles 1831 (259)
    Elizabeth 1831 (259)
    Henry 1831 (259)
    Jackson 1831 (259)
CLAIBORNE, Alice adult bapt Mar 16, 1873 (289)
    Harry Laurens b. Aug 12, 1860, Nashville, to Henry L. & Lucy S., bapt 1898 (47)
    Henry L. d. May 19, 1898, age 80 (47)
    John buried 8 Jul 1871, age 42 (47)
    Mand (28?) m. John Wm. Ried Dec 12, 1882 (dau of N. E. & M. T. Perkins) (22)
    Mary d. Mar 25, 1867, age 14 (289)
    Mrs. Mary Emeline d. Aug 4, 1887 at Austill GA (289)
    Nance 1841 (338)
    Robt. Sidney d. Feb 17, 1871, age 12 (289)
    _____ (parents names omitted), children: John, Henry Laurens, Charlotte Lewis Baker, Thomas, Lafayette & Anastatia (all bapt 1829) (47)
CLANNAHAN, Nancy E. 1891 (215)
CLANTON, Celia 1827, 1829, 1830 (335)
    Sally 1827, 1829 (335)
CLARK, A. E. (wife of Robert) 1885 (281)
    A. J. pastor 1897-1899, d. Dec 28, 1906 (264-2)
    Alice m. Samuel Vanleer Nov 22, 1859 (289)
    Anna L. 1883 (Lemonds) (281)
    Annie Fain 1897 (271)
    Miss Armilda 1861, 1867, d. 1883 (257)
    Mrs. Armilda 1861, 1867 (257)
    Mr. C. D. adult bapt 1884 (318)
    Carlos Smith buried Apr 3, 1862, age 16 (son of James P.) (47)
    Charles 1899 (264)
    Judge Charles D. 1884, d. Mar 1908 (318)
    Didama 1816 (178)
    Elisabeth 1816 (178)
    Fanny Joseph d. Apr 1912, age 43 (120)
    George buried Oct 19, 1878, age 35 (47)
    Geo. m. Laura E. Gross Dec 20, 1880 (318)
    Geo. E. 1888 (259)
    Gus. H. 1885 (281)
    Hattie see Hattie Sims (271)
    Mrs. Ida 1890 (318)
    Isaac 1816 (178)
    J. C. 1861, 1867 (257)
    J. C. & S. C. 1883 (264)
    J. D. 1881 (331)
    James m. Lillie Hendricks Dec 7, 1888 (318)
    Mrs. Jane d. Mar 23, 1901 (318)
    Mrs. Jane A. 1886, d. Mar 10, 1894 (264-2)
    Mrs. L. A. (wife of C. D.) 1884, d. 14 Aug 1890 (318)

CLARK, Mrs. L. M. d. Jul 22, 1886 (318)
    Laura 1882 (281)
    Laura B. m. J. H. Carden Oct 17, 1883 (318)
    Mrs. Lucy 1876, d. 1883 (318)
    M. A. (wife of F. Patterson) 1879 (281)
    Mrs. M. A. E. mother of Oscar Eugine b. Jun 14, 1861 & Charles Edwin b. Apr 17, 1864, bapt 1871 (264-2)
    M. E. 1888 (259)
    Mrs. Maggie d. Mar 5, 1889 (289)
    Mary 1825 (220)
    Mary A. E. 1858 (264-2)
    Mary A. E. mother of Oscar Eugene b. Jun 14, 1861, & Charles Edwin b. Apr 17, 1864, bapt 1871 (264-2)
    Mrs. Mary A. E. 1858, d. Dec 23, 1899 (264-2)
    Nancy J. (wife of A. J.) 1879, d. Jun 1, 1889 (281)
    Nina d. Feb 22, 1908, age 1 mo (289)
    Quincy & Emma DeGrove parents of Quincy Clark b. Jan 14, 1859 (289)
    R. L. 1897 (271)
    Roberson 1879, d. Oct 2, 1879 (322)
    Mrs. Sallie D. 1891 (wife of J. W.), 1896 to Lynchburg VA (318)
    Mrs. Sarah Jane 1898 (264-2)
    Mrs. Sarah Jane moved to Murdock OH, 1899 (264)
    Stella 1899 (264)
    Sue d. Feb 1903 (335)
    Susan 1822 (264)
    Thom 1899 (264)
    Thomas d. Jul 1903 (120)
    Thomas 1816 (178)
    Thos. N. jr. d. Mar 1865 (264-2)
    Thos. N. & Mary A. E. parents of James C. Susan P., Thos. N., William B., John H. & Saml. S. bapt 1858 (264-2)
    Thomas N. jr. 1858, d. 1865 (264-2)
    Thomas N. 1822, 1823 (264)
    Thomas N. sr. d. 1847 (264-2)
    William 1883 (331)
    Wm. H. & Maggie parents of Wm. Tully, age 27 and Maggie Tully, age 5, both bapt Oct 1, 1888 (289)
    Mrs. Willie K. 1898 (wife of Judge C. D.) d. 30 Apr 1915 (318)
    Willis 1899 (264)
    Miss Wilmette 1898 (264-2)
    Miss Wilmette moved to Murdock OH, 1899 (264)
CLARKE, Mrs. Caroline E. d. May 20, 1898, age 61 (47)
    Elazabeth 1813 (164)
    John E. 1813 (164)
    John Wilson buried Jul 5, 1847 (47)
    M. A. d. Jul 3, 1851 (338)

CLARKE, M. A. 1848 (338)
    Mary Ann adult bapt Feb 20, 1848 (338)
CLARY, Dr. J. W. d. 22 Jan 1863 (225)
CLATON, Sally 1804 (90)
    William & wife Salley 1812 (90)
CLAUSTON, Edward Graham aged 9 mos bapt 1870,
    child of James Graham & Annie Eliza
    Clauston (22)
    Lizena, aged 4 yrs, bapt 1870, child of
    James Graham & Annie Eliza (22)
CLAY, Mary L. m. Wm. D. Kenner (both from Rogers-
    ville) Aug 2, 1887 (338)
CLAYBROOK, A. 1874, 1875 (176)
    Bettie (dau of John S.) m. Jerome Pillow
    Humphreys Nov 28, 1871 (22)
CLAYBROOKE, Miss Annie M.? 1898 (22)
    Annie Wingfield confirmed 1869 (22)
    Annie Winfield adult bapt 1869 (22)
    Miss Eliza 1898 (22)
    Miss Jamie? 1898 (22)
    John S. d. 10/29/1892, age 85 yr 7 mo (22)
CLAYTON, Br___ 1890 (21)
    Brice 1890 (21)
    D. B. m. Cora A. McCord Oct 23, 1881 (345)
    Mrs. Helen T. 1872, 1874, removed to
    Brownsville TN Sep 1, 1874 (225)
    William 1804 (90)
CLEAGE, Elizabeth Inman 1896 (318)
    Elizabeth T. 1891, d. 30 Aug 1891 (wife of
    Jno. H.) (318)
    Fanny m. C. F. Raymond Jun 25, 1887 (318)
    Miss Frances H. 1881, m. C. J. Raymond &
    Dr. McCleary (318)
    Mrs. Jno. H. d. Sep 1, 1891 (318)
    John H. 1880 (318)
    Josie d. Jun 3, 1882 (small pox) (318)
    Miss Mamie A. 1886, m. C. P. Dumas 1896
    (318)
    Mary m. Clarence P. Dumas Jun 10, 1896
    (318)
    Mrs. N. VanD. (wife T. A.) 1880, d. 12
    Aug 1907 (318)
    Sue m. J. W. Johnson Jan 6, 1886 (318)
    Miss Susie C. 1882, m. J. W. Johnson 1886
    (318)
    Thos. A. jr. 1880 (318)
    Thomas A. 1880, d. 11 Dec 1890 (318)
    Will D. 1880 (318)
    Wm. Bradford 1895 (318)
CLEAVE?, Manerva A. 1849 (225)
CLEAVELAND, Amanda 1853 (215)
CLEEK, Joseph 1867 (341)
CLEFT, Nancy mother of America Washington bapt
    Mar 25, 1826 (338)
CLELAND, Mrs. H. 1876, d. Jan 16, 1892 (22)
    Mrs. H. 1874, 1876 (22)
    Harried d. 1/16/1892, age 85 (22)
CLEMENS, Charles d. Jun 24, 1873, age 2 yr 3 mo
    (289)

CLEMENTINE, Dr. (Meigs Co.) d. May 24, 1888 (318)
CLEMENTS, N. G. 1858 (176)
CLEMMONS, Isabel Sarah d. 1913, age 73 (120)
CLEMONS, Wm. H. & Mary parents of Ellen White b.
    Jan 1857 (289)
CLEMY, Clinton bapt 1871 (271)
CLENDENING, Charles 1858 (257)
CLENDENON, E. A. d. Feb 28, 1873 (21)
    Elizabeth 1871 (21)
    G. S. m. Anna W. Gillespie Mar 15, 1892
    (318)
CLENDINNING, Charles 1854 (257)
CLENEY, Henry & Harriet parents of Mattie, Maggie
    & William Henry bapt 1871 (257)
CLENNY, Harriet mother of Thomas & Mary Vienna?
    bapt 1876 (257)
CLERK, Malcom m. Mary Tait 31 Oct 1878 (47)
CLEVELAND, Eli 1821 (220)
CLEVINGER, Bettyjane 1873, 1880 (275)
CLIFFE, Charles Quintard d. 4/17/1884 (24 yr 7
    mo 25 da) (22)
    Danial B. jr. 1893 (22)
    Dr. Daniel B. jr. 1898 (22)
    Daniel M. d. 12/4/1895, age 52 (22)
    Daniel McPhail 1870 (living in IA) (22)
    Mrs. Virginia C. 1876, 1898, confirmed
    1858 (22)
    Virginia C., aged 9 yrs, bapt 1861 (22)
    Mrs. Virginia Cassadine 1869 (22)
    Virginia Cassandria 1858 (22)
CLIFFORD, Croline before 1862 (318)
    Susie m. J. Penley Oct 25, 1885 (318)
CLIFT, Arwin A. adult bapt 1886 (318)
    Miss Attie Arwin 1886, d. 29 Dec 1895, m.
    P. A. Brawner 11/21/94 (318)
    Mrs. C. A. d. Feb? 25, 1876 (318)
    Mrs. Florence (wife of M. H.) 1885, d. 16
    Dec 1924 (318)
    Miss Irene E. 1899 (318)
    J. L. 1880 (318)
    James A. 1899 (318)
    M. H. father of Florence infant bapt 1889
    (318)
    M. H. father of William Key inf bapt 1887
    (318)
    M. H. (m) m. F. V. Parrot (f) Jun 28,1883
    (318)
    M. H. father of Rhoton Parrott bapt 1886
    (318)
    Moses H. 1869, d. Dec 3, 1911 (318)
    Oscar Q.? 1899 (318)
    Roberta m. Thos. R. Preston Jun 5, 1895
    (318)
    Roberta adult bapt 1885 (318)
    W. J. d. Mar 13, 1901 (318)
    William 1899 (318)
    Willie S., 1 yr, d. Jul 10, 1878 (318)
CLINE, Geo. W. m. Annie L. Smith 4 Feb 1880 (47)
CLINTON, Orneal m. Henry Annis Jan 18, 1883
    (318)

CLINTON, Sally 1845, 1877 (270)
    Saly 1881 (270)
CLIPPINGER, Bertrand d. Jun 21, 1881 (318)
    Willard m. Courtright Wilbur Jun 1, 1897 (318)
CLOREY, Mrs. L. see Mrs. Martha Davis (318)
CLOSE, Ida m. F. Kaufman Sep 10, 1882 (318)
CLOUGH, James & Leah parents of Thomas Arthur b. May 1890 (289)
    James & Leah Kay parents of Beatrice Elizabeth b. Jan? 29, 1884 (289)
CLOUS, Margret 1888 (220)
CLOUSE, Charles d. Jan 7, 1894 (318)
    Mrs. Eliza, 61 yrs, d. Apr 14, 1892 (318)
CLOUSTON, Annie Eliza (Mrs) confirmed 1870 (22)
    Mrs. Annie Eliza 1870 (moved to KY) (22)
    Miss Caroline confirmed 1849 (22)
    Caroline G. buried Sep 22, 1858 (22)
    Miss Caroline G. d. Sep 21, 1858 (22)
    Caroline Greham dau of Edward G. 1846 (22)
    Mrs. Cenie? 1869 (22)
    Mrs. Cenie d. 6/18/1886, age 85 (22)
    Dora Mary b. Aug 1, 1878 to William G. & Dora P., sponsored in bapt by Mrs. M. A. Clouston & Mrs. C. M. Gray (22)
    Dora Mary d. 4/23/1882, age 3 yr 8 mo 22 da (22)
    Mrs. E. G. 1854 (22)
    Mrs. Edward G. confirmed 1848 (22)
    Edward G. 1846, father of Emeline Wilson, Wm. Greham & Elizabeth Field (22)
    Edward Graham, son of Edward G. 1846 (22)
    Miss Elizabeth F. confirmed 1854 (22)
    Miss Elizabeth F. member 1859 (moved to MS) (22)
    Emma W. m. Rowland W. Jones Feb 13, 1872 (22)
    Miss Emma W. confirmed 1858 (22)
    Miss Emma Wilson 1869, moved to Grenada MS Apr 72 (22)
    Irene (dau of Wm? & Endora) m. Charles A. White Feb 12, 1890 (22)
    Irene Endora 1883 (age 14) (22)
    Irene Endora b. Mar 9, 1869 to Wm. Graham & Endora P., sponsored in bapt by Mrs. Blanch Ewing, Mrs. C. M. Gray, Miss Leighla Perkins, Miss M. A. C. & Rev. C. M. Gray (22)
    James G. confirmed 1858 (22)
    James Graham buried Feb 8, 1872 (22)
    Louisa Maria dau of Edward G. 1846 (22)
    Miss Margaret A. 1876, 1898 (22)
    Margaret Ann dau of Edward G. 1846 (22)
    Miss Margaret Ann confirmed 1848, 1854 (22)
    Miss Maria Louisa, aged 23, buried Dec 11, 1846 (22)
    Miss Martha Jane see Miss Martha Jane Graham (22)

CLOUSTON, Miss Martha Jane 1854, confirmed 1848 (22)
    Mr. William G. confirmed 1857 (22)
    William Graham b. Apr 10, 1871 to Wm. Graham & Endora P., sponsored in bapt by Mrs. Maud Ried, Mrs. C. M. Gray, Miss Caro Nicholson, Mrs. A. B. Ewing & C. M. Gray (22)
    Wm. Graham d. Mar 3, 1893, age 56 (22)
    William Graham 1869, 1885 (22)
CLOWERS, Tisha 1862 (220)
CLOWES, Maggie 1896 (220)
CLOYD, Andrew O. m. Fannie Biddle 26 Sep 1878 (47)
    Fannie buried 5 Oct 1884, age 2 (47)
CLYCE, W. A. adult bapt 1873 (318)
COAL, Elisa 1862? (215)
COALMAN, Wm. 1824 (205)
COATS, Jane R. D. 1884 (43)
    Lisey B. 1886, d. 1887 (43)
    S. J. 1886 (43)
COBB, Benjamin 1806? (164)
    Jno. Howell m. Emma Jay Hensley Apr 25, 1889 at Decatur TX (289)
    Jno. S. d. May 5, 1884 (318)
    Mary d. Oct 16, 1904, age 33 (289)
    Stephen J. m. Mary L. Dunn 30 Jan 1877 (47)
COBBLE, Peter 1827 (Greene Co) (23)
COBLEIGH, Dr. E. A. d. Dec 1, 1905 (318)
COLYER, Nancy (wife of William) 1827 (205)
COCHRAN, Miss Mary Emma 1889 (257)
COCHRANE, Dr. Hardin Perkins 1898 (22)
    Hardin Perkins (widower, of Birmingham AL) m. Leighla Octavia Perkins Jan 19, 1887 (22)
    Mrs. Leighla O. 1898 (22)
COCKE, Albert R. 1853, 1857 (338)
    Callie B. d. Apr 27, 1875 (338)
    Eva Nicholson 1873, confirmed 1874 (225)
    J. T. R. & C. B. parents of Miriam bapt Sep 22, 1872 (338)
    James Henry b. Sep 18, 1877, bapt 1878, parents James H. & Mary G. (225)
    Jennie confirmed 1892 (225)
    Kate A. mother of Stephen Ashby bapt Feb 8, 1874 (338)
    Kate Montreville confirmed 1875 (225)
    Mrs. Laura 1872, 1874 (225)
    Miss Lizziejo 1872 (225)
    Miss Lizziejo m. Wm. H. Tharp Oct 15, 1874 & removed to country near Mason TN (225)
    Mrs. M. E. 1850 (338)
    Margaret E. 1857 (338)
    Mary Jane Taylor, see Willie Fletcher Cocke (225)
    Margaret E. d. May 28, 1870 (338)

COCKE, Pauline L. m. James B. Crockett Oct 20,
    1870 (22)
  Racheal 1855 (43)
  Thomas Jones Winston, see Willie Fletcher
    Cocke (225)
  Thomas R. 1872, 1874 (225)
  Walter M. d. Aug 1894, age 44? (338)
  Willie Fletcher b. Feb 24, 1871; Thomas
    Jones Winston b. Oct 15, 1872; Mary
    Jane Taylor b. May 21, 1874; parents:
    James H. & Mary George Cocke; sponsors:
    J. M. Schurar, Thomas R. Cocke, Laura
    J. Cocke & Mary J. F. Taylor, repre-
    sented by Mrs. Delia H. Gray, bapt Oct
    4, 1874 (225)
  William Fletcher confirmed 1892 (225)
COCKERILL, Benj. F. & Sarah parents of Cornelia,
    age 1, bapt Jan 15, 1860 (289)
  Cornelia d. Jan 30, 1860, age 1 (289)
COCKLE, Mosetta Louise buried Apr 11, 1910 (289)
  Mosetta Louise d. Apr 10, 1910, age 29 (289)
COCKRELL, Elizabeth 1848 (347)
  Elisabeth m. William Arther 1850 (347)
  Martha J. 1848, d. Nov 1848 (347)
COCKRILL, Benj. F. & Sallie F. parents of Sallie
    b. Feb 19, 1861 (289)
  Benjamin Franklin m. Sarah Catherine Foster
    Apr 14, 1857 (47)
  Emmett m. Eliza Louisa McGavock Feb 17, 1857
    (47)
  Jennette m. Oliver Hayes Shields 2 Nov 1887
    (47)
CODY, Bettie 1853 (225)
  Hariet A. 1859 (225)
  James F. 1849 (225)
  Jane E. 1852 (225)
  Joseph L. 1868 (225)
  M. L. 1859 (225)
  (Cherry) Margaret E. 1853 (225)
  Marion F. 1849 (225)
  Martha m. J. B. Neely May 14, 1877 (318)
  Martha L. see Robert A. Cody (225)
COFER, Thomas d. Jun 10, 1884 (220)
COFFEE, A. J. 1851 (259)
  J. D. C. 1878 (345)
  Kanzada bapt 1893 (271)
  Miss Mattie B. 1885, m. W. F. Barton 1888
    (318)
COFFEY, Addie m. W. H. Waldron Nov 18, 1887 (318)
  Allen, Elder 1842 (24)
  Euphance? 1848 (347)
  Mrs. Mary 1810 (24)
  Mary Elizabeth 1895 (264-2)
  Mattie B. m. Walter F. Barton Oct 25, 1888
    (318)
  Osean 1899 (264)
  Robert 1895 (264-2)
COFFIN, Belle m. Thomas L. Williams Oct 29, 1874
    (338)

COFFIN, C. H. d. Jun 18, 1855 (338)
  C. W.? 1868 (338)
  C. W. d. Jul 8, 1875 (338)
  Carrie b. Nov 18, 1885, d. Jun 28, 1889
    (338)
  Elija 1829 (338)
  Chas. H. d. Jun 18, 1855 (338)
  Cornelius W. d. Jul 8, 1875 (338)
  Cornelius W. d. Jul 28, 1875, age about 52
    (338)
  E. 1847 (338)
  Eliza mother of Margaret bapt Jun 12, 1852,
    age 3 mo 24 da (338)
  Eliza mother of Charles age 6 mo 1 da, bapt
    Oct 23, 1842 (338)
  Eliza mother of Ann Eliza bapt Sep 24,
    1848, age 4 mo 25 da (338)
  Eliza mother of Hector & William both bapt
    Dec 12, 1846, age 2 yr 7 mo 27 da and
    3 mo 27 da, respectively (338)
  Eliza Ann 1857 (338)
  Miss Ella d. Dec 17, 1899, age 46? (dau of
    Jas. A.) (338)
  H. & A. parents of Ella Jones b. Feb 1,
    1882 (338)
  H. & A. parents of Hector b. Dec 24, 1883
    (338)
  H. & A. parents of Carrie b. Jan 21, 1891
    (338)
  H. & Alice parents of Carrie b. Nov 18,
    1885 (338)
  Hector & Alice parents of Rosa Sadler b.
    Jun 26, 1880 (338)
  Hector & Alice parents of Margaret b. Aug
    18, 1878 (338)
  J. P. 1852 (338)
  James father of Charles H. & Maxwell in-
    fants bapt 1867 (318)
  James P. 1862 (338)
  Lizzie (infant of H. & A. C.) b. Jun 5,
    1889, d. Oct 5, 1889 (338)
  Sallie M. d. Jan 19, 1900, age 48? (dau
    Of Jas. A.) (338)
COFFMAN, Emmer C. 1879 (280)
  Icy 1879 (280)
  J. P. 1879 (280)
  Jno. M. 1879 (280)
  Minnie W. m. Dr. J. M. McFerrin (of Coal
    Creek, Anderson Co) Feb 14, 1884 (338)
COGDAIL, Anner 1813 (164)
COKER, C. A. 1850 (334)
  C. J. 1862? (215)
  Charles Y. 1844 (215)
  E. C. 1855 (334)
  George W. 1862? (215)
  J. M. 1850 (334)
  Joseph 1844, 1862? (215)
  Judy 1862? (215)
  Martha 1844 (215)

COKER, Marthy 1862? (215)
    S. A. (f) 1855 (334)
    Worner P. 1862? (215)
COLBOE, Catherine 1873 (276)
    Jane 1873 (275)
COLBOGH, Jane 1887 (275)
COLBOUGH, Catherine 1880 (275)
    Cathrine 1887 (275)
    Jane 1880 (275)
COLBY, Flora S. m. L. V. Hamby Jun 26, 1895 (318)
COLE, Amanda 1846, 1847 (225)
    Amy (or Ann) 1857 (259)
    C. M. 1847 (259)
    Calvin 1862? (215)
    Cornelia D. bapt 1847 (dau of Peter & Amanda) (225)
    Cornilia D. 1856 (225)
    Cynthia 1849, 1871 (259)
    E. D. 1882, 1884 (327)
    Elisabeth 1862? (215)
    Eliza Ann 1857 (259)
    Eliza T. 1869 (43)
    Frances 1862? (215)
    J. A. 1882 (327)
    Jackson 1846, 1847 (215)
    Jackson F. 1843 (215)
    Jackson T. 1845 (215)
    James 1882 (327)
    Jas. A. 1884 (327)
    Joseph B. 1849, d. May 7, 1867 (225)
    Lourinda 1843 (215)
    Lyda 1849 (259)
    Martha P. bapt 1847 (dau of Peter H. & Amanda (225)
    Mary 1849 (259)
    Mary 1851 (215)
    Mary 1846 (formerly Brower) 1847 (225)
    Mary Ann 1871 (259)
    Mary E. 1854 (225)
    Mary E. d. Dec 20, 1878 (345)
    Mary Elizabeth bapt 1847 (dau of Peter H. & Amanda) (225)
    Nancy 1846 (341)
    Peter 1847 (225)
    Peter H. jr. 1849 (he was kill at Murfreesboro TN 21 Dec 1862) (225)
    Peter H. sr. 1846 (225)
    Peter Hunter bapt 1847 (son of Peter H. & Amanda Cole) (225)
    Rebeca 1851 (215)
    Rebecca 1862? (215)
    Rebecker 1846 (215)
    Sarah 1842 (215)
    Sarah S. 1871 (259)
    Vilet 1845, 1846 (215)
    Violet 1842 (215)
    Walter 1857 (259)
COLEMAN, A. 1890 (271)

COLEMAN, A. B. 1866, 1890, d. 10/19/1899 (271)
    Abigail 1877 (271)
    Alex ca. 1848, d. Jan? 1850 (225)
    Bailey J. d. Dec 1903, age 46 (120)
    C. E. (f) m. Kirk Mc. E. Cameron Mar 31, 1891 (318)
    Mrs. Cora E. 1883, 1893 to Charleston SC, 1891 m. Cameron (318)
    E. W. 1876 (Alice Wilson Solmon) (281)
    Elizabeth 1847 (170)
    Fay Asbury infant bapt 1885 (318)
    Frank d. Apr 6, 1884 (killed on R.R.) (318)
    Geo. J. 1885 (might read Holeman) (281)
    Gibs 1855 (170)
    Glen Word 1893, 1893 to Charleston SC (318)
    Glenn Worth & Lewis Gibbs inf bapt 1883 (318)
    Ida 1892 (271)
    James Arthur & Lillian Beryl (Ogden) parents of Lillian Alpha b. Dec 26, 1890 (289)
    James H. 1870 (281)
    Jessee 1843 (170)
    L. C. buried Nov 2, 1863, age 65 (47)
    L. M. 1878 (281)
    Lindsay W. m. Elizabeth L. Brown 17 Oct 1883 (47)
    M. C. 1877 (Martha Cata Williams) (281)
    M. J. (Mollie Janette Halstead, wife of James Halstead) 1876 (281)
    Nancy E. 1858 (170)
    Robert Moran d. Jan 1908, age 20 (120)
    William A. 1843 (170)
    William F. F. & wife Susin 1839 (90)
COLEMON, Mary 1856 (220)
COLERS?, David 1812 (330)
COLEY, Adalen K. J. d. Nov 29, 1862 (280)
    Connelious d. 1864 (280)
COLGUETT, J. W. 1879 (176)
COLLEN, William 1832 (205)
COLLIER, Carie buried Apr 11, 1872 (225)
    Dabney Maury buried Nov 17, 1873 (225)
    Dabney Maury b. May 4, 1873, parents Dabney W. & Pattie E. Collier; sponsors-- Dr. Wm. H. Maury, Edward Mosby & Miss Mary D. Maury (225)
    Dabney W. 1874, removed to Haywood Co. TN Sep 29, 1874 (225)
    Doo__y 1893 (220)
    H. C. & Nannie B. parents of Henry Schluter bapt 1885 (257)
    Henry C. & Nannie B. parents of Henry Schluter & Robert Clement bapt 1885 (257)
    L. W. m. Alice E. Gillespie Sep 20, 1899 (318)
    Mrs. Nannie Bell 1885 (257)
    Mrs. Pattie E. 1872 (225)

COLLIER, Mrs. Pattie E. 1874 (removed to Haywood
		Co. TN Sep 29, 1874) (225)
	Wm. C. m. Susan K. Eckols 16 Feb 1888 (47)
COLLINS, Ann bapt 10/20/1826, d. 11/14/1880
	Annie (nee Gracey) 1878, d. 1900? (271)
	Avee (f) 1836 (334)
	Cintha adult bapt 1855 (345)
	Cintha 1854 (345)
	Delila 1880 (275)
	Elizabeth J. 1848 (347)
	Geliley 1873 (275)
	James E. d. 9/1/1896, age 70 (22)
	John & Mary parents of Viola Tennessee b.
		May 3, 1879 (289)
	Katie d. May 15, 1878 (318)
	Mariah B. 1836 (334)
	Prof. N. P. 1890, 1891 to Northville MI
		(318)
	Robart 1873 (275)
	Robt. 1880 (275)
	Mrs. Sarah J. d. Dec 3, 1902 (318)
	W. F. 1878 (176)
COLLYER, Dulia 1888 (220)
COLMAN, Lucinda 1843 (170)
	Martha A. 1855 (170)
	Miss 1856 (170)
COLQUETT, George D. 1873 (275)
COLSON, Cordie V. m. John G. Fitzpatrick Mar 8,
		1893 (338)
	Elizabeth 1818 (164)
	Henry 1818 (164)
COLT, Alonzo E. adult bapt 1870 (264-2)
	Alonzo E. 1870, 1891--Springfield OH (264-
		2)
	Mrs. Amelia 1868, 1877, moved Kenton OH, d.
		Aug 16, 1899 (264-2)
	Mrs. Fannie G. d. Oct 14, 1901 (318)
	Freddie Emery 1874, moved 1877 Kenton OH
		(264-2)
	J. D. 1868 (264-2)
	James D. 1868, moved 1877 to Kenton OH
		(264-2)
	James D. 1873 (264-2)
	James D. & Amelia parents of Minnie B.,
		Mary A. & James D. bapt 1869 (264-2)
	Miss Jennie 1866, m. James Thompson May 4,
		1870 (264-2)
	Pascal C. adult bapt 1870 (264-2)
COLVILLE, Laura Ann 1851 (259)
	Martha 1831 (259)
	Sally 1831 (259)
	Sarah L. 1833 (259)
	_____ 1831 (259)
COLYAR, Lila B. m. Henry G. Thompson Apr 24, 1889
		(289)
COLYER, William 1827 (205)
COMBS, Mary b. Oct 2, 1849, Jeffersonville IN to
		John & Hannah Briner, bapt 1898 (47)

COMBS, Micah m. Cordelia Rawls May 3, 1883 (289)
COMFORT, James d. Nov 4, 1900, age 58 yr 9 mo 27
		da (338)
COMING, Aley 1877 (270)
COMMONS, Jane d. 1883 (335)
COMPTON, Elizabeth m. Thomas Flintoff Apr 1, 1845
		(47)
	Mary E. m. Saml. C. Robb Jan 27, 1870 (257)
	Mary Jane m. Jesse Porter Gilman Mar 16,
		1841 (47)
COMSTOCK, S. G. d. Mar 3, 1897, age 65? (47)
	Sadie d. 1883 (318)
CONANAY, Morgan 1848 (331)
CONAWAY, M. H. 1871 (322)
	M. H. 1881 (331)
	Margan H. 1871 (322)
CONDIT, Ocia (see Ocia Hart)(257)
	Ocia B. mother of Julius Trousdale bapt
		1883 (257)
CONE, G. W. 1855 (43)
	G. W. & Margaret 1855 (43)
	John 1830, 1827 (335)
	Margaret J. 1855 (43)
	Sarah 1827 (335)
	Sariah 1830 (335)
CONER, Mathan 1884 (43)
CONKLIN, Mary (Mrs. Wright) 1858, to Clinton IL
		(257)
	Mary (see Mary Wright) (257)
CONLEY, Mrs. d. Dec 2, 1903 (318)
	_____ (f) 1843 (170)
CONLY, Louisa 1847 (170)
CONN, James C. m. Lula B. Henegar Nov 16, 1897
		(318)
	Josiah & Elizabeth 1823 (330)
	Josiah 1812 (330)
	Sarah E. adult bapt 1874 (318)
CONNABLE, J. L. d. Dec 5, 1901, 71 yrs) (318)
CONNE?, Clanton 1848 (329)
CONNELLY, May E. m. D. F. Beckham Aug 22, 1894
		(318)
CONNER, Clanton 1848 (329)
	Delilah Ann 1864 (90)
	Susanna 1813 (164)
CONNOR, Maj. G. C. d. Mar 11, 1894 (318)
	James 1827
	W. J. m. Hattie L. Lewis Oct 31, 1896 (318)
	Wm. m. Mary Dale Jun 18, 1893 (318)
CONTELLIER, Aug E. d. May 12, 1901, age 62 (289)
CONTY?, Miss Eliza d. 1908, age 61 (120)
CONWAY, Morgan 1865 (331)
CONYER, Bartholomew 1828 (162)
CONYERS, Bartholomew 1820 (162)
	Evaline (dau of Sarah) bapt 1820 (162)
	Sarah 1820 (162)
COOK, Abraham 1826 (330)
	Ann 1836 (334)
	Annie Laura 1891 (22)

COOK, Catherine buried Sep 2, 1882, age 85 (47)
    Charlotte A. 1857 (259)
    Cinthia 1859 (215)
    Cora V. m. G. W. Thomas Aug 9, 1891 (318)
    Dorothy 1861 (170)
    Elizabeth bapt 1893 (271)
    Emily M. 1854 (170)
    Han (f) 1856 (220)
    John 1827 (Greene Co) (23)
    Katharine 1855 (170)
    Mrs. Laura 1869 (22)
    Mrs. Laura E. widow of late Philip Henry
        Cook, M.D., d. Mar 7, 1876 (22)
    Lucey 1843 (170)
    M. E. (f) 1855 (170)
    Mrs. Mollie E. 1892 (318)
    Richard Reese, aged 16 mo, son of late
        Philip Henry Cook, M.D. & Laura E. 1872
        (22)
    Richarde 1843 (170)
    Robt. B. m. Sarah Divine Nov 18, 1896 (318)
    Sarah 1869 (162)
    Sarah 1854 (131)
    Solomon 1848 (347)
    Susan 1862 (220)
    Dr. T. J. d. May 5, 1883, age 63 (289)
    Thadeus 1850 (334)
    Thos. 1861 (170)
    Unity 1843 (170)
    Wm. 1855 (170)
    William M. d. 1909, age 69 (120)
    William M. m. Ellen L. Theobald 10 Nov
        1880 (47)
    Miss _____ 1856 (170)
COOKE, Annie Laura b. May 28, 1875 to David W. &
    Carrie C. (Clarkesville) buried May 28,
    1874 (22)
    E. (f) 1847 (170)
    Frances 1847 (170)
    J. B. d. Apr 20, 1899 (318)
    Mrs. J. B. d. Dec 28, 1875 (318)
    John H. 1843 (170)
    Lourany 1847 (170)
    Mary d. Sep 26, 1860, 1843 (170)
    Mary m. W. B. Swaney Jan 8, 1885 (318)
    Mary Edwina b. Jan 17, 1883 to David
        Welles & Carrie Campbell Cooke,
        sponsored in bapt by Maria Louise Jones,
        Rev. C. M. Gray (22)
    Miss Mary J. 1873, m. W. B. Swaney 1/8/85
        (318)
    Miss Nellie Lou 1889, m. T. L. Patty
        3/25/97 (divorced) (318)
    Mrs. Penelope (wife J. B.) 1867, d. Dec 25,
        1875 (318)
    Penelope m. Joseph L. Patty Mar 25, 1897
        (318)
    Richard d. Oct 22, 1892 (318)
    Richd. F. 1874, d. 21 Oct 1892 (318)

COOKE, Robert B. 1896 (318)
    S. (f) 1847 (170)
    Sarah D. (wife of R. B.) 1896 (318)
    T. H. (infant of T. H.) d. Jul 30, 1887
        (318)
    Thomas 1843 (170)
    Wm. J. buried Jun 9, 1866, age 24 (47)
COOLEY, Henry 1821 (329)
    Malinda 1821 (329)
    Mary 1866, 1870, 1871 (220)
    Nancy 1856 (220)
    Robert 1856, 1866, 1870 (220)
COOLY, Jessa & wife Martha & Nancy 1868 (220)
    Robert 1870 (220)
COON, Josiah 1808 (330)
COOPER, A. E. 1849, 1855, 1879 (176)
    Abner E. 1858 (176)
    Alfred & Hannah Parker parents of Millie
        Elizabeth, Ernest Alfred & May Travis
        all bapt Aug 2, 1883 (289)
    C. F. 1879 (176)
    Catharine 1806 (164)
    Cathrine 1881 (270)
    Dr. Chas. N. 1886, 1886 to Winchester KY
        (318)
    David 1845, 1877 (270)
    G. W. 1881 (270)
    George W. 1845 (270)
    H. Fennemore 1855 (318)
    Henry 1813 (164)
    Henry J. buried Sep 15, 1878 from the
        residence of his son-in-law, Stephen
        G. Carnes (225)
    Hermon 1821 (329)
    I., father of Rachel C., inf bapt 1872
        (318)
    J. M. 1870 (281)
    James & Jane (Buckingham) parents of
        Fanny Nold b. Jul 8, 1865 in Texas
        (289)
    James H. pastor 1889 (264-2)
    James M. 1870 (281)
    John 1813 (164)
    John Crookshank b. Oct 30, 1833 (son of
        William) (162)
    Mrs. Lizzie H. (wife of C. N.) 1886, 1886
        to Win chester KY (318)
    Lula m. Albert P. Myers Sep 18, 1889 (289)
    M. L. 1881 (270)
    Martha C. 1846 (345)
    Mary 1879, d. ca. 1880 (281)
    Mary F. (Mrs.) d. Jul 23, 1882 (Baptist)
        (318)
    Mary J. & baby d. Dec 20, 1893 (47)
    Miss Mimi J. 1883 (177)
    Nancy ca. 1848 (225)
    Pearl 1896 (220)
    Polly 1825 (330)
    Polly E. 1877, 1881 (270)

COOPER, Rachel 1846 (341)
    Rachel adult bapt 1868 (318)
    Mrs. S. B. before 1862 (318)
    Sallie A. m. Rev. Thomas A. Hoyt 2 Jun 1874 (47)
    Sarah E. 1877, 1845 (270)
    W. H. m. Clara Lawson Feb 23, 1897 (318)
COOPER, James 1847 (215)
COPE, Amanda 1841 (259)
    Elizabeth 1879 (280)
    Jesse d. Mar 18, 1873 (318)
COPELAND, Athalinda 1827 (24)
    E. J. m. T. D. Walker Nov 15, 1899 (318)
    J. 1847 (341)
    J. C. adult bapt 1899 (318)
    James 1827 (24)
    Mary bapt Jan 28, 1862 (289)
    Mary (see JackJohnson) (289)
    Thomas & Jane parents of Julia b. Jun 1847 (289)
COPLEN, John 1848 (331)
COPP, Dr. Ben Dechard d. Jan 11, 1899, age 57 yr 10 mo 7 da (grandson of Robert Lindsay --Wisconsin his home) (338)
COPPAGE, Elias 1848, d. 1854 (329)
    Elias 1821 (329)
COPPER, Thomas A. m. Martha Hall Nov 9, 1837 (47)
COPPIN, John d. Feb 10, 1902 (C.S. R.R.) (218)
COPPINGER, L. P. 1876 (259)
    Mrs. M. E. 1876 (259)
CORBIN, J. F. pastor 1878 (271)
    Katie Simpson d. Jun 13, 1885 (318)
    Lida A. d. Jun 1874 (318)
    Mrs. Mary (wife of R. W.) 1872, d. 14 May 1881 (318)
    Mrs. Mary J. (McCorkle) 1872 (318)
    Mrs. R. W. d. May 14, 1881 (318)
    R. W. (Baptist) d. 1881 (318)
    _____ pastor 1856 (271)
CORDEN, Minnie m. Saml. Burns Nov 9, 1875 (318)
COREY, Martha S. 1873 (318)
CORMACK, Julia E. adult bapt 1866 (318)
    Lou adult bapt 1866 (318)
    Matilda A. adult bapt 1866 (318)
CORN (COON?), Mrs. Elizabeth 1871, d. 4 Mar 1887 (318)
    Miss Jane 1877 (318)
    Jennie m. Wm. Lewis Aug 23, 1885 (318)
    Miss S. E. 1874, 1888 to Huntsville AL, m. E. J. Rey (318)
CORNELL, Henry d. 1913, age 82 (120)
CORNICK, T. R. d. Jun 18, 1892, age 75 (-38)
CORREY, Rebecca m. David A. Shepherd 4 Feb 1873 (47)
    Susan buried Feb 22, 1864, age 28 (47)
CORRY, James and Caroline parents of Fanny b. 11 Mar 1848 and Rebecca b. 23 Jun 1837 (47)

CORRY, James A. 1852 (318)
    Mary R. 1852 (318)
CORSTEIN, Peter (German) d. Jul 27, 1874 (318)
CORTHERN, Doctor B. 1887 (215)
    Jonathan W. 1880 (215)
    Lamberth W. 1880 (215)
    Lambuth M. 1887 (215)
    Ora A. 1887 (215)
    Washington J. 1880 (215)
CORTHORN, James F. 1879 (215)
    Louisa 1879 (215)
CORTHRON, Lamberth W. 1887 (215)
CORUTHERS, Emily J. 1850 (334)
COSBY, Dr. James d. in Rhea Co. in 1831, buried in Hamilton Co. (338)
COSLEY, Dr. James d. in Rhea Co. 1831 (338)
COTARD?, Mary Ann 1846 (215)
COTHEM, Louisa 1870 (215)
    Samuel 1871 (215)
COTHEN, David L. 1853 (215)
COTHERAN, J. B. 1855 (43)
    John B. 1870 (43)
COTHERN, Catharine H. 1858 (215)
    David L. 1858 (215)
    Doctor B. 1866 (215)
    Eliza 1856 (215)
    Howard 1895 (215)
    Lambreth M. 1866 (215)
    Lenora 1880 (215)
    Manerva 1853 (215)
    Nancy S. 1858 (215)
    Polly A. 1860 (215)
    Robbert 1858 (215)
    Samuel 1887 (215)
COTHORN, Manervy 1858 (215)
COTHRAN, Fanny 1876 (259)
    James O. m. Mary E. Craig Jan 12, 1873 (21)
    Jennie 1876 (259)
    Mary A. 1872 (21)
    Nora 1896 (215)
    R. C. 1867 (21)
COTHREN, Alvin 1854 (215)
    Eliza 1853 (215)
    Ezekil m. Fite, Rebecca C. 1876 (21)
    Hannah 1853 (215)
    M. E. 1865 (21)
    Mary E. 1880 (215)
    Winny 1862? (215)
COTHRON, Amanda 1887 (215)
    Catharine A. 1887 (215)
    James F. 1887 (215)
    Johnathan W. 1887 (215)
    Liza 1896 (215)
    Mary E. 1858, 1895? (215)
    Nanie 1896 (215)
    Robert 1843 (215)
    Washington J. 1887 (215)
COTTEN, Leviney 1831 (335)

COTTEN, Levinia 1827 (335)
    P. J. 1826 (335)
    Peter J. 1827, 1831 (335)
COTTON, John B. 1857 (259)
    Levina 1830 (335)
    Peter J. 1830 (335)
    Robert 1893 (259)
    William P. 1827, 1830 (335)
COUCH, W. B. 1855 (334)
COUGH, Thomas & Sarah A. parents of Sarah Frederika b. Jul 21, 1889 (289)
COULTER, Esau 1846, d. May 27? 1873 (341)
    Robt. d. Feb 19, 1904 (318)
COUNTS, Mary 1828 (162)
COUP?, Wm. d. May 27, 1882 (killed W & A RR) (318)
COURAT?, Geo. m. Susan Atwood Aug 5, 1887 (318)
COURCIER, Mrs. Lucy d. Oct 4, 1900 (318)
COURCIER, Mrs. Lucy d. Oct 4, 1900 (318)
COURTNEY, Andrew LaFayette 1888 (177)
    J. S. jr. d. May 22, 1904 (318)
COURSON, Mrs. Glowina Oonelville d. Oct 23, 1885 age 77 (289)
COUSAR, Robert Moore b. Aug 19, 1882, bapt 1883 parents: Robert M. & Hettie H., sponsors --F. A. Juny, Mrs. M. F. Scott (225)
COUSTIS, Adaline Cintha (wife of William W. Custis?) 1853 (259)
COUSTON, Miss Margaret A. 1876 (22)
COUTELLIER, Virginia d. Dec 26, 1903, age 90 (289)
COVEY, I.? m. Martha A. Wilson 1860 (347)
COVINGTON, Delah (see Delah McCord) 1867 (345)
    Dellah 1867, 1877 (345)
    J. J. m. Della McCord Nov 7, 1872 (345)
    Jackson 1843 (170)
    James 1855 (170)
    Jimmie 1895 (215)
    John 1873, 1877 (345)
    Susan 1871 (90)
    Tobitha 1855 (170)
    William 1855 (170)
COWAN, Franklin Trousdale see Robert Benton Cowan (225)
    J. N. & Annie parents of Luella May b. May 1, 1894 (338)
    James d. Jan 15, 1891? age 40 (338) (possibly 1901)
    John Stephen Randal m. Mary Louise Murta Dec 4, 1889 (225)
    Margaret C. 1821 (338)
    Nathaniel 1817 (338)
    Robert Benton b. Apr 8, 1874; Franklin Trousdale b. Jul 18, 1876, bapt 1877 (in Moscow at residence of father), parents: John S. R. Cowan and Elizabeth A. C., sponsors: Dr. R. B. Stover & Phereby S. Stover
COWARDER, Nolan K. buried Oct 7, 1882, age 5 mo (47)

COWARDIN, Collin Manly & Mary H. parents of Robt. Collin b. Feb 12, 1847 (289)
    Robt. Allin & Carrie A. parents of Almus Sheffield b. Oct 11, 1875 (289)
    Robert C. d. Jan 14, 1908, age 61 (289)
COWDEN, John A. m. Aimee T. Johnson 3 Oct 1882 (47)
COWES, Maggie 1893 (220)
COWLING, James L.? 1808 (330)
    James S. 1833 (330)
    Joseph 1808 (330)
    Joseph & wife Sally 1838 (330)
COWSAN, Alfred bapt Apr 10, 1880; parents--R. M. & Hettie (225)
COWSAR, Alfred Humphreys buried Jul 13, 1881 from residence of parents (Robt. & Hettie) (225)
COX, Adaline 1859 (327)
    Anna R. 1870 (338)
    C. A. m. A. H. Roscoe Jun 8, 1858 (47)
    C. C. adult bapt 1892 (318)
    C. C. 1892, d. 30 Nov 1901 (318)
    Lt. Col. C. J. buried Sep 18, 1866, age 41 (47-1)
    Cynthia 1859 (338)
    Dunkin 1853, 1858 (215)
    Rev. E. D. 1891 (327)
    Elizabeth 1853, 1858 (215)
    G. H. 1893 (220)
    Georg G. 1808 (330)
    George G. 1852 (327)
    Gracie d. Jul 12, 1881 (318)
    Hannah 1858 (214)
    Hellen 1879 (280)
    Isacc 1852 (327)
    J. H. 1888 (220)
    Jacob 1852 (327)
    Jane 1853, 1866 (131)
    Jesse Jr. 1854 (131)
    John C. m. Adria D. George Oct 27, 1894 (338)
    John H. 1896, d. Feb 1901 (318)
    John R. m. Bella McNutt (both from Concord) Dec 30, 1886 (338)
    Jno. W. 1852 (327)
    Johnson 1879 (280)
    Mrs. Josephine (wife of C. C.) 1898, d. 2 Apr 1901 (318)
    Mrs. Josephine d. Apr 3, 1901 (taken to Dalton GA) (318)
    Lona 1859 (327)
    Margaret L. m. Geo. A. Vaughter Feb 17, 1898 (318)
    Marie Gordon buried Mt. Hoep 1908 (22)
    Martha Angeline 1879 (280)
    Mary 1879 (280)
    Mary E. 1855 (215)
    Mirta 1879 (280)

COX, Morgan G. 1837 (330)
    N. 1847 (341)
    Mrs. Olivia d. Mar 1879 in Knoxville, age
        78 (289)
    Pheby d. Feb 21, 1864 (280)
    Rebecca 1891 (327)
    Sam 1888 (220)
    Simpson 1879 (280)
    Thomas d. Sep 22, 1898 (Secy, Board of
        Health) (318)
    Thomas & Addie parents of Thos. Gowdy bapt
        Mar 7, 1858 (289)
    W. N. (see Miss Lassie M. Gardenhire) (318)
    Watson 1842 (90)
    William 1852 (327)
COXON, Mrs. (see Mrs. Haller) (318)
COYKENDALL, Edward m. Minnie C. Barker Feb 8,
    1888 (338)
    Edward m. Addie Carter Apr 1, 1884 (338)
COYLE, Emmett d. Oct 2, 1891, age 25 (289)
COZZENS, George H. H. m. T. Jennie Summers 25
    Feb 1884 (47)
CRABB, Ella m. Allen Hamilton Mar 6, 1888 (318)
    Mary m. Robert Barrow Jul 11, 1839 (47)
CRABTREE, J. E. 1868 (176)
    J. J. 1883 (335)
    J. J. d. Jan 1892 (335)
    John 1884 (335)
    N. Jane 1862 (220)
    Nancy E. d. 1900 (335)
    Nancy E. 1883 (335)
    Sarah 1860 (335)
    Susan 1888, 1893, 1896 (220)
    W. A. 1875 (176)
CRADDOCK, Elsie May d. Jul 11, 1896, age 1½ yrs
    (47)
CRAFFORD, Benjamin 1846 (215)
CRAFT, Louis father of Mary b. Jun 5, 1888 (289)
    Sarah 1813 (164)
CRAFTON, Fanna 1850 (334)
    George G. 1850 (334)
    John B. 1836, 1850 (334)
    Malinda 1832 (334)
    Mary A. 1850 (334)
CRAGAN, Susan 1858 (215)
CRAGAR, Malvina J. 1853 (215)
CRAGE, Robt. m. Marthey McCanless Sep 1866 (347)
CRAGIN, Elizabeth 1862? (215)
CRAGON, Elizabeth 1858 (215)
    Malvina J. 1858 (215)
    Susan 1853 (215)
CRAIG, A. & wife Jemima 1823 (90)
    Mrs. A. M. G. 1851 (338)
    Alexander J. 1895 (318)
    Mrs. Andrew d. May 14, 1903 (318)
    Andrew 1828 (90)
    Andrew 1895, d. 30 Jul 1913 (318)
    Miss Andrewina member 1895, m. T. W.
        Wadell (318)

CRAIG, Ann M. G. 1857 (338)
    Diana d. 1884 (21)
    Dianah 1878 (21)
    E. P. 1852 (338)
    Elizabeth (wife of Andrew) 1895, d. 12 May
        1903 (318)
    Elizabeth d. Sep 10, 1862 (338)
    Miss Elizabeth D. 1895 (318)
    Elizabeth P. 1857 (338)
    Florence 1898 (21)
    George 1896, d. 1 Nov 1910 (318)
    Hannah 1848 (347)
    J. J. 1867, 1869 (176)
    J. M. 1852 (338)
    James C. 1872 (21)
    James M. 1857 (338)
    James W. 1817 (338)
    James W. father of John bapt Apr 26, 1818
        (338)
    Jim 1900 (21)
    John 1875 (176)
    John J. of AL m. Mary C. Lyon May 10, 1847
        (338)
    Johnie J. 1895 (318)
    Joseph 1865 (257)
    Laura I. m. Albert S. King Jan 17, 1872
        (338)
    Louisa J. 1866 (338)
    Maggie m. O. Winkleman Nov 14, 1865 (338)
    Miss Margaret R. m. a Winkleman? 1859 (338)
    Margarett A. 1873 (21)
    Miss Mary (m. a Smith?) 1860 (338)
    Mary m. Jno. P. Smith Feb 7, 1867 (338)
    Mary A. m. R. M. Phipps Sep 27, 1899 (318)
    Miss Mary Ann J. 1895, m. R. M. Phipps 9/
        27/99 (318)
    Mary E. m. James O. Cothran Jan 12, 1873
        (21)
    Mary E. 1865 (21)
    N., M.D. 1824 (90)
    Racheal 1895 (m. Key) (318)
    Rebecca wife of Jas. W. 1822 (338)
    S. C. m. John Flanigan Dec 15, 1872 (21)
    S. E. m. Martha E. Durham Feb 1869 (21)
    Samantha C. 1869 (21)
    Sarah J. 1860 (21)
    Sarah J. m. L. M. Patton Oct 25, 1866 (21)
    Silas S. 1872 (21)
    Thomas 1898 (21)
    Thomas H. 1866 (21)
    W. J. Elder 1866-73 (21)
    Wm. & A. M. G. parents of Laura Jane bapt
        Aug 3, 1851, age 8 mo 6 da (338)
    Wm. & A. G. G. parents of William bapt
        Jul 30, 1854 (338)
    William 1857 (338)
    William d. Feb 22, 1865 (338)
    Wm. 1851 (338)
    William J. 1873 (21)

CRAIGHEAD, Irwin m. Lura Harris Dec 13, 1878
(289)
    J. P. N. & S. A. parents of Jane Kennedy
bapt Aug 31, 1851, age 3 mo 23 da (338)
    J. P. N. & S. A. parent of Patterson Nelson
bapt Jan 21, 1854 (338)
    J. P. N. & S. A. parents of Anna Sutherland
bapt Jul 12, 1845, age 1 mo 27 da (338)
    J. P. N. & S. A. parents of Eliza Temper-
ance bapt Apr 14, 1844, age 4 mo 4 da
338)
    J. P. N. 1844 (338)
    J. P. N. & S. A. parents of John Suther-
land bapt Jul 11, 1847, age 4 mo 3 da
(338)
    James P. N. m. Sarah A. Sutherland of Texas
on Jan 5, 1843 (338)
    James P. N. d. Sep 5, 1854 (338)
    John 1822 (338)
    John d. Jul 21, 1826, age 43 (338)
    Joanna m. James Ellis Feb 18, 1853 (47)
    Joseph A. & Pheraby parents of Jenny bapt
Oct 24, 1858 as an adult? (appears to
have been born in 1847) (289)
    Mary m. Thomas W. Preston Jun 17, 1845 (47)
    Mary Preston m. William Hooper Hams Jan 7,
1874 (289)
    Phereby m. William E. Owen Nov 26, 1857
(289)
    R. & S. E. parents of Eliza Lawson bapt Jul
1846, age 2 mo 5 da (338)
    R. 1845 (338)
    R. & S. P. parents of Hugh Lawson bapt
May 27, 1849, age 7 mo (338)
    Robert m. Sophia E. White Sep 28, 1841
(338)
    Robert 1857 (338)
    Robert & Sophia E. parents of James Park
bapt Jul 23, 1843, age 6 mo 18 da (338)
    Robert b. Sep 23, 1814, d. Sep 30, 1889
(338)
    S. E. d. Jun 19, 1850 (338)
    Sarah A. 1843 (338)
    Sophia E. 1843 (338)
    Temp. d. Dec 13, 1842 (338)
    Temperance wife of John 1822 (338)
    Temperance 1841 (338)
CRAIGMILES, Miss Nellie R. 1892, m. T. T. Parker
2/29/92 (318)
CRAIN, Charles F. 1896 (318)
    James 1883 (331)
    Mrs. Mary 1892 (318)
    W. G. 1851 (259)
CRAMPTON, Frank 1876 (259)
CRANDALL, Amelia B. infant d. Jul 7, 1889 (318)
    Mrs. Bertha B. (wife of W. J.) 1882 (318)
    Carrie buried Nov 15, 1877 (47)
    Mrs. D. S. 1877, d. Oct 1878, yellow fever
(318)

CRANDALL, Henry E. (from Memphis) d. Jul 17, 1888
(318)
    Hervey d.May 1, 1894, age 38 (Fulton MO)
(47)
    Julia S. m. F. B. Smith Dec 13, 1887 (318)
    Miss Julia S. 1877, 1888 to Greenbay WI,
m. Smith (318)
    Miss Lucy S. 1877, d. Feb 1881 (318)
    Miss Lucy S. d. Feb 6, 1881, aged 20 (318)
    Miss Mary S. 1877, d. 7 Mar 1884 (318)
    Mollie (Fla) d. Mar 7, 1884 (318)
    W. I. father of Amelia Bardshaw infant
bapt 1888 (318)
    W. J. d. Jun 9, 1899 (318)
    Washington I. 1883, d. 29 May 1896 (318)
    Washn. J. 1877, d. 8 Jun 1899 (318)
CRANDELL, Edwin R. m. Mary A. Gallagher 6 Sep
1847 (47)
CRANE, Anna 1848 (331)
    Anne 1833 (331)
    G. B. 1886 (259)
    John 1833, 1848 (331)
    Margie (see Margie Wallace) (271)
    Mrs. S. C. d. Mar 12, 1889 (341)
    S. C. (f) 1846 (341)
CRANK, James 1871 (281)
    Jones L. 1875 (281)
    Tolbert ca. 1875 (281)
CRANMORE, LIty 1889 (275)
CRANVILLE, Sarah 1833 (331)
CRAVEN, J. C. 1870 (176)
    J. H. 1875 (259)
    John d. Sep 19, 1893, age 9 mos (47)
    Peter ordained Aug 1893 (259)
CRAVENS, Alfred & Sadie M. (Purdon) parents of
Charles Arthur b. Feb 22, 1893 (289)
    Chas. & wife Phoeba 1872 (259)
    Mrs. Jesse d.Nov 20, 1895 (318)
    Peter 1852 (259)
    Solomon 1872 (259)
CRAVNN, W. R. 1893 (271)
CRAWFORD, A. P. 1893 (259)
    Mrs. Alexander 1872, d. 8 Mar 1912, 1876
to Lebanon VA (318)
    And. buried 4 Nov 1884 (47)
    Andrew m. Catharine O'Reilly Oct 17, 1839
(47)
    Andrew & Catharine parents of Septima Rut-
ledge b. Feb 4, 1841 (47)
    Andrew buried 2 Feb 1881 (47)
    Catharine buried Oct 9, 1846 (infant) (47)
    Edna m. Edward P. Penick Oct 12, 1898 (225)
    Edna confirmed 1891 (225)
    Edna Dashiel bapt 1891, parents Peter &
Mattie (225)
    Miss Florence J. 1872, 1876 to Lebanon VA
(318)
    J. H. d. Aug 8, 1905 (318)

CRAWFORD, J. R. (of Blountville) m. Cornelia E.
        Rogan Nov 2, 1868 (338)
    Capt. J. S. A. d. Jun 10, 1887 (318)
    Miss Josephine 1872, 1876 ato Lebanon VA
        (318)
    Lucinda bapt 1878, d. 11/1896 (271)
    Mrs. Margaret E. 1886 (318)
    Mrs. Peter 1874, 1872 (225)
    R. M. bapt 1878 (271)
    Miss Sidney 1872, 1876 to Lebanon VA (318)
    Thos. 1852 (327)
    Mrs. buried 8 Sep 1884 (47)
CRAWLEY, L. 1876 (259)
    L. (see Susan Jones) (259)
    M. D. 1869, d. 11/8/91 (259)
    Major D. ordained 2/1/68, d. 11/18/91 (259)
    Mary C. 1869, d. 1881 (259)
    Mary P. member 1873, m. Cass (259)
    Mrs. Zarah d. Mar 4, 1893 (47)
CRAY, Joseph 1861 (257)
CREASMON, Mary 1880 (275)
CREASON, Mary 1883 (331)
    Serenia d. 1887 (341)
CREATH, Albert G. & Mary parents of Endora Jane
        and D. Hardiman bapt 27 Aug 1838 (reel
        # omitted)
CREBBS, C. G. 1855 (176)
CREECH, O. L. m. Winifred Jenks Sep 7, 1899 (318)
CREESMON, Adam 1865 (275)
    Mary 1873, 1865 (275)
CRENSHAW, Arrena 1846 (341)
    Lois M. m. Walter T. Brooks (from Columbia)
        Nov 12, 1890 (338)
    Martha original member, Dec 3, 1855 Texas
        (257)
    William F. 1854 (257)
    W. B. & Nellie parents of Barney Lee b.
        Sep 11, 1890 (338)
    William T. 1854, Dec 3, 1855, Texas (257)
CRESWELL, David 1827 (24)
    Elizabeth 1827 (24)
    Jane? 1848 (329)
    John 1848, 1858 (329)
    Lucy Jane 1848 (329)
    Mary A. 1827 (24)
    Mary E. 1848 (329)
    Matilda 1848 (329)
    Rebecca 1848 (329)
    Rebeckah 1827 (24)
    Rosanna 1848 (329)
    Wm. 1848 (328)
CREWS, J. M. 1874 (176)
CRIAG, John 1871 (176)
CRIAGHEAD, Mrs. Mary H. buried 25 May 1862, age
        85 (47)
CRIBBS, C. G. 1858 (176)
    Cullin G. 1844 (176)
CRIBS, C. G. 1849 (176)

CRIDDLE, Smith d. Oct 8, 1891 (65)
CRIST, Jacob R. 1843 (338)
CRISWELL, Matilda 1865 (329)
    Rebecca 1865 (329)
    Robert 1865 (329)
    Rosannah d. Nov 26, 1870 (329)
    William 1865 (329)
CRITENDON, P. B. 1855 (176)
CRITTENDEN, Miss Ellen 1886, d. 1 Jul 1887, m.
        Robt. Goodall 9/19/68 (318)
    Ellen C. m. R. M. Goodall Sep 21, 1886
        (318)
    Mrs. Mary Read member 1881, m. Frater (318)
    Newton m. Kate Weber Dec 20, 1864 (47)
    Richard 1870 (329)
    Sarah F. 1878 (329)
CRITTENDON, Frances 1873 (329)
    Mary (Read) adult bapt 1881 (318)
CROCETTER, Martha 1843 (170)
CROCKET, Wm. L. 1852 (327)
CROCKETT, Florence E. m. Gene J. D. Imbaden May
        22, 1890 (318)
    Henry Hall 1878 (257)
    James B. m. Pauline L. Cocke Oct 20, 1870
        (22)
    Mary 1846 (345)
    Miss Mary J. member 1854 (removed to TX)
        (257)
    Miss Pauline (Cocke) member 1869 (married
        to Jas. B.) (22)
    Mrs. Pauline 1876 (22)
    Willie Cantrell 1874 (257)
CROFFARD, Bengamon 1874 (215)
    Jane 1848, 1851 (347)
    T. F. 1879 (176)
CROFT, R. H. d. Mar 5, 1883 (318)
CROOKSHANKS, W. M. 1872, 1873 to Atlanta GA (318)
CROSBY, Ada m. Robert Campbell Apr 9, 1888 (289)
    Eliza Panthea m. Samuel Hunt Jan 2, 1850
        (47)
    Mrs. Frank d. Feb 26, 1900 (from Grand
        Rapids MI) (318)
CROSS, Calvin R. m. Ada C. Smith 9 Jan 1886 (47)
    George adult bapt Jan 15, 1860 (289)
    Laura m. J. F. Flanagan May 9, 1884 (318)
CROTTY, Martha 1841 (335)
CROUCH, James M. m. Elizabeth Schmidt Nov 24,
        1889 (318)
    Katherine H. wife of W. H. 1871 (318)
    M. A. d. Aug 1892 (in Marshal Co) (281)
    Miss Mary Chester 1871 (318)
    Nancy E. 1869 (43)
    Wm. H. 1871, d. 1890 (318)
CROW, Ella m. W. J. Reynolds Sep 20, 1882 (318)
    John 1823 (220)
    Miss Julia 1882 (318)
    Lula m. Reese Hooper Sep 18, 1888 (318)
    Mattie Victoria confirmed 1876 (225)

CROW, W. P. d. Apr 21, 1898 (318)
    W. P. & Sarah E. (Squire) parents of
        Eveline b. Feb 10, 1870 in Chattanooga
        (289)
    W. J. jr. d. Apr 25, 1891 (318)
    Mrs. Wm. d. Nov 10, 1898 (318)
CROWDER, Harriet Ellen m. John Augustine Nooe
    Jan 16, 1851 (47)
    Louvina 1859 (215)
    Richard 1892 (271)
CROWDERS, Jane Douglass m. Alfred Moore Watkins
    Aug 31, 1854 (47)
CROWELL, John W. 1855 (21)
CROWLEY, Hannah J. m. Jacob C. Beene Jul 5, 1899
    (318)
    Kate (see John Graeme) (289)
    Roy O. & Kate Graeme parents of Kate
        Ritchie, Mary Ashby, Percy Davidson &
        Florence Stuart bapt Feb 17, 1882 (289)
CROZIER, Betsey J. 1828 (338)
    C. W. 1852 (338)
    C. W. & E. parents of Sarah Letcher bapt
        Jun 9, 1844 (age 7 mo 19 da) (338)
    C. W. & E. parents of Mary Elizabeth, Rob-
        ert Clark & Abner Baker bapt May 2,
        1841, age 5 yr, 3 yr & 1 yr, respective-
        ly (338)
    C. W. & E. parents of Blanche bapt Jun 24,
        1842, age 7 mo 2 da (338)
    C. W. & E. parents of Carrick White bapt
        Nov 17, 1852 (338)
    Dr. C. W. 1870 (338)
    Mr. Carrick 1870 (338)
    Carrick W. 1841, 1857 (338)
    E. 1852 (338)
    Elizabeth 1842, 1857 (338)
    Elizabeth adult bapt May 2, 1841 (338)
    Mrs. Elizabeth 1870 (338)
    Hanna wife of John 1822 (338)
    Hannah W. m. Wm. Swan Nov 11, 1847 (338)
    James W. d. Nov 2, 1905, age 56 (338)
    John 1817 (338)
    John, father of Mary Ann bapt Jun 13, 1819
        (338)
    John, father of Hannah Welles bapt Sep 7,
        1817 (338)
    Kate E. 1870 (338)
    Mary A. of Knoxville m. Francis F. Keller
        of Tuscumbia AL, Apr 21, 1841 (338)
    Miss Mary E. 1870 (338)
    Mary E. 1857 (338)
    Nancy Smith (wife of A. R.) buried Mar 15,
        1855, age 40 (47)
    Wm. d. Jan 9, 1897 (338)
CRUIKSHANKS, Alexander buried Jul 6, 1854, age
    79 (47)
CRUMBLIS, Rollie 1899 (264)
CRUMBLISS, H. 1883 (264)

CRUMBLISS, Lucille 1899 (264)
    Roy 1899 (264)
CRUMLEY, Emily 1853 (205)
    Jesse 1854 (205)
CRUMP, Virginia A. m. Otey P. Green May 31, 1894
    (318)
CRUNK, M. E. (f) 1887 (131)
    Thena 1853 (131)
CRUTCHER, Miss Blanche 1869, 1876, 1872 (22)
    Catharine J. 1864, 1873, name changed to
        Pearson by marriage (345)
    Clarence D. m. Elizabeth K. Grahan 16 Jun
        1886 (47)
    D. C. 1881 (331)
    E. M. d. 9/13/1898 (22)
    Edward M. 1857, 1869 (22)
    Edwin R. 1891, 1892 to Kansas City MO (318)
    Forestina 1876 (22)
    Forestina 1878 (age 14) (22)
    Forestine inf bapt 1869 (22)
    Forestine B. m. Thomas R. Davis Nov 27,
        1888 (22)
    Harry & Sallie parents of Wm. Maney bapt
        1871 (257)
    Harry m. Sallie M. Maney Feb 1, 1870 (257)
    Henry 1870, Apr 21, 1872--Lousville (257)
    Irene infant bapt 1869 (22)
    Irene Henderson 1885, age 16 (22)
    Miss Irene Henderson 1898 (22)
    J. A. 1880 (345)
    J. A. & S. F. parents of Joseph S., Cora K.,
        Eva L. & John G. bapt 1880 (345)
    Mrs. L. L. (wife of E. R.) 1891, 1892 to
        Kansas City MO (318)
    Mrs. Maria L. confirmed 1857, 1869 (22)
    Maria L___ bapt 1869 (infant) (reel #
        omitted)
    Mrs. Maria L. 1876, d. Jun 21, 1877 (22)
    Maria Louisa (aged six yrs) (dau of Edward
        M. & Marian L.) buried Jun 6, 1872 (22)
    Mariah L. d. 6/21/1877, age 38 (22)
    Martha infant bapt 1869 (22)
    Miss Martha 1898 (22)
    Martha 1878 (age 17?, may be 14) (22)
    Mollie L. 1871, 1876 (345)
    Preston, 9 yrs, bapt Sep 28, 1884 (289)
    R. W. 1860 (341)
    S. O. m. Maggie Sherren Oct 24, 1888 (345)
    Sallie M. (Mrs.) 1870, Apr 21, 1872--
        Lousville (257)
    Samuel A. 1883, 1867, 1860 (345)
    Samuel A. d. Jan 13, 1899 (345)
    Samuel O. 1876 (345)
    Sarah F. 1880 (345)
    Sterling F. & Martha E. parents of Virginia
        b. Dec 25, 1858 (289)
    W. 1860 (341)
CRUTCHFIELD, Miss Bettie J. adult bapt 1899 (318)

CRUTCHFIELD, Miss Bettie Jane 1899 (318)
    Clara 1855 (170)
    Courtenay m. Edwd. T. Steel Jun 9, 1897 (318)
    Miss Courtney 1886, m. Steel (318)
    Dora m. J. C. Henderson Oct 27, 1882 (318)
    Miss Irmae? I. adult bapt 1899 (318)
    Miss Ismar Io.? 1899 (318)
    James 1857 (170)
    Jas. 1875 (176)
    Miss Madora 1876, m. J. C. Henderson, afterward J. C. Rawlings (318)
    Mary m. A. W. Poe Jun 20, 1876 (318)
    Miss Mary J. 1876, d. 7 Dec 1915, m. A. W. Poe (318)
    Mrs. Nancy (Dr. McCallie) d. Feb 18? 1895 (318)
    Mrs. Nancy J. 185_ (wife of Wm.), d. 8 Feb 1895 (318)
    Mrs. Sarah L. adult bapt 1899 (318)
    Mrs. Sarah R. L. 1899 (318)
    Thomas W. 1868, d. 9 Sep 1915 (318)
    Hon. Wm. d. Jan 27, 1890 (318)
CRYDERMAN, Sallie V. m. E. A. Hilley Nov 29, 1894 (318)
CRYER, Miss Elizabeth C. 1854 (257)
CULLEN, C. & E. parents of Curtis James b. Mar 8, 1874 & Louisa b. May 22, 1876 (338)
    Curtis d. May 28, 1904, aged 54 (338)
    Curtis m. Ellen Hunter Oct 16, 1872 (338)
    Rachel mother of Betsey Merril and Hannah Jane bapt May 10, 1817 (338)
    Rachel 1817 (338)
    Walter E. m. Maud Hassin Sep 28, 1891 (338)
CULPEPPER, Elizabeth 1886 (281)
    L. C. 1877 (281)
    Mrs. Sarah G. (wife of Cons?) 1871 (281)
    Susan J. 1879 (28)
CULTHER, Maggie L. m. Wm. T. Osborn Nov 22, 1893 (318)
CULTON, Geo. P. m. Annie Bogle Jun 14, 1899 (318)
CULVERSON, B. J. 1887 (131)
    M. F. 1887 (131)
    Sighdell 1887 (131)
CUMINGS, G. D. 1897 (271)
CUMLEY, J. M. m. Rhoda Reynolds Oct 26, 1881 (318)
CUMMINGS, Elenor 1810 (24)
    Elizabeth 1810 (24)
    Elizabeth V. (see Elizabeth V. Smartt) (259)
    G. P. 1876 (259)
    G. P. ordained Aug 1882, moved to CA (259)
    Gabriel 1851 (259)
    John 1810 (24)
    M. A. 1877 (271)
    M. F. 1866 (271)
    Mrs. S. A. 1882, d. 1901 (271)

CUMMINGS, Sallie bapt 1877 (271)
    T. W. (from Augusta GA) m. Mary M. Hazen Jun 12, 1866 (338)
    W. B. bapt 1877 (271)
    Willie J. 1896 (271)
CUMMINS, Andrew 1827, 1828, 1829, 1830 (335)
    Esther 1827 (335)
    Eunie 1827 (24)
    Frederick T. m. Frances Lena Hikman 6 Nov 1883 (47)
    Frederick Trans b. Aug 10, 1859, Paris TN to Hiram F. & Susan M., bapt 1898 (47)
    Maj. Hiram F. d. Nov 26, 1897, age 79 (47)
    Louise G. buried 26 Jul 1887, age 1 (47)
    Mary Caroline d. Jul 4, 1895, age 4½ (47)
    Mary G. d. Jul 17, 1891 (65)
    Mehaly 1827, 1829 (335)
CUMMONS, Jane d. 1883 (335)
CUNAN, Mrs. Susan d. May 14, 1890 (taken to VA) (318)
CUNEO, Frank m. Minna Axelson Oct 27, 1884 (318)
CUNINGHAM, Caty 1884 (335)
    James 1816 (178)
    Peter d. 1889 & Sarah d. Apr 26, 1891 (reel # omitted)
    Rebecca 1865 (331)
    Susan C. 1833 (162)
CUNNINGHAM, A. M. 1884 (259)
    Abraham 1833 (b. ca. 1774 or after & d. 1840) (331)
    Amanda M. 1871, 1857 (259)
    Ann 1857 (259)
    Anny 1841 (335)
    C. W. 1843 (Elder) (24)
    Ellen D. m. Thos. Gailor 12 Nov 1885 (47)
    F. P. 1871 (259)
    Finis 1876 (259)
    Flora Lucy b. Feb 2, 1866 to Robert W. & Amanda V. Cunningham, 1874 (22)
    G. W. 1871 (259)
    George 1857 (259)
    Geo. W. d. Feb 20, 1895, age 68 (47)
    Geo. W. 1857 (259)
    Heratie 1833 (259)
    J. 1847 (341)
    James 1816 (178)
    James 1883 (331)
    James 1884, 1871 (259)
    James & Arevia 1885 (341)
    Jane 1846, 1853 (341)
    Jessie m. George Whalley 7 Sep 1874 (47)
    John 1827 (24)
    John 1806? (164)
    John 1846 (335)
    John 1867 (341)
    John 1846, d. 5 Dec 1869 (341)
    John D. d. Jun 24, 1876, age 65 (22)
    Martha 1857 (259)

CUNNINGHAM, Mary Ann 1871 (259)
    Mary Ida b. Dec 25, 1867 to Robert W. & Amanda V. (22)
    Miss Mattie E. 1898 (22)
    Mattie Elizabeth 1876 (22)
    Mattie Elizabeth b. Apr 14, 1863 to John D. & Sarah A. (22)
    Nancy 1829, 1841, 1848, 1830, 1827 (335)
    Nancy (wife of Abraham) 1833 (331)
    Nancy (wife of James) 1833 (331)
    Peter d. Jun 1889 (341)
    Polley 1846, d. 17 Feb 1872 (341)
    Robt. M. 1827 (24)
    S. A. d. Mar 18, 1905 (318)
    Sallie Crenshaw b. Jan 21, 1866 to John D. & Sarah A. Cunningham (22)
    Miss Sallie J. 1854 (257)
    Samantha d. 1899 (259)
    Samantha 1871 (259)
    Samuel 1846, 1853 (341)
    Sml. B. of Jonesboro m. Ann A. D. Foster Jan 22, 1846 (338)
    Sarah (Mrs. Peter) d. Apr 26, 1891 (341)
    Sarah sr. 1871, 1857 (259)
    Sarah jr. 1857 (259)
    Sarah A. 1871 (259)
    Sarah J. 1852, Dec 3, 1855--Arkansas (257)
    Susannah C. 1854 (162)
    William 1846, d. Mar 1879 (341)
    Rev. William 1840 (318)
    Wm. 1857 (259)
CUNNINHAM, James 1816 (178)
CURBY, Mary 1881 (215)
CURETON, G. W. m. J. L. Christian (f) Jun 29, 1881 (318)
BURREY, Bettie m. M. E. Rochell Jan 1889 (21)
    Fannie m. James Churchwell Oct 1890 (21)
    R. O. & R. J. parents of Mary Eliza bapt Aug 12, 1849 (338)
    Sallie m. T. G. Voorhies Oct 25, 1888 (21)
CURRIE, Pettie 1893 (21)
CURRIN, David Esq. m. Letitia Watson Dec 16, 1845 (at house of John Watson Esqr.), witnesses--John McGavock & Miss Marianne Smith (22)
    Kate Menifee d. 11/9/1878 (22)
    Sallie P. 1898, resides in Tuskeegee AL (22)
    Miss Sallie P. 1876 (moved to AL, Spring Hill) (22)
    Miss Sallie Puryear 1869 (22)
CURRY, Elizabeth D. (see Elizabeth D. Griffin) (334)
    Faney 1886 (21)
    Mary Derendo 1836 (334)
    Mary Elizabeth m. William Fox Jul 18, 1882 (289)
    Minnie? 1900 (21)

CURRY, P. E. 1886 (21)
    R. O. & B. J. parents of Robert bapt Jul 11, 1847 (338)
    R. O. d. 1865 (338)
    Rachel J. 1846 (338)
    Rachel T. 1857 (338)
    Richard d. 186_ (338)
    Rich O. 1846 (338)
    Richard O. 1857 (338)
    William 1836 (334)
CURTIN, Thomas m. Carrie Eva St. John Dec 26, 1895 (318)
CURTIS, E. L. (f) 1887, 1888 (131)
    Mrs. G. B. (Lula D.) d. Nov 1903, age 42 (120)
    George H. 1892 (318)
    J. M. 1887 (131)
    Jennie L. (wife of G. H.) 1892 (318)
    Thomas F. d. Jun 22, 1909 (338)
    Wm.? 1827 (24)
    Mrs. d. Mar 6, 1906 (Missionary Ridge) (318)
CUSHING, Grover C. d. Sep 26, 1891 (318)
CUSHREN, Catharine 1871 (322)
CUSTIS, William W. 1853 (259)
CUTCHEN, M. (f) 1860 (170)
    Mary E. 1857 (170)
CUTCHEON, Mary J. 1857 (170)
    Rebecca Ann 1857 (170)
DABBS, Miss Elizabeth 1854 (257)
    Jane 1874 (21)
    Mary Jane 1867 (21)
DABNA, Plesant 1873 (275)
DABNER, Letta 1865 (275)
    Mary 1865 (275)
    Matilda 1865 (275)
DABNEY, Aney 1887 (275)
    Aney 1890, d. 1891 (275)
    Ansey? 1889, d. Apr 16, 1891 (275)
    Eliza 1880, d. in fall of 1885 (275)
    J. T. 1887 (275)
    John 1873 (275)
    Letta 1873, 1880 (275)
    Lety 1887 (275)
    Margarite Lewis d. Jun 27, 1899, age 17 (338)
    Margerit 1873 (275)
    Marguerite d. Jun 27, 1899, age 17 (338)
    Mary 1873, 1887 (275)
    Mary Moore d. Sep 28, 1904 (338)
    Matilda 1873, 1880, 1887 (275)
    Pleasant 1880 (275)
    Teney 1887 (275)
DACRES, Clifford & Mobray (brother) d. Apr 25, 1858 & May 10, 1858, respectively, ages 1 yr & 4 yr (289)
DADISON, M. Margartte 1843 (170)
DAHONEY, Jno. & Laura Iduna parents of Thomas Dewey b. Jul 2, 1898 (289)

DAIGHLY, Elvira 1845 (270)
DAILEY, Mary C. (Buck) 1858 (257)
    Michael 1867 (257)
    Michael (see Mary C. Buck) (257)
DALE, Darthula d. 2/4/1908 (281)
    Dorthula M. (wife of T. J.) 1877, d. Feb 4, 1908 (281)
    Emily L. 1879 (wife of John) (281)
    Isaac 1868 (281)
    James J. 1876 (281)
    James Lewis 1870 (281)
    Julia A. 1879 (281)
    Lewis 1868 (see Mollie A. Dale) (281)
    Mary m. Wm. Connor Jun 18, 1893 (318)
    Mollie 1868 (wife of Lewis) (281)
    T. J. 1868, 1871 (281)
    Willie d.Oct 2, 1874 (318)
    _____ 186__, d. May 29, 1895 (281)
DALEY, Claude C. m. Addie M. Batts Jul 26, 1899 (318)
    Michael 1861 (257)
DALL, R. M. & Betty J. parents of Richard McSherry b. Oct 30, 1872 (338)
    R. M. & Betty paretns of George bapt Jan 10, 1874 (338)
DALLAS, Mrs. buried 24 Mar 1873, age 24 (47)
DALLIS, Emely E.? 1847 (215)
    Emily 1846 (215)
    Nancy 1858, 1862 (215)
    Salvina 1846 (215)
    Sophia E. 1847 (215)
DALTON, Aligal (f) 1848 (220)
    Betsey 1813 (came from Rockinham Co NC) (90)
    Samuel Alexander b. Jan 30, 1824 (son of John) (162)
    Thos. 1848 (220)
    Zackariah & Mar his wife 1836 (205)
DALY, Chas. adult bapt 1892 (318)
    Elvira 1877 (270)
    Permelia Ann bapt 1847 (dau of William E. & Sarah A. Daly (225)
    S.? A. ca. 1848 (225)
    Sarah A. 1857, d. 1862 (225)
DAMPBELL, Mrs. Isabella d. Oct 19, 1889 (318)
DANDRIDGE, Edward E. & Mary E. parents of Mary Elizabeth b. Aug 10, 1888 (289)
    Mary Elizabeth d. Aug 26, 1888 (289)
DANDRIDGE, Edward E. & Mary E. parents of Mary Elizabeth b. Aug 10, 1888 (289)
DANDRIGE, Archer B. 1848, d. in the Army 1863 (347)
DANER _____ d. Jan 24, 1905 (318)
DANFORTH, C. E. d. Jul 24, 1904 (318)
DANIEL, Margarett 1836 (334)
    Peter 1858, 1859 (43)
    Rebecca 1859 (164)
    Sue 1883 (331)

DANIEL, Wiley 1883 (331)
    William H. 1836 (334)
DANIELS, Emmett d. 1912, age about 53 (120)
    Mrs. Nellie Plant d. Nov 22, 1904 (318)
    Rebeckey 1866 (164)
DANNEL, D. M. 1859 (259)
DARBY, Mary m. Ebenezer Bradley 24 Dec 1871 (47)
DARNAL, Wm. 1846 (215)
DARDEN, R. E. 1872 (329)
DARLINGTON, Edward B. m. Jane Bradford Nov 14, 1854 (47)
D'ARMOND, Jack 1899 (264)
    James Gideon 1881 (264-2)
    Mrs. Margaret Ann 1881, d. Jan 18, 1897 (264-2)
    Miss Margaret Ella member 1881, m. S. M. French (264-2)
    S. J. 1883, 1899 (264)
    Samuel Jackson sr. 1881, d. Jan 4, 1897 (264-2)
    Samuel Jackson jr. 1881, d. Sep 26, 1904 (264-2)
DARNAL, Charle 1846 (215)
    James 1846 (215)
DARR, Eliza W. m. William T. Brogdon Aug 11, 1886 (338)
    Geo. W. bapt 1853 (128)
    George Washington 1853 (128)
    Susan Alexander 1843, d. Nov 10, 1884 (128)
DARRAH, Alexander E. & Minnie D. (Bennett) parents of John Walker b. Dec 6, 1888; Katiebel b. Jul 2, 1890; and Alexander Emmett b. Oct 2, 1893 (289)
    Alexander E. & Minnie (Bennett) parents of George Bernard b. Aug 10, 1895 (289)
DARWIN, P. m. Callie Waterhouse Jan 7, 1885 (318)
DASCOMB, Maria K. m. Wallace Wilson Mar 15, 1865 (47)
DASHIELL, Miss Isabella 1872, 1874 (225)
    Isabelle d. Aug 26, 1897 (225)
    Miss Priscilla K. 1872, 1874 (225)
DAUGHERTY, Elizabeth ca. 1848 (225)
    Elizabeth adult bapt 1850 (225)
    James 1884 (345)
    Mary F. (Beech by marriage) 1889 (345)
    Mary Lou? 1885 (345)
    Sallie 1889 (345)
DAUGHNEY, Laura Iduna b. Jul 23, 1863 (Nashville) to Geo. E. & Mary J. Thomas bapt 1898 (47)
DAUNEBERG?, Louis d. Feb 6, 1893, 74 yrs (318)
DAVENPORT, A. E. d. Apr 3, 1905 (318)
    Della m. Chas. C. Hodgson Apr 2, 1889 (318)
    G. W. m. Olivia C. Webster Nov 15, 1881 (318)
    J. H. m. Mary B. Gillespie Apr 16, 1895 (318)

DAVENPORT, Mrs. Nancy buried Feb 8, 1846 (47)
    Robert (Valley Head) d. Jul 30, 1902 (318)
DAVICE, Jonanathan & wife Nancy 1804 (90)
DAVID, Mrs. Adeline J. mother of James Henry &
    Loula bapt 1873 (257)
    J. 1852 (338)
    Theophilus & Katie Weeden parents of Sidney
        Read b. Dec 5, 1879 and Louise Sarah b.
        Dec 13, 1882 (289)
DAVIDGE, Flora E. m. John H. McDowell Feb 26,
    1880 (289)
    I. M. & Amelia parents of Sarah Trescott
        Fox bapt Jun 30, 1877 (289)
    James M. m. Amelia Fox 19 Feb 1877 (47)
    Minnie Royce adult bapt Feb 4, 1883 (289)
DAVIDSON, A. L. 1878 (176)
    Angaline 1877 (270)
    C. Richarde 1843 (170)
    Dize Adline 1881 (164)
    Eley 1881 (270)
    George Robert d. Sep 16, 1892, age 4½ (47)
    Ely 1877 (270)
    J. C. 1875 (176)
    J. H. 1875 (176)
    L. W. m. M. J. Campbell (f) Apr 2, 1866
        (338)
    Martha bapt 1884 (164)
    Pairlee 1872 (164)
    R. J. M. m. F. L. Dyntz Dec 1880 (21)
    R. B. pastor Oct 1894 for 2 yrs (128)
    Sarah d. 1871? (164)
    Sarah 1806 (164)
    Sarah L. 1884 (164)
    W. D. B. 1876 (21)
    W. L. 1858, 1855, 1844, 1879, 1869, 1878
        (176)
DAVIE, Kira B. m. Hydes A. McKenzie Dec 20, 1855
    (47)
    Mrs. Rosa buried 29 Sep 1842 (47)
DAVIES, Mrs. Eunice d. Oct 14, 1877 (289)
    Fred L. & Eunice parents of Louise Neale b.
        Sep 17, 1877 (289)
    Fred L. & Eunice parents of Harriett Bishop
        b. Apr 8, 1874 (289)
    Frederic L. d. Dec 8, 1894, age 65 (289)
    Fredk. L. & Eunice parents of Fredk. Lewis
        b. Oct 6, 1872 (289)
    Harriet Bishop (Mrs.) d. Jul 30, 1881, age
        82 (289)
    Hattie Bishop m. James Buist Richardson
        Jun 15, 1898 (289)
    Lewis Judson d. Feb 22, 1873, age 70 (289)
    Ruth Ina m. Marvin McFerrin Oct 4, 1898
        (289)
    Will H. d. Sep 5, 1891, age 51 (289)
DAVIS, Mrs. Adeline Jane 1873 (257)
    Alex d. Apr 1, 1884 (338)
    Alex & E. J. parents of Sarah Rebecca bapt
        Aug 31, 1872 (338)

DAVIS, Alexander 1868 (338)
    Miss Amelia E. d. Jul 7, 1873 (338)
    Amos 1804 (90)
    Andrew J. d. Aug 1912, age 76 (120)
    Benjamin 1877 (257)
    Berry 1827 (162)
    C. T. 1879 (345)
    Catharine m. Jacob Miller Dec 6, 1843 (338)
    Clara E. m. Charles Abbott 28 Nov 1876 (47)
    Drucy 1858 (170)
    Rev. E. Mc.M. d. Aug 6, 1905, aged 36
        (at McDonough GA) (338)
    Ed. McM. d. Jul 6, 1905 (338)
    Mrs. Eliza 1860 (170)
    Elizabeth 1848 (347)
    Emaline J. m. Alfred M. Ault Dec 2, 1886
        (338)
    Emily J. m. A. M. Ault Dec 2, 1886. She
        d. May 18, 1908, age 72 (338)
    Emily Jane 1868 (338)
    Ephrem 1813 (330)
    Mrs. Evalyn d. Sep 15?, 1874 (338)
    F. 1864 (43)
    F. M. 1878 (43)
    Forestine d. 4/13/1895, age 31, buried
        New Cemetery (22)
    Frederic adult bapt Sep 16,1888 at Dickson
        (289)
    George W. 1879 (177)
    Hewson & Mary parents of Clarence &
        Tennessee bapt Feb 14, 1858 (289)
    Hewson & Mary parents of Laura Theresa b.
        Mar 19, 1843 (289)
    J. D. m. Emma Kones Jul 24, 1890 (318)
    J. M. 1852 (338)
    J. M. 1879 (176)
    James 1813 (164)
    Jas. A. 1883 (177)
    James A. 1852, 1853 (327)
    James L. d. Jul 1, 1873 (338)
    Jane 1842 (338)
    Miss Jane 1841 (338)
    Joe d. May 10, 1859, age 6 (289)
    Joel & Martha Adelaide parents of Joe b.
        Apr 16, 1853; Walter Gay b. Aug 24,
        1856 and Emma Polix b. Dec 31, 1858
        (289)
    Joel 1864 (120)
    Joel d. Oct 1907, age 75 (120)
    Mrs. Joel (Martha A.) d. 1902, age 71 (120)
    John d. Mar 5, 1910, age 71 yr 1 mo + (338)
    John 1808, 1812 (330)
    Jno? & Mary A. parents of Rosalee Evaline
        b. Oct 26, 1864 & Sarah Josephine b.
        Aug 30, 1866 (338)
    Jno. M. 1858 (170)
    John M. 1857 (338)
    John Marshall adult bapt Dec 17, 1852
        (338)

DAVIS, Johnthan 1804 (90)
- Josephine m. Robert V. Deaderick Jul 7, 1873 (338)
- Josephine 1857 (338)
- Kathleen Clyde b. Oct 6, 1885 to Thos. R. & Mattie Davis, sponsored in bapt by Andrew B. Ewing, Miss O. W. Polk, Mrs. Forestine Davis (22)
- Kiziah 1813 (164)
- L. L. (see Sallie Edna Davis) (225)
- Larned d. Jan 8, 1858, age 3 yr 5 mo 5 da (289)
- Louis m. Grace Mallerrill? Aug 17, 1894 (289)
- Lucy E. member 1866 (now Baker), d. Aug 1, 1872 (162)
- Maggie 1879 (329)
- Miss Margaret 1854 (257)
- Margaret Brooks m. Malcom Ross McAdoo Oct 23, 1890 (338)
- Mariah 1866 (162)
- Mrs. Martha (Mrs. L. Clorey's mother) d. Mar 26, 1897 (318)
- Martha adult bapt May 8, 1859 (289)
- Martha J. 1871 (259)
- Mary 1879 (329)
- Mary bapt Feb 11, 1858 (289)
- Marvey 1829 (162)
- Mary Ann 1843 (345)
- Mrs. Mary M. d. Nov 1901, age 82 (120)
- Merideth 1813 (164)
- Milley 1806? (164)
- Morgan 1804 (90)
- Morgan & wife Sally 1812 (90)
- N. F. m. Mary Sword Mar 18, 1882 (318)
- Nancey E. 1887 (131)
- Nancy 1866 (164)
- Nancy C. (now Barker) 1866 (162)
- Nancy L. 1858 (170)
- O. L. 1856 (43)
- Orran L. 1855 (43)
- Perlueta Ann 1847 (330)
- Pheba 1881 (270)
- Pherreyby 1806 (164)
- Pinckney Jefferson buried Mar 9, 1862, age 12 (son of Mrs. McKroskie) (47)
- Polley 1812 (330)
- Polly 1824 (162)
- R. A. E. (wife of Sam H.) 1866 (338)
- Rebecca Ann d. May 5, 1896, age 61 yr 2 mo 7 da (338)
- Robt. & Fannie parents of Jennie, Ethel & John McCann bapt Nov 10, 1889 (289)
- Robert M. & Fanny McC. parents of Garrett Courtney b. May 10, 1898 (289)
- Robert M. & Fanny (McCann) parents of Juliette b. Mar 23, 1892 and Chase b. Jun 22, 1890 (289)

DAVIS, Robert McWhirter adult bapt Dec 28, 1897 (289)
- Rosalie m. Will E. Strong Dec 18, 1881 (338)
- Rosalie E. m. M. A. S. Mabane Oct 7, 1891 (338)
- Rowana m. David H. Zbinden Dec 10, 1884 (338)
- S. H. & Anny parents of Maggie Brooks b. Jul 1869 (338)
- Sallie m. J. L. D. McMillan Sep 13, 1888; she d. Nov 12, 1912 (338)
- Sallie Edna m. Dr. Robert Bruce Stover Jun 19, 1879 (dau of L. L. Davis, Esq) (225)
- Sallie Elizabeth confirmed 1876 (225)
- Sallie Elizabeth adult bapt 1874 (of Moscow TN) (225)
- Sallie R. m. Jas. D. L. McMillan Sep 13, 1888 (338)
- Sam H. m. Rebecca Ann Brooks Nov 23, 1864 (338)
- Saml. & R. E. parents of George Caldwell bapt Apr 2, 1876 (338)
- Saml. H. (Confederate) d. Jun 11, 1901, aged 67 yr 8 mo (338)
- Sam. H. d. 1901 (338)
- Sarah 1833 (162)
- Sarah J. m. Charles C. Anderson Apr 11, 1889 (338)
- Sarh 1892 (275)
- Susan 1860, d. Jun 26, 1868 (162)
- T. A. 1887 (131)
- Thomas R. (widower) (of Winterville MS) m. Forestine B. Crutcher Nov 27, 1888 (22)
- Turner 1841, 1846 (345)
- Walter Gay d. Apr 24, 1859, age 2 (289)
- William 1848 (347)
- William A. m. Cora M. Pope Nov 25, 1885 (338)
- William G. d. Mar 31, 1912, age 75 (289)
- Wm. H. 1826 (162)
- _____ 1843 (170)

DAVISE, Mary E. 1877 (270)
- Nancy 1818 (205)
- Polly 1818 (162)

DAVISON, George B. m. Maggie E. Thompson Feb 22, 1881 (289)
- J. S. 1868 (176)
- Mrs. Jane R. buried 31 May 1884, age 56 (47)
- Mary Petronille m. Chas. Frederick Shultz Nov 4, 1841 (47)
- W. D., Elder 1878-84 (21)

DAVISSON, Mary J. 1855 (334)

DAW, Almer 1881 (270)
- An 1881 (270)
- Jerden 1881 (270)

DAWSON, Mary H. 1871 (205)
    Rufus Lindsley d. 1910, age 57 (120)
DAY, Anna 1847 (formerly Johnson) (215)
    Catharin 1840 (275)
    Geo. F. d. Jan 12, 1900 (318)
    Geo. F. m. Sophia Rand Sep 22, 1891 (318)
    Miss Laura M. 1889 (257)
    Malinda 1840 (275)
    Mrs. Margaret T. 1870 (257)
    Mary 1862? (215)
    Mary 1840 (275)
    Nelly 1858, 1859 (215)
    Phillip 1858, 1859 (215)
    Sarah 1862 (215)
    Thomas (see Mrs. Margaret V. Powell) (257)
DAYTON, John d. Jun 18, 1904 (318)
DEADERICK, A. 1852 (338)
    Adaline 1867 (338)
    Mrs. Adline, 70 yrs--taken to Jonesboro, d. Feb 3, 1904 (318)
    Miss Alice (m. a McClung) 1860 (338)
    Anne wife of C. W. Park (338)
    Annie d. 1891, age 16 (338)
    Annie G. d. 1891 (338)
    C. J. 1842 (338)
    Chas. 1867 (338)
    D. A. ca. 1836 (338)
    D. A. d. Aug 28, 1873 (age 77?) (338)
    D. A. & E. J. parents of Chalmens bapt Nov 21, 1847 (338)
    D. A. & E. J. parents of Oakley bapt Jan 4, 1846 (338)
    D. A. & E. J. parents of Alice bapt Mar 20, 1842, age 60 mo 2 da (338)
    David (son of William H.) bapt Aug 8, 1819 (162)
    David A. 1841, 1857 (338)
    David A. d. Aug 28, 1873, age 76 (338)
    David A. & Eliz. J. parents of Inslee bapt Mar 10, 1844, age 6 mo 1 da (338)
    Mrs. E. J. 1841 (338)
    Eliza Ann (dau of William H.) bapt Aug 8, 1819 (162)
    Elizabeth J. (see B. J. Crozier) 1857 (338)
    I. O. & J. J. parents of William Heiskell b. Feb 7, 1876 and John Franklin b. Jun 5, 1878 (338)
    J. C. 1852 (338)
    Jas. W. 1867 (338)
    John C. 1857 (338)
    Joseph Hamelton b. Mar 29, 1819 (son of William H.) (162)
    Lewis ___ 1867 (338)
    Lula d. 1891, age 18 (338)
    Lula d. 1892 (338)
    M. F. 1852 (338)
    M. F. (f) m. F. A. R. Scott Sep 24, 1857 (338)

DEADERICK, Margaret Amanda (dau of William H.) bapt 1822 (162)
    Margaret F. 1857 (338)
    Nina m. Robert B. Glenn from Winston Salem NC, Jan 8, 1878 (338)
    O. A. 1842 (338)
    Penellope 1818 (162)
    Penelope 1820 (162)
    Penelope Hamelton (dau of William H.) bapt Aug 8, 1819 (162)
    R. V. 1852 (338)
    Robert V. m. Josephine Davis Jul 7, 1873 (338)
    Robert V. 1857 (338)
    T. O. & J. parents of Louise Gordon b. Jun 10, 1883 (338)
    T. O. & J. parents of Edith Lanier b. Sep 28, 1887 (338)
    William H. 1818, 1820 (162)
DEADRICK, Addie m. J. A. Moon Oct 8, 1884 (318)
DEAHAM?, Mrs. Laura buried Dec 3, 1878, age 25 (47)
DEAL, G. P. 1880 (164)
    Harriet M. bapt Jun 1879 (164)
    J. R. m. Harriet Garton Hutcheson Aug 10, 1862 (164)
    Mary Manda 1880 (164)
    N. E. 1880 (164)
    W. Y. 1880 (164)
DEAN, Jennie R. d. Jun 18, 1885, 5 mos (318)
    Jno. R. m. Clara Stahlsmith Jan 1, 1884 (318)
    Jno. R. d. Mar 5, 1906 (318)
    John R. father of Daisy Roberta infant bapt 1887 (318)
    Lucy 1816 (178)
    Mary C. 1832 (334)
DEANE, Annie D. (see Annie Breen) (47)
    John & Margaret Julia parents of John Albert b. Nov 6, 1898 (289)
DEAR, Alcy 1862 (215)
    William Horace (from MS) m. Anna Mai Liver Nov 23, 1898 (257)
DEARING, Will d. Mar 12, 1897 (318)
DEARMOND, Susan mother of Esther, Peggy, Polly, Elizabeth, John, Grizzy, Matilda, Drusilla, Calhoun & Mahala bapt 1823 (264)
    Susan 1823 (264-2)
DEASON, H. H. 1887 (131)
DEATHERAG, Abner 1821)
DEATHERAGE, A. 1848 (220)
    A. C.? (f) 1848, 1856 (220)
    Ab 1856 (220)
    Abner 1821, 1823 (220)
    Alan 1821 (220)
    Alcy 1856 (220)
    Allen 1821 (220)
    Bird 1856, 1823, 1821 (220)

DEATHERAGE, Charity 1856 (220)
    E. (f) 1848 (220)
    Elizabeth 1821, 1823 (220)
    Elz. 1856 (220)
    J. E. 1848 (220)
    James 1869, 1866, 1821 (220)
    John 1869 (220)
    M. (f) 1848 (220)
    M. A. 1888, 1893, 1896 (220)
    Margaret 1821, 1823 (220)
    Margret d. Jan 1875 (220)
    Mary 1856 (220)
    Sary 1821, 1823 (220)
    Theny 1856 (220)
    W. 1856 (220)
    Wm. 1866 (220)
    Z.? M. 1856 (220)
DEATON, Elizabeth A. 1868 (338)
    Josephine 1857, 1884, 1871 (259)
    Polk 1871 (259)
DEATS, Miss Josephine 1866 (259)
DEBERRY, W. J. 1867 (176)
DEBOW, G. A. 1878 (176)
    Vida P. 1899 (171)
DEEL, J. R. 1882 (164)
DEEN, Elizab. 1817 (330)
    Jessefy 1816 (178)
DEERY, Elizabeth 1847 (338)
    S. 1848 (338)
DEFOE, E. E. 1878 (21)
    J. W. 1897, d. Nov 28, 1899 (21)
    May 1899 (21)
DeFRANCE, Annie Howard dau of Charles A. & Sallie H. 1855 (22)
    Charles A. confirmed 1855 (22)
DeFRESE, S. E. m. Susie C. Hamil Oct 10, 1899 (318)
DeGEORGIS, F. A. d. Sep 5, 1884 (318)
DeGRAFFEARIED, John Reese bapt Dec 3, 1877 (22)
    Mrs. Sallie C. 1876 (moved to KY) (22)
DeGRAFFENREID, Benjamin Maury son of Genl. Matthew Fontaine & Mrs. Margaret Minor bapt Jul 30, 1871 (22)
    Flora Stith? dau of Genl. Matthew Fontaine & Mrs. Margaret Minor bapt Jul 30, 1871 (22)
    Mrs. Henrietta F. 1872 (22)
    John Reese b. Oct 16, 1876 to Tignal Duncan & Sallie Celestia (22)
    John Reese 1891, 1898 922)
    Kenney Jones, aged 15 mos, child of Tignal Duncan & Sallie Celestia, twin of Mary Stewart, 1872 (22)
    Lelia Harris b. Aug 27, 1873 to F. Duncan & Sallie C. (22)
    Lelia Harris, 11 mo 15 da, dau of T. Duncan & Sallie C. buried Aug 12, 1874 (22)
    Lida Harris, 4 mos, dau of Tignal Duncan & Sallie Celestia, twin of Mary Stewart, 1872 (22)

DeGRAFFENREID, Mary Stewart, dau of Tignal Duncan & Sallie Celestia (aged 4 mos, twin of Lida Harris) 1872 (22)
    Mathew Fontaine 1871 (22)
    Mrs. Sallie C. 1898 (22)
    Miss Susan Russ? 1872 (22)
    Tignal Duncan b. Sep 6, 1834 to Matthew Fontaine & Penelope Stewart (22)
    Tignal Duncan infant son of Tignal Duncan & Sallie Celestia bapt Mar 15, 1871 (22)
    Tignal Duncan 1891 (22)
    Tignal Duncan (at same time as bapt of Flora and Benjamin certification was made of private baptising of Tignal Duncan) infant son of Tignal Duncan & Sallie Celestia 1871 (22)
    Wm. Fort b. 25 Jan 1847 to Fontaine & Margaret (22)
DeGROVE, Amelia d. Nov 13, 1859, age 48 (289)
    Anna Maria d. Apr 3, 1858, age 9 mo 4 da (289)
    Cecilia m. William H. Donis Jan 25, 1860 (289)
    E. 1858 (120)
    Feliciana m. William H. Baker Mar 10, 1845 (47)
    J. C. 1858 (120)
    Mrs. Julia E. buried Jul 23, 1851, age 20 (47)
    Michael E. & Amelia parents of Feliciana (b. 10 Mar 1826), Quincy Clarke (b. 21 Mar 1829), Cecilia (b. 15 May 1831), & William Michael (b. 27 Jan 1833) (47)
    Quincy jr. m. Julia E. Hunt Mar 5, 1850 (47)
    Quincy C. & Emma parents of Julia Emma b. Jan 30, 1854 & Mary Cecilia b. Sep 4, 1858 (289)
    W. W. m. Sue C. Denis Jan 22, 1858
DELAHAY, Mrs. C. buried 25 Jul 1886, age 84 (47)
    John H. d. Sep 3, 1857, age 69 (289)
DELANCEY, Mrs. N. 1851 (338)
    Anne 1857 (338)
DELILE, Eugene, Ernest & Adrian infants bapt 1885 (318)
    Florence adult bapt 1885 (318)
DELISLE, Mrs. (A's master?) d. Feb 16, 1892 (318)
    Mr. (from Memphis) d. Dec 18, 1891 (318)
DELOACH, Guila m. William Brent 20 Nov 1878 (47)
    Matilda d. Dec 1908 (wife of James) (166)
DEMENT, Indianna 1865 (329)
    Jane 1870 (329)
    N. M. 1872 (329)
DEMOSS, Mrs. Susie d. Dec 22, 1891, age 35 (47)
DEMPSTER, Blanch m. J. P. Moffett Nov 19, 1895 (338)
    Blanch A. m. John Peyton Moffett Nov 19, 1895 (338)
    Jas. & Janetta parents of Janet Margaret b. May 25, 1894 (338)

DEMPSTER, Jas. & Janetta parents of John Miller b. Oct 18, 1889 (338)
    Jas. & Janett parents of Helen Taylor b. Mar 19, 1897 (338)
    Jas. & J. parents of William Turnbull b. Aug 15, 1887 (338)
    Jas. & J. parents of Anna Scrimgeans b. Apr 25, 1891 (338)
    Jno. & Annie parents of Lorena Mary b. Sep 7, 1879 (338)
    Jno. & Anna parents of William James bapt Sep 24, 1876 (338)
    Jno. & A. parents of Ida Taylor b. Nov 9, 1883 (338)
    Jno. & A. parents of Cinnie Boyd b. Aug 27, 1881 (338)
    Jno. & Annie parents of Ellice Jessie b. Aug 26, 1874 (338)
    Jno. & Annie parents of Leila Georgia b. Nov 2, 1877 (338)
    Jno. & Annie parents of Ann Blanch b. Jun 6, 1872 (338)
    Jno. & Annie parents of Robert Bruce b. Sep 15, 1891 (338)
    Jno. & A. parents of George Roby b. Sep 12, 1887 (338)
    Jno. & Annie parents of John Scrimgeur b. Nov 23, 1885 (338)
    Jno. & Annie parents of Thomas Cameron b. Jun 15, 1889 (338)
DENHAM, John L. m. Laura A. Goodlett 12 Feb 1874 (47)
DENIS, Christopher & Angeline parents of Susan Margaret b. Oct 29, 1856 (289)
    Sue C. m. W. M. DeGrove Jan 22, 1858 (47)
DENMAN, Sary 1809 (330)
DENNEY, A. 1878 (176)
    A. D. 1878 (176)
    John 1827 (24)
    Rachel 1827 (24)
DENNING, Mayatilla d. 9 Jun 1872 (264-2)
    Mrs. Myrtilla 1872, d. Jun 9, 1872, m. Robt. M. Denning (264-2)
    Robt. M. (264-2)
    Wm. buried Dec 5, 1867, age 60 (47)
DENNIS, Alfred & Susan parents of Victoria & Martha twins born Nov 21, 1849 and Josephine Clifton b. Nov 21, 1853 (289)
    Alfred & Susan parents of Betsey Ann b. Aug 1, 1847 (289)
    Christopher m. Angelina Jones Jan 14, 1862 (289)
    James W. m. Nellie Weed 21 Jul 1874 (47)
    Susan d. Jan 5, 1832 (22)
    Wm. R. & Mary F. parents of Wm. Ryley b. Nov 17, 1861 (289)
    Wm. R. & Mary parents of James Alexander b. Mar 21, 1858 (289)
    Wm. Ryley d. May 1862 (289)

DENNY, John, Elder 1811 (24)
DENTON, E. K. pastor 1881 (271)
    W. C. (see Miss Fredrica Christina Sienknecht) (264-2)
DEPRIEST, William 1815 (90)
DERINGTON, J. W. 1884 (281)
DE ROCHMONT, Lula m. E. V. May Apr 8, 1890 (318)
DE ROSSET, Rev. Fred. A. & Mary W. G. parents of Marie Victoire b. Jul 31, 1885 (289)
    Frederick Ancrum & Mary Williams parents of William Green b. Feb 12, 1884 (289)
DEVASIER, Sarah 1869 (21)
DEVDERRIK?, Ann m. C. W. Park Dec 8, 1859 (338)
DEVEREUX, Mrs. Antoinette C. confirmed 1855 (22)
    John Henry 1854 (22)
    Mary dau of J. H. & Antoinette C. 1855 (22)
DEVINE, Jno. father of Hal Hamilton, Charles, Sallie & Addie inf bapt 1876 (318)
DEW, John B. 1848 (347)
    Margrat E. 1848 (347)
    Mary 1848 (347)
    Ursula m. Robert Smith Jul 1851 (347)
    Ursula D. 1848, 1851 to AL (347)
    William 1848 (347)
    William T. 1848 (347)
DEWEES, Stacy 1877 (270)
DEWEESE, B. M. 1884, d. 1904 (259)
    B. M. 1871 (259)
    Clementine 1881 (270)
    Margaret 1884, d. 1900 (259)
    Margaret 1871 (259)
    Mary 1886 (259)
    S. L. 1884, d. 1890 (259)
DEWHELM?, Bessie V. buried Mar 4, 1879, age 27 (47)
DEWITT, Miss Annis M. 1883 (177)
    Mrs. Elizabeth d. Jan 16, 1905 (318)
    Miss Fannie Belle 1876 (177)
    Miss Harriet Elizabeth 1875 (177)
    Harris E. 1855, 1860, Elder (162)
    Miss Lillie Dick 1883 (177)
    Miss Lucy J. 1883 (177)
    MaryE. 1856 (162)
    Miss Mollie W. 1883 (177)
    Richard A. 1876 (177)
    Miss Rosa Lee 189_ (177)
    William L. 1866 (162)
DEWREN, James 1869 (21)
DEWS, Carter 1828 (-38)
    Cath? mother of Indiana Virginia, Elizabeth Jane & Margt. Oliver all bapt Nov 1828 (338)
DEXTER, Frederick Madden d. Jun 30, 1875, age 8 mo (289)
DIAL, Sarah 1821 (329)
DIBRELL, Cora (m. McBride) bapt 1893 (271)
    Cora bapt 1880 (271)
    Dora 1876 (271)
    Earnest 1882 (271)

DIBRELL, Frank bapt 1878 (271)
- Freddie 1892 (271)
- G. G. bapt 1842, d. 5/9/1888 (271)
- Mrs. G. H. 1890 (271)
- Harvey bapt 1889 (271)
- J. L. bapt 1881 (271)
- J. L. 1889, d. 1893 (271)
- James bapt 1878, 1889 (271)
- Lizzie (nee Cary) 1882 (271)
- Lizzie (see Lizzie Cary) (271)
- Lizzie C. 1882 (271)
- Maggie (see Maggie Casey) 1897 (271)
- Mary 1899, bapt 1888 (271)
- Mary E. bapt 1842, d. 7/29/1894 (271)
- S. S. bapt 1882 (271)
- Tennie bapt 1896 (271)

DICK, Samuel 1832 (334)

DICKENS, J. L. 1879 (176)
- Jesse & Eliza parents of Louisa Tennessee b. Jul 3, 1848 and Malvina Missouri b. Sep 6, 1853 (289)
- Mahala 1821 (329)
- W. T. 1869 (176)

DICKENSON, Betude confirmed 1832 (22)
- Mattie Elson b. Jul 1868 to Albert S. & Maudie Dickenson bapt 1879 (47)
- Wm. G. confirmed 1832 (22)

DICKERSON, Craig? 1806? (164)
- Edmanda Taylor b. 17 Jan 1839 to Joseph & Elizabeth Fowler, bapt 1880 (47)
- Elizabeth 1806? (164)

DICKERY, John 1843 (170)
- Ann M. 1842 (162)

DICKEY, Ann M. 1854 (162)
- G. W. 1868 (176)
- J. F. 1879 (176)
- H. L. 1879 (176)

DICKINSON, Belinda dau of Thos. Par___ & Elizabeth Dickinson bapt 1848 (22)
- Catherine confirmed 1829 (22)
- Henry buried 18 Sep 1845 (47)
- Henry & Robert Virginia parents of Jane Elizabeth bapt 20 Mar 1842 (47)
- Perez d. Jul 17, 1901, aged 88 yr 4 mo 21 da (338)
- R. A. Virginia m. Edward S. Handy Apr 19, 1849 (47)
- Dr. Wm. G. buried Nov 12, 1844 (47)

DICKSON, A. G. m. Sallie M. Boyd Apr 22, 1890 (345)
- Mrs. Clementina d. 1906, age 72 (120)
- F. G. pastor Oct 1900 for 2 yrs (128)
- John 1849 (176)
- Laura L. m. W. C. Wheeler Oct 31, 1892 (318)
- M. H. & M. J. parents of Hugh Lawson b. Nov 11, 1882 & Reps Jons b. Nov 23, 1866 (338)
- M. H. d. Jun 1891, age 45? (338)
- M. J. m. F. A. R. McNutt Feb 9, 1865 (338)
- Mel H. d. Jun 1891 (338)

DICKY, D. L. 1856 (176)
- David L. 1868 (176)
- J. W. 1855 (176)

DIERHAM, Lee Gibson infant d. Jul 9, 1888 (318)

DIETZ, Charles McCook 1874, d. Nov 10, 1901 (264-2)
- Miss Elizabeth C. d. Dec 10, 1913 (264-2)
- Miss Elizabeth Christiana 1870, d. May 17, 1885, m. J. A. Liver (264-2)
- Maggie 1883 (264)
- Mrs. Mary 1867 (264-2)
- Mrs. Mary R. d. Jun 28, 1869 (264-2)
- Mrs. Mary Reed d. Jun 28, 1869 (264-2)
- W. H. 1883, 1899 (264)
- W. H. & Margaret F. parents of Maggie b. Jun 21, 1880, bapt 1885, d. May 23, 1885 (264-2)
- W. I. m. Margaret F. Martin Nov 23, 1876 (264-2)
- Wm. 1899 (264)
- William Hillegas & Margaret Fanny parents of William Hillegas jr. b. Sep 24, 1877, bapt 1878 (264-2)
- William Hillegas 1870 (264-2)
- William Hillegas & Mary Reed parents of Charles McCook b. Oct 20, 1861, bapt 1874 (264-2)
- Willie 1883 (264)

DIGGENS, Charles buried Dec 2, 1880, age 60 (47)
- Mrs. Eleanora buried Jul 13, 1880, age 82 (47)

DIGGINS, Ellen buried Apr 7, 1864, age 8 (47)

DIGGON, Adelaid m. Wm. Neal Aug 2, 1859 (289)

DIGGONS, Chas. E. & Julia parents of James, Emma, Eleanor Shephard & Chas. Eugene b. Mary 2, 1851, Oct 12, 1853, Feb 1, 1856 & Apr 8, 1859, respectively (289)
- Mrs. Eleanor 1846 (47)
- Ellen m. William M. Herron Sep 1, 1840 (47)
- Emma m. Matthew Heron Oct 14, 1841 (47)
- Jas. & Eleanor parents of Eunice b. 19 Apr 1844 (47)
- James buried Aug 23, 1862, age 71 (47)
- Jas. & Eleanor parents of Emma b. 25 Nov 1824; James Arthur b. 12 May 1826; George Alfred b. 26 Mar 1837; Mary Ann b. 15 Mar 1828; William Henry b. 25 Sep 1830; Adelaide b. 9 Jan 1833; Lilla b. 1 Apr 1835; and Albert Wand b. Dec 1839 (47)
- Mary Ann m. William Ellery Pearl Dec 11, 1849 (47)

DIKES, George W. 1880 (215)
- Susan E. 1880 (215)

DILDINE, Margaret 1884, d. 2/1884 (259)
- Margaret S. 1871 (259)

DILLARD, Lula A. 1884 (345)
- Robert M. & Ellen (Woodard) parents of James Otis b. Aug 17, 1881 in Bedford Co. (289)

DILLARD, Sallie H. 1884 (345)
    T. (f) 1887 (131)
DILLON, Florence E. m. Thomas Broadbent Jun 15, 1861 (47)
DILWORTH, Rebecca 1845 (220)
DINGES, M.? M. 1865 (271)
DINGLEHART, Norman Justus d. Mar 30, 1899, age 30 (289)
DINWIDDIE, A. B. C. 1879 (176)
    J. & B. M. parents of Maud Thompson b. Mar 28, 1883 (338)
    M. B. 1874 (176)
    M. P. 1849 (176)
DINWIDIE, M. S.? 1858 (176)
DISHIN, Sarah 1816 (178)
DISHOUGH, Amanda B. member 1848 (moved to MS) (347)
DISMUKES, David J. m. Rebecca Donaldson Oct 30, 1867 (257)
    Mrs. Elizabeth 1889 (257)
    Elizabeth 1860 (257)
    George 1861 (257)
    George H. 1865 (257)
    George R. & Ella parents of Nellie Burke & Bettie bapt 1887 (257)
    Geo. R. & Ella D. parents of Nellie Burke & Bettie bapt 1887 (257)
    George R. 1873 (257)
    George R. & Pauline parents of Paul Porter bapt 1871 (257)
    Geo. R. & Ella parents of Willie Allen bapt 1889 (257)
    Geo. R. & Ella D. parents of Sallie bapt 1893 (257)
    George R. m. Pauline Adams May 19, 1870 (257)
    J. D. & Marion D. parents of David J. bapt 1893 (257)
    Jno. L. 1879 (120)
    Mrs. Judith A. 1861, 1866 (257)
    Lizzie P. 1866 (257)
    Miss Lizzy P. 1861 (257)
    Maggie buried 24 Mar 1872, age 9 mos (47)
    Mamy d. Oct 5, 1861, a child (257)
    Margaret m. Clifton W. Burbank Jun 20, 1899 (257)
    P. Gaston m. Clara B. Caswell Nov 14, 1889 (289)
    Paul & Sabina parents of John Lynch b. 20 Dec 1830; Thomas Terrell b. 31 Aug 1832; Paul b. 1 Apr 1834; Esther Ann b. 29 Oct 1835; Sabina b. 6 Sep 1838; Sarah b. 27 May 1840; & James Henry b. 16 Oct 1842 (47)
    Paul 1860 (257)
    Paul Porter m. Eunice Howison Mar 7, 1895 (257)
    Paul Porter m. Lena Burbank Jun 20, 1899 (257)
    Pauline 1870, d. Jun 1873 (257)

DISMUKES, Sallie member 1865 (divorced) (257)
    Miss Sallie 1861 (257)
    Susan M. 1869 (257)
    William C. 1861, 1865 (257)
    William M. 1866 (257)
    Mrs. buried Oct 2, 1844 (47)
DITZ, Frederick 1841 (259)
DIVINE, J. L. father of Joseph Warner & Blanche infants bapt 1888 (318)
    Mr. & Mrs. John, parents of Hal Hamilton, Charles, Sallie & Addie, infants bapt 1876 (318)
    Jno. L. d. Dec 7, 1892 (318)
    Mary (see Mary Elliott) (318)
    Sarah m. Robt. B. Cook Nov 18, 1896 (318)
DIXON, Abygail 1813 (164)
    C. H. 1875 (176)
    Ethel infant d. Jun 2, 1888 (318)
    Fanny 1848, 1862 (347)
    Florence m. James L. Armstrong Jan 23, 1895 (318)
    Inez m. Hugh F. Bearden Nov 17, 1897 (318)
    Jean 1848 (347)
    John 1854, 1858 (215)
    Lucinda 1848, d. 1850 (347)
    Malinda 1848 (347)
    Mamie mother of Margaret Jane b. May 15, 1888 and Dick Howard b. Jan 7, 1891 (338)
    Margaret M. 1848, d. Jul 1851 (347)
    Margaret M. m. Rev. James N. Edmiston Jan 4, 1849 (347)
    Martha J. 1858, 1859 (215)
    Mary 1848, 1858, 1887 (215)
    May 1871 (215)
    Nancy M. m. Thomas Hanna Sep 1853 (347)
    Nancy M. member 1848 (moved to Giles Co) (347)
    Peyton 1862 (215)
    Stephen J. 1858 (215)
    Susan 1858 (215)
    Tennessee 1865, 13 Jun 1873 m. John Iss (257)
    Miss Tennessee 1861 (257)
    Thomas J. 1848 (347)
    W. G. 1874 (176)
    W. H. 1871 (43)
DIXSON, Gorge C. 1848 (347)
    Joseph E. 1848, 1859 (347)
    Margaret A. 1848, d. Jan 31, 185_ (347)
DOAK, Rev. A. S. 1899 (264)
    Rev. A. S. & Emma R. parents of Hugh Keff bapt 1899 & Alexander Cowan bapt 1899 (264-2)
    Algernon S. pastor 1899-1902 (264-2)
    Miss Delia Catharine 1899 (264-2)
    Ed 1899 (264)
    Master Edward Ezzell 1899 (264-2)
    Elizabeth 1899 (264)
    Mrs. Emma Regina 1899 (264-2)

DOAK, Miss Flora Paxton 1899 (264-2)
    Hugh 1899 (264)
    Saba 1899 (264)
    Saba Regina (Miss) 1899 (264-2)
    Master Sidney Smith 1899 (264-2)
    William m. Maggie Adams Feb 15, 1870 (257)
    Wm. C. buried 21 May 1887, age 3 (47)
    William E. K. m. Emma L. Wilson 29 May 1883 (47)

DOBBS, Ann E. 1848 (347)
    Elizabeth T. (Robison) 1854 (257)
    Harriet m. David Duncan Jan 22, 1861 (47)
    John M. 1848 (347)
    Reuben d. Jan 10, 1899, 81 yrs (318)
    Richard 1869 (21)

DOBKINS, Augustus 1851 (259)
    Elizabeth 1851 (259)
    E. J. (CV) d. Mar 5, 1903 (318)

DOBSON, James & Sarah Ann parents of Leonora b. Mar 31, 1853 (289)
    Laura Emma adult bapt Apr 27, 1884 (289)
    Philip d. Jun 12, 1873, age 9 (289)
    Mrs. Rebecca buried 20 Mar 1874, age 50 (47)
    William K. d. Aug 6, 1903, age 72 (289)
    _____ m. C. J. (m) Shuffield Jan 15, 1874 (345)

DOD, Darkes 1841 (335)
    Joel 1841 (335)

DODD, Alexander 1855, 1856 (43)
    Carrel 1878 (43)
    Dennis 1893 (341)
    Georg 1859 (335)
    Jane C. d. May 5, 1886 (43)
    Jane C. 1855 (43)
    Joel 1885 (335)
    Liuvisia 1863 (43)
    Liuwsia? 1855 (43)
    Margaret 1850 (33)
    Rebecah 1813 (164)
    Sallie 1855, 1866 (43)
    Thomas L. m. Florence Guild May 13, 1868 (Thomas from Glascow KY) (257)
    Tolbert 1878 (43)

DODDS, Elvira ca. 1848 (225)
    Isaac ca. 1848 (225)
    Jas. A. ca. 1848 (225)
    Margaret L. adult bapt 1848 (225)

DODGE, Miss Alberta Stoddard, aged 12, confirmed 1870 (22)
    Miss Alberta Stoddard 1871, moved to Jackson TN Feb 1872 (22)
    Eugene d. Aug 23, 1897 (d. at Toledo OH) (318)
    Eugene adult bapt 1885 (318)
    Lillie adult bapt 1885 (318)
    Master William Robertson, aged 14, confirmed 1870 (22)

DODSON, Agnes W. 1851 (259)
    B. F. 1854 (131)
    Eley 1866 (131)
    Ely 1851, 1852 (131)
    Maj. E. M. d. Apr 22, 1904 (318)
    Martha B. 1850 (334)
    Mary 1836 (334)
    Mary E. m. Jno. H. O'Brien Sep 23, 1891 (318)
    Mary Emoline 1836 (334)
    Miss Mary R. adult bapt 1889 (318)
    N. J. d. 1910, age 80 (120)
    S. P. 1897 (259)
    S. W. 1847 (341)
    Thomas 1836 (334)
    Mrs. W. J. d. Apr 1912, age 73 (120)
    Willis G. 1850 (334)

DOGGET, Allen H. 1848 (334)
    Delila (or Atkins) 1848 (334)
    George W. 1836 (334)
    Martha 1848 (334)
    Mary H. 1833, 1854 (162)
    Sarah Ann 1836 (334)
    Solomon 1836 (334)

DOGGETT, Anna 1836, 1850 (334)
    Dilly 1855 (334)
    Elizabeth J. 1850 (334)
    Elizabeth Jane 1848 (334)
    George W. 1850 (334)
    Hannah 1850 (334)
    Hanner 1849 (334)
    J. K. 1850 (334)
    K. J. 1850 (334)
    Margaret 1850 (334)
    S. E. (f) 1855 (334)
    Sarah A. 1850 (334)
    Sarah Ann 1850 (334)
    Thos. 1836, 1850 (334)
    W. H. 1850 (334)

DOLAN, Lizzie m. Carl F. Smith Jul 4, 1898 (318)

DOLL, Betty J. 1869 (338)
    McTherry & Betty J. parents of William Hunter b. Nov 13, 1869 (338)
    Nellie d. Aug 19, 1913 in Atlantic
    R. M. (Confed) d. Apr 2, 1903, aged 60 (338)

DOLLERHIDE, Cornelius & wife Nancy 1813 (330)

DONALDSON, Andrew 1828, 1825, 1822, 1818, 1824 (162)
    Edward Butler m. Jane Harriet Watson Nov 6 1851 (47)
    Elizabeth m. Robert Snoddy Jul 19, 1824 (162)
    Isabella 1818 (162)
    Jane 1827, 1829 (162)
    Martha W. m. John M. Shute Oct 30, 1867 (257)
    Mary 1819 (162)
    Rebecca m. David J. Dismukes Oct 30, 1867 (257)

DONALDSON, Saml. d. 24 Apr 1851 (225)
    Wm. & Hattie parents of Lola Etta (3 yrs old) and Harry Kimmill (9 mos old) bapt Aug 5, 1887 at Dickson (289)
DONALSON, William 1818 (162)
DONE, William 1858 (327)
DONEGAN, Mrs. Elizabeth buried Jun 7, 1874 (225)
DONEL, Ann 1832 (335)
DONELSON, Andrew (son of Andrew) bapt Jun 3, 1819 (162)
    Daniel (son of Andrew) bapt Jun 3, 1819 (162)
    Daniel S. & Florence parents of Samuel b. May 2, 1892 (289)
    Jane (dau of Andrew) bapt Jun 3, 1819 (162)
    Jennie H. m. P. M. B. Sapice Oct 5, 1857 (47)
    Susanna (dau of Andrew) bapt Jun 3, 1819 (q62)
DONIS, William H. m. Cecilia DeGrove Jan 25, 1860 (289)
DONNALDSON, Celia sr. 1832 (162)
    John 1832 (162)
    Maria 1832 (162)
DONNEL, Ann 1827 (335)
DONNELL, Alice m. Thomas R. Love Mar 20, 1895 (257)
    Bettie m. Charles W. Moore Jun 14, 1866 (257)
    Eunice m. Sidney E. Lewis May 15, 1870 (257)
    George R. 1861 (257)
    Mrs.? Jennie buried 19 Mar 1884 (47)
    Jennie P. 1865, May 15, 1870--Allensville KY (257)
    Miss Jennie P. 1861 (257)
    John m. Jennie Jarvis Gillum 19 Oct 1880 (47)
    John H. d. Jul 17, 1861 (257)
    John H. 1861, d. Jul 21, 1861 (257)
    Levi 1854 (257)
    Mary J. 1861, May 15 1870--Allensville KY (257)
    Pauline m. Robert M. Donnell Apr 18, 1867 (257)
    Pauline 1861 (257)
    Robert m. Pauline Donnell Apr 18, 1867 (257)
    Robert & Pauline parents of Mary Dismukes bapt 1869 (257)
DONNET, Ann 1827 (335)
DONOHO, Agnes 1885, 1887 (215)
    C. C. F. 1858 (215)
    Charles Ready & Ada Virginia, his wife, bapt 1872 (22)
    Darthula E. 1858 (215)
    E. C. F. 1862? (215)
    Joe 1894 (215)
    Louisa A. 1842, 1858 (215)

DONOHO, Patsy 1862? (215)
DONOL, Charles 1862? (215)
    James 1862? (215)
    Sarah 1862? (215)
    William 1862? (215)
DOOLITTLE, Feby 1888 (271)
    Mattie member 1888 (m. Dr. S. Marchbanks) (271)
    W. E. 1888 (271)
DORRIS, Wesley 1849, 1857 (215)
DORSETT, Mary E. m. George H. Harlow Nov 29, 1893 (dau of S. J. & Mary E.) (22)
    Pauline 1890 (22)
DOSS, Eleanor Shepherd d. Sep 1912, age 31 (120)
    Lewis H. & Elizabeth Ellen parents of John Lewis b. Apr 30, 1854 (289)
DOTE?, Miss Flora 1899 (264)
DOTEY, S. A. 1874 (176)
DOTSON, George 1836 (334)
    Elizabeth jr. 1832 (334)
    Elizabeth sr. 1832 (334)
    Isaih 1836 (334)
    John 1824 (90)
    Jordan 1832, 1836 (334)
    Lydia 1836 (334)
DOUD, Julia m. Chas. F. Sheidt May 4, 1893 (318)
    Toley 1882 (43)
DOUGHENY, John & Laura (Thomas) parents of Coyle Burns b. Apr 7, 1896 (289)
    G. F. 1871 (176)
DOUGLAS, Bruce m. Ella Kirkman 4 Dec 1889 (47)
    Byrd buried Dec 15, 1882, age 65 (or 68) (47)
    C. E. & Mary parents of Cullen Edward bapt 1870 (257)
    C. E. & Harriet N. parents of Nannie D. bapt 1856, Sallie, William Howard & Eliza Bain bapt 1854 (257)
    C. E. & Mary parents of Cullen Edwards bapt 1870 (257)
    Cullin E. m. Elise Saunders Oct 18, 1899 (257)
    Eliza, original member, d. Mar 3, 1861 (257)
    Ellen m. George Alln Baxter 22 Apr 1879 (47)
    Henry C. d. Apr 2, 1861, age 29 (289)
    Jane 1849 (259)
    Nicholas d. Apr 17, 1903, age 40 (289)
    Mrs. Sarah d. Sep 10, 1896, age 60 (47)
DOUGLASS, Alfred H. 1854 (257)
    C. E. & Harriet N. parents of Nannie Donnell bapt 1856, Henriella L., Sallie, Wm. Howard & Eliza Bain bapt 1854 (257)
    Cullen E. 1854, 1861 (257)
    David F. member 1854 (removed to TX) (257)
    Delia A. d. Mar 11, 1892 (65)
    Mrs. Eliza 1854 (257)

DOUGLASS, Eliza B. 1870 (257)
    Mrs. Harriet N. 1854, 1861 (257)
    Harriet N. original member, d. Dec 20, 1862 (257)
    Miss Henriella L. 1861 (257)
    Henrietta L. 1865 (257)
    Henry Clay adult bapt Mar 17, 1861 (289)
    M. E. 1850 (338)
    Mary Benton m. Theodore Francis Sevier Nov 2, 1859 (289)
    Mary E. 1867 (257)
    Rebecca original member, Jun 4, 1854--TX (257)
    Mrs. Rebecca L. 1854 (257)
    Sallie C. 1865 (257)
    Sallie E. (Miss) 1861 (257)
    Sallie E. m. R. N. Brink Apr 17, 1873 (257)
    Susie Miller 1874, d. 19 Jan 1879 (257)
    W. Howard 1861, 1865, d. Aug 27, 1871 (257)
    Mrs. Dr. Nov 3, 1861 (257)
DOUGLESS, Mrs. May E. 1861 (257)
DOUTHIT, J. E. 1847 (341)
DOVE, J. S. 1893, d. 8/18? (259)
    Rebecca m. David Miller Jan 1, 1884 (318)
    Sarah 1853 (172)
DOW, Samuel B. m. Marie Aebli Feb 10, 1885 (338)
DOWDY, Joseph 1806 (164)
    Levina 1806 (164)
    Polly 1806 (164)
DOWELL, Louise R. (see Louise R. Thatcher) (318)
DOWLER, F. H. father of Frank Henry infant bapt 1889 (318)
    Susan 1832 (338)
DOWNS, Christiana ca. 1848 (225)
    James ca. 1848 (225)
    Sarah F. ca. 1848 (225)
    Susan E. ca. 1848 (225)
DOWTHITE, J. E. 1856 (330)
DOWTON, S. C. 1875 (176)
DOYL, T. A. m. Lula Watkins Sep 18, 1884 (318)
DOZIER, Z. 1860 (341)
DRAKE, Bennie m. John Martin Feb 11, 1875 (289)
    Mrs. Catharine 1819 (162)
    Emma & Samuel Ellis infants bapt 1879 (318)
    G. W. 1886 (259)
    Katharine 1820 (162)
    Lillie Etheridge m. Henry Rogan Briscoe Dec 24, 1885 (338)
    S. & F. R. parents of Francis Rogan b. Dec 24, 1872 & Sarah b. Oct 7, 1874 (338)
    Saml. & Fanny parents of Lewis Netherland b. Apr 30, 1877 (338)
    Sarah m. John W. McCallum Oct 28, 1896 (338)
DRANE, Geo. Washington adult bapt Dec 9, 1889 (289)
    Hugh adult bapt 1895 (318)
    M. Porter 1867, Apr 1882 m. D. W. Pritchel (257)
    M. Porter (f) m. D. W. Mitchel Dec 24, 1873 (257)

DRANE, Philip E. 1872 (257)
DRAPER, Saml. (a free man of color) bapt Jul 7, 1883 (338)
DRAPERBOLD, Samuel adult bapt Jul 7, 1833 (338)
DRAUGHAM, Samuel Pritchett buried Jun 24, 1877, age 1 (47)
DRAUGHON, John Arch m. Hannah Jennette Pritchett 18 Apr 1876 (47)
    Mrs. Nettie buried 27 Mar 1884 (47)
DREHER, Minnie L. m. Hal Mitchell Feb 19, 1889 (338)
    T. H. (f) m. W. L. Albright Apr 3, 1888 (318)
DREWRY, Elizabeth 1858 (215)
    Jane 1858 (215)
    Rachel 1862? (215)
DREWS (Drenn?), Clara W. buried Jul 6, 1877, age 22 (47)
DREXLER, Lotta buried Feb 12, 1879 (47)
    Louise buried Jul 10, 1881, age 6 mos (47)
DRIDEN, Rebecca F. mother of Waller Armistead b. Apr 30, 1859; Alma Virginia b. Aug 26, 1865; William Minton b. Jan 30, 1868; & Lula May b. Oct 23, 1870 (338)
DRISKELL, Jesse 1825 (205)
    John 1820 (205)
    Joshua 1819 (205)
    Moses 1843 (205)
    Nancy 1826 (205)
    Sister _____ 1818 (205)
DRISKILL, John 1821 (205)
    Joshua 1821 (205)
DRIVER, Mary 1821 (329)
    Mary J. m. A. Edward Hancock May 26, 1859 (47)
    Wm. & Sarah Jane parents of Mary Jane b. 5 Nov 1838; George Wilson b. 29 Oct 1840; & Delilah Ann b. 2 Sep 1842 (47)
    William & Sarah Jane parents of Henry Lynch b. 23 Mar 1845; & Robt. Park b. 21 Jun 1847 (47)
    William m. Sarah Jane Park Jan 14, 1838 (47)
DROITCOUR, Lena M. m. Edward E. Gras Mar 31, 1890 (289)
DROUCKARD, Anthony Wayne buried 28 Oct 1885, age 2 (47)
DROUILLARD, Eleonora C. buried 7 Jan 1875, age 3 (47)
    James Pierre d. Oct 16, 1892, age 54 (47)
    Jas. Pierre & Mary Florence parents of Bernard Wayne b. Jun 17, 1889 (289)
    Joseph C. d. Aug 17, 1890, age 12 (47)
DROULLARD, Jas. P. m. Mary F. Kirkman Sep 21, 1864 (47)
DRUHOT, Mrs. Jno. d. Aug 20, 1889 (318)
DRUMBAR, George m. Julia Rudd Dec 29, 1875 (318)
DRUMMOND, Mrs. Mary E. 1890 (177)
    Sarah A. J. 1866 (162)
    Wm. E. 1887 (177)

DRURY, R. C. 1878 (176)
DRYDEN, Rebecca F. 1868 (338)
DUCKWORTH, Henry 1880 (322)
    Matilda 1846 (341)
DUCLAUX, Lucie F. m. Alfred Mercier Apr 17, 1899 (338)
DUDA, Mrs. Amelia (Bapt) d. Oct 21, 1888 (318)
DUDLEY, E. J. (see Elizabeth J. Steel) (338)
    Elizabeth J. 1828 (338)
    Jno. C. father of Julia Young & Betsey both bapt Dec 14, 1817 (338)
    Maira mother of Patsey & Willm. Crumpton both bapt Dec 14, 1817 (338)
    Mary 1806? (164)
    Mary M. (from Louisville KY) m. James S. Wood (from Bristol TN) Nov 9, 1890 (338)
    Mira 1822 (338)
    Virginia confirmed 1829 (22)
    Wm. B. 1828 (338)
DUE, Martha A. m. George W. Erwin Sep 1866 (347)
    N. E. m. Hanna J. Erwin Sep 1866 (347)
    Sallie J. d. 1906 (347)
    Tabitha d. 1895 (347)
    William d. Sep 1888 (347)
DUEAS, Stacy 1845 (270)
DUEWEASE, Edmund 1845, 1877 (270)
    Stacy 1877 (270)
DUFF, Rebecca 1883 (331)
DUFFEE?, Lenora A. 1887 (215)
DUFFIL, William & Mary (Stanfield) parents of Eva Donel b. Aug 14, 1879 (289)
    William & Mary (Stanfield) parents of Luna b. Oct 12, 1884 (289)
DUFFY, D. J. adult bapt 1880 (318)
DUGAN, Martha A. 1869 (259)
    Walter Cates adult bapt Jan 29, 1888 (289)
DUGER, Henry 1845, 1877 (270)
DUGGAN, B. O. m. Barbara Graves Oct 27, 1897 (318)
DUGGER, C. C. m. Annie L. Calder Oct 22, 1889 (318)
    Colin C. jr. d. Oct 21, 1899 (318)
    Granville d. Sep 15, 1893 (318)
    M. A. (f) m. Kindrick, J. P. (m) Jun 5, 1877 (318)
DUGLESS, John & wife Nancy 1809 (330)
DUGLIS, John 1811 (330)
DUKE, Belle S. 1891 (215)
    Jessie (see Jessie Moss) (257)
    Thomas Nelson & Bethia White parents of Mary Jane b. 31 Aug 1836; Ann Bethyah b. 28 Jun 1840; Joseph Clemens b. 14 Jun 1841; Margaret Deidamia b. 18 Sep 1842; Lucy Clemens b. 4 Dec 1846; & Thomas Andrew b. 3 Apr 1848 (47)
DUKES, Alfred 1877 (329)
    John 1877 (329)
    Sally 1877 (329)
    Samuel 1877 (329)
    Sarah 1877 (329)

DUKES, Tempe 1879 (329)
    Wm. 1848, 1876 (329)
DULANEY, Ben L. m. Alice Rhea St. John Dec 26, 1895 (318)
    Ben L. d. Feb 28, 1901 (son of Ben & Alice) (318)
    B. L. 1852 (327)
    Dr. N. T. D. father of Meiggs infant bapt 1869 (318)
    N. T. father of Nathaniel T., Olivia & Joseph E. (of Bristol TN) infants bapt 1875 (318)
DUMAS, Clarence P. m. A. Mary Cleage Jun 10, 1896 (318)
    O. m. Mary Bradford Sep 9, 1884 (318)
DUMM, Lela E. m. Jos. E. Carney Sep 23, 1891 (289)
DUMONT, F. & Mary parents of Charles b. Dec 6, 1866 (289)
DUNAN, Mrs. J. H. d. Feb 2, 1900 (318)
DUNAWAY, Margaret 1880 (128)
DUNBAR, Henry G. & Susie W. parents of Rhoda b. May 24, 1886 (289)
    Maria Louisa adult bapt Feb 7, 1875 (289)
    Thomas 1809 (330)
DUNCAN, Charles 1825 (330)
    David m. Harriet Dobbs Jan 22, 1861 (47)
    Harriet 1879 (280)
    J. & F. parents of Gordon Alexander b. Apr 18, 1890 (338)
    J. C. & F. parents of Warren Ohm b. Apr 7, 1893 (338)
    Jane 1827 (335)
    John M. 1874 (215)
    Jos. & Fanny parents of Josiah Cosby bapt 1880 (338)
    Jos. & Fanny parents of Malcolm Cosby bapt Mar 10, 1878 (338)
    Joseph Allen d. 1909, age 24 (120)
    Laura B. 1875 (215)
    Malinda 1808, 1825 (330)
    Mrs. Martha d. Oct 21, 1894 (318)
    Mary 1808, 1825 (330)
    Mary An E. 1825 (330)
    Mary Ann E. 1808 (330)
    May Kate m. W. H. Hardison Sep 24, 1899 (318)
    Rebecah (see Rebecah Kelly) (330)
    Rebecca 1825 (330)
    Ruth 1825 (330)
    Ruth (see Ruth Kelly) (330)
    Mrs. d. Mar 8, 1906 (318)
DUNHAM, Carrity 1866 (220)
    Elizabeth 1816 (178)
    Lewis 1826 (178)
    Mary 1816 (178)
    Wm. 1816, 1826
DUNK(I)N, Suson 1846 (341)
DUNLAP, C. J. 1871 (259)

DUNLAP, D. C. 1884 (259)
    D. S. 1888 (259)
    David C. 1871 (259)
    Emeline 1871 (259)
    J. A. 1879 (176)
    J. C. 1871 (259)
    J. E. 1875 (176)
    Mrs. Mary McClure d. Dec 10, 1901, aged 76, Hawkins Co. (reel # omitted)
    P. S. 1867 (176)
    Sarah E. 1871 (259)
    Simpson 1871 (259)
    T. B. 1844, 1849 (176)
    T. B. M. 1855 (176)
    Trecia C. 1871 (259)
    V. A. 1884, d. 11/18/1905 (259)
    Vicy Ann 1871 (259)
DUNN, Miss M. buried Mar 2, 1882 (47)
    Mary L. m. Stephen J. Cobb 30 Jan 1877 (47)
    Minerva E. 1858 (257)
    Nettie Foster parent of Margaret Perry b. Jan 24, 1897 (257)
    W. W. sr (C.V.) d. Oct 23, 1905 (318)
    William bapt 1878 (271)
DUNNAGAN, Margret bapt 1883 (164)
    Mary 1881 (164)
    V. C. 1881 (164)
DUNSTAN, Mrs. T. d. Aug 1891, age 74 (338)
DUNSTON, Mrs. T. mother of William Henry, Newton Arbury & Caroline all bapt Jan 10, 1874 (338)
DUNWOODY, Adam m. Eliza Mason Jul 14, 1821 (162)
DUPRE, Benj. N. m. Mary Robertson Mar 4, 1896 (318)
    Daniel m. Eliza S. Flint 24 Dec 1874 (47)
    Mrs. Mary W. adult bapt 1899 (318)
DUPUY, Geo. R. m. Sidney Thompson Feb 16, 1862 (47)
DURAHM, Elizabeth 1871 (259)
    Martha E. 1871 (259)
DURANDO, Bessie m. Chas. L. Frost Aug 25, 1884 (318)
    E. P. d. Nov 16, 1902 (318)
    Joe d. Mar 12, 1899 (318)
    Wylie m. A. B. Wingfield Nov 25, 1885 (318)
DURHAM, Allen & wife Anna 1865 (220)
    Aney 1856 (220)
    C. A. (f) 1893, 1896 (220)
    C. C. 1888 (220)
    Charita 1888 (220)
    Charity 1870, 1871 (220)
    Charrity 1856 (220)
    Columbia 1888 (220)
    Dixie 1896 (220)
    Elizabeth 1857 (259)
    J. 1848 (220)
    J. S. 1888, 1896 (220)
    Lucy Jane 1857 (259)

DURHAM, M. (f) 1848 (220)
    Martha E. m. S. E. Craig Feb 1869 (21)
    Martha E. 1857 (21)
    Martha E. 1871 (259)
    Prudence d. Apr 29, 1872 (21)
    Rebecca 1888 (220)
    Rosa 1888 (220)
    Sally M. 1871 (259)
    Sarah 1888, 1893, 1896 (220)
    Stellie 1893 (220)
    Susan Jane 1871 (259)
    T. H. 1856 (220)
    V. A. (f) 1893, 1896 (220)
    Victor 1893, 1896 (220)
    Victory 1888 (220)
    William 1862 (215)
DURHAN, J. S. 1893 (220)
DUROCHER, Albert A. m. Mrs. Annie E. Brown Dec 25, 1895 (338)
DURRIS, Parlee? 1877 (270)
DUSENBEIN, Peter (colrd) 1865 (331)
DUSMUKES, William M. 1861 (257)
DUTH, Nancy 1887 (215)
DUTTON, Ira Barnes adult re-baptised May 14, 1882 (289)
    Thomas adult bapt 1874 (318)
DUTY, Charles E. 1869, 1887 (215)
    Elizabeth J. 1874, 1887 (215)
    Nancy 1858 (215)
DYAR, Miss Mary d. Mar 3, 1895, age 83 (47)
DYE, Mayfield bapt 1890 (271)
    Willie bapt 1890 (271)
DYER, Aletha B. 1888 (215)
    Almerim m. Susan McCauley Sep 16, 1861 (47)
    Joel 1888 (215)
    John J. 1886, 1887 (215)
    Martin V. 1888 (215)
    Susan A. 1886, 1887 (215)
    Virginia T.? 1888 (215)
    W. E. m. Ada R. Tucker Oct 9, 1889 (318)
DYNTZ, F. L. m. R. J. M. Davidson Dec 1880 (21)
DYSART, Alex 1860 (338)
    Andrew 1821, 1827 (24)
    John, Elder, 1810, 1843 (24)
    Margaret 1810 (24)
    Martha 1810 (24)
    Mary (Hall) 1827 (24)
    Mrs. Mary d. Dec 1835 (24)
    Robert, Elder 1825 (24)
    Ryatt 1827 (24)
    Samuel D. 1827 (24)
DYSON, Robert m. Mary E. Wafford Sep 25, 1890 (289)
EACHOLS, Obadiah C. 1826 (335)
EAGAN, Dolly 1873 (329)
    H. 1876 (329)
    Jas. M. 1879 (329)
    Marcius R. 1865 (329)

EAGAN, Marcus R. 1848 (329)
    Mary 1865 (329)
    Narcisa 1865 (329)
    Narcissa 1848 (329)
    Wm. B. 1848, 1865 (329)
EAGLETON, Elijah McKee 1823 (264)
    Mrs. Margaret 1819 (264)
    Margaret bapt 1819 (264)
    Wm. father of Isaac Anderson bapt 1823 (264)
    Wm. & wife & son Saml. Ewing? bapt 1820 (264)
    William, pastor 1820 (264-2)
EAKES, Leathe 1845 (90)
EAKIN, Jane (Blind) 1852, d. before 1866 (318)
    Jane Walker m. Frederick M. Judson 8 Feb 1872 (47)
    Miss Mollie D. 1885, d. 27 Nov 1910 (she was the last of her family) (318)
EAKLES, Comrade d. Mar 9, 1899 (318)
EALAM, Edward 1822 (90)
EALAN, Tho. L. buried Jul 14, 1865, age 5 mos (47)
EALAND, Harriet S. m. Matthew J. Kelley Aug 12, 1865 (47)
    Tho. J. buried Aug 6, 1864, age 28 (47)
EALOM, Elizabeth 1823 (90)
EAMES, Wm. Henry adult bapt Jun 26, 1859 (289)
EANES, Elisabeth 1832 (334)
    Elizabeth 1836 (334)
    Mary 1832 (334)
    William 1832 (334)
EARHEART, Louisa 1865 (329)
EARK, J. 1867 (341)
EARLE, S. L. 1848 (338)
    Samuel L. adult bapt Feb 20, 1848 (338)
EARLEY, Mrs. _M. P. buried Jan 12, 1879 (47)
EARLY, Jennie m. W. B. Hammond Sep 14, 1880 (318)
    Wm. d. Dec 29, 1889, age 23 (289)
EARNEST, Dr. J. B. adult bapt 1868 (318)
EARP, J. 1860 (341)
EASILY, Martha d. 1866 (329)
EASLEY, Martha 1848 (329)
EAST, Evelina W. 1836 (334)
    Harriet 1836 (334)
    Joseph 1836 (334)
    Mary E. 1848 (347)
    Mildred 1836 (334)
    Rewben 1848 (334)
    Thomas 1848 (347)
EASTERLY, Daniel Jones b. Nov 13, 1855, son of Moses (162)
    Margaret Campbell b. Oct 24, 1852, dau of Moses (162)
EASTES, John 1812 (330)
EASTESEIN?, Mrs. (Swede) d. 1876 (318)
EASTLAND, Hezekiah 1831 (335)
    Mrs. Rd. Josephine 1846 (47)
    Thos. B. & Josephine parents of Joseph Green b. 19 Jun 1831; Thomas Butler b. 2 Feb 33; Vanleer b. 6 May 1835; & Josephine b. 6 Sep 41 (47)

EASTLIN, E. F. 1826 (330)
EASTMAN, Addie Clark d. May 16, 1902, age 52 (289)
    E. J. m. Rebecca J. Henderson Nov 6, 1879 (318)
    Mrs. Susan d. Nov 28, 1907 at Dorchester MA age 76 (289)
EATHERLY, Jas. 1848 (329)
    James d. Jul 22, 1872 (329)
    James 1821 (329)
    Letty, 1848 (329)
    Rebeca 1821 (329)
    Rebecca 1848, 1865 (329)
EATON, Betsey 1833 (331)
    E. J. d. Feb 20, 1906 (318)
    Dr. E. M. d. Jul 9, 1896 (318)
    Edwin m. Kennie M. Thatcher Sep 26, 1899 (318)
    Elizabeth 1833 (331)
    F., father of James Cutter and Fannie Haselton, infants bapt 1879 (318)
    Joe P. bapt 1886 (271)
    John 1833 (331)
    Kate C. m. W. J. Govan Nov 7, 1888 (318)
    Maggie bapt 1886 (271)
    Mary E. m. T. H. Payne Oct 18, 1876 (318)
    Roda member 1873 & 1880 (gone to AL)
EAVE, Rebecca J. (see Rebecca J. Southerland) (318)
EAVES, Margaret A. (wife of W. D.?) 1876 (281)
EBBEN, Mrs. E. 1869, d. Oct 23, 1900, Bessemer AL (264-2)
    Miss Emma member 1877, m. Wilson (264-2)
    Lillie 1870 (264-2)
    Miss Lillie member 1870, m. Michael Lynch (264-2)
    Miss Matilda 1870, d. Jan 20, 1882 (264-2)
    William Patton 1874, d. Mar 20, 1879 (264-2)
EBBLING, W. H. m. Abbie Camp Jul 10, 1890 (318)
ECKERSON, Mary buried Nov 1866, age 73 (47)
ECKHARDT, Ada Mary b. 31 Jan 1856 to Wm. & Cornelia Clark, bapt 1880 (47)
    Charles Martin b. Aug 1854 to Theodore & Mary, bapt 1880 (47)
ECKLIN, Emma ca. 1848 (225)
    Sarah ca. 1848 (225)
    Sharlott ca. 1848 (225)
ECKOLS, Susan K. m. Wm. C. Collier 16 Feb 1888 (47)
EDDING, Amy C. (see Amy C. Green) (259)
EDDS, Pruda 1849 (275)
EDDY, John (widower) m. Masy Rozena James (widow) Aug 19, 1886 (22)
    Mrs. Mary R. 1898 (22)
EDGAR, Alexander 1818, 1826 (162)
    Andrew B. 1818, 1833 (162)
    Mrs. Elizabeth member 1854 (removed to TX) (257)
    Flora Carson (age 3, dau of Alex) bapt Jun 21, 1827 (162)

EDGAR, Georg 1854 (162)
    George Rice (age 5, son of Alex) bapt Jun 21, 1827 (162)
    Isabella jr. 1818, 1826 (162)
    Isabela Blackburn (age 9, dau of Alex) bapt Jun 21, 1827 (162)
    Jane 1833 (162)
    Mary Felknor (age 7, dau of Alex) bapt Jun 21, 1827 (162)
    Sarah R. 1842, 1854 (162)
    Thomas Snoddy (age 1, son of Alex) bapt Jun 21, 1827 (162)
EDGELEY, E. H. 1889 (271)
EDGMAN, Johnson 1827 (220)
    N. (f) 1848 (220)
    Thomas 1821, 1848 (220)
EDGMON, James 1893, 1896 (220)
    Malinda 1893 (220)
    Malindia 1896 (220)
EDGMOND, Carrie 1888 (220)
    James 1856, 1888 (220)
    Jane 1856 (220)
    Lilley 1856 (220)
    Louiza 1888 (220)
    Marg 1856 (220)
    Martha 1856 (220)
    Nancy 1856 (220)
    Rebecca 1856 (220)
    Sam 1856 (220)
    Thos. 1856 (220)
    Wm. 1856 (220)
EDMINSON, Jane 1836 (334)
    Joseph G. 1836 (334)
EDMINSTON, James m. Lizzie Plank Dec 25, 1884 (318)
EDMISTON, Curtis d. Feb 25, 1902 (318)
    Harry Jones d. Jun 25, 1892 (318)
    Harvey Brown infant bapt Sep 1849 (347)
    J. G. (2 yrs) d. Dec 20, 1888 (318)
    James N. pastor 1848 (347)
    Rev. James N. m. Margaret M. Dixon Jan 4, 1849 (347)
EDMON, Mattie 1888 (271)
EDMONDS, Helena Pearl m. Charles Rice Smith Apr 27, 1892 (338)
    Jno. P. bapt 1867 (271)
    Rufus adult bapt 1869 (318)
    Susie bapt 1876 (271)
    Mrs. d. Oct 26, 1887 (318)
EDMONDSON, F. A. (f) 1855 (334)
    Flora buried Dec 12, 1880 (225)
    Jane 1850 (334)
    John K. buried 30 Oct 1876, age 67? (47)
EDMONS, J. P. 1888 (271)
    Sue 1888 (271)
EDMONSDON, Matilda buried 28 Mar 1876 (47)
EDMONSON, Joseph G. 1850 (334)
    Martha L. 1848, 1850 (334)

EDMONSTON, John K. & Martha Geo. parents of Henry b. Jan 1838; Mary Wilson b. 29 Nov 39; Sarah Wilson b. 3 Apr 42; Selina Wheat b. 24 Jun 1845; & John King b. 17 Mar 48 (47)
EDMUNDS, Anderson 1845 (270)
    Minnie m. J. B. Niles Jun 25, 1888 (318)
    Richard 1845, 1877
EDMUNDSON, John & Matilda G. parents of Margaret Elsey bapt Mar 13, 1859 (289)
    Mary A. (see Mary A. Parker) (289)
    Nellie K. d. May 18, 1895, age 41 (289)
    Seline W. m. John S. McIver 2 Sep 1873 (47)
EDMUNDSTON, Mary Frances m. Charles Henry Backen Dec 20, 1848 (47)
EDNEY, Charlotte confirmed 1831 (22)
    Emil confirmed 1831 (22)
EDONS, Elisabeth 1858 (215)
    Elisabeth J. 1858 (215)
    James jr. 1858 (215)
    James sr. 1858 (215)
    Jobe 1858 (215)
    Lucrecia 1858 (215)
    Matilda E. 1858 (215)
    Nancy 1858 (215)
    William B. 1858 (215)
EDWARDS, B. F. 1838 (271)
    C. m. Mary Lane May 2, 1879 (318)
    E. W. 1856, 1879 (176)
    Eleanor infant bapt 1877 (318)
    Eleanor (Mission Ridge, infant bapt 1877) (318)
    Emarine d. Oct or Nov 1882 (128)
    Isaac B. & Mary F. parents of Eleanor Moules bapt Apr 26, 1888 (269)
    J. E. 1871 (176)
    James S. d. Jun 11, 1897 (Lauter's father-in-law), 84 yrs (318)
    Jennie Malone adult bapt Dec 20, 1882 at Gallatin (289)
    Julius C. m. Sallie Punsley Sep 27, 1871 (257)
    Julius C. 1861, 1865, d. 8 Nov 1878 (257)
    M. F., Elder 1875-83, 1867 (21)
    M. R. 1857 (21)
    Marcus F. 1867 (21)
    Miss Martha M. (Pattie) d. Aug 18, 1892, age 49 (289)
    Mary B. d. Dec 18, 1867 (257)
    Miss Mary B. 1854 (257)
    Mary R. 1857 (21)
    Mattie bapt 1877 (271)
    Narcissa 1848, moved to MO 1852 (347)
    Peggey 1813 (164)
    Sallie 1868 (257)
    Samuel E. 1852 (327)
    Sarah H. 1865 (257)
    W. H. d. Aug 20, 1902 (318)

EDWARDS, William John infant bapt 1876 (Welsh) (318)
EFLAND, John G. 1888, d. 5 Feb 1891 (318)
EGERTON, Graham & Julia D. parents of Mary Phil b. Jul 2, 1888 (289)
    Julia Donegon (wife of Graham) b. Aug 31, 1865 (289)
EGNEW, R. m. Eliza R. Holden Sep 1850 (347)
EHRET, Mrs. Elizabeth J. 1872 (318)
EHRHARD, Carrie W. m. St. Pierre Brooke 26 Feb 1878 (47)
EHRMAN, Mrs. E. of Cincinnati, 84 yrs, d. Dec 12, 1902 (318)
EHZLER, Rosa m. C. E. Thiermance Jun 12, 1894 (318)
EICHBAUM, F. H. 1861 (120)
    Frederick H. & Josephine E. parents of Wm. Pritchard bapt Aug 15, 1858 (289)
    Frederick Herschel m. Josephine E. Prichard Mar 10, 1853 (47)
    Kitty S. m. Randal M. Weber Jun 19, 1860 (289)
    John Hershell d. Jan 31, 1874, age 5 mo (289)
EICHWURGIL, C. F. m. Sophia Caughlin Sep 15, 1881 (318)
EKLES, Obadiah 1860 (335)
ELAM, Edward 1825, 1828 (90)
    E. S. Esqr. (see Mrs. Laura A. Reed) (225)
    Sarah Jane adult bapt 1877 (of Shelby Co. TN) (225)
ELDER, Amos Stone 1873 (259)
    Benjm. 1856 (170)
    Emily 1855 (170)
    J. M. m. Mabel Nye Mar 26, 1899 (318)
    Jas. 1856 (170)
    James B. 1869 (259)
    James S. 1855 (170)
    John Allison 1831 (259)
    Lucy 1855 (170)
    Mrs. M. A. 1856 (170)
    Mary 1851 (170)
ELDRIDGE, Rebecca J. 1866 (162)
ELGIN, Mrs. John d. Dec 1911, age 40 (120)
ELIOTTE, Mary 1823 (90)
ELLASON, James 1835 (205)
ELLEDG, Nancy 1816 (178)
ELLEDGE, Nancy 1816 (178)
ELLER, Edgar 1895 (215)
    Ellen 1887 (215)
    Ellin 1882 (215)
    Jacob 1870, 1887 (215)
    Joseph 1885, 1887 (215)
    Lilly C. 1871 (215)
    Lizzie 1894 (215)
    Louvina 1891 (215)
    Lucy 1890 (271)
    Martha E. 1887 (215)

ELLER, Nancy 1816 (178)
    Nancy M. 1870 (215)
    Nanie E. 1889 (215)
    William J. 1875, 1889 (215)
ELLET, Miss M. G. 1891, 1891 to Corrinth MS (318)
ELLIOT, Kohn (sic) d. Mar 9, 1899 (9 yrs--Mkt St) (318)
ELLIOTT, Gabella 1857 (338)
    Mrs. Isabella 1868 (338)
    Mrs. Isabella d. Jan 8, 1912 (338)
    Miss Jennie 1898 (318)
    Mary 1849, d. before 1866, m. Divine (318)
    Mary m. Dr. John H. Oney Jun 18, 1867 (289)
    Susie d. Jun 12, 1885 (289)
    W. F. buried Dec 5, 1869, age 51 (47)
ELLIS, Abraham 1862 (215)
    Alecia Jackson d. Jul 29, 1861 (289)
    Andrew J. 1854, 1861 (257)
    Andrew J. original member, d. Aug 29, 1862 (257)
    Mrs. Anita Panjand? d. Aug 27, 1892 ( )
    Annie d. summer 1859, age 18 mo (289)
    Charlotte killed Aug 12, 1858, by being thrown from horse, age 17 (289)
    Isaac 1862 (215)
    Isaac 1821 (329)
    J. J., pastor 1852 (271)
    James m. Joanna Craighead Feb 18, 1853 (47)
    James & Joanna parents of Mary Craighead & Alecia Jackson both bapt Jun 10, 1860 (289)
    Joana M. buried 22 Sep 1876 (47)
    John m. Mary E. Patton 1869 (264-2)
    Lena d. Aug 1, 1902 (318)
    Margaret 1865 (329)
    Margaret m. Rufus M. Reese Feb 23, 1869 (257)
    Marion M. 1872 (215)
    Mary d. Feb 7, 1861 (289)
    Nancy 1816 (178)
    Nancy 1865, 1868 (329)
    Pheba 1862? (215)
    Phoebe d. Feb 9, 1894, age 82 (289)
    Sarah 1888 (220)
    Sary 1881 (335)
    Rev. W. J. 1871 (120)
    William ca. 1848 (225)
    (Infant) (Bro in law of Duncan) d. Jul 1, 1889 (318)
ELLISON, David 1881 (335)
ELLISTON, William Robert m. Selene Harding Jackson May 19, 1896 (289)
ELMICK, John 1836 (334)
ELMORE, Mrs. Hannah L. 1890 (177)
    Elum, Edward 1824 (90)
EMBERY, Winney 1812 (330)
EMERSON, F. H. 1888, 1892, 1897 to Atlanta GA (318)

EMERSON, Mrs. H. M. (wife of F. H.) 1888, 1895 to
    Athens GA (318)
    Miss Idie C. 1889, m. Geo. MacKenney 11/27/
        90 (318)
    Walter P. m. Hetty McEwan 21 Nov 1883 (47)
    Wm. d. Jan 17, 1885 (318)
EMMET, Joseph & Joella parents of William Rush-
    worth b. May 15, 1871 (289)
EMMON, Stephen 1847 (335)
EMMONS, Rebecca J. 1879 (280)
    S. M. 1860 (335)
ENES, Elisabeth 1832 (334)
    William 1836 (334)
ENGLEHART, Beine, Kate, Annie, John, Carrie &
    Frederick inf bapt 1880 (318)
    Katie m. J. H. Bender Jun 14, 1893 (318)
ENGLISH, James 1821 (220)
    Mary m. Wm. S. Kennedy Jan 31, 1843 (338)
    Mary 1879 (280)
ENGRAM, Jos. 1869 (162)
ENIX, J. 1893 (bapt) (271)
    Julia F. bapt 1893 (271)
    L. Jane bapt 1893 (271)
ENOCHS, Mary Ann 1821 (329)
ENSIGHN?, Laura (17 mos) d. Jun 5, 1903 (318)
ENSIGN, Mrs. Lettie E. (wife of C. E.) 1897 (318)
ENSLEY, Charles P. d. Apr 10/, 1892 (65)
ENSON?, John J. 1852 (327)
EPPERSON, James T. 1865 (345)
    Lucinda 1872 (345)
    Mary A. d. Aug 16, 1880 (345)
    Sarah 1871 (345)
    Susan (to Vaughan by marriage) 1874 (345)
    Susan m. Thomas Vaughan Feb 1875 (345)
EPPES, Elizabeth 1846 (341)
    Fenetta 1846 (341)
    Mrs. A. L. d. 1891 (341)
    Mrs. A. L. 1846 (341)
EPPS, Elizabeth 1827, 1830 (335)
    Miss F. L. d. 1888 (341)
    F. L. (f) 1846 (341)
    Hyram & Jane 1838 (335)
    Hyram 1827 (335)
    J. C. d. 1893 (341)
    Larry 1827, 1830 (335)
    M. 1829 (335)
    Vinety 1841 (335)
ERB, Emma A. m. Jonathan Harris Scott Dec 31,
    1867 (289)
    John E. & Sarah parents of Emma Arabella b.
        Aug 10, 1847 & Joseph Robert b. Jan 28,
        1849 (289)
    Mrs. Sarah H. d. Mar 30, 1875 (289)
    Sarah H. d. Mar 30, 1873, age 56 (289)
ERICKSON, Mrs. Empie 1874 (225)
    Mrs. Tempie 1872, 1875 (removed to Washing-
        ton DC Nov 8, 1875) (225)
    Maria m. Julius Wickstrom Oct 7, 1889 (318)

ERVIN, Elizabeth M. 1843 (338)
    J. J. 1885 (335)
    Nancy 1889 (175)
    W. E. 1892 (259)
ERVINE, Samuel 1822 (162)
ERVING, Jacob 1842 (220)
ERWIN, Angeline 1848, 1849 (347)
    Ava 1865 (275)
    Caledonia 1848 (347)
    George W. m. Martha A. Due Sep 1866 (347)
    Hanna J. m. N. E. Due Sep 1866 (347)
    Harry m. Mollie Mills Aug 31, 1881 (318)
    James H. infant bapt Aug 22, 1867 (347)
    Jane 1848, d. 1860 (347)
    Jonas & Minnie parents of Ethelbert Hamil-
        ton & Maggie Lee both bapt Sep 17, 1893
        (47)
    Jonas N. 1848 (347)
    L. B. m. Geo. T. Wilby Jun 22, 1892 (318)
    Margaret E. d. Feb 1890 (347)
    Mary A. m. T. N. Thompson 1856 (347)
    Mary A. 1848 (347)
    Sallie B. m. Thomas W. Fenner 5 Jun 1883
        (47)
    Sally 1848 (347)
    Sam m. Annie McConnell Oct 25, 1894 (318)
    Thos. J. m. Valeria Winchester Nov 8, 1859
        (289)
    William H. 1848, 1849 (347)
ESCEW, Rachel 1848 (329)
ESCRIGE, John R. 1850 (170)
    Samuel 1850 (170)
    William B. 1850 (170)
ESKEW, Amanda 1848 (329)
    Rachel 1865 (329)
    Wm. 1879 (329)
ESKIRIDGE, Miss 1852 (170)
ESKRIDGE, Jalinda 1866 (220)
    Julinda 1869 (220)
    Mariel? 1866 (220)
    Marion (f) 1869 (220)
    Marth 1866 (220)
    Martha 1869 (220)
    Nancy C. 1855 (170)
    Robert 1860 (170)
    Mrs. Sophia 1823 (264)
    Sophia 1823 (264)
    Thomas V. 1855 (170)
    Tilda 1866, 1869 (220)
ESPERANDREIS, Blanche Amelie d. Dec 2, 1890,
    age 19 (47)
    Mary Frida d. Nov 18, 1890, age 15½ (47)
ESSEX, Kate 1865 (257)
    Miss Kate 1861 (257)
    Nancy original member, d. Feb 16, 1868 (257)
    Mrs. Nancy 1854 (257)
ESTABROOK, Mrs. A. M. 1856, m. Wm. J. Hornsby
    (264-2)

ESTABROOK, Mrs. A. M. m. Wm. J. Hornsby Jul 1868 (264-2)
    Angeline M. 1856 (264-2)
    Joseph 1829 (338)
    Nancy D. 1829 (338)
ESTEP, Frank A. 1888, 1891 to Wilkinsburg PA (318)
    Louis Harvey 1888, 1891 to Wilkinsburg PA (318)
    Miss Mary A. 1889, 1891 to Wilkinsburg PA (318)
    Mrs. Zora G. 1888 (wife of F. A.), 1891 to Wilkinsburg PA (318)
ESTERLY, Rev. George 1827 (Greene Co. TN) (23)
ESTES, Mrs. Abbie H. (wife of J. C.) 1890, m. John T. Owen? (318)
    Adah member 1873, m. Moore (259)
    Alfred A. 1870 (329)
    Alice 1891 (345)
    Mrs. Carrie (wife of Herman) 1892 (318)
    Elizabeth 1848 (329)
    Elvina 1874 (329)
    George 1865 (329)
    George P. 1872 (329)
    Henry E. d. Jan 1867 (347)
    Herman adult bapt 1899 (318)
    J. C. 1899, d. 6 Jul 1906 (318)
    Micajah d. 1848? (329)
    Micajah 1821 (329)
    Mollie E. 1872 (329)
    Mrs. Naomi 1870 (257)
    Permelia M. 1865 (329)
    Robert (little son of T. & S. J.) 1873 (259)
    Sarah 1872 (329)
    Susanna 1809 (330)
    Taply P. 1872 (329)
ESTICE, Miss Lucy 1868, 1869 (259)
    Mary Jane 1871 (259)
    Sarah J. 1869, d. Jan 1892 (259)
    Thos. M. 1869, d. 1877 (259)
ETHERAGE, D. M. ca. 1884 (281)
    M. E. 1875 (wife of Carrol E.) (281)
    M. E. (wife of Jasper) 1876 (281)
ETHERIDGE, William Gilford b. Nov 29, 1824, DeKalb Co. to Michael V. & Lydia, bapt 1898 (47)
    Della (Dale) 1885 (281)
ETON, Nancy 1833 (331)
ETTER, Miss Bell 1876 (259)
    Elizabeth 1855 (259)
    Mrs. Geo. mother of Charles C. H. infant bapt 1870 (318)
    Jennie 1876 (259)
EUDALEY, Caroline 1870, 1887 (131)
EVANS, Abner 1831 (259)
    Abraham & wife Elizabeth parents of Abraham bapt 1845 (259)
    Abraham 1831, 1841 (259)

EVANS, Abraham, among the early elders (259)
    Alfred (infant of Evan Evans) d. Jan 26, 1895 (318)
    Angeline before 1862 (318)
    Ann 1833, 1841 (259)
    Miss Bessie 1885 (318)
    E. M. 1841 (259)
    Mrs. Eliza (wife of Evan) 1877, d. 1898 (318)
    Eliza Caroline (age 1, dau of Walter) bapt Nov 1826 (162)
    Elizabeth 1833 (259)
    Miss Elizabeth 1879 (257)
    Emily A. d. Mar 26, 1915, age 75 (338)
    Evan 1877, 1889 to Roane Co., d. 22 Sep 1893 (318)
    Evan d. Sep 23, 1893 (318)
    Evan D. 1882, d. 4 Feb 1891 (318)
    Evan R. (infant of Thomas) d. Jun 23, 1889 (318)
    Gracie d. Jun 8, 1892 (dau of Tom) (318)
    Mrs. J. W. d. Sep 27, 1900 (318)
    Jas. P. 1842 (338)
    James Price adult bapt Jun 26, 1842 (338)
    Jennet infant d. Jun 4, 1888 (318)
    Mrs. Jennette (wife of Thos. R.) 1880 (318)
    Jennie May m. P. E. Marshall Nov 8, 1899 (318)
    John & Sarah parents of Edith Harriet b. Oct 30, 1861 (an error here as date of bapt was Nov 25, 1860) (289)
    John G. 1882 (318)
    John Henry, aged 26, bapt 1887 (225)
    Mrs. Lizzie R. d. Jun 25, 1897 (widow of Evan, d. at Dayton) (318)
    Louisa E. (see Louisa E. Lynch) (162)
    Mrs. Lucie C. 1898 (22)
    Lucy 1827 (205)
    Marnerva J. d. 1878 (21)
    Mrs. Martha (wife of E. D.) 1882 (318)
    Mary 1848, 1856, 1866, 1870, 1871 (220)
    Mary (woman of colour) 1827 (162)
    Nelson Minis bapt 1830 (son of Walter) (162)
    Nelson Minis b. Feb 14, 1828 (son of Walter) (162)
    Penelop D. 1842 (162)
    Penelope D. 1854 (162)
    Polly 1888 (220)
    Polly 1833 (259)
    Richard (son of Lane & Jeanette) d. Jun 11, 1898 (318)
    Richard B. d. Sep 8, 1882 (318)
    Robt. m. Lizzie Lilly Jan 9, 1889 (318)
    Sabina 1821 (162)
    Miss Sallie 1882, m. J. C. Caveny 10/26/87 (318)
    Sallie m. Thomas C. Kaveny (?) Oct 6, 1887 (318)

EVANS, Samuel Agustus b. 1882, Mary Ellen b. 1885,
bapt 1887, parents--John Henry & Sarah
(225)
    Sarah adult bapt 1887 (wife of John) (225)
    Sarah (child to T. & J.--8th child buried)
        d. Jun 22, 1897 (318)
    Sarah Amanda (dau of Sabina) bapt Nov 28,
        1824 (162)
    Sarah Amanda (age 3, dau of Walter) bapt
        Nov 1826 (162)
    Susannah G. bapt 1822 (162)
    T. R. father of David Christmas & Thomas
        Edulyn inf bapt 1884 (318)
    Thomas R. 1879, d. 17 Apr 1899 (318)
    Tillie A. m. Henry W. Morgan 3 Nov 1880 (47)
    Tom (husband of Jeanette) d. Apr 18, 1899
        (318)
    W. M. B. buried 2 Nov 1875, age 45 (47)
    Walter 1826, 1827 (162)
    Wilkie M. m. Edw. B. Smith Feb 12, 1896
        (318)
    Wm. 1827 (162)
    Wm. Hardin (age 5, son of Walter) bapt
        Nov 1826 (162)
    William Hardin (son of Sabina) bapt Nov 28,
        1824 (162)
    William M. B. m. Irene McNairy Sep 30, 1858
        (47)
    Winnie (child of Thos. & Jeanette) d. Aug
        13, 1894 (318)
    Mrs. buried Jan 25, 1847 (47)
EVE, George 1870 (318)
    Paul F. m. Jennie W. Brown 15 Apr 1884 (47)
    Capt. (see Mrs. Kate R. Ewing) (318)
EVENS, Elijah & wife Nancy 1828 (220)
EVERET, John B. m. Elizabeth Hunt Jan 21, 1846 (47)
EVERETT, Mrs. E. E. (White Oak cemetery) d. Dec
    10, 1895 (318)
    M. B. 1883 (264)
    Minnie m. George Patterson Mar 11, 1886
        (318)
    Walter Eugene d. 1912, age 45 (120)
    William J. m. Margt. French Huffaker May
        27, 1896 (338)
    Wm. M. 1895 (318)
EVERHART, Rev. G. M. & Carolina A. parents of Geo.
    Marlowe bapt Jul 3, 1860 (289)
EVERS?, John m. Rosa Williams May 12, 1886 (318)
EWEL, P. H. 1870 (176)
EWEN, A. (f) 1848 (220)
    J. G. 1848 (220)
    Jacob 1848 (220)
EWIN, J. Overton m. Adair Humphries in Clarksville
    Nov 15, 1887 (289)
EWING, Aalis 1896 (220)
    Aarthur 1856 (220)
    Adra 1896 (220)
    Allis 1893 (220)
    Aney 1856 (220)

EWING, Blanche Crutcher d. 12/14/1897 (22)
    Boyd d. Apr 4, 1897 (318)
    Calvin H. 1827 (24)
    David, elder, 1811 (24)
    David A. d. Apr 1833 (24)
    E. M. 1856 (220)
    Elizabeth E. 1827 (24)
    H. O. d. Mar 16, 1905 (taken to Nashville)
        (318)
    J. G. 1856 (220)
    J. M. 1893, 1896 (220)
    Jacob 1856 (220)
    Jacob d. Jun 9, 1871 (220)
    Jas. 1827 (24)
    James, elder, 1825 (24)
    James L. 1827 (24)
    James S., elder 1843 (24)
    Mrs. Jno. O. (_____, Nashville), d. Dec 23,
        1882 (318)
    Joseph P. d. Aug 1833 (24)
    Mrs. Kate R. (wife of Thos. H.) member
        1882, m. Capt. Eve (318)
    L. A. 1827 (24)
    Lile A., elder, 1842 (24)
    Lile A. elected clerk, served 1848-53 (24)
    Lucy McGavock d. 7/4/1884, age 3½ mos (22)
    Margrett A. 1827 (24)
    Maria 1894 (22)
    Miss Maria 1898 (22)
    Maria Louise b. Nov 23, 1882 to Andrew B. &
        Blanche, sponsored in bapt by Miss
        Leighla O. Perkins, M. A. Clouston,
        Miss Anna S. Holden & C. M. Gray (22)
    Martha Killaly b. Aug 25, 1885 to Andrew B.
        & Blanche Ewing, sponsored in bapt by
        Bishop Quintard, Mrs. E. M. Bennett,
        Miss M. A. Clouston & Miss Anna Holden
        (22)
    Mary 1856 (20)
    Mary (widdow) 1827 (24)
    Mary 1871 (259)
    Mary A. 1827 (24)
    Mattie 1888, 1893, 1896 (220)
    Oliver 1871 (259)
    Orville 1882 (318)
    Polly 1827, d. Jul 11, 1828 (24)
    R. E. 1893, 1896 (220)
    Samuel, elder, 1843 (24)
    Mrs. Sarah 1880, d. Dec 1882 (318)
    Sarah adult bapt Jan 28, 1860 (289)
    T. H. adult bapt 1887 (318)
    T. H. d. Oct 15, 1887 (318)
    Tho. H. d. Oct 1839 (24)
    William D., Elder, 1842 (24)
EWINS, Jacob 1862 (220)
    Jacob jr. 1856 (220)
EXUM, Betty 1852 (225)
    Silvy 1852 (225)

EZELL, Cleopatra (see Cleopatra Wilson) (345)
    Cleopatra 1872 (345)
    Cleopatra T. d. Oct 19, 1882 (345)
    Elizabeth m. John N. Bigger Jun 24, 1868 (345)
    Fannie m. Otis Roan Apr 20, 1892 (345)
    Fannie W. 1881 (Rowe by marriage) (345)
    Franklin H. 1879, 1887 (345)
    Franklin H. m. Junine? Swanson Dec 6, 1886 (345)
    James B. m. Cleopatra T. Wilson ca. 1868 (345)
    Jennie Lueason 1887 (345)
    Mary G. (name changed to Miller by marriage) 1882 (345)
    Mary J. m. J. A. Hammer Oct 26, 1881 (345)
    Mary Jane 1879 (345)
    Nannie R. (see Nannie Boyd) (345)
FACKLER, Jno. Morrow & Amanda P. parents of Caroline Letitia b. 30 Jan 1843 (47)
FAIDLEY, A. B. d. Jun 13, 1899 (d. at Marion? VA) (318)
    Annie C. m. Jno. A. Thomas Jan 15, 1879 (318)
    Miss Dora 1885 (318)
    Mrs. Sue d. Apr 2, 1898 (318)
    Mrs. Susanna mother of Dora, Archibald & Rosa Bell bapt 1873 (257)
    Susanna 1873, to Chattanooga Mar 29, 1885 (257)
    Mrs. Susannah 1885, d. 2Apr 1898 (318)
FAIN, Mrs. H. mother of Annie infant bapt 1870 (318)
    Hiram father of Matilda M., David L. & Samuel K. infant bapt 1868 (318)
    Hiram d. Jan 5, 1869 (318)
    Maggie C. (wife of Dr. S. W.) 1897 (318)
    Martha d. 1872 (318)
    R. W. 1864, Elder (90)
    R. W. 1860 (341)
    S. L. (pastor) 1876, 1883, 1894 (271)
    Dr. S. W. 1895, d. 17 Sep 1910 (318)
    Sallie adult bapt 1869 (318)
    _____ m. Marriah Yancy 1859 (347)
FALL, Alexander & Josephine (Vines) parents of Houston Weakley b. Mar 17, 1883 (289)
    Edward H. d. Jun 24, 1895, age 44 (47)
    James Woods & Mary parents of Edward Atchison b. 1881 and Marshall Bruce b. 1884 (289)
    James Woods adult bapt Jan 19, 1886 (289)
    Mrs. Mary S. d. Oct 9, 1893, age 36 (289)
    Thompson Hacker bapt Feb 9, 1879 (289)
FALLIS, Cora m. Geo. Stillman Oct 7, 1889 (318)
FALLS, Ann ca. 1848 (transferred to Memphis) (225)
    Frances D. ca. 1848 (225)
    G. member ca. 1848 (transferred to Memphis) (225)

FANNIN, Mrs. Sarah (on Orchard Knob) d. Jun 18, 1902 (318)
FANNING, Lottie B. m. W. C. Brownson (from Middlesboro) Nov 6, 1889 (338)
FARIS, Charity 1855 (275)
    Jasper 1873, 1887 (275)
    Jeramiah 1865 (275)
    Manerva 1865 (275)
    Mart 1887 (275)
    S. C. 1842 (281)
    S. E. 1841 (281)
FARLEY, David 1848 (334)
    John member 1848 (gone to MO) (347)
    Martha 1848 (334)
    Mary member 1848 (gone to MO) (334)
    Nathan 1848 (334)
FARLY, Rosanah 1848 (334)
FARMEN, J. 1821 (220)
FARMER, A. O. 1827 (220)
    William d. Feb 1, 1892, age 25? (47)
FARMOUR, Aarchibald 1821 (220)
FARNEY, Edward member 1848 (gone to TX) (347)
FARNSWORTH, Elias D. & Elizabeth parents of Geo. Caswell b. Jan 27, 1858 (289)
    Elias D. & Elizabeth parents of James Fuller b. Jun 12, 1845? and Alice Gaetan b. 27 Sep 1847 (47)
    Humphries W. m. Mrs. Nellie C. Miller Jul 7, 1892 (338)
    James buried Aug 29, 1847 (47)
    Samuel 1821 (162)
    Samuel adult bapt 1821 (162)
FARQUAR, Chas. d. Nov 6, 1901 (318)
FARQUEHARSON, R. J. & Lydia parents of Elizabeth b. Oct 23, 1858 (289)
FARQUHARSON, Robt. father of Nancy Jane adult bapt Mar 16, 1817 (338)
FARR, Mrs. Laura d. Sep 14, 1911 (338)
FARRAR, Mrs. Fredereck E. d. Apr 1912, age 72 (120)
    Frederic E. m. Mary E. Weber May 25, 1892 (289)
FARREL, Ernest R. buried Sep 19, 1870, age 18 (47)
FARRELL, Mrs. Florence Lee d. Nov 7, 1894, age 46 (47)
    Mrs. Jane d. Jun 16, 1892, age 85 (47)
    John Kirkman m. Florence Lee 1 Jun 1871 (47)
FARRIN, W. L. bapt 1882 (271)
FARRINGTON, G. W. d. Nov 10, 1899 (318)
FARRIS, Chat 1880, 1887 (275)
    Cornella m. Michael Small May 14, 1883 (318)
    Jasper 1880 (275)
    Mary 1887 (275)
    Mollie bapt 1893 (271)
    Rachel 1880 (275)
FARRISS, Permelia A. 1846 (225)
    Permetia F. 1846 (225)
FASTER, A. P. 1867 (176)

FASTER, Mary buried 1 May 1885, age 62 (47)
FASTNER, J. father of Frank Laurence infant bapt 1884 (318)
    Walter Lewis infant bapt 1887 (318)
FATHERGILL, Esther 1873, d. 12 Apr 1884 (257)
    Joseph M. 1867, d. 17 Mar 1879 (257)
FAUCETTE, James D. (from Johnson City) m. Jennie B. Ramsey Jan 21, 1891 (338)
FAUER, William (Rush's Factory) d. Nov 2, 1902 (318)
FAULKNER, Chas. Edwd. & Ida parents of Chas. Edward b. Jul 14, 1889 (289)
    J. J. before 1862 (318)
    Maurice infant of Chas. & Ida d. Jul 19, 1888, age 1 yr 8 mo (289)
    Mrs. Sarah C. before 1862 (318)
FAUNAR?, Lee m. Jacob J. Knittel Apr 22, 1894 (318)
FAUNTLEROY, Eugene d. Sep 14, 1884 of typhoid fever, age 37 (289)
FAUTS, Wm. S. m. Lilly S. McDaniel Jun 7, 1888 (318)
FAXON, Mrs. Florence H. 1891 (318)
    John W. 1892, d. 22 Aug 1917 (318)
    John W. 1891 (318)
    Miss Marian 1891 (318)
    Miss Reita 1891 (318)
    Ross Steel 1891 (318)
FEAGINS, Christiana 1821 (220)
FEANOR, Ellen d. Jun 12, 1859, age 18 (289)
FEATHERSTON, J. W. 1875 (176)
FECHNER?, Florence infant bapt 1875 (318)
FEEMSTER, J. U. G. 1847 (338)
    S. A. 1847 (338)
FEGUSON, L. H. 1855 (176)
FEIGN, Richard 1860 (335)
FEILDING, James d. Jul 11, 1868, age 14 yr 6 mo (289)
FELKNER, Jane M. 1854, 1833 (162)
FELKNOR, Andrew 1858 (162)
    Andrew M. 1877 (162)
    Anne 1827 (162)
    Catharine 1827 (162)
    Catharine 1856, d. Apr 12, 1861 (162)
    Elizabeth bapt 1826 (162)
    James 1827 (162)
    James M. 1858 (162)
    Jas. Minnis 1877 (162)
    Jane M. 1833, d. Aug 16, 1861 (162)
    John, age 5, son of William, bapt Jun 21, 1827 (162)
    John L. 1866 (162)
    Margaret E. 1841 (now Thompson) (162)
    Mary Jane (age 4, dau of William) bapt Jun 21, 1827 (162)
    Prudence adult bapt 1827 (162)
    Rosanna 1829, 1828 (162)
    Samuel G. 1856 (162)
    Samuel S. 1860 (Elder) (162)

FELKNOR, William 1818, 1826, 1858, 1874, 1877 (162)
    William Orvel (age 1, son of William) bapt Jun 21, 1827 (162)
FELL, Thos. (see Mattie J. Brown) (281)
FELLINGTON, Tamer 1841 (220)
FELLORA, Ellen 1858 (259)
FELPS, Mary E. (see Mary E. Jackson) (341)
FELTON, Mrs. buried 5 Mar 1847 (47)
FENIQUIST, Alfred W. (Swede) infant bapt 1875 (318)
FENNER, Thomas W. m. Sallie B. Erwin 5 Jun 1883 (47)
FENTON, Pauline de Graffenreid b. Feb 13, 1889, bapt 1889, parents--George T. & Elle (225)
FEREBEE, Thos. m. Susie Grymes Feb 6, 1889 at Cumberland Furnace (289)
FERGASON, Mollie H. 1880 (215)
    W. T. 1846, d. 1877 (341)
FERGISON, Mary 1880 (275)
FERGURSON, Nancy 1860 (43)
FERGUSON, A. J. 1872 (281)
    Anderson & Catherine parents of Robert Hatton b. Dec 6, 1852 (289)
    Charles N. & Nancy E. parents of Miss Elizabeth Gertrude bapt 1883 & Miss Lavinia bapt 1883 (264-2)
    Charles N. 1873, d. Feb 11, 1913 (264-2)
    Edny 1842 (215)
    Miss Elizabeth Gertrude 1883, m. Robert Rayborn (264-2)
    Mansfield & Amanda parents of Nancy Jane b. Sep 24, Wade Augustus b. May 30 & George Mansfield all bapt Dec 5, 1861 (289)
    Margaret Luxford d. Jul 1912 (widow) (120)
    Mart 1833 (259)
    Miss Mary Lavinia member 1883, m. Arthur Isham (264-2)
    Nancy 1855 (43)
    Mrs. Nancy Emeline adult bapt 1873 (264-2)
    Mrs. Nancy Emeline 1873, d. Jan 19, 1905 (264-2)
    Robert French d. Mar 1902, age 11 yr 6 mo (120)
    Robert T. d. 1904, age 57 (120)
    Sally 1831 (259)
FERNQUIST, Alfred W. (Swede) inf bapt 1875 (318)
    Miss Anna 1879, d. 29 May 1912 (318)
    Christina (wife of John), d. 8 Jan 1901 (reel # omitted)
    John (Swede) d. Jul 28, 1877 (318)
    John 1883, d. 5 Feb 1907 (318)
    Mrs. Kristina d. Jan 9, 1901 (318)
    Miss Lydia 1879, d. 14 Jan 1903 (318)
    Miss Lydia E. d. Jan 16, 1903 (318)
    Matilda m. A. L. Peterson Feb 26, 1884 (318)

FERNQUIST, Miss Matilda 1879, d. 8 Aug 1890, m. A.
        L. Peterson (318)
    William 1886, d. 30 Oct 1893 (318)
    Willie d. Oct 30, 1893 (318)
FERRELL, Wm. buried 17 Oct 1888 (47)
FERRIL, Elizabeth 1844 (259)
FERRIS, Mrs. (wife of Prof. Ferris of the UT) d.
        Jun 25, 1904 (338)
FETCHER, Jacob 1852 (327)
FICKLEN, W. S. d. Jan 7, 1902, aged 43, Danville
        VA (338)
FIDDLER, H. R. m. Jennie Vinson Jan 14, 1897 (257)
FIELD, Elizabeth m. Thomas Parkes Jan 7, 1838 (22)
    Jane confirmed 1834 (22)
    Mary m. James McKibbin Feb 16, 1846 (22)
    Miss Mary confirmed 1841 (22)
    Neil Brook m. Mary Agnes Lester Jun 16, 1886
        (289)
FIELDS, Almarindy 1879 (280)
    Franklin 1869 (176)
FIGURES, Mrs. Bethenia 1869, d. Aug 10, 1869,
        buried Aug 12 (22)
    Mrs. Bethunia 1854 (22)
    Mrs. Claudia 1886, 1899 to Savannah GA (318)
    Hardin, son of late Thomas N. & Bethunia
        1854 (22)
    Harriet Agnes, dau of late Thomas N. &
        Bethunia 1854 (22)
    Ida child of late Thomas N. & Mrs. Bethunia
        1854 (22)
    Mary Louisa dau of late Thomas N. & Bethunia
        1854 (22)
    Thomas Norflet, son of late Thomas N. & Beth-
        unia 1854 (22)
FILSON, Clent 1887 (215)
    Viana 1887 (215)
FIN?, J. D. 1897 (215)
    O.? L. 1897 (215)
FINCH, C. F. 1871, 1870, 1875, 1876 (176)
    C. S. 1868 (176)
    G. A. 1879 (176)
    J. M. 1878 (176)
    P. K. 1867 (176)
FINDEISIN, Lula Maud b. Aug 2, 1868 & John Orsen
        Findeisin (son) b. May 21, 1889.
        Lula's husband was Jno. Edward (289)
FINDICEN, Jno. E. & Lula parents of Isadora b. Apr
        19, 1892 (289)
FINDLEY, Kate (m. Campbell) bapt 1877 (271)
    W. S. 1891 (335)
    W. S. 1874 (271)
    Wm. L. 1860 (335)
FINEGAN, Robert & Jane parents of George Edward
        b. Apr 4, 1875 (289)
    William d. May 13, 1871, age 85 (289)
FINLAY, George F. m. Sallie C. Slaughter 13 May
        1889 (47)
FINLERY, Harret 1841 (335)
FINLEY, Eliza 1878 (281)

FINLEY, Jonathan 1873 (281)
    Nancy E. 1879 (281)
    Rev. Samuel (of KY) organized Bethbirei
        Church Jun 1, 1810 (24)
    W. S. 1867 (341)
    William 1843 (335)
FINLY, George, Elder 1811 (24)
FINN, Hattie Baxter bapt Dec 18, 1892 (289)
FINNEGAN, W. R. 1864 (120)
FINNYAN, Jane (Mrs) d. Mar 11, 1894, age 58 (47)
FIRST, Mary M. d. Nov 13, 1887 (318)
FISHER, Mrs. Alice d. 1908, age about 56? (120)
    Amelia DeG. buried Jul 16, 1865, age 8 mo
        (47)
    Ann Williams bapt May 23, 1858, age 55 (289)
    Mrs. Annie Russell d. Aug 1912, age 69? (120)
    Chas. M. m. Lillie D. Sanders Sep 2, 1890
        (289)
    D. C. m. Mattie Rider Jul 6, 1892 (318)
    Daniel & Penelope A. parents of Roberta
        Martin b. Aug 1842 (47)
    Daniel m. Penelope A. (Bronson) Williams Sep
        14, 1841 (47)
    Elisabeth 1816 (178)
    Emma M. (wife of J. P.) 1884 (281)
    Eucy 1816 (178)
    Fannie Buck m. Augustus Hudson Norton Jan
        26, 1892 in McMinnville (289)
    Geo. W. ca. 1848 (225)
    Harriet A. ca. 1848 (225)
    Hester 1816 (178)
    J. P. ca. 1872 (281)
    Jacob d. 1913, age 94 (120)
    John 1816, 1826 (178)
    Joseph W. d. 1907, age 93 (120)
    Mrs. Louisa d. Apr 5, 1888 (318)
    Lucinda d. Jun 27, 1885 (318)
    Lucy 1816 (178)
    M. M. m. W. S. Mannington Nov 23, 1887 (318)
    Mary A. ca. 1848 (225)
    Mary A. E. adult bapt 1848 (225)
    Mary E. 1881 (215)
    Mr. Ozias 1888 (177)
    Miss Roberta 1872, 1874 (225)
    Sue m. W. B. Gilliland Sep 1, 1875 (318)
    Thos. A. ca. 1848 (225)
    Thomas J. 1881 (215)
    W. D. 1871 (176)
FISK, Theophilus 1858 (271)
FISTHER, W. C. 1879 (176)
FITE, Alexander G. (of Nashville) m. Annie Belle
        Joynes Apr 6, 1881 (338)
    Alice 1897 (21)
    Anna m. John Churchwell Dec 10, 1899 (21)
    Anner 1897, d. Feb 8, 1906 (21)
    Brown 1886 (21)
    Calvin m. Mary Williams 1877 (21)
    Elizabeth 1872, d. Apr 17, 1891 (21)
    Eugenia 1883 (21)

FITE, Gusta 1899 (21)
    J. C. 1872, Deacon 1875 (21)
    J. F. 1872, Elder 1875-78 (21)
    Jacob C. 1872 (21)
    James T. m. M. C. Kirk 1876 (21)
    Jeff 1886 (21)
    Margarett 1862 (21)
    Mary 1865, d. Feb 11?, 1889 (21)
    Mary E. 1876 (21)
    P. F. m. Alice Kirk 1878 (21)
    P. F. Deacon 1876-98, 1869 (21)
    Peter F. 1869 (21)
    Rebecca C. m. Ezekil Cothren 1873 (21)
    Roena C. 1867 (21)
    Sarah E. 1865 (21)
FITSGARELL, Jabes 1812 (330)
FITTS, Mrs. Sophia 1898 (22)
    Mrs. Virginia 1898 (22)
    Virginia 1897 (22)
    Dr. Wm. 1898 (22)
FITZGERALD, Alice M. 1870, m. J. B. Hourson Nov 24, 1872 (257)
    Alice M. m. J. B. Howison May 1, 1872 (reel # omitted)
    Archable 1857 (275)
    Asa 1857 (275)
    Dianah 1840 (275)
    Guy H. 1884 (257)
    H. & S. W. parents of Arther DeLacey bapt 1870 (257)
    Henry & Sarah parents of Arthur DeLacy bapt 1870 (257)
    Henry 1861, 1865 (d. Mar 13, 1885)? (257)
    Henry & Sarah parents of Guy Hough bapt 1866 (257)
    Levi 1856 (275)
    Martha adult bapt 1827 (162)
    Martha F. 1827 (162)
    Robert b. Jul 4, 1881 (289)
    Mrs. Sarah 1861 (257)
    Sarah Davis 1878, m. A. C. Lee 25 Dec 1883 (257)
    Sarah W. 1865 (257)
FITZPATRICK, John G. m. Cordie V. Colson Mar 8, 1893 (338)
    Sally 1804 (90)
FLANNIGAN, Purify d. 1884 (21)
FLAAT, Bengamin 1845 (270)
    Elizabeth 1845 (270)
    John 1877 (270)
    Samuel 1845 (270)
    Vina 1877 (170)
FLANAGAN, J. F. m. Laura Cross May 9, 1884 (318)
FLANAGIN, Mrs. Pura 1871 (21)
FLANIGAN, John m. S. C. Craig Dec 15, 1872 (21)
    Purify 1871, d. Feb 6, 1884 (21)
FLAT, John 1845 (270)
    Vina 1845 (270)
FLEEMAN, Catharine 1862? (215)

FLEMEY, Josiah 1839 (90)
FLEMIN, Hannah 1824 (90)
FLEMING, A. F. d. May 14, 1887 (347)
    Alfred m. Mary A. Maxwell Sep 8, 1870 (347)
    Alfred d. Mar 14, 1887 (347)
    Alfred 1848 (347)
    Catherine S. W. d. Jan 23, 1898, age 85 yr 4 mo 23 da (338)
    Glenn m. Annie L. Matthews Dec 8, 1892 (318)
    Mrs. Jane 1855 (90)
    John M. d. Oct 28, 1900 (338)
    Lethy 1868 (90)
    Rachel 1833 (331)
    Salina 1865 (331)
    Tersey d. Jul 1869 (347)
    Tirzah 1848 (347)
    Wm. T. 1848 (347)
FLEMINS, Salina 1848 (331)
FLEMMIN, Josiah 1833 (Deacon) (90)
    Jane 1832 (90)
FLEMMINS, Josiah 1832 (90)
FLEMON, Catharine 1858 (215)
FLETCHER, Anna Jane (see Lee Brawley) (259)
    Ernest d. Feb 24, 1883, 2 yrs (318)
    G. G. 1888 (318)
    Mrs. G. C. d. Apr 2, 1885 (318)
    Maggie Coralline b. Mar 12, 1877, bapt 1888, living with the family Leonard Hawhorn (225)
    Patterson d. Dec 12, 1894, age 74 (289)
FLINN, Mrs. Candace A. (wife of W. G.) 1869 (318)
    Miss Carrie 1885, d. 1 Mar 1915, m. Jack Swafford (318)
    Miss Mary Corinna 1886 (318)
    Miss Roxana 1870, d. Jan 1883 (318)
    Wm. G. d. Mar 23, 1898, 75 yrs (318)
    Wm. G. 1867, d. 22 Mar 1898 (318)
FLINT, Eliza S. m. Daniel DuPre 24 Dec 1874 (47)
    Henry Bowman buried Sep 16, 1846 (47)
FLINTOFF, Ellis buried Sep 19, 1862, age 16 (47)
    Thomas m. Elizabeth Compton Apr 1, 1845 (47)
FLIPPA, A. S. 1900 (21)
FLIPPIN, J. L. 1869 (176)
FLIPPO, Clara 1900 (21)
    D. S. 1900 (21)
    Emma 1900 (21)
    Pattie Ann 1900 (21)
    L. V. 1900 (21)
FLOCKER, Cornelius buried Jul 2, 1850, age 32 (47)
FLOSTRUM, Mrs. (Swede) d. Aug 8, 1880 (318)
FLOURNOY, J. H. m. Florence I. Wilson Jun 30, 1897 (318)
    J. Herbert 1893 (318)
FLOWERS, A. B. 1878, 1879 (176)
    Baker, Elder 1886 (21)
    Bakley 1884 (21)
    Hettie 1898 (21)
FLOYD, David 1809 (90)
    F. M. 1886 (21)

FLOYD, Margarett E. 1867 (21)
FLUDSTRUM, Ludwig infant bapt 1880 (318)
FLY, M. H. & Fanny parents of Henry? & William
    bapt Aug 8, 1896 (347)
    W. J. d. Apr 16, 1899 (347)
FLYNN, Carrie Ellen infant bapt 1877 (318)
    Matt. J. buried Oct 31, 1865, age 28 (47)
    Roxie d. Jan 20, 1883 (small pox) (318)
    Wm. father of Mary Corrine infant bapt 1884
        (318)
    Mrs. buried 16 Jun 1873 (47)
FOGERSON, Amanda A. 1885 (215)
    Jacob P. 1870 (215)
    John H. 1885 (215)
FOGG, F. B. & Mary M. parents of Francis Brinley
    bapt Apr 2, 1826, Septima S. M. bapt Apr
    19, 1829 & Henry Rutledge b. 16 Sep
    1830 (47)
    Francis B. buried Apr 14, 1880, age 85 (47)
    Frank Henry Howe adult bapt Sep 12, 1886
        (289)
    Mrs. Godfrey buried Apr 2, 1881 (47)
    Godfrey buried 1 Jan 1876, age 75 (47)
    Major Henry M. R. died from effects of
        wound rec'd in battle of Fishing Creek
        (age 31) buried Jan 28, 1862 (47)
    Mary B. buried 17 Mar 1872, age 70 (47)
    Mrs. Mary M. R. 1846 (47)
    Septima S. M. buried Oct 28, 1851, age 23
        (47)
FOGGINS, Christiana 1821, 1823 (220)
FOISTER, Rebecca 1848 (331)
FOLDING, Ann E. 1848 (347)
FOLKS, M. A. 1874 (281)
FOLLETT, O. S. (widower) m. Celia A. Prange of
    Nashville 1896 (22)
FOLSOM, Lottie m. Geo. B. Graves Dec 27, 1893
    (318)
FOOTE, Rev. Jos. I. b. Watertown CT Nov 17, 1796,
    d. Apr 21, 1840 (338)
    Joseph I. d. Apr 21, 1840 (338)
    Jos. Ives d. Apr 21, 1840 (338)
FORBES, James 1889 (318)
    Mrs. Janet (wife of James) 1889 (318)
    Mrs. Nancy d. Mar 31, 1890, age 90 (47)
FORBS, Mary 1853 (345)
FORD, Anne d. Jan 9, 1906, age 82 (289)
    Mrs. Carrie, mother of Robert Hwel, infant
        bapt 1870 (318)
    Clay 1895 (215)
    Clementina 1843 (215)
    Mrs. Comie mother of Robert Hewel Fored inf-
        ant bapt 1870 (318)
    Cominsha? 1895 (215)
    Cornelia m. Hiram Jackson Jones Jun 4, 1857
        (289)
    Mrs. Corrie mother of Sallie W. & Hattie
        Dewolfe bapt 1866 (318)

FORD, Elizabeth 1845, 1858 (215)
    Esther 1819 (162)
    Henry sr.? 1887 (131)
    Henry jr. 1887 (131)
    Hiram 1843 (215)
    Hyrum 1846 (215)
    Jas. P. m. Minnie E. Hartley Oct 26, 1898
        (318)
    John 1818 (162)
    Joseph m. Lena Walton Nov 21, 1883 (289)
    M. E. (f) 1887 (131)
    M. L. d. 1913, age 81 (120)
    Mrs. M. L. d. May 1908, age 74 (120)
    Mary 1819, d. Jun 21, 1865 (162)
    Mary Kate d. Jan 16, 1871, age 17 (289)
    May d. Oct 15, 1898, age 34 (289)
    N. C. d. Jul 7, 1903 (318)
    Nancy 1858, 1862? (215)
    Pattie (of Arkansas) confirmed 1874 (225)
    Peter W. 1886 (177)
    Polly 1818 (162)
    Rhoda 1843 (215)
    Ruthey 1840 (275)
    Sallie W. & Hattie children of Mrs. Carrie
        Ford bapt 1866 (infants) (318)
    Saml. A. m. Sallie C. Kimbrough Oct 24, 1888
        (318)
    Thornton? d. May 3, 1893 (318)
    W. O. m. Mary M. Lewis Sep 14, 1887 (318)
    William 1826 (178)
    William d. Jul 4, 1873, age 41. (289)
FORDE, Robert Armitage d. Dec 11, 1899 (289)
    Stelle M. m. Wm. S. Stewart Dec 11, 1889
        (289)
FORDS?, Mary m. John White ca. 1853 (345)
FORE, A. P. 1818 (162)
    Adaline 1865, 1873 (275)
    Agnis 1865 (275)
    Nancy 1865 (275)
    Reveca 1865 (275)
    William 1865 (275)
FOREST, Mrs. Edney 1853 (345)
    Henry T. 1857? (259)
    Richard 1808, 1811 (330)
    Richard A. 1849 (259)
FORESTER, Benjamin 1883 (164)
    Mrs. Elizabeth 1831 (259)
    Mary 1846 (341)
    Minerva 1865 (331)
    Polly 1883 (164)
FORISTER, Catharine 1829 (162)
FORMAN, Christiana 1885 (318)
    George 1893 (318)
    Minnie B. (wife of George) 1896 (318)
    Mrs. Minnie B. adult bapt 1895 (318)
    Dr. father of Susan A. E. & John D. R. inf-
        ants bapt 1888 (318)
FORMWALT, Evelina 1816 (338)

FORREST, Amanda 1865 (345)
    Barbary 1853 (345)
    Barbary m. William McCrory Jan 3, 1853 (345)
    E. G. 1853 (345)
    Edna d. 1868 (345)
    Edna d. Oct 7, 1867 (345)
    Elistia 1860? (345)
    James N. jr. 1853 (345)
    Margaret 1854, 1860?, 1861 (345)
    Nancy 1853 (345)
    William 1853 (345)
FORRESTER, Miss Boonie d. Jul 1904 (341)
    John & Elizabeth parents of Cornelia 1841 (259)
    Minerva 1883 (331)
FORSHAY, Peter & Mary parents of David Eugene bapt Mar 19, 1882 (289)
FORSHEE, E. Bruce 1895, d. 20 Feb 1909 (318)
    L. B. d. Jan 12, 1886 (318)
    L. B. 1885, d. 11 Jan 1886 (318)
    Mrs. S. M. (wife of L. B.) 1885, 1887 to Niagara Falls NY, returned 1890 (318)
FORSTNER, J. C. m. Annie Kan? Sep 4, 1883 (318)
FORTENBURY, Fanny 1823, 1821 (220)
    Frances 1823 (220)
FOSTER, A. D. 1842 (338)
    A. S. & Sarah 1848 (335)
    Ann Augusta (wife of Charles) age 56 buried Jul 9, 1850 (47)
    Ann A. D. m. Sml. B. Cunningham of Jonesboro on Jan 22, 1846 (338)
    Mrs. Ann D. ca. 1836, 1841 (338)
    Benj. F. 1894 (318)
    Ellen 1833 (259)
    Ephraim H. & Jane M. parents of Sarah Catharine b. Oct 1834; Robert Coleman b. 13 Sep 1818; William Lytle b. 14 Jul 1820; Jane Eleanor b. 13 Jun 1822; Ephraim McNairy b. 22 Mar 1822, d. 12 Aug 1827; John Dickinson b. 1 Mar 1826; Francis Fogg b. 12 Nov 1828; Julia Ann b. 16 Jan 1836; & Cornelia Margaret b. 22 Mar 1833 (47)
    F. S. 1860 (120)
    Frank F. d. Feb 15, 1879 (289)
    George 1808 (330)
    Georgia m. James Landers Sep 10, 1888 (318)
    Jane Eleanor m. Edward S. Cheatham Oct 19, 1841 (47)
    Mary Ann d. Oct 30, 1905 (128)
    Mrs. Mary Powell mother of Annie, Minnie & Carrie Evelyne bapt 1873 (257)
    Sarah Catherine m. Benjamin Franklin Cockrill Apr 14, 1857 (47)
    Smith 1883 (335)
    Rev. Stephen, father of John bapt Jul 7, 1833 (338)
    Rev. Stephen & Ann D. parents of John bpat Jul 7, 1833 (338)

FOSTER, Susan L. (wife of Wm. L.) buried 1853 (47)
    Thos. J. (adult belonging to Co. C, Rock C. Guard) bapt May 10, 1861 (289)
    Turner S. 1858 (120)
    Infant of Rev. W. C. d. Jan 8, 1899 (318)
    W. L. d. Dec 30, 1891 in Ft. Worth TX (elderly man) (289)
FOTHERGILL, Joseph M. 1861 (257)
FOUCHE, Dr. Jno. d. Mar 13, 1898, age 80 yr 9 mo 3 da (338)
    Morton d. May 3, 1898 (318)
FOULTS, Oliver d. Mar 11, 1899 (318)
FOUST, Mrs. A. C. member 1875, m. William Hale (264-2)
    Allen 1879 (176)
    J. sr. 1875 (176)
    Jesse 1869, 1878 (176)
    Ora? 1893 (215)
    Peter 1871 (176)
    W. D. 1893 (215)
    W. J. 1879 (176)
    W. L. 1875, d. Feb 27, 1884 (264-2)
FOUSTER, Matilda d. 1883 (335)
FOUT, Cassia H. 1860 (162)
    Thos. J. 1860 (162)
FOUTS, Will d. Aug 6, 1901 (318)
FOWLER, Betsy 1819, 1822 (205)
    Feraby 1862? (215)
    G. L. 1870 (281)
    Lydia 1804 (90)
    Martin L. 1892 (318)
    P. A. 1869, d. Jul 1874 (259)
    Perry & dau Ann 1855 (259)
    Richard 1804 (90)
    Sally 1862? (215)
    Sintha 1842 (215)
    William C. 1843 (215)
FOWLKES, Jeptha m. Maria J. Ward 1846 (47)
    Thompson 1814 (90)
FOX, Amelia m. James M. Davidge 19 Feb 1877 (47)
    B. 1847 (341)
    Elizabeth 1858 (162)
    Jeremiah 1833 (162)
    John 1833 (162)
    Nancy 1833 (162)
    Rosa m. J. E. Grubbs, Apr 7, 1886 (reel # omitted)
    Sarah A. (Yarber) 1858 (162)
    William m. Berta Laird Nov 17, 1879 (289)
    William m. Mary Elizabeth Curry Jul 18, 1882 (289)
FRAER, Mrs. Julia d. Jul 28, 1893 (killed on R.R. in OH) (318)
FRAIR, Dr. J. M. d. Nov 27, 1891 (318)
FRALEY, Robert A. m. Clara L. Jonnard 16 Nov 1885 (47)
FRANCES, John M. 1872 (329)
FRANCIS, Mary m. Louis Stovick Sep 7, 1885 (289)
    Wm. A. 1869, 1870 to Salem VA (318)

FRANCISCA, Wm. B. & Mary parents of Fanny b. Feb 27, 1864, Richard Bearden b. Feb 21, 1866, & Rufus McClung b. Feb 5, 1868 (338)
FRANCISCO, A. J. 1879 (120)
    Carrie J. d. May 1911 (338)
    Rufus M. 1888 (318)
    Wm. B. & Mary parents of William Burris b. Jan 28, 1875 (338)
FRANGISTOS, Christos d. May 4, 1906, age 25 (289)
FRANK, Mina m. Geo. Gernhard Mar 19, 1888 (318)
    W. G. d. Oct 24, 1898, 73 yrs old (318)
FRANKES, Martha A. 1855 (334)
FRANKLIN, Adele m. George L. VanBibber 3 Aug 1871 (47)
    Augustes Rice bapt 1830 (son of Lewis) (162)
    Augustus Rice b. Nov 11, 1828? (son of Lewis) (162)
    Ben H. 1884 (257)
    Bessie m. (name omitted) Jan 9, 1889 at Gallatin (reel # omitted)
    Bettie 1858 (m. William Carter) (257)
    Bettie m. William N. Carter Dec 7, 1865 (257)
    Blackburn Jones (age 4, son of Lewis) bapt Jun 21, 1827 (162)
    Blanche m. Richard Spotswood Burwell May 6, 1897 (257)
    Blanche Archer 1874 (257)
    Calvin 1833 (162)
    Calvin Morgan (age 10, son of Lewis) bapt Jun 21, 1827 (162)
    D. Hillman d. 1904, age 28 (120)
    Dr. E. N. d. 1909, age 63 (120)
    Earnest 1875 (257)
    Dr. Ed. N. & Nannie Hillman parents of Edward Noel bapt Jan 23, 1883 at Gallatin (289)
    Dr. Edward N. & Nannie H. parents of Nannie Marable bapt Jun 11, 1884, at Gallatin (289)
    Eliza 1822 (338)
    Dr. J. W. & Sarah J. parents of Mabel bapt 1873 (257)
    Dr. John W. 1854, 1861 (257)
    John W. & Sarah F. parents of Lucien, Thomas Baber & Earnest bapt 1861 (257)
    John W. & Sarah F. parents of James William, Blanche & Robert Lee bapt 1868 (257)
    John W. original member (257)
    John W. & Sarah parents of Benjamin Halowell bapt 1871 (257)
    John W. & Sarah F. parents of Thomas B. bapt 1861 (257)
    Jno. W. & Sarah F. parents of James William (bapt Jun 1868) (257)
    Miss Kittie 1854 (257)
    Lena d. Oct 18, 1861 (257)
    Lewis 1826 (162)

FRANKLIN, Lucien B. & May parents of Lucien Baker bapt 1881 (257)
    Lucius B. 1878, to Chattanooga Mar 29, 1885 (257)
    Lucretia 1832 (162)
    Lucretia (dau of Lewis) (age 13) bapt Jun 21, 1827 (162)
    Miss Mable 1889 (257)
    Mary 1893 (271)
    Robert Lee 1885 (257)
    Sarah Eliza (age 1, dau of Lewis) bapt Jun 21, 1827 (162)
    Sarah F. 1859 (257)
    Thomas & Amanda parents of Lilly Branch & Benj. Alexander bapt 1858 (257)
FRANKS, Henry 1816 (178)
    Lemuel 1816 (178)
    Nancy 1816 (178)
    Sally 1816 (178)
FRAPURT, Juliette Carmen d. Jun 9, 1912, age 17 (289)
FR(A)SHER, Davd 1862 (164)
    Elizabeth 1863 (164)
    Pleasant 1873 (164)
    Rebecca K. 1865 (164)
    Rebecker K. 1865 (164)
    Sarah E. 1882 (164)
FRATER, J. J. 1898 (318)
    Mrs. Mary Read (see Mrs. Mary Read Crittenden) (318)
FRAZER, Elizabeth d. Jul 14, 1898, age 8 (47)
    James s. d. Apr 17, 1892 (65)
    James S. m. Mary Washington 8 May 1878 (47)
FRAZIER, Mrs. C. S. 1896 (271)
    David 1862 (164)
    Geo. W. 1873 (259)
    Hannah 1849 (259)
    Mrs. Jane Ann d. Jul 1908, age 98 (120)
    M. H. 1896 (271)
    Martha 1887 (271)
    Robert T. m. Corrine Reid 26 Sep 1888 (47)
FRAZURE, M. C. m. Nannie B. Price Oct 9, 1895 (318)
FRECHNER, Florence infant bapt 1875 (318)
FREELAND, A. S. J. 1884 (281)
    J. A. (see Miss J. A. Bridge) (281)
    J. H. 1883 (281)
    James 1884 (281)
    John 1876 (281)
    John (see Miss J. A. Bridge) (281)
    Pattie 1885 (281)
    Wm. Thos. 1876 (281)
FREELOVE, A. D. ca. 1870 (281)
FREEMAN, A. 1858 (176)
    Ann Eliza 1862? (215)
    Clarisa 1845 (215)
    E. P. 1855 (176)
    F. P. 1858 (176)
    Isabella 1862? (215)

FREEMAN, John C. 1850 (170)
    L. R. & Mary J. parents of Ella Lee, Clara Bell, Florence Eugine & Edward Ross bapt 1869 (257)
    M. B. 1862? (215)
    Margarett 1847 (170)
    Mary 1813 (164)
    Mary Ann 1883 (215)
    Mary F. 1854 (215)
    P. D., pastor Oct 1898 for 2 yrs (128)
    Mrs. Polley 1812 (90)
    Richard 1862? (215)
    Sary 1862? (215)
    T. S. 1856 (176)
    Wm. 1854 (215)
FREEMON, Catharine 1858 (215)
    Clericy 1843 (215)
    Richard 1849 (215)
    William 1842 (215)
FREEZE, H. J. 1855 (259)
FREMAN, Mary 1824 (90)
FRENCH, A. & M. F. parents of Isabella Lawson bapt Nov 1, 1873 (338)
    A. M. & M. F. parents of Pleas McClung b Sep 30, 1875 (338)
    Allen m. Maria Fearn McClung Aug 20, 1872 (338)
    Allen M. d. Jul 11, 1879 (338)
    Clarence 1899 (264)
    Geo. E. m. Meena Vestal Oct 4, 1893 (338)
    George E. m. Mena Vestal Oct 4, 1893 (338)
    H. J.? buried Sep 10, 1882, age 74 (47)
    Mary (see Mary Mina Vestal) (338)
    Mrs. Mary Clayton Solomon d. Nov 2, 1897 (Atlanta GA), age 59 (47)
    Pleas McClung d. May 9, 1898, age 22 (338)
    Pleasant Miller d. May 9, 1898 (338)
    S. M. (see Miss Margaret Ella D'Armond) (264-2)
    W. B. & Lizzie parents of William Williams bapt Dec 29, 1873 (338)
    William B. d. Dec 29, 1873 (338)
    Wm. Bouter 1869 (338)
FRENDENBERG, Minnie A. d. Oct 21, 1883 (318)
    W. A. d. Jun 16, 189 (318)
FRENTUSS, Lydia M. m. O. M. Tomlinson Aug 19, 1888 (318)
FRESHOUR, Betsey 1818, 1827 (205)
    Elizabeth 1833 (205)
FRIDLEY, Dora 1877 (257)
FRIEDLER, Amelia m. John J. Nicholl Jan 28, 1888 (289)
FRIEL, Mary m. W. P. Hastings Dec 22, 1893 (345)
FRIERSON, Annie G. (wife of T. A.) 1887, d. 13 Nov 1892 (318)
    J. W. S. d. Apr 7, 1901 (63 yrs, Confed Soldier) (338)
    Mrs. Maggie D. (wife of W. L.) 1892 (318)

FRIERSON, T. A., father of Mary Leta & Thomas Raymond infant bapt 1889 (318)
    Thomas A. 1887, d. 28 Jul 1912 (318)
    William L. 1891, 1894, 1898 (318)
FRIESON?, Mrs. T. A. d. Nov 14, 1892 (318)
FRIST, Lizzie m. Wm. Vetter Dec 21, 1880 (318)
FRITLAND?, Martha 1885 (Henderson) (281)
FRITS, Carline 1866, 1870, 1871 (220)
FRITTS, H. W. m. Mary E. Jameson Apr 13, 1887 (318)
FROST, Bessie (wife of C. L.) 1884, 1889 to Brunswick GA (318)
    C. L. 1884, 1889 to Brunswick GA (318)
    Chas. L. m. Bessie Durando Aug 25, 1884 (318)
    J. E. 1860 (341)
    J. E. 1881 (90)
    John 1808, 1817 (330)
    Marry 1808 (330)
FRUEDENBERG, W. A. m. Christina Gunther Jun 1, 1879 (318)
FRY, Elizabeth d. Jun 17, 1877 (347)
    Miss Elizabeth C. 1890 (318)
    Ironona (infant 8 mos) d. Jul 5, 1878 (318)
    M. L. d. Jun 9, 1895 (318)
    Miss Mahala M. 1871, d. 26 Feb 1912, m. Hunt (318)
    Mahala M. (see Mahala M. Hunt) (318)
    Margaret 1860? (345)
    Miss Mary d. Jul 2, 1878 (318)
    Mrs. Mary A. A. (wife of Geo. T.) 1890 (318)
    Mary C. 1867, Black Walnut VA, Nov 8, 1871 (257)
    Mrs. Mary E. 1861 (257)
    Nathan 1819, 1821 (205)
    Miss Sadie 1891 (318)
FRYE, W. R. m. Mary G. King Nov 7, 1882 (318)
FRYER, Isabella J. d. Apr 30, 1877, age 52 (289)
    Thomas Henry d. Oct 1907, age 70 (120)
FULCHER, Laura B. m. Albert E. Hawthorne Jul 16, 1890 (289)
FULKERSON, F. M. father of Harriet S. infant bapt 1871 (318)
    F. M. father of Kate P. bapt 1866 (318)
    Mrs. F. M. d. Apr 4, 1873 (318)
    F. M. F. father of Kate P. infant bapt 1866 (318)
    F. M. F. father of Harriet S. infant bapt 1871 (318)
    Fannie R. & James W. infant bapt 1866 (318)
    James V. m. Lulie Oldham Nov 18, 1874 (338)
FULKS, W. J. 1855 (176)
FULLEN, J. H. 1856, 1862 (220)
    Ma. J. 1856 (220)
FULLER, Cate 1870 (220)
    Cath 1866 (220)
    Lucind 1856 (220)
    M. J. (f) 1866 (220)

FULLER, Mrs. Mary A. 1878 (removed to Richmond VA
    Jun 18, 1878) (225)
  Mrs. Mary Ann 1876 (from Richmond VA) (225)
  Sarah 1846 (341)
FULLERTON, H. T. 1878 (176)
FULLMORE, Frank 1876 (345)
FULTON, Mary E. 1854 (318)
  Sarah 1854, d. 1/15/73 (318)
  W. D. before 1862 (318)
  Wm. D. 1860 (318)
FUNSTON, Sarah A. adult bapt May 20, 1871 (289)
FUQUA, Ed d. Aug 24, 1899 (killed at Vicksburg)
    (318)
FURGASON, Margaret 1858 (170)
  Sam 1858 (170)
FURGERSON, Mary 1826 (90)
FURGURSON, Hubbard S. 1816 (178)
  J. W. & Rebecca parents of Nancy A. aged 14;
    Joseph S. age 9; Mary Margaret age 12;
    & Sarah age 7; bapt Oct 24, 1858 (289)
FURGUS, Archibold 1860 (170)
FURGUSON, S. H. 1868, 1869, 1870, 1871 (176)
FURN, Minerva E. 1854 (257)
FURQUAHARSON, Robert J. m. Lydia Smith Oct 22,
    1855 (47)
FUSSE, Jane (see Jeff Seay) (289)
FUTRAL, Elizabeth 1879 (280)
FUTRILL, Jas. G. 1879 (280)
FYFFE, J. P. m. Mattie Bryant Dec 19, 1899 (318)
GADDEY, Gorge 1844 (335)
GADSEY, Nellie m. Jno. E. Potter Oct 15, 1890
    (289)
  Wm. & Mary parents of Nellie bapt Feb 22,
    1885 (289)
  Wm. S. & Mary E. parents of Edward Brown b.
    Aug 4, 1874 (289)
GAGE, Ann 1850 (334)
  George W. 1821 (220)
  Lusindy 1818 (164)
  Robbert A. 1850 (334)
  Roday 1818 (164)
GAILEY, J. W. 1874 (176)
GAILOR, Thos. m. Ellen D. Cunningham 12 Nov 1885
    (47)
GAILY, C. 1858 (176)
GAINES, Ambrose d. Aug 1885 (338)
  Ambrose & Mary parents of Etta b. May 15,
    1867; & Blanch b. Apr 19, 1869 (338)
  Annie May bapt 1886 (271)
  Mrs. Bessie U. (wife of A. W.) 1884 (318)
  Blanch m. Frank J. Hoyles Jun 19, 1890 (338)
  Ed (see Julia Passmore) (271)
  Ed bapt 1889 (271)
  Elizabeth Nelson d. Nov 1, 1899 (318)
  Etta m. Arthur L. Pride Apr 27, 1892 (338)
  Granville P. 1875, to Louisville 1879 (257)
  Julia (nee Passmore) 1889 (271)
  Mrs. Leonora M. 1875, to Louisville 1879
    (257)

GAINES, Lilian buried 30 Apr 1876 (47)
  Miss Lucy H. 1899, m. B. R. Beddinger (318)
  Maggie m. Garland Buffington (from WV) Nov
    2, 1887 (338)
  Mary Elizabeth Lucinda d. Sep 26, 1901, age
    61 yr 11 mo 26 da (289)
  Mary Towns m. Reuben Payne Oct 6, 1896 (338)
  Maud E. 1895 (271)
GALAWAY, Sarah J. 1848 (347)
GALBEL, Elsie Idel infant bapt 1884 (318)
GALBRAITH, Amanda 1842 (264-2)
  Eliza Rebecca d. Nov 1878 (347)
  Frank P. m. Mamie L. Nelson Nov 14, 1899
    (338)
  Mary K. 1848, 1860 (347)
  Mary Kerr d. May 5, 1888 (347)
  Nancy A. 1848, 1860 (347)
  Susan d. Apr 6, 1891 (347)
  Susan M. 1848, 1860 (347)
GALBRATH, Eliza R. 1840, 1860 (347)
  Martha J. 1848, 1858 (347)
GALBREATH, Alexan 1826 (264)
  Alexander sr. 1820 (264)
  Betsy 1820 (264)
  Elizabeth 1826 (264)
GALDEN, Isabella 1862? (215)
GALE, Dr. E. R. & Sue parents of Thomas & Rachel
    Ingram bapt Aug 14, 1884 (289)
  Josephine buried Nov 14, 1876, age 9 (47)
  Miss Kate d. Nov 24, 1889 (289)
  Leonide d. Sep 16, 1890 (47)
  Mrs. P. E. 1886 (318)
GALES, Henry m. Hannah M. Keutch Dec 1870 (21)
  Dr. Thos. buried 5 Dec 1883, age 91 (47)
GALHEL, Herbert Elmo & Frederick Theodore inf
    bapt 1883 (318)
GALIHAR, D. J. 1879 (176)
GALLAGHER, Mrs. M. P. d. Dec 11, 1903 at Danville
    KY (338)
  Mary A. m. Edwin R. Crandell 6 Sep 1847 (47)
GALLAHER, Abiah K. 1844 (264-2)
  Emily C. 1842 (264-2)
  Geo. Browder (see Grace Elizabeth Martin)
    (264-2)
  Mrs. Jane 1841 (264-2)
  Lula d. Feb 9, 1881, aged 5 (318)
  Mrs. M. P. 1879, d. 1902 (318)
  Mrs. M. P. d. Dec 11, 1903 at Danville KY
    (338)
GALLAMORE, Eliza (wife of Josiah) buried Oct 17,
    1851 (47)
GALLAWAY, Alexander Broadnax b. Dec 26, 1884, bapt
    1885, parents--T. S. & M. A. (225)
  James buried Oct 4, 1891(son of Col. T. S. &
    M. A.) (225)
  John Marion buried Apr 16, 1887 (son of J. S.
    & Mrs. M. A.) (225)
  Mary Laura b. Nov 18, 1889, bapt 1890, par-
    ents--T. S. & M. A. (225)

GALLAWAY, Minerva A. buried Apr 8, 1892 (wife of
Col. T. S. Gallaway) (225)
    Mrs. Minerva A. 1876, 1880 (225)
    Sallie Chalmers infant of Thomas S. & Minerva A. Gallaway, grandfather E. E. Greenlee, buried Jul 4, 1878, b. Jul 3, 1878 (225)
    Thomas Spraggins b. Dec 2, 1876, bapt 1877 parents--Thomas S. & Minerva A.; sponsors the parents, Ephraim E. Greenlee, Sarah L. Greenlee & Sarah L. Peebles proxy for Sallie C. Gallaway (225)
GALLEHAR, D. J. 1871 (176)
GALLOWAY, Annie D. 1892 (345)
    Anis 1859 (327)
    Benjamin F. 1852 (327)
    J. H. 1882 (327)
    J. M. 1852 (327)
    James b. Jun 21, 1891, bapt 1891, son of T. S. & M. A. (225)
    James 1852 (327)
    Jas. H. 1882 (327)
    Jamem M. 1848 (347)
    M. L. & A. D. parents of Annie Elizabeth bapt ca. 1895 (345)
    Marshal 1852 (327)
    Mary 1852 (327)
    Minnie Lee bapt Apr 10, 1880, parents--T. J. & Minnie (225)
    Milton W. 1848 (347)
    Nancy bapt 1819 (264)
    Nathan 1852 (327)
    Sarah 1852 (327)
    Sarah & Mary 1852 (327)
    Sophia 1852 (327)
    Washington 1852 (327)
    William 1852 (327)
GALLY, Mrs. Lydia bapt Apr 14, 1887 (289)
GALOWAY, Bettie 1899 (21)
    Bob 1899 (21)
    Florence 1899 (21)
    Mary 1899 (21)
    Nancy 1829 (220)
GALYEN, Elizabeth 1888, 1893, 1896 (220)
GAMBILL, Lucy 1843 (170)
GAMBLE, John N. father of Jane McDowell bapt Jul 14, 1816 (338)
    John N. 1817 (338)
    Nancy d. May 10, 1823 (264)
    Nancy 1819 (264)
    Polly 1819 (264)
    Mrs. Polly & children John M., Betsy Green, William Purvis, Adulphus Lee? & Jane McDonall bapt 1819 (264)
    Sidney 1817 (338)
    Sydney adult bapt Dec 15, 1816 (338)
    Wm. d. Oct 30, 1884 (318)
GAMMON, A. Looney 1852 (327)

GAMMON, Agga 1858 (215)
    Anna 1882 (Brown) (281)
    Calib 1853 (215)
    Cintha 1873 (215)
    Eli F. 1869 (215)
    Elizabeth 1853, 1887 (215)
    G. L. m. Rosa Mans May 22, 1890 (318)
    Geo. father of Barsheba M. infant bapt 1869 (318)
    Geo. & H. M. parents of Josie Hamilton b. Jan 22, 1878 (338)
    Geo. & Maggie parents of Nathan b. Jan 20, 1882 (338)
    Geo. & Maggie parents of Robert Hale b. Nov 22, 1879 (338)
    Geo. G. father of Barsheba infant bapt 1869 (318)
    Jane 1859, 1858, 1862? (215)
    Jeramiah 1858, 1862? (215)
    Jesse 1862? (215)
    John J. 1869, 1887 (215)
    Levi B. 1848 (215)
    Loucinda 1867 (215)
    Mary 1854, 1867, 1887 (215)
    Mary A. 1875, 1887 (215)
    R. A. 1897 (215)
    Rachel 1849 (215)
    Susannah 1852 (327)
    Thomas 1880 (215)
    William 1858 (215)
    Willie (Ethel) 1879 (281)
    _____ m. Mary Hamilton Jul 20, 1824 (162)
GANAWAY, M. A. 1894 (271)
GANDERLON?, W. H. d. Sep 1912, age 57 (120)
GANNAWAY, Miss Ella 1876 (177)
    Emma 1892 (271)
    Thomas 1892 (271)
    Vesta 1892 (271)
GANT, Col. J. W. (Confed) d. Mar 26, 1904, age 81 yr 1 mo (338)
    Jesse H. d. Oct 24, 1905 (81 Cleveland) (318)
    John J. 1850 (334)
GARBRELL, Martha L. 1872 (21)
GARCELON, J. W. adult bapt 1887 (318)
    Jno. W. 1887 (318)
GARDENBY?, Katharine 1827 (335)
GARDENHIRE, Miss Augusta adult bapt 1899 (318)
    F. L. d. Oct 1, 1905 (318)
    Miss Gussie D. member 1899, m. Dyer Butterfield (318)
    Hany d. Mar 21, 1902 (318)
    Miss Lassie M. adult bapt 1896, m. W. N. Cox (318)
    Mrs. Leona (wife of F. M.) 1879 (318)
GARDENLINE, Florence bapt 1866 (271)
GARDNER, A. C. 1876 (176)
    Caroline ca. 1848 (225)

GARDNER, Miss Claudia A. adult bapt 1891 (318)
    F. M. 1874 (176)
    J. H. m. Emma E. Adams Dec 27, 1893 (318)
    Jos. W. 1892, 1893 to Princeton IN (318)
    Mrs. Laura A. adult bapt 1891 (318)
GARISON, Amanda E. 1849 (225)
    Lucy A. 1846 (225)
    Rebecca 1865 (225)
GARNER, Alfred 1833 (259)
    Elizabeth 1833, 1841 (259)
    Elizabeth P. 1847 (170)
    Foster G. 1872 (281)
    Geo. W. m. Elizabeth S. Ramsey Oct 6, 1840
        (345)
    Gideon 1869, d. 1889 (259)
    Gideon 1841 (259)
    Goodson 1833 (259)
    Irene 1831 (259)
    Jane 1857 (275)
    John 1879 (176)
    M. Davide 1843 (170)
    M. John 1843 (170)
    M. Nathan 1843 (170)
    M. P. m. Carrie McCallum Feb 27, 1888 (318)
    M. Polley 1843 (170)
    Mary 1833 (259)
    Nancy 1841 (259)
    Susan 1841 (259)
    Thomas H. & wife Eliza V. 1852 (330)
GARNIER, Louise V. m. M. E. Ridley Dec 10, 1889
    (318)
GARR, James & Lillie parents of Mattie Morrow,
        James Kenney & Hughes bapt 1885 (257)
    Mrs. Lillie 1884 (257)
GARRAT, H. 1860 (341)
GARRET, Harret m. W. R. H. Mathews 1858 (347)
    Melissa 1851 (259)
GARRETT, A. Ellison m. Ade H. McDonald 8 Oct 1877
    (47)
    Alexine 1865 (329)
    Cintha E. 1879 (345)
    Ed 1877 (329)
    Edward d. Dec 29, 1891, age 17 (47)
    Geo. W. 1880 (329)
    Jane 1853, 1860? (345)
    Marvin 1895 (345)
    Nannie W. 1879 (345)
    Nerusa J. E. m. Jasper Horn 1860 (347)
    Robert buried 26 Dec 1886, age 17? (47)
    Sarah Mildred buried Aug 31, 1881, age 9 mos
        (47)
    W. T. bapt 1896 (271)
    William B. d. Nov 12, 1883 (345)
    Willie 1893 (345)
    Mrs. buried Aug 13, 1882 (47)
GARRETSON, Mrs. Harriet 1866 (259)
    Isaac 1866 (259)
    Ruth 1866 (259)

GARRETSON, Sarah 1866 (259)
GARRETTSON, Miss Betty Ann 1873 (259)
    Harriett 1869 (259)
    Isaac jr. 1869 (259)
    Jane 1869, 1880 (259)
    Mary 1869 (259)
    Ruth 1869 (259)
    T. C. 1876 (259)
    Wm. A. 1868, 1869, 1880 (259)
GARROSS, HEnry (street car driver) d.? Mar 30,
    1888 (318)
GARTON, E. Y. 1874 (164)
    Elizabeth 1806 (164)
    H. H. 1880 (164)
    Nancy (date omitted) (164)
    Rebecca Ann 1866, 1867 (164)
GARVIN, George William adult bapt Feb 7, 1875
    (289)
GASHELL?, Drucilla 1848 (347)
GASON, Mrs. E. C. m. Dr. Geo. Rebay Apr 13, 1865
    (47)
GASS, Ann A. 1868, d. Apr 21, 1871 (257)
    Mrs. Ann A. 1861 (257)
    David 1861, d. Mar 24, 1868 (257)
    Florida H. member 1868, m. Isaac Harris
        (257)
    Miss Florida H. 1861 (257)
    Floriday Hay m. Isaac Harris Jan 25, 1872
        (257)
    Miss Laura 1861 (257)
    Laura E. 1868, m. J. K. Miller Nov 27,
        1884 (257)
    Mary Rose 1868, m. Dr. T. J. Holder (257)
    Miss Mary Rose 1861 (257)
GASTON, Rev. A. W. d. Feb 18, 1897 (318)
    J. L. m. Celestia Laman Dec 12, 1878 (318)
    P. C. pastor 1869 (271)
GATES, Wm. D. buried 31 Jan 1888, age 68 (47)
GATSEY, William & Mary parents of Fannie Clister
    b. Sep 7, 1865 (289)
GATTIS, Isaac 1833 (331)
GAULDEN, Isabella 1858 (215)
    Mary 1849 (215)
GAULDIN, James W. 1871 (215)
GAULT, Eugene LeNoir d. 1/11/1891, age 3 mo 25
    da (22)
    John M. m. Mary W. Polk Apr 13, 1887 (22)
    Mary Polk b. Mar 1, 1889 to Jno. M. & Mary
        W. Gault, sponsored in bapt by Mrs. C.
        M. Wray, Mrs. W. J. Bennett, Jno. H.
        Polk (by proxy) (22)
    Mrs. Maury W. 1898 (22)
GAY, Miss H. 1872 (281)
    James & Lydia parents of Burnicie b. Sep
        20, 1882 (289)
    Mrs. M. E. 1872 (281)
GAYLE, Mrs. Annie F. d. Nov 22, 1890, age 73 (47)
GAYLORD, ____ d. Dec 18, 1889, age 25 or 26 (289)

GEE, Josie adult bapt 1886 (318)
    Josie m. A. P. Lockhart, Sep 3, 1891 (318)
    Leonidas m. Minnie B. Sheffield Mar 18,
        1867 (289)
    M. A. 1880, d. 1897 (318)
    Mrs. (wife of M. A.) 1880, d. 1900 (318)
    Susan 1878, 1887 (131)
    Winnie m. H. Yeager Jan 29, 1885 (318)
GEEN, Wm. Jas. & Emily parents of Alice Eudora
    bapt Dec 16, 1892 (289)
GEERS, Mrs. Martha E. 1858 (264-2)
    W. H. 1879, d. 1900 (318)
    William S. 1858 (264-2)
    Wm. S. & Martha parents of Anna Cora, Wm.
        Henry, Mary Alice, Eliza M., Ida Matilda,
        Martha E. & Edwin K. bapt 1862 (264-2)
    William S. 1858 (264-2)
GENNING, William 1833 (331)
GENNINGS, Milcha 1883 (331)
    Polly 1833 (331)
GENT, Christian adult bapt May 9, 1819 (338)
    Christiana 1819 (338)
GENTREY, Martha 1806 (164)
GENTRY, Amanda d. May 1892 (65)
    Ann 1868 (164)
    Anna d. 1865 (164)
    Anny 1813 (164)
    Eliza A. 1868 (90)
    Evaline 1826 (162)
    Jas. T.? m. Lou C. Williams Dec 21, 1882
        (345)
    L. 1893 (271)
    Lee Ann bapt 1878 (271)
    Lucy 1818 (164)
    Milly 1868 (90)
    Thomas 1813 (164)
    Thos. 1825 (90)
    Watson (from Ovehales Creek) 1812, 1813,
        1824, 1833 (90)
GEORGE, Adria D. m. John C. Cox Oct 27, 1894 (338)
    Cal. 1894 (259)
    Mrs. Ellen d. Oct 24, 1897 (318)
    Emma 1873 (275)
    Emmy 1880, 1884 (275)
    Frederick William d. Jul 27, 1897, age 38
        (289)
    J. M. d. Dec 1891 (341)
    J. S. 1886 (259)
    Jane 1846 (341)
    Jesse m. Rachal McFarland Feb 8, 1821 (162)
    John 1876 (322)
    Mary 1860 (275)
    Rachal 1821 (162)
    Solomon & Mary parents of Warren b. Mar 28,
        1877 (338)
    T. S. 1847 (341)
GERALD, A. F. 1854 (275)
    Archable F. 1857 (275)
    Asa F. 1857 (275)

GERALD, Dianah 1865 (275)
    Levi 1856 (275)
    Levi F. 1865 (275)
    Miss Maggie 1890 (318)
GERARD, William H. m. Sarah B. Smith Sep 16, 1841
    (47)
GERBER, Susan E., before 1862 (318)
GERNHARD, Geo. m. Mina Frank Mar 19, 1881 (318)
GERON, Amanda 1868 (264-2)
    Mrs. Amanda 1842, 1883, d. Aug 1893 (264-2)
GERSTLE, Mrs. A. M. (wife of L.) 1891 (318)
    Miss Anna May 1891, m. S. M. Chambliss
        12/18/94 (318)
    Miss Bee A. member 1892, m. Reuben Towers
        (318)
    M. Alice adult bapt 1898 (318)
    Miss Mary Alice member 1898, m. Shaw (318)
    Samuel 1891 (318)
GERTLE, Ella (Jewess) m. Simon Spiro (Jew) Dec
    10, 1882 (338)
GETTYS, Emma L. m. Wm. A. Park Sep 21, 1897 (338)
GHILES, William 1896 (220)
GHLENN, Casander 1865 (329)
GHOLSON, Thomas & Catharine Donelson parents of
    Josephine b. 9 Oct 1844 (47)
GHORMLY, Thomas A. m. Maggie Hood May 31, 1892
    (338)
GIBBERT, A. B. 1826 (335)
GIBBONS, C. S. bapt 1876 (271)
    Ida Jackson b. Jun 22, 1879, bapt 1887,
        parents--J. W. & M. E. (225)
    William 1876 (271)
GIBBS, Belle bapt 1893 (271)
    Dora 1868 (259)
    Earnest d. Oct 29, 1898, 24 yrs (318)
    Elizabeth 1848, 1854 (215)
    Eudorah (nee Pepper) 1869 (259)
    Jesse Allan & Ella Virginia parents of
        Carrie b. Dec 17, 1886 (289)
    Lila m. Ed M. Smith Oct 15, 1884 (318)
    Mark Patterson 1881, d. May 1883 (128)
    Martha m. John O'Neal May 14, 1892 (338)
    Matilda 1862? (215)
    Thomas F.? 1853, 1856 (215)
    Mrs. d. May 16, 1889 (318)
GIBSON, Miss Anna W. 1896 (318)
    B. m. Emma Thatcher Jan 28, 1886 (318)
    B. father of Robt. Woodward infant bapt
        1887 (318)
    Beauregard 1885 (318)
    Caroline 1868 (205)
    Mrs. Carrie (wife of Fillmore) 1884 (318)
    Dora m. H. F. Wilson Aug 30, 1888 (345)
    Eliza m. Walter L. Yarbrough 6 Dec 1887
        (47)
    F. father of Louis Green infant bapt 1888
        (318)
    F. father of Alice Marion infant bapt 1884
        (318)

GIBSON, F. m. Carrie Green Oct 18, 1882 (318)
    Mrs. Fannie mother of Williams Hinson b. Aug 17, 1885 & Bessie Mitchell b. Feb 19, 1888 (338)
    Fillmore 1876, 1877, 1892 (318)
    Isaac Watts & Polly Ann bapt May 9, 1817 (338)
    John E. d. Dec 1908 (338)
    Mary 1888 (220)
    May Della (taken to Belle Buckle) d. Dec 8, 1895 (318)
    Sarah wife of Wm. 1817 (338)
    Thomas Jefferson m. Hettie Anna Stewart Aug 20, 1879 (225)

GIDEON, Marg 1856 (220)

GIFFORD, Ann 1846, 1858 (215)
    Elizabeth 1849 (215)
    Jabus 1850 (215)
    Marthy 1862? (215)
    Mary 1854 (215)
    Nancy 1896 (215)
    Polly 1843 (215)
    Sallie 1891 (215)
    Thomas 1846 (215)

GILBERT, A. 1848 (220)
    Alice bapt Jan 3, 1882 (289)
    B. P. 1871, 1874, 1875, 1878, 1879 (176)
    Ben P. (of Portland KY) m. Nella L. Robb Oct 26, 1892 (257)
    Mrs. C. d. Sep 26, 1895, 71 yr (318)
    Mrs. Catherine 1883, d. Sep 24, 1895 (318)
    Caty 1806, 1818 (164)
    Easter (see Jonathan Newman) (289)
    George M. bapt Jan 3, 1882 (289)
    Hester 1893 (271)
    J. 1826 (335)
    J. M. 1871, 1870 (176)
    John 1827 (335)
    L. W. d. Feb 16, 1905 (318)
    Mary E. 1890 (271)
    Molly 1818 (164)
    S. M. (C.V.) d. Jun 17, 1905 (318)
    Saly 1832 (335)
    Sarah 1827 (335)
    Sarah 1813 (164)
    Serene M. 1827 (335)
    W. H.? pastor 1890 (271)
    Wilbur F. father of Leonard Raphael bapt Mar 19, 1882 (289)

GILBREATH, Alexander (son of Samuel) age 10, bapt Jun 1827 (162)
    Aley McSpadden (dau of Samuel) bapt 1828 (162)
    Catharine Moore (age 4, dau of Samuel) bapt Jun 2, 1827 (162)
    Eliza Jane (age 6, dau of Samuel) bapt Jun 2, 1827 (162)
    Lydia 1826 (162)
    Nancy Ann (age 2, dau of Samuel) bapt Jun 2, 1827 (162)
    Patrick Mcguire (age 6, son of Samuel) bapt Jun 2, 1827 (162)
    Samuel 1826 (162)

GILES, Mrs. Jennie d. Jan 28, 1900 (brought from Nashville) (318)
    Nannie M. 1888 (220)

GILL, Amelia 1836 (334)
    Eldridge 1836 (334)
    Martha 1846, 1865, 1883 (341)
    Nancy 1848 (334)
    Sarah 1848 (334)
    Sarah Ann 1836 (334)
    Thomas 1848 (334)
    Wm. jr. 1850 (334)
    William 1836 (334)

GILLALAND, Margaret & dau Mary Brashear bapt 1821 (264)
    Margarett 1819 (264)

GILLAM, General buried 3 Dec 1875, age 45 (47)
    Mrs. Margaret buried Jul 7, 1878, age 42 (47)
    Mary m. Jacob Vetter Feb 20, 1884 (318)

GILLARD, John 1877 (271)
    Ada F. 1877 (271)

GILLESPIE, A., father of Anderson Kyle infant bapt 1885 (318)
    A. L. d. Feb 16, 1884 (338)
    Alexander buried Dec 8, 1854, age about 18 (47)
    Alice m. W. A. Martin Feb 21, 1877 (318)
    Miss Alice adult bapt 1891 (318)
    Miss Alice E. 1891, m. L. W. Collier 9/20/99 (318)
    Miss Anna 1884, 1890 to Vicsburg MS, m. Will Roof 1887 (318)
    Anna N. m. Wm. W. Roaf Jan 27, 1887 (318)
    Anna W. m. G. S. Clendenon Mar 15, 1892 (318)
    Miss Cornelia 1874, m. L. J. Sharp 4/27/75 (318)
    David d. May 6, 1884 (killed on R.R.) (318)
    E. (f) m. J. Caldwell (m) Nov 25, 1873 (318)
    Miss Edna V. 1892, m. J. B. Robbins 6/29/92 (318)
    Edna V. adult bapt 1892 (318)
    Miss Elizabeth Stevenson 1867, d. 4 Jun 1918, m. J. A. Caldwell 11/25/1873 (318)
    Miss Florence B. 1885, d. 3 Jan 1890 (318)
    Florence B. d. Jan 7, 1890 (died in Boston) (318)
    Gay d. Feb 3, 1901 (318)
    Geo. L. jr. d. May 28, 1902 (318)
    Mrs. Geo. L. d. Jun 21, 1903 (318)
    George L. 1867 (318)
    H. C. & L. C. parents of Anna McClung bapt Sep 22, 1872 & Isabella Lawson bapt same day (338)

GILLESPIE, Henry C. d. Dec 5, 1876 (338)
    Mrs. J. G. mother of Mary G. infant bapt 1874 (318)
    Mrs. J. G. mother of Mary B. infant bapt 1874 (318)
    J. W. d. Mar 26, 1899 (318)
    Miss Jane Nielson m. G. A. Holland 1886, 1896 to Eminence KY (reel # omitted)
    Jennie W. adult bapt 1882 (318)
    Rev. John 1811 (24)
    John M. 1888, d. 19 Apr 1888 (318)
    Jno. M. d. Apr 20, 1888 (318)
    Joseph A. (from Chattanooga) m. Maggie B. Mitchell May 29, 1884 (338)
    Dr. Jos. S. 1885, d. 27 Mar 1896 (318)
    Dr. Joe S. d. Mar 29, 1896 (318)
    Kyle A. d. Jan 7, 1905, aged 19 (338)
    L. V. (wife of G. L.) 1867, d. 17 Jun 1903 (318)
    Laura C. 1868 (338)
    Lewis G. m. Sue Rees Oct 2, 1894 (318)
    Louis (Cherry St.) d. Feb 6, 1896 (318)
    Luther L. d. Feb 1, 1903 (318)
    Mrs. M. J. d. Mar 20, 1900 (318)
    M. J. parent of Margaret Alice, Cornelia, Nannie E. & James W. bapt 1862 (264-2)
    Miss M. Alice 1873, m. W. A. Martin 2/25/1887 (318)
    Mrs. Maggie B. 1884 (318)
    Mrs. Margaret A. mother of John McEwen & George Lewis bapt 1842 (264-2)
    Margaret A. before 1862 (318)
    Margaret J. wife of Jno. C. 1866, d. 19 Mar 1900 (318)
    Margaret J. 1861 (264-2)
    Margaret Jane mother of Margaret Alice, Cornelia, Nannie E. & James Wendell bapt 1862 (264-2)
    Mary B. m. J. H. Davenport Apr 16, 1895 (318)
    Miss Mary Blain 1886, m. J. H. Davenport 1895 (318)
    Miss Nannie E.? member 1881, m. E. B. Thomasson (318)
    Nellie m. L. J. Sharp Apr 27, 1875 (318)
    Penelope (Dr's wife) d. Apr 27, 1882 (318)
    Penelope P. (wife of J. S.), before 1862, d. Apr 1882 (318)
    R. N. m. Lillie M. Wiltshire May 21, 1879 (318)
    Sims d. Nov 14, 1882 (318)
    Thomas m. Minnie L. Johnston Mar 17, 1898 (318)
    W. S. m. Clara Chaddick May 3, 1875 (318)
    Mrs. 1827 (162)
GILLHAM, Columbus 1848 (347)
GILLIAM, B. J. B. 1875 (329)
    Bettie 1881 (329)
    Fane buried 20 Apr 1887 (47)

GILLIAM, Nancy 1818 (164)
    W. T. 1875 (329)
GILLILAND, J. H. 1876, d. Jun 1884
    S. J. d. Jul 5, 1884 (318)
    Mrs. Susan d. Oct 18, 1876 (this possibly refers to infant of Mrs. Gilliland) (318)
    W. B. m. Sue Fisher Sep 1, 1875 (318)
GILLIS, Agness 1831 (259)
    Berry 1831 (259)
    Hannah R. 1846 (259)
    Marcus G. 1846 (259)
    Moses P. 1846 (259)
GILLISPIE, Anna C. 1870, d. 25 May 1911, m. Jno. A. Hooke (318)
GILLISS, Minta 1831 (259)
GILLMER, John P. 1848 (347)
GILLUM, Jennie Jarvis m. John Donnell 19 Oct 1880 (47)
GILLUN, R. M. 1858 (176)
GILMAN, Jesse Porter m. Jane Compton Mar 16, 1841 (47)
GILMER, Ann J. 1848 (347)
    Ann J. m. W. R. Walker 1859 (347)
    J. P. m. Margrat Adkison 1855 (347)
    Jeremiah m. Henrietta Adkisson Jan 1849 (347)
    Jeremiah 1848 (347)
    Martha A. 1848 (347)
    Mary E. m. _____ West 1860 (347)
    Mary E. 1848 (347)
    William A. infant bapt Sep 1849 (347)
GILMOR, Martha 1848, d. May 1, 1852 (347)
GILMORE, Thomas d. Sep 14, 1887, age 53 (289)
GILSON, Eli D. & Louise Ackly parents of Henry Gilson b. Jan 22, 1858 (289)
GIMBOL, John 1883 (164)
GINGAVY, Mary 1843 (170)
GINGLES, Jas. 1851 (345)
    John T., son of Jas. & Sarah, ca. 1841 (345)
    Mary Jane dau of Jas. & S. b. Oct 30, 1840 (345)
    Sarah 1846 (345)
GINKINS, Jesse 1816 (178)
    Sarah 1816 (178)
    Sarah E. 1870, 1877 (329)
GIPSON, James (see Mollie Chilcut Grubs) (281)
GIVENS, Jane 1865, 1873 (275)
GLADDEN, William 1806 (164)
GLASE?, David d. Jan 1893 (47)
GLASGO, J. W. 1855 (176)
GLASGOW, John M. 1867 (176)
    Lydia adult bapt May 6, 1821 (338)
GLASS, Annie F. m. Timothy Dwight Stickle 28 Sep 1871 (47)
    Jennie (see Mrs. Jennie Jackson) (289)
    Josiah 1813 (164)
    Luraney 1806 (164)

GLASS, Mrs. Nannie 1884, d. 17 Jul 1894, m. Kirk-
    patrick 1891 (318)
    Mr. M. E. 1866, d. Apr 1875 (318)
    Polly 1813 (164)
    Mrs. d. Feb 2, 1875 (318)
GLAZIER, Maggie adult bapt Jan 30, 1859 (289)
GLEASON, Edy 1893 (271)
    Lelia A. m. John T. Armstrong May 20, 1865
        (47)
GLEAVES, Lula m. S. Lamar Wilson May 2, 1894 (318)
    Mattie D. m. W. R. Lang Sep 13, 1896 (318)
GLEDHILL, Alice m. Phillip Gray Mar 9, 1890 (318)
GLEESON, J. E. bapt 1896 (271)
GLEN, F. J. m. M. J. Mitchell Oct 3, 1866 (21)
GLENN, F. A. 1887 (131)
    R. G. & Nina parents of Rebecca Williams
        bapt Jun 18, 1883 (338)
    Robt. & Nina parents of Franklin Deaderick
        b. Sep 15, 1880 (338)
    Robert B. from Winston Salem NC m. Nina
        Deaderick Jan 8, 1878 (338)
GLOSS, John B. 1879 (318)
GLOSTER, Arthur & Jennie parents of Lane Hazel-
    hurst bapt Jul 11, 1883 at Gallatin
    (289)
    Arthur & Jennie parents of Flora Nell infant
        bapt Oct 15, 1884 at Gallatin (289)
    Lane Hazelhurst d. Apr 14, 1884, age 13 mo
        (289)
GLOVER, Almira E. 1866 (257)
    Mrs. Almira E. 1861 (257)
    Charles 1887 (271)
    Jane d. Apr 1884 (128)
GOAD, Emley 1894 (215)
    Florinda F. 1889 (215)
    Harvey H. 1888 (215)
    Joyce 1889 (215)
GOAN, Shadrach 1827 (162)
GOARD, Flourinda 1854 (215)
GODDARD, Benjamin Franklin 1877 (264-2)
    Catharine buried Nov 11, 1865, age 5 wks
        (47)
GODLEY, Green P. before 1862 (318)
GODSEY, A. 1880, 1887 (275)
    A.? N. 1873 (275)
    Anderson 1873 (275)
    Elen 1869 (220)
    Ellen 1880, 1887 (275)
    Nancy 1873, 1880, 1887 (275)
GODWIN, Brown 1878, 1884 (43)
    Ellin 1873 (43)
    Jane 1878 (43)
    Joseph 1816 (178)
    Mildred 1882 (43)
    Nette 1878 (43)
    Netty 1878 (43)
GOEBEL, Herbert Elno d. 1883 (318)
GOENS, Ann 1833 (162)
GOFF, Wm. D. 1842 (338)

GOFORTH, Henry 1848 (275)
    Nancy 1857 (275)
    Rosanah 1856 (275)
GOFOURTH, Henry 1843 (275)
    Nancy 1843 (275)
    Rosanah 1843 (275)
    Wm. 1843 (275)
GOODWIN, Eliza A. m. Charles Mitchell 10 Sep
    1883 (47)
    Miss Elizabeth (for Harrison) d. Jan 13,
        1882, age 38 (289)
    Eulicea m. James R. Montgomery Jun 26,
        1883 (289)
    Jane 1857 (259)
    John H. buried Aug 15, 1864, age 55 (47)
    John H. & Mary parents of Eliza Ann b. 1845
        and Mary Caroline b. 1850 (289)
    Louise m. Wm. Howard Stovall Oct 23, 1888
        (289)
    M. E. 1860 (170)
    Wm. 1857 (259)
GOGG(INE), Jane 1884 (43)
GOOGINE, Thines C. 1884 (43)
GORBEY, Louis & Mary parents of Caroline Louisa
    and Richard Louis bapt Dec 7, 1866
    (289)
GORDON, Fannie m. J. H. Vernoy Sep 2, 1877 (318)
    Frances 1833 (259)
    Howard C. m. Anna H. Brien 6 Jun 1877 (47)
    Mrs. Jennie W. d. Aug 1874 (289)
    Martha 1836 (334)
    Robert Lytton buried Nov 15, 1876, age 6
        (47)
    Wm. & Susan parents of Wm. Hewson b. May 8,
        1857; and Janette b. Oct 8, 1858 (289)
    William H. m. Susan Litton Dec 19, 1850
        (47)
    Wm. H. & Susan parents of William Hewson
        bapt Jan 8, 1858 (289)
GORIN, Franklin m. Frances C. (Gillott) Boardman
    Jul 30, 1841 (47)
GOSET, William 1806? (164)
GOSETT, Elizabeth 1806? (164)
GOSEY, Addie 1854 (131)
    Addie V. 1887 (131)
GOSS, M. Rose m. Dr. T. J. Holder May 18, 1869
    (257)
    Russell 1852 (327)
GOSSET, Fanny d. Dec 1861 (289)
GOSSITT, A. M. C. 1879 (176)
GOULD, Miss Amelia 1891 (318)
    Miss Eleanor 1890 (318)
GOULDSON, _____ buried Feb 15, 1865, age 72 (47)
GOULDY, J. N. father of Mattie infant bapt 1870
    (318)
    J. N. father of Lou M., James N., John W.
        & Fannie M. infant bapt 1867 (318)
GOUND, E. E. 1887 (318)

GOVAN, W. J. m. Kate C. Eaton Nov 7, 1888 (318)
GOVAS, Ernest d. May 20, 1906, age 60 mo (289)
GOVER, Bank 1897 (271)
GOWDEY, Frances Mary m. Aaron Stretch Mar 10, 1852 (47)
    Thomas jr. buried 1854 (47)
    Thomas buried Jan 29, 1862, age 68 (47)
GOHAGAN, Jennie L. m. J. Berryhill Dec 11, 1889 (318)
GOINES, Mrs. Hester adult bapt Mar 10, 1861 (338)
GOINS, Anne Shelton (dau of Shadrach) bapt Feb 2, 1828 (162)
    Daniel Hardin (son of Shadrach) bapt Feb 2, 1828 (162)
    Jane McKinney (dau of Shadrach) bapt Feb 2, 1828 (162)
    John Inman (son of Shadrach) bapt Feb 2, 2828 (162)
    Shadrach 1827 (162)
    Susanna m. Daniel Campbell 1819 (162)
    Sytha 1822 (162)
GOLDBERG, Nettie m. James E. Hetherington 27 May 1880 (47)
GOLDEN, Hiram 1842 (215)
    Sallie 1887 (131)
GOLDSTON, Chas. D. 1885 (281)
    Dora 1876 (Coleman) (281)
    J. C. 1869, 1870 (281)
    Miss M. L. 1870 (281)
    Mrs. P. C. (wife of J. C.) 1870 (271)
GOLL, Fanny b. Sep 21, 1869, bapt 1881 (47)
    Louis b. 9 Sep 1865, bapt 1881 (47)
    Rose A. b. 19 Oct 1871, bapt 1881 (47)
GOOCH, Allen 1854 (father of Dr. Dave) (170)
    Davide R. 1843, d. Mar 3, 1854 (170)
    Mary E. 1852 (170)
    Tabith 1843 (170)
GOOD, Jacob 1827 (Washington Co.) (23)
GOODALL, R. M. m. Ellen C. Crittenden Sep 21, 1886 (318)
GOODLETT, Laura A. m. John L. Denham 12 Feb 1874 (47)
GOODLIN, Sytha 1821 (162)
    _____ m. Sytha Campbell Mar 7, 1822 (162)
GOODLOE, Edward buried 25 Apr 1873, age 24 (47)
    Harrell H. buried 7 Sep 1884 (47)
    Mrs. M. A. d. May 18, 1890 (289)
GOODMAN, Ethel infant d. Oct 3, 1882 (318)
    J. E. d. Jun 13, 1868 (347)
    Lydia 1857 (170)
    Sam. 1857 (170)
    W. L. m. Essie Jackson Oct 6, 1887 (318)
    W. T. m. Mattie Cantrell May 29, 1893 (318)
GOODNIGHT, Salie 1882 (215)
    Sallie 1887 (215)
GOODREM, Martha V. m. Dr. _____ Perry 1862 (347)
GOODRICH, Henry L. m. Caroline B. McNairy Jun 26, 1851 (47)

GOODRICH, S. A. 1842 (338)
    Wm. & S. A. parents of James Wright bapt Mar 20, 1842, age 60 mo 5 da (338)
    Wm. 1842 (338)
GOODRUM, Martha V. 1848 (347)
    Mary m. R. H. Maxwell 1856 (347)
    Mary A. m. Chas. B. Gunther Jan 4, 1897 (318)
    T. J. & Ella parents of William A., Max W., Thos. H. & Edward F. all bapt Oct 24, 1886 (347)
    T. J. & Ella parents of Frank A. bapt Jun 18, 1888 (347)
    William F. d. 1880 (347)
GOODSON, Nancy 1816 (178)
GRACE, Sally 1833 (331)
    William sr. 1833 (331)
GRACEY, Allice bapt 1878 (271)
    Annie (m. Collins) bapt 1878 (271)
    Bettie bapt 1882 (271)
    Mrs. C. D. bapt 1881 (271)
    Edward A. bapt 1877 (271)
    Jossie bapt 1882 (271)
    Martha bapt 1858, d. 6/6/1885 (271)
    Mary bapt 1882 (271)
GRACY, Hugh 1887 (271)
    John, Elder, 1811 (24)
    Judith C. (see Miss Judith C. Bright) (318)
    Lucy 1887 (271)
GRAEME, John & Margaret parents of Mrs. Kate Graeme Crowley bapt Feb 17, 1882 (289)
GRAFTON, F. (see Miss Sarah Jordan) (318)
    W. D. d. Apr 1874 (318)
GRAINTER, Julia m. Angus McDonald Mar 11, 1874 (338)
GRAHAM, Ada bapt 1893 (271)
    Caroline 1846 (345)
    Caroline jr. 1846 (345)
    Elisabeth 1832 (162)
    Elizabeth K. m. Clarence D. Crutcher 16 Jun 1886 (47)
    Florence (m. Smith) bapt 1893 (271)
    Harry Hardeman 1885, age 16 (22)
    Harry Hardeman, b. 1870, Jul 19 to Samuel L. & Thomasella Graham, sponsored in bapt by Rt. Rev C. T. Quintard, Miss M. A. Clouston & Miss Sallie Currin (22)
    Joseph 1832 (162)
    M. J. 1890 (275)
    Mrs. Martha J. 1876, 1898 (22)
    Miss Martha Jane (Clouston) 1869 (m. to Sml. L. Graham) (22)
    Mary 1832 (162)
    Richard 1846 (345)
    Robert bapt 1896 (271)
    S. A. 1890 (275)
    Samuel L. d. 1/8/1892, age 79 (22)
    Sarah 1816 (178)

GRAHAM, T. bapt 1893, d. 1905 (271)
    Miss Thomasella 1898 (22)
    Thomasella Hardeman 1885, age 15 (22)
    Thomasella Hardeman b. Jul 19, 1870 to
       Samuel L. & Thomasella Graham, sponsored
       in bapt by Rt Rev C. T. Quintard, Mrs.
       C. M. Wray, Miss M. A. Clouston (22)
    Thomas 1900 (21)
    W. W. buried 16 Jul 1870, age 40 (47)
GRAMER, H. C. 1878 (43)
GRANBERY, William L. m. Margaret Treanor 9 Oct
    1888 (57)
GRANGE, Miss Harriet 1896 (318)
    Nana m. Fred F. Andres Nov 17, 1897 (318)
    Miss Nana 1896, m. F. F. Andrews (318)
G(R)ANNAWAY, J. R. 1892 (271)
GRANT, Elisabeth d. 1888 (335)
    Elisabeth 1866 (335)
    H. W. jr. infant d. Jun 7, 1888 (318)
    Jane Ann 1833 (162)
    Lucy May d. May 8, 1900 (318)
    Martha J. 1885, 1887 (215)
    Wm. T. 1848, 1854 (329)
    Wilson 1885 (215)
GRAS, Edward E. m. Lena M. Droitcour Mar 31, 1890
    (289)
GRASEY, Rev. James F. m. M. E. Hannah 1864 (347)
GRASS, J. A. father of Maynard Bachman infant
    bapt 1880 (318)
GRAVES, A. W. 1884 (345)
    Amanda M. 1846 (345)
    Ariella 1865 (329)
    Barbara m. B. O. Duggan Oct 27, 1897 (318)
    David 1833 (90)
    David & wife Ann 1847 (90)
    Davis 1835 (90)
    Eleanor 1846 (345)
    Elenor 1840 (345)
    Eliza 1846 (345)
    Ellin d. Aug 1853 (345)
    Geo. B. m. Lottie Folsom Dec 27, 1893 (318)
    Jas. A. 1846 (345)
    James Franklin son of Jas. N. & Eliza b. Jun
       20, 1843 (345)
    James W. 1846 (345)
    Jno. H. m. Amanda M. Murphy Nov 1841 (345)
    Mary d. Mar 15, 1889 (345)
    Mary 1846 (345)
    Nelson Modrall son of J. N. & Eliza b. 1840
       (345)
    Rebecca dau of Amanda b. Sep 29, 1842 (345)
    S. & A. D. parents of John LaFayette b. Oct
       22, 1889 (338)
    S. W. & A. D. parents of Hal. Dack? b. Aug 24,
       1891 (338)
GRAVET, Mary 1813 (164)
GRAY, Alexander m. Elizabeth King Reeves 29 Apr
    1879 (47)
    Ann Elizabeth before 1862 (318)

GRAY, Ben 1861 (257)
    Benjamin 1866, d. Oct 19, 1877 (257)
    Bettie West d. Apr 24, 1892 (128)
    C. M. clergyman & wife Clara B. 1890 (22)
    Charles McIlvaine b. Feb 5, 1889 to C. M.
       & Clara B. Gray, sponsored in bapt by
       John H. & Horace M. Polk, Ophelia W.
       Polk (22)
    Charles Quinlard 1890 (22)
    Clara Polk b. Aug 5, 1884 to Rev. Chas. M.
       & Clara Bills Gray, sponsored by John
       H. Polk (by proxy), Mrs. E. M. Bennett,
       Miss Emma Gray (22)
    David 1806 (164)
    Delia H. 1872, 1874 (225)
    Eliza K. 1848 (347)
    Miss Elizabeth 1898, Decatur AL (22)
    Miss Ella O. 1861 (257)
    Ello O. (parents--G. S. & Lugy) b. May 28,
       1852 (257)
    Ella O. 1865, m. Bailey Jackson Nov 1870
       (257)
    Etta 1874, to Marshall TX May 20, 1888 (257)
    Fannie Bowers (dau of W. C. & F. C.) d.
       Nov 20, 1884, age 4 yr 2 mo 21 da (289)
    G. S. original member, d. Dec 18, 1871 (257)
    G. S. 1854, 1861 (257)
    G. S. & Lucy F. parents of Joseph William
       Turpin b. Jun 20, 1868 (257)
    G. S. & Lucy parents of Logan Hume b. Jul
       20, 1856; Mary Tabb b. Sep 4, 1858; &
       Eva Etta b. Aug 27, 1861 (257)
    Mrs. H. E. 1879 (257)
    Miss Harriet A. 1860 (338)
    Harry B. m. Miss Jula Pardon 20 Feb 1889
       (47)
    J. J. 1879 (176)
    Jennie Belle m. Lobertus J. J. Nowankamp?
       31 Dec 1885 (47)
    Joseph Alberti m. Mary Frances Morgan Nov
       11, 1896 (289)
    Rev. Jos. R. Gray m. Florence Rollins in
       Columbia MO Nov 1, 1882 (289)
    Lamiza A. b. Nov 2, 1853 (parents--G. S. &
       Lucy) (257)
    Logan Hume 1874 (257)
    Lucy F. 1854, to Marshall TX May 20, 1888
       (257)
    Mrs. Lucy F. 1854 (257)
    Lucy F. b. Apr 16, 1833 (257)
    Martha 1866, d. 9 May 1883 (257)
    Mrs. Martha 1861 (257)
    Mary 1849 (318)
    Miss Mary A. 1861 (257)
    Mary A. 1865 (257)
    Mollie Tabb 1874 (257)
    Phillip m. Alice Gledhill Mar 9, 1890 (318)
    R. P., pastor, Oct 1896 for 2 yrs (128)
    Rachel 1842 (335)

GRAY, Saml. & Lilly parents of Lily Franklin bapt
Aug 31, 1890 (289)
 Saml. Bowen & Lily Dorsett parents of Mary
Belle b. May 20, 1887 (289)
 Susanna 1806, 1813 (164)
 Thomas 1813 (164)
 Thomas m. Winfrey ____ Feb 21, 1884 (289)
 William Trent d. Sep 6, 1888, age 20 yr 5
mo 21 da (289)
 Zebulon P. buried Dec 11, 1880 (225)
 Zebulon P. 1872, 1874 (225)
GREDEY, Mrs. F. M. 1868 (338)
GREDIG, A. parent of Ella bapt Oct 13, 1877 (338)
 A. & F. M. parents of Albert Elmer bapt
Nov 1, 1873 (338)
 A. & F. M. parents of Mary Lula b. Mar 11,
1882 (338)
 Abram 1868 (338)
 Abram & F. M. parents of Anna b. Mar 2, 1870
(338)
 Mrs. Anne d. Apr 6, 1893 in her 77th yr
(338)
 Mrs. Lillie d. Oct 8, 1900, age 44? (338)
 Mary Annie m. Robt. Vestal Nov 2, 1869 (338)
GREEAN, Elizabeth 1843 (170)
GREEN, A. H. d. Feb 10, 1888 (318)
 Alice M. 1871, d. 5 Feb 1884 (318)
 Alice M. d. Feb 6, 1884 (318)
 Allen d. Sep 1875 (259)
 Mrs. Amy 1866 (259)
 Amy C. 1869, m. 1st--Edding, 2nd--Miles
(259)
 Barbary 1821 (329)
 Birdie m. James Barr Oct 1, 1895 (318)
 Bonnie Naomi m. Hugh Lawson McNish Dec 31,
1884 (289)
 Mrs. C. M. before 1862, d. 10 Jun 1903 (wife
of L. Y.) (318)
 Carrie m. F. Gibson Oct 18, 1882 (318)
 Dr. Cecil H. 1893, 1894 to Newark DE (318)
 Cora d. 1881 (259)
 Elisabeth 1833 (162)
 Elizabeth bapt 1885 (164)
 Eliza mother of William Henry bapt Aug 11,
1822 (338)
 Eliza mother of Eliza Ann & Rebecca Jane, all
3 bapt Aug 1821 (338)
 Erwin 1887 (318)
 Evaline 1856 (220)
 Frank d. Jul 9, 1884 (318)
 Mrs. Harriet C. 1887 (318)
 Isaac (see Nancy Safley (259)
 Isaac T. 1871 (259)
 J. A. 1894, d. 1901 (259)
 J. J. bapt 1882 (271)
 J. R. 1884 (259)
 J. T. 1884, d. 1/8/1900 (259)
 James A. 1871 (259)
 James M. 1843 (170)

GREEN, Jennie 1893 (271)
 John 1846 (341)
 John d. May 21, 1860 (289)
 John 1871 (259)
 Dr. Jno. Burton d. Sep 28, 1887, age 68
(289)
 Kittie B. 1872, d. 1/14/1882 (271)
 Dr. L. Y. before 1862, d. 21 Jun 1906 (318)
 Mrs. L. Y. d. Jun 12, 1903 (318)
 Louisa 1889 (259)
 Miss Lucy A. 1892, m. Jas. Barr Oct 1895
(318)
 M. J. 1848, 1860 (329)
 Malvina Isabel 1887 (318)
 Mariah 1850 (334)
 Marion 1850 (334)
 Martha 1848 (329)
 Martha M. 1848, 1860 (329)
 Marvon 1848 (334)
 Mary m. M. M. Hope Oct 3, 1876 (318)
 Mary 1821 (329)
 Miss Mary 1867, d. 3 Jun 1887, m. M. M.
Hope 10/3/76 (318)
 Matilda 1871 (259)
 Nancy 1846 (341)
 Nancy A. 1851, 1853, 1871 (259)
 Nancy E. bapt 1889 (164)
 Newton 1850 (334)
 Norra 1896 (220)
 Nuten 1849 (334)
 Otey P. m. Virginia A. Crump May 31, 1894
(318)
 Rachel 1821 (329)
 S. A. 1884, 1857 (259)
 Mrs. (S.E.) May 1887 (318)
 Samuel 1848 (347)
 Mrs. Sarah Womack buried 1838 (47)
 Shadye 1871 (259)
 Susan Maria m. Charles Stewart Talbot Jun
15, 1852 (47)
 Synthia 1883 (331)
 Thomas 1833 (162)
 Thos. Lee & Ella Sherwood parents of Lilian
Sherwood b. Jun 18, 1886 (289)
 W. E. (606 Cass St) d. Jan 3, 1897 (318)
 W. Ervin 1892, d. 2 Jan 1897 (318)
 W. H. d. Nov 15, 1911 (128)
 W. J. 1849, 1850 (334)
 W. M., minister, 1891 (65)
 W. M. bapt 1876 (271)
 William 1846 (341)
 Wilson 1883 (331)
GREENE, Anna d. Jan 9, 1862 (289)
 George W. m. Amanda Austin Sep 3, 1839 (47)
 Mrs. Harriet C. (widow) (wife of W. E.)
1892 (318)
 Nathorrst? d. Jan 1862 (289)
GREENER, Jennie E. m. Capt Jno S. Kirwan 1863
(47)

GREENER, J. J. buried Aug 2, 1867, age 59-9/12 (47)
GREENLEE, E. E. (see Sallie Chalmers Gallaway) (225)
GREENWAY, Margt. mother of James Cowan bapt Oct 1, 1826 (338)
GREENWOOD, Imogen d. Sep 11, 1889, age 28 (289)
    Polly 1808, 1809 (330)
GREER, Alixine? 1848, 1861 (329)
    Aquilla 1821 (329)
    Asa 1821 (329)
    E. V. 1872 (329)
    Elijah 1848, d. 1867 (329)
    Elizabeth V. 1873 (329)
    J. M. 1849, 1855 (176)
    John M. 1844 (176)
    N. A. 1884 (259)
    S. A. 1873 (329)
GREEVER, Jno. S. m. LaVouchia Snodgrass Oct 27, 1897 (318)
GREGG, George buried 14 Oct 1872, age 33 (47)
    James 1852 (327)
    Janey 1877 (335)
GREGORY, Bell 1889 (215)
    Belle 1895? (215)
    Binnerd D. 1889 (215)
    Elizabeth 1855 (43)
    Sally A. 1889 (215)
    Sarah E. 1872 (215)
    Susan C. m. W. D. Shuffield Aug 28, 1873 (345)
    svens 1869 (43)
    William 1873 (215)
    William R. d. Jul 16, 1888 (345)
GREIG, Annie adult bapt Jan 15, 1860 (289)
    Annie D. m. Chas. Mitchell Apr 10, 1865 (47)
    Mrs. George buried 25 Feb 1875, age 57 (47)
    Eliza C. (or Elija?) d. Apr 27, 1861, age 15 (289)
    Eliza Cordelia adult bapt Jan 15, 1860 (289)
    Maggie buried 11 Sep 1874, age 35 (47)
    Margaret Jane adult bapt Jan 28, 1860 (289)
GREVES, Manda J. m. John W. Weber 18 Mar 1879 (47)
GREYLOR, Miss Nancy 1867 (259)
GRIBBLE, D. C. 1871, 1884 (259)
    Haskell 1833 (259)
    M. A. 1884, 1871 (259)
    Margaret C. 1884, 1871 (259)
    Samuel & wife Mary Jane 1848 (259)
    Tabitha 1884, 1871 (259)
    William 1833 (259)
GRICE, James 1843 (275)
    Nancy 1843 (275)
    William T. d. Jun 8, 1874 (345)
GRIEG, John buried Oct 1864, age 22 (47)
GRIFFEN, Hixey? M. 1846 (345)
    Mary J. 1873 (329)
    Pleasant L. 1869 (164)
GRIFFETHS, Miss Jane A. 1861 (257)

GRIFFIN, Almedia 1866 (329)
    Benjamin 1873 (329)
    Bramblet 1848 (334)
    Burl 1876 (329)
    Caladonia V. 1866 (225)
    Davis & Christina parents of Melissa Ann b. Mar 11, 1850; Melinda Cordelia b. May 10, 1854; and James b. Mar 16, 1858 (289)
    Miss Elizabeth 1880 (329)
    Elizabeth 1836 (334)
    Elizabeth D. 1836 (maiden name apparently Curry) (334)
    Francis 1870 (329)
    Horace S. 1867 (225)
    Horace Sindney, James Henry & Albert Newton sons & Caledonia Virginia & Julia Olevia daus of James H. & Zilpia A., bapt 1861 (225)
    Jas. H. 1859 (225)
    James M. 1848 (334)
    Mrs. Jane M. d. Mar 30, 1896, age 72 (289)
    John A, 1872 (329)
    John C. 1867 (318)
    John C. & Nellie L. infant bapt 1877 (318)
    Julia O. 1867 (225)
    L. L. 1850 (334)
    Lucy A. 1880 (329)
    Malissa C. 1872 (329)
    Mrs. Margaret d. 28 Jul 1858 (225)
    Marion 1876 (329)
    Mrs. Maria L. (widow) 1893 (318)
    Mary 1865 (329)
    Nancy 1858 (215)
    Nancy F. (now Moyers) 1858 (162)
    Narcissa C. 1870 (164)
    Mrs. Nellie d. 1881 (318)
    Polly 1843 (215)
    R. S. 1866 (225)
    Rebecca 1848 (329)
    S. S. 1849 (334)
    Mrs. Sallie H. (wife of Jno. C. jr) 1897 (318)
    Sally 1848 (329)
    Thomas buried Jun 26, 1850, age 20 (47)
    Violy 1891 (164)
    Wm. 1874, 1880 (329)
    William H. 1858 (162)
    Zilphica? 1846 (225)
GRIFFIS, Anderson 1850, 1836 (334)
    Careline 1848 (334)
    Elizabeth 1850 (334)
    Eliza C. 1850 (334)
    Frances D. 1855 (334)
    Hixby M. 1841 (345)
    John L. 1850 (334)
    Josefene P. 1855 (334)
    Mary C. m. J. N. Haxlehurst Oct 6, 1886 (318)
    Nancy 1848 (334)

GRIFFIS, Sarah 1848, 1850 (334)
    Sarah A. 1850 (334)
    W. F. 1849 (334)
    W. J. 1850 (334)
GRIFFISS, Miss Ethel 1889, d. 5 Sep 1896 (318)
    G. father of Jno. C. & Nellie L. infants
        bapt 1877 (318)
    Jno. C. jr. 1885 (318)
    John C. 1866 (318)
    John C. sr. father of Edith infant bapt
        1887 (318)
    John C. father of Ethel & Raymond infant
        bapt 1882
    Jno. C. jr. m. Sarah H. Johnston Dec 8, 1896
        (318)
    Miss Nellie Lyle 1891 (318)
GRIFFITH, Augustice C. 1874 (215)
    Jane m. William Wright Jun 28, 1861 (257)
    Mrs. Jane? 1854, m. William Wright (257)
    Katie d. May 8, 1887 (318)
GRIFFITHS, Mrs. Jane 1854 (257)
    Jane A. 1865, m. Thomas King (257)
GRIFFON, Eliza 1836 (334)
    Elizabeth 1850 (334)
GRIGBY, Mary 1885 (43)
    Sarah 1850 (330)
GRIGERS, Sarah 1850 (330)
GRIGGRY, Iven 1887 (43)
    Ivry 1883 (43)
GRIGGS, Elisabeth 1836 (334)
    James 1836 (334)
    Lucy 1869, 1887 (215)
    Nancy 1836 (334)
    Nancy V. 1887 (215)
GIRGORY, Catherine 1819 (215)
GRIGRY, William 1884 (43)
    William D. 1884 (43)
GRIMES, Ann 1855, 1860 (43)
    Jesse 1821 (329)
    John S. 1855, 1859 (43)
    Mary 1855, 1859 (43)
    Talitha J. 1856 (43)
    Thos. J.? 1855 (43)
GRIMIS, James 1878 (43)
GRIMIT, Martha 1806 (164)
GRIMMAR, Jacob 1822, 1839 (90)
    Pliney? 1822 (90)
GRIMMES, (Gremmer?), Jacob 1815 (90)
GRIMMET, Patsy 1813 (164)
GRIMSLEY, Ashton 1881 (270)
    Elender 1877 (270)
    F. H. 1881 (270)
    J. H. 1856, 1865 (220)
    John 1877 (270)
    Kesiah 1845, 1877 (270)
    Manerva 1845, 1877 (270)
    Margaret 1845, 1877 (270)
    Margaret E. 1877 (270)
    Margaret S. 1845 (270)

GRIMSLEY, Maria 1845 (270)
    Mary 1845, 1856 (48)
    W. L. 1856 (220)
    William F. 1877 (270)
GRIMSLY, Elender 1845 (270)
    Elizabeth 1845 (270)
    George? 1845 (270)
    George K. 1877 (270)
    Kesiah 1825 (220)
    Mary 1842 (48)
GRINDER, James 1884 (21)
    John & Malinda 1838 (21)
    John, Elder 1868 to 74 (21)
    John C. 1871 (21)
    Marion J. 1869 (21)
GRINDSTAFF, Elizabeth b. Jan 1, 18811, d. Nov 15,
    1896 (166)
GRISCOM, W. S. m. Emma Norris Dec 16, 1885 (318)
    Wm. S. 1885 (318)
GRISHAM, Martha A. 1855, 1860 (43)
GRISSOM, Adellish 1884 (259)
    Clemine 1886 (259)
    Delila 1848, 1854 (329)
    Demaris 1848, 1855 (329)
    F. d. Aug 23, 1902 (318)
    Oliver W. 1862? (215)
GRISSUM, Geo. 1842 (48)
    Jane 1879 (280)
    Oliver 1854 (215)
GRIS----, William F. 1845 (270)
GROCE, Harret 1881 (270)
    Po-ly 1833, 1848 (331)
    Susan 1848, 1883, 1865, 1833 (331)
    Thomes S. 1881 (270)
GROFFLIN, Joseph father of William Stewart bapt
    Nov 20, 1868 (289)
GROOMS, Prudence 1872 (257)
    W. C. 1872, d. 1 Jul 1883 (257)
GROOS, Tate 1897 (215)
GROS, Fred D. m. Lee Anna Baker Aug 20, 1895 (318)
GROSS, J. A. father of Neill Ross infant bapt
    1887 (318)
    J. A. father of Trula Myrtle & Mable Edith
        infant bapt 1884 (318)
    J. D. 1888 (259)
    John 1862?, 1849 (215)
    Joseph A. 1878 (318)
    Laura E. m. Geo. Clark Dec 20, 1880 (318)
    Maynard B. d. Dec 27, 1883 (318)
    Mrs. Nannie L. 1880, wife of J. A. (318)
GROVER, Clarence B. 1892, d. 2 Jan 1897 (318)
    Mrs. Martha Alice (wife of C. B.) 1892 (318)
GROVES, Ciely 1887 (259)
    Liddia 1883 (331)
    Lyda 1806? (164)
GRUBB, Francis 1887, 1880 (275)
    J. E. 1888, 1891 to Macon GA (318)
    J. M. 1887, 1873, 1880 (275)
    Licey 1887 (275)

GRUBB, Lindy 1887 (275)
    Mary 1873 (275)
GRUBBS, Fred Edgar infant bapt 1888 (318)
    J. E. m. Rosa Fox Apr 7, 1886
    Mrs. Rosa adult bapt 1888 (318)
    Mrs. Rose (wife of J. E.) 1888, 1891 to
        Macon GA (318)
    Mollie Chilcut 1883 (wife of Ben Grubs)
        (wife of James Gipson) (281)
GRUDIG, Mrs. Annie Mary 1869 (338)
GRYMES, Susie m. Thos. Ferebee Feb 6, 1889 at
    Cumberland Furnace (289)
GUENTHER, Mrs. Caroline 1875, d. May 2, 1896
    (264-2)
    Charlotte A. m. J. Albert Newton Jun 19,
        1873 (264-2)
    G. A. m. Sallie Roberts Martin Feb 12, 1874
        (264-2)
    G. A. 1883 (264)
    Gustavus 1966 (264-2)
    Gustavus A. & Sallie Roberts parents of
        Julia b. Feb 2, 1877, bapt 1877 (264-2)
    Gustavus A. & Sallie Roberts parents of
        Maggie Martin b. Feb 22, 1875, bapt 1875
        (264-2)
    Gustavus A. 1866, 1890--Birmingham, AL, m.
        Sallie R. Martin (264-2)
    Mary 1869 (264-2)
    Miss Mary C. member 1869, m. Chas. F. Brause
        (264-2)
    Mary C. m. Charles F. Brause Sep 19, 1876
        (264-2)
GUFFEE, A. C. 1888 (220)
    Marg 1856 (220)
    Nancy 1843 (275)
    Thomas 1843 (275)
GUFFIE, Lizzie 1888 (220)
    Martha 1888 (220)
    Nancy 1888 (220)
GUFFISS, William (Welshman) d. Jul 15, 1878 (318)
GUILD, Bettie member 1854, m. Baxter Smith (257)
    Bettie A. 1870 (257)
    Mrs. Catharine 1854, 1861 (257)
    Catharine original member, d. Oct 19, 1888
        (257)
GUILD, Florence 1867, m. Thomas L. Dodd (257)
    Florence m. Thomas L. Dodd May 13, 1868
        (257)
    Miss Florens 1861 (257)
    George & Georgia parents of George Mullens
        bapt 1872 (257)
    George & Georgie parents of Walter Keeble
        bapt 1868 (257)
    George B. (see Georgia E. Thompson) (257)
    George B. 1861, 1865 (257)
    Geo. B. & Georgiana parents of Joseph Conn
        & William W. T. bapt 1866 (257)
    Georgie E. 1858 (257)

GUILD, J. C. 1861 (257)
    Joe C. & Cathrine parents of Cathrine
        Blackman bapt 1860 (reel # omitted)
    Josephus C. 1867, d. 8 Jan 1883 (257)
    Miss Kittie 1861 (257)
    Kittie m. John M. McKee May 1, 1872 (257)
    Victoria 1854, d. Aug 8, 1867 (257)
    Victoria d. Aug 6, 1867 (257)
    W. J. & Bettie parents of Florence bapt
        1874 (257)
    Walter & Bettie G. parents of Josephus C.
        & William Alexander bapt 1872 (257)
    Walter m. Bettie Alexander May 20, 1869 (257)
    Walter J. 1861 (257)
    Walter J. 1865, d. Aug 1879 (257)
GUILLE, Charles R. 1895, 1899 to Meridian MS
    (318)
    George E. 1889 (318)
    Miss Katie B. 1891, m. R. F. Sloan 6/25/94
        (318)
GUILLIAM, Annie (Dayton) m. Jno. Troutt Oct 11,
    1888 (318)
GULLEY, Fanney 1844 (335)
    Johnston 1844 (335)
GULLEDGE, Mrs. Fany A. (wife of E. H.) 1870 (281)
GULLICK, Francis 1840 (21)
    J. A. d. Oct 1899, member 1840 (21)
    Manurva Jane 1863 (21)
GUNN, William E. m. Agnes A. Moore 17 Oct 1883
    (47)
GUNNEY, A. D. m. Nellie Locke Oct 13, 1874 (318)
GUNNING, A. S. 1852 (327)
    George J. 1852 (327)
    J. A. 1852 (327)
GUNTHER, Chas. B. m. Mary A. Goodrum Jan 4, 1897
    (318)
    Christina m. W. A. Fruedenberg Jun 1, 1879
        (318)
    Walter m. Lilly J. Jones Jan 27, 1897 (318)
GURNEY, E. G. & E. A. parents of Edwin Gerald b.
    Oct 7, 1893 (257)
GUSTAVSON, S. J. 1879 (318)
GUTHRE, W. H. 1858 (176)
GUTHRIE, Alexander 1818, Elder, 1829 (162)
    George & Ellen parents of Joseph Hobson
        bapt Jul 11, 1883 at Gallatin (289)
    Isabela 1820 (162)
    Mrs. Thomas d. Jan 3, 1888 (318)
    W. H. 1855 (176)
    Mrs. 1819 (162)
GUTHRY, Ann 1836 (334)
GUYNN, Lizzie d. Apr 18, 1886 (345)
HABOCK, Sarah 1859 (338)
HACK, Reb (f) 1860 (220)
HACKEN, Bitha 1866 (220)
    Tabitha 1867 (220)
HACKER, Mrs. Maggie 1879 (318)
    Nettie S. adult bapt 1885 (318)

HACKLER, Ailey 1856 (220)
    Geo. 1888 (220)
    Gus 1862 (220)
    J. W. 1865 (220)
    John 1862, 1865 (220)
    Z. W. 1856 (220)
HACKNEY, Joseph d. 1875 (347)
HACKNY, Mary E. A. 1836 (334)
    William H. 1836 (334)
HADEN, Annie m. Albert R. Pierce Jun 22, 1892 (289)
    Clement & Sarah parents of Joanna b. Sep 18, 1848 (289)
    Izorah (wife of Thos. B.) b. Sep 13, 1841 (289)
    Thos. & Izorah parents of Rowena b. Jul 9, 1879 (289)
    Thomas B. & Izorah parents of Annie Trousdale bapt Apr 16, 1892 (289)
    Thomas B. & Izorah parents of John Thomas bapt Feb 24, 1891 (289)
    Thomas B. & Isora (Lowe) parents of Charles Warren b. Oct 1, 1860 (289)
HAGAN, Anna M. m. Robert F. Tate 27 Jun 1882 (47)
    Mrs. Caroline d. Dec 26, 1897, age 80 (47)
    Mrs. Christiana H. d. Nov 8, 1909 in Cincinnati, age 80 (289)
    Christine (widow) bapt Feb 20, 1891 (289)
    Frank d. Mar 28, 1890, age 65 (289)
    Gilbert & Caroline parents of James Sitler b. 3/7/38; Henry b. 25 Nov 1840; Marie Adele Jocelyn b. 12/31/47 (47)
    Gilbert m. Caroline Sitler May 24, 1838 (47)
    J. buried Oct 24, 1862, age 71 (47)
    Rufus d. May 11, 1897, age 39 (residence Oxford OH) (47)
HAGARD, N. G. 1856 (220)
HAGER, H. H. m. Jennie McM. Sharp Oct 12, 1898 (318)
HAGGARD, James 1848 (275)
    Jane 1856 (220)
    N. C. 1862 (220)
    R. G. 1893, 1862, 1888 (220)
    W. C. 1856 (220)
    _____ d. Aug 21, 1892 (R R Conductor) (318)
HAGLER, M. A. 1888 (220)
    M. L. 1888 (220)
    Mollie 1893, 1896 (220)
    Pollie 1893, 1896 (220)
HAGOMAN, S. A. m. Sue M. Bouder? Aug 21, 1867 (he from LockHaven PA, she from Campbell Co. KY) (257)
HAGUE, Sister _____ 1883, d. 1887 (331)
HAHN, Charles L. m. Mrs. Maggie A. Benjamin Oct 23, 1891 9338)
HAILE, J. P. 1860 (341)
HAINES, Mrs. Alice (wife of W. M.) 1888 (318)
    Jennie E. m. John E. Stanley Nov 9, 1887 (289)

HAINES, Wm. M. 1888 (318)
HAIR, Cynthia (wife of Larkin) 1851, d. 26 Sep 1890 (318)
    Larkin before 1862, d. 8 Jan 1897 (318)
    Larkin d. Jan 9, 1897, 84 yrs (318)
HAIRE, John T. M. m. Betty Humes 10 Jun 1886 (47)
HAITHCOCK, Allen d. Sep 9, 1861 (131)
    Lucinda d. 12 Mar 64 (reel # omitted)
HALBERT, Harper 1833 (259)
HALE, Mrs. Addie (wife of C. H.) 1889 (318)
    Charles infant bapt 1889 (318)
    Chas. H. 1889 (318)
    Denise 1892 (275)
    Ellen adult bapt 1866 (318)
    Mrs. H. J. d. Jan 17, 1900 (318)
    Mrs. Hannah Jane 1892, d. 16 Jan 1900 (318)
    James 1871 (259)
    Josiphine adult bapt 1867 (318)
    Madison d. Aug 1, 1891 (Confed Veteran) (318)
    Maj. H. father of P. S. infant bapt 1866 (318)
    Mrs. Mary b. Jan 6, 1857 (AL) to Matthew & Melvina Janes, bapt 1898 (47)
    P. S. d. 1867 (318)
    P. S. infant bapt 1866 (318)
    Thomas 1822 (205)
    W. B. & Sallie parents? of Hattie Somerville infant bapt 1879 (318)
    W. B. & Sallie parents of Katie Phipps infant bapt 1877 (318)
    W. B. m. Sallie Phipps Jul 21, 1874 (318)
    W. D. & Sallie (Rogersville) parents of Katie Phipps Hale infant bapt 1877 (318)
    William (see Mrs. A. C. Foust) (264-2)
    Miss _____ m. Charles T. P. Jarnagin Sep 18, 1834 (162)
HALEY, D. W. 1887 (131)
    Fannie (see Fannie Hays) (281)
    Jane 1865 (329)
    John B. 1872 (329)
    Lassie m. John W. Walker Jul 17, 1870 (289)
    Lou 1876 (329)
    Martha 1887 (131)
    Mary E. d. 1893 (347)
    Nancy 1852? (131)
    Nancey d. Oct 1881? (131)
    Peggy 1806? (164)
    Perlissa 1862 (215)
HALY, K. E. 1887 (131)
HALL, A. P. 1867, 1868, 1870 (176)
    Adaline 1846 (341)
    Mrs. Claudia d. Nov 22, 1891 (318)
    D. T. m. Claudie Protho Jan 16, 1888 (318)
    D. T. father of Jennie Louise infant bapt 1889 (318)

HALL, E. R. d. Jan 14, 1900 (347)
    Edward P. 1819, 1820 (162)
    Edwin E. m. Mattie Lee 18 Feb 1879 (47)
    Eliza d. 15 Jul 1855 (225)
    Miss Eliza 1898 (318)
    Ema W. 1827 (24)
    H. W. & Annette parents of Aleck McMillan b.
        Nov 19, 1878 (338)
    H. W. parent of Lucy Cowan b. Apr 16, 1881
        (338)
    H. W. & Nettie parents of Margaret b. Mar 13,
        1883 (338)
    Hannah 1846 (341)
    Herbert W. m. Annette McMillin Jan 13, 1878
        (338)
    Herbert W. 1870 (338)
    Hugh C. 1852 (327)
    James 1887 (275)
    James W. 1893 (271)
    Jane 1887 (131)
    John 1843 (170)
    John W. 1827 (24)
    Joseph 1860 (170)
    Katherine 1846 (341)
    Lena Belle m. William F. Kirby Jan 26, 1891
        (338)
    Martha m. Thomas A. Cooper Nov 9, 1837 (47)
    Martha D. m. Benjamin Lillard Sep 26, 1871
        (289)
    Mary (see Mary Depart) (24)
    Mrs. Mau M. 1899 (wife of Lewis) (318)
    Pattie A. m. David Burford Dec 21, 1871
        (257)
    Poly 1832 (335)
    Robert Pleasant adult bapt 1826 (22)
    Robert Pleasant buried Jul 1826 (22)
    Roberta 1887 (215)
    Sarah A. (see Sarah A. Ramsey) (24)
    Susan 1860 (170)
    Thos. A. 1827 (24)
    Thos. J. 1827 (24)
    Rev. Thomas J., Rock Creek Bible Society
        1815 (continued for 39 yrs) (reel #
        omitted)
    W. M. 1878 (176)
    William 1833 (331)
    William S. 1846 (341)
HALLAM, Martha Ann adult bapt Dec 20, 1882 at
        Gallatin (289)
    Robt. m. Cerilda J. Perice Aug 16, 1888
        (318)
    Sallie D. m. Laurence S. Beck May 21, 1891
        (289)
HALLER, Mrs. (Mrs. Coxon's sister) d. Feb 7, 1888
        (318)
HALLIDAY, Mr. L. B. adult bapt 1896 (318)
HALPAKER, Susan A. 1872 (329)
HALSTEAD, E. A. (wife of Jeff) 1879 (281)
    James (see M. J. Coleman) (281)

HALSTEAD, Mollie Janette (see M. J. Coleman) (281)
    N. A. (f) 1887 (281)
HALSTED, J. ca. 1870 (281)
HALSTEN, Fred d. Dec 19, 1905 (d. in OH) (318)
HALSTON, Anne d. Jul 14, 1898 (318)
HALTON, Cullen E. bapt 1877 (271)
    Emily bapt 1865 (271)
    Heneretta bapt 1865, d/ 9/28/1878 (271)
    Jessie 1874 (271)
    Julia bapt 1843 (271)
    Laura 1874 (271)
    M. T. bapt 1867 (271)
    Stephens bapt 1876 (271)
    William bapt 1877 (271)
HAM, Mrs. Marcia E. d. Mar 28, 1900 (318)
    Rebecca 1840 (275)
HAMBARGER, D. L. d. Apr 17, 1905 (318)
HAMBLEN, Mrs. Carrie (wife of W. H.) 1886 (318)
    M. C. m. Jno. Ankerbough Apr 19, 1882 (318)
    W. F. m. Carrie W. Hooke Sep 14, 1880 (318)
HAMBRIC, F. M. 1871 (176)
HAMBRIGHT, Mary (wife of Oliver) 1884 (318)
    Oliver 1884 (318)
    Robert B. 1884 (318)
    William L. 1884, d. 15 Apr 1896 (318)
HAMBY, L. V. m. Flora S. Colby Jun 26, 1895 (318)
HAMELTON, Joseph 1818 (162)
    Mrs. Sally 1821 (264)
HAMES, Richard W. 1855 (259)
HAMIL, Susie C. m. S. E. DeFrese Oct 10, 1899
        (318)
    _____ d. Nov 19, 1883 (318)
HAMILL, Samuel 1840 (318)
HAMILTON, Alex 1859, d. Jan 3, 1863, hospital
        Jackson MS (162)
    Allen m. Ella Crabb Mar 6, 1888 (318)
    Benjamin Frank m. Kate L. Heaver 10 Jul
        1873 (47)
    Dolly Amanda 1826, 1822 (162)
    Mrs. E. D. (wife of G. H.) 1874, 1875 to
        Dalton GA (318)
    Mrs. E. J. d. May 1909, age 44 (120)
    Eliza m. Lucas Kennedy Sep 16, 1819 (162)
    Eliza 1828 (338)
    Eliza J. 1858 (162)
    Mrs. Ella (wife of Allen) 1891 (318)
    Elvira (dau of Rev. William Eagleton)
        bapt 1821 (264)
    George H. 1874, 1875 to Dalton GA (318)
    James & Susanna A. parents of Henry Evans
        bapt May 11, 1858 at age of 14 mos
        (289)
    James F. & Susanna A. parents of William
        Bowling b. Mar 21, 1859 (289)
    Jane adult bapt 1827 (162)
    Jane (of Robt) 1827 (162)
    John B. 1852 (327)
    John S. 1852 (327)
    Joseph 1818, 1827, 1804 (162)

HAMILTON, M. Elizabeth 1852 (327)
    Mabberry T. m. Mary Jane Patterson Dec 13, 1843 (345)
    Miss Margt. d. Apr 7, 1893 (d. in Atlanta, taken to IN?) (318)
    Margaret & David parents of Jessee James b. Apr 27, 1859 (289)
    Miss Margaret 1891, d. 5 Apr 1893 (318)
    Miss Margt. adult bapt 1891 (318)
    Margaret C. buried 5 Sep 1874, age 4 mos (47)
    Mary m. _____ Gammon Jul 20, 1824 (162)
    Mary E. 1852 (327)
    R. B. 1876, 1878 (176)
    Robert 1827 (162)
    Mrs. Sally 1821 (264)
    Thos. 1849 (176)
    Mrs. 1821 (162)
HAMLIN, C. E. d. Jan 21, 1902 (d. in Atlanta) (318)
    C. E. m. Florence C. Williams Aug 26, 1891 (318)
    Lord Lee d. Nov 28, 1895 (318)
HAMM, Mary 1848 (347)
HAMMAN?, John 1813 (164)
HAMMER, Geo. W. d. Apr 7, 1895, age 80 (47)
    J. A. m. Mary J. Ezell Oct 26, 1881 (345)
HAMMERSLY, Mrs. buried Nov 16, 1880, age 50 (47)
HAMMON, John jr. 1813 (164)
    Ledy 1813 (164)
    Milly 1813 (164)
    Nancy 1813 (164)
    Polly 1813 (164)
HAMMOND, Florence m. C. W. Burnham Apr 5, 1895 (318)
    Lucy B. m. Frank W. Brady Dec 12, 1895 (338)
    W. B. m. Jennie Early Sep 14, 1880 (318)
HAMMONDS, Eli 1833 (162)
HAMMONS, Gab 1841 (249)
    Gabriel 1831 (259)
    Lane 1831 (259)
    Lyda 1806 (164)
    Mary 1880 (164)
    Mary 1831 (259)
    May 1841 (259)
    Nancy 1832 (162)
    Polly 1831, 1841 (259)
    Samantha 1831 (259)
    William 1813 (164)
HAMPON, Betsy 1819 (264)
HAMPTON, Alfred 1876, d. Oct 23, 1876 (322)
    Mrs. F. C. d. Oct 8, 1897 (318)
    M. A. (f) m. W. D. Plant Sep 21, 1891 (318)
HAMS, William Hooper m. Mary Preston Craighead Jan 7, 1874 (289)
HANCE, John 1832 (335)

HANCOCK, A. Edward m. Mary J. Driver May 26, 1859
    Mrs. Ida S. d. Jan 23, 1894 (buried at Greenwood) (318)
    James D. d. Jun 23, 1895 (318)
    S. P. 1860 (341)
    _____ m. Lucinda R. Hutton 1867 (345)
HANDLEY, William & Mattie (Parks) parents of Eddie Morgan b. Apr 10, 1879 (289)
HANDLIN, J. V. pastor Oct 1890 for 2 yrs (128)
    John & Melissa parents of John Burcham b. Apr 23, 1893 (289)
HANDY, Edward S. m. R. A. Virginia Dickinson Apr 19, 1849 (47)
    John H. m. Mary F. Harris May 27, 1855 (22)
    John H. confirmed 1854 (22)
    John H. infant bapt 1836 (22)
    Mrs. Lucy C. d. 11/1/1889, age 77 yr 4 mo (22)
    Mrs. Lucy C. 1876 (22)
    Mrs. Lucy Clayton confirmed 1869 (22)
    Maria confirmed 1835 (22)
    Maria Louisa dau of Thos. Kirman & Maria Louisa Handy bapt 1846 (22)
    Mary F. buried Sep 23, 1855 (22)
    Thomas K. d. Jun 30, 1880, age 70 (22)
    Mr. Thomas Kirkman confirmed 1869 (22)
    Mrs. Wiliam 1854 (22)
    Mrs. buried 1842 (22)
HANEGAR, E. & M. parents of Ann Elizabeth b. Jan 3, 1897 (338)
HANES, Everett 1856 (90)
HANEY, Ann 1849 (275)
    S. 1848 (220)
HANING?, Annie m. W. H. Hunt Nov 20, 1884 (318)
HANKINS, J. 1848 (220)
    James 1821 (220)
    John G. 1857, d. 1861 (259)
    Martha 1848 (220)
    Sarah M. 1857 (259)
HANLEY, Thomas 1870 (215)
HANN, Mrs. Rosa Capehart d. Feb 25, 1898 (318)
HANNA, Abner H. 1848 (347)
    Georg W. 1848 (347)
    M. E. m. Rev. James F. Grasey 1864 (347)
    Margaret A. infant bapt ca. 1850 (47)
    Martha J. 1848 (347)
    Mary H. m. Lee Henderson 1861 (347)
    Rachel V. infant bapt 1849 (347)
    Thomas m. Nancy M. Dixon Sep 1853 (347)
    Mrs. W. A. (Valley Head AL) d. Sep 5, 1904 (318)
    Thomas Dixon infant bapt Oct 6, 1853 (347)
HANNAN, Elizabeth 1845 (270)
HANNETH?, Mary H. 1848 (347)
HANNON, Elizabeth 1877 (270)
    Elizebeth 1881, d. May 1890 (270)
    Eva 1889 (271)

HANNON, Israel 1865 (220)
    L. D. 1889 (271)
HANNUM, James W. of Maryville m. Laura A. Martin of Blount County Jun 15, 1854 (338)
HANSON, John A. (from FL) m. Lucy V. Williams Sep 29, 1885 (338)
HANTLY, Keziah 1848 (220)
HANVY, Susan 1846 (341)
    Thomas 1846 (341)
HAPPERSETT, Reese d. Oct 2, 1866 (338)
HARBISON, James J. 1843 (345)
    Sally 1843 (345)
HARDAWAY, Branch 1848, 1865 (329)
    Delilah 1870 (329)
    John 1848 (329)
    Meriel R. 1865 (329)
    Sarah 1869 (329)
    William 1848 (329)
HARDEMAN, Ann adult bapt 1835 (22)
    Ann confirmed 1832 (22)
    Bethenia H. confirmed 1834 (22)
    Mrs. Bethunia 1837 (22)
    M. M. M. confirmed 1832 (22)
    Mary M. M. adult bapt 1832 (22)
    Nicholas Perkinds d. 2/8/1891, age 69 yr 5 mo 13 da (22)
    Nicholas W. adult bapt 1835 (22)
    Sarah E. adult bapt 1835 (22)
    Col. Thomas b. Jul 6, 1799, d. Sep 16, 1836 (22)
    Wm. adult bapt 1837 (22)
    Wm. D. adult bapt 1835 (22)
HARDEN, Anna J. d. Jun 1904, age about 69 (166)
    Christian C. b. Oct 25, 1860, d. Jun 1906 (166)
    Clary 1818 (164)
    Isaac b. Dec 25, 1879, d. Aug 31, 1901 (166)
    Joshua 1822 (205)
    William 1839 (335)
HARDGRAVE, Lucy m. Albert Lattimore Dec 22, 1898 (318)
HARDIN, Peggy 1824 (162)
    Rev. Robert 1818 (162)
    Sarah 1865 (275)
    Silvy (black) 1818 (162)
    William 1843 (335)
HARDING, Anna m. Victor Horine Sep 22, 1886 (289)
    Giles L. 1850 (170)
    Israel Hughes b. Nov 13, 1887, bapt 1888 parents--Walter & Lauring (225)
    Mary H. 1847 (170)
HARDISON, Jennie A. (see Jennie Ogilvie) 1888 (345)
    W. H. m. May Kate Duncan Sep 24, 1899 (318)
    W. M. m. Lizzie A. Boyd Sep 13, 1886 (345)
HARDY, Arthur & Kate parents of Annie Dove (6 mos old) bapt May 8, 1884 (289)
    Miss Fannie S. S. d. Aug 7, 1884, age 32 (289)

HARDY, Hannah buried Oct 28, 1867, age 60 (47)
    Wm. buried 16 Feb 1884, age 74 (47)
HARE, Mrs. Richard A. d. May 19, 1902 (318)
HARGIS, Cardua? C. 1862? (215)
    Drewcilla 1862? (215)
    Elizabeth 1889 (215)
    Ezekial 1889 (215)
    Frederick 1862? (215)
    Hamelton 1862? (215)
    Hannah 1862? (215)
    Henderson 1862? (215)
    Hugh F. 1880 (215)
    Jane 1862? (215)
    John 1862? (215)
    Marthy 1842 (215)
    Pactolus P. 1862? (215)
    Vesta 1862? (215)
    Zora 1894 (215)
HARGRAVES, Mary 1883 (43)
HARGROVE, Ellen J. 1855 (43)
    Ellin J. 1856 (43)
    Melviny 1869 (43)
HARGUS, Betza 1862? (215)
    Martha 1844 (215)
HARKER, J. A. 1875 (176)
HARKEY, J. A. 1878 (176)
HARLAN, Tabitha d. Nov 6, 1871 (318)
    Thomas P. d. Aug 14, 1869 (318)
HARLE, Penelope D. 1859 (162)
HARLEY, Alex. d. Mar 29, 1890, age 82 (289)
    Primrose H. killed by R.R. Mar 18, 1884, age 26 (289)
HARLOW, George H. m. Mary E. Dorsett Nov 29, 1893 (son of Benjamin & Sarah of Williamsport) (22)
HARLOWE, Rev. Wm. D. 1860 (120)
HARMAN, Elizabeth 1833 (338)
    Mrs. Isabella buried Jan 5, 1845 (47)
    Israel 1862 (220)
    J. d. Feb 16, 1852 (338)
    Jacob father of Thomas bapt Sep 6, 1826 (338)
    Jacob father of Jacob bapt Jun 18, 1831 (338)
    Jacob 1822 (338)
    Jacob father of Margaret Jane bapt Oct 1821 (338)
    Jessie m. David R. Overman Feb 9, 1890 (289)
    Polly 1822, 1857 (338)
    William m. Isabella Houston Watkins Jun 13, 1842 (47)
    William (son of Henry) bapt May 5, 1816 (338)
HARMON, E. 1842 (338)
    Miss Elizabeth 1841 (338)
    Eva Augusta bapt 1896 (271)
    Israel 1856 (220)
    Isreal 1893, 1896 (220)

HARMON, J. 1888 (220)
    Jacob 1841, 1842 (338)
    Jacob d. Mar 26, 1895 (a Conf soldier) (338)
    Luther d. Jun 29, 1898 (347)
    Margaret J. d. Oct 10, 1899 (338)
    Margaret Jane d. Oct 10, 1899, age 78 yr 1 mo 20 da (338)
    Mary 1820 (205)
    Melvina 1888, 1896 (220)
    P. 1842 (338)
    Mrs. Polly 1841 (338)
    S. D. & Jose parents of Flecher Austin, Robert Stockard and Luther Lee bapt Jun 28, 1885 (347)
    Sallie 1888 (220)
    Mrs. _____ (wife of Chas. C.) d. Apr 19, 1885 (289)

HARPER, Douglass 1833 (259)
    Henry 1836 (334)
    J. A. 1876 (176)
    J. H. 1887 (131)
    James 1808 (330)
    John 1841 (259)
    John H. buried May 12, 1871, age 35 (47)
    Mulerna A. 1848 (334)
    Suthan 1884 (43)
    Suthan d. May 20, 1886 (43)

HARRIMAN, Elizabeth (see Alexander Kinnear) (289)

HARRINGTON, _____ (CV) d. Sep 18, 1902 (318)

HARRIS, A. C. 1893 (345)
    Albert W. d. Jul 23, 1898, age 59 (47)
    Ann E. m. Lee Sullivan Oct 22, 1838 (47)
    Anna m. S. Hatfield Jun 12, 1883 (318)
    Carey Allen son of Martha F. bapt 1841 (22)
    Catharine B. 1860? (345)
    Miss Clerrena 1871 (281)
    Corey A. m. Martha F. Maury Jan 14, 1829 (22)
    Corrine Vandergraff infant bapt 1887 (318)
    Craighead d. Dec 1877 (289)
    Edith m. Harry Birrus? Aug 21, 1889 (318)
    Edmund Winston confirmed 1878 (225)
    Eliza J. 1847 (170)
    Elizabeth 1847 (170)
    Florida H. 1868 (257)
    Franklyn Orr 1-98 (318)
    G. W. bapt May 30, 1847 (338)
    G. W. & M. E. parents of Amanda Pillow b. Apr 30, 1856 (338)
    G. W. & M. E. parents of James Park bapt Nov 12, 1854 (338)
    Mrs. G. W. d. Apr 1909, age 83? (120)
    George 1843 (338)
    George adult bapt Jun 3, 1843 (338)
    George W. 1857 (338)
    George W. father of Prior Nance bapt Jun 23, 1844, age 7 yr 5 mo 8 da & Harriet Josephine bapt same day age 5 yr 11 mo 16 da (338)

HARRIS, Geo. W. & M. E. parents of George bapt Nov 21, 1852, age 4 yr 21 da (338)
    Grant? d. Dec 11, 1869 (338)
    Hooper father of William Hooper b. Dec 14, 1866, Jennie Martin Harris b. Jun 11, 1868, and Lure (adult bapt Mar 29, 1874 (289)
    Isaac m. Florida Hay Gass Jan 25, 1872 (257)
    Isaac & Florida H. parents of Anna Laura bapt 1873 (257)
    Isaac 1885 (257)
    J. C. m. Fannie McCorkle Sep 8, 1881 (318)
    J. R. d. May 27, 1886 (318)
    James 1843 (335)
    James M. confirmed 1848 (22)
    James M. infant bapt 1832 (22)
    James M. re-interred Feb 13, 1854 (22)
    Jeremiah George d. May 8, 1891, age 83 (47)
    John W. d. 1911, age 61 (120)
    K.? E. 1852 (338)
    Kate 1892 (345)
    Kate Innis dau of Thos. A. & Fannie T. Harris 1859 (22)
    Leander 1881 (270)
    Miss Lizzie d. Mar 22, 1901, age 40? (338)
    Lura m. Irwin Craighead Dec 13, 1878 (289)
    M. E. adult bapt Nov 19, 1852 (338)
    Madee? buried Dec 11, 1876, age 13 mos (47)
    Malisa d. 1892 (345)
    Mrs. Martha C. (wife of Franklyn) 1886 (318)
    Martha E. infant bapt 1831 (22)
    Mrs. Martha F. 1854 (22)
    Mrs. Martha F. confirmed 1854 (22)
    Mrs. Martha Fontaine 1869 (22)
    Martha Fontaine d. Aug 29, 1882, 75 yr 6 mo 7 da (22)
    Mrs. Mary 1810 (24)
    Miss Mary confirmed 1854 (22)
    Miss Mary d. Sep 23, 1855 (22)
    Mary E. 1857 (338)
    Mrs. Mary E. 1872 (225)
    Mrs. Mary E. buried Dec 25, 1875 (225)
    Mrs. Mary E. d. Dec 23, 1875, buried in LaGrange TN (225)
    Mary F. m. John H. Handy May 27, 1855 (22)
    Moorman m. Janie Mayo Apr 11, 1890 (225)
    Moorman confirmed 1892 (225)
    Newton C. d. Jan 1908, age 68 (120)
    P. K.? 1852 (338)
    Prior N. 1857 (338)
    Rachel 1818 (164)
    Richard W. 1854 (259)
    Robert T. 1892, 1895 to Detroit MI (318)
    Samuel 1808 (330)
    Samuel 1809 (330)
    Sarah 1844 (335)
    Mrs. Sarah Frances d. Jan 15, 1898, age 58 (47)

HARRIS, Sarah M. 1848 (329)
    Temple O. buried Apr 2, 1889, age 74 (47)
    Thomas A m. Fannie F. Reid Oct 22, 1856 (22)
    W. F. 1868 (176)
    William b. Dec 26, 1860 (289)
    Wm. A., moved to Phila. Dec 1831 (22)
    Wm. H. & Gertrude parents of Margaret b. Dec 23, 1889 (289)
    Wm. Hooper jr. & Gertrude parents of Mary Craighead b. Oct 23, 1888 (289)
    William Hooper & Mary parents of Mardie b. Nov 7, 1875 (289)
    Zachariah 1813 (164)
HARRISE, Miss America 1870 (281)
HARRISON, A. 1856 (220)
    A. L. d. Apr 14, 1906 (318)
    Anne adult bapt 1827 (162)
    Annie E. member 1855, d. Nov 15, 1878 (257)
    Annie E. 1854 (257)
    B. F. 1878 (176)
    Benjamin 1833 (162)
    Betsy mother of Achilles Leonidas, Erasmus Darwin, Eliza Jane, John Koontz and William McEwen bapt 1823 (264)
    Charles Anderson b. Jan 4, 1819 (son of Peter) (162)
    Charles Anderson (son of Jane) bapt 1819 (162)
    Elizabeth 1832 (162)
    Geo. B. (see Miss Isabella Victoria McNutt) (264)
    George William b. Jul 13, 1847?, Nashville, to S. & Mary Harrison bapt 1898 (47)
    H. H. 1858 (259)
    Judge Hence buried Dec 22, 1885 (47)
    Dr. Henry (Loudon) d. Jun 7, 1897 (338)
    Isaac James b. Nov 29, 1824 (son of Peter) (162)
    Isaac James (son of Jane) bapt 1825 (162)
    Capt. J. B. & Alice M. parents of Eunice bapt 1876 (257)
    J. J. 1887 (131)
    J. Benj. & Alice M. parents of Henry Fitzgerald, Emma Kizer, Charles Lyman, James Allen & Alice bapt 1887 (257)
    James Benjamin 1885 (257)
    Jane 1818 (162)
    Jane White (dau of Jane) bapt 1818 (162)
    John E. buried Nov. 8, 1864, age 30 (47)
    Maggie mother of George William b. Jul 8, 1895 (289)
    Peter 1818 (131)
    Peter F. Clawson (son of Jane) bapt 1827 (162)
    Polly 1822 (330)
    Sarah Delila b. Nov 29, 1822 (dau of Peter) (162)
    Mrs. T. B. (Evelyn Reese) d. Dec 1902, age 25 yr 3 mo 20 da (120)

HARRISON, Thos. Rodgers (son of Jane) bapt 1821 (162)
    Thomas Rodgers (son of Peter) b. Feb 18, 1821 (162)
    Rev. W. A. d. Mar 27, 1900, age 75 or 75 (338)
    W. A. preacher 1859-1864 (338)
    Wm. A. d. Mar 27, 1900 (338)
    Rev. William A. 1854 (257)
    Wm. M. & M. Willie parents of Ralph b. Jun 8, 1889 (289)
    Infant not named, dau of Wm. M. Harrison d. Jul 16, 1893, age 8 wks (289)
HARROSON, Abner, 1832 (205)
HART, Miss Bettie P. 1861, 1867 (257)
    D. Hilley jr. member 1883, to Austin TX Apr 9, 1886 (257)
    D. P. member 1865, d. Jul 29, 1886 (257)
    D. P. & Elizabeth, parents of Ocia Banks, James Pickney, Elizabeth Whitehead & Florence Steel, bapt 1854 (257)
    D. P. & Eliz. W. parents of Mary Nancy & Doctor Hill, bapt 1866 (257)
    Doctor P. 1861 (257)
    Elizabeth W. 1854 (257)
    Mrs. Elizabeth W. 1861 (257)
    Elizabeth W., original member, d. Jun 1874 (257)
    Florence Guild 1885 (257)
    Isaac d. Jan? 1895, age 44 (338)
    James P. (husband of Mary A.), member 1866 1876, to Austin TX Dec 7, 1881 (257)
    James P. & Mary A. parents of William De. & Laura U. bapt 1876 (257)
    James P. 1861 (257)
    John M. 1852 (170)
    M. J. 1871 (176)
    M. J. 1875 (176)
    Mary 1833, 1848 (331)
    Miss Mary 1881 (257)
    Mary A. (wife of James P.) member 1875, to Austin TX Dec 7, 1881 (257)
    Ocia m.Condit 1878, member 1860 (257)
    Samuel 1833, 1848 (331)
    W. H. d. Sep 16, 1902 (318)
    Wm. A. 1848 (347)
    Wm. H. m. Alice Martin Dec 2, 1864 (47)
    Wm. Henry buried Mar 7, 1876, age 36 (47)
HARTHCOCK, Allen 1855 (131)
    Lucinda 1855 (131)
HARTLEY, Ernest G. 1883 (264)
    J. F. 1883 (264)
    Jas. F. m. Nannie McCorkle Nov 22, 1893 (318)
    Kesiah 1827 (220)
    Kis. 1856 (220)
    Mrs. L. E. 1883 (264)
    L. M. (f) 1887 (131)

HARTLEY, Mrs. Louisa 1870 (264-2)
    Mrs. Louisa, wife of W. J., 1870 (264-2)
    M. W. 1887 (131)
    Miss Mary 1899 (264)
    Mary C. 1883 (264)
    Miss Mary Caroline 1886 (264-2)
    Miss Mary Caroline 1899 (318)
    Minnie 1883 (264)
    Minnie E. m. Jas. P. Ford Oct 26, 1898 (318)
    W. G. 1883 (264)
    W. J. 1883 (264)
    W. J. & Louisa parents of Albert Newton
        bapt 1884 (264-2)
    W. J. & L. parents of James Frederick &
        William Gustavus bapt 1871 (264-2)
    William Gustavus 1886 (264-2)
    Wm. J. 1870 (264-2)
    Wm. J. & Louisa parents of James Frederick
        & Wm. Gustavus bapt 1871 (264-2)
    William J. & Louisa parents of Mary Caroline
        b. Jun 30, 1872, bapt 1873 (264-2)
    William J. 1876, 1880 (264-2)
    William J. & Louisa parents of Minnie Ethel
        bapt 1876 (264-2)
    William Jasper 1870 (264-2)
HARTMAN, Christina 1882 (327)
    Christina K. 1882 (327)
    Geo. 1856 (170)
    Mrs. Mag (Pine & Water St) d. Apr 17, 1897
        (318)
    William G. 1850 (170)
HARTWIG, Chas. M. (Hill City) d. Nov 5, 1894 (318)
    Miss Dora d. Apr 9, 1900 (318)
HARVA, Lucinda 1873, d. Aug 1874 (275)
HARVELL, J. H. m. Amanda Knott 1849? (347)
HARVERSON, Eliza 1873 (275)
HARVEY, Eloise 1899 (264)
    W. A. 1843 (170)
HARVISON, Eliza 1880 (275)
HARWELL, Lucy Gloster m. Robert A. Wynn Dec 24,
    1889 (225)
HARWOOD, Joseph Elkanah, member 1871 (moved to TN
    from Bristol--Goodson--Washington Co,
    VA)(48)
HASBROOK, Mahala d. Oct 11, 1857, age 40 (289)
HASCALL, W. A. m. Annie Walker Wilson Nov 8, 1897
    (338)
    Wm. Allcott m. Annie W. Wilson Nov 8, 1897
        (338)
HASH, J. W. 1871 (259)
    J. W. d. Oct 5, 1896 (259)
    Leon d. Jul 25, 1885 (259)
    Leon 1871 (259)
    Nancy d. Sep 31, 1905, member 1884 (259)
    Nancy 1871 (259)
    Wm. 1884, 1871 (259)
HASKINS, Cromwell D. d. Nov 21, 1904 (318)
    Judith m. J. White Sep 30, 1874 (318)

HASKINS, Mrs. W. A. d. Aug 10, 1886 (318)
HASSEL, F. F. 1873 (43)
    James 1874 (43)
    R. A. 1857 (43)
HASSIL, A. P. 1873 (43)
HASSIN, Maud m. Walter Cullen Sep 28, 1891 (338)
HASSKELL, Ferdinand d. May 29, 1908, aged 68,
    Federal soldier (338)
HASSMAN, Mabel m. J. M. James Jun 13, 1887 (318)
HASTEN, M. E. 1857 (259)
HASTIN, Hattie 1879 (280)
HASTING, Mary Frances dau of G. T. & T. A. bapt
    Sep 4, 1870 (345)
    William Porter son of G. T. & T. A. bapt
        Sep 4, 1870 (345)
HASTINGS, James Boyd son of G. T. & T. A. bapt
    Sep 17, 1880 (345)
    Marietta F. (McCord) 1876 (345)
    Marietta F. m. _____ McCord Jan 13, 1886
        (345)
    Martha E. 1871 (345)
    Mrs. Mary Friel 1895 (345)
    Roda Ann 1870 (345)
    Roda Ann d. Aug 4, 1890 (345)
    Thomas H. 1876 (345)
    W. P. m. Mary Friel Dec 22, 1893 (345)
    W. P. & M. Friel parents of Roda Ann bapt
        1895 (345)
    Wm. P. 1893 (345)
HASTON, Emma 1884 (259)
HATCHER, James W. 1874 (345)
    Martha V. d. Jan 16, 1902, age 70 (289)
    Sallie (see Sallie K. Price) (345)
HATFIED, L. B. 1881 (270)
HATFIELD, Elizabeth 1823 (220)
    S. m. Anna Harris Jun 12, 1883 (318)
    Vina 1877 (270)
    Vinia 1881 (270)
HATTON, Kate b. Nov 20, 1884; Maud b. Feb 3, 1886;
    Mary b. Mar 21, 1887; bapt 1887;
    parents--James J. & Tulula Hatton;
    sponsors--Miss Mary Stephenson, Miss
    Elizabeth Ann Hatton & James J. Hatton
    (225)
HAVELY, John d. Jul 1894, age 33 (338)
    Mary A. mother of Jacob Kline b. Dec 27,
        1844 and Willie Wheless b. Jan 11, 1857
        (338)
    Mrs. Mary A. bapt Jul 30, 1854 (338)
    Mary A. 1857 (338)
    Mary A. mother of James Campbell bapt May
        23, 1858 (338)
    N. J. d. Dec 31, 1853 (338)
    Nancy J. m. John R. Tabler Mar 23, 1852
        (338)
    Nancy Jane adult bapt Nov 19, 1852 (338)
HAWHORN, Leonard (see Maggie Coralline Fletcher)
    (225)

HAWK, Caroline 1887 (275)
    Hetty 1865 (275)
    John 1865 (275)
    Margret M. 1880, 1887 (275)
    Salie 1883 (43)
    Samuel 1878 (43)
HAWKINS, Horace N. m. Fannie Rubin May 14, 1896 (289)
    John Washington bapt Apr 25, 1861 (289)
    Joseph bapt Apr 25, 1861 (289)
    Mahaley 1881 (270)
    Mahaly 1845 (270)
    Martha E. 1855 (334)
HAWLEY, Eamut G. bapt 1877 (reel # omitted)
HAWN, Andrew 1841 (338)
HAWS, C. A. (Baily) 1876 (281)
    Laten 1872 (281)
HAWSER, Jessee 1873 (275)
HAWTHORNE, Albert E. m. Laura B. Fulcher Jul 16, 1890 (289)
    Albert Edmund & Laura F. parents of Mildred Alberta b. Jul 3, 1891 (289)
HAY, Benjamin 1880 (164)
    George buried Jul 12, 1846 (47)
    Hulda 1881 (164)
    James 1852, 1866 (131)
    Martha d. Dec 27, 1863 (2nd consort of R. Hay sr.) (131)
    Martha 1852 (131)
    Mary 1887, 1851, 1852, 1866 (131)
    Nancy 1852, 1858 (131)
    Paggy 1866 (131)
    Peggy 1852 (131)
    R. jr. d. 24 Jun 1857 (131)
    R. W. 1874 (176)
    Rachard d. 1859 (131)
    Richard d. Feb 12, 1860 (131)
    S. B. 1883 (281)
    Sallie wife of Preston buried Nov 20, 1848 age 41 (47)
    Sarah 1806 (164)
    Susanna 1806 (164)
HAYDEN, Ida 1888 (271)
HAYES, A. E. 1873 (281)
    C. M. member 1888, d. 21 May 1890 (318)
    Geo. B. & Frances parents of George William b. Feb 13, 1859 (289)
    M. S. (f) 1855 (334)
    Mary J. 1885 (335)
    R. F. (f) 1855 (334)
    S. D. 1885 (335)
    Sam 1865 (220)
    Miss Virginia Lavinia 1869, 1870 (22)
    Miss Virginia S. (L?) living in Nashville 1876 (22)
    Willey (f) 1885 (335)
HAYME, Dr. (see Fannie Y. Allen) (257)
HAYNES, Austin Dunn adult bapt Apr 8, 1874 (289)

HAYNES, Mrs. Bessy 1893 (345)
    Clyde 1895 (345)
    G. C. 1882, 1890 (345)
    Henry C. 1858 (170)
    John 1854 (father of George) (170)
    John B. 1873 (345)
    John L. 1835 (90)
    L. A(nn) 1847 (170)
    Mrs. Malissa d. 1892 (345)
    N. I. (son of John) 1855 (170)
    Mrs. Nora d. Oct 29, 1899 (345)
    P. C. 1880 (345)
    Sallie A. m. Davis A. McCord Jan 11, 1881 (345)
    Sallie Alice McCord 1875 (345)
    Sally 1855 (170)
    T. 1881 (331)
    Thomas M. 1876 (345)
    Vera S. 1894 (345)
    Walter d. Nov 8, 1899 (345)
HAYNIE, Della M. m. W. R. Johnson Dec 14, 1898 (318)
    Will Francis Young b. Apr 11, 1890, d. Sep 1893; parents X. & Fannie H. (257)
    X. B. & Fannie Y. parents of Sarah Xavia bapt 1888 (257)
    X. V.? & Fannie parents of Lucy Virginia VanHorn Allen bapt 1884 (257)
HAYS, A. 1842 (90)
    A. E. 1873 (281)
    Archer 1838, 1839 (90)
    C. M. d. May 22, 1890 (remains sent to Nashv.) (318)
    Camel 1882 (281)
    E. W. 1870 (281)
    El W. 1870 (281)
    Elizabeth 1849 (330)
    Fannie (Haley) 1882 (281)
    James 1870 (281)
    Joe 1827 (162)
    Lewis 1827 (Greene Co.) (23)
    Martha L.? 1843 (345)
    Mary C. 1850 (334)
    Mary J. 1855 (334)
    Nancy D. 1850 (334)
    S. B. 1879, 1887 (281)
    Samuel 1865 (331)
    Solomon 1850 (334)
    T. M. 1850 (334)
    Teny 1880 (275)
    Tiny 1873 (275)
    W. F. 1850 (334)
HAYSE, William 1821 (220)
HAYWARD, Geo. A. & Ellen E. parents of Henry Erwin b. Jun 20, 1857 (289)
HAYWOOD, F. L. d. Dec 4, 1900 (318)
    Mrs. Ruth W. d. Mar 16, 1910, member 1887 (318)

HAYWOOD, W. 1858 (176)
HAZE, William 1823 (220)
HAZEL, Emma m. Wm. T. Wright Nov 3, 1864 (47)
HAZEN, Ann S. m. James C. J. Williams Nov 26, 1873
    Asa m. Rosa Leftwick Dec 8, 1881 9338)
    Gideon M. d. Jan 17, 1880 (338)
    Kate F. m. C. S. Newman Jun 22 or 24, 1874
        (she d. Jan 22, 1925 in Norfolk VA) (338)
    Kate F. m. C. S. Newman Jun 25, 1874 (338)
    Mrs. Mary d. Jul 28, 1897, age 82 (338)
    Mrs. Mary d. Jul 29, 1897 (338)
    Mary M. m. T. W. Cummings (from Augusta GA)
        Jun 12, 1866 (338)
    R. S. & Evelyn parents of Evelyn Montgomery
        b. Nov 8, 1898 (338)
    Rush S. m. A. Evelyn Mabry Jan 25, 1883 (338)
    W. C. & A. B. parents of Juliette Bradford
        b. Mar 9, 1895 (338)
HAZLEHURST, Mrs. G. H. d. Jun 23, 1882 (buried
    Macon GA) (318)
    J. N. m. Mary C. Griffis Oct 6, 1886 (318)
    Mrs. Josephine d. Jun 22, 1882 (member 1876)
        (318)
    Sarah Harriet infant bapt 1880 (318)
HAZLETT, ____ pastor 1853 (271)
HAZLEWOOD, B. F. 1852 (170)
    Betsey 1833, 1848 (331)
    Frances M. 1847 (170)
    Lucinda 1833, 1848, 1865, 1883 (331)
    Margaret 1852 (170)
HEAD, C. W. (see Alice Burford) (257)
    J. W. 1872 (215)
HEADEN, D. C. 1876 (176)
    Jane confirmed 1838 (22)
HEADRICK, L. B. d. Apr 17, 1899 (318)
    L. B. member 1875, d. Apr 16, 1899 (318)
    Mrs. Maggie (wife of L. B.) 1874 (318)
    Walter d. Mar 12, 1901 (member 1885) (318)
    Walter d. Mar 14, 1901 (318)
    Walter adult bapt 1885 (318)
    William 1885 (318)
    William adult bapt 1885 (318)
HEARN, Robert Lee jr. d. Jun 1803, age 19 (120)
HEARON, Elias d. Feb 10, 1847 (338)
HEATH, A. J. 1875 (176)
    Capt. L. R. d. May 20, 1894, age 66 (338)
    Lycurgus Richd. bapt Apr 27, 1894, age 65
        yr 11 mo (338)
    Lycurgus Richard d. May 20, 1894, age 65 yr
        11 mo (a Conf soldier) (338)
HEATON, Catherine B. b. Dec 16, 1822, d. Sep 30,
    1904 (166)
    J. W. b. Dec 15, 1828, d. Aug 7, 1910 (166)
    Lizzie d. Oct 12, 1901 (166)
    Polley 1823 (90)
HEAVER, Kate L. m. Benjamin Frank Hamilton Jul 10,
    1873 (47)
HECKMANN, C. F. m. Mamie D. Taumigs? Jul 29, 1898
    (318)

HEDDEN, D. C. 1870 (176)
    Elizabeth d. Oct 5, 1895, member 1889 (318)
    Mrs. Elizabeth (taken to N.O.) d. Oct 6,
        1895 (318)
HEDSBETH, Idora 1869 (43)
HEIFFER, Albert buried Sep 26, 1884, age 60 (47)
HEISKELL, A. E. P. 1843 (338)
    Miss Blanch Graham 1870 (338)
    Eliza 1842 (338)
    Eliza mother of Joseph Brown bapt Mar 28,
        1824 (338)
    Mrs. Eliza 1841 (338)
    Eliza mother of Margt. White Alexander
        bapt Sep 10, 1832 (338)
    Eliza 1819 (338)
    H. B. 1843 (338)
HEISKILL, Elija father of Hugh Brown bapt May 21,
    1826 (338)
    Eliza mother of Ann Eliza Park bapt Sep 11,
        1829 (338)
HELLER, F. H. 1847 (341)
HELM, David Porter (son of Matilda) bapt 1820
    (162)
    J. N. Matilda b. Oct 23, 1826 (dau of Henry)
        (162)
    James 1830 (162)
    John LaRue m. Lucy Amelia Washington Jun 8,
        1881 (47)
    Matilda 1821 (162)
    Nancy (dau of Matilda) bapt 1827 (162)
HELMICK, Eliza B. 1836 (334)
    Nancy 1836 (334)
    P. E. (f) 1855 (334)
HELSER, Peggy 1835 (330)
HELTON, Thos. 1827 (162)
HEMBREE, Charles C., Maryville College, entered
    ministry 1880 (member 1870) (264-2)
HEMERIE, Charles C. 1870 (264-2)
HAMPHILL, J. R. 1848 (338)
    James R. adult bapt Feb 20, 1848 (338)
HENDERSHOT, Lizzie bapt 1877 (271)
HENDERSON, A. C. 1850 (338)
    Amanda 1879 (280)
    Ann Gordon adult bapt Nov 24, 1850 (338)
    Bettie V. m. Danl. M. Jones Aug 19, 1896
        (318)
    Cintheria C. d. Jan 1862 (member 1848) (347)
    Danl. P. 1874, 1891 (318)
    Danl. P. member 1866, d. May 10, 1913 (318)
    Mrs. E. T. (College St.) d. Aug 22, 1903
        (318)
    E. T. member 1890, d. Nov 6, 1908 (318)
    Eliza Caroline 1879 (280)
    Elizabeth 1818, 1819 (162)
    Elizabeth 1879 (280)
    Mrs. Emma (wife of W. M.) 1890 (318)
    Miss Fannie May, member 1897, m. Eugene
        Taylor 189_ (318)

HENDERSON, George Baskins (son of Elizabeth) bapt
    1818 (162)
  George W. (see Miss Mary Archer Pettyjohn)
    (264-2)
  George W. 1883 (264)
  Harret m. Mr. McConal 1859 (347)
  Harriet 1848, 1859 (347)
  Mrs. I. (see Anna B. Rogers) (318)
  Mrs. Isabella & Mrs. Jennie Lisles (mother
    & dau) d. Oct 30, 1897 (318)
  Mrs. Isabella W. (wife of R. D.) member
    1843, d. Oct 29, 1897 (318)
  J. C. (407 McCallie--86 yrs) d. Oct 3, 1902
    (318)
  J. C. father of Nancy Jane & Mary Frances
    infants bapt 1887 (318)
  J. C. m. Dora Crutchfield Oct 27, 1882
    (318)
  J. G. 1879 (280)
  James m. Martha Hill 1859 (347)
  James C. d. 1896, member 1881 (318)
  James F. 1848 (347)
  Jane member 184_, gone 1875 (318)
  Miss Jennie d. Oct 30, 1897 (m. Lisle) (318)
  Jennie m. B. C. Liles Feb 21, 1884 (318)
  John 1818, 1819 (162)
  Lear 1879 (280)
  Lee m. Mary H. Hanna 1861 (347)
  Mrs. M. A. d. Sep 17, 1905 (318)
  M. M. father of Lewis Price infant bapt
    1889 (318)
  M. M. 1883 (318)
  Mary m. Wm. Campbell Jul 6, 1881 (318)
  Mary A. (wife of J. W. C., member before
    1862, d. Sep 15, 1905) (318)
  Mary Ann member 1851, gone 1875 (318)
  Mary J. 1848 (347)
  Mrs. Mary J. (wife of E. T.), member 1890,
    d. Aug 21, 1903 (318)
  Mattie m. J. C. Lador Sep 12, 1883 (318)
  Nancy 1848 (347)
  Peggy Hardin (dau of Elizabeth) bapt 1818
    (162)
  Mrs. R. B. 1893 (318)
  Rebecca J. m. E. J. Eastman Nov 6, 1879
    (318)
  R. W. m. Dycie C. Lindsay Feb 9, 1898 (318)
  R. W. 1879 (318)
  Susan A. 1848, 1857, 1858, 1859 (347)
  W. B. & E. L. parents of Fannie May bapt
    May 31, 1892 (338)
  W. J. 1879 (280)
  William bapt 1849, age 28 (47)
  William B. m. Emma L. Hood May 31, 1887
    (338)
  Mrs. ____ d. Jan 9, 1904 (318)
HENDLEY, Elizabeth 1848 (345)

HENDON, Elvien Allison b. May 31, 1896, bapt
    1896, parents--Thos. J. & Rosa W. (225)
  Thomas J. & Rosa W. 1896 (225)
  William 1847 (341)
HENDRICH, Lucenda 1843 (170)
HENDRICK, Nancy 1813 (164)
  Nancy 1821 (329)
HENDRICKS, John J. m. Annie L. McMillan Aug 12,
    1897 (338)
  Lillie m. James Clark Dec 7, 1888 (318)
  Rebecker 1813 (164)
HENDRIKS, John 1813 (164)
HENDRIX, A.? M.? 1868 (176)
  John G. 1886 (345)
  W. M. 1874 (176)
  W. W. 1879 (176)
HENEGAR, E. & M. parents of Mary McMillan b.
    Sep 8, 1899 (338)
  E. U M. parents of Herbert Benton b. Mar
    31, 1891, Martin Joseph b. Dec 4, 1893
    & Margaret McClung b. Jul 17, 1895
    (338)
  Edward m. Mary Alexander McMillan Dec 12,
    1888 (338)
  H. B. d. Dec 27, 1900 (318)
  Lula B. m. James C. Conn Nov 16, 1897 (318)
HENERSON, Lydda 1827 (205)
HENLEY, Miss Elizabeth 1854 (257)
  John M. d. Nov 26, 1860 (257)
  Julia m. Dr. C. A. Rice Jun 24, 1866 (257)
  Mary L., original member, d. Feb 24, 1855
    (257)
  Mrs. Mary L. 1854 (257)
  Micajah P. 1846 (345)
HENLOW, Maria K. buried Jul 12, 1865, age 9 mos
    (47)
HENLY, Micajah P. 1843 (345)
HENNEGAR, Capt. W. C. adult bapt 1896 (318)
  W. C. d. May 23, 1896 (318)
HENNESSEE, Jane sr. 1857 (259)
  Jane 1857, 1871 (259)
  Mary E. 1857, 1871 (259)
HENRIE, John M. m. Priscilla A. Nixon Jan 16,
    1838 (47)
HENRY, Mrs. A. A. d. Apr 17, 1905 (318)
  Miss Callie member 1892; 1894 to Paulding
    OH (318)
  Caroline N. 1861 (338)
  David Washington 1876 (257)
  Mrs. Ella B. m. Gustavus Thornton Apr 14,
    1887 (289)
  Ellen 1861 (338)
  J. D. (415 W. 8th) d. Dec 4, 1904 (318)
  John R. 1861 (338)
  Mrs. M. A. (Grove St.) d. Jun 8, 1890 (318)
  Pavice 1851 (259)
  Salina 1861 (338)
  Will d. Feb 3, 1906 (318)

HENRY, Will d. Feb 3, 1906 (318)
HENSLEY, Benjn. Z. m. Lizzie F. C. Brown May 23,
    1889 at Dickson (289)
    Daniel d. Jan 15, 1874 (21)
    Emma Jay m. Jno. Howell Cobb Apr 25, 1889
        at Decatur TX (reel # omitted)
    G. W. pastor Oct 1884, 1 yr (128)
    J. (m) 1855 (334)
    Samuel 1869 (21)
HENSON, C. N. 1887 (131)
    Frances 1821, 1823 (220)
    J. B. 1887 (131)
    Jeremiah 1821, 1823 (220)
    Jerimiah 1821 (220)
    John 1812 (330)
    Mary d. Jun 29, 1905, age 38 (289)
    Thos. & Harriet parents of Saidie May b.
        Feb 29, 1888 (289)
    Thos & Harriet parents of Florence Rebecca
        bapt Jul 3, 1881 (289)
    Thomas Joseph bapt Apr 27, 1879 (289)
    Thomas W. & Harriett J. parents of Henry
        Walker b. Jul 8, 1865, Mary b. Aug 1,
        1867, Edith b. May 30, 1870 and Eliza-
        beth b. Jun 19, 1874 (289)
    Thomas W. d. Dec 9, 1911, age 75 (289)
HERADD, Sarah 1862? (215)
HERBLIN, Louise Campbell d. Jul 7, 1884, age 22
    (22)
    Wm. L. 24 m. Marie Louise Campbell Dec 21,
        1882 (22)
HERD, Wm. 1878 (22)
HERE, George Christian Hjdmar (Norwegian) infant
    bapt 1880 (318)
HERIN, Arthurmency 1813 (164)
    G. Y. 1880 (164)
    Mincy 1813 (164)
HERMON, Mary 1818 (205)
HERNDON, Ed. buried Apr 28, 1883, age 22 (47)
    Miss Florence d. Jan 22, 1901 (taken to
        Louisville KY) (318)
    Miss Florence member 1890, d. Jul 21, 1901
        (318)
    Stanley m. Lucy C. Jones Jun 12, 1888 (47)
    T. C. 1881 (331)
    Dr. (from Sanford FL) d. Sep 27, 1894 (318)
HERON, Addie T. (wife of Wm.) member 1884, d.
    Jan 17, 1898 (318)
    Mrs. Adlaide d. Jan 18, 1898 (318)
    Matthew m. Emma Diggons Oct 14, 1841 (47)
    Shirley T. 1885 (318)
    William member 1898, d. 1921 (318)
    William 1884 (318)
    Wm. Edgar 1892 (318)
    Wm. M. & Ellen parents of Chas. Oscar (b.
        Apr 7, 1842) (47)
HERRALD, Sarah 1851 (215)
HERREN, Synthe 1806 (164)
    William 1806 (164)

HERRING, Miss Nannie Ross 1891 (318)
HERRN, William 1813 (164)
HERRON, William M. m. Ellen Diggons Sep 1, 1840
    (47)
HESS, N. I. 1855 (176)
    N. J. 1849 (176)
    Nancy adult bapt Nov 14, 1875 (289)
    Nelson J. 1844, 1858 (176)
HESTER, Ann 1848, 1865 (329)
    E. (m) 1872 (281)
    E. W. 1872 (281)
    Eliza J. 1875 (328)
    Elmira 1865 (329)
    F. E. P. 1866 (329)
    James jr. 1870, 1875 (329)
    Nancy 1848, 1878 (329)
    Nancy M. 1870 (329)
    Susan 1848, 1865 (329)
    Susan F. d.? May 1868 (329)
    Susan F. 1848 (329)
    Wm. 1814 (330)
    William jr. member 1865, d. 1875 (329)
HETHERINGTON, James E. m. Nettie Goldbert May 27,
    1880 (47)
HEWETT, M. D. L. 1848 (347)
HEWITT, Mrs. Elsie W. 1891 (318)
    Mrs. M. A. (Vine St.) d. Dec 5, 1904 (318)
    Nathaniel 1822 (264)
    Mrs. Wm. d. Jan 9, 1875 (318)
    Mrs. ____ 1822 (264)
HEWLETT, Taylor m. Frances Mallory (free
    coloured) Nov 26, 1840 (47)
HEYWOOD, Miss Blanche W. 1898 (318)
    Mrs. H. B. mother of Blanche infant bapt
        1887 (318)
    Humphrey B. 1887 (38)
    Humphrey B. adult bapt 1887 (318)
    Miss Ruth L. to Raleigh NC 1898 (m. Jno. W.
        Smith Apr 20, 1898, member 1887) (318)
    Ruth m. W. T. Smith Apr 20, 1898 (318)
    Ruth S. adult bapt 1887 (318)
HIBBET, John B. & Rebecca parents of William
    David bapt 1887 (257)
    Mrs. Rebecca A. (wife of J. B.) 1885 (257)
HIBBETT, John B. & Rebecca parents of John Allen
    & Charles Young bapt 1885 (257)
    John B. 1885 (257)
    Rebecca Allison m. James Henry Bate Jan 3,
        1895 (257)
    Rebecca H. mother of Charles Young bapt
        1885 (257)
HIBBETTS, R. M.? 1877 (257)
HIBBLER, Mary (see James K. Polk) (289)
HIBDON, Willie May d. Mar 30, 1875, age 1 mo
    (289)
HIBLER, Miss Carrie d. May 11, 1896, member 1894
    (318)
HICKERSON, O. B. 1867 (341)

HICKETS, David m. Elvira C. Voorhies (no date,
    between 1868 & 1870) (21)
HICKEY, Mary Jane (Scott) m. John Bradshaw (47)
    arah bapt Jan 28, 1862 (289)
HICKMAN, Elias 1818 (162)
    Elisha 1818, 1823 (162)
    Mrs. (wife of Elisha) 1823 (162)
    J. H. 1880, 1887 (275)
    J. W. 1847 (341)
    John 1895 (271)
    Joshua 1818 (162)
    M. __? 1873 (275)
    M. C. 1887 (275)
    Mc. 1880 (275)
    Nancy 1833 (162)
    Nancy 1880 (275)
    Sarah 1880 (275)
    Sarh 1887 (275)
HICKS, Absolem 1821 (220)
    Alexander 1869 (338)
    Mrs. Alice Moore d. 1906, age 53 (120)
    Fanny m. Wm. M. Woolwine Oct 29, 1884 (47)
    Gracie Bell bapt 1893 (271)
    Hattie E. m. Dr. George V. Bush Jan 5, 1894
        (338)
    Joel W. 1871 (205)
    Joseph d. 1872 (318)
    Lucinda 1869 (338)
    Lucinda d. Jul 1, 1873 (338)
    Lucy C. 1892 (271)
    Mary b. Aug 1, 1834, Hickman Co. TN to
        Reuben & Mary Gordon, bapt 1898 (47)
        Russia Jane d. Jan 3, 1894 (age 9 mos)
            (47)
    W., father of Mary E., infant bapt 1872
        (318)
HIDE, Jno. buried Dec 5, 1864, age 70 (47)
HIGDON, Elijah 1856 (170)
    Sallie B. bapt 1893, d. 1900 (271)
HIGGINS, Frances H. 1846 (341)
HIGHTOWER, Henry A. d. May 21, 1905 (318)
    Steth 1877 (329)
HIGLEY, George M. & Nellie parents of Harry
    Guitean b. Jun 14, 1874 (289)
    Harry Guiteau d. Sep 11, 1874, age 2 mo
        (289)
HIKMAN, Frances Lena m. Frederick T. Cummins 6
    Nov 1884 (47)
HILAN, Susan d. 1865 (131)
HILARD, Jasper 1897 (215)
HILBERT, Jacob 1853, 1839 (48)
HILBURN, F. A. m. J. Blackstock Mar 26, 1865 (47)
HILDRETH, Mrs. Mary member 1859 (moved OH) (22)
    Mary (see Mary McKibben) 1854 (22)
HILL, Ada Green (see Miss Ada Green Hooke)
    Alexander 1848 (347)
    Alizebeth 1879 (280)
    Allen 1831 (335)
    Alvus 1879 (280)

HILL, Andrew H. buried 8 Mar 1872, age 4 wks (47)
    Anna A. m. J. R. Mulholland May 11, 1860
        (47)
    Biddy 1804 (90)
    Cynthia 1865 (329)
    Miss Clauda 1856 (170)
    Eleanor I. 1855 (170)
    Elijah 1819 (205)
    Elizabeth 1848, 1866 (329)
    Emma C. d. Mar 24, 1877 (338)
    Fred d. Oct 11, 1899 (Alderman 8th Ward)
        (318)
    George 1848 (329)
    George d. Jul 1875 (329)
    Geo. Crawford & Fannie Corinne parents of
        Alice Corrine b. Oct 14, 1889 (289)
    Geo. W. R. 1855 (170)
    Hellen bapt 1886 (271)
    Henry 1812 (330)
    Isaac 1821 (329)
    J. T. m. Alice Woodword Mar 14, 1878 (318)
    J. T. father of Mary Brice infant bapt
        1880 (318)
    James 1881 (331)
    Jesse E. 1848 (329)
    John 1843 (170)
    John 1848 (347)
    John D. 1804, 1814 (90)
    John H. m. Ophelia Newman 23 Apr 1889 (47)
    John P. 1850 (170)
    Mrs. Kate mother of Lewis Burns (Edward
        McMurry) bapt Jun 7, 1885 (289)
    Katherin Jane Ewing d. May 19, 1912, age
        72 (289)
    Miss Lillie (J. T. H.'s neice) d. Aug 17,
        1889 (318)
    Mrs. Lucinda (Read House) d. Feb 17, 1896
        (318)
    Luke W. 1848, 1855 (329)
    M. Cary 1843 (170)
    M. Jane bapt 1843 (170)
    M. Patti 1847 (170)
    Manda 1877 (329)
    Martha m. James F. Henderson 1859 (347)
    Martha bapt 1857, d. 1923 (271)
    Martha J. 1848 (347)
    Martha Jane 1848, 1855 (329)
    Mary E. 1857 (170)
    Mirtil (m. Dr. Young) bapt 1888 (271)
    Nancy 1822 (90)
    Nancy 1848 (329)
    Nancy d. May 1870 (329)
    Nannie 1870 (329)
    O. P. pastor 1897 (271)
    Richard bapt 1889 (271)
    Rutherford 1856, d. 16 Sep 1857 (170)
    Sary 1812 (330)
    Susan 1848, 1855 (329)
    Syntha 1848 (329)

HILL, T. E. (from NC) d. Nov 21, 1891 (318)
 Thomas 1823 (205)
 Thomas A. 1848 (329)
 Thomas A. 1865, d. Jun 1875(9?) (329)
 Thos. R. 1855 (father of Tom) (170)
 Thomas W. m. Ada V. Paschall Oct 23, 1872 (289)
 W. A. B. d. Jan 1, 1886 (338)
 W. A. B. & E. C. parents of Effie Hope b. Jul 20, 1874 (338)
 W. A. B. & Emma parents of Willie Wilburn bapt Nov 3, 1872 (338)
 W. A. B. & E. parents of Jacob Robinson b. Feb 11, 1876 (338)
 W. Broun 1876 (329)
 W. L. D. 1879 (280)
 William Hacks & Kate parents of Albert Aken Ewing & William K___ bapt Nov 9, 1873 (289)
 Zelpia 1815 (330)
HILLEY, E. A. m. Sallie V. Cryderman Nov 29, 1894 (318)
HILLIARD, Celia? 1826 (335)
 Elizabeth 1856 (225)
 Geo. Washington child bapt 1834 (22)
 Mary confirmed 1832 (22)
 Mary E. d. 1875 (347)
 Sallie Leah child bapt 1834 (22)
 William 1856 (225)
HILLIS, Adelah 1886 (259)
 J. M. 1886 (259)
 Lidy 1871 (259)
 Martha 1886 (259)
 T. J. 1886 (259)
HILLMAN, Mrs. Mary E. d. May 14, 1898, age 69 (47)
HILLSMAN, Susan E. m. Alvis G. Scott May 1, 1855 (338)
HIMES, John A. & Frances E., moved to AR 1868, John d. 1869 (21)
HINDMAN, Sarah 1829 (338)
HINES, Mr. C. H. & Mrs. Sarah C. confirmed 1854 (22)
 Miss Catharine N. confirmed 1844 (22)
 Chas. & Anna E. parents of Hermina A. b. Apr 21, 1896 (338)
 Elizabeth 1823 (330)
 J. T. 1858 (330)
 Lucilla (Miss) confirmed 1844 (22)
 Robert & wife Milley 1811 (330)
 Sallie M. m. James A. McNutt Jul 20, 1854 (22)
 Miss Sarah M. 1854 (22)
 Miss Sarah M. confirmed 1849 (22)
 Wiley J. 1808 (330)
HINTON, Edward J. m. Gabriella D. Brent Nov 20, 1892 (338)
 James Duncan bapt Apr 11, 1882 (289)
 Wm. buried 18 Jun 1873, age 12 (47)
 William E. d. Apr 2, 1913 (289)

HINTON, William Edward adult bapt Apr 7, 1885 (289)
HITCHCOCK, C. W. & Kate parents of William Howard bapt 1888 (257)
 C. W. (see Kate Simpson) (257)
 C. W. & Kate parents of Prudie Winchester bapt 1885? (257)
 C. W. & K. parents of Bessie Gilmore bapt 1885 (257)
 Chas. W. & Kate parents of Prudie Winchester & Bessie Gillmore bapt 1885 (257)
 Chas. W. father of Charles Bruce & Georgie Walker bapt 1869 (257)
 Chas. W. & Kate parents of William Howard bapt 1888 (257)
 Charles W. 1869 (257)
 Charles W. H. parents of Charles B. bapt Aug 22, 1869 (257)
 Georgie Walker member 1874, m. W. Cantrell Dec 1882 (257)
 Mrs. Kate 1875 (257)
 Wm. buried 10 Oct 1885 (47)
HITE, Mrs. Addie 1889 (257)
 Rufus Preston & Martha A. parents of Nellie May b. May 14, 1881?, Jonas Ewing Lavina Maud, Levi Willis & Preston Paul bapt 1890 (257)
HITZ, J. J. d. Mar 25, 1900 (318)
HIX, Emma 1888 (220)
 Isaac 1865 (220)
 Nich 1862, 1888 (220)
 Stellie 1896 (220)
HIXON, Mrs. Ellen d. Aug 5, 1905 (318)
HOBACK, Miss Mary Ann 1860 (338)
HOBBS, Clarissa (see Clarissa Bragg) (259)
 F. M. 1876 (259)
 Frank (see Clarissa Bragg) (259)
 John 1876 (259)
 Lavenia (Cass) 1876 (259)
HOBSON, Junius m. Mattie Cannon Jun 5, 1883 (225)
 Junius Devereux b. 29 Jul 1896, bapt 1897, parents: Junius & Mattie Cannon Hobson (225)
 Katie H. confirmed 1899 (225)
 Mrs. Mattie confirmed 1891 (225)
HOCKLER, John d. Jun 17, 1883 (220)
HOCKNEY, Mrs. Ann d. 1912, age 80 (120)
HOCHSTRASSER, Mrs. Annie d. Feb 22, 1901, age 85 (338)
HODGE, Arthur Geo. & Isabella Butler parents of Evelyn Angela bapt Dec 20, 1884 (289)
 Josiah 1852 (327)
 M. J. 1876 (90)
 Mary J. 1871 (90)
 William bapt 1894 (271)
 Willie bapt 1894 (271)
HODGES, J. W. bapt 1878 (271)
 Mrs. Louisa T. 1879 (318)

HODGKINSON, Wm. buried 8 Sep 1869, age 42 (47)
HODGSON, Chas. C. m. Della Davenport Apr 2, 1899
(318)
HODSON, Sallie m. W. J. Brown Jun 22, 1886 (318)
HOFFAKER, Jefferson 1872 (329)
HOFFER, Mary J. m. Wm. B. Adkisson Jan 8, 1850
(388)
    Walker d. Sep 1903, aged 98 yr 11 mo (338)
    Mrs. Walker d. Mar 16, 1906, aged 80 (2nd
        Presb) (338)
HOFFMAN, Dr. H. father of DeWolfe infant bapt
1872 (318)
    Dr. James E. d. Feb 1902, age 81 (120)
HOGAN, Endora Angeline 1860, d. 1878 (128)
    John McGregor 1860 (128)
    Keziah 1813 (164)
    Robert R. 1833 (259)
    Thomas m. Mallie M. Hooper Oct 18, 1877
        (289)
    Thos. Jefferson d. Aug 23, 1884, age 35
        (289)
HOGE, Catherine (wife of Jas) 1873, 1874 to
    LaFayette GA (318)
    F. M. (f) m. Z. T. Ross (m) Apr 21, 1881
        (318)
    Miss Gussie 1873, 1874 to LaFayette GA (318)
    James 1873, 1874 to LaFayette GA (318)
    James M. 1873 (318)
    Miss Lizzie 1873, 1874 to LaFayette GA (318)
    Miss Mollie 1873, 1874 to LaFayette GA (318)
HOGGETT, Martha 1850 (334)
HOGLAND, Miss Mansie? A. 1889 (318)
HOGLE, Mary H. d. Dec 12, 1903, age 63 (289)
HOGS, Susana 1813 (164)
    William 1813 (164)
HOHENSTEIN, Julius & Lemira parents of E. Gerry b.
    Nov 28, 1856 and Wm. Neal b. Oct 2,
    1858 (289)
    Lemira adult bapt Jan 30, 1859 (289)
HOLACHER, A. J. d. Jun 17, 1888 (318)
    Clifford d. May 26, 1888 (318)
HOLAND, Stephen 1843 (215)
HOLAWAY, Charles m. M. A. Reed Oct 1861 (21)
HOLCOMB, Austin m. Mackie Sturgis Aug 7, 1897
(318)
HOLDAWAY, Jeremiah 1833 (162)
    Margarette 1833 (162)
    Philica 1833 (162)
HOLDEN, Anabella member 1848 (moved to Giles Co.)
(347)
    Eliza R. m. R. Egnew Sep 1850 (347)
    Joshua E. member 1848, moved to Giles Co.
        (347)
    Louisana m. _____ Nance 1850 (347)
    Louisiana member 1848, moved to Giles Co.
        (347)
    Robert Bourdon b. Oct 3, 1886, bapt 1887,
        parents: W. H. & Katie W., sponsors:
        R. N. J. Wilson, W. H. Holden, Miss
        Anna Holden (225)

HOLDEN, Ruth E. member 1848, moved to Texas?
(347)
    Sarah member 1848, moved to Giles Co. (347)
HOLDER, Clatha 1849, 1856 (334)
    Eadom 1858 (330)
    Henry 1848 (334)
    James Vincent 1869 (259)
    July Ann 1849 (334)
    Mrs. M. Rose 1868 (257)
    Mattie m. J. F. McAfee Oct 20, 1875 (318)
    Solomon 1808, 1824 (330)
    Dr. T. J. 1877 (257)
    Dr. T. J. m. M. Rose Goss May 18, 1869
        (257)
HOLEMAN, George buried 1st Sep 1873, age 54 (47)
HOLLAND, Alex & S. parents of Lewis Motter bapt
    Apr 21, 1855, age 2 mo 12 da (338)
    Alexander & Susanna parents of Anna Lucia b.
        May 25, 1857 (338)
    Alexander 1857 (338)
    Dalenor? wife of Stephen 1844 (215)
    Ebaline? S.? 1846 (215)
    Evalina 1858 (215)
    Eveline 1858, 1862? (215)
    G. Allison member 1891, 1896 to Eminence
        KY (318)
    J. J. 1887 (131)
    James 1844, 1861? (215)
    Jane 1855 (131)
    Judy E. 1858 (215)
    L. P. (f) 1887 (131)
    Louvina 1848 (215)
    Lydia A. 1858 (215)
    M. J. (f) 1887 (131)
    Martha N. 1847 (215)
    Nancy E. 1887 (131)
    Rebecca 1858 (215)
    Sabra 1858 (215)
    Sarah Francy? 1848 (215)
    Stephen 1858 (215)
    Susan 1852? (131)
    Susanna 1857 (338)
    William 1851 (215)
    Wm. 1846 (215)
HOLLESTER, Chas. L. m. Mary J. Shomake Jun 7,
    1864 (47)
HOLLIDAY, L. B. 1896 (318)
HOLLINGSWORTH, Mrs. Eliza buried May 30, 1839
(47)
HOLLINS, Miss Annie 1888, d. 1905? (318)
HOLLOWAY, J. J. (see James W. Rogan) (225)
    John Bercan 1873 (177)
HOLLOWELL, Redwood & Amanda (Bateman) parents of
    Mary Agnes b. Jun 14, 1879 in Benton
    Co. (289)
    Wm. Rucker bapt (infant) Mar 1, 1891;
        parents: J. S. & Catherine (65)
HOLLY, Mary 1884 (259)
    Wm. M. 1848 (334)

HOLLYBURTON, Annie E. m. E. W. Canfield Sep 1, 1896 (318)
    Evelyn L. m. Jno. A. Waihel Sep 23, 1896 (318)
HOLMAN, Ann E. 1848, 1865 (331)
    Betsey 1833 (331)
    Betsy 1848, d. 1859 (331)
    Emeline 1865 (Col?) (3310
    Rev. F. R. 1870 (120)
    J. W. 1860, 1867, 1876 (322)
    James W. 1848, 1865, 1833 (331)
    Jane 1848, 1833, 1865 (331)
    Martha 1832, 1827 (335)
    Millie F. (see Calvin Mahaffy) (289)
    Willis H. 1833, 1848 (331)
HOLMES, Anna d. Dec 30, 1888 (318)
    Fannie m. Chas. Adams Oct 7, 1895 (318)
    G. 1856 (176)
    Green 1858 (176)
    Isaiah & Rachael parents of Elisabeth b. May 10, 1845; Mary Ann b. Jun 18, 1847; Tennessee b. Sep 21, 1849; & Wm. Alexander b. Dec 1, 1853, all bapt Mar 21, 1858 (289)
    John 1810 (24)
    John buried Nov 23, 1876 (47)
    Mrs. M. H. d. Sep 12, 1884 (318)
    Mary 1810 (24)
    R. E. 1870 (176)
    Rachel adult bapt Aug 14, 1858 (289)
    _____ d. Sep 15, 1884, 9 mos (318)
HOLT, Asa 1820 (205)
    D. D. 1867 (341)
    E. 1847 (341)
    E. G. 1870, 1874 (176)
    Eva Isabel 1872 (345)
    H. W. 1855 (43)
    James Munroe 1856 (43)
    Jane 1874 (43)
    John 1878, 1884 (43)
    Marietta J. m. Samuel Joyce 15 Jan 1868 (345)
    Marietta J. (name changed to Joyce by marriage) 8160? (345)
    Mary M. 1857 (345)
    Minnie H. b. 16 Jul 1863 bapt 1880 (47)
    Munroe 1855 (43)
    R. T. 1876 (176)
    Sarah 1879 (43)
    Susannah 1827 (205)
    Tempie E. m. Hugh L. Campbell Nov 20, 1889 (289)
    W. T. d. May 22, 1893 (318)
HOLTZELAW, Mrs. Cooper d. Jan 2, 1905 (318)
HOLTZSLOW, J. A. Esqr. d. Jul 14, 1898 (318)
HOLZHALB, John m. Mary Burli(s) Jan 31, 1889 (22)
HOMER, Christiant d. Jan 20, 1888 (318)
HONERCAMP?, Mrs. Henry d. Feb 17, 1905 (318)

HONNEN, Duncan & Eleanora parents of Anna Barker & Lydia Waters both bapt 19 Sep 1841 (47)
HONOLD, J. A. m. Ruth O. Mason Jun 29, 1887 (318)
HOOBERRY, J. 1860 (170)
HOOD, Alice 18888 (220)
    Allis 1893 (220)
    Ann Elizabeth before 1862, d. before 1866 (318)
    Annie 1896, 1888 (220)
    Belle 1899 (264)
    Birtie 1896 (220)
    Miss Effie d. Apr 14, 1898 (318)
    Emma L. m. William B. Henderson May 31, 1887 (338)
    Mrs. Frances Caroline adult bapt 1883 (264-2)
    H. A. adult bapt Oct 29, 1853 (338)
    Henry Edgar d. Mar 7, 1902 (338)
    Henry Edgar d. Mar 17, 1902 in Pueblo CO, aged 30 yr (338)
    Ida Emily b. Dec 4, 1850, Philadelphia PA to Edmund & Sarah, bapt 1898 (47)
    Isabella 1821 (338)
    Isabella mother of Eliza, Samuel Miller, Joseph Strong & Miller John all bapt Sep 4, 1821 (338)
    J. L. 1887 (131)
    John 1883 (164)
    John A. 1870, d. 189_ (318)
    John W. m. Frances C. Houghton Jan 9, 1878 (264-2)
    John Wesley bapt 1874 (264-2)
    John Wesley member 1874, 1876, m. Frances C. Houghton (264-2)
    Julia Ann (wife of John) buried Oct 17, 1849, age 19 (47)
    Maggie m. Thomas A. Ghormly May 31, 1892 (338)
    Melvina 1893 (220)
    Dr. S. P. d. Feb 17, 1900, age 66 (338)
    Sallie 1899 (264)
    Susan 1888, 1893, 1896 (220)
    Mrs. d. May 1874 (318)
HOODE, H. A. 1857 (338)
HOODENPYL, Fanny P. 1876 (259)
    P. A. 1876 (259)
HOODLEY, L. M. d. Feb 27, 1901 (318)
HOOK, Miss Alice M. 1884 (318)
    Harvey d. Oct 24, 1884, 15 yrs (318)
    Harvy H. 1884, d. 22 Oct 1884 (318)
    John J. buried 6 Mar 1889, age 55 (47)
    Jno. W. d. Jul 8, 1893 (318)
    John W. 1884, d. Jul 1893 (318)
    Miss Maggie S. 1884 (318)
    Mrs. Mary C. (wife of Jno. W.) 1884, d. 25 Nov 1910 (318)
    Robt. M. 1869, d. 1883 (318)

HOOK, Miss Tillie H. 1885 (318)
    Wm. J. 1884, d. 1 Sep 1903 (318)
HOOKE, Ada G. adult bapt 1886 (318)
    Miss Ada Green 1886, m. Hill (318)
    Mrs. Adie F. (wife of R. M.) 1871, 1890 to
       Birmingham AL (318)
    Albert M. 1866, d. 11 Oct 1868 (318)
    Mrs. Aurilea (wife of R. A.) 1870 (d. 188_)
       (318)
    Carrie W. m. W. F. Hamblen Sep 14, 1880
       (318)
    Mrs. Clara (wife of J. G.) 1868 (318)
    Elizabeth C. before 1862, d. Oct 1892, m.
       W. W. Wilson 1872 (318)
    Floy d. May 16, 1880 (reel # omitted)
    Frank d. Dec 25, 1898 (d. in Louisville KY)
       (318)
    Frank T. 1815?, d. Dec 23, 1898 (318)
    Glennie 1875, m. H. N. Baker Jan 5, 1882
       (318)
    Iranaeus d. Oct 26, 1874 (318)
    J. A. father of Mary P. infant bapt 1874
       (318)
    J. A. H. father of Mary P. infant bapt 1874
       (318)
    J. G. d. Feb 19, 1883 (318)
    James d. Dec 1, 1898 (318)
    James G. before 1862, d. Mar 1883 (318)
    Miss Jennie L. 1871, 1875 to Little Rock
       AR, d. 9 Apr 1888, m. Dr. Hyslop (318)
    John A. father of Earl McCallie infant bapt
       1884 (318)
    John A. father of John Gillespie infant bapt
       1882 (318)
    John A. 1846, d. before 1866 (318)
    John A. 1866 (318)
    Miss Josephine H., before 1862, d. 19 Aug
       1908 (318)
    Miss Josephine L. 1886 (318)
    Miss Lillian 1876 (318)
    Mary E. (wife of Rezin L.) before 1862
       (about '53), d. 24 Dec 1911 (318)
    Miss Mary Ellen, before 1862, d. Feb 6, 1908,
       m. W. A. Rowles 1891 (318)
    Mary K. (wife of R. M.) 1840, d. 4 Dec 1868
       (318)
    Mary L. d. Oct 11, 1888, 77 yrs (318)
    Mary L. d. 11 Oct 1888, 1840 (318)
    Miss Mary Porter 1886, m. in MS, Richd.
       Stickler (318)
    Miss Mary R. 1879 (318)
    Miss Nellie C. 1884, d. 27 Jun 1907, m. A.
       B. Petty 9/7/93 (318)
    Penelope A. 1861, d. Mar 1881, m. J. C.
       Griffin 3 Apr 1866 (318)
    Judge R. M. (78) d. Oct 18, 1883 (318)
    Rezin L. d. 1883 (318)
    Rezin L., before 1862, d. May 15, 1883
       (318)

HOOKE, Robbie adult bapt 1886 (318)
    Miss Robbie E. 1886 (318)
    Mrs. Robt. mother? of Willie McClure &
       Robert McClure infants bapt 1882 (318)
    Robert 1894 (318)
    Robt. m. Henrietta McClure Mar 2, 1878 (318)
    Robert A., before 1862, d. 1872 (318)
    Robert Alexander infant bapt 1868 (318)
    Robert M. 1840, d. 17 Oct 1883 (318)
    Miss Sallie H. 1865 (318)
    Samuel Iremus 1871, d. 25 Oct 1874 (318)
    Willie McClure d. Feb 22, 1894 (318)
HOOKER, Mrs. A. F. (wife of A. T.) 1895 (318)
    Amos T. 1895 (318)
    Clarissa m. W. W. Webb Sep 6, 1892 (318)
    Emly 1854 (345)
    W. M. 1867 (176)
    Mrs. d. 1867 (345)
HOOPER, A. B. 1894 (271)
    Mrs. Alenora 1861 (257)
    Almina C. 1865 (257)
    Amanda Malvina adult bapt Feb 7, 1875 (289)
    Andrew (see Almira C. Cantrell))257)
    Andrew J. & Elmira parents of May bapt 1868
       (257)
    Andrew J. m. Clemma E. Cantrell Aug 21,
       1866 (257)
    Cora Lee d. Oct 17, 1905 (318)
    Edward E. & Emma R. parents of Charlie
       Anderson b. Mar 7, 1874 (289)
    Emma d. Mar 17, 1874, age 19 (289)
    Mrs. (wife of F. E.) 1894 (318)
    Louisa P., before 1862, d. before 1866
       (318)
    Mallie M. m. Thomas Hogan Oct 18, 1877 (289)
    Mollie Morton adult bapt Feb 7, 1875 (289)
    Reese m. Lula Crow Sep 18, 1888 (318)
    Samuel 1880 (275)
HOOTEN, Admer 1877 (270)
    Henry H. 1861, 1866 (257)
HOOVER, Caladona 1860? (345)
    J. B. bapt 1893 (271)
    James 1860? (345)
    Milton 1889 (271)
HOPE, C. d. Aug 2, 1858 (338)
    Eliza 1822, 1842 (338)
    Eliza mother of James William bapt Aug 11,
       1822 (338)
    Mrs. Eliza 1841 (338)
    Eliz. adult bapt Aug 11, 1822 (338)
    Esther 1857 (338)
    Lapsley Wm. 1897 (318)
    Mrs. M. Green d. Jun 6, 1887 (318)
    M. M. father of William Lapsley infant bapt
       1884 (318)
    M. M. m. Mary Green Oct 3, 1876 (318)
    Marion Green infant bapt 1885 (318)
HOPKINS, J. W. 1868 (120)

HOPKINS, J. W. 1866, left in 1867 (318)
    Mrs. M. L. (wife of J. W.), left in 1867, 1866 (318)
    Mary J. (see Mary J. Ogilvie) (345)
    N. S. 1844 (176)
    N. T. 1875, 1879 (176)
    Robert L. 1842 (215)
    S. R. m. Mary J. Ogilvie Dec 28, 1892 (345)
    Thomas Bidd? d. 1904, age 60 (120)
    Mrs. Virginia d. Sep 1907, age 70 (120)
HOPPER, H. C. 1878 (176)
    John 1863 (335)
    Nancy 1827, 1829, 1830 (reel # omitted)
    Susanah 1848 (330
    Thomas 1829, 1827, 1830 (335)
    Willis 1832 (334)
HORDE, Jesse, pastor 1834 (271)
HORINE, Victor m. Anna Harding Sep 22, 1886 (289)
HORMAN, Lewis d. Nov 8, 1880, 14 yrs (318)
HORMBY, Bettie 1893, 1896 (220)
HORN, Mrs. Caleb buried Nov 1869, age 72 (47)
    Edward & Elizabeth parents of William Ettie bapt Dec 7, 1866 (289)
    Elizabeth (wife of Edward) buried Mar 19, 1855, age abt. 22 (47)
    Fletcher W. m. Sarah Newman Oct 15, 1865 (47)
    Jane 1827 (335)
    Jasper m. Nerusa J. E. Garrett 1860 (347)
    Jesse & wife Jane 1828 (335)
    Jesse 1827 (335)
    Miss Mary 1854 (257)
    Nannie S. m. W. C. Price Jul 27, 1864 (47)
    Narcissa d. Jul 12, 1909, age 20 (289)
    Nerusa J. E. d. Nov 1870 (347)
    Richard & Ann parents of Ada Selena bapt Dec 7, 1866 (289)
    Sarah 1818 (162)
    William 1818 (162)
    William H. buried Mar 11, 1870, age 80? (47)
HORNE, Mary, original member, d. Nov 16, 1870 (257)
    Mrs. Mary 1861 (257)
HORNER, E. M. m. Lee I. Newman Jul 25, 1897 (318)
    Edward Cowley (of Helena AR) m. Blanch Morton Dec 28, 1886 (225)
HORNESBY, Jane 1866 (220)
HORNOR, Louise Curtis b. Dec 11, 1891, bapt 1897, parents: Edward Cowley & Maria Blanch (225)
    M. Va. m. Wm. M. Ashmore Nov 29, 1883 (338)
    Morton b. Aug 30, 1888, bapt 1889, parents: E. C. & M. B. Hornor (225)
    William Edward b. Dec 16, 1889, bapt 1897, parents: Edward Cowley & Maria Blanch (225)
HORNSBY, Jane 1870, 1871 (220)
    Maggie 1888 (220)

HORNSBY, William J. & Matilda parents of Emma Boyd bapt 1873 (264-2)
    Wm. J. m. Mrs. A. M. Estabrook Jul 1868 (264-2)
    William J. 1858, d. Jun 4, 1902, m. Mrs. A. M. Estabrook (264-2)
    William J. & Matilda parents of Mary Ellne b. Apr 15, 1869 & William Henry b. Jan 7, 1871, bapt 1872 (264-2)
HORSHAW, Mary R. m. W. J. Sharp Jun 18, 1891 (318)
HOSKINS, Anne 1827 (162)
    Mrs. B. D. d. Sep 26, 1893 (318)
    Mrs. L. (wife of W. A.) 1878 (318)
    W. A. 1878 (318)
HOSS, Jno. V. 1845 (49)
    Lelia M. m. William H. Carr Feb 15, 1894 (338)
    William H. m. Ella L. Oldham Nov 20, 1888 (338)
HOTCHKISS, J. C. buried 28 May 1887, age 37 (47)
HOUGH, D. F. Carter & Fanny E. (Graham) parents of Carter b. Dec 1888 and Bessie Lucile b. Jun 1892 in Chattanooga (289)
    Daniel F. Carter & Fannie Elizabeth parents of Frank Graham b. Nov 16, 1884 (289)
    William m. Mary Johnson Feb 17, 1844 (47)
HOUGHTON, Frances C. m. John W. Hood Jan 9, 1878 (264-2)
HOURSON, J. B. (see Alice M. Fitzgerald) (257)
HOUSDEN, Elizabeth 1871 (281)
HOUSDIN, James R. 1883 (281)
    M. A. 1883, 1884 (281)
HOUSE, F. F. 1887 (131)
    Fannie R. m. William A. Park Nov 23, 1887 (338)
    Ford 1887 (131)
    Mrs. Hazen d. Aug 30, 1912 (338)
    Jane member 1848, moved to Williamson Co. (347)
    Jennie d. Jul 25, 1899, age 2 (infant of W. M. & Mary B.) (338)
    John 1827, 1831 (335)
    Margaret 1827 (335)
    Mrs. Virginia Etnier d. Aug 30, 1912 (338)
    W. M. d. May 1884 (338)
    Wm. & Loue? parents of William McClain bpat Jun 22, 1873 (338)
    William M. m. Mary B. Wilson Sep 9, 1896 (338)
HOUSELEY, George M. m. Lillian A. Wright Dec 19, 1888 (338)
HOUSER, Henry 1865 (275)
    Josiah 1865 (275)
    Matilda 1865 (275)
    Sintha 1865 (275)
HOUSLEY, Barlou 1859 (327)
HOUSTON, Mrs. Elizabeth, ca. 1883 (264-2)

HOUSTON, M. M. 1849, 1869 (176)
    Margaret 1828, 1841 (338)
    Mary d. Feb 10, 1848 (338)
    Rev. Matthew Hale, D. D. (from Baltimore MD) m. Alice McEwen Nov 11, 1884 (338)
    Rutilia adult bapt Nov 23, 1832 (338)
HOVELEY, Mrs. Mary A. mother of John McKee b. Jan 24, 1860 (338)
HOVEY, E. G. 1893 (318)
    Mrs. E. M. 1893 (wife of E. G.) d. 27 Jun 1901 (318)
HOWARD, Dr. A. F. m. Ina T. Kuthman Jul 20, 1898 (318)
    Anderson 1822, 1826 (90)
    B. T. 1879 (280)
    Betsey 1813 (90)
    E. O. 1879 (280)
    Elizabeth 1865 (Colr'd) (331)
    Elizabeth 1854, d. Apr 21, 1864 (257)
    Mrs. Elizabeth 1854 (257)
    Miss Ellen 1854 (257)
    Ellen 1858, m. Mr. Rhynn (257)
    F. B. m. Jessie Morton Dec 28, 1886 (318)
    Miss Fannie d. Aug 5, 1905 (318)
    J. L. (f) 1879 (280)
    James H. 1879 (280)
    James T. 1861, 1865 (257)
    Jasper 1887 (275)
    John Wm. m. Lucia Branch 11 Dec 1888 (47)
    Julia 1865 (331)
    Lizzie W. 1879 (280)
    Louisa D. 1848 (347)
    Louisa D. m. James T. Hunt 1855 (347)
    Mary bapt 1823 (162)
    Mary 1854, d. Apr 5, 1856 (257)
    Miss Mary 1854 (257)
    Micajah & Elizabeth parents of Ellen Howard, Sarah Cathrine, James Thomas & Penina Susan bapt 1855 (257)
    Nancy C. 1823 (90)
    Nancy E. 1887 (275)
    Neomy 1848 (347)
    Sallie m. John Varner Jun 22, 1886 (318)
    Sarah C. 1857 (257)
    Miss Sarah Catharine 1854 (257)
    Serena 1850 (334)
HOWE, Thomas F. (of Marshall TX) m. Rebecca Nicholson Oct 30, 1889 (22)
HOWEL, Catharine 1842 (215)
    Dolly 1848, d. 1854 (329)
    Edward 1848, d. 1869 (329)
    J. W. 1876 (176)
    Jonathan 1833 (331)
    Katharine 1848, d. 1855 (329)
    Polly 1833 (331)
    Rebecca Ann 1848 (329)
    T. F. (of Rome GA) m. Mary Park Nov 25, 1880 (338)

HOWEL, T. F. & Mary P. parents of Juliett (in Rome GA) b. May 12, 1883 (338)
HOWELL, A. B. (Hill City) d. Jun 27, 1904 (318)
    Catharine 1822 (338)
    Durinda 1848 (329)
    Edna m. Jas. G. Lee Oct 20, 1887 (318)
    Elizabeth bapt 1886 (164)
    Emeline 1860 (170)
    J. W. 1879 (176)
    James T. 1848, 1865 (329)
    Joannah 1865 (329)
    Louis & Alice parents of Julia Ethel b. Feb 19, 1881 (289)
    Margaret 1822 (338)
    Mary 1821 (329)
    Rebecca A. 1865 (329)
    Theadore F. (from Rome GA) m. Mary Park Nov 25, 1880 (338)
HOWISON, J. B. m. Alice M. Fitzgerald May 1, 1872 (257)
    Mrs. Alice U.? 1870 (257)
    Eunice m. Paul Porter Dismukes Mar 7, 1895 (257)
    J. B. & Alice H. parents of Henry Fitz-Gerald, Charles Lyman, James Allen & Alice bapt 1887 (257)
HOWK, Caroline 1873 (275)
    John 1873 (275)
    Margaret M. 1873 (275)
HOWLAND, B. M. 1899 (345)
    R. M.? 1896 (345)
HOWRY, Wilson adult bapt 1873 (318)
HOWSER, Elizabeth 1873 (275)
    Elizabethan 1873 (275)
    Henry M. 1873 (275)
    Josiah 1873, d. 1878 (275)
    Matilda 1873, d. Aug 20, 1879 (reel # omitted)
    Sintha 1873, d. 31 Oct 1879 (275)
HOYAL, Mrs. Cornelia d. 1906, age 50 (120)
    John 1884, d. 22 Feb 1885 (318)
    Jno. adult bapt 1884 (318)
    John d. Feb 23, 1885 (318)
    Jno. m. Margie Payne Jan 2, 1883 (318)
    Margie (wife of John) 1884 (318)
    Margie Lee B. inf bapt 1884 (318)
HOYL, Michael 1827 (Washington Co.) (23)
HOYLE, F. J. & Blanch parents of Mary Winston b. Aug 22, 1891 (338)
    F. J. & Blanch parents of Frank Jerome jr. (Atlanta) b. Jun 16, 1896 (338)
HOYLES, Frank J. m. Blanch Gaines Jun 19, 1890 (338)
HOYT, Charles Albert m. Fannie Lee Caswell Apr 18, 1894 (289)
    Rev. Thomas A. m. Sallie A. Cooper 2 Jun 1874 (47)
HOZEN, Mrs. Mary d. Jul 29, 1897 (338)

HUBBARD, Mrs. Nettie d. May 30, 1904 (318)
    David m. Rebecca Stoddart Jul 1, 1845 (47)
        Mrs. Sarah d. 1909, age 63 (120)
HUBBELL, Thomas B. d. Mar 22, 1904, age 33 (289)
HUBBS, Latty 1813 (164)
    Sary 1806? (164)
HUBERT, B. W. 1855 (176)
HUCKER, Miss Nettie S. 1885, 1890 to Wills Point TX (318)
HUDDLESTON, Joseph 1808 (330)
    Joseph & wife Elizabeth 1825 (330)
    Martha J. 1865 (275)
HUDGE, Francis jr. 1852 (327)
HUDGENS, Martha bapt 1893 (271)
    Mary Ann 1893 (271)
    W. R. bapt 1893 (271)
HUDGINS, Ann 1858 (271)
    Carrie member 1892 (m. Lowry) (291)
HUDLESTON, Jane 1832 (330)
    Martha J. 1865 (275)
HUDSON, Amanda E. 1852 (225)
    Geo. 1893 (271)
    J. C. 1878 (176)
    Mrs. Lizzie 1883 (271)
    Maggie 1893 (271)
    Mary Ella bapt 1878 (271)
    T. L. 1876 (176)
    T. R. 1895, 1897 (271)
HUDSPETH, Sabery 1808 (330)
HUECKE, Miss Augusta 1899 (264)
HUES, Louelly 1886 (164)
HUFF, John d. May 20, 1901 (318)
HUFFAKER, Mrs. Belle McNutt Davis d. Jul 26, 1897, age 69 (338)
    Maggie F. d. Jun 18, 1900 (338)
    Margt. French m. William J. Everett May 27, 1896 (338)
HUFFMAN, Mary Ive? (aged about 8 yrs) buried Jun 20, 1859 (22)
HUFFMASTER, A. D. adult bapt 1870 (318)
    Albert G. adult bapt 1866 (318)
    Elizabeth d. Feb 16, 1872 (318)
HUGES, Martha E. 1848, 1854 (347)
HUGGINS, Brevard 1819 (24)
    Emma bapt 1878 (271)
HUGHES, B. I. & S. P. parents of Park b. Feb 21, 1891 (338)
    B. J. (from Rome GA) m. Sally C. Park Feb 24, 1881 (338)
    B. J. & Sallie parents of Benjamin Isbell (Rome GA) b. Apr 25, 1885 (338)
    Benj. J. (of Rome GA) m. Sallie C. Park Feb 24, 1881 (338)
    Elizabeth 1855 (43)
    Elizabeth T. 1856 (43)
    F. Neill m. Annie L. Brandan Nov 24, 1892 (338)
    Mary A. m. H. E. Lord May 10, 1865 (47)

HUGHES, R. J. 1859 (43)
    Reese J. 1856 (43)
    Sharlet 1887 (131)
    T. (L?) A. 1879 (281)
    William N. 1847 (48)
    Wm. T. & Martha Ann parents of Frank b. Jan 31, 1852 (289)
    ___ese J. 1855 (43)
ILER, Henry d. Jun 11, 1887 (fireman killed by falling wall) (318)
IMBADEN, Gene J. D. m. Florence E. Crockett May 22, 1890 (318)
INGLES, Elizabeth d. Aug 4, 1862 (338)
    M. A. 1857 (338)
    M. V. removed to Staunton VA in 1891 (338)
    Mary T. 1857 (338)
    Sarah A. H. 1857 (338)
    Sarah H. H. m. C. T. OKeefe Dec 3, 1857 (338)
    T. M. 1852 (338)
    W. C. 1852 (338)
    William 1857 (338)
    William C. 1857 (338)
INGLIS, M. R. 1843 (338)
    R. C. 1845 (338)
    S. H. H. 1848 (338)
    Wm. 1843 (338)
INGRAM, Ella m. F. E. Jackson Sep 27, 1887 (318)
    Maggie B. m. S. M. Boone Feb 4, 1896 (318)
    Maria 1821 (329)
    Mary 1821 (329)
    Peggy 1804 (90)
    Shedrach 1821 (329)
INMAN, Ann (dau of Anne) bapt Feb 2, 1828 (162)
    Anne 1826 (162)
    Bathena (dau of Anne) bapt Feb 2, 1828 (162)
    Catharine 1854 (162)
    Charles (son of Prudence) bapt 1820 (162)
    Daniel (son of Prudence) bapt 1820 (162)
    Daniel & wife Peggy 1821 (162)
    Daniel 1818 (162)
    Elizabeth (dau of Prudence) bapt 1820 (162)
    Elizabeth (dau of Anne) bapt Feb 2, 1828 (162)
    Fanny 1826 (162)
    Jane (of Jonathan) 1828 (162)
    Jane adult bapt 1828 (162)
    Jeremiah 1818, 1827, 1866 (162)
    John 1827 (162)
    John m. Catharine McFarland Sep 27, 1818 (reel # omitted)
    John 1818 (162)
    Julia A. 1866 (162)
    Julia E. 1858 (162)
    Margaret 1842, 1854 (162)
    Margt. 1842, d. Jun 17, 1874 (162)
    Martha 1858 (162)

INMAN, Mary 1827, 1829 (162)
    Milly (black) 1819 (162)
    Prudence 1818 (162)
    Rachal Hardin (dau of Prudence) bapt 1821 (162)
    Robt. 1854 (162)
    Sally 1822 (162)
    Mrs. Shade 1880 (318)
    Shaderick 1833 (162)
    Shadrach 1818 (162)
    Shadrach Hardin (son of Anne) bapt Feb 2, 1828 (162)
    Shadrack, Elder 1818 (162)
    Suky (black woman) 1818 (162)
    Susan 1832 (162)
    Susanna (dau of Prudence) bapt 1820 (162)
    Theney 1831 (162)
    Thos. W. 1827 (162)
    William 1866 (162)
IRELAND, Edward A. 1871 (257)
    Mrs. J. P. buried Aug 19, 1880 (47)
IRONS, Tempy m. Ben Maynard Oct 16, 1881 (318)
IRVIN, Barclay M. 1842 (338)
    Barclay M. & Elizabeth M. parents of Marcellus Murat & Thomas Cummins both bapt Jul 9, 1843, age 2 yr 10 mo 12 da & 1 yr 2 mo 8 da, respectively (338)
    S. Amanda d. Apr 16, 1899 (347)
IRVINE, Samuel 1823 (162)
IRVING, Jonathan 1826 (205)
IRWIN, Robert bapt Oct 29, 1882 (289)
ISBESTER, Mrs. Margaret d. Feb 5, 1902 (318)
    Mrs. V. T. d. Jan 30, 1901 (318)
    Dr. d. Mar 23, 1902 (318)
ISHAM, Arthur see Miss Mary Lavinia Ferguson (264-2)
    Mrs. Josephine 1890, d. Jul 12, 1903 (264-2)
    Thomas 1890, d. Oct 18, 1913 (264-2)
ISOM, Juda 1865 (275)
    Malinda 1892 (341)
    Matilda J. d. Jul 1890 (341)
ISS, John (see Tennessee Dixon) (257)
    Mrs. Tennessee 1861 (257)
    Tennessee 1865, d. Jun 13, 1873 (suddenly of cholera) (257)
IVENS, S. E. (f) 1855 (334)
IVY, A. J. 1866 (225)
    Jas. H. 1846 (225)
    Lecy 1846 (225)
    Martha E. 1859 (225)
    Robert L. 1860 (225)
JACHO, Anna 1816 (178)
    John 1816 (178)
JACK, Elizabeth d. Nov 5, 1877 (318)
    Elizabith 1853, d. Jan 1877 (318)
    George M., member 1866 (moved to Lebanon) (338)
    Henry 1818 (162)
    Polly 1818, 1824 (162)

JACK, S. W. m. Lida Kyle Sep 4, 1881 (318)
    Samuel 1818 (162)
JACKSON, A. C. (wife of Robt.) 1876 (281)
    A. D. d. Jan 23, 1850 (338)
    Mrs. Agnes 1872, 1880 (wife of John) (281)
    Miss Allie L. 1870 (338)
    Ambrer? 1846 (341)
    Ambrose 1865 (331)
    Bailey (see Ella O. Gray) (257)
    Billie 1898 (271)
    Dave L. ca. 1884 (281)
    Mrs. Delia 1843 (338)
    Elizabeth 1848, 1850 (334)
    Elizabeth b. Jun 28, 1853 (289)
    Mrs. Ella O. 1865 (257)
    Essie m. W. L. Goodman Oct 5, 1887 (318)
    F. E. m. Ella Ingram Sep 27, 1887 (318)
    G. P. pastor 1885 (271)
    Geo. M. 1879 (120)
    Hanky Ann 1848 (334)
    Hannah 1844 (335)
    Harbert 1850 (334)
    Hattie d. Jul 9, 1881 (infant) (318)
    Heskey A. 1850 (334)
    Hubert 1848 (334)
    J. C. 1876 (281)
    J. N. m. Mattie Hunter Nov 7, 1882 (318)
    James m. Frances Catherine Allen Aug 18, 1856 (47)
    Jas. P. m. Eliza Lee Oct 6, 1865 (47)
    Mrs. Jennie (lately Jennie Glass) d. Feb 25, 1889 (289)
    John 1877, 1881 (270)
    Julias A. B. d. Apr 13, 1880 (338)
    Mrs. L. R. (wife of T. A.) 1870 (281)
    Lilly 1869 (338)
    Manerva 1856, 1866, 1870, 1871 (220)
    Manervy d. 1882 (220)
    Marth 1865 (21)
    Martha 1871 (281)
    Mary 1884 (259)
    Mary E. d. Mar 1889 (341)
    Mary E. (Mrs. Felps) d. Mar 1889 (341)
    Mary E. 1846 (341)
    Mary L. 1887 (131)
    N. T. 1848 (338)
    Nelson 1820 (90)
    Palmyra 1877, d. 25 Mar 1884 (318)
    Palmyra d. Mar 26, 1884 (318)
    R. C. d. Jun 18, 1892, age 83 yr 3 mo (338)
    R. W., ca. 1870, joined at Sulphur Well Jul 5, 1894 (281)
    S. C. (see Sophia E. Scott) (281)
    S. E. 1887 (131)
    S. E. (wife of R. W. Jackson) 1894 (read as 1854 on introductory remarks to this reel) (281)
    S. J. bapt 1889 (271)

JACKSON, Miss Sallie d. Nov 29, 1903, aged 49 (338)
    Sarah E. 1881 (270)
    Selene Harding m. William Robert Elliston
        May 19, 1896 (289)
    Mrs. Serephina 1869 (338)
    Simpson 1884 (259)
    T. A. 1871 (281)
    Thomas 1848 (334)
    Thomas G. 1850 (334)
    Tommie E. (Pierce) 1883 (281)
    Thomas N. d. Jul 1912, age 71 (120)
    W. E. 1898 (271)
    Wm. (see Mattie Susan Brown) (281)
    Wm. R. 1876 (281)
JACKY, Elizabeth 1816 (178)
JACO, Frances 1884 (259)
    Francis 1876 (259)
    J. E. 1893 (259)
    Jennie Ann 1897 (259)
    M. E. 1894 (259)
    Paralee 1897 (259)
    Recy 1894, d. 1902 (259)
    Samantha 1888 (259)
JACOBS, A. B. 1890 (318)
    Mrs. A. P. 1899 (271)
    Mrs. Maurice mother of Dee (2 yrs old) bapt
        Sep 28, 1884 (289)
    Peggy & Thomas 1820 (162)
    Peggy adult bapt 1820 (162)
    Racheal 1845, 1877 (270)
    Solomon 1842, 1846 (345)
    Thomas adult bapt 1820 (162)
JAFFRIES, T. M. 1846, 1879 (341)
JAGGERS, Elizabeth 1848 (347)
    William 1848 (347)
JAKERSON, D. 1861 (120)
JAMES, Abegelle? 1806 (164)
    Aberista? 1813 (164)
    C. E. m. Katie Webster Dec 14, 1876 (318)
    Charles Todd Quintard 1898 (22)
    Chas. Todd Quintard b. Dec 6, 1881 to
        George Norman & Mary Rozena James,
        sponsored in bapt by Rt. Rev C. T.
        Quintard, Rev. Chas. M. Gray, Mr.
        Henry James, Miss M. A. Clouston, Mrs.
        Caroline James (22)
    E. A. ca. Dec 1885 (318)
    Emily Harriet b. Nov 11, 1862, Cincinnati
        OH to Francis Bauer? & Elizabeth James
        bapt 1898 (47)
    Frederick Attwood bapt Apr 1, 1877 (22)
    Frederick Attwood b. Nov 20, 1876 to
        George Norman & Mary Rozena James (22)
    Mr. George 1894, 1898 (22)
    George Clark b. 17 Mar 1878 to George
        Norman & Mary Rozena James (22)
    George Clark bapt Apr 21, 1878 (22)
    Rev. Geo. N. d. 8/16/1881, age 54 (22)

JAMES, Henry Norman b. Oct 2, 1874 to Rev. George
    Norman and Mary Rozena James (22)
    John 1894, 1898 (22)
    John Craigmiles b. Feb 29, 1880 to George
        Norman & Mary Rozena, sponsored by
        Mr. John Craigmiles, Mr. Henry James,
        Mrs. M. A. Craigmiles & Mrs. Callie
        James (all by proxy) (22)
    John Craigmiles bapt Mar 28, 1880 (22)
    John W. d. Feb 22, 1898 (22)
    John W. d. Feb 22, 1898 (318)
    Joshua 1813 (164)
    Martha 1879 (280)
    Mrs. Mary R. 1876 (22)
    Mrs. Mary Rozena 1873 (from Cleveland TN)
        (22)
    Masy Rozena (widow) m. John Eddy (widower)
        Aug 19, 1886 (22)
    Virginia 1858 (275)
    W. H. 1858 (271)
    William 1845 (215)
    Wylie m. Elizabeth Johnson Jul 25, 1869
        (257)
JAMESON, Mrs. M. d. Dec 23, 1882 (small pox)
    (318)
    Mrs. M. E. 1880, d. 23 Dec 1882 (318)
    Miss Mamie E. 1880, d. 1 Feb 1896, m. H. W.
        Fritts 1887 (318)
    Mary E. m. H. W. Fritts Apr 13, 1887 (318)
JAMESSON, Wm. 1849 (215)
JAMISON, Arthur d. Jun 14, 1884 (318)
    Wilson 1878 (176)
JANKINS, G. C. 1880 (164)
JAQUESS, E. W. 1881 (270)
    John 1842 (220)
    M. A. 1881 (270)
    Rebecca 1856 (220)
    Washington 1881 (270)
    Westley 1881 (270)
JAQUISH, E. W. 1877 (270)
    G. W. 1877 (270)
    M. A. 1877 (270)
    Sarah M. 1845 (270)
    Wytha J. 1877 (270)
    ___ther 1845 (270)
JARDINE, Margaret m. Walter Walters Nov 21, 1899
    (318)
JARNAGIN, Charles T. P. m. Miss Hale Sep 18, 1834
    (162)
    George Newton (son of Hetty) b. Apr 21,
        1821 (162)
    Hetty adult bapt 1819 (162)
    Lizzie Ramsey m. Samuel Lee Chestnut Aug
        10, 1898 (338)
    Mary A. d. 1883 (318)
    Mrs. Mary A. 1870, d. 1883 (318)
    Mary Eliza (dau of Hetty) bapt 1819 (!¢@)
    Spencer adult bapt Nov 1828 (338)

JARNAGIN, William C. 1833 (162)
    William Calvin b. 7 Nov 1833 (son of Katharine K.) (162)
JARNE?, Susanna 1806 (164)
JARRED, Martha bapt 1848, d. 7/1891 (271)
JARRELL, Boswell 1877 (329)
    Charley m. Pearl Pearson May r, 1892 (345)
JARVIS, Alonza bapt 1897 (271)
    E. bapt 1878 (271)
    Elizabeth bapt 1878 (271)
    Lula M. (m. Marchbanks) 1896 (271)
    Martha A. 1895 (271)
JEFFERSON, Marshall 1851 (259)
JEFFREY, Jerry & wife Sarah 1817 (330)
JEFFRIES, Alexander 1826 (330)
JEFFS, Harriet m. John Reynolds Aug 15, 1865 (47)
JENKINS, Capt. Alex d. Oct 1860 (289)
    David buried May 27, 1840 (47)
    Eliza J. 1842 ($*)
    Gertrude m. George F. Rice Jul 21, 1891 (318)
    Henry 1895 (215)
    Jas. F. & Beula C. parents of James Franklin b. Mar 7, 1876 (289)
    James Franklin jr. d. Jun 14, 1900, age 8 mo (289)
    James Franklin m. Lillie Madden Blume Oct 20, 1896 (289)
    James Franklin & Lillie Blume parents of James Franklin bapt Nov? 15, 1899 (289)
    Jas. M. bapt 1893 (271)
    Jennie 1870 (329)
    Mariah J. 1891 (215)
    Mary A. M. 1855, 1858 (43)
    Mary Ann 1858 (170)
    Miss Mettie 1890 (318)
    Mrs. N. C. d. Sep 30, 1895 (318)
    Oliver buried Oct 9, 1851, age 26 (47)
    Polly 1833, 1848 (331)
    R. N. 1891 (215)
    Dr. Simon B., member 1894, d. Nov 10, 1894 (318)
    Susan 1897 (215)
    Susanna bapt 1893 (271)
    Wm. m. Susan Austin Feb 22, 1880 (318)
    Willie 1897 (215)
JENKS, Winifred m. O. L. Creech Sep 7, 1899 (318)
JENNINGS, Alice 1879 (329)
    Bernice 1848 (329)
    Bernice member 1865, gone to TX, d.? 1881 (329)
    Clem member 1848, d. 1852 (329)
    Elias F. 1848 (345)
    Elizabeth, member 1865, d. Apr 1880 (329)
    Ella A. m. Wm. J. White May 28, 1888 (318)
    Elvira 1848, 1865 (329)
    Emma L. 1865 (329)
    Enos 1848, 1865 (329)

JENNINS, Eveline member 1848, 1865; d. Jun 28, 1873 (329)
    J. L. & M. S. parents of Phebe Jane bapt Jun 5, 1843, age 9 mo 27 da (338)
    James H. d. Nov 13, 1874 (329)
    Jas. H. 1848 (329)
    Jesse d. Mar 11, 1873 (329)
    Jesse 1821, 1848 (329)
    Jesse J. jr. 1865 (329)
    Jessee jr. 1848 (329)
    Jno. E. & E. F. parents of Harry Fennell b. Aug 18, 1892 (338)
    Jno. F. m. Mary E. Junbuger? Jul 25, 1888 (318)
    Julia A. 1865 (329)
    Julia Ann 1848 (329)
    Lillie G. 1873 (329)
    Malinda Catharine 1848 (329)
    Margaret d. Dec 8, 1870 (329)
    Mrs. Mary 1889 (318)
    Mary 1848 (329)
    Mary 1812 (330)
    Mary A. J. 1865 (329)
    Mary S. 1842 (338)
    Nancy 1848 (329)
    Oliver? 1869 (329)
    Olivia 1848, 1865 (329)
    R. H. 1883 (271)
    Temperance 1848 (329)
    Temperence 1865 (329)
    Wm. 1870, 1877 (329)
    William 1808 (330)
    William B. 1848, 1865 (329)
    Mrs. _____ d. Sep 27, 1882 (318)
JENNISON, Frances A. d. Jul 2, 1871, age 42 (289)
JENTRY, Anny 1806 (164)
    Lucy 1806 (164)
    Theofihilus 1822 (90)
    Thomas 1806 (164)
    Watson 1822 (90)
JERREL, Catharine 1846 (345)
JESSAMINE, Mrs. Margt (Alex Scott's Mother) d. Nov 2, 1894 (318)
JESSIMAN, Mrs. Margaret d. Nov 1, 1894 (member 1887) (318)
JESTER, Susannah 1835 (205)
JETT, Anna bapt 1880 (271)
    Mrs. Augusta E. nee Nitzschke 1892 (264)
    Elizabeth 1856 (271)
    Harriett M. A. 1858 (162)
    Mary 1876 (271)
    Sarah A. 1858 (162)
JETTUN, Ann 1848 (347)
JINKENS, N. J. 1881 (164)
JINKIN, Sallie A. 1888 (215)
JINKINS, Rebecca E. 1882 (164)
JINNINGS, Nancy 1821 (329)
JOB, Nancy 1827, 1829 (335)

JOBE, Eldridge Theo. d. Dec 9, 1888 at Cumberland
        Furnace, age 27 (289)
JOBES, George d. Mar 13, 1910, age 56 (289)
JOHN, A. 1856 (275)
JOHNS, A. V. 1858 (176)
    Dilly 1848 (329)
    Elijah 1848 (329)
    Rebecca 1853, 1855 (215)
    Susan Ann 1848 (329)
    Thomas d. Aug 19, 1901, age 77 (338)
    Wm. N. d. Jan 19, 1897, age 31? (47)
JOHNSON, A. Cecilia infant bapt 1885 (318)
    A. B. 1879 (176)
    A. H. 1875 (176)
    A. J. 1888 (220)
    Mrs. A. M. d. Jan 29, 1890 (318)
    Col. A. W. d. Apr 23, 1903 (318)
    Abigail 1823 (264)
    Adalin? 1866 (131)
    Adaline 1854 (131)
    Adaline 1858 (215)
    Adolph d. Aug 3, 1877 (infant) (Swede) (318)
    Aimee T. m. John A. Cowden Oct 3, 1882 (47)
    Albertina 1879 (318)
    Ale (f) 1866 (220)
    Ales 1885 (43)
    Aletha 1858 (215)
    Almeda Z. 1866 (215)
    Amaranda 1845 (270)
    Andrew G. 1871 (215)
    Andrew J. 1842, 1858 (215)
    Anguis 1846 (341)
    Ann 1843 (215)
    Anna 1847, 1862 (215)
    Anna (see Anna Day) (215)
    Anna E. (wife of J. E.) 1879 (318)
    Ardolph infant bapt 1877 (318)
    Audey bapt 1878 (271)
    B. m. Joseph A. Kerr Aug 12, 1896 (318)
    Barshaba 1840 (275)
    Birdie 1897 (215)
    Boling Arthur, age 30, bapt Aug 24, 1891
        (289)
    Boling Arthur m. Hattie Anderson Paul Aug
        19, 1891 (289)
    C. F. 1887 (131)
    Mrs. C. V. (nee C. V. Baker) d. Jul 4, 1902
        (338)
    Catharine 1862? (215)
    Catharine A. 1847 (215)
    Celia 1862? (215)
    Charly 1883 (331)
    Miss Clara, member 1885, m. A. D. Webb Nov
        1889 (318)
    Clara m. A. D. Webb Dec 4, 1889 (318)
    Cora B. 1885, 1887 (215)
    Daniel 1877 (270)
    Darthuly E. 1853 (215)

JOHNSON, Dicy 1881 (270)
    Doley 1866 (131)
    Dolly 1851, 1852 (131)
    Dora 1871 (259)
    Dorothy (Miss) d. Mar 19, 1901 (318)
    Edward 1883 (331)
    Edward A. 1876 (259)
    Eliza m. James McGill Jun 19, 1859 (289)
    Eliza Ann (wife of J. B.) buried 1854 (47)
    Elizabeth 1842, 1862 (215)
    Elizabeth 1855 (43)
    Elizabeth 1849, 1887 (259)
    Elizabeth m. Wylie James? Jul 25, 1869 (257)
    Elizabeth 1821 (329)
    Elizabeth, member 1869, m. Wylie Jones
        Jul 25, 1869 (257)
    Elizabeth A. 1852 (215)
    Emma G. 1883 (215)
    Esther Augusta d. Mar 2, 1881 (2 yrs) (318)
    Fanny B. m. James Y. Leigh Jan 1, 1862 (47)
    Foster d. Feb 10, 1901 (318)
    Francis m. Ann T. Vanleer Aug 20, 1856 (47)
    Foster d. Feb 10, 1901 (318)
    Francis m. Ann T. Vanleer Aug 20, 1856 (47)
    Gen., first elder, moved to MO at an early
        day (259)
    Georgiana m. Jas. L. Tompkins Nov 14, 1871
        (257)
    Grace 1842 (215)
    Grace B. m. Wm. V. Jones Nov 21, 1896 (318)
    Grace T. 1872 (215)
    Gracie M. 1892 (215)
    Grase 1846 (215)
    H. C. 1858, 1879 (176)
    Hannah 1858 (215)
    Henry 1848, 1860 (347)
    Isaac 1849 (259)
    Isack 1847 (215)
    J. A. 1887 (131)
    J. B. buried Aug 26, 1867, age 50 (47)
    J. E. 1887 (131)
    J. E. father of Victa Emanuel infant bapt
        1889 (318)
    J. W. m. Sue Cleage Jan 6, 1886 (318)
    Jack & Mary (now Mrs. Copeland) parents of
        Leanna b. Jul 1851, Missouri b. Dec
        1847 and Biddie b. fall 1854 (289)
    Jacob S. 1844, 1862, 1867 (215)
    Jacob S. 1838 made clerk, 1842 made deacon
        (215)
    James B. 1880, 1887 (215)
    James Ellis (10 yrs old) bapt Jun 11, 1860
        (289)
    James F. member 1873, missionary to China
        Jan 1883 (257)
    Jane 1842, 1847 (215)
    Jefferson 1881 (270)
    John 1815 (came from VA) (90)

JOHNSON, John father of Ebba S. infant bapt 1883 (318)
    Jno. E. 1879 (318)
    John L. 1871 (215)
    John P. 1874 (215)
    John S. 1842, 1858, 1887 (215)
    Joseph 1862 (220)
    Joseph & wife Mary 1867 (220)
    Joshua 1831 (259)
    Kesiah 1848 (347)
    Lea buried May 18, 1880, age 27 (47)
    Leana d. 1864 (289)
    Leathe 1846 (215)
    Miss Leonora 1889 (318)
    Leonora & Andolph infants bapt 1877 (318)
    Leonora infant bapt 1877 (318)
    Lettee 1856 (220)
    Louesa 1856 (220)
    Louisa 1862 (220)
    Luoise E., 17 mos, Cleveland TN, d. Oct 25, 1902 (318)
    Loucy E. 1887 (215)
    Lucy E. 1885 (215)
    Lucy L. 1880 (215)
    Lula 1894 (215)
    M. A. 1850 (338)
    M. J. (wife of Paul W.) 1896 (318)
    Mrs. M. J. adult bapt 1896 (318)
    Mrs. M. M. d. 1867 (318)
    Margaret of Philadelphia TN m. Donald Campbell May 5, 1852 (338)
    Margaret 1888 (215)
    Margarett 1862? (215)
    Marquis D. 1808 (330)
    Martha J. 1855, 1856 (43)
    Martha S. 1866 (215)
    Mary m. William Hough Feb 17, 1844 (47)
    Mary 1856 (220)
    Mary 1862? (215)
    Mary 1843 (275)
    Mary 1821 (329)
    Mary 1856, d. Jul 1856 (329)
    Mary E. 1847 (215)
    Mary Frances d. Jan 27, 1904 (318)
    Mary H. 1858, 1853 (215)
    Mary J. 1887 (131)
    Mary J. 1860 (215)
    Minnie buried 27 Aug 1886 (47)
    Nancy 1881, d. 1884 (270)
    Nancy 1843 (275)
    Nancy A. member 1867, m. Mason (257)
    Nancy S. 1848 (347)
    Orpha 1865 (331)
    P. F. 1879 (176)
    P. G. 1870 (176)
    P. H. 1858 (176)
    Paul W. 1896 (318)
    Paul W. adult bapt 1896 (318)
    Peter 1848 (347)

JOHNSON, Pheby d. Feb 7, 1864 (280)
    Polly 1821 (90)
    Sallie 1883 (331)
    Sallie Boggs bapt Apr 6, 1882 (289)
    Sally 1871 (215)
    R. (Everhardt) d. Dec 5, 1902 (318)
    R. E. 1876 (176)
    R. F. 1879 (176)
    Rebeccah Ann 1846 (341)
    Richard P. m. Katie McNutt Feb 8, 1893 (338)
    Robbert 1848 (347)
    Ruley m. Luther G. Newlin Dec 25, 1892 (318)
    Saml. D. d. Jul 17, 1904 (318)
    Samuell, d. fall 1892 (270)
    Sarah E. 1876 (215)
    Sealy 1847 (215)
    Sena 1883 (43)
    Stepen 1847 (215)
    Stephen 1842 (215)
    Stephen 1865, 1883 (331)
    Steven 1848 (331)
    Susan d. Jan 3, 1877 (220)
    Susan 1856 (220)
    Susanah d. 1863 (164)
    Tabitha F. 1879 (215)
    Theodocia 1872, 1887 (215)
    Thomas A. d. Feb 27, 1884, age 5 mos (289)
    Thomas D. 1844, 1862?, 1866 (215)
    Veldemar infant bapt 1881 (318)
    Victor 1894 (259)
    W. 1862 (220)
    W. A. & Martha J. 185_ (43)
    W. A. d. Nov 3, 1891, age 71 (47)
    W. A. & wife 1876 (259)
    W. B. 1867, 1868 (176)
    W. R. m. Della M. Haynie Dec 14, 1898 (318)
    Wiley M. adult bapt 1870 (318)
    Willes P. 1846, 1862? (215)
    Wm. 1823, 1856 (220)
    William 1821 (329)
    William A., evangelist, ordained 13 May 1858 (43)
    William A. 1855, 1856, 1874 (43)
    William C. 1842, 1887, 1858 (215)
    Wm. Ormsby buried 24 Apr 1886 (47)
    W. __ 1843 (275)
    Z. M. m. Mary Ledbetter ca. 1856 (345)
    Mrs. d. Apr 3, 1905 (318)
    Mrs. (Byron Building) d. Feg 10, 1883 (318)

JOHNSTON, Alexander d. Aug 21, 1907, age 71 (289)
    Andrew H. 1840, d. Aug 1866 (318)
    C. B. 1876 (259)
    Catherine m. Sam Newman (apparently in 1850s) (338)
    Catharine V. nee C. V. Baker 1857 (338)
    Elizabeth G. 1852 (318)
    Haret 1856 (220)
    Howel 1833, 1848 (331)
    J. C. Elder ret. 1867 (21)

JOHNSTON, Mrs. J. H. d. Oct 23, 1899 (318)
    J. Hardie m. Penelope Mee Jun 1, 1898 (318)
    John C. 1867 (21)
    Joseph 1856 (220)
    Lucinda (Mrs) 1872 (225)
    Mrs. Lucinda R. 1874 (225)
    Mamie (Loudon) d. Nov 6, 1896, age 35? (338)
    Mary E. 1867 (21)
    Mary E. m. J. E. Brown Oct 8, 1883 (318)
    Minnie L. m. Thomas Gilespie Mar 17, 1898 (318)
    Missouri d. Feb 1862 (289)
    Mrs. Nell M. (Cleveland) d. Jul 20, 1904 (318)
    Orpha 1833, 1848 (331)
    P. E. 1886 (21)
    S. A. 1856 (220)
    Sarah H. m. Jno. C. Griffiss jr. Dec 8, 1896 (318)
    Serena A. J. 1853 (318)
    Susanna 1806 (164)
    Thos. H. 1899 (318)
    W. A. ordained Aug 1882 (259)
    W. E. d. May 13, 1905, taken to Ringgold GA (318)
JOHSON, Miss Mary J. 1883 (177)
    Polly 1877 (270)
JOICE, _____ m. Martha Minton? 1841 (345)
JOINER, Patsey 1821 (329)
JOINES, Paralee 1887 (259)
JOIYNT, Robt. buried Jul 1, 1862, age 30 (47)
JOLEY, Dudley 1821 (220)
JOLLEY, D. 1856 (220)
    Dudly 1821 (220)
    Dudley d. 1870 (220)
    Elanor 1856 (220)
    Nancy 1821 (220)
    William 1821 (220)
JOLLY, D. 1848 (220)
    Dudley father of Wm. Jolly 1821 (220)
    Dudly, d. 1821 (220)
    Dudly 1823 (220)
    Elanor 1848 (220)
    J. 1848 (220)
    Mary 1848 (220)
    Nancy 1823 (220)
    Nelly d. Jul 14, 1876 (220)
JOMENY, Blanch M. m. Lewis M. Baker Dec 22, 1892 (338)
JONES, A. Z. 1875, 1882, 1890 (259)
    Alexander Williamson (see Annie Irene Jones) (225)
    Amelia 1855 (334)
    Amuel (f) 1884 (90)
    Angelina m. Christopher Dennis Jan 14, 1862 (289)
    Mrs. Anna Hortense 1874 (225)
    Anna S. m. Jacob W. Merton 13 Oct 1874 (47)

JONES, Calvin b. Oct 8, 1883; Gustavus Adulphus b. Oct 20, 1885; Whitson Harris b. Feb 14, 1888; Thomas Williamson b. Feb 27, 1890, bapt 1891, parents: Monroe & Kuny Jones (225)
    Annie Irene m. Edward W. Burton Oct 29, 1897 (225)
    Annie Weaver bapt Sep 29, 1858 (289)
    B. Paul 1850 (334)
    Mrs. Belzorah 1873, d. Aug 1876 (259)
    Benjamin d. Nov 1848 (90)
    Benjamin 1839 (90)
    Benjamin 1812 (330)
    Bernice Fitzgerald d. May 12, 1910 (289)
    Betsey 1822 (264)
    Betty A. F. 1866 (259)
    C. S. 1873, d. Jan 8, 1874 (164)
    Calvin (see Annie Irene Jones) (225)
    Campbell P. 1893 (318)
    Carrie McGavock child of Rowland W. & Elizabeth F. 1869 (22)
    Charles m. Cora Bell Rud Feb 25, 1879 (289)
    Charles A. 1866 (162)
    Charlott 1862? (215)
    Charlotta 1843 (215)
    Charlotty 1858 (215)
    Christopher Dennis & Angeline parents of William Isaac Dennis b. Jul 31, 1859 (289)
    Cintha 1867 (215)
    Mrs. Cornelia d. Oct 28, 1892 in Chicago (289)
    Crawford P. 1874, d. 2 Mar 1895 (318)
    D. D. (Welshman) d. Feb 14, 1885 (318)
    Danl. M. m. Bettie V. Henderson Aug 19, 1896 (318)
    Dicy 1832 (90)
    E. 1851 (259)
    Mrs. E. 1876 (259)
    Ebenezer & wife Irena parents of Fatima Susan & Finetta Melissa bapt 1844 (259)
    Ebinezer 1833 (259)
    Ed. S. & Anna Mary parents of Anora Mary bapt Feb 5, 1883 at Waverly (289)
    Edith 1852 (131)
    Edward m. Mary A. Smiley Mar 23, 1889 (345)
    Eleanor confirmed 1836 (22)
    Elibeth 1806 (164)
    Miss Elise 1898 (22)
    Eliza 1884 (21)
    Eliza 1864 (90)
    Elizabeth 1851 (215)
    Elizabeth 1836, 1850 (334)
    Elizabeth 1818, 1824 (205)
    Elizabeth 1840 (318)
    Elizabeth 1869 (257)
    Elizabeth A. (Betty) member 1869, m. _____ Smartt (259)

JONES, Elizebeth A. d. May 15, 1862 (280)
    Elizibeth 1806 (164)
    Emaly 1868 (90)
    Emma 1869 (259)
    Floranc 1887 (215)
    Florance 1885 (215)
    Franklin Mayhew d. Jan 30, 1862, age 18 mo (289)
    George 1888 (215)
    Gustavus Adulphus (see Annie Irene Jones) (225)
    H. E. m. Salle E. Powell May 14, 1893 (345)
    H. J. & Cornelia parents of Lilly Harrison b. Mar 12, 1860 (289)
    Hafford Cokie d. Jul 30, 1903, age 40 mo (289)
    Hannah 1874 (215)
    Harriet 1833 (264-2)
    Henry 1840 (318)
    Henry H. 1887, d. 1914 (318)
    Hiram J. & Cornelia parents of Ford infant bapt Jan 19, 1868 (289)
    Hiram Jackson m. Cornelia Ford Jun 4, 1857 (289)
    Isla E. infant d. Sep 13, 1902 (318)
    J. D. m. Belle Hunter Nov 7, 1882 (318)
    J. D. 1848 (220)
    J. G. 1868 (90)
    J. H. d. Mar 30, 1847 (334)
    J. R. 1865 (275)
    J. W. 1878 (176)
    James 1862?, 1874 (215)
    James 1839 (90)
    James & Sarah Jane parents of LaFayette b. Jul 23, 1848 and Mary Jane b. Dec 11, 1851 (289)
    James G. 1839 (90)
    James H. 1833 (162)
    James V. m. Rosa C. Chapman Oct 16, 1888 (318)
    Jane adult bapt 1827 (162)
    Jane E. 1836 (334)
    Mrs. Jennie (wife of Bob?) 1872, d. Aug 18, 1885 (318)
    Job H. 1871 (318)
    John 1806 (164)
    John d. Mar 29, 1847 (334)
    John T. 1878 (318)
    Joseph 1871 (90)
    Josiah & Fanny parents of Joseph Andrew b. Jun 28, 1851 (289)
    Katherine m. Porter Warner Sep 3, 1896 (338)
    L. 1847 (341)
    Levander 1869 (259)
    Lilly Harwon d. 1861 (289)
    Lilly J. m. Walter Gunther Jan 27, 1897 (318)
    Lou 1869 (259)

JONES, Loucinda 1887 (215)
    Lucy C. m. Stanley Bell Herndon 12 Jun 1888 (47)
    M. A. (f) 1855 (334)
    Mrs. M. E. (wife of Jno. T.) 1878 (318)
    M. L. 1865 (275)
    M. V. 1876 (259)
    Mabel infant d. Jan 31, 1885 (318)
    Maggie Louise b. Nov 4, 1885, bapt 1888, parents: J. W. Jones, M. D. & Lizzie M. (225)
    Mandy S. 1876 (215)
    Manilla adult bapt 1827 (162)
    Margaret 1823 (264)
    Mrs. Margaret 1823, d. 1874 (264-2)
    Mrs. Margaret 1823 (264)
    Margaret d. 1874 (264-2)
    Margret (d. of Reps) d. Apr 25, 1900, age 12 (338)
    Margret 1881 (270)
    Maria Louisa child of Rowland W. & ELizabeth F. 1869 (22)
    Maria Louise 1885, age 17 (22)
    Mariah Irena 1866 (259)
    Mary 1847, 1862? (215)
    Mary 1833 (162)
    Mary J. 1877, 1887 (131)
    Mary Lizebeth 1876 (21)
    Mattie D. 1876 (90)
    Micajah 1848 (220)
    Mosis d. Jun 8, 1862 (280)
    Orlando J. d. Aug 3, 1905 (318)
    R. (f) 1848 (220)
    Reps & Mary parents of Margaret Lucile bapt Oct 13, 1888 (338)
    Reps d. Nov 26, 1898, age 55 (338)
    Rhoda Shields d. Nov 13, 1902, infant 7 mos old of Human & Lillian (338)
    Richard 1890 (215)
    Richard G. 1879 (318)
    Rilda J. 1891 (215)
    Robert Lawrence (see Susan Paine Jones) (225)
    Rowland W. m. Emma W. Clouston Feb 13, 1872 (22)
    S. E. jr. 1876 (176)
    Dr. S. L. d. Jul 19, 1911 (338)
    Sallie E. member 1876, m. Paris (259)
    Sallie E. (see Sallie E. Powel) (345)
    Samantha 1866 (259)
    Samantha J. 1869 (259)
    Samuel P. m. Sarah A. Wells Nov 5, 1844 (47)
    Sarah 1869 (259)
    Sarah 1836 (334)
    Sarah C. m. Marion W. Lewis Aug 11, 1853 (47)
    Mrs. Sarah M. m. Dr. William H. Maury Jun 18, 1878 (225)

JONES, Mrs. Sarah P. d. 1883 (338)
 Sarah Polk m. James Cowden Bradford 27 Jun 1888 (47)
 Sarah Susan 1869 (259)
 Sarah V. 1855 (334)
 Susan 1865 (90)
 Mrs. Susan (wife of Richd. G.) 1882 (318)
 Susan member 1869, m. L. Crawley 1872 (259)
 Susan Paine b. Feb 23, 1875; Robert Lawrence b. Jan 5, 1877, bapt 1877, parents: J. Monroe & A. Hortense (225)
 Susanna 1821, 1823 (220)
 Susie d. Apr 28, 1901, age 24 (289)
 Synthia 1850 (334)
 Synthy 1836 (334)
 T. B. 1875 (176)
 T. E. 1870 (176)
 Tailor 1878 (43)
 Thomas d. Dec 22, 1896, age 54 (338)
 Thos. 1891 (259)
 Mrs. Thos. 1873 (259)
 Thos. A. 1871 (259)
 Thomas B. 1842, 1846 (345)
 Thomas B. m. Amanda Robinson Dec 11, 1845 (345)
 Thomas M. 1869 (259)
 Thos. M. ordained Aug 1882 (259)
 Thomas Williamson (see Annie Irene Jones) (225)
 Mrs. Tom 1876 (259)
 Vincent 1821, 1823 (220)
 Virginia buried Dec 20, 1866, age 14 (47)
 W. C. 1878 (318)
 W. T. d. Feb 1909, age 53 (120)
 Whitson Harris (see Annie Irene Jones) (225)
 William 1885, 1887 (131)
 William 1862? (215)
 William 1821 (220)
 William d. Jan 6, 1899, Mkt. St. (318)
 William 1852 (327)
 Wm. m. Lucinda Mayfild (Black) Jul 29, 1882 (318)
 Wm. A. 1850 (334)
 Wm. V. m. Grace B. Johnson Nov 21, 1896 (318)
 Eood 1848 (329)
 Wylie (see Elizabeth Johnson) (257)
 Zachariah 1869 (259)
 Zachary 1848 (259)
JONKINS, Aley 1806 (164)
JONNARD, Albert buried Oct 14, 1877, age 27 (47)
 Clara L. m. Robert A. Fraley 16 Nov 1885 (47)
JONSON, Lem & Roda bapt Sep 1, 1886 (43)
 Len 1888 (43)
JORDAN, Adaline 1864 (90)
 Archebald 1822 (90)
 Archer 1813 (90)

JORDAN, Archibal 1804 (90)
 Archy 1825 (90)
 Clement d. 1884 (90)
 Clemment 1833 (90)
 E. O. 1887 (90)
 Eliza W. 1846 (225)
 Elizabeth 1804, 1822 (90)
 G. M. 1866 (131)
 Dr. Jno. d. Feb 1874 (318)
 John 1833 (90)
 John A. 1887 (90)
 L. F. & wife & dau Sarephina Alenya? bapt 1829 (264)
 Dr. L. W. d. Nov 6, 1873 (264-2)
 Lewis W. 1824 (264-2)
 Lewis W. d. Nov 6, 1872 (264-2)
 Lewis W. d. 1873 (264-2)
 Martha 1832, 1854, 1887 (90)
 Mary 1854 (90)
 Mary d. 1888 (90)
 Mary d. Feb 1880? (90)
 Mary m. Jehu Wallace Apr 19, 1870 (257)
 Matilda 1828 (264-2)
 Mrs. Matilda Z. 1828 (264)
 Mildred 1822 (90)
 Nancy 1832 (90)
 Nancy Ellen b. Feb 7, 1847? Lauderdale Co. TN to Azariah & Rebekah Davis bapt 1898 (47)
 Rachel 1821 (90)
 Sally sr. 1804 (90)
 Sally jr. 1804 (90)
 Miss Sarah (Cinnie?) 1870, d. 11 May 1909, m. F. Grafton (318)
 Sophiah 1822 (90)
 Thomas 1825 (90)
 W. H. 1881 (90)
 Wm. 1804, 1822 (90)
JORDEN, R. H. 1860 (257)
JORVULMON?, Mrs. Minerva S. d. 1896 (338)
JOSEPH, Alexander jr. d. May 1903, age 30 (120)
JOSLIN, Rebecker 1813 (164)
 Samuel 1813 (164)
JOURALIN?, Mrs. M. S. 1868 (338)
JOURDAN, James M. 1850 (334)
 Lydia L. 1855 (334)
 Mary A. 1855 (334)
 Nancy J. 1854 (131)
 W. H. 1850 (334)
JOURNEY, Louisa Jane d. Jan 29, 1899, age 70 (289)
 Thoman d. Nov 6, 1898, age 78 (289)
JOROULMAN, Joseph H. d. Jun 23, 1905, age 68 (338)
 Jos. H. m. Minerva Baker Nov 1862 (338)
JOUROLMON, Joseph H. m. Minerva Baker May 16, 1862 (338)
 Minerva B. d. Feb 10, 1896, age 56 (338)
JOY, Mrs. T. S. d. 1906, age 63 (120)
JOYCE, Marietta I. 1872 (345)

JOYCE, Marietta J. (see Marietta Holt) 1860 (345)
    Samuel m. Marietta J. Holt Jan 15, 1868
        (345)
    Samuel A. 1872 (345)
JOYNER, Eli 1821 (329)
JOYNES, Annie Belle m. Alexander G. Fite (of Nashville) Apr 6, 1881 (338)
JUDD, Alvah Adoph m. Effie Alice Powel 25 Dec 1880 (47)
JUDKINS, Miss M. Amelia buried Jan 28, 1879 (47)
JUDSON, Frederick M. m. Jane Walker Eakin 8 Feb 1872 (47)
    Jay d. Nov 8, 1890, age 35 (47)
JUGGLE, Thomas 1877 (329)
JULEN, J. A. 1858 (176)
    J. N. 1855 (176)
JULIAN, Mary 1842 (345)
    Thomas F. 1842 (345)
JULIN, J. A. 1856 (176)
JULLEY, James? 1866 (220)
JUNBUGER?, Mary E. m. Jno. F. Jennigns Jul 25, 1888 (318)
JURDAN, Ann E.? 1857 (131)
    Mary 1866 (131)
JUSTICE, A. A. 1849, 1855 (176)
    Allen A. 1858 (176)
    Wm. J. 1848 (335)
JUSTIS, Maria infant servant of C. H. Hines 1857 (22)
KABAN?, David buried 1870, age 45 (47)
KAISER, Albert Christian 1887 (264-2)
    Frederick Christian 1881 (264-2)
    Gustavus Henry 1877 (264-2)
    H. A. 1883 (264)
    Henry Oscar 1877 (264-2)
    Miss Nannie Christena 1883 (264-2)
    Theodore Constantine 1874 (264-2)
    Miss Wilhelmina Charlotte 1883 (264-2)
KALFEE, James 1820 (205)
KALLEEN, Ina Louise m. C. E. Sprague Aug 10, 1899 (318)
KALLUM, Ronald O. (brought from Washington DC) d. Mar 24, 1904 (318)
KAN?, Annie m. J. C. Forstner Sep 4, 1883 (318)
KANIN, Mrs. Wm. (taken to Madison IN) d. Nov 5, 1894 (318)
KANNADY, Mary 1879 (280)
    Nancy J. 1879 (280)
KANNON, Luticia 1848 (347)
KANON, Wm. B. 1848 (347)
KARR, Mrs. Jane d. 28 May 1862, aged about 63 yrs (225)
    William d. 14 Sep 1866 (one of the oldest members) (225)
KARSTEEN, George adult bapt 1887 (318)
KARSTEN, Mrs. Peter d. Jun 19, 1900 (318)
KAUFMAN, F. m. Ida Close Sep 10, 1882 (318)
KAVANAUGH, Delaney 1871 (257)

KAVANAUGH, R. 1871 (322)
    Robert 1871 (322)
KAVENY (?), Thomas c. m. Sallie Evans Oct 6, 1887 (318)
KAW, Geo. d. Apr 16, 1893 (318)
KAYLOR, D. C. d. May 17, 1898 (318)
    Maude m. Chas. Bearden Nov 25, 1897 (318)
    Miss Sadie R. 1892, m. J. D. Payne 4/25/94 (318)
    Mrs. Sarah (wife of Danl) before 1862, d. 15 Dec 1871 (318)
    Sarah R. m. J. D. Payne Apr 25, 1894 (318)
KAYNE, Alfred buried Feb 18, 1879 (47)
KEARNS, Mary Ann 1866 (318)
KEATON, C. L. 1869, 1871 (176)
    J. A. 1879 (176)
KEE, Lucindy d. 1864 (280)
KEEBLE, Richard C. 1848 (347)
KEELER, Miss (Waynesboro NC) d. Jun 12, 1888 (318)
KEELING, Amerret d. Aug 1891? (335)
    John d. Jan 1888 (335)
    John 1882 (335)
KEEN, Wm. A. 1852 (327)
KEENER, Eliza L. m. Samuel L. Pickens Sep 15, 1891 (338)
    S. & L. J. parents of James Brownlee b. Aug 15, 1894 (338)
    S. H. (from Loudon) m. Laura Brownlee Apr 30, 1885 (338)
    S. H. & L. parents of Samuel Harvey b. Sep 29, 1886 (338)
    S. H. & L. parents of Mary McCallie b. Feb 17, 1892 (338)
    S. H. & Laura parents of Lucy Mulholland b. Oct 14, 1888 (338)
    Wm. Alexander m. Margaret A. McNutt Jan 25, 1883 (338)
KEESEE, Elizabeth buried Jun 6, 1865, age 68 (47)
KEETING, E. A. 1877 (335)
KEITH, W. J. father of Sarah Julia bapt Dec 19, 1844, age 5 mo (338)
KELEY, Biley 1887 (43)
    Susey 1885 (43)
KELL, America 1871, 1884, d. 1896 (259)
    C. T. 1887 (259)
    Claud 1894 (259)
    Sarah 1871, 1884 (259)
KELLAR, Esther d. Mar 9, 1901, age 4, child of Barton (338)
    F. F. d. Jul 15, 1901, aged 85 yr 2 mo 19 da (338)
    Mrs. Zerilda 1897 (318)
KELLER, A. A. m. Geneva Scott Nov 20, 1881 (318)
    Estella m. Leonard Milburn Nov 20, 1895 (318)
    F. A. 1847 (341)
    Francis F. 1843 (338)
    Francis F. of Tuscumbia AL m. Mary A. Crozier of Knoxville Apr 21, 1841 (338)

KELLER, Robt. m. Martha Wallace Feb 8, 1876 (318)
KELLEY, Anna 1821 (205)
    Miss Cora d. Jun 30, 1902 (318)
    John & wife Mary 1819 (330)
    Lucy 1822 (205)
    Mary 1809 (330)
    Mary G. m. Charles D. Robeson Apr 9, 1850 (47)
    Matthew J. m. Harriet S. Ealand Aug 12, 1865 (47)
    Nancy 1810 (330)
    Sally 1824 (205)
    Mrs. buried Mar? 1845, very old (47)
KELLY, Amy 1816 (178)
    Anna 1819 (205)
    Carter 1819 (205)
    Charles 1818 (205)
    Christeny 1868 (205)
    Edward & Ann, parents of John Thomas b. 1-23-43; Burrell James b. 11-15-44; Josephine Mary b. 12-21-46 (47)
    Edward H. m. Ann Cheek Nov 28, 1841 (47)
    Frank d. Aug 23, 1892 (318)
    James 1853 (318)
    John pastor 1825, 1847 (271)
    John Wallace & Margaret parents of Mary Ida b. Apr 1, 1855 (289)
    Lois 1853 (318)
    Lucy 1818 (205)
    Mary 1822 (205)
    Nancy 1808 (330)
    Polly 1824 (205)
    Rebecah formerly Duncan 1833 (330)
    Ruth formerly Ruth Duncan 1833 (330)
    Simon 1868 (205)
    William 1828 (205)
KELSO, Esther (colr'd) 1865 (331)
    Rebecca 1883, d. Nov 23, 1889? (331)
    Rebecca 1865 (331)
KELSOE, Henry 1833, 1848 (331)
    Rebecca 1833, 1848 (331)
KEMBRO, G. 1847 (341)
KEMP, Ann 1821 (329)
    Elizabeth 1821 (329)
    Emma (3 yrs old) bapt Sep 28, 1884 (289)
    Hetty 1848 (329)
    Murfrey 1821 (329)
    Nancy 1821 (329)
    Rosa (9 yrs old) bapt Sep 28, 1884 (289)
KENADAY, Nancy 1879 (280)
KENDALL, H. W. m. Sarah Palmer Dec 7, 1882 (318)
KENDRICK, Thos. F. & Sallie C. parents of Henrietta Morgan b. Feb 7, 1871 (289)
KENEDY, John 1874, 1878 (176)
    Lucinda 1848 (334)
    Mary A. 1848 (334)
KENFROW, Luis 1821 (220)
KENIDA, Allen 1848 (334)
    Hily M. 1849 (334)

KENIDA, William 1849 (334)
KENNADY, N. 1879 (280)
    Sarah 1848 (334)
KENNDY, L. W. 1883 (281)
KENNEDY, Allen 1850 (334)
    Allen 1840 (318)
    Allen, elder 1840, d. 1847 Or 8 (318)
    Cynthia S. member 1842, d. 1856 (338)
    E. (f) 1853 (170)
    E. 1850 (338)
    Eliza 1820 (162)
    Mrs. Eliza 1819 (162)
    Ellen dau of Joseph & Caroline bapt 1846 (22)
    Fannie m. S. M. Protho Dec 2, 1879 (318)
    Mrs. Fannie (wife of M. L., before 1862, 1897 to Chickamauga GA, d. 27 Apr 1900, m. Dr. S. M. Prothro) (318)
    Georgie (1½ yrs) (Cherry St.) d. Feb 13, 1883 (318)
    Howard Ayres? m. M. Louise Chapman 8 Jun 1886 (47)
    J. R. (m) m. M. Alporstiff Walterstof (f) Mar 2, 1876 (47)
    James, son of Joseph & Caroline bapt 1846 (22)
    Jane dau of Joseph & Caroline bapt 1846 (22)
    Jane 1841 (338)
    Mrs. Jane E. mother of James age 7 yr 2 mo 5 da; Elizabeth age 4 yr 1 mo 3 da; & William age 2 yr 1 mo 16 da (338)
    Jane H. 1857 (338)
    Jane H. d. Jan 16, 1896, age 83 yr 8 mo 3 da (338)
    Julia 1848 (334)
    Lizzie m. Fred W. Vanuxem May 9, 1854 (338)
    Lucas m. Eliza Hamilton Sep 16, 1819 (162)
    Lucinda 1850 (334)
    M. A. 1853 (170)
    Manervy 1850 (334)
    M. A. 1853 (170)
    Manervy 1850 (334)
    Margaret 1840 (318)
    Mark L. before 1862, d. Oct 1873 (318)
    Mary 1828, 1843 (338)
    Mrs. Mary 1877, to VA 17 Mar 1880 (257)
    Mrs. Mary d. Nov 23, 1900, age 87 yr 3 mo (338)
    Mary Park 1857 (338)
    Mrs. Melinda W. d. Apr 14, 1905, age 72, wife of Rev. J. M. K. ME CH S (338)
    Nancy S. 1827 (24)
    Norina m. Robt. Snyder Aug 2, 1899 (338)
    Sallie m. E. F. May (from Madison GA) Jul 8, 1867 (338)
    Samuel B. d. Sep 22, 1896, age 46 (338)
    Sarah wife of James 1817 (338)

KENNEDY, Sarah mother of John Montgomery bapt May
    9, 1817 (338)
    Sarah 1850 (334)
    Sophia 1866 (338)
    Sophia P. m. Thomas C. Hunter Oct 15, 1873
        (338)
    Thomas son of Joseph & Caroline bapt 1846
        (22)
    Thomas 1850 (334)
    Dr. T. J. m. Lucy Lauderdale Jul 7, 1870
        (257)
    W. d. 1863 (289)
    W. S. & M. parents of James Park bapt Apr 8,
        1855 (338)
    W. S. & M. parents of William Park b. Jun 12,
        1858 (338)
    W. S. & M. parents of Samuel bapt 1852 (338)
    W. S. & M. parents of John (later to be Dr.
        J. M. K.?) bapt Apr 18, 1846, age 3 mo
        11 da (338)
    Walker (of Memphis) m. Sadie B. Cannon Jan
        10, 1888 (225)
    William 1850 (334)
    William 1877, d. Mar 1880 (257)
    William d. Nov 14, 1907, age 69 (338)
    Wm. J. d. Nov 2, 1901 (338)
    Wm. S. d. Mar 26, 1875 (338)
    Wm. S. m. Mary English Jan 31, 1843 (338)
    William S. 1842, 1857 (338)
    Wm. S. & M. parents of Sophia (Hunter later
        married name) bapt Jan 9, 1846 (338)
    Wm. S. & Mary parents of Sarah bapt Mar 10,
        1844, age 6 mo 27 da (338)
    Wm. S. & M. parents of Harriet Park bapt
        Mar 10, 1849, age 4 mo 27 da (338)
    William S. d. Mar 26, 1876, age 68 yr 8 mo
        24 da (338)
    W. S. & M. parents of Georgiana (English)
        (Oldham) bapt Feb 19, 1843, age 8 yr 4
        mo 6 da (338)
    Infant d. Jun 29, 1882 (318)
KENNER, Bessie J. adult bapt 1897 (318)
    Margaret 1823 (264)
    Margaret d. Aug 20, 1823 (264)
    Sam G. adult bapt 1897 (318)
    Saml. H. 1897 (318)
    William d. Oct 1873 (318)
    Wm. D. m. Mary L. Clay (both from Rogers-
        ville) Aug 2, 1887 (338)
KENNEY, G. B. 1888 (220)
    Lula 1888 (220)
    Lydia 1888 (220)
    R. E. d. Apr 20, 1882 (220)
    W. C. 1888 (220)
KENSINGER, Harry d. Jul 18, 1899 (318)
KENY, J. 1847 (341)
KERBEY, Roseanna 1816 (178)
KERBY, Henry 1816 (178)
    Susanna 1816 (178)

KERR, E. B. 1870 (176)
    E. E. (M.D.) adult bapt 1889 (318)
    Dr. E. E. 1889 (318)
    E. J. 1879 (176)
    James & Grace parents of Elizabeth b. Oct
        26, 1840 (47)
    James J. 1848 (gone to Texas) (347)
    Joseph A. m. B. Johnson Aug 12, 1896 (318)
    Louisa G. 1848, 1857 (347)
    M. d. Nov 22, 1847 (338)
    Margt. mother of Elizabeth Hodgekiss bapt
        May 18, 1817 (338)
    Margaret 1816 (338)
    Mrs. Margaret 1841 (338)
    Margaret H. 1848 (gone to Texas) (347)
    Maria 1842, 1857 (338)
    Maria dismissed to Decatur Jun 20, 1854
        (338)
    Mary J. 1848, 1861 (347)
    Mary Jane m. C. Ramsey Aug 1851 (347)
    Nancy member 1848, d. 1862 (347)
    Mrs. Susan E. adult bapt 1889 (318)
    Mrs. Susan E. d. Oct 26, 1903 (318)
    Mrs. Susie E. (wife of Dr. E. E.) member
        1889, d. Oct 25, 1903 (318)
    W. B. 1874 (176)
    Wm. G. 1848 (347)
KESTERSON, A. (German) d. Oct 22, 1876, age 73
    (318)
KETCHUM, W. T. 1887 (131)
    Thomas & Kitty parents of Mattie Wells b.
        May 9, 1866 (289)
KEUTCH, Hannah M. m. Henry Gales Dec 1870 (21)
    Sarah 1871 (21)
    Thomas E. m. Mary E. Perdew 1870 (21)
    William H. 1871 (21)
KEY, Judge D. M. d. Feb 5, 1900 (318)
    Mary S. adult bapt 1897 (318)
    Miss Mary Summerfield 1897 (318)
    Mattie M. m. J. B. Spaulding Aug 15, 1899
        (318)
    Racheal (see Racheal Craig) (318)
    Sophie 1879 (280)
KEYES, Dr. Robert d. Jun 10, 1890, age 46 (289)
    Robert adult bapt Dec 29, 1889 (289)
KEZER, Timothy buried Mar 19, 1845 (47)
KHULMAN, Sarah mother of Sarah Jane b. Oct 8,
    1878 (338)
KILLDOW, G. W. 1884 (318)
KILLOUGH, Mrs. A. L. 1885 (318)
    Annie adult bapt 1885 (318)
KILROY, Mrs. Florence d. Jan 5, 1900 (318)
KIMBALL, Mrs. Jane d. Jan 23, 1902 (318)
    LeVert (C Veteran) d. Dec 1, 1891 (318)
KIMBER, Samuel 1864 (90)
KIMBERLY, John m. Elizabeth M. Maney Dec 8, 1858
    (47)
KIMBRAUGH, Elizabeth m. W. D. Warlick Jul 23,
    1888 (318)

KIMBROUGH, Duke 1825 (205)
    Mrs. M. M. (taken to near Boyd's Mill) d. Feb 10, 1897 (318)
    Sallie C. m. Saml. A. Ford Oct 24, 1888 (318)
KINARD?, Susan 1851 (131)
KINCAD, Serilda 1856 (220)
KINCADE, Clem. (f) 1856 (220)
    David 1848, 1850 (334)
    El. 1856 (220)
    Elizabeth D. 1850 (334)
    Elz. 1856 (220)
    Fanna 1850 (334)
    Fanny 1836 (334)
    J. M.? 1856 (220)
    James H. 1848 (334)
    Ladon 1850 (334)
    Landon 1836 (334)
    M. C. 1856 (220)
    M. C. D. 1865 (220)
    Manor (f) 1848 (334)
    Margaret (see Margaret Robins) (334)
    Margarett 1850 (334)
    Robert 1856, 1865 (220)
    Samuel 1848 (334)
    Samuel J. 1850 (334)
KINCAID, Harriet H. 1850 (334)
    McDonnal & wife Elizabeth 1865 (220)
    Robert L. 1850 (334)
KINCANNON, Dr. J. T. 1882 (327)
KINDER, George d. May 21, 1877 (318)
KINDRICK, Mrs. J. P. d. Apr 7, 1905 (318)
    J. P. (m) m. M. A. Dugger (f) Jun 5, 1877 (318)
    Mary 1806? (164)
KING, A. S. 1852 (338)
    Albert S. m. Laura I. Craig Jan 17, 1872 (338)
    Alexander buried May 2, 1839 (47)
    Allie m. James C. King (both from Crab Orchard KY) Jan 5, 1885 (338)
    Andrew J. & F. L. parents of Joseph Trigg b. Jan 25, 1868; Catharine Ann b. Nov 29, 1870; and Andrew Lewis b. Jun 10, 1872 (338)
    C. 1842 (338)
    Carroll bapt 1849, age 19 (47)
    Catharine 1857, 1868 (338)
    Mrs. Catherine 1841 (338)
    Charles L. b. Apr 16, 1868, d. Sep 26, 1889 (338)
    David G. 1855 (170)
    E. D. 1870 (176)
    Elizabeth 1871 (322)
    Frankie 1865 (257)
    G. W. 1878 (131)
    George 1887 (131)
    Geo. C. (from CA) d. Mar 29, 1904 (318)

KING, Geo. L. 1855 (170)
    Grace Taylor d. Jun 1912, age 36 (120)
    Gracie d. Sep 4, 1895 (318)
    Horace d. Feb 17, 1884 (318)
    J. A. 1847 (338)
    J. L. & C. parents of Kitty Tennessee bapt Jan 9, 1846, age 3 mo 8 da (338)
    Mrs. J. L. ca. 1836 (338)
    J. L. 1842 (338)
    J. L. & C. parents of William Goodrich bapt Mar 30, 1851 (338)
    J. L. & C. parents of Margaret Elsebeth bapt Sep 5, 1849, age 10 da (338)
    J. W. 1891 (259)
    Jas. & M. Mc. parents of John Buchanan b. Apr 5, 1883 (338)
    James & Mary parents of Campbell McDonald b. Dec 3, 1873 & Benjamin Inglis b. Feb 24, 1876 (338)
    James C. m. Allie King (both from Crab Orchard KY) Jan 5, 1885 (338)
    Jennie 1865 (257)
    Jno. d. Apr 26, 1884 (318)
    Judge J. M. d. Nov 16, 1911, age 75 (338)
    Joseph L. removed to Atlanta Mar 1878 (338)
    Joseph L. 1828, 1841, 1857, 1868 (338)
    Joseph L. d. Mar 12, 1900 (338)
    Joseph L. & Catharine parents of Martha bapt May 16, 1841, age 7 mo 16 da (338)
    L. (wife of Thos.) d. Aug 1890 (281)
    L. E. m. E. C. Reid Dec 23, 1897 (318)
    Leonidas B. 1892 (318)
    Miss Lula m. A. C. Taylor Jun 24, 1885 (318)
    Lulu (see West Edward Taylor) (318)
    M. C. 1876 (281)
    M. J. (f) 1855 (334)
    Mariah 1819 (264)
    Martha mother of John Tennessee, Joseph Lewis & Mary Ann all bapt Nov 3, 1816 (338)
    Martha (wife of Robt) member 1816, dead in 1841 (338)
    Mary 1809 (330)
    Mary C. m. Dr. M. Blewett Jun 3, 1895 (318)
    Mary Elizabeth d. Nov 1911, age 72 (120)
    Miss Mary G., member 1876, m. W. R. Frye Nov 7, 1882 (318)
    Nancy 1823 (264)
    Nancy A. 1887 (131)
    Nancy M. 1887 (131)
    Patsey mother of William R. bapt Apr 25, 1824 (338)
    Patsey P. mother of Hephseba? bapt May 20, 1821 (338)
    Patsey P. mother of James Henry bapt Nov 15, 1818 (338)
    Rhoda Campbell m. Milton Lea Shields Jan 21, 1891 (338)

KING, Rufus 1879 (280)
    Miss Sallie, member 1885, m. Ramsey 1886
        (reel # omitted)
    Saml. Lee m. Annie Phipps Jun 6, 1894 (318)
    Sarah 1843 (275)
    Thomas (see Jane Griffiths) (257)
    Thomas & Frances parents of Harry Bonde bapt
        1870 (257)
    Thos. H. m. Frankie Y. Warner Feb 14, 1869
        (257)
    Thomas H. jr. m. Lina B. Lewis Oct 26, 1898
        (257)
    W. A. 1852 (338)
    W. M. 1852 (338)
    Watkins M. 1857 (338)
    Wm. buried Feb 2, 1887 (47)
    William 1852 (327)
KINKEAD, A. father of Nathan H. & Mary W. infants
        bapt 1866 (318)
    A. K. father of Nathan H. & Mary W. infants
        bapt 1866 (318)
    Delphia adult bapt 1866 (318)
KINNARD, A. B. d.? Oct 1853 (131)
    Mary L. 1854 (131)
    S. C. 1853 (131)
    Sally 1845, 1877 (270)
    Virginia 1852? (131)
KINNEAR, Alexander & Elizabeth (Harriman) parents
    of Mary Ellen (Mrs. H. D. Sofge) b.
    Oct 17, 1859 in Kenton OH (289)
KINNON, W. B. 1876 (176)
KINSEL, Katie m. J. H. Shaffield Jul 1, 1893
    (318)
KIRBY, Amanda 1884 (259)
    Henry 1816 (178)
    Rowena m. Randolph Back May 28, 1889 (289)
    William F. m. Lena Belle Hall Jan 26, 1891
        (338)
KIRK, Alice m. P. F. Fite 1878 (21)
    H. S. m. Alice M. Calder Nov 9, 1887 (318)
    M. C. m. James T. Fite 1876 (21)
    Pamella d. 1860 (289)
    T. H. m. Elizabeth McCormack Feb 15, 1898
        (338)
    Theodore H. m. Elizabeth McCormack Feb 15,
        1898 (338)
KIRKMAN, Amanda McNairy m. Coburn Dewees Berry
    Oct 29, 1873 (47)
    Eleanora C. (wife of Hugh) buried Jun 2,
        1849 (age 28) (47)
    Ella m. Bruce Douglas Dec 4, 1889 (47)
    Hugh buried 1846 (infant) (47)
    John buried Aug 4, 1888 (age 75) (47)
    John m. Maria Adelaide Washington May 4,
        1857 (47)
    John Farrell (son of Hugh) buried Jun 24,
        1850, age 10 (47)
    John G. & Jane parents of Francis Behring
        bapt Feb 6, 1883 at Waverly (289)

KIRKMAN, Mary F. m. Jas. P. Droullard Sep 21,
    1864 (47)
    Mary Washington m. William M. Baxter Nov 24,
        1880 (reel # omitted)
    Mrs. Maria d. Mar 5, 1892 (age 50) (47)
    Norman jr. d. Sep 26, 1896, age 4 (47)
    Mrs. Van buried Nov 14, 1880 (or VanKirkman)
        (47)
    Van Leer & Katharine T. parents of Van Leer
        bapt Apr 22, 1888 (289)
KIRKPATRICK, F. H. m. N. L. Thatcher (f) Dec 28,
    1891 (318)
    Mrs. Nannie Thatcher d. Jul 19, 1894 (318)
    Nannie (see Mrs. Nannie Glass) (318)
    R. L. d. Oct 18, 1900, age 51 (son of Prof.
        K.) (338)
KIRKWOOD, Annie m. Nathaniel Black May 30, 1879
    (47)
KIRWAN, Capt. Jno. S. m. Jennie E. Greener 1863
    (47)
KISER, J. L. 1880, 1885 (275)
    Mary 1880, 1885 (275)
KITZMILLER, Minnie m. Wm. Allen Jul 22, 1891 (318)
KIZER, Ellen Temperance m. William Hastings
    We(s)tmore Mar 15, 1849 (47)
KLATY, Harry Rawlings, infant bapt 1889 (318)
KLATZ, F. J. m. Hattie Rawlings Dec 17, 1888
    (318)
KLEISER, Jonas M. m. Josephine Alderson Aug 23,
    1859 (47)
KLOTZ, Fred J. 1889 (318)
    Mrs. Hattie R. (wife of F. J.), member
        1889, d. Apr 1892 (318)
KLYCE, Battle H. 1894 (271)
    W. H., pastor, 1892 (271)
KNABE, Gustavus d. Jan 17, 1906, age 87 yr 1 mo,
    Episcopal (338)
KNAIRD, Sally 1881 (270)
KNAPP, Minnie m. Ira C. Witt Jan 20, 1887 (47)
KNIGHT, Miss Caroline 1854 (257)
    Delia member 1855, d. Jan 17, 1865 (257)
    Mrs. Delia 1854 (257)
    Mrs. Emily d. Oct 28, 1883 (289)
    J. A. 1875 (176)
    James D. & Louisa parents of James Wilson
        b. Mar 1842 (47)
    James Derby buried Mar 13, 1842 (47)
    James M. 1866 (345)
    Jinnie R. m. Melville E. Root Mar 7, 1882
        (289)
    Miss Laura, member 1861, 1867, d. Nov 29,
        1885 (257)
    Miss Mary 1854 (257)
    Tennessee 1866 (345)
KNITTEL, Appeline m. Frank E. Wallace Oct 27,
    1896 (318)
    Eva m. Henry Loefler May 1, 1887 (318)
    Jacob J. m. Lee Faunar? Apr 22, 1894 (318)

KNITTLE, Miss Abbie member 1885, m. F. W. Wallace 1896 (318)
KNOEDLER, Charles L. 1876, 1889 (318)
    John member before 1862, d. 1897 (318)
    John sen. d. Apr 1, 1897 (318)
    John C. 1898 (318)
    Miss Maggie d. Jan 29, 1894 (318)
    Mrs. Margaret (wife of Jno.) member before 1862, d. 1898 (318)
    Mrs. Margaret d. Jul 24, 1899 (318)
KNORLAND, Jane (see Jane Talley) (162)
KNOTT, Amanda m. J. H. Harvell 1849? (347)
    Amanda L. 1848 (347)
    James Allerton m. Jessie Still Nov 8, 1853 (47)
    William M. 1848, 1859 (347)
KNOWLEN, James 1844 (335)
KNOWLES, Chas. B. d. Oct 13, 1896, age 77 (289)
    Mrs. Elizabeth buried Jan 21, 1880 (47)
KNOWLS?, Bird 1843 (215)
KNOX, Helena White d. Sep 24, 1873, age 33 (289)
    Maria d. Jul 22, 1896, age 76? (47)
    William m. Maria Seckerson Nov 17, 1839 (47)
    William W. buried Mar 9, 1879 (47)
    Wm. White & Maria parents of Helena White (b. Sep 2, 1840) & Clara Wright (b. Aug 7, 1842) (47)
KOGER, Sally 1816 (178)
KOLSON, Klas d. May 14, 1878 (318)
KONES, Emma m. J. D. Davis Jul 24, 1890 (318)
KONTT, J. R. 1881 (331)
KORSTEIN, Geo. d. Aug 14, 1887 (318)
KORTRECHT, Humphreys m. Mary Polk Nov 27, 1884 (289)
KOWSEY, Lucy Ann 1822 (264)
KREIGNER, Mrs. Josephine D. d. Nov 4, 1900 (318)
KROLL, Emma m. Charles Schneider Mar 27, 1851 (47)
KROTT, Nicholas m. Emma Strachaur? Mar 4, 1847 (47)
KRUTCH, Emil buried Jan 8, 1889, age 80 (47)
KUCHERAL, Rachel A. L. 1848, 1852 (347)
KUCK?, Miss Mary C. 1854 (257)
KUHLMAN, Ella D. m. Edwd. F. Buffett Oct 5, 1892 (338)
    Mrs. Sallie mother of Rachel Eveline b. Dec 8, 1885 (338)
    Sally mother of Rosalie Ervin b. Mar 19, 1884 (338)
    Sarah mother of Nathan Backman b. Oct 29, 1880 (338)
KUHN, Elizabeth 1852 (327)
    Julian W. 1852 (327)
    Mary E. 1852 (327)
    Peter? 1852 (327)
KUMLEY (RUMLEY?), Mrs. Medora Stephens (residence Lebanon OH) d. Dec 23, 1895, age 31 (47)
KUNZ, Miss Bertha M., member 1895, m. Carl Rowden Oct 7, 1896 (318)

KUNZ, Bertha M. m. Carl J. Rowden Oct 7, 1896 (318)
    Bertha M. adult bapt 1895 (318)
    Lt. H. M. d. Sep 22, 1901 (killed in Phillipines) (318)
    Jacob d. Nov 5, 1889 (318)
KUTCH, Hannah M. 1867 (21)
    Thomas E. 1867 (21)
KUTHMAN, Ina T. m. Dr. A. F. Howard Jul 20, 1898 (318)
KUYKENDALL, Dr. E. H. 1890, d. 14 Apr 1893 (318)
    E. H. d. Apr 15, 1893, taken to WV (318)
    S. F. 1865 (329)
KYLE, Bartha 1857 (225)
    Bartly ca. 1848 (225)
    James B. child bapt 1852 (225)
    Lida m. S. W. Jack Sep 4, 1881 (318)
    Martha A. ca. 1848, 1857 (225)
    Mary F. ca. 1848 (225)
    Samuel B. child bapt 1848, 1860 (225)
    Susan M. child bapt 1848 (225)
    Susan M. 1859 (225)
    Susan S. ca. 1848, 1857 (225)
    William D. ca. 1848, 1857 (225)
KYLES, ____ ca. 1848 (225)
LACOC, Franky 1877 (270)
LACY, E. (f) 1848 (220)
    Eliza 1856 (220)
    Elz. 1856, 1866 (220)
    Martha J. 1877, 1881 (270)
    Nancy 1881 (270)
    T. E. 1867 (341)
    William 1877, 1881 (270)
LADD, Mrs. Perlina 1883, d. Aug 3, 1883 (264-2)
    Samuel Nelson 1883, d. Apr 7, 1892 (264-2)
LADOR, J. C. m. Mattie Henderson Sep 12, 1883 (318)
LADY, Christina E. 1882 (327)
    E. D. 1852 (327)
    George D. 1882 (327)
    George W. 1882 (327)
    Henry H. 1882 (327)
    Noah C. 1882 (327)
LAFFERTY, Anne 1819 (162)
    James 1818, 1819 (162)
    Genl. James father of Mary Ophelia & William Trousdale bapt 1866 (257)
    Val d. Oct 19, 1860 (257)
LAIN, Joseph, member 1848, gone to TX (347)
    Martha J. 1848, 1857 (347)
LAINER?, W. P. 1855 (176)
LAIRD, Berta m. William Fox Nov 17, 1879 (289)
LAKE, Frank Edwin & Blanch Chase parents of Richd. Robinson bapt Dec 19, 1882 (289)
    J. W. (PO Dept) d. Feb 11, 1904 (318)
    Jane 1862? (215)
LAKER, C. m. Emma Taylor May 31, 1880 (318)
LAMAN, Annette B. m. Wm. C. Aull Nov 6, 1889 (318)

LAMAN, Celestia m. J. L. Gaston Dec 12, 1878 (318)
    Dr. d. Jan 24, 1893 (318)
    Hattie L. m. Otto C. Wright Oct 22, 1895 (318)
LAMB, J. T. 1876 (281)
    Lucy 1879 (281)
    Margaret 1887 (271)
    William D. 1853 (215)
    William G. 1854 (215)
LAMKIN, W. P. d. Aug 1912, age 81 (120)
LAMON, Rose m. A. K. Trigg Feb 3, 1887 (318)
LAMPLEY, Harrett 1862 (164)
    Rebacah 1891 (164)
LAMPLY, Joseph 1813 (164)
LAMPTON, Mrs. Minnie T. 1888 (318)
LANCASTER, P. M. 1860 (341)
LAND, Luls? 1880 (215)
LANDER, David L. pastor 1890-1892 (264-2)
    David L. & Ella M. parents of David Luther b. Mar 2, 1890 (264-2)
    Mrs. Ella M. 1890, 1892 (264-2)
LANDERS, D. H. (m) m. M. A. Wright (f) Jan 18, 1886 (318)
    Gracy 1833, d. May 1858 (335)
    Gracy Eveline 1841 (335)
    Henery 1827, 1837, ca. 1844 (335)
    Henry 1833 (331)
    J. H. 1885 (335)
    James m. Georgia Foster Sep 10, 1888 (318)
    Nancy L. 1853 (345)
    William H. 1853 (345)
LANDESS, Ella J. member 1883, m. J. W. Stokes (341)
    Ella J. 1846 (341)
    H. E. (f) d. 1886 (335)
    John 1846 (341)
    M. B. 1885 (341)
    Mary H. 1846 (341)
    Mary H. d. Jan 12, 1891 (341)
    Sallie 1846 (341)
    W. J. 1885 (341)
LANDIS, Bryant C. 1865 (345)
    George 1850? (345)
    James A. 1850? (345)
    Janett 1876 (345)
    Margaret 1850? (345)
    Nancy J. 1850? (345)
    Wi-liam H. 1854, 1876 (345)
LANDRAM, Richard Hanley b. Jun 1, 1834, son of Alexander, bapt 8 Sep 34 (162)
    William Bartley b. Jan 3, 1831, son of Alexander, bapt 8 Sep 34 (162)
LANDRETH, Pernina ca. 1848 (225)
LANDRUM, Alexander S. 1833 (162)
    Mary 1843, 1857 (338)
    Mary 1872 (329)
    Milly 1816 (178)
    Rebecca 1821 (338)

LANDS, John 1846 (335)
LANE, Annetta 1859 (225)
    Buena Hill bapt 1856, dau of Jas. M. & Jane E. (225)
    Catharin 1866 (131)
    Dora Miller bapt 1858, dau of J. M. & J. E. (225)
    Earnest d. Oct 11, 1891 (318)
    Henry Flavel bapt 1854, son of Jas. M. & Jane E. (225)
    Hugh bapt 1860, son of J. M. & Jane E. (225)
    Isaac 1827 (162)
    James M. 1846 (225)
    James William bapt 1862, son of J. M. & Jane E., aged 30 mo & 29? da (225)
    Jane 1856 (225)
    Mrs. Jane d. 23 Sep 1851 (225)
    Jane E. 1852, d. Oct 1865 (225)
    Martha 1868, d. Feb 27, 1886 (257)
    Mrs. Martha 1861 (257)
    Marthy 1881 (335)
    Mary m. C. Edwards May 2, 1879 (318)
    Melinda 1827 (335)
    Millia 1829 (335)
    Milly 1830 (335)
    Wm.? 1852 (131)
LANEY, Maude m. Wm. M. Seleer? Aug 25, 1896 (318)
LANG, W. R. m. Mattie D. Gleaves Sep 13, 1896 (318)
LANGDON, Catharine 1827 (162)
    Elizabeth m. Clinton Pangle Oct 17, 1833 (162)
    Elizabeth adult bapt 1827 (162)
    James C. 1832 (162)
    Joseph 1818 (162)
    Maryann 1826 (162)
    Rachal 1819 (162)
    Rachel adult bapt 1827, 1828 (162)
    Thomas 1832 (162)
    W. S. 1844 (176)
LANIER, Mr. B. d. Nov 22, 1901 (318)
    Birdie m. J. M. N. B. Nix Jul 9, 1890 (318)
    Felix Robinson d. Oct 23, 1907, age 79 (289)
    Mrs. buried 16 Oct 1884 (47)
LANING, Harriet Susan, dau of Richard, bapt 1827 (162)
    Richard 1829, 1832 (162)
LANKFORD, C. M. 1866 (164)
    D. H. 1880 (164)
    Harrite (date omitted) (164)
    J. H. 1875 (176)
    Keziah 1889 (164)
    Lurany (date omitted) (164)
    Mary 1888 (164)
    Nancy 1862, 1806 (164)
    S. C. 1879 (176)

LANKFORD, Sophia m. Jacob Milliorn Sep 8, 1840 (47)
    Syntha 1881 (164)
    Wm. J. 1885 (164)
LANN, Saml. 1814 (90)
LANNING, Harriet Susan b. Jun 13, 1826, dau of Richard (162)
    Jane 1820 (162)
    Mary Jane b. Apr 8, 1821, dau of Richard (162)
    Richard m. Jane Moyers May 25, 1820 (162)
    Terressa Ann b. Feb 3, 1824, dau of Richard (162)
LANSDEN, R. D. 1874 (176)
LANSDOWN, Elizabeth adult bapt 1827 (162)
LANSDOWNE, Fredk. D. d. Oct 5, 1898, age 20 (289)
LANSUM, Margret 1849 (330)
LAPICE, Marie buried Sep 18, 1887, died in LA several days previous (289)
LAPINE, Mrs. Elizabeth 1861 (257)
    Elizabeth 1865 (257)
LAPORTE, Mrs. Lizzie, wife of R. B. 1892 (318)
    R. B. 1892 (318)
LAPTIST, Reuby 1877 (270)
LAREW, Ellice m. Wm. H. McCampbell on Apr 20, 1843 (338)
LARGE, Wm., pastor, 1857 (271)
LARKIN, Manassa m. D. H. Little May 28, 1879 (318)
LARKINS, Julia A. adult bapt 1866 (318)
    Richard d. Apr 2, 1873 (318)
LARNAGIN, Spencer 1828 (338)
LARSEN, Marlin J. (Norwegian) d. Dec 30, 1887 (289)
LARSON, Miss Emma Christina 1887 (318)
LASATER, Calvin ca. 1865 (281)
    Hesakiah & wife Elisabeth 1809 (330)
    Lizzie 1893 (271)
    Mrs. Martha (wife of Calvin) 1869 (281)
    Martha T. 1877 (281)
    Miss Sarah E. 1870 (281)
LASITER, Clary 1810 (330)
    Hesakiah 1810 (330)
    Hesekiah 1826 (330)
    Mrs. Zack. d. Mar 28, 1896, age 30, Hillsboro TX (47)
LATHAM, Patsy 1813 (164)
    Susannah 1813 (164)
LATHOM, Carter 1813 (164)
    Nancy 1813 (164)
    Samuel 1813 (164)
LATHROP, Frank E. d. Nov 5, 1909, age 42 (289)
    Mary d. May 4, 1913, age 90 (289)
    _____ d. Apr 1877 (289)
LATIMER, Joseph Henry adult bapt May 18, 1871 (289)
LATTIMORE, Albert m. Lucy Hardgrave Dec 22, 1898 (318)
LATTNER, Mary adult orphan bapt Dec 6, 1874 (289)

LATTON, Andrew 1854 (257)
    Mrs. Catharine 1854 (257)
LAUDERDALE, Mrs. Florence, wife of James, 1882, d. 24 Jan 1883, buried in Selma AL (318)
    James 1882, 1889 to Selma AL (318)
    Lucy m. Dr. T. J. Kennedy Jul 7, 1870 (257)
    May Octavia bapt 1883, Selma AL (318)
LAUGHLIN, Miss buried 19 Jun 1842, from T. Kezer (47)
LAURENCE, Roda 1857 (259)
LAURY, Fred M. m. Jessie G. Wilson Oct 5, 1892 (318)
LAUS, Aron 1813 (164)
LAUTER, Amandus J. d. Jun 1, 1892 (318)
    Minnie L. m. Wm. D. Stroud Apr 27, 1893 (318)
LAVERGNE, Lucinda Austin 1847 (170)
LAVERTY, Jane 1825 (162)
    Mary 1827 (162)
LAW, Emma m. F. O. Timmons Oct 18, 1886 (318)
LAWHORN, Leonard b. Nov 4, 1842; Leon b. Jan 22, 1875; Cecil Claire b. Mar 8, 1878; St. John Ford b. Jan 31, 1881; Julian Louis b. Oct 12, 1884; Leonard Armesten b. Oct 8, 1887, bapt 1889 (225)
LAWLESS, Crocket & Amanda parents of James Perchival Frenel b. Feb 12, 1859 (289)
LAWRENCE, A. F. pastor 1851 (271)
    Fanney 1858 (170)
    Mrs. V. E. 1891 (345)
LAWRY, M. H. (f) m. J. C. Rudd May 22, 1877 (318)
LAWS, D. C. d. 1911, age 66 (120)
    Dave d. Jun 1904 (341)
    Guilford C., son of Mary, b. Apr 24? 1841 (345)
    Lurana 1806 (164)
    Man 1846 (345)
    Mary 1846, 1853 (345)
    Mary Ann J. dau of Mary, b. 1843 (345)
    Pheriby 1813 (164)
    William 1806 (164)
LAWSON, Arthur adult bapt 1899 (318)
    Clara m. W. H. Cooper Feb 23, 1897 (318)
    David adult bapt 1899 (318)
    Ella d. Oct 21, 1874, age 36 (289)
    Mrs. Marilla 1891, 1893 to NY City (318)
LAX, J. A. 1873 (281)
    Johnston E. 1885 (281)
    Sedella 1876 (Oliver) (281)
LAY, Jane 1833 (259)
LAYCOCK, Frank 1881 (270)
LAYNE, W. T. 1887 (131)
LAYTON, John Henry d. Nov? 1903, age 82 (120)
LEA, George J. (from Cleveland TN) m. Mattie A. Briscoe Mar 5, 1889 (338)
    Hessa 1845 (270)
    John 1845 (270)
    John M. d. Sep 19, 1903, age 84 (289)

LEA, John McCormick b. Dec 25, 1818, Knoxville TN
    to Luke & Susan Wel__ Lea bapt 1898 (47)
    Overton jr. d. Dec 29, 1904, age 26 (289)
LEACH, Christian 1891 (318)
    Frank 1891, d. 1903 (318)
    Mrs. Jennie H. 1894, wife of Dr. W. S.,
        1897 to Brooten MN (318)
    Miss Julia member 1891, m. C. C. Anderson
        (318)
    Polly 1833 (331)
    Mrs. Sallie, wife of C. S., 1891 (318)
    Dr. W. Stewart 1894, 1897 to Brooten MN
        (318)
LEAK, Elizabeth jr. 1853 (170)
    Elizabeth 1852 (170)
    John 1853 (170)
    M. 1853 (170)
LEAKE, Berry Brown adult bapt Jul 7, 1886 (289)
LEATCH, Robert G. member 1848, gone to TX (347)
    William K. 1848 (347)
LEATH, Margaret 1858, 1887 (215)
    Permelia 1850, 1858 (215)
    W. A. pastor 1874 (271)
LEATHERWOOD, S. F. 1881 (331)
LE CHEMINAUT, Martha buried May 19, 1847 (47)
LEDBETTER, Mary 1853 (345)
    Mary m. Z. M. Johnson ca. 1856 (345)
LEDFORD, A. S. d. 1885 (335)
    H. 1856 (259)
    Laurence (refuge of King's Daughters) d. Jan
        21, 1896 (318)
LEE, A. C. (see Sarah David Fitzgerald) (257)
    Adeline 1881 (270)
    Belle M. m. F. W. Alker Feb 26, 1887 (318)
    Eliza m. Jas. P. Jackson Oct 6, 1865 (47)
    Elizabeth 1845, 1877, 1881 (270)
    Elizabeth 1896 (271)
    Florence m. John Kirkman Farrell 1 Jun 1871
        (47)
    Hattie 1893 (271)
    Hessey 1881 (270)
    Dr. J. U. d. Aug 31, 1894 (318)
    Jas. G. m. Edna Howell Oct 20, 1887 (318)
    John 1813 (164)
    Judith 1889 (215)
    Ellander 1813 (164)
    Mattie m. Edwin E. Hall 18 Feb 1879 (47)
    Penina E. 1879 (280)
    R. K. 1881 (270)
    Samuel B. 1872 (281)
    Samuel J. 1884 (318)
    Sarah 1813 (164)
    Mrs. Sarah B. d. Aug 20, 1895, age 46 (289)
    Scytha J. 1881 (270)
    Sintha F. 1877 (270)
    Tennie 1881 (270)
    W. O. 1881 (270)
    W. R. 1881 (270)
    William Roscoe infant bapt 1829 (22)
LEE, William & Carrie Allen parents of William
    Chester b. Jan 5, 1883 (289)
LEEPER, Allen 1810, 1827 (24)
    Allen d. Feb 21, 1839 (24)
    Mrs. E. sr. d. 1867, aged 84 (318)
    Elizabeth d. Jul 14, 1868 (318)
    Mrs. F. mother of Conie, infant bapt 1870
        (318)
    Mrs. F. mother of Carrie infant bapt 1870
        (318)
    James 1810 (24)
    Kate W. adult bapt 1866 (318)
    Mary 1810 (24)
    Phidellas 1810 (24)
    Rebecca 1810 (24)
    Rebekah 1827 (24)
LEETCH, Mariah Adalade & James Markes infants
    bapt about 1850 (347)
    Sarah F. 1848 (347)
LEFTWICH, Laura bapt 1880, d. 12/1886 (271)
LEFTWICK, Ann mother of William John bapt 1823
    (264)
    Catherine d. 1820 (264)
    Rosa m. Asa Hazen Dec 8, 1881 (338)
LEGG, A. C. 1881 (331)
LEIGH, James Y. m. Fanny B. Johnson Jan 1, 1862
    (47)
LEIPER, Rebekah 1827 (24)
LEMANSKI, Mrs. E. J. buried 26 Jan 1873, age 54
    (47)
LEMMONS, Mary Louise m. Edward Lindley 7 Mar 1880
    (reel # omitted)
LEMONDS, Robt. 1882 (281)
LEMONS, G. 1870 (281)
    Mollie J. 1879 (281)
LEMSFORD, Mrs. M. d. Dec 7, 1893 (318)
LENAHAN, Narsissa 1845 (330)
LEONARD, Virginia 1889 (345)
    W. G. 1879 (176)
    W. M. 1875 (176)
LEPHFEW, Plesant 1881 (270)
    Wm. 1881 (270)
LEROY, Mrs. Mattie M. member 1886; 1891 to
    Norfolk VA (318)
LESLIE, S. (f) 1848 (220)
    Thos. jr. m. Leona Bohanan Jun 4, 1890
        (318)
LESTER, Charles d. Oct 27, 1877 (90)
    Charles & wife Catherine 1872 (90)
    Mary Agnes m. Neil Brook Field Jun 16,
        1886 (289)
    Silas 1866 (131)
    W. H. adult bapt 1848 (225)
    William H. d. Sep 22, 1849 (225)
    Wm. H. ca. 1848, d. Sep 1849 (225)
LEVERING, Lavinia B. m. John F. Watkins 20 May
    1880 (47)
LEVI, David & Augusta parents of Henry b. Dec 3,
    1848 (289)

LEWIS, A. 1871 (281)
    B. F. buried Nov 15, 1866, age 83 (47)
    Miss Bella 1882, 1889 to Portland ME (318)
    Betsy 1813 (164)
    C. C. d. Oct 9, 1895 (318)
    C. C. m. Laura Thatcher May 8, 1879 (318)
    C. S. 1867, 1878 (176)
    Charles C. 1885, d. 8 Oct 1895 (at head of
    Mrs. Duff d. Apr 22, 1901, 67 yrs (338)
    (Levit?) Mrs. Eliza Huxley d. Aug 3, 1895,
        age 79 (47)
    Eliza W. 1879 (128)
    Mrs. Eunice 1889 (257)
    G. (f) m. J. M. Stroup (m) Oct 5, 1875 (318)
    George W. d. 1890 (128)
    Harriet, before 1862 (318)
    Hattie L. m. W. J. Connor Oct 31, 1896 (318)
    Hellen W. A. 1867 (338)
    Isham G. d. 1891 (128)
    John E. before 1862 (318)
    Joseph 1889 (275)
    Julia m. J. M. Chambliss Oct 31, 1880 (318)
    Laura Ella d. May 16, 1883 (4331 # omitted)
    Miss Laura Lollie 1890 (318)
    Lidie m. W. K. McClure Jun 18, 1889 (318)
    Lina B. m. Thomas H. King Oct 26, 1898 (257)
    Lizzie 1888, 1893 (220)
    Lon father of Laura, Mary Thatcher, & Sammie
        Thatcher infant bapt 1883 (318)
    Louiza G. d. Apr 4, 1897 (128)
    Lucy d. Sep 14, 1887 (128)
    Margaret 1845, 1877 (270)
    Margaret Adelaide m. George Augustine Washington Sep 13, 1842 (47)
    Marion W. m. Sarah C. Jones Aug 11, 1853 (47)
    Mrs. Mary (wife of W. O.) 1882, 1889 to
        Portland ME (318)
    Mary 1842, d. 1884 (128)
    Mary A. d. Dec 24, 1883 (128)
    Mary C. m. Walker Richardson Jan 22, 1879
        (128)
    Mary M. m. W. O. Ford Sep 14, 1887 (318)
    Miss Mary Thatcher 1898 (318)
    Mattie E. m. Jno. E. Tousley Jul 4, 1894
        (318)
    Milton Mason, son of Mr. & Mrs. Lewis (Welsh)
        infant bapt 1876 (318)
    Mynie 1889 (275)
    Polly 1813 (164)
    Robert (deceased) & Mathilde (Staples)
        parents of Ora May b. Sep 14, 1880 in
        Ocean Springs MS, bapt Apr 30, 1893; and
        also of Leonora Roberta b. Oct 14, 1882
        in Ocean Springs MS; and of Robert
        Walter b. Jul 2, 1886 at Morse Point MS
        (289)
    Sarah C. (wife of Marion W.) buried Jul 1854
        (47)

LEWIS, Sidney E. m. Eunice Donnell May 15, 1870
    (257)
    T. L. 1876 (259)
    Teresena B. 1874 (128)
    Thos. W. 1861 (128)
    W. O. 1882 (1889 to Portland ME) (318)
    Wm. m. Jennie Corn Aug 23, 1885 (318)
    Wm. Bernett member 1842, d. 1888 (128)
    Zoe d. 1891 (128)
LEWTON, Jennie 1868 (338)
LIEKER, Dena m. J. W. Montgomery Apr 17, 1889
    (318)
    Mary m. Will Schnee Feb 6, 1889 (318)
    Theo. m. Ella E. Love Nov 19, 1888 (318)
LIGAN, W. D. m. Carrie B. West Nov 23, 1897 (318)
LIGHT, Ab. d. Apr 23, 1901 (killed on N. & C.,
    shellwound?) (318)
    J. H. d. Apr 3, 1896 (318)
    Joe L. d. Oct 21, 1898 (killed--Montgomery
        Ave) (reel # omitted)
    Patrick (son of Joe) d. Feb 3, 1899 (318)
LIGON, Jas. A. 1848 (329)
LIKINS, John G. & wife & son bapt 1829 (264)
LILES, B. C. m. Jennie Henderson Feb 21, 1884
    (318)
    Danel 1858 (176)
LILLARD, Adelia E. 1847 (170)
    Benjamin and Martha parents of Eugene
        Dekover b. Jun 1, 1874 (289)
    Benjamin m. Martha D. Hall Sep 26, 1871
        (289)
    Benjamin & Martha parents of Julia Mildred
        b. Aug 1, 1872 (289)
    Clarence d. Oct 9, 1905, age 43 (338)
    Grea. J. (f) 1887 (131)
    J. E. 1870 (345)
    Jas. Linwood d. Jan 9, 1905, age 39 (338)
    Jas. M. & Margaret M. parents of Willis
        Bohon b. Feb 10, 1859 (289)
    Jasper W. d. Jan 18, 1902, age 69 (338)
    L. H. 1887 (131)
    Martha m. Junius Atmore Pride Oct 11, 1893
        (338)
    O. C. 1887 (131)
    Robert Woolley adult bapt May 14, 1871 (289)
    Susie A. m. James C. Todd jr. Apr 12, 1897
        (338)
LILLY, Lizzie m. Robt. Evans Jan 9, 1889 (318)
LINCH, Edward Everett buried May 27, 1873 (3 mos)
    (47)
    John 1806 (164)
LINCOLN, Mrs. Charity E. member 1875, d. Jul 21,
    1879 (318)
    Mrs. Ida B. (wife of Dr. J. H.) 1881 (318)
    James H. member 1871, d. Jun 8, 1899 (318)
    Jeesee 1841 (264-2)
    Jessie parent of James Hamilton bapt 1841
        (264-2)

LINCOLN, Nancy 1841 (264-2)
    Mrs. Nancy member 1872, d. Aug 1879 (318)
    Nancy mother of Elizabeth Emry bapt Sep 11, 1829 (338)
    Nancy mother of Joseph Brown bapt Apr 30, 1827 (338)
    Nancy 1828 (338)
    Dr., father of Adilia Lane & Robert Cravens infant bapt 1886 (318)
LINDERHOLM, Mrs. Clara d. Jul 21, 1894 (318)
LINDHOLM, Miss Anna (1891 to Norfolk VA) 1885 (318)
    David, son of Mr. & Mrs. Lindholm (Swede) infant bapt 1875 (318)
    E. father of Hildah Elixabeth & Mary Matilda infant bapt 1884 (318)
    Jennie P. m. Saml. N. Whitman Oct 9, 1894 (318)
LINDLEY, Edward m. Mary Louise Lemmons Mar 7, 1880 (47)
    Edward buried Jul 25, 1887 (47)
LINDSAY, A. 1842 (338)
    Mrs. Asenath 1841 (338)
    Asenath 1822 (338)
    Charlotte 1842 (338)
    Charlotte Smith (adult) bapt Oct 16, 1842 (338)
    Dycie C. m. R. W. Henderson Feb 9, 1898 (318)
    E. member 1842, d. Jun 16, 1850 (338)
    Mrs. Elizabeth 1832, 1841 (338)
    Flora 1843 (338)
    J. D. member 1891 (1894 to NY City) (318)
    Mary A. 1842 (338)
    Robt. d. 1829 (338)
    Robert (see Dr. Ben Dechard Copp) (338)
    Robert father of John Newton bapt May 1825 (338)
    Robert father of David Hamilton bapt Apr 16, 1827 (338)
    Robert father of Matthew Williams, George McNutt, Charlotte E., Robert Moses, James White & Isabella Callison all bapt May 13, 1821 (338)
    Robert 1822 (338)
LINDSEY, J. D. 1861 (120)
    Robert d. 1829? (338)
LINDSLEY, Bessie m. Howard Tracy May 5, 1886 (47)
    G. L. A. 1874, 1878 (176)
    Laetitia m. James Trimble Oct 26, 1876 (47)
    Louisa Reid m. James Henry Reid Oct 4, 1877 (47)
LINER, J. A. m. Elizabeth Christiana Dietz Sep 29, 1883? (264-2)
LINGO, Arminda O. 1882 (43)
    Fannie 1882 (43)
LINTON, G. P. 1827 (24)
LINTZ., Elizabeth 1871 (21)
LINTZ

LINTZE, George buried Nov 28, 1881, age 24, born in Alsace, d. in Somerville of Flux, Nov 27 (225)
LINVILL, Delila 1848 (215)
LINVILLE, Delila 1849 (215)
    Elizabeth 1862? (215)
    Jane 1843 (215)
    Jane sr. 1849 (215)
    Jane jr. 1849 (215)
    John 1848, 1849 (215)
    Louisa 1848, 1849 (215)
    Malissa 1860 (215)
    Martha S. 1889 (215)
    William 1862? (215)
LIPS, David 1861 (43)
LIPSCOMB, Milo (see Caroline L. Smith) (318)
    William m. Laura D. Todd Jul 16, 1868 (257)
    Wm. G.? 1854 (330)
LISLE, Jennie (see Jennie Henderson) (318)
LISLES, Daniel 1844 (176)
    Mrs. Jennie & Mrs. Isabella (dau & mother) d. Oct 30, 1897 (318)
    Mrs. Jennie (see Isabella Henderson) (318)
LITCOMB, George A. & Margaret E. parents of Georgie May b. Sep 3, 1886 (289)
LITES, Andrew 1861 (43)
LITLAN?, Ann 1836 (338)
LITTEN, Gim 1887, 1888 (43)
LITTERER, Carl Albert, age 1, buried Jul 11, 1887 (47)
LITTLE, Mrs. Catherine D. d. Jun 2, 1904 (318)
    D. H. m. Mannassa Larkin May 28, 1879 (318)
    Daley B. & Lucrey 1881 (43)
    E. 1857 (271)
    Eliza 1855, 1858, 1859 (43)
    Eliza d. Jul 27, 1861 (43)
    James jr. 1855, 1856 (43)
    James sr. 1855, 1856 (43)
    James 1860, 1861, 1862 (43)
    James 1821 (329)
    John 1809 (90)
    John 1821 (329)
    John D. d. Aug 1907, age about 70 (120)
    Mrs. John D. d. 1907, age 66 (120)
    M. E. 1882 (43)
    Mana. 1883 (43)
    Mary 1821 (329)
    Nancy 1855, 1856 (43)
    Polly 1810 (330)
    S. H. 1899 (341)
    Sarah 1821 (329)
    Thomas 1884 (43)
LITTLEFIELD, Martha (see Martha Newman) (47)
    Mary Eastin d. Dec 1911, age 62 (120)
LITTLETON, Henry d. Feb 20, 1904 (318)
    I. F. 1899 (264)
    Lillie d. Dec 1, 1902 (318)

LITTLETON, Thomas J. & Annie E. parents of Bessie
    McNutt b. Sep 13, 1893 & Minnie Anna b. Oct
    12, 1895, bapt 1907 (264-2)
    Thos. J. (see Miss Annie E. McNutt) (264-2)
LITTLEY, William 1879 (257)
LITTON, Benjn. buried Oct 1, 1866, age 67 (47)
    Benj. & Louisa parents of Louisa (bapt May 4,
        1834), Sarah (bapt May 4, 1834) & Henry
        Warren (b. Apr 6, 1839) (47)
    F. C. 1880 (43)
    James 1878 (43)
    Jane M. m. Samuel T. Taylor May 7, 1856 (47)
    Mrs. Louisa 1846 (47)
    Philip d. Mar 1854 (338)
    Susan m. William H. Gordon Dec 19, 1850
        (47)
LIVAS, Mrs. Lizzie G. 1889 (257)
LIVELY, Annis 1877 (335)
    Dan (Baptist) d. Jan 29, 1883 (318)
    Ida, adult bapt 1899 (318)
    Thomas adult bapt 1899 (318)
    Wyly 1833 (162)
LIVER, Anna Mai m. William Horace Dear Nov 23,
    1898 (257)
    J. A. (see Miss Elizabeth Christiana Dietz)
        (264-2)
LIVINGSTON, Cornelious & wife Nancy 1868 (205)
    David A. & wife Phebe 1868 (205)
LITZ. Maud M. m. J. H. Carpenter Dec 24, 1888
    (318)
LLEWELLYN, Mrs. Morgan d. Aug 11, 1902 (318)
LLOYD, Harry d. Mar 20, 1897, age 42 (289)
    Mrs. Mary Agnes 1880, 1899 (264-2)
LOBACH, Lillian m. E. E. Richardson Jun 24, 1889
    (318)
LOCK, George 1868 (259)
    James 1855, 1870 (43)
    Jesse B. 1868 (259)
    Joseph 1868 (259)
    Lizzey 1882 (43)
    Sarah 1855, 1866 (43)
    Thomas 1853, 1856 (259)
    W. Elizabeth 1853 (259)
LOCKE, Belle 1876 (259)
    Clarissa D. 1869 (259)
    Elizabeth 1869 (259)
    George 1869 (259)
    Jesse B. 1869 (259)
    LaFayette (son of Thos. B.) on a sick bed,
        member 1872 (259)
    Miss Lucy A. 1873 (259)
    Martha O. 1869 (259)
    Mary E. 1869 (259)
    Miles 1876 (259)
    Nellie m. A. D. Gunney Oct 13, 1874 (318)
    Racheal 1855 (43)
    Sarah N. 1869 (259)
    Mrs. Tella Tilla 1873 (259)
    Thos. B. ordained Jun 1856 (259)

LOCKE, Thos. B. 1869 (259)
    Locke, ___ 1876 (259)
LOCKETT, Mrs. Edward d. Apr 28, 1912 (338)
LOCKEY, Peggy 1833 (331)
LOCKHART, A. P. m. Josie Gee Sep 3, 1891 (318)
    Andy Chalmers d. May 30, 1895 (318)
    Miss Eliza Mead 1894 (318)
    F. M. 1879 (176)
    Thomas B., Mary E. & Walter Ellis Lockhart,
        infant bapt 1888 (318)
    Walter E. d. Feb 26, 1888 (318)
LOCKHEART, Lynchia 1876 (259)
LOEFLER, Henry m. Eva Knittel May 1, 1887 (318)
LOFTIN, Col. buried 1862, age 62 (47)
    Harbert 1834, 1837 (90)
    Harland 1832 (90)
    Leila P. m. Augustus C. Soper Dec 20, 1876
        (47)
    Mary 1822 (90)
    Polly 1821 (90)
LOFTY, Lucy 1822 (205)
    ___ (bro & sis) 1822 (205)
LOGAN, Annie B. m. B. S. Boyd Jan 25, 1888 (338)
    Elisabeth 1833 (331)
    Elizabeth 1848 (331)
    James 1848 (331)
    Marguerite A. m. Benjamin S. Boyd Jan 25,
        1888 (338)
    Mrs. Mercer P. d. 1913, age 51 (120)
    Permelia 1846 (341)
    Sidney S. d. Nov 20, 1911, age 22 (289)
LOGUE, George 1892 (345)
    J. F. 1876 (345)
    Malinda 1848 (347)
LOISEAU, Joseph E. d. Oct 20, 1895, age 63 (289)
LONDON, Sarah 1850 (334)
LONG, Mrs. Augusta C. (wife of Jere) 1870 (318)
    Mrs. Eliza d. Apr 1, 1900, 87 yrs (318)
    Mrs. Eliza (wife of J. P.) 1843, d. 30 Mar
        1900 (318)
    Elizabeth Emmett b. Aug 24, 1850, Davidson
        Co TN to Geo. & Margie Ray, bapt 1898
        (47)
    Emmaline 1848 (275)
    Miss Eva 1884 (318)
    Mrs. Fannie W. (wife of Jas. C.) 1879, 1885
        to Birmingham AL (318)
    George R. d. 11/17/1890, age 68 (22)
    George Ranndolph bapt 1829 (22)
    Hugh R. 1872 (205)
    Mrs. James mother of James Cashy, infant
        bapt 1880 (318)
    James 1848 (275)
    James C. 1866, 1885 to Birmingham AL, d.
        26 May 1910 (318)
    James C. father of William Walker, John P.
        & Eliza (date & reel number omitted)
    Jane 1840 (318)
    Jere. 1874, 1885 (318)

LONG, Jeremiah 1870 (318)
    John P. 1843, d. 30 Jan 1889 (318)
    Jno. P. sr. d. Feb 2, 1889 (318)
    Jno. P. jr. d. Mar 2, 1880 (318)
    Jos. 1843 (275)
    Judith R. confirmed 1829 (22)
    Katie d. May 1, 1904 (318)
    Marcus B. 1866 (318)
    Milo S. 1866, d. 19 Aug 1893 (318)
    Dr. Milo S. d. Aug 20, 1893 (318)
    Nancy 1843, 1848 (275)
    Mrs. Nick d. Mar 30, 1897 (318)
    O. S. (from Wheeling VA) m. Mollie Smith Jul 12, 1866 (257)
    William 1840, d. 1844 (318)
LONGWORTH, Thos. Ernest & Alice parents of Ellen Crew b. Apr 5, 1893 and Joseph Ernest b. Jul 5, 1890 (289)
    William d. Jan 5, 1905, age 73 (289)
    William & Ella parents of Harry Arthur, age 3 yr 5 mo, bapt Sep 3, 1877 (289)
LOOMIS, Mrs. Emma E. 1869 (318)
    S. P. (painter) d. Apr 24, 1904 (318)
LOONEY, Capt. J. S. d. Oct 19, 1902 (318)
LOOP?, Mrs. C. L. d. Oct 11, 1900 (318)
LORANCE, Rev. Jas. H. & T. parents of Henry Vanderveen b. May 12, 1856 (338)
LORD, H. E. m. Mary A. Hughes May 10, 1865 (47)
LOSEY, Louis L. & Maria parents of Louis Leeven b. Oct 3, 1877 (289)
LOSSON, S. W. m. Winney Warren Jul 4, 1865 (21)
LOUDERMILK, Ruth 1859 (327)
    Sarah 1859 (327)
LOUGHMILLER, David d. Sep 27, 1867 (318)
    Miss M. d. 1867 (318)
LOUIS, Wm. 1852 (327)
LOUSIS, Lizzie 1896 (220)
LOUTZ, Miss Franklie 1886 (318)
LOVE, Amanda 1845 (264-2)
    C. T. 1843 (170)
    Elizabeth D. d. Nov 2 or 3, 1858, in Memphis age 47 (289)
    Ella E. m. Theo Lieker Nov 19, 1888 (318)
    Frances mother of Richard Marsh Scott bapt Nov 1821 (338)
    John Walter 1898 (318)
    Julian d. Feb 3, 1893, 3 yrs (318)
    Mrs. M. E. (wife of W. E.) 1889 (318)
    Mary E. m. R. O. Wallace Nov 22, 1894 (318)
    Miss Mary E. 1894 (318)
    Mary L. m. Richd. Wilson Oct 7, 1866 (257)
    Minnie adult bapt 1892 (318)
    Miss Minnie K. 1892 (318)
    Mollie adult bapt 1873 (318)
    Thomas R. m. Alice Donnell Mar 20, 1895 (257)
    Walter adult bapt 1898 (318)
    William E. 1889 (318)
LOVEALL, Aaron D. 1845 (270)
    Oneda Jane 1848, 1855 (329)

LOVEALL, Polly 1845 (270)
    Rebecca 1848, 1854 (329)
LOVEL, Elizabeth 1847 (170)
    William D. 1833 (90)
    William D. & wife Leah 1833 (90)
LOVELADY, Sarah E. 1887, 1895? (215)
LOVERMAN, Sam d. Jan 11, 1904 (318)
LOWD, Miss Bertie d. Apr 29, 1906 (318)
LOWE, Mrs. D. Cameron adult bapt 1898 (318)
    Mrs. Dennie C. (wife of S. J.) 1898 (318)
    E. A. 1879 (329)
    E. F. sr. d. Oct 29, 1899 (318)
    Ed. F. jr. 1898 (318)
    Elizabeth 1848 (329)
    Mrs. Elsie E. (wife of S. B.) 1881 (318)
    Genevieve Elsie Wardlaw infant bapt 1888 (318)
    George K. 1848, 1855 (329)
    Miss Gertrude 1898 (318)
    Miss Irene 1891 (318)
    Jas. H. 1848, d. Jul 9, 1854 (329)
    John G. m. Elizabeth G. Winston Oct 28, 1868 (257)
    Mrs. Kate 1878 (318)
    Miss Kate J. 1885, 1896 to Oakland CA, m. S. Armstrong Jan 1895 (318)
    Katherine J. m. Saml. Armstrong Jan 16, 1895 (318)
    Mrs. L. mother of Irene infant bapt 1874 (318)
    Mrs. L. mother of Irene, Edward & Gertrude infants bapt 1881 (318)
    Leonard 1848 (329)
    Louisa 1876 (259)
    Mamie L. m. Henry Watters Oct 14, 1896 (318)
    Miss Manice 1879, d. 8 Mar 1912, m. H. Waters 10/14/96 (318)
    Martha 1870 (329)
    Mary 1870 (329)
    N. 1865 (329)
    Neri 1848, 1855 (329)
    Neri jr. 1865 (329)
    Saml. Brunswick 1892 (318)
    S. B. (infant of, d. Mar 14, 1888) (318)
    S. B. father of Saml. B. infant bapt 1882 (318)
    Mrs. Sigourney H. (wife of E. F.) 1866 (318)
LOWER, Abel 1857 (338)
LOWERY, Ada M. (m. Smith) 1893 (271)
    Alexander G. 1852 (327)
    Amanda B. bapt 1890 (271)
    C. H. bapt 1883 (271)
    Mrs. Eva May (wife of E. J.) 1896 (318)
    Fred M. 1891 (318)
    John 1889 (318)
    M. 1867 (341)
    Mrs. Maggie J. 1889 (318)

LOWERY, W. 1847 (341)
    Wade H. 1895, 1899 to Rome GA (318)
LOWRANCE, J. H. 1850 (334)
    Martha 1855 (334)
LOWRY, Carrie (nee Hudgins) 1892 (271)
    E. J. m. Eva M. McCorkle Nov 21, 1888 (318)
    Mrs. Elizabeth d. Sep 7, 1891 (318)
    Fesington (see Sarah Randolph) (259)
    John d. May 2, 1903, age 83 (289)
    Lester B. m. Maud L. Tucker Jul 30, 1899 (318)
    Mrs. M. J. mother of Lynn Lockett infant bapt 1889 (318)
    Robert father of Albert Edward & Robt. James John, both bapt Mar 19, 1882 (289)
LOYD, George F. & Sarah J. parents of Geo. Henry (7 yrs old) bapt Mar 26, 1861; also Wm. Frederick (age 5) and Georgiana Eliza (b. Nov 9, 1860) (289)
    Geo. F. & Sarah Jane parents of Mary Caroline & Kate Anna (6 yrs & 8 mos old, respectively) (289)
    Kate d. Jan 15, 1860 (289)
    William 1827 (335)
LUCAS, Edw. Crutcher adult bapt Sep 28, 1859 (289)
    Miss Ida 1881 (257)
    John Charles 1875 (257)
    Miss Kittie 1881 (257)
    Lutetia 1833 (331)
    M. J. & Martha parents of Bessie bapt 1872 (257)
LUCK, James G.? 1848, 1857 (329)
    Manda M. 1848, 1856 (329)
    Wm. F. 1848, 1856 (329)
LUCUS, J. Charles & Clara Bell parents of James Edward bapt 1886 (257)
    M. J. & Martha parents of William bapt 1867 (257)
    M. J. & Martha parents of Henry B. bapt 1869 (257)
    Martha T. 1867 (257)
    Mrs. Martha T. 1861 (257)
    Matt J. & Martha parents of Charles, Ida, Cathrine, Matt J. jr. & William bapt 1867 (257)
    Matt J. & Martha parents of Henry Bonde bapt 1869 (257)
    Matt J. 1861, 1865 (257)
LUELLIN, Isaac 1881 (128)
LUMPKIN, Daniel W. m. Maggie Swan Dec 26, 1895 (338)
    Eliza 1848, d. 1865 (329)
LUNA, Elizabeth A. d. 1907 (335)
    M. 1847 (341)
    M. R. 1860 (335)
    M. V. 1867 (335)
    Rhoda d. 1880 (335)
    Sarah T. 1860 (335)
LUNCEFORD, Winyford 1821 (329)

LUND, Claris 1843 (335)
    Mikajah 1843 (335)
LUNDY, Mrs. Fannie m. Joseph Ranny Dec 27? 1888 (225)
LUNEY, Francy 1841 (335)
    James 1841 (335)
    Matterson R. 1841 (335)
    Micaga 1843 (335)
    Peter sr. 1841 (335)
    Rhoda 1841 (335)
LUNN, Miss Lucy M. 1861 (257)
    Lucy M. 1867 (257)
LUNY, Mary 1841 (335)
    Rebecca 1842 (264-2)
LUPTON, J. T. m. Lizzie O. Patton Nov 14, 1889 (318)
    John T. 1890 (318)
LURLAN, Leon d. Dec 25, 1896, age 26 (47)
LUSBY, Ada B. 1896 (271)
    W. A. pastor 1896 (271)
LUSTER, Elizabeth 1855 (215)
    Francis 1854, 1866 (131)
    Lucy J. 1865 (329)
    Silus 1853 (131)
LUTHER, Mary 1866 (164)
LUTRELL, Newton 1865 (331)
    Mrs. Sarah E. d. Feb 25, 1900 (318)
    Miss 1876 (259)
LUTTREL, David 1865 (331)
LUTTRELL, Annie B. m. Jos. Sevier Shields Jun 1, 1892 (338)
    Chas. S. d. Jan 5, 1900, age 24? (338)
    J. C. & J. parents of Fannie Duncan b. Dec 6, 1886 (338)
    J. C. & J. parents of Sophie Park b. Jan 13, 1889 (338)
    J. C. & J. parents of Samuel Bell b. Dec 6, 1883 (338)
    J C. & Josephine E. parents of James Churchwell bapt Nov 3, 1872 (338)
    Jas. C. & Josephine parents of Earnest Preston b. Sep 28, 1877 (338)
    Jas. C. & Josephine E. parents of Libbie Morrow bapt Jan 9, 1875 (338)
    James M. d. Mar 31, 1905 (338)
    Libbie M. m. Benj. F. Moore Apr 25, 1894 (338)
LUTTRELL, Mary Iva m. Otto Atkin Mar 13, 1899; Mary d. Apr 11, 1901 (338)
    Mary Iva d. Apr 1, 1901 (338)
    Paulina 1865 (331)
LYBARGER, N. (see Miss Annie E. Sevier) (264-2)
LYNCH, Mrs. Ann B. 1846 (47-1)
    John Boardman buried May 3, 1842 (47)
    Mrs. Lillie 1877 (264-2)
LYNCH, Mrs. Lillie 1874 (318)
    Louisa C. 1866 (162)
    Louisa E. (now Evans) 1858 (162)
    Mattie d. Apr 26, 1889 (318)

LYNCH, Michael & Lillie parents of William Charles bapt 1877 (264-2)
    Michael (see Miss Lillie Ebben) (264-2)
LYNN, Mrs. E. M. d. Feb 23, 1868 (225)
    Maj. Joseph d. Jun 2, 1860 in his 81st yr (225)
LYNTZ, E. 1871 (21)
LYON, Alpheus d. Oct 5, 1881, age 83 (289)
    Caroline bapt Feb 18, 1858 (289)
    Elizabeth Alice m. Robert McLain Sep 30, 1851 (47)
    Mrs. Julia Barker bapt Oct 14, 1884 at Gallatin (289)
    Luke Kent buried Feb 14, 1847 (47)
    Mary C. m. John J. Craig of AL on May 10, 1847 (338)
    Miss Mary E. 1898 (318)
    Saml. & Julia B. parents of Hurst b. Apr 3, 1884 at Gallatin (289)
    Sarah J. m. Chas. L. Allen Jan 24, 1864 (47)
    ____ & Elizabeth parents of Elizabeth Alice (b. Dec 25, 1833), Martha Olivia (b. Mar 6, 1836), Amelia Matilda (b. Dec 11, 1837), Virginia Douglass (b. Feb 13, 1840), James Madison (b. Jun 13, 1842), Leona Maria (b. May 10, 1845), Luke Kent (b. Jul 6, 1846), Asbury Kent (b. Jan 6, 1848) (47)
LYONS, A. L. father of Annie E. infant bapt 1870 (318)
    Mrs. A. R. d. Nov 19, 1901 (318)
    A. S. L. father of Annie E. infant bapt 1870 (318)
    Ann adult bapt 1866 (318)
    Mrs. C. G. mother of William C. infant bapt 1870 (318)
    C. G. father of William C. infant bapt 1870 (318)
    Mrs. C. G. L. mother of Charles M. infant bapt 1872 (318)
    Charles M. (son of Mrs. C. G.) infant bapt 1872 (318)
    David F. adult bapt 1866 (318)
    Dewolfe d. Aug 12, 1870 (318)
    Mrs. G. G. mother of Walter infant bapt 1870 (318)
    Mrs. G. G. mother of Bettie infant bapt 1872 (318)
    Mrs. G. G. L. mother of Bettie infant bapt 1872 (318)
    G. M. d. 1867 (318)
    Julia M. adult bapt 1866 (318)
    L. B. adult bapt 1870 (318)
    Mrs. M. G. sr. d. 1867, age 81 (318)
    Mrs. Matilda d. Aug 8, 1866 (318)
    Miss Matilda d. Dec 7, 1865 (318)
    Sallie adult bapt 1870 (318)
    Susan Miller m. Dr. Wm. H. Armstrong (both from Hawkins Co.) Feb 11, 1890 (338)

LYONS, W. A. father of Sue M. infant bapt 1868 (318)
    Mrs. W. A. mother of Julia A. infant bapt 1872 (318)
    W. A. adult bapt 1866 (318)
    W. A. L. father of Sue M. infant bapt 1868 (318)
    Wm. sr. d. Jul 3, 1866, age 92 (318)
MABANE, M. A. S. (see Rosalie Davis) (338)
MAYBERRY, Amanda 1865 (329)
MABEY, C. V. (adult) bapt Nov 19, 1852 (338)
MABIE, Mrs. Mary B., member 1889, 1894 to New Orleans LA (318)
MABRY, C. V. 1852 (338)
    California V. m. Math. B. McMahan Mar 20, 1855 (338)
    Evelyn m. Rush S. Hazen Jan 25, 1883 (338)
    Herbert S. m. Alma B. Rogers Sep 28, 1892 (338)
    Mrs. Janette H. d. Jun 12, 1897, age 74 (338)
    Mrs. Laura E. d. Mar 12, 1906, age 73 (Methodist) (338)
    Margaret P. m. Wm. G. Swan Feb 16, 1848 (338)
    Margaret Paralee adult bapt Feb 27, 1848 (338)
MABURRY, Jay? 1877 (270)
MABURY, Helen d. Jun 28, 1894 (member 1881) (270)
    Heling 1877 (270)
    Jay 1881 (270)
    Jefferson 1877, 1890 (270)
    Joshua 1845, 1877 (270)
    Margaret 1881 (270)
    Martha 1845, 1877 (270)
    Matilda 1877, 1881 (270)
    May 1881 (270)
MacFARLAND, Lucy A. 1840 (318)
MacINTYRE, Benjamin Franklin bapt 1849, age 17 (47)
    M. E. 1845 (338)
MACK, Calvin C. infant bapt Oct 6, 1853 (347)
    Dorothea M. C. 1862 (318)
    Edward Young infant bapt Oct 6, 1853 (347)
    Franklin Wiat? infant bapt Oct 6, 1853 (347)
    George O. infant bapt Oct 6, 1853 (347)
    H. C. m. Julia Perry Methedas Dec 1866 (347)
    James Harry infant bapt Sep 1849 (347)
    Lewis 1862 (318)
    Margaret Ann 1848 (347)
    Mary E. infant bapt Sep 1849 (347)
    Polly member 1848, d. Jan 1, 1862 (347)
    Sarah A. R. 1848 (347)
    Sarah R. A. m. Henry Scott Sep 4, 1866 (347)
    Sary W. 1816 (178)
    William d. Dec 25, 1861 (member 1848) (347)
    William R. H. 1848 (347)

MACKAY, Fred G. d. Sep 12, 1868 (257)
    Lena 1884 (43)
    Meldina 1884 (43)
MACKENNEY, Geo. (see Miss Idie C. Emerson) (318)
MACKENZIE, Alexander m. Mary Evelyn Branch Feb
    25, 1847 (47)
    Mary Eveline buried Sep 16, 1853, age 28 (47)
MACKEY, J. M. 1868 (176)
MacLEAN, Caroline Stille d. Dec 13, 1872, age 84
    (289)
    Miss Catherine, member 1891, d. Jan 14, 1910
        age 86 (318)
    Miss Margaret, member 1891, d. Dec 19, 1901
        (318)
MACKLEN, Rebeca 1856 (220)
MACLELLAN, Miss Dora (dau of Thos.) 1896 (318)
    Mrs. Helen (wife of Thos.) member 1896, d.
        Mar 3, 1909 (318)
    Miss Margaret (sis of Thos.) member 1896, d.
        Aug 26, 1909 (318)
    Robert J. 1896 (318)
MACNAB, Alex. A. 1886 (318)
MACON, Anna 1876 (259)
    Bittie member 1876, d. 1885 (259)
    Jennie 1876 (259)
    John sr., member 1876, d. 1886 (259)
    Miss Lona 1876 (259)
    S. R. 1876 (259)
    Sallie 1876 (259)
MADDEN, Estelly T. 1889 (215)
MADDEX, Carrie L. & Clara E. infant bapt 1875 (318)
    Clora d. Feb 2, 1875 (318)
MADDIN, I.? H. 1897 (215)
    Maud 1897 (215)
    Michael m. Tennessee Smith Nov 28, 1860 (47)
MADDING, Mary 1887 (215)
    Thomas 1870, 1887 (215)
MADDUX, G. M. (see Laura Savage) (259)
    Geo. M. 1869 (259)
    Sarah Elizabeth b. Jun 26, 1855, Lincoln Co
        TN to Jos. H. & Emeline Renegar, bapt
        1898 (47)
    Thos. C. 1869 (259)
    Virginia 1869 (259)
MADING, Mary 1884 (215)
MADISON, E. B. m. Mattie B. McKeldin Jan 1, 1896
    (318)
MAGAHER, Elizabeth 1818 (164)
MAGEE, Dr. D. T. member 1888, d. 1890 (318)
    Elihu 1833 (331)
    Henrietta 1806 (164)
    Miss Minnie L. member 1888, m. Frank L. Case
        Dec 7, 1893, d. 1896 (318)
    Statia 1833, 1848 (331)
MAGILL, Miss Bessie W. 1899 (318)
    J. A. d. Jul 12, 1899 (318)
    Mrs. Mary E. (wife of W. L.) member 1884, d.
        Dec 6, 1902 (318)

MAGILL, Robt. A. m. Frances B. Moore Nov 17, 1892
    (289)
    Miss Sadie Gaines 1899 (318)
    Mrs. W. L. d. Dec 7, 1902 (318)
    William L., member 1882, 1892, 1898, d. Aug
        20, 1910 (318)
MAGRUDER, William Thomas & Ellen Fall parents of
    William Thomas b. Dec 11, 1892 (289)
MAGUIRE, Walter Brooks infant buried Sep 26, 1846
    (47)
MAHAFFY, Calvin J. & Julia N. (Pike) parents of
    Millie Frances (Mrs. Holman) b. Dec 17,
    1858 in Robertson Co. (289)
    Hester V. 1858 (43)
MAHAM, M. Delela 1843 (170)
MAHAN, Elizabeth 1843 (275)
    Mary 1843 (275)
MAHER, Marshall G. d. Feb 21, 1898 (Guil Wilder's
    grandson) (318)
MAHON, John d. Jul 25, 1873 (318)
MAINARD, Dorenda C. 1877 (270)
    Dorinda C. 1845 (270)
MAINARD?, Levi 1845 (270)
MAINER, John 1840 (275)
    Stephen 1843 (275)
MAINORD, Tennessee 1877, 1881 (270)
    W. C. 1881 (270)
MAISIS, Sallie 1893 (220)
MAIZE, Lucinda 1823 (162)
MAJORS, John W. d. Jun 29, 1893 (318)
MALCRUM, Mat. member 1878, d. 1888 (281)
    R. J. (f) 1879 (281)
MALENDY, Mrs. Vallie d. May 31, 1894 (338)
MALLEN, J. R. 1889 (318)
    Mrs. S. E. (wife of J. R.) 1889 (318)
MALLERNEE, George d. Feb 1, 1897, age 32 (289)
MALLERRILL?, Grace m. Louis David Aug 17, 1894
    (289)
MALLETT, Susan M. m. Rufus Gates Rice Apr 15,
    1868 (289)
MALLORY, C. W. 1881 (131)
    Frances (free coloured) m. Taylor Hewlett
        Nov 26, 1840 (47)
MALONE, Baynard L. m. Anna M. Wert Apr 21, 1897
    (318)
    Ben H. d. Sep 1866 (257)
    Miss Corinne A. L. 1885 (257)
    James A. d. Apr 15, 1868 (257)
    Mrs. Jane 1854 (257)
    John 1872 (259)
    Martha (original member) d. Sep 21, 1886
        (257)
    Mrs. Martha 1854, 1861 (257)
    Mary 1872 (259)
    Samson 1808, 1825 (330)
MALORY, C. N. 1887 (131)
MANCY, Miss Sallie M. 1861 (257)
MANEER, Rebecca 1848 (345)

MANER, Martha 1848 (275)
    Stephen & wife 1848 (275)
MANEY, Elizabeth d. Nov 11, 1896, age 2 yrs (47)
    Elizabeth M. infant bapt 1837 (22)
    Elizabeth M. m. John Kimberly Dec 8, 1858 (47)
    Frances C. m. Henry C. Ward Dec 6, 1876 (47)
    Henry buried Apr 7, 1858, age 26 (47)
    James Daniel infant bapt 1830 (22)
    L. B. 1870 (257)
    Mabel buried Jun 28, 1875, age 1 (47)
    Minnie M. m. Lewis D. Watson Dec 21, 1880 (47)
    Rebecca confirmed 1829 (22)
    Rebecca S. m. Samuel S. Waters Dec 6, 1881 (47)
    Rosa Ashe buried Jun 27, 1873, age 37 (47)
    Sallie M. m. Harry Crutcher Feb 1, 1870 (257)
    Sallie M. 1865 (257)
    Thomas confirmed 1829 (22)
    Thomas & Ann Rebecca parents of George (b. Aug 24, 1826), James (b. Jan 30, 1830), Henry Baker (b. Oct 1, 1832), William Baker (b. Dec 12, 1834), Elizabeth Meredith (b. Dec 19, 1836), Francis (b. Feb 19, 1840) & Ann Rebecca (b. Jan 15, 1842) (47)
MANGOLD, A. m. Laura A. Stoermer Dec 14, 1899 (318)
MANGUM, G. A. 1871 (259)
    Hannah 1871 (259)
    Hannah M. 1857, 1871 (259)
    Laura A. 1871 (259)
    Margaret T. 1871 (259)
    Mary A. 1871 (259)
    Thos. A. 1857, 1871 (259)
    Mrs. W. M. d. Jan 1908, age 51 (120)
MANIER, D. Belmont 1895 (345)
    J. W. 1891 (345)
    Maggie Patterson 1883 (345)
    Martha d. Feb 1854 (345)
    Martha J. 1853 (345)
    Mary C. 1891 (345)
    Meomi 1865 (345)
    Meomi F. d. Aug 19, 1869 (345)
    Nina W. 1891 (345)
    Rebeca 1851 (345)
    Rebecca d. 1857 (345)
    Robert member 1851, d. Feb 1854 (345)
    Sarah E. member 1853, d. Jan 3, 1874 (345)
MANIFOLD, Betsy 1818 (264)
    George 1818 (264)
    Geo. & wife & son Wm. Fleming Calicay? bapt 1818 (264)
    Mary 1818 (264)
    Nancy M. 1818 (264)
    Sarah H. 1818 (264)
MANIS, Asbery 1896 (220)
MANIS, C. B. 1896 (220)
    G. W. 1896 (220)
    Joe 1896 (220)
    Salie 1896 (220)
MANKER, Mrs. Dr. d. 1900 (318)
MANKIN, David, infant bapt Jul 31, 1867 (289)
MANLEY, Katherine Malloy d. Apr 4, 1897, age 8 mos (47)
MANLY, Fannie H. m. Wm. H. Wesley Dec 30, 1883 (289)
    R. 1847 (341)
MANN, Elizabeth 1852 (330)
    Emanuel 1869 (318)
    H. L. 1886 (21)
    Jane (wife of Emanuel) member 1869, d. 1871 (318)
    Jno. B. 1879 (329)
    R. D. 1862 (318)
    Rowena 1869 (318)
MANNEY, Wm. Baker & Elizabeth S. parents of Elizabeth Stone b. Jan 22, 1874 (289)
MANNING, Bitha 1819, 1822 (205)
    Debby 1819, 1822 (205)
    Matilda adult bapt Dec 4, 1887 (289)
MANNINGTON, W. S. m. M. M. Fisher Nov 23, 1887 (318)
MANOR, Margaret M. 1866 (162)
MANS, Rosa m. G. L. Gammon May 22, 1890 (318)
MANSE, Grover infant bapt 1888 (318)
MANSER, Philip 1820 (90)
MANSFIELD, Isaac C. d. Feb 24, 1913 (member 1898) (318)
    J. C. d. Feb 24, 1913 (member 1888) (318)
    Lydia 1846 (341)
    Mrs. M. A. (wife of J. C.) member 1888, d. Feb 14, 1889 (318)
    Mrs. M. A. d. Feb 15, 1889 (318)
    Mrs. Sarah K. (wife of J. C.) 1892 (318)
MANUEL, Colin (2 yrs, son of George) d. Nov 18, 1891 (318)
    Elizabeth (wife of Geo.) 1875 (318)
    George 1875 (318)
    Ida E. m. B. W. Williams May 21, 1890 (318)
MANZ, John d. Mar 15, 1898 (318)
MAPLES, A. J. d. Jan 1, 1901 (318)
    Mrs. d. Dec 15, 1886 (318)
MARABLE, M. 1839 (90)
    Matthew 1834 (90)
    Matthew & wife Permelia 1835 (90)
MARBENY, L. W. 1847 (341)
MARBERRY, Otto, infant bapt 1880 (318)
MARBURY, Jno. Howard (infant of Jno. B. & Mattie L.) d. Jun 13, 1889, age 3 hrs (289)
MARCHBANKS, A. 1892 (271)
    Mrs. A. 1882 (271)
    Benton bapt 1876, d. Sep 26, 1925 (271)
    Bryce bapt 1886 (271)
    C. bapt 1876 (271)

MARCHBANKS, Florence (m. Rhea) bapt 1881 (271)
    Linnil? bapt 1876 (271)
    Lula bapt 1886 (271)
    Lula M. (see Lula M. Jarvis) 1896 (271)
    Margie bapt 1876 (271)
    Mattie (nee Doolittle) 1888 (271)
    Minnie bapt 1882 (271)
    Stanton S. 1896 (271)
MARCUM, G. S. 1860 (335)
MARGROVE, S. 1877 (43)
MARGRUM, Bethy 1819 (264)
MARINE, Moses 1848 (347)
    Prudence 1848 (347)
MARKER, Margaret 1855 (43)
    Margaret E. 1860 (43)
MARKHAM, Sarah Jane m. James D. Sands Dec 4, 1855 (47)
MARKUM, Susie E. 1887 (90)
MARLER, Nancy 1846 (341)
MARLIN, Albert J. 1879 (345)
    Edw. R. & Lucy parents of Lilly Rowen b. Apr 2, 1858 (289)
MARLOR, G. M. 1880 (275)
    Margret J. 1880 (275)
MARLOW, G. M. 1873 (275)
    Margaret J. 1873 (275)
    Polly 1877 (329)
MARNEY, Elizabeth 1856, 1860, 1866, 1871 (220)
MARR, Thomas m. Delia Tarbox May 1, 1861 (289)
MARS, Mrs. Elizabeth 1854 (257)
    Elizabeth 1857, to GA Nov 15, 1860 (257)
MARSH, Albert d. 1906, age 58 (120)
    Clara adult bapt 1886 (318)
    Miss Clara P. 1886 (318)
    E. C. pastor 1888 (271)
    Ede? 1816 (178)
    Indiannia d. Feb 5, 1882 (164)
    John 1833 (331)
    Lula E. adult bapt 1886 (318)
    Sally 1833 (331)
    William 1816 (178)
MARSHALL, America d. Oct 1, 1894 (345)
    Blanchie 1895 (215)
    Charley d. Jan 25, 1895 (345)
    Elizabeth m. Sylvanus E. Benson Nov 30, 1837 (47)
    Emie L. m. J. R. Whitman Dec 12, 1888 (318)
    Eugene Campbell 1887, d. 22 Dec 1888 (318)
    James T. 1876 (215)
    Jane buried 19 Jul 1887 (47)
    John L. 1866 (345)
    Jno. McCoy m. Alice G. Wann Jun 7, 1899 (318)
    Mrs. L. D. (wife of Robt.) 1898 (318)
    Mary m. Kenneth McKenzie Jun 14, 1842 (47)
    Mary K. 1866 (345)
    Milley 1846 (341)
    Minnie m. E. M. Mitchell Dec 25, 1887 (318)
MARSHALL, P. E. m. Jennie May Evans Nov 8, 1899 (318)
    Permelia R. 1876, 1887 (215)
    Robert 1898, d. 15 Jun 1901 (318)
    Robert A. d. Jul 22, 1890 (345)
    Robert Matthew 1898 (318)
    Samuel C. & Emma F. parents of Thomas Nicholson b. Dec 24, 1869 (289)
    Miss Sarah M. 1898 (318)
    Mrs. Susan d. 1910, age 94 (120)
    William B. 1873 (345)
    William C. 1853 (345)
MARSTON, Mrs. Dr. M. C. d. Sep 6, 1902 (318)
MARTEN, Zilpha 1862 (164)
MARTIN, A. C. 1886 (259)
    Adelia m. W. S. Patton Oct 13, 1870 (264-2)
    Adelia m. W. S. Patton Oct 13, 1870 (264-2)
    Mrs. Adell (wife of R. L.) 1883 (318)
    Alice m. Wm. H. Hart Dec 2, 1864 (47)
    Miss Anna Neilson 1896 (318)
    Annie m. Joseph Branch 7 Sep 1848 (47)
    Ben F. 1883 (331)
    Miss Bonnie 1883, 1899 (264)
    C. H. (N?) 1899 (264)
    C. J. father of Campbell W. infant bapt 1873 (318)
    C. Thomas infant bapt Sep 17, 1858 (338)
    Charles 1883 (264)
    Chas. & Marion parents of Marion Stewart bapt May 31, 1888 (289)
    Charles Nelson 1870 (264-2)
    Charles N. m. Nannie V. Badget Dec 22, 1886 (264-2)
    Chas. N. & Nannie V. parents of Adelia b. Jun 9, 1895, bapt 1898 (264-2)
    Chas. N. & Nannie V. parents of Eliza Reese b. Oct 20, 1888, bapt 1890 (264-2)
    Chas. N. & Nannie V. parents of Roberta Ruth b. May 27, 1892, bapt 1892 (264-2)
    Chas. S. m. Marion R. Renison Dec 12, 1883 (289)
    Charles Stuart m. Annie Mary Callender Jun 8, 1897 (289)
    E. H. m. Wm. C. Butterfield Apr 15, 1865 (47)
    Elizabeth 1883 (331)
    Elizabeth m. Benjamin Wylie Randall Dec 17, 1867 (289)
    Mrs. Emily C. 1870, 1887 to Jefferson Co. KY (264-2)
    Geo. W. & Narcissa parents of George Saunders b. 3 Jan 1840 & Charles Francis b. 26 Dec 1843 (47)
    Grace 1899 (264)
    Grace Elizabeth member 1893, m. Geo. Browder Gallaher (264-2)
    Henry 1899 (318)

MARTIN, Hugh & Sallie E. parents of Mabel b. Feb 20, 1872 (264-2)
Hugh 1861, 1884, 1899 (264-2)
Hugh & Sallie E. parents of Olive bapt 1876 (264-2)
Hugh & Sallie E. parents of Grace b. Jul 17, 1883, bapt 1884 (264-2)
Hugh m. Sallie E. Center May 1871 (264-2)
Hugh d. Sep 27, 1893 (264-2)
Hugh Jr. 1883 (264)
Jack 1883 (264)
James & Annie parents of Silva? Maria b. Oct 16, 1868 (289)
James N. d. May 2, 1897, 73 yrs (318)
James R. 1883 (264)
James Reese & Amelia parents of Winfield Scott b. Aug 6, 1881, bapt 1877, d. Aug 18, 1894 (264-2)
James Reese 1870, d. Jan 30, 1885 (264-2)
Miss Jennie d. Jan 23, 1902 (318)
John m. Bennie Drake Feb 11, 1875 (289)
Jno. Gillespie 1895 (318)
Jno. S. m. Kate Kirkpatrick Sep 1876 (318)
Joseph 1868 (264-2)
Joseph B. 1868, d. Aug 12, 1892 (264-2)
Joseph B. 1870, d. 1892 (264-2)
Mrs. Julia (wife of Henry) 1899 (318)
Miss Julia Reese member 1870, m. B. E. Watkins (264-2)
Laura A. Blount Co. m. James W. Hannum of Maryville Jun 15, 1854 (338)
Mrs. Lou (wife of C. J.) 1874, 1885 to Atlanta GA (318)
Rev. M. Cabell d. Oct 1902, age 42 (120)
Miss Mabel member 1891, married Asa C. Williams (264-2)
Mable 1883 (264)
Miss Mable 1899 (264)
Mandy 1865 (275)
Margaret F. m. W. H. Dietz Nov 23, 1876 (264-2)
Margaret F. 1861 (264-2)
Miss Margaret Fanny member 1861, m. Wm. H. Dietz (264-2)
Maria Shelby m. William C. Butterfield Apr 14, 1874 (289)
Mrs. Marian L. d. Sep 18, 1895, age 31 (47)
Marin d. Sep 5, 1873, age 13 mo (289)
Martha d. Dec 1, 1893, age 80 (47)
Mrs. Mary d. Jan 19, 1891, age 84 (47)
Mary 1820 (24)
Mary 1868 (264-2)
Mrs. Mary A. (Virginian) d. Mar 30, 1888 (310)
Mrs. Mary E. 1868 (264-2)
Miss Mary Isle adult bapt 1891, 1898 to PA (264-2)
Mary J. m. Dorsey C. Pierce Dec 17, 1867 (289)

MARTIN, Mat (f) 1883 (331)
Matilda 1848 (334)
Mollie K. m. George M. White jr. Jul 5, 1871 (338)
Nancy 1818 (205)
Mrs. Nancy Victoria 1890, d. Jul 25, 1905 (264-2)
Ollie 1883 (264)
Miss Olive 1886, 1899 (264)
Pauline Barry d. Aug 9, 1909, age 9 (289)
Polly 1883 (331)
Polly 1817 (338)
Mrs. Priscilla S. d. Jul 14, 1877, age 62 (289)
Dr. R. C. K. buried Feb 10, 1871, age 65 (47)
R. C. K. & Priscilla parents of Elizabeth Howard b. 5-2-35; Mary Skipwith b. 8-4-37; Alice Ann b. 3-27-40; Harry Douglass b. 11-8-42 (47)
Dr. R. C. K. & Priscilla parents of Maria Shelly b. Jan 7, 1857 and John Shelby b. Sep 18, 1854 (289)
Rachel 1871 (259)
Reese 1899 (264)
Robert (son of James & Ann) d. Dec 14, 1867 age 2 yr 6 mo (289)
Robert A. 1848 (347)
Robert L. 1883 (318)
Ruth 1899 (264)
Mrs. Sallie E. 1872, d. Mar 9, 1895 (264-2)
Sallie Roberts m. G. A. Guenther Feb 12, 1874 (264-2)
Miss Sallie Roberts 1870, Jan 1890 to Birmingham AL, d. Jan 29, 1897, m. Gustavus A. Guenther (264-2)
Samuel C. d. Aug 7, 1877 (264-2)
Samuel Collin 1870, d. Aug 7, 1877 (264-2)
Sarah 1871, 1884 (259)
Mrs. T. F. buried Jul 1, 1883 (47)
Rev. T. F. 1879 (120)
Tennessee 1868 (164)
Thos. S. & Anne Mary parents of Cornelia Mayo b. Feb 2, 1902 (289)
Virginia Lee buried Jun 30, 1882, age 4 mo (47)
W. A. d. Apr 18, 1887 (318)
W. A. adult bapt 1885 (318)
Mrs. W. A. mother of Wm. Augustin Infant bapt 1879 (318)
W. A. m. Alice Gillespie Feb 21, 1877 (318)
Mrs. W. A. mother of John Gillespie & Anna infants bapt 1883 (318)
Mrs. W. A. mother of William Augustine infant bapt 1879 (318)
Mrs. W. A. mother of Ernest infant bapt 1888 (318)
W. L. m. Ida A. Tipton Mar 24, 1892 (318)
Wm., 1833, 1883 (331)

MARTIN, William 1836 (334)
    Wm. 1826 (330)
    William, Elder 1811 (24)
    William & Elizabeth parents of Elizabeth b.
        Sep 4, 1874; William b. Sep 21, 1876;
        & Ollie b. Jan 24, 1880 (289)
    William 1881 (318)
    William & ELizabeth parents of Marion Eliza-
        beth b. Jul 31, 1872 (289)
    William d. Mar 2, 1890 at Chattanooga, age
        51 (289)
    Wm. A. 1885, d. 30 Apr 1887 (318)
    Winfield Scott 1877, d. Aug 18, 1894 (264-2)
MARTINDALE, Mrs. Anna G. 1886 (318)
    Mary d. Aug 4, 1891 (65)
    Rolland F. m. Mary A. Burns 26 Dec 1885 (47)
MARTON, Mary 1806? (164)
    _elphs 1806? (164)
MARX?, Thos. d. Aug 26, 1897 (47)
MARYMON, Luella 1885, 1887 (215)
    Mary F. 1876 (215)
MARYS, L. S. 1871, 1877 to Lynchburg VA (318)
    Mrs. Maria W. (wife of L. S.) 1871, 1877
        to Lynchburg VA (318)
MASBARO?, Margaret 1860 (43)
MASNER, Manda 1880, 1884 (275)
MASNER, Manda 1880, 1884 (275)
MASNOR, James 1865 (275)
    Mahala 1865 (275)
MASON, Mrs. Annie Moore 1894, 1896 to Basking
    Ridge NJ (264-2)
    Mrs. Annie Moore & two children Frank &
        James 1896, moved to Basking Ridge NJ
        (264)
    Bedence 1833 (205)
    Bidy 1829 (205)
    Mrs. Catharine 1891, 1891 to Waco TX (264-2)
    Edgar C. pastor 1894-95 (264-2)
    Eliza m. Adam Dunwoody Jul 14, 1821 (162)
    Elizabeth 1816 (178)
    Elizabeth 1843 (275)
    Harry Monck m. Pattie Hurst Oct 15, 1884
        (289)
    Jas. K. buried May 18, 1870, age 47 (47)
    Joel 1818 (205)
    John Labree 1891, 1891 to Waco TX (264-2)
    Lewis (Welsh) father of Milton infant bapt
        1876 (318)
    Lucy 1836 (90)
    Martha 1841 (220)
    Nancy A. (see Nancy A. Johnson) (257)
    Rubin 1816 (178)
    Russell 1840 (275)
    Ruth O. m. J. A. Honold Jun 29, 1887 (318)
    Sarah 1821 (205)
    Susan Nancy confirmed 1878 (225)
    Susan Nancy adult bapt 1878 (in Moscow at
        the residence of her father), witnesses:
        Mary Jane & Emma Carolien Wheeler (225)

MASONER, James 1856 (275)
    John 1855 (275)
MASSA?, Ann 1865 (275)
MASSALON, Mrs. Penelope 1876 (22)
MASSENGALE, Henry Thomas m. Mary Virginia Whit-
    field Jan 29, 1857 (47)
MASSEY, Lewis 1827, 1839 (335)
MAST, I. N. m. Maggie E. McMillin Nov 18, 1886
    (318)
    Phebe C. A. d. Jul 28, 1908, age 83 yr 6 mo
        26 da (b. Rockbridge Co VA) (338)
MASTRIE?, Mande 1873 (275)
MATHANAY, Seber 1877 (270)
MATHANY, Elija 1845 (270)
    Eliza 1877 (270)
    M. P. 1877 (270)
    M. S. 1877 (270)
    Samuel 1845 (270)
    Seber 1845 (270)
    Sims 1845 (270)
MATHENEY, Elijah 1823 (220)
    Elijah & wife Mary 1821 (220)
    Mary 1823 (220)
MATHENY, E. (f) 1848 (220)
    Elijah 1821 (220)
    Elz. 1856 (220)
    James 1821 (220)
    Samuel 1821 (220)
MATHES, Linsey 1856 (220)
    Mrs. Mary A. 1873 (225)
    Rody 1856 (220)
    Susan 1862 (220)
MATHESS, Rebecca 1854 (131)
MATHEWS, E. F. (f) 1887 (131)
    J. B. 1887 (131)
    James 1857 (275)
    Joseph B. m. Maria G. Roche Jan 25, 1866
        (47)
    S. S. 1887 (131)
    Sallie 1887 (131)
    Tennie B. 1867 (225)
    W. R. H. m. Harret Garret 1858 (347)
MATHIS, J. 1857 (275)
MATHURS, Mary C. 1843 (170)
MATHY, Rebecca 1855 (131)
MATLOCK, Edward bapt 1888 (271)
MATTHES, Mrs. Mary A. 1874, removed to Memphis
    Aug 1874 (225)
MATTHEWS, Annie L. m. Glenn Fleming Dec 8, 1892
    (318)
    Arthur Penn adult bapt Feb 10, 1875 (289)
    Bettie E. d. 1902 (347)
    Cata m. R. Phelp (m) 1866 (347)
    Charles b. Aug 26, 1864, Macon GA to Jas.
        T. & Margaret C. bapt 1898 (47)
    Charles E. ca. 1848 (225)
    Clara Lauretta d. Sep 29, 1874, age 8 mo
        (289)
    Eliza L.? 1848 (347)

MATTHEWS, J. W. & Laura J. parents of Bettie Maud
        bapt Sep 17, 1893 (347)
    Luther d. Jul 3, 1873 (347)
    M. Ellen infant bapt Aug 15, 1867 (347)
    Mrs. Maria d. Apr 1909, age 58 (120)
    Mary A. C. infant bapt Oct 1848 (347)
    N. J. m. Ruth Stockerd Sep 1866 (347)
    Newton H. 1848 (347)
    Patsy member 1848, gone to MO (347)
    S. A. d. May 27, 1912 (347)
    Samuel H. d. Mar 24, 1870 (347)
    Susan Groves 8 ms old, bapt Aug 4, 1873
        (289)
    Susan Groves d. Aug 4, 1873, age 8 mo (289)
    W. R. H. 1848 (347)
MATTIL, Jacob 1862, d. 1869 (318)
MATTILL, Jacob d. Oct 23, 1889 (318)
MAURY, Abram A. d. 7-2-1877, age 20 (22)
    Abram P. confirmed 1854 (22)
    Mrs. Anna 1872, removed to Memphis (225)
    Elizabeth C. m. Franklin L. Owen Sep 13,
        1827 (22)
    Mrs. F. C. d. 1909, age about 75 (120)
    Ferdinand C. m. Ida Rains 8 Jan 1874 (47)
    Henry inf bapt 1833 (22)
    Henry Kateman d. Jul 6, 1878 (22)
    Henry Yateman d. 7-6-1878, age 5 mo, son of
        F. C. & Ida (22)
    Mrs. James P. buried Feb 26, 1875, aged 70
        yrs (22)
    Martha F. m. Corey A. Harris Jan 14, 1829
        (22)
    Miss Martha Thomas confirmed 1848 (22)
    Mrs. Mary, wife of Alex, 1837 (22)
    Miss Mary D. 1872, 1874 (225)
    Miss Mary D. 1875, m. Miles S. Watkins Jun
        2, 1875 (225)
    Prillie Hays (of Memphis) b. Sep 23, 1874,
        Parents--James M. & Ann E. (225)
    Miss Septimia confirmed 1854 (22)
    Thos. 1837 (22)
    Wm. Baker infant bapt 1835 (22)
    Dr. William H. m. Mrs. Sarah M. Jones Jun 18,
        1878 (225)
MAUZE, Amelia m. Jno. W. Stewart Jun 14, 1898 (318)
MAXWELL, Mrs. A. L. d. Jan 11, 1902, aged 74 (338)
    Col. d. Sep 1904, aged 80 (338)
    D. P.? m. Dorinda Amus Sep 1852 (347)
    D. S. d. Mar 13, 1895 (347)
    Darinda A. d. Dec 18, 1911 (347)
    David L. 1848, 1860 (347)
    Dolinda 1848, 1860 (347)
    Elizabeth Elenor d. Nov 10, 1883 (347)
    Ferry 1872 (329)
    G. W. d. 1892 (347)
    George W. C. d. 1892 (347)
    George W. C. 1848 (347)
    Jessie Walter infant bapt Oct 6, 1853 (347)

MAXWELL, Miss L. L. d. Sep 21, 1899, age 40? (d.
        of A. L. M.) (338)
    Lou L. d. Jun 18, 1898 (347)
    Lucy member 1870, gone to TX (329)
    M. P. 1891, 1898 to PA (264-2)
    M. P. & wife Sarah E. moved Kennett Square
        PA 1898 (264)
    Martha m. J. E. Patterson 1859 (347)
    Martha M. 1848 (347)
    Mary 1848 (347)
    Mary A. m. Alfred Fleming Sep 8, 1870 (347)
    R. H. m. Mary Goodrum 1856 (347)
    Robert D. d. Aug 1909 (347)
    Robert H. 1848, d. Mar 7, 1862 at Terra
        Haut IN (347)
    Rosalie d. Oct 11, 1883 (347)
    Ruth A. M. 1848 (347)
    Sarah J. d. Aug 7, 1876 (347)
    Sarah J. 1848 (347)
    Thomas J. 1848, d. 8 Aug 1851 (347)
    Wm. 1878, 1875 (176)
MAY, Clem B. 1872 (329)
    E. F. (from Madison GA) m. Sallie Kennedy
        Jul 8, 1867 (338)
    E. V. m. Lula DeRochmont Apr 8, 1890 (318)
    Edw. & Sally parents of William Lee bapt
        Jan 8, 1876 (338)
    Edwin & Sally parents of Mary & Honora bapt
        Aug 6, 1871 (338)
    Eliza 1848, d. Aug 9, 1854 (329)
    M. 1845 (170)
    Margaret d. Sep 25, 1868 (329)
    Margarett 1848 (329)
    Mary m. James D. McCarty (from Atlanta GA)
        Oct 16, 1888 (338)
    Mary mother of Mary Lawson, James Francis
        & Margaret Jane all bapt Apr 3, 1819
        (338)
    Mary 1804 (90)
    Mary 1819 (338)
    Mary 1848 (329)
    R. R. 1895 (345)
    Wm. 1848 (329)
    Wm. H. jr. 1872 (329)
    William H. 1865 (329)
MAYBEN, Elizabeth 1822 (338)
MAYBERRY, Alice (m. Barlow) bapt 1897 (271)
    H. S. d. May 5, 1890 (318)
    Lizzie adult bapt 1899 (318)
    Lucinda 1831 (259)
    Randolph 1831 (259)
    Thomas bapt 1899 (271)
    William 1833 (259)
MAYBURY, Nancy 1845 (270)
MAYERS, James 1818 (162)
MAYES, Annie Elisabeth b. Apr 1, 1867, Robinson
        Co TN to Fredk. & Mary, bapt 1898 (47)
    Selethy 1887 (275)

MAYFIELD, Lidy 1887 (259)
    Louise 1887 (259)
MAYFILD, Lucinda (Black) m. Wm. Jones Jul 29, 1882 (318)
MAYNARD, Ben m. Tempy Irons Oct 16, 1881 (318)
    Ed. R. H. & P. D. parents of Pauline b. Jun 8, 1899 (338)
    Ed. R. H. m. Pauline Dismukes Payne Jun 23, 1896 (338)
    Edward (see Pauline Payne) (338)
    Pauline Payne d. Aug 25, 1900, age 30? (338)
MAYNER, Poley 1887 (275)
    Wm. 1887 (275)
MAYNOR, Polley 1880 (275)
    Wm. 1880 (275)
MAYNORD, Darindale? 1881 (270)
MAYO, D. R. (from AR) m. Annie E. Swift Feb 5, 1880 (338)
    Daniel R. of Monroe Co. AR m. Annie E. Swift Feb 5, 1880 (338)
    F. C. 1871 (259)
    Frederick Lee Taylor b. May 15, 1874, bapt Sep 6, 1874, parents--Fred A. & Laura, residing in Phillips Co. AR, sponsors--J. M. Schurar, proxy for Atlas J. Peebles & Mrs. M. Jennie F. Taylor (225)
    James Laurence b. Sep 30, 1882, bapt 1883, parents--F. A. & Laura Mayo, sponsors--F. A. Juny, Major Peebles, Mrs. Laura Cocke (225)
    Janie m. Moorman Harris Apr 11, 1890 (225)
    Janie Laura b. Sep 18, 1872, parents--Fred A. & Laura Mayo, residing in Monroe Co AR, sponsors--Thomas B. Yancey, Mrs. Laura J. Cocke & Mrs. Mary E. Harris (225)
    Lea 1892 (275)
    Mary 1843, 1845 (215)
    Richard Watkins bapt Aug 18, 1880 (age 4 mos), parents--Fred & Laura Mayo (225)
MAYS, Malinda 1842, 1855 (215)
    Selethy 1880 (275)
MAYSON, Anna W. m. Frank M. Nevins 1 Jul 1876 (47)
McADAMS, J. B. 1871 (176)
McADOO, Emma d. Mar 1896 (338)
    Malcom Ross m. Margaret Brooks Davis Oct 23, 1890 (338)
    Mary A. 1876 (259)
    Mary M. (see Mary M. Smartt) (259)
    W. B. 1876 (259)
    Winthrop d. Dec 16, 1900, age 11 mo (infant of M. R. & M. D. McAdoo) (338)
McADOW?, Fanny 1813 (164)
McAFEE, J. F. m. Mattie Holder Oct 20, 1875 (318)
    _____ Infant d. Oct 4, 1887 (318)
McAFFRY, Patsey 1819 (338)
    Patsey mother of Mary & James Miller bapt Apr 25, 1824 (338)
    Terrence husband of Patsey bapt Mar 28, 1819 (338)

McALISTER, A. 1844 (338)
    A. parent of Hiram Johnson bapt May 30, 1847 (338)
    Archd. 1842 (338)
    Mary A. 1848, 1859 (329)
McALL, Eliza bapt 1819, 1820 (264)
McALLISTER, J. H. & M. J. parents of Henry Cooley b. Dec 10, 1882 (289)
McALPIN, Alexander H. (age 5, son of John) bapt Nov 1826 (162)
    Elizabeth 1826 (162)
    John & wife Elizabeth 1826 (162)
    John 1825 (162)
    Margaret (age 11, dau of John) bapt Nov 1826 (162)
    Mary Jane (dau of David) bapt 1820 (162)
    Mary Jane b. Dec 17, 1819 (dau of David) (162)
    Polly 1819, 1821 (162)
    Samuel D. (age 3, son of John) bapt Nov 1826 (162)
    Sarah (age 7, dau of John) bapt Nov 1826 (162)
McANALLY, E. 1842 (338)
    Easter adult bapt Aug 11, 1822 (338)
    Ester 1822 (338)
    Esther 1857 (338)
    Mrs. Esther 1841 (338)
    Esther d. Sep 18, 1864 (338)
McBATH, Caroline 1826 (338)
    Caroline adult bapt Apr 22, 1826 (338)
    Caroline mother of James bapt Sep 7, 1826 (338)
McBRADY, James A. Esq. m. Mrs. Virginia Cash Jun 17, 1844 (22)
McBRAYER, Miss Bessie 1886, d. 3 Apr 1895 (318)
    Mrs. Delia (wife of Z. P.) 1884, 1895 to N.Y. City (318)
    Miss Marie 1884, m. Burdett 1886 (318)
    Miss Musa 1886, 1895 to N.Y. City (318)
    Z. P. 1884, 1895 to N.Y. City (318)
McBRIDE, C. W. 1858 (176)
    Caleb 1871 (259)
    Cora (nee Dibrell) 1893 (271)
    Daniel 1871, 1884 (259)
    E. T. 1884 (259)
    Elizabeth A. 1855, 1856 (43)
    Fanny b. Mar 25, 1846, Gyles Co. TN to Wm. & Caroline Smith bapt 1898 (47)
    Florence 1887 (259)
    Janey 1857, 1884 (259)
    L. E. 1884 (259)
    Martha 1884 (259)
    Matthew 1857, 1884 (259)
    Nancy G. 1833 (259)
    Sarah 1841 (259)
    Silas 1894 (259)
    Thos. 1884 (259)
    Tinty 1871 (259)

McBRIDE, W. 1856 (176)
    Wm. 1858, 1879 (176)
McBROYER, Maude m. A. B. Bright Jun 22, 1882 (318)
    Sanford d. Mar 7, 1886 (318)
McBRYDE, Mrs. Mary L. (wife of R. W.) 1891 (318)
    R. W. 1891 (318)
McCABE, John 1852 (215)
McCAFFREY, _____ d. May 30, 1855 (338)
McCAIN, Lizzie d. Sep 1891 (347)
McCALEB, J. F. 1874 (176)
McCALL, Mrs. Laura d. Mar 11, 1878 (318)
    Mrs. Laura Read 1874, d. 11 Mary 1877 (318)
    Mrs. Sarah 1854 (257)
    Sarah, original member (257)
    W. M. & J. R. parents of Martha Lucile b.
        Jan 11, 1899 & Mary Grace b. Nov 23,
        1901 (338)
    Wm. M. m. Jennie R. Vance Oct 5, 1893 (338)
McCALLA, Ellen m. Jno. Shelton Jan 29, 1882 (31*)
McCALLIE, Angeline 1849 (318)
    David Paul d. 1881 (318)
    Mrs. Ellen D. (wife of Thos. H.) 1862 (318)
    George C. infant bapt 1875 (318)
    Geo. Caldwell d. Apr 1875 (318)
    Miss Julia A. 1879, m. S. W. Divine 1887
        (318)
    Mrs. M. A. d. Jun 4, 1878 (318)
    Mary A. (wife of Thos) 1842, d. Jul 1878
        (318)
    Miss Mary J. 1879, d. 13 Jul 1881 (318)
    Mary J. d. Jul 14, 1881 (318)
    Nellie (infant, Rev. T. H.) d. 1883 (318)
    Robert B. d. Sep 29, 1891 (318)
    Spencer M. infant bapt 1876 (318)
    Spencer Monyr? infant bapt 1876 (318)
    Rev. T. H. father of David Paul infant bpat
        1878 (318)
    Rev. T. H. 1862, d. 30 Apr 1912 (318)
    Rev. T. H. father of John H. infant bapt
        1874 (318)
    Thomas 1842, d. 28 Nov 1859 (318)
    Thomas H. 1856, d. 30 Apr 1912, pastor 1862
        to 1873 (318)
McCALLIS, John d. Nov 29, 1875 (318)
    T. H. father of Margaret Ellen infant bapt
        1888 (318)
McCALLISTER, Luttey 1813 (164)
McCALLUM, Annie (Marietta) d. Sep 27, 1893 (318)
    Carrie m. M. P. Garner Feb 27, 1888 (318)
    John W. m. Sarah Drake Oct 28, 1896 (338)
McCAMPBELL, Eliza adult bapt Jul 7, 1833 (338)
McCAMMON, Mrs. E. C. d. Jul 22, 1897, age 77 yr 2
    mo 20 da (338)
    E. C. 1852, 1857 (338)
    Eliza 1841 (338)
    Jas. & A. parents of Hugh Montgomery b.
        Apr 17, 1876 (338)
    Jas. & Alice parents of Carrie Mouldin b.
        Jan 21, 1879 (338)

McCAMMON, Samuel 1857 (338)
    Samuel d. Jan 3, 1860 (338)
    Samuel d. Jun 17, 1878 (338)
    Snel & E. C. parents of James Montgomery,
        John Upton, Dorcas M. & Elizabeth all
        bapt Apr 21, 1855 (338)
    Wm. & Eliza parents of unnamed infant &
        Robert McMullen both bapt Jun 25, 1843,
        age 2 yr 11 mo 30 da & 7 mo 5 da,
        respectively (338)
    Wm. 1841 (338)
McCAMPBELL, Andrew 1817 (338)
    Ann E. 1842 (264-2)
    E. 1842 (338)
    Edith B. d. Feb 8, 1904 (1½ yrs, dau of J.
        P.) (338)
    Eliza bapt Jul 7, 1833 (338)
    Eliza 1832, 1841 (338)
    Eliza bapt Dec 25, 1832 (338)
    Eliza d. Feb 18, 1866 (338)
    Mrs. Eliza 1821 (264)
    Elizabeth 1821 (264-2)
    Mrs. Elizabeth 1821, d. Dec 2, 1880 (264-2)
    Ellen 1857 (338)
    Mrs. James & her children William Payne,
        Susan Ann, Mary Eliza & John bapt 1826
        (264)
    James 1837 (264-2)
    Jane 1837 (264-2)
    John (moderator at Maryville) 1820 (162)
    Lucy m. Albert G. Payne Jun 1, 1898 (338)
    Lucy A. m. A. G. Payne Jun 1, 1898; Lucy
        d. Jul 16, 1908 (338)
    Mrs. Nancy 1822 (264)
    Mrs. Nancy & children Thomas Clark, John
        Andrew, Mary Louisa, bapt 1823 (264)
    Susan J. 1844 (264-2)
    Wm. E. 1842 (264-2)
    Wm. H. m. Ellice Larew on Apr 20, 1843 (338)
    Mr. buried Jun 22, 1847 (47-1)
McCANDLESS, John R. 1848 (347)
    Martha A. 1848 (347)
McCANDLISS, Leona d. 1889 (347)
    Sarah A. 1848 (347)
McCANE, Elizabeth C. 1879 (380)
    Sarah J. 1879 (280)
McCANELLESS, Mary 1848 (347)
McCANLASS, Cordelia A. infant bapt Sep 1849 (347)
McCANLES, Carrol 1850 (170)
McCANLESS, Marthey m. Robt. Crage Sep 1866 (347)
McCANLIP, John 1860 (170)
McCANLIS, Susan 1857 (170)
McCANLISS, Martha 1860 (170)
McCANN, Fanny (see Robert M. Davis) (289)
McCARLEY, Agnes adult bapt Feb 17, 1884 (289)
    Wm. Thos. adult bapt Feb 24, 1884 (289)
McCARMEL, Miss Queenie adult bapt 1899 (318)

McCARROLL, Frederick Allen b. Jul 28, 1860, Hop-
    kinsville KY to Joseph & Sarah McCarroll,
    bapt 1898 (47)
McCARTER, Wm. 1870, 1876 (176)
    William W. m. Olala Belle Blair Nov 3, 1898
        (338)
McCARTY, James D. (from Atlanta GA) m. Mary May
    Oct 16, 1888 (338)
    Sally 1818 (205)
McCASLIN, Franklin 1862 (164)
    Syrena d. 1862 (164)
McCAUGHEY, William, pastor 1882-1884 (264-2)
McCAULEY, Susan m. Almerim Dyer Sep 16, 1861 (47)
McCLAIN, Catharine d. 1863 (member 1848) (347)
    James H. 1848, 1855 (329)
    Mr. Lorenzo D. d. 1906, age 58 (120)
McCLAINE, Jane d. Jan 7, 1869 (131)
McCLALAN, Frankey (f) 1812 (330)
    Samuel 1812 (330)
McCLANAHAN, Alexander 1818, 1819 (162)
    Hugh Martin (son of Robert & Martha A.) b.
        Jun 24, 1851 (162)
    John 1873 (177)
    Joseph Hamilton (son of Robert & Martha A.)
        b. May 31, 1848 (162)
    Martha (dau of Robert & Martha A.) b. Oct
        12, 1857 (162)
    Martha A. 1858 (162)
    Nancy Rebecca (dau of Robert & Martha A.) b.
        Dec 18, 1852 (162)
    Polly 1826, 1827 (162)
    Robert (son of Robert & Martha A.) b. Oct
        17, 1849 (162)
    Robert 1858 (162)
    Sally 1823 (162)
    Sarah bapt 1823 (162)
    Sarah 1818, 1819 (162)
    William 1818, 1823 (162)
    William (his son bapt 1825) (162)
    William 1822 (162)
McCLARA, Partheny 1862 (215)
McCLARAN, John 1841 (90)
McCLARD, Aggie 1895 (215)
    Agness 1869 (215)
    Alexander 1869 (215)
    Francis 1867 (215)
    Hannah 1871 (215)
    Henry 1871 (215)
    J. H. (brother) 1895? (215)
    Jemima J. 1883 (215)
    John H. 1886, 1887 (215)
    Mandy 1890 (215)
    Mary E. 1871 (215)
    Noah J. 1875 (215)
    S. F. (sister) 1895? (215)
    Sarah J. 1872 (215)
    Susan 1887 (215)
    Thomas J. 1887, 1890 (215)

McCLARD, Vianna? 1870 (215)
    William 1870 (215)
    William L. 1872, 1887 (215)
McCLARDY, Thomas J. 1872 (215)
McCLARY, Mary 1824 (90)
McCLEAN, D. V. 1859 (259)
McCLEARY, Elizabeth L. 1827 (24)
McCLARY, Mary 1824 (90)
McCLEAN, D. V. 1859 (259)
McCLEARY, Elizabeth L. 1827 (24)
    John 1827 (24)
    Robert d. Mar 12, 1899, age 20 (338)
    Wm. D. 1827 (24)
    Dr. (see Frances H. Clayton) (318)
McCLELLAN, Abraham 1818 (264)
    Catherine B. 1818 (264)
    Eliza 1818 (264)
    Eliza & dau Martha Eliza bapt 1818 (264)
    Geo. father of John G. inf bapt 1869 (318)
    Geo. R. 1852 (327)
    John T. 1818 (264)
    Martha Susan 1888 (22)
    Mary 1804 (reel # omitted)
    Mary Ann 1818 (264)
    Ruth A. 1818 (264)
    William R. 1818 (264)
McCLELLAND, J. L. 1879 (176)
    John J. d. Aug 2, 1892, age 21 yr 1 mo 24
        da (Atlanta GA) (22)
    John James d. 1892 (22)
    John James b. Jun 9, 1871 to Robert Houston
        & Martha Susan, sponsored in bapt by
        Miss M. A. Clouston, Rev & Mrs. C. M.
        Gray (bapt 1884) (22)
    John James 1885 (age 14) (22)
    Robert Henry 1888 (22)
    Robert Henry b. 1873, Nov 30, to Robert
        Houston & Martha Susan, sponsored in
        bapt by M. A. Clouston, Rev. & Mrs. C.
        M. Gray (bapt 1884) (22)
McCLENAHAM, Permila 1858 (215)
McCLENDEN, Nancy 1836 (334)
McCLENNA, Marshall bapt Jan 28, 1862 (289)
McCLENNY, Laura 1846, 1880 (now Mrs. Williamson)
    (341)
McCLENON, Mrs. 1822 (90)
McCLESKY, W. H. 1855, 1858 (176)
McCLESTER, Andrew 1818, 1822 (162)
    David (son of James) bapt 1820 (162)
    David Roen b. Feb 1820 (son of James sr.)
        (162)
    Esther 1827 (162)
    James jr. 1818, 1819 (162)
    James 1818, 1822 (162)
    Jerusha 1827 (162)
    John (son of Andrew) bapt 1820, Aug 28 (162)
    Kissia 1818 (162)
    Kissiah 1824 (162)

McCLESTER, Rachal (dau of James) bapt 1818 (162)
    Rachal (dau of Andrew) bapt Aug 28, 1820 (162)
    Sally (dau of Andrew) bapt Aug 28, 1820 (162)
    William 1827 (162)
McCLEWEN, Elisha 1865 (331)
McCLEWER, Susan 1865 (331)
McCLISKEY, Mary C. d. Jul 11, 1893, age 82 yr 8 mo (338)
McCLISTER, Darthula Serena (dau of Mariah M.) (162) (date omitted)
    Darthula Serene 1862 (162)
    David 1854, 1855 (162)
    Esther M. 1858 (162)
    Franky Matilda (dau of John) bapt 1832 (162)
    Henry 1882 (177)
    Hester 1827, 1854 (162)
    Miss Ida Lavinia 1889 (177)
    J. H. 1887 (177)
    James 1827 (162)
    James H. 1858 (162)
    Jerncia 1854 (162)
    Jerusha, member 1827, d. Jul 21, 1872 (162)
    John 1827, 1832, 1854 (162)
    John member 1832, d. Apr 23, 1876 (162)
    John C. 1858 (162)
    John McFarland (son of Mariah M.) b. Nov 13, 1855 (162)
    Joseph Collumbus (son of John) bapt 1832 (162)
    Mrs. Maggie E. 1882 (177)
    Mariah M. 1831, 1854 (162)
    Rachael 1832 (162)
    Sarah C. 1866 (162)
    Sarah M. 1858 (162)
    William 1827, 1846, 1854 (162)
    William (elder) 1846 (162)
    Wm. P. 1862 (162)
McCLOUSE, Frank 1869 (220)
McCLUNG, Alice (see Miss Alice Deaderick) (338)
    Mrs. Anna d. Dec 29, 1875 (338)
    Mrs. Anna 1870 (338)
    Bessie m. A. J. Albers May 12, 1891 (338)
    Cara Clifford adult bapt 1887 (318)
    Charles 1863 (338)
    Charles d. Mar 29, 1879 (338)
    E. J. 1844 (338)
    E. S. (Confederate) d. Nov 23, 1901, aged 64 (338)
    Eliza J. mother Matthew, age 11 yr 5 mo; Hugh Lawson age 4 yr 7 mo 18 da; and Ellen Cristy age 1 yr 6 mo 12 da, all bapt Aug 11, 1844 (338)
    Mrs. Eliza J. d. Aug 18, 1870 (338)
    Eliza M. 1866 (338)
    Eliza Morgan m. Henry T. Ault Feb 15, 1872 (338)

McCLUNG, Miss Ellen 1863 (338)
    Hugh L. d. Apr 11, 1891, age 75 (338)
    Hugh L. bapt Dec 13, 1885, age 74 (338)
    Hugh L. d. Apr 11, 1891, age 81 yr lacking 41 da (338)
    M. G. & Bessie parents of Margaret Cowan b. Sep 18, 1878 & Annie Donelson b. Dec 27, 1880 (338)
    M. G. & E. parents of Minnie Keith b. Apr 18, 1883 and Charles James b. Jun 8, 1885 (338)
    Miss M. S. 1850 (338)
    Maria Fearn m. Allen French Aug 20, 1872 (338)
    Mariah F. 1866 (338)
    Mary P. 1866 (338)
    Mary P. m. Charles B. Tompkins Jun 4, 1888 (338)
    Mat. G. & Bettie C. parents of Mary Bowen bapt May 26, 1878 (338)
    Mrs. Patty B. d. Apr 28, 1903, age 58 yr 3 mo (338)
    Mrs. Patty Booth 1870 (338)
    Pleasant M. of Madison Co. m. Mary McClung Apr 15, 1846 (338)
    W. S. m. Cara C. Wilson Sep 22, 1886 (318)
McCLURE, A. K. adult bapt 1873 (318)
    Alice R. adult bapt 1866 (138)
    Annie L. m. Lee Pryor Nov 1, 1883 (318)
    Barsheba adult bapt 1873 (318)
    Belle m. Robt. T. Saunders Nov 1, 1883 (318)
    E. M. 1846, 1883 (331)
    E. M. (f) 1846 (341)
    Miss Emily 1885 (318)
    George W. infant bapt 1874 (318)
    Geo. W. d. Sep 22, 1898 (318)
    H. E. (f) m. F. O. Wert (m) Nov 25, 1891 (318)
    Miss Helen E. 1884, m. F. O. West 11/25/91 (318)
    Henrietta m. Robt. Hooke Mar 2, 1878 (318)
    Miss Henrietta R. 1876, m. Robt. Hooke 1879 (318)
    Jennie m. W. Richards Oct 2, 1873 (318)
    Jennie D. m. Clarence O. Paine Jan 2, 1893 (338)
    Mrs. Josephine 1871, 1875 to SC (318)
    M. C. father of George W. infant bapt 1874 (318)
    Mrs. M. E. (wife of James) 1872, d. 4 Dec 1908 (318)
    Miss Maggie A. 1876 (318)
    Mrs. Margaret (wife of Wm.) 1872, d. 17 Oct 1911 (318)
    Miss Margaret L. ("Rosebud") 1884 (318)
    Miss Mary E. 1876, d. 10 Apr 1897, m. Baker Smith 1883 (318)
    Miss Mary E. 1884 (318)

McCLURE, Mary E. m. Baker Smith Nov 1, 1883 (318)
    Mrs. Nelly 1826 (24)
    W. K. m. Lidie Lewis Jun 18, 1889 (318)
    W. K. & M. L. parents of Margarite Duff b. Oct 6, 1892 & William Kyle b. Dec 4, 1894 (338)
    W. K. & L. parents of Wallace Mitchell b. Jul 30, 1891 (338)
    Infant d. Jun 13, 1873 (318)
McCLUSKY, J. 1856 (176)
McCOLE, John 1846 (215)
McCOLLISTER, John 1818 (164)
McCOLLUM, J. C. 1879 (176)
    Jessie d. Oct 18, 1891 (318)
    Mac? d. May 16, 1901 (Marietta GA) (318)
    Mary 1850 (334)
    William d. Dec 28, 1904 (in El Paso TX) (338)
McCOMB, Mrs. Eleanor d. 1892 (338)
McCOMMAN, Mrs. Saml. mother of Samuel b. 1860, bapt Oct 27, 1860 (338)
McCONECO, Garner 1830 (90)
McCONAL, Mr. ___ m. Harret Henderson 1859 (347)
McCONNEL, J. C. 1876 (176)
    Newton W. 1861 (257)
    Sarah K. 1855 (334)
McCONNELD, Martha L. 1850 (334)
McCONNELL, Angeline E. 1858 (264-2)
    Annie m. Sam Erwin Oct 25, 1894 (318)
    Annie M. adult bapt 1892 (318)
    Miss Annie May 1892, m. sam Erwin 10/25/96 (318)
    Catharine 1824 (264-2)
    Henry C. (from Versailles KY) m. Lizzie B. Arent (from Newcomb TN) Feb 17, 1885 (338)
    Madie? d. Jul 13, 1905 (318)
    Mrs. Mary (wife of Judge T. M.) 1889 (318)
    Mrs. Nancy 1861 (257)
    Nannie 1866 (257)
    Newton W. 1866 (257)
    Miss Queenie 1899 (318)
    Thomas 1824 (264-2)
McCORD, Albert N. 1871 (345)
    Allen N. d. Jan 23, 1873 (345)
    Allen N. 1871 (345)
    Allice J. 1870 (345)
    Charley T. 1889 (345)
    Cora A. m. D. B. Clayton Oct 23, 1881 (345)
    Cora Ann 1876 (345)
    Cowden m. Sallie G. Wilson Jul 21, 1864 (345)
    David A. 1879 (345)
    Davis m. Sallie A. Haynes Jan 11, 1881 (345)
    Delah (name changed to Covington by marriage) 1867 (345)
    Della m. J. J. Covington Nov 7, 1872 (345)
    Henry G. 1879, 1887 (345)
    Henry G. m. Lilly Ogilvie Jan 1, 1877 (345)

McCORD, Herbert Haynes 1895 (345)
    Jos. 1827 (24)
    L. B. m. Margaret B. Riggs Jun 3, 1893 (318)
    Lilly (see Lilly Ogilvie) 1873 (345)
    Miss Manella M. 1895 (345)
    Mary 1854 (345)
    Mary adult bapt 1855 (345)
    Miss Mary 1894 (345)
    Nancy 1871 (345)
    Nancy J. m. _____ Woods 1880 (345)
    Robert A. 1876 (345)
    Roy 1895 (345)
    Sallie Bet (name changed to Miller by marriage) 1865 (345)
    Sallie B. A. m. ____ Miller 1870 (345)
    Sallie G. d. Jun 7, 1888 (345)
    Sallie G. (see Sallie G. Wilson) 1840, 1870? (345)
    Wm. 1870 (164)
    __ A. m. Bettie Whitset 1880 (345)
    ____ m. Marietta F. Hastings Jan 13, 1886 (345)
McCORKEL, Miss Ailene adult bapt 1896 (318)
McCORKLE, Miss Ailane 1896 (318)
    Mrs. Alice W. (wife of Frank) 1892 (318)
    Bishop 1896 (318)
    Calvin & Mollie parents of Eugenia b. Apr 12, 1871 (338)
    Calvin 1869 (338)
    David V., member 1866, d. Jan 1872 (318)
    Ella m. D. A. Reid Sep 12, 1883 (318)
    Eva M. m. E. J. Lowry Nov 21, 1888 (318)
    Fannie m. J. C. Harris Sep 8, 1881 (318)
    Frank jr. d. Jan 1, 1890 (reel # omitted)
    Jane 1876 (264-2)
    Lillie 1881 (318)
    Mrs. Lula (wife of Frank) member 1888, d. Aug 20, 1889 (318)
    Mrs. Lulu d. Aug 16, 1889 (318)
    Mrs. Margaret B. (wife of S. B.) member 1872, d. Feb 5, 1912 (318)
    Mary J. (see Mary J. Corbin) (318)
    Mollie 1869 (318)
    Nannie m. Jas. F. Hartley Nov 22, 1893 (318)
    Nannie B. adult bapt 1888 (318)
    Miss Nannie B. member 1888, m. J. L. Hartley Nov 22, 1893 (318)
    S. B. d. Oct 24, 1900, age 78 (318)
    Samuel V. pastor 1875-78, d. Dec 2, 1897 (264-2)
    Samuel V. & Jennie parents of Robert Sevier, bapt 1875, d. Aug 15, 1877 (264-2)
    Mrs. Sarah D. (wife of W. A.) ca. 1868 (318)
    W. A. d. May 10, 1885 (318)
    Mrs. Dr., mother of Eliza infant bapt 1870 (318)

McCORKLE, ____ d. Nov 29, 1881, 94 yrs (318)
McCORMACK, Betty 1884 (259)
    C. N. m. Lulu Scott Nov 12, 1877 (318)
    Elizabeth m. T. H. Kirk Feb 15, 1898 & then removed to Covington KY (338)
    Hardy E. m. Ida G. Barnett Jul 21, 1885 (47)
    Tom d. Nov 13, 1882 (318)
McCORMICK, Ann 1819 (338)
    C. H. 1878 (318)
    Elizabeth M. m. Theodore H. Kirk Feb 15, 1898 (338)
    Mrs. Julia Minnis d. Jan 24, 1909, age 26 (Morganton NC) (338)
    Vienn 1884 (259)
McCOY, Mary E. m. J. C. Noble Jun 25, 1891 (318)
    Sadie (Tenth St.) d. May 1, 1897 (318)
    Sallie bapt 1893 (271)
McCRAY, Alice V. member 1878, to VA Mar 17, 1880 (257)
    Keneth 1839 (90)
McCREA, Henry V. A. m. Ada Adams Nov 18, 1865 (47)
McCRERIE, Bowlina buried Aug 4, 1873 (16 mos) (47)
McCROREY, J. G. 1879 (176)
McCRORY, A. M. 1888 (345)
    J. N. 1888 (345)
    M. W. 1886 (345)
    Sarah J. 1891 (345)
    Virginia 1870 (345)
    W. H. 1858 (176)
    William m. Barbary Forrest Jan 3, 1853 (345)
McCROSKIE, Samuel adult bapt Mar 1, 1833 (338)
McCROSKY, Saml. 1833 (338)
McCUE, James Halliday m. Cynthia Irvin Boyd Feb 6, 1896 (338)
McCUISTON, Mary 1842 (264-2)
McCULEY, Louis Fate (f) 1862 (220)
McCULLA, Mrs. Addie d. Dec 11, 1884 (338)
McCULLAH, Joseph 1821, 1823 (220)
    Joseph & wife Nancy 1821 (220)
    Nancy 1823 (220)
McCULLEY, Mrs. Elvira 1871 (264-2)
    Geo. & M. parents of George Howard b. Dec 13, 1889 (338)
McCULLIE, Rev. T. H. M. C. father of Jno. H. infant bapt 1874 (318)
McCULLOUGH, Elizabeth m. John Thompson Sep 28, 1857 (289)
    Harry M. 1896 (318)
McCULLY, Charity 1846 (225)
    Mrs. Elvira member 1871, d. Oct 8, 1879, b. Jan 8, 1812 (264-2)
    G. G. & M. parents of Julia Hannah b. Aug 24, 1891 (338)
    Geo. & Maggie parents of John Heald b. Nov 2, 1898 (338)
    Hardy member 1846, d. 186_ (225)
    Harriett 1846 (225)
    Mary E. 1846 (225)
    Sarah 1846 (225)

McCULLY, Sarah J. 1847 (225)
McCURDAY, David 1810 (24)
McCURDY, Robt. C. m. Ida Roberts Nov 21, 1878 (345)
    Tabitha confirmed 1831 (22)
McCURLEY, Samiel 1865 (275)
McCUTCHEN, Finis E. 1870 (345)
    John 1867 (345)
McCUTCHEON, Mrs. H. A. d. Jun 30, 1911 (338)
McDANIEL, A. R. 1878 (176)
    Ann (age 12) bapt Nov 1, 1874 (289)
    Archabald 1808 (330)
    Archabald & wife Nancy 1823 (330)
    Clarence adult bapt 1899 (318)
    G. A. 1879 (176)
    Miss Ida Elizabeth (177) (date omitted)
    J. F. 1879 (280)
    J. N. 1871, 1878 (176)
    James buried Jul 1876 (47)
    Lilly S. m. Wm. S. Fauts Jun 7, 1888 (318)
McDANNEL, Miss Effie J. 1881 (177)
    Frank B. 1881 (177)
    J. C. S. d. Feb 10, 1901, age 75 yr 10 mo 9 da (338)
    John 1833 (162)
    John L. 1880 (177)
    Margarette 1833 (162)
    Mrs. Margret M. 1880 (177)
McDAVID, J. L. 1867 (176)
    John 1851 (259)
McDERMET, Cinthia 1877 (329)
McDERMOT, S. A. & M. P. parents of Gussie b. Jul 19, 1874 (338)
McDERMOTT, Mrs. Annie (wife of T. H.) 1891 (318)
    Inez d. Oct 9, 1874 (318)
    John M. 1875 (318)
    Miss Lena 1891, m. W. S. Winn Sep 12, 1894 (318)
    Miss Julia A. 1869, d. 20 Aug 1903, 1887 to Decatur AL (318)
    Malcolm E. adult bapt 1895 (318)
    Margarett (see Geo. M. White) (338)
    Milton 1895 (318)
    Miss Nora J. 1895 (318)
    S. A. & Mary P. parents of Sophia White bapt Apr 5, 1873 (338)
    S. A. d. May 24, 1897 (338)
    Sophia M. m. William J. Stark Dec 22, 1892 (338)
    T. H. d. Aug 20, 1900 (318)
    Capt. Thos. H. 1891, d. 17 Aug 1900 (318)
    Miss V. May 1891 (318)
    Wm. J. H. 1826 (162)
    Wm. P. H. 1829 (162)
McDONAH, Carrie d. Oct 27, 1883 (289)
McDONALD, A. L. 1871 (281)
    Ade H. m. A. Ellison Garrett 8 Oct 1877 (47)

McDONALD, Alexander 1827 (162)
    Angus m. Julia Grainger Mar 11, 1874 (338)
    Mrs. Anna mother of Winfield Floyd infant bapt 1887 (318)
    Anna H. (see Miss Anna H. Wingfield) (318)
    B. W. 1849, 1855, 1858 (176)
    Bella (Mrs.) 1889, 1893 to Munhall PA (318)
    Elizabeth Ann 1848 (334)
    H. J. m. Belle J. Schneer Nov 15, 1887 (318)
    Harreit Newel b. Apr 10, 1833 (dau of John) (162)
    James (brought from Pittsburg PA) d. Feb 3, 1897 (318)
    Jane 1822 (162)
    Jane m. John D. Snoddy Dec 1, 1825 (162)
    Jannet (crossed out) 1818 (338)
    Miss Jessie 1898 (318)
    Jno. 1827 (162)
    John 1818, 1822 (162)
    John Snoddy (son of John) bapt 1828 (162)
    Malinda 1827 (162)
    Margaret bapt 1822 (162)
    Margaret 1858 (338)
    Mrs. Mary mother of Margaret Catharine & John both bapt Jul 4, 1858 (338)
    Millinda adult bapt 1827 (162)
    Mrs. Mollie A. (wife of A. L.) 1872 (281)
    Nancy 1854 (162)
    Peggy 1822 (162)
    Polly 1822 (162)
    R. C. father of Wm. Lee infant bapt 1889 (318)
    Mrs. R. G. d. Jul 25, 1890 (318)
    R. G. m. Ana H. Wingfild Nov 2, 1881 (318)
    R. G. 1889 (318)
    W. P. 1827 (162)
    infant d. Jun 15, 1888 (318)
McDONNEL, Betty & her children James Jackson, Charlotte, Betsey, William & Frederick bapt 1826 (264)
McDONOLD, Elizabeth A. 1850 (334)
McDOWELL, Emaline 1843 (275)
    John 1843 (275)
    John H. m. Flora E. Davidge Feb 26, 1880 (289)
    Miss Laura d. Nov 22, 1871 (225)
    Mrs. M. M. d. Oct 19, 1872 (225)
    W. A. d. Feb 19, 1868 (225)
McDUFEE, D. 1862 (220)
    Carline 1856 (220)
McDUFFEE, D. 1848 (220)
    Dan 1856 (220)
    Daniel 1823 (220)
    Jane 1856 (220)
    Sela 1866 (220)
    Sely 1871 (220)
    Sily 1870 (220)
McDUFFEY, E. J. 1881 (270)
McDUFFIE, Selah 1888 (220)

McELA, F. B. 1858 (176)
McELIOTT, Elizabeth 1862 (338)
    H. M. L. d. Sep 1863 (338)
McELRATH, Elizabeth 1842 (338)
    H. M. & E. parents of Ellen Fleetwood bapt Jun 20, 1847, age 1 yr 3 mo 2 da (338)
    H. M. 1842 (338)
    H. M. & E. parents of John Edgar bapt Jun 9, 1844, age 5 mo 7 da (338)
McELVY, Tempy 1861 (330)
McELWAINE, Mrs. C. E. d. May 14, 1900 (318)
McELWEE, Frank 1866 (220)
    Jane 1866, 1869 (220)
    Polly 1823 (264)
McENTIRE, Samuel 1828 (220)
McEUIN, Eliza 1818 (264)
McEWAN, Hetty m. Walter P. Emerson Nov 21, 1883 (47)
McEWEN, Alice m. Rev. Matthew Hale Houston, D.D. (from Baltimore MD) Nov 11, 1884 (338)
    Charles member 1870 (1887 to Cartersville GA) (264-2)
    Mrs. Eliza & children William Stephenson, Eliza Mary Edmiston, John Columbus, Robert Newton, Matthew Perry (Berry?) & Margaret Ellis, bapt 1820 (264)
    J. T. 1883, 1899 (264)
    John C. 1830 (264-2)
    John T. member 1875, 1891, d. Sep 7, 1908 (264-2)
    Miss M. Alice m. Rev. M. H. Houston 1870 (264-2)
    Mrs. M. V. 1859 (264-2)
    Mrs. M. V. d. Apr 29, 1860 (264-2)
    Margaret A. 1830 (264-2)
    Matilda H. m. George R. Netherland Dec 26, 1865 (264-2)
    Matilda H. 1858 (264-2)
    Matthew P. member 1870, 1875, d. Oct 25, 1905 (264-2)
    Nancy parent of Joanna Columbia b. Mar 12, 1840, bapt 1840 (264-2)
    William d. 1913, age 65 (120)
    William J. father of Susan E., William G., John T., Robert E., Mary A., Mathew P. & Charles, bapt 1858 (264-2)
    William S. 1858 (264-2)
    William S. member 1858, d. Apr 20, 1873 (264-2)
    William S. d. Apr 21, 1873 (264-2)
McFADDEN, Mrs. Bettie (wife of Walter) 1884 (318)
    Candor 1804 (90)
    Guy 1814 (90)
    Jane 1804 (90)
    John F. 1882 (318)
    Walter 1884 (318)
McFADDIN, Jane 1822 (90)
McFADIN, Candar 1822 (90)
McFALL, J. S. 1899 (318)

McFALL, Mrs. M. (wife of J. S.) 1899 (318)
    Mrs. Mary Louisa 1871 (living in Nashville) (22)
    Mrs. Mary Louise, confirmed 1871 (22)
McFARLAN, Easter 1846 (341)
    Joseph 1846 (341)
McFARLAND, Miss Adda G. 1877 (177)
    Adrew B. 1818 (162)
    Alexander Blackburn (son of Andrew B.) bapt 1818 (162)
    Andrew (elder) 1837 (162)
    Andrew B. 1818, 1837 (162)
    Ann Eliza (dau of William) bapt 1822 (162)
    Anna m. J. Morrison Apr 22, 1885 (318)
    Benjamin 1818, 1823 (162)
    Benjamin A. 1875 (177)
    Benjamin Anderson b. Jul 16, 1820 (son of Andrew B.) (162)
    Ben F. Anderson (son of Andrew) bapt 1821 (162)
    Catharine (dau of Robert) m. John Inman Sep 27, 1818 (162)
    Catharine Cain (dau of Polly) bapt 1819 (162)
    Darcas b. Jul 11, 1818 (dau of Robert) (162)
    Darcas (dau of Robert) bapt 1819 (162)
    Dicy 1848 (329)
    Elizabeth 1822 (162)
    Foster m. Margaret Andrews Apr 10, 1895 (318)
    H. C. & Priscilla C. parents of Elizabeth b. Jan 17, 1890 (289)
    Miss H. Roe 1879 (177)
    Harriet Newel b. Nov 28, 1830 (dau of Andrew B.) bapt 1818 (162)
    James 1848 (329)
    John 1818 (162)
    Margaret (now Smith) 1842, 1854 (162)
    Margaret (dau of Polly) bapt 1819 (162)
    Margaret Hardin (dau of A. B.) bapt 1827 (162)
    Mary 1862 (162)
    Mary Blackburn (dau of Andrew B.) bapt 1823 (162)
    Mary Blackburn b. Sep 25, 1823 (dau of A. B.) (162)
    Mary Jane (dau of Polly) bapt 1820 (162)
    Mary Jane (dau of Polly) bapt 1820 (162)
    Mary Jane b. Jan 19, 1820 (dau of William) (162)
    Peggy M. 1818 (162)
    Polly 1819, 1824, 1854, d. Feb 23, 1866 (162)
    Polly (of Robert) 1824 (162)
    Rachal 1818 (162)
    Rachel (dau of Robert) m. Jesse George Feb 8, 1821 (162)
    Robert, elder 1818 (162)
    Col. Robert 1818 (162)

McFARLAND, Robert 1828, 1833 (162)
    Robert m. Mary Weaver Mar 8, 1821 (162)
    Solomon 1818 (162)
    Miss Teressa M. 1873 (177)
    Thomas G. d. Sep 14, 1887, 84 yr (318)
    William 1818, 1822, 1824, 1855 (162)
    _____ d. Oct 1820 (162)
    _____ 1837 (162)
McFERRIN, Dr. J. M. (of Coal Creek, Anderson Co.) m. Minnie W. Coffman (of Russellville) Feb 14, 1884 (338)
    Mrs. Marvin d. Feb 1912, age 39 (120)
    Marvin m. Ruth Ina Davies Oct 4, 1898 (289)
MCFFEE, Elizabeth 1842 (48)
McGAVOCK, Alberta P. m. Dr. Dallas Bache Apr 19, 1864 (47)
    Caroline P. buried Dec 9, 1863, age 46 (47)
    D. T., M.D. buried 1866, age 65 (47)
    David & Caroline Pugsley parents of Mary Caroline, b. Dec 4, 1834; Eliza Louisa b. Nov 8, 1836; Ophelia Clay b. Jun 16, 1839; Alberta Priscilla b. Feb 10, 1841; Charles Pugsley b. Jun 24, 1843; Caroline Pugsley b. May 22, 1845 (47)
    Eliza Louisa m. Emmett Cockrill Feb 17, 1857 (47)
    Dr. Felix G. d. Dec 5, 1897, age 59½ (47)
    Mary, oldest dau of Dr. McGavock buried Oct 1842 (47)
    Ophelia Clay m. Felix Robertson Cheatham Feb 17, 1857 (47)
McGEE, A. S. 1883 (331)
    Elizibeth 1887 (131)
    Esther 1851 (259)
    Jane 1883 (331)
    John 1883 (331)
    John F. 1887 (131)
    Lidia (colr'd) 1865 (331)
    Lizzie 1883 (331)
    Lou jr. 1883 (331)
    Lou sr. 1883 (331)
    Mary 1883 (331)
    Mary A. 1865 (331)
    Mary Ann 1883 (331)
    Polly 1848, 1883, 1865 (331)
    Robt. 1883 (331)
    Sallie 1883 (331)
    Stacia 1865 (331)
    Til 1883 (331)
    W. F. 1883 (331)
    Wesley 1883 (331)
    Yat? 1883 (331)
McGEEHEE, Wm. ca. 1871 (281)
McGEHEE, Ader V. (Miss) 1870 (281)
    Charley 1879 (281)
    E. B. 1874, 1885 (281)
    Fannie (wife of E. B.) 1882 (281)
    G. C. ca. 1872 (281)

McGEHEE, George 1873 (281)
McGHAN, Mrs. Lillie E. (wife Dr.) 1890 (318)
McGHEE, T. L. m. Pleasant Capelart Dec 18, 1885 (318)
McGILL, A. S. father of Robert, Isac & Edwin, all bapt Jul 1879 (289)
    Alanzo d. Jun 5, 1894, age 9 mos (47)
    David E. 1875 (345)
    James m. Eliza Johnson Jun 19, 1859 (289)
    Nelson 1877 (281)
    W. L. father of Bessie Wilson infant bapt 1885 (318)
McGINLEY, Mrs. W. L. d. Feb 19, 1911 (338)
McGLOHON, Drysdale confirmed 1892 (225)
    Ethel Colleen b. Jan 23, 1886, Paul deGraffenreid b. Sep 23, 1888, bapt 1888; parents Terry Strong & Julia Artemesia (225)
    Clara mother of Harry H. bapt 1894 (257)
McGONEGAL, Manerva m. James Shield May 10, 1842 (345)
McGONEGALL, Mrs. (Rider) d. Nov 12, 1882 (from Nashville) (318)
McGONIGAL, Manerva 1846 (345)
McGOURLY, Charles d. Dec 25, 1897, age 4 yr (47)
McGOWAN, E. L. 1833 (259)
    Mrs. J. E. d. Dec 4, 1896 (318)
    Col. J. E. d. Apr 13, 1903 (318)
    Jane 1860 (259)
    Jane F. 1856 (259)
    Mrs. Melvina, member 1867, d. Dec 2, 1896 (318)
    Sally m. Christopher Moyers Feb 1, 1822 (162)
McGRADY, David A. & Hannah parents of Hannah Maria bapt Jan 25, 1859 (289)
McGRAW, Miss Bernie E. 1899 (318)
McGREDY, Alpheus Tynes buried Mar 17, 1877, age 27 (47)
    David A. m. Hannah Bournes Aug 24, 1857 (289)
McGREGOR, Jas. Mackenzie m. ____ Christian Feb 1840 (47)
    Mary Jane 1851 (259)
    Miss Nancy 1869 (259)
    Mrs. (cor. Cedar & 8th) d. Sep 17, 1889 (318)
McGREGORE, Wm. 1826 (330)
McGREW, Jno. Albert & Carrie Lou parents of Richard Gorby b. Jun 27, 1893, ada Hicks b. Oct 4, 1896 & Albert Ellis b. Oct 12, 1900 (318)
McGRIFFIN, Patrick m. Annie D. Breen (alias Deane) Dec 20, 1882 (47)
McGUFFEY, Charles D. 1879 (318)
McGUFFY, Nancy 1877 (270)
McGUFY, Nancy 1845 (270)
McGUIRE, Miss Effie Clementine 1887 (177)
    Master Hugh Martin 1887 (177)
    John buried Feb 19, 1887 (47)
    Joseph 1818 (162)
    Lavistia? 1829 (335)

McGUIRE, Miss Louisa Isabella 1887 (177)
    Lucretia 1827, 1828, 1830 (335)
    Lucy May (Miss) 1887 (177)
    Mrs. Margaret A. 1887 (177)
    Robert C. 1887 (177)
    S. M. 1887 (177)
    Silas M. 1887 (177)
McILWAINE, C. R. d. May 20, 1906, age 46 (338)
    Mrs. H. A. mother of Henry Whiting b. Aug 21, 1889 (338)
McINDOT, Robert buried Feb 12, 1839 (47)
McINNIS, John M. 1890 (1891 to Canada) (318)
McINTIRE, Eliga 1857 (338)
    John 1847 (338)
    Robert 1857 (338)
    Robt. & Eliza parents of Clara Louisa b. Jan 22, 1857 (338)
    Thos. & Mary E. parents of Alice Barr bapt Mar 12, 1848, age 3 mo 11 da (338)
McINTOSH, Lou m. Richard Miller Jul 3, 1884 (318)
McINTYRE, Ada m. S. T. Witherspoon May 22, 1878 (318)
McISAACS, Mrs. Margaret (wife of Peter) 1894 (318)
    Peter 1894 (318)
McIVER, John S. m. Seline W. Edmundson Sep 2, 1873 (47)
McKAMEY, Margaret 1818 (264)
    Mrs. Wm. C. & children Albert Trously & Franklin Perry bapt 1819 (264)
McKAMY, Mrs. Wm. C. mother of Wm. Cooper bapt 1825 (264)
McKAY, Mahaley 1883 (43)
McKEAN, R. Kelsy 1886 (318)
McKEE, Alice R. m. David S. Shelton Jul 13, 1898 (318)
    Harriet Darcus, James Walker & Mattie Ina bapt 1859, children of James H. & Mary McKee (225)
    J. H. 1867 (225)
    James H. ca. 1848, 1857 (225)
    John M. m. Kittie Guild May 1, 1872 (257)
    Kate m. Leven A. Allen Feb 26, 1874 (47)
    Mary 1859, 1867 (225)
    Mattie Ina (see Harriet Darcus McKee) (225)
McKELDEN, Ann Augusta d. Jan 6, 1908 (338)
McKELDIN, Mattie B. m. E. B. Madison Jan 1, 1896 (318)
McKELVEY, Meradith 1879 (280)
McKELVIE, Amanda J. 1877 (to Delhi LA Apr 3, 1883) (257)
    D. S. 1877 (to Delhi LA Apr 3, 1883)(257)
McKELVIN, J. 1847 (341)
McKELVY, Elizabeth 1847 (330)
    Jos. 1840 (330)
    Margaret 1879 (280)
    S. 1867 (341)
McKENDRY, James 1827 (24)

McKENSIE, James M. m. Sarah E. West Aug 15, 1867 (289)
McKENZIE, Mrs. Anna 1890 (264-2)
    Hydes A. m. Kora B. Davie Dec 20, 1855 (47)
    Jno. m. Mollie Campbell May 28, 1888 (318)
    Jos. & Juliet parents of Blanche (adult) bapt Apr 2, 1887 (289)
    Kenneth m. Mary Marshall Jun 14, 1842 (47)
    Margret 1873, 1880 (275)
    Mrs. ____ d. Apr 5, 1882 (289)
McKEY, J. M. 1867 (176)
McKIBBEN, Mrs. Mary (now Hildreth) 1854 (22)
McKIBBIN, James m. Mary Field Feb 16, 1846 (22)
McKIGHT, ____ (m) m. Dlfiner (sic) Tylor Oct 1866 (347)
McKINLEY, J. W. & Sarah E. parents of Harry Sinton bapt Jan 23, 1883 at Gallatin (289)
    Sarah Elliot adult bapt Jan 23, 1883 at Gallatin (289)
McKINNEY, B. C. 1865 (335)
    Eliza buried Mar 25, 1849, age 20 (47)
    Eliza d. Nov 15, 1868, age 81 (318)
    Fanny adult bapt 1827 (162)
    Fanny 1827 (162)
    Flora 1827 (162)
    Flora adult bapt 1827 (162)
    George Washington bapt Jan 1, 1882 (289)
    Jane 1818 (264)
    Lula L. m. A. C. Campbell Jun 1, 1899 (318)
    Miss Margaret 1870 (moved to TX) (22)
    Rachel adult bapt 1827 (162)
    Robert (Knoxville) d. May 30, 1888 (318)
    S. & A. parents of Stephen Booth b. Apr 6, 1885; Margaret Coffin b. Mar 27, 1887; & Annie Bee b. Mar 25, 1892 (338)
    S. & A. parents of Robert J. bapt Jun 4, 1882 (338)
    Samuel m. Anna Booth (from Vicksburg) Dec 3, 1879 (338)
    Samuel d. Jan 27, 1912 (338)
    Sue m. W. G. Nice Jun 12, 1878 (318)
McKINZA, Eliza (Col) 1873 (275)
McKINZIE, Benjamin F. 1880 (275)
    G. 1876 (176)
    Margret 1887 (275)
McKINZY, R. G. 1887 (275)
McKNIGHT, Clander 1804 (90)
    J. H. 1879 (176)
    John 1804 (90)
    Peggy 1804 (90)
    Robert 1804, 1809 (90)
    Robt. & wife Sarah 1810 (90)
McKNOTT, Martha P. 1848, 1859 (347)
McKOIN, Anna, original member (257)
    Mrs. Anna 1854 (257)
    Mrs. Annie 1861 (257)
    Francis S., original member, d. Apr 4, 1854 (257)

McLAIN, Robert m. Elizabeth Alice Lyon Sep 30, 1851 (47)
    Miss S. R. 1883 (257)
    Miss Sarah 1883 (257)
McLANE, E. B. d. Apr 25, 1884, 84 yrs (318)
    Mrs. Margaret 1854 (257)
McLAUGHLIN, Henry 1875 (322)
    Sarah Gladys d. Jul 22, 1903, age 16 mo (289)
McLEAH, D. V. 1856 (259)
McLEAN, Mrs. Ann (wife of E. B. 1874, d. 1 Jul 1887 (318)
    Brice d. May 23, 1888 (318)
    C. N. 1876 (176)
    Christian Ann 1821 (338)
    D. B. 1851 (259)
    D. V. 1869, d. May 1871 (259)
    Mrs. E. R. d. Jul 1, 1887 (318)
    Elizabeth C. buried 15 Jun 1886 (47)
    Elizabeth D. 1846 (345)
    Elizabeth S. 1846 (345)
    Ephraim B. 1874, d. 1884 (318)
    Margaret 1869, d. May 1881 (259)
    Miss Margaret d. Dec 20, 1901 (318)
    Miss Margaret 1858 (257)
    Margaret 1855, d. Jan 20, 1870 (257)
    Mary Jane dau of E. H. & E. S. b. 1841 (345)
    S. B. 1851 (259)
    ____ ordained 12/14, 1851, d. Apr 1871 (259)
McLEOD, Mrs. Ella (died in Chicago) d. Mar 6, 1895 (318)
    John F. 1843 (338)
McLEROY, Isaac 1851 (259)
McLEYEA, D. F. 1867 (176)
McLIN, M. A. 1873 (43)
McLISTER, Gerge Duffle b. Feb 1834 (son of William) (162)
McLOUD, Maud C. m. F. L. Adams Dec 19, 1894 (318)
McLUSKEY, W. H. 1879 (176)
    jr. (sic) 1879 (176)
McMAHAN, Math. B. m. California V. Mabry Mar 20, 1855 (338)
McMALLAN?, Christina wife of David 1825 (338)
McMANUS, ____ 1820 (264)
McMILLAN, Mrs. A. mother of Mary Linda b. Apr 4, 1899 (338)
    Annie L. m. John J. Hendricks Aug 12, 1897 (3380
    Andrew d. May 30, 1893 (stranger's son) (318)
    David father of Jane Ann bapt Jul 1825 (338)
    E. E. & Belle parents of Helen b. Apr 15, 1892 (338)
    E. E. & B. parents of Edward John b. Feb 10, 1890 (338)
    E. E. & B. parents of Margie Belle b. Feb 7, 1884 (338)
    Ed. E. m. Belle Welcker Jan 5, 1882 (338)

McMILLAN, F. V. parent of Alexander Von Albede bapt Aug 14, 1853, age 7 mo 26 da (338)
    J. L. D. (see Sallie Davis) (338)
    J. L. & S. R. parents of Claude David b. Nov 5, 1889 (338)
    J. L. D. & S. R. parents of Herbert Alexander b. Dec 17, 1892 (338)
    Jas. D. L. m. Sallie R. Davis Sep 13, 1888 (338)
    Jas. L. D. d. Oct 3, 1893, age 34 (338)
    John A. m. Esther Brownlee Oct 1, 1885 (338)
    Margt. A. m. John H. Shields of Grainger TN Jan 15, 1852 (338)
    Mariah m. Simpson Moffett of New Market Jan 15, 1852 (338)
    Mary Alexander m. Edward Henegar Dec 12, 1888 (338)
    R. E. & A. parents of Robert Marion b. Sep 20, 1886; Edward Carter b. Sep 12, 1887; Bessie b. Jul 4, 1889; and Thomas Allen b. Aug 14, 1891 (338)
    Robt. E. d. Aug 20, 1906, age 44 (338)
    Robertus & Annie parents of Dickie b. Apr 13, 1860 (289)
    Mrs. Sallie D. d. Nov 12, 1912 (338)
    Thos. B. of Camden AL m. Frances F. Anderson Jan 15, 1852 (338)
McMILLIN, Anna m. Geo. Thompson Jun 18, 1884 (318)
    Annette m. Herbert W. Hall Jan 13, 1878 (338)
    D. C. d. Nov 28, 1897 (318)
    Maggie E. m. I. N. Mast Nov 18, 1886 (318)
    Mrs. Nannie d. Dec 25, 1901 (318)
McMILLON, W. C. 1858 (205)
McMINN, J. J. 1866 (164)
McMULLAN, Catharine 1832 (338)
    Miss Maria 1850 (338)
McMULLEN, Miss Anna 1860 (338)
    Catharine mother of John Daniel age 12 yr 10 mo 21 da; Mary Jane age 10 yr 7 mo 12 da; James Duncan age 2 yr 11 mo 23 da; & Christian age 8 mo 3 da, bapt Oct 16, 1842 (338)
    Catharine mother of Susan Ellen bapt 10 Sep 1843 (338)
    Isabella 1842 (338)
    Isabella m. David Salmon Aug 17, 1848 (338)
    L. A. 1841 (338)
    Mrs. Katharine 1841 (338)
    Laura m. Dr. I. J. Swift Jan 7, 1868 (338)
    Letitia A. 1857 (338)
    P. S. & M. parents of Margaret b. Apr 5, 1891 (338)
    R. B. d. Jan 16, 1865 (338)
    Rev. Robert B. d. Jan 16, 1865 (338)
    Rosannah m. James Rodgers Nov 16, 1843 (338)
    Rosanna 1842 (338)
    W. 1869 (338)

McMULLENS, Ibby (R. B. husband?) mother of John Allen bapt Sep 3, 1843, age 1 mo 24 da (338)
McMULLIN, Robt. Burns d. Jan 16, 1865 (338)
McMURPHY, J. L. m. Mary Aileen Tutt Mar 24, 1897 (318)
McMURRAY, Chas. & Isabel parents of Mary Belle & Maggie Sheffield, both bapt Jul 9, 1882 (289)
    J. M. 1856 (259)
McNABB, O. A. m. D. M. Campbell (f) Sep 5, 1891 (318)
    S. D. 1876 (259)
McNAIRY, Mrs. A. M. buried Apr 29, 1869, age 81 (47)
    Anna m. James W. Reeve Jul 12, 1860 (47)
    Caroline B. m. Henry L. Goodrich Jun 26, 1851 (47)
    D. Boyd & Maria parents of John, Walter Simms, Francis H. Caroline B., Henry Clary and Danl. Webster (dead) bapt Jul 30, 1832 (47)
    Irene m. William M. B. Evans Sep 30, 1858 (47)
    Dr. John & Elizabeth Vannerson parents of Irene (b. Jun 25, 1835), Anna Maria (b. Mar 6, 1838) & Frances (b. Jul 14, 1840) (47)
    John S., M.D., buried Aug 19, 1849 (47)
McNAMARE, Hetty 1828 (338)
McNAMEE, William Robert b. Sep 7, 1887, bapt 1887; parents F. M. & J. C. McNamee (225)
McNEAL, Ider d. 1894 (335)
    W. A. 1885 (335)
McNEES, James (from Butler Co. PA) 1869 (259)
    Sarah (from Butler Co. PA) 1869 (259)
McNISH, Hugh & Sarah parents of John Green bapt Sep 2, 1888 (289)
    Hugh L. & Sarah N. parents of Hugh Lawson b. Apr 1886 (289)
    Hugh Lawson & Sallie Naomi parents of Jennie Roberta b. Oct 10, 1885 (289)
    Hugh Lawson m. Bonnie Naomi Green Dec 31, 1884 (289)
    Thomas, member before 1862 (318)
McNUTT, Alice m. Edward George Pickle Sep 5, 1894 (338)
    Miss Annie E. member 1870, 1887 to Weatherford TX, m. Thos. J. Littleton (264-2)
    Miss Annie E. adult bapt 1870 (264-2)
    Bella m. John R. Cox (both from Concord) Dec 30, 1886 (338)
    Blanch (see Blanch Caldwell) (338)
    Ella Edna m. Frank Sprague Apr 22, 1891 (264-2)
    Miss Ella Edna adult bapt 1881 (264-2)
    F. A. R. m. M. J. Dickson Feb 9, 1865 (338)

McNUTT, Frank 1899 (264)
    G. A. & F. V. parents of India Naomi b. Jun 22, 1895 (338)
    Geo. d. Jan 5, 1823 (338)
    George 1817 (338)
    George b. in province of Ulster, Ireland in 1751; d. Jan 5, 1823 (338)
    George A. m. Isabella B. Stevenson on Dec 19 1844 (338)
    Geo. A. m. Fannie V. Anderson Nov 11, 1891 (338)
    George A. d. Dec 16, 1900, age 79 yr (338)
    Mrs. Isabell B. d. Mar 1885 (338)
    Isabella (59) d. Mar 19, 1885 (338)
    Mrs. Isabella B. mother of Georgiana bapt Jan 12, 1861 (338)
    Miss Isabella Victoria member 1886; moved to New Orleans LA 1898 (now Mrs. Geo. B. Harrison) (264-2)
    Isabella Victoria adult bapt 1886 (264-2)
    James A. m. Sallie M. HInes Jul 20, 1854 (22)
    James W. member 1868, d. Dec 1, 1881 (264-2)
    Jane wife of Geo. 1822 (338)
    John Fleming bapt 1874 (264-2)
    Katie m. Richard P. Johnson Feb 8, 1893 (338)
    Mrs. Katie Welcker d. Nov 24, 1872 (338)
    Margaret A. m. Wm. Alexander Keener Jan 25, 1883 (338)
    Melinda mother of Robt. Houston, Mary Jane, Geo. Anderson all bapt Aug 7, 1829 (338)
    Melinda adult bapt Oct 1828 (338)
    Moses W. 1843 (338)
    Robert H. 63, d. Mar 22, 1885 (338)
    S. H. & B. parents of Jane Dalton b. Apr 21, 1893 (338)
    Sam H. m. Blanch Caldwell Oct 29, 1891 (338)
    Mrs. Sarah M. member 1868, d. Jan 10, 1883 (264-2)
    Virginia E. C. 1846 (281)
    Dr. W. H. 1883 (264)
    W. J. 1866 (338)
    Wm. A. & Katie parents of Katie Welcker b. Nov 14, 1872 (338)
    William H. adult bapt 1870 (264-2)
    Wm. J. d. Feb 23, 1914 (338)
    William James m. Katie Welcker Jan 18, 1872 (338)
MCOLLUM, Mary 1836 (334)
McPERSON?, Elizabeth 1856 (220)
McPHAIL, Agnes mother of Olie (1 yr old) bapt Sep 28, 1884 (289)
McPHAIRIS, Wm. 1840 (275)
McPHERSON, Anne Graham, member 1873, confirmed 1874 (removed to VA) (225)
    Barton 1865 (220)
    E. P. d. Feb 28?, 1906 (318)
    Sarah buried Apr 4, 1876 (age 81) (47)

McPHETERS, Charles (son of John) bapt Dec 5, 1819 (162)
    Jeremiah (son of Jonathan) bapt 1821 (162)
    John (son of John) bapt Dec 5, 1819 (162)
    John 1819, 1827 (162)
    Jonathan 1827 (162)
    Rachal adult bapt 1819 (162)
    Rachel 1827 (162)
    Samuel (son of John) bapt Dec 5, 1819 (162)
McQUEAN, Nancy 1810 (330)
McQUEDDY, Ann 1853 (170)
McQUERTER, Rachel 1819 (90)
McQUIGG, James K. P. 1850 (334)
McQUILLAN, Emma (Murphy) adult bapt Jan 14, 1892 (289)
McQUIN, Mary 1809 (330)
McRAY, James 1833 (259)
    John 1833 (259)
McROY, Aman d. Apr 1863 (289)
    John father of James Melford bapt Dec 5, 1861 (289)
    John & Eliza parents of Almeda Francer b. Nov 22, 1858 (289)
    Lewis d. Jul 1861 (289)
    Louis & Susan parents of Manha b. Jan 6, 1852; Joseph b. Dec 28, 1857; William b. Jan 12, 1859; and Lucinda b. Feb 11, 1859 (sic) (289)
McSPADDEN, Cintha 1844 (259)
    Elizabeth 1833 (259)
    Humphrey 1831 (259)
    Rebecca 1831 (259)
    Rebecca Polina (dau of Thomas) b. Apr 25, 1821 (162)
    Samuel 1831 (259)
    Samuel K. 1833 (259)
    Thomas 1831 (259)
    Thomas & wife Tabitha 1821 (162)
    William 1841 (259)
McSPADDON, Abigail 1818 (162)
    Rebecca Polina (dau of Thomas) bapt 1821 (162)
    Tabitha Lucinda (dau of Thomas) bapt 1818 (162)
    Thomas 1818 (162)
McSWAIN, John 1870 (281)
    Maggie A. (wife of Isaac A.) 1868 (281)
McTEER, Amanda (see G. M. White) (338)
    Jo & Amanda M. parents of Moody b. Mar 2, 1878 (338)
    Joseph & Amanda parents of George White b. Apr 12, 1876 (338)
    Jos. & Amanda M. parents of Margaret & Charles both bapt Jan 10, 1874 (338)
    Joseph T. d. Jan 6, 1904, age 64, in New York (Confederate) (338)
    Jos. T. m. Amanda M. White Jan 15, 1869 (338)

McTEER, Jos. T. 2nd d. Jan 10, 1908, age 26 yr 5 mo (338)
    Jos. T. & Amanda parents of Joseph T. jr. b. Aug 5, 1881 (338)
Margaret m. Charlton P. Brooke Dec 14, 1893 (338)
    Margaret m. C. P. Brook Dec 14, 1893 (she d. Oct 30, 1904)(338)
    Mrs. Margaret J. d. Nov 29, 1900, age 83 yr 9 mo 25 da (338)
    Moody d. Nov 6, 1893 (338)
McTYSIN, Amelia T. d. Jan 14, 1891 (65)
McULVY, Joseph 1808 (330)
McVAN, Daniel 1874 (257)
McVEIGH, Anna confirmed 1892 (225)
McWATS, John 1826 (90)
McWHERTER, Elizabeth 1821 (329)
McWHIRTER, A. J. 1871 (259)
    Alexander 1816 (178)
    Caroline 1871 (259)
    Elizabeth 1816 (178)
    Newt 1871 (259)
    Plina 1884 (259)
    Sarah d. Nov 17, 1862 (259)
    Toliver 1871 (259)
MAINER, Marthey 1840 (275)
MEADOR, Adaline 1848 (215)
    Adaline D. 1858 (215)
    Aletha 1887 (215)
    Andrew C. 1870, 1887 (215)
    Bell 1895 (215)
    Birthie 1897 (215)
    Effie 1895 (215)
    Elizabeth S. 1854 (215)
    Emma 1889 (215)
    Ira D. 1881 (215)
    J. D. 1887 (215)
    Louisa 1854 (215)
    Lucy A. H. 1853, 1854 (215)
    Martha 1887 (215)
    Martha S. 1895? (215)
    Rosanna 1862? (215)
    Rosannah 1848 (215)
    Sallie 1887 (215)
    Sally 1862?, 1881 (215)
    Smith 1854 (215)
    Smith S. 1881, 1887 (215)
    Susan 1870, 1887 (215)
    Susannah 1858, 1862? (215)
    Wilson T. 1843, 1858 (215)
MEADORS, Elizabeth S. 1853 (215)
    Jehu 1848, 1859 (347)
    Prudence 1848, 1859 (347)
MEADOW, Smith 1846 (215)
MEADOWS, Delila 1850 (335)
    J. C. 1870 (329)
MEAK, Clemmency 1806 (164)
MEALER, J. H. 1885 (43)
MEALOR, G. W. 1880 (43)

MEALOR, John 1883, 1884 (43)
MEALOY, Maryan 1883 (43)
MEARS?, Eleanor 1848, d. 1854 (329)
MEBANE, A. S. & R. E. parents of Allen Sutton b. Oct 6, 1892 (338)
    Allen & Rosa parents of Rosa Cecilia b. Sep 26, 1897 (338)
    Allen S. m. Rosa D. Strong Oct 7, 1891 (338)
MEDLEY, Cicero 1869 (259)
    Elizabeth 1842 (259)
    Florence m. Polk Bonner 1869 (259)
    James 1874 (259)
    John A. 1869 (went to AR & died) (259)
    Joseph 1869 (259)
    Mrs. Laura 1869 (259)
    Laura Jane 1873 (259)
    Surilda 1851 (259)
    W. D. 1876 (259)
MEDLIN, J. C. 1875 (176)
    Gray 1821 (329)
    Matilda 1821 (329)
    Sarah 1821 (329)
    Welthy 1848, 1856 (329)
    Willy 1821 (329)
MEDLOCK, John 1890 (215)
MEDOWS, Martha A. 1848, 1859 (347)
    Mary E. 1848, 1859 (347)
MEE, Penelope m. J. Hardie Johnston Jun 1, 1898 (318)
MEEK, Christopher 1806 (164)
    Elisabeth 1833 (331)
    J. K. & L. parents of Margaret b. Feb 11, 1889 and James Monroe b. Jan 27, 1890 (338)
    Jas. K. m. Lillie J. Baker Jul 22, 1885 (338)
    Jas. M. & Lillie parents of Agnes b. Jul 8, 1886 (338)
    Jane 1827 (335)
    Mrs. Lillie Baker d. Jul 26, 1905, aged 41-1/3 yrs (338)
    Sally 1827 (335)
    Sarah 1829 (335)
MEEKER, Charlottee 1806 (164)
MEEKES, Jane 1830 (335)
    Sarry 1831 (335)
MEEKS, B. M. 1887 (131)
    Carolin 1887 (131)
    J. A. 1887 (131)
    John 1833 (331)
    Nacy 1826 (330)
    S. A. (f) 1887 (131)
MEFFORD, John father of Saml. N. infant bapt 1873 (318)
    Jno. M. father of Saml. N. inf bapt 1873 (318)
MEGEE?, John 1806 (164)
MELENDAY, Mrs. Vallie B. d. May 31, 1894, not quite 29 (338)

MELENDY, Mrs. Valie d. May 31, 1894 (338)
MELSON, Elanie b. Mar 25, 1892, parents--Charles
    Hill & Annie Old Melson (225)
        May Belle b. Feb 18, 1895, bapt 1897, parents
            --Charles Hill & Annie Old Melson (225)
MELTON, Annie Louise d. May 5, 1883, age 9 yr 5
    mo (289)
        Charles d. Dec 1, 1898, age 67 (289)
        Chas. H. & Catherine parents of Catherine
            Parker b. Aug 23, 1870 (289)
        Charles H. d. Sep 28, 1872 (289)
        Charles H. & Catherine parents of Anna
            Louisa b. Dec 11, 1873 (289)
        Charles Henry d. Sep 28, 1872, age 4 (289)
        Mancy 1887 (275)
        Nancy J. 1880 (275)
MENEY, William & Eliza parents of Dennis b. Jun 7,
    1892 (289)
MENGES, W. P. 1858 (176)
MENIFEE, Catherine d. 1886 (335)
MERCER, Lizzie m. Frank Preston Thomas Dec 7, 1898
    (289)
        Sally bapt 1853, dau of Isaac B. & Sarah D.
            (225)
        Alfred m. Lucie F. Duclaux Apr 27, 1899
            (338)
MEREDITH, William 1826, 1827 (162)
MERITT, Rebeccah d. 1863 consort of Thomas Meritt
    (131)
        Thomas 1854? (131)
MERMAN, Mariah 1846 (formerly Reace) (215)
MERRELL, E. 1878 (281)
        Frances (wife of John) 1870 (281)
        Frances J. (wife of John) 1870 (281)
        Mrs. Frances M. 1870 (wife of John) (281)
        Laura (wife of J. Emmerson) 1877 (281)
        Lucy Ann (wife of E.) 1878 (281)
MERRETT, Rebecca 1852 (131)
        Thomas d. Jul 6, 1857 (131)
MERRILL, Mrs. _____ member 1869, moved to MS (22)
MERRIMAN, Mrs. Eliza E. 1873 (259)
        Laura N. member 1869, m. T. C. Tally (259)
        Matildah 1869 (259)
        Nancy 1869, 1871 (259)
        Susan 1842 (215)
MERRYMAN, Vicie 1897 (215)
MERRYMON, Mary F. 1887 (215)
MERTON, Jacob W. m. Anna S. Jones 13 Oct 1874 (47)
MERYMAN, R. B. 1889 (215)
MESHAW, Andrew m. Annie Walker Oct 28, 1891 (318)
METCALF, C. W. m. Julie White Oct 10, 1899 (338)
        Charles Wesley m. Juliet White Oct 10, 1899
            (338)
METHEDAS, Julia Perry m. H. C. Mack Dec 1866 (347)
MICHAEL, Isabella 1855 (43)
MICHEL, Sarah d. Oct 26, 1887 (164)
        Sarah 1862 (164)
MICHELL, M. Nancy 1843 (170)
MICHIE, John W. d. Feb 6, 1898, age 72 (338)

MICHIE, Lewis P. d. Apr 1, 1885, age 18 yr 5 mo
    (338)
        Louis P. bapt Mar 11, 1885, age 18 yr 5 mo
            (338)
MICHOW, Park d. Aug 27, 1884 (318)
MIDDLETON, Charles 1890 (318)
        Miss Emma member 1890, m. E. A. Wells 8/26/
            91 (318)
        Emma H. m. E. O. Wells Aug 20, 1891 (318)
        H. M. 1890, d. 28 Mar 1903? (318)
        Capt. H. M. d. Mar 29, 1903 (318)
        Harry 1890 (318)
        Miss Margaret 1890 (318)
        Mrs. May (wife of H. M.) 1890 (318)
MIERS, James E. & Alice F. (Harrison) parents of
    Fanny O'Brien b. Apr 23, 1893 (289)
MIGHTON, Mrs. Cora B. 1884 (318)
        Dana Suanders infant bapt 1888 (318)
        Gordon A. infant d. Oct 24, 1884 (318)
        J. S. 1884 (318)
MILAM, Miss Margaret 1854 (257)
        Robert Andrew & Ellen Carter parents of
            Carter b. Nov 13, 1893 (289)
        William Wallace & Annie Bowen parents of
            Mary Olivia b. Sep 21, 1872 and Marcus
            Eldridge b. Aug 29, 1874 (289)
MILAN, Andrew Carter buried Feb 11, 1881, age 2
    yr 4 mo (reel # omitted)
        Robert A. m. Ellen Carter 9 Dec 1875 (47)
MILBURN, Leonard m. Estella Keller Nov 20, 1895
    (318)
MILES, Amy C. (see Amy C. Green) (259)
        Helen Marian d. Sep 30, 1896, age 2 da (47)
        Mary 1833, 1848 (331)
        Mrs. Sarah Jane 1859 (338)
        William 1833, 1848 (331)
MILHOLEN, George William Hamilton adult bapt
    Oct 3, 1873 (289)
MILHOLLEN, Elizabeth Tululah bapt Dec 4, 1873
    (289)
        George William Hamilton d. Oct 3, 1873, age
            18 (289)
        Ida adult bapt Oct 12, 1873 (289)
        Louisiana adult bapt Oct 12, 1873 (289)
MILHOUSE, J. A. 1881 (331)
MILLAR, Jacob m. Catharine Davis Dec 6, 1843
    (338)
MILLARD, Mary H. m. Wm. M. Allen Jun 20, 1893
    (318)
        Samuel F. 1852 (327)
        Samuel H. 1871 (48)
        Thomas 1847 (48)
MILLEN, E. 1848 (220)
        Dr. J. M. & P. V. parents of John Marion b.
            Oct 22, 1895 (338)
        Dr. J. M. d. Nov 13, 1902, about 42 yr (338)
MILLER, Abraham A. 1833 (259)
        Alexander 1833 (259)
        Alexander C. 1833 (259)

MILLER, B. ca. 1848 (minister) (225)
    Balzora 1871, 1884 (259)
    Mrs. C. mother of Phipps infant bapt 1867 (318)
    C. C. d. Apr 1, 1870 & wife Juliet d. Aug 27, 1870 (318)
    C. E. W. ca. 1848, 1857 (225)
    C. H. 1899 (345)
    C. Howard 1893 (345)
    Carline 1827 (24)
    Carolien 1865 (329)
    Carrie 1848 (259)
    Clementine m. Aleck C. Young (from Columbus GA) Jun 2, 1880 (338)
    Cyrus d. 10/16/62 (259)
    D. C. father of John S. infant bapt 1871 (318)
    D. C. father of Mary T. infant bapt 1873 (318)
    D. C. M. father of Mary T. infant bapt 1873 (318)
    D. M. 1882 (327)
    D. W. m. S. S. Black Oct 15, 1889 (318)
    David m. Rebecca Dove Jan 1, 1884 (318)
    David 1848 (259)
    Dorothy (422 McCallie) d. Nov 2, 1902 (318)
    E. A. m. N. W. Wilbur Nov 4, 1876 (318)
    E. S. 1852 (327)
    Elen d. 1857 (259)
    Elenor d. 6/20/71 (259)
    Elenor sr. 1857 (259)
    Elizabeth 1848 (205)
    Mrs. Elizabeth B. 1854 (257)
    Elvira 1857, 1871, 1884 (259)
    F. C. 1884 (259)
    F. D. adult bapt 1866 (318)
    Frances C. 1871 (259)
    Frederick Lewis m. Amanda Monro Williams Jul 16, 1856 (47)
    Dr. G. M. father of John S. infant bapt 1871 (318)
    George 1830, 1832 (205)
    Glenn Ezell 1893 (345)
    H. 1848 (220)
    Harriet J. 1866 (329)
    Hartwell F. 1876 (345)
    Hartwell F. 1885 (345)
    Hartwell F. m. Ida Smiley Dec 14, 1879 (345)
    I. J. 1847 (341)
    Ida 9see Ida Smiley) 1872 (345)
    Iranah 1843 (275)
    Isadora Louisa ca. 1848 (225)
    Isadora S. 1857 (225)
    J. C. 1898 (318)
    J. K. (see Laura E. Gass) (257)
    J. L. 1893 (259)
    J. M. 1855 (275)
    Joel d. 1890 (341)

MILLER, John Frederick 1877, 1877 to Christianburg VA (264-2)
    John H., Elder, 1842 (24)
    Joseph 1884, d. 1892 (259)
    Luiza 1827 (24)
    Mr. M. M. 1860 (338)
    Madison 1845 (220)
    Maggie adult bapt 1866 (318)
    Mahaley 1843 (275)
    Miss Margaret L. 1896, 1898 to Bellfontaine OH (318)
    Martha 1878 (345)
    Mary G. (see Mary G. Ezell) (345)
    Mary Jane 1865 (331)
    Mary L. 1866 (329)
    Mrs. Mattie E. 1898 (wife of J. C.) (318)
    Minerva 1833 (259)
    N. C. 1870 (281)
    Miss N. C. 1870 (281)
    Nancy 1827 (24)
    Nancy Caroline Hunt (Alexander) 1870 (281)
    Mrs. Nellie C. m. Humphries Farnsworth Jul 7, 1892 (338)
    Pleasant 1849 (275)
    R ___, 1843 (275)
    Richard m. Lou McIntosh Jul 3, 1884 (318)
    S. A. 1884 (259)
    S.? G. 1865 (331)
    S. P. 1865 (329)
    Sallie (see Sallie McCord) 1866 (345)
    Sallie Bet 1865 (345)
    Sallie Bet. d. Sep 1, 1874 (345)
    Sallie J. member 1865, m. Rush Williamson (257)
    Miss Sallie J. 1861 (257)
    Saml. Finchman & Caroline parents of Sarah Elizabeth b. Mar 19, 1852 (289)
    Sarah 1833 (330)
    Mrs. Sarah M. 1892, d. 15 Nov 1892 (318)
    Simon Peter & Elizabeth his wife 1835 (205)
    Susanah 1808 (330)
    Thos. G. 1860 (341)
    Visa? m. Robert Richey Sep 18, 1821 (162)
    W. B. m. Kittie Taylor Apr 14, 1875 (318)
    William 1878 (345)
    Wm. C. 1833 (259)
    _____ m. Sallie B. A. McCord 1870 (345)
MILLHOLEN, George d. Oct 3, 1873 (289)
MILLHOUSE, J. A. 1860 (341)
MILLICAN, Mary S. 1827 (264)
MILLIGAN, Mrs. Amelia G. (wife of J. B.) 1885 (318)
    Granville d. Feb 26, 1893 (printer) (318)
    J. B. father of Sherrod Ward infant bapt 1889 (318)
    J. B. 1885, 1894 (318)
    Mrs. Mary 1872, 1874 (225)

MILLIGAN, Mary (wife of Judge W. A.) d. Dec 8,
    1884, age 35 (289)
        Max infant bapt 1887 (318)
        Wm. Vincent 1894 (318)
MILLION, D. L. & M. T. parents of Janette L. A. b.
    Feb 1, 1884; Isabel M. E. b. Dec 13,
    1887; and John G. N. b. Jun 1, 1890
    (338)
MILLIRON, Jacob m. Sophia Lankford Sep 8, 1840 (47)
MILLOR, J. 1848, 1857 (275)
    Joseph 1808 (330)
    Lucinda 1865 (275)
    Martin 1849 (275)
    Sary 1849 (275)
MILLS, Dial 1833 (331)
    Flora bapt 1882 (271)
    Henry 1819 (205)
    Joel d. 1890 (341)
    Judah 1826 (205)
    Julia G. m. Jno. L. Thomas Apr 6, 1865 (47)
    Julia Green adult bapt Apr 1, 1860 (289)
    Mary 1858 (215)
    Mollie m. Harry Erwin Aug 31, 1881 (318)
    Nelly 1846 (341)
    William bapt 1878 (271)
MILNOR, Mrs. _____ confirmed 1842 (22)
MILSHIN?, Mary Virginia adult bapt 1881 (318)
MILSOM, Thomas C. d. Jun 3, 1909, age 83 (289)
MILSON, Charles W. d. Aug 7, 1907, age 79 (289)
    Martha Jane d. Mar 15, 1908, age 63 (289)
MINCHIN, Annie m. Ed Woodall Oct 1886 (289)
    Anthony W. buried Jan 23, 1855, age 19 (47)
    Mary Elizabeth d. Jan 10, 1859, age 15 mo
    (289)
    _____ d. Jul 5, 1868, age 3 (289)
MINDUN, Wm. H. & Elizabeth A. parents of Marie
    Elizabeth bapt Jan 7, 1858 (289)
MINEAR, Philip 1822 (90)
MINER, Earnest bapt Apr 7, 1895, age 14 (338)
    Lucian jr. d. Jul 10, 1903, age 20 (289)
MINICK, Anne (see Mrs. Jno. D. Phelan) (120)
MINNICK, Mrs. Ann 1846 (47)
    Ann buried Mar 5, 1849, age 76 (47)
MINNIS, Katharine 1825 (162)
    Mary (dau of Rev. Wm.) bapt 1828 (162)
    Nancy b. Mar 31, 1832 (dau of Rev. Willm.)
    (162)
    Sarah Ann (dau of Revd. William) bapt 1827
    (162)
MINOR, Bliss--, buried 26 Jul 1886, age 11 (47)
MINTON, Clarinda 1870 (329)
    Jennie 1868 (338)
    Martha 1840 (345)
    Martha m. Mr. Joice 1841 (345)
    R. R. 1878 (176)
MITCHEL, B. G. 1875, 1879 (176)
    Carline 1884 (43)
    D. W. m. M. Porter Drane Dec 24, 1873 (257)

MITCHEL, Jesse F. 1846, 1879 (341)
    Lydia 1831 (162)
    Mary 1854 (345)
    Mary adult bapt 1855 (345)
    Penelope 1832 (162)
    Sidney 1846, 1879 (341)
    Thos. W. m. Sallie Protho Oct 29, 1884 (318)
    W. N. 1871 (176)
    William 1884 (43)
MITCHELL, Alice m. John W. Umstattd Oct 5, 1893
    (338)
    Mrs. Anna D. buried Jan 3, 1881 (47)
    C. D. m. M. A. Baker Mar 7, 1891 (318)
    Charles m. Eliza A. Goodwin 10 Sep 1883
    (47)
    Chas. m. Annie D. Greig Apr 10, 1864 (47)
    Chas. A. 1871 (259)
    David F. m. Annie Volmar Jan 18, 1883 (338)
    E. M. m. Minnie Marshall Dec 25, 1887 (318)
    Elira C. buried 2 Nov 1876, age 10 (47)
    Eliza C. 1868 (338)
    Eliza C. (Mrs. Jos. R.) d. Sep 5, 1906
    (338)
    Mrs. Eliza C. d. Sep 5, 1906, age 80 (338)
    Fannie N. m. James W. Park Nov 21, 1888
    (338)
    Fanny d. Aug 22, 1858, age 18 (289)
    G. P. 1879 (318)
    George 1806 (164)
    Hal m. Minnie L. Dreher Feb 19, 1889 (338)
    Hal d. Nov 1892, age 26 (338)
    Henry 1871 (259)
    J. Neill d. Sep 18, 1908 (338)
    J. P. (see J. P. Norton) (281)
    James 1833 (259)
    James G. 1868 (338)
    James G. d. Mar 23, 1887 (338)
    Jas. R. d. Sep 24, 1904 (338)
    Jane 1841, 1871 (259)
    Joseph R. d. Sep 24, 1904, aged 80 yr 2 mo
    (338)
    Joseph R. 1868 (338)
    Josephine 1871 (259)
    Katie adult bapt 1873 (318)
    Lillie M. m. Charles C. Sullins Nov 20,
    1884 (338)
    Lizie M. 1866 (338)
    Lizzie M. m. Frank A. Moses Oct 20, 1870
    (338)
    Lucinda 1859 (338)
    M. J. m. F. J. Glen Oct 3, 1866 (21)
    Mrs. M. S. 1868 (338)
    Miss Maggie B. 1870 (338)
    Maggie B. m. Joseph A. Gillespie (from
    Chattanooga) May 29, 1884 (338)
    Mrs. Margaret S. d. Jun 15, 1900, age 67?
    (338)
    Martha 1806 (164)

MITCHELL, Martha 1871 (259)
    Mary 1859, 1871 (338)
    Mary E. m. James E. Chapman 22 Jun 1879 (47)
    Mary J. 1871 (21)
    Mary S. 1871 (259)
    Maud d. May 31, 1892, age 24 yr 3 mo 24 da (338)
    Maud m. William Stascall Apr 26, 1891 (338)
    Mrs. Nancy d. Feb 13, 1892 (318)
    Nannie 1865, Nov 7 1868 to Waco TX (257)
    Miss Nannie 1861 (257)
    Neil d. Sep 18, 1908, aged 51? (338)
    Priscilla 1851 (170)
    Miss Sallie 1861 (257)
    Sallie 1865, Nov 4, 1868 to Waco TX (257)
    Sallie M. 1891 (259)
    Stokeley D. 1866 (338)
    T. W. (see Miss Sallie Prothro) (318)
    Thos. (free Col) 1855 (170)
    Wm. 1871 (259)
    Wm. F. 1871 (259)
    Mrs. d. Sep 23, 1892, died in Marrietta GA (318)
MITZ, Mrs. d. Oct 30, 1883 (318)
MOANER, J. M. 1873 (275)
MOATS, Adaline 1873, 1880 (275)
MODGLEN, Elizabeth 1848 (328)
MODGLIN, Nelly 1877 (329)
    Wm. 1877 (329)
MODRALL, Charity 1843 (345)
    Jane 1842 (345)
    John 1843 (345)
    Mary Jane Ellen dau of A. P. & N. S. b. Feb 25, 1841 (345)
    Nancy A. 1842 (345)
    Robert Donnell son of N. V.? & N. T.? b. 1843 (345)
MODRELL, Nancy S. 1846 (345)
MOE, Annie P. infant bapt 1874 (318)
    Annie Power d. Jul 11, 1874 (318)
    Annie R. infant bapt 1874 (318)
    Miss Helene (Vell?) 1898 (318)
    Helene adult bapt 1898 (318)
    May M. m. Sidney B. Wright Jan 24, 1893 (318)
    S. B. (see Kate Parham) (318)
    Wilfred Parham d. Oct 10, 1876 (318)
    Wilfred Parham infant bapt 1876 (318)
    M. parent of John Andrew bapt Jan 4, 1852, age 2 mo 4 da (338)
MOFFETT, Miss Bessie d. Nov 22, 1900 (318)
    Charlie (killed on R R in KS) d. May 21, 1902 (318)
    J. Simpson d. Oct 9, 1867 (338)
    John Peyton m. Blanch A. Dempster Nov 19, 1895 (338)
    Mrs. Kate d. Sep 18, 1900 (318)
    Maria 1857 (338)

MOFFETT, Maria bapt Mar 30, 1856 (an adult?) (338)
    Maria mother of Louisa Simpson bapt Apr? 27, 1858 (338)
    Mrs. Mariah mother of Emma McMillan b. 1861, bapt Jan 12, 1861 (338)
    Mrs. Mariah mother of Elizabeth Bliss bapt Jul 16, 1859, age 1 mo (338)
    Mary Scott (dau of M. Moffett) bapt May 7, 1854, age 4 mo 9 da (338)
    Simpson of New Market m. Mariah McMillan Jan 15, 1852 (338)
MOFFIT, G. P. 1860 (341)
MOFFITT, Huel 1897, d. 1907 (259)
    Isaiah 1871 (259)
    Sophia 1887 (259)
MOHUNDRO, E. J. (wife of E.) 1878 (281)
MOLLON?, F. G. 1883 (331)
MONDS, Peggy Ann Balch bapt May 17, 1818 (338)
    Richd. 1822 (338)
MONEY, George infant bapt 1827 (22)
    Mary infant bapt 1828 (22)
    Mary buried Dec 5, 1828 (22)
MONK, H. __ Mar 21, 1842 (338)
    Henry 1841 (338)
MONKS, Thomas 1881 (331)
MONROE, Mahala 1846 (225)
    Marian 1846 (225)
MONROW, W. B. 1878 (176)
MONTAGUE, Langdon S. 1870, d. 5 Mar 1910 (318)
MONTFORT?, Mrs. Willie Brown d. Aug 22, 1891 (318)
MONTGOMERY, J. B. 1879 (176)
    J. W. m. Dena Lieker Apr 17, 1889 (318)
    James R. m. Eulicea Goodwin Jun 26, 1883 (289)
    Wm. 1828 (338)
MOODY, E. W. 1872, d. 1879 (281)
    Elliot Duncan d. Aug 26, 1894, age 3 mo (289)
    H. L. 1878 (281)
    J. N. 1878 (281)
    James A. & Eva (webster) parents of Elliot Duncan b. May 21, 1894 (289)
    Rebecca 1872 (281)
MOON, Mrs. Addie 1885 (wife of Jno. A.) (318)
    Mrs. Addie mother of William Deadrick infant bapt 1889 (318)
    J. A. m. Addie Deadrick Oct 8, 1884 (318)
    W. F. d. May 4, 1897 (318)
    Mr. 1819 (162)
MOONE, Amanda buried Jun 6, 1878, age 43 (47)
MOONEY, A. M. father of Lou A. infant bapt 1872 (318)
    Francis d. 9/10/1898, age 1 yr (22)
    Mrs. Grace Reubelt 1898 (22)
    H. B. (Confed) d. May 6, 1905, aged 74 (338)
    Virginia Emily b. Aug 31, 1874, Batts Co. VA to Wm. W. & Virginia S., bapt 1898 (47)

MOONNEY, Partrick 1814 (90)
MOOR, Catherine 1821 (205)
    Elisha 1818 (162)
    John & wife & dau Eliza bapt ca. 1829 (264)
    John 1881 (43)
    John K. d. 13 Feb 1859 (280)
    Mary 1818 (162)
    Nancy M. 1872 (by letter from Criapers?
        Fork, Williamson Co. 1869) (43)
    Samuel 1848 (334)
    William 1878 (43)
MOORE, A. N. 1862 (318)
    A. Overton & Jennie parents of Catharine
        Kate Elizabeth bapt Mar 15, 1888 (289)
    Adah (see Adah Estes) (259)
    Agnes A. m. William E. Gunn 17 Oct 1883 (47)
    Alma 1897 (271)
    Ann Eve 1822, 1823 (264)
    B. F. & L. parents of Benjamin Franklin b.
        May 22, 1895 (338)
    Belinda 1836 (334)
    Benjamin 1819 (264)
    Benj. F. m. Libbie M. Luttrell Apr 25, 1894
        (338)
    Beriah F. 1862 (318)
    Mrs. Catharine 1854, 1861 (257)
    Catharine original member (257)
    Catherine 1820 (205)
    Charles W. 1861 (257)
    Chas. W. & Bettie parents of Thomas Lucus
        bapt 1867 (257)
    Charles W. 1867 (257)
    Charles W. m. Bettie Donnell Jun 14, 1866
        (257)
    Cynthia 1848 (347)
    David ordained Aug 1890 (259)
    E. J. (Bush) d. 1913, age 65 (120)
    Elisabeth 1848 (335)
    Eliza 1818 (338)
    Eliza 1879 (329)
    Mrs. Eliza S. d. May 30, 1910 (338)
    Mrs. Elizabeth d. Jul 25, 1881, age 76 (289)
    Ella 1899 (271)
    Ellen 1850 (334)
    Emile O. m. Jennie Wright 4 Jan 1881 (47)
    Mrs. Euphemia A. 1846 (47)
    Frances B. m. Robt. A. Magill Nov 17, 1892
        (289)
    Gilbert 1848 (335)
    Henry & Euphemia A. parents of Kate b. 17
        May 1842 (47)
    Henry & Euphemia Agnes parents of Francis
        b. 10 Dec 1837; Redford Rosanquet b. 7
        Sep 39; Mary b. 14 Feb 41 (47)
    Isabella D. d. Jun 17, 1874, age 25 (289)
    J. C. 1883 (318)
    Jacob K. 1838 (264-2)
    James 1848 (347)

MOORE, Jas. 1869 (176)
    James buried Jun 18, 1881, age 54 (47)
    James 1849 (259)
    Jim 1879 (329)
    John & wife & children Thomas Jefferson,
        Eliza Ann bapt 1826 (264)
    John B. 1872 (329)
    John N. 1843 (264-2)
    Jno. Thos. & Mary Anne parents of Maud S.
        b. Dec 2, 1888 (289)
    Mrs. Julia 1872, removed to Forrest City
        AR Sep 1872, thence to Raleigh TN (225)
    Mrs. Julia 1876 (225)
    Mrs. Julia 1877, removed to Jonesboro AR
        Aug 77 (225)
    Julia (alias Smith) 1879 (329)
    Laura m. David B. Anderson Sep 5, 1871 (257)
    Lucinda C. 1850, 1855 (334)
    Mrs. M. buried 7 Jul 1874 (47)
    Mrs. M. E. 1861 (257)
    M. J. (f) 1855 (334)
    Maria ca. 1848 (225)
    Martha, member before 1862 (318)
    Mary 1865, 1883 (331)
    Mary 1819 (162)
    Mary A. 1848 (329)
    Mary D. 1850 (334)
    Mary T. 1865 (329)
    Matild 1832 (334)
    Matilda 1836 (334)
    Melissa J. 1871 (259)
    Patrick 1849 (259)
    Patsy 1820 (205)
    Polly 1848 (335)
    S. H. 1871, 1875, 1878 (176)
    Mrs. S. I. 1876 (259)
    Samuel 1850 (334)
    Samuel 1823 (264)
    Sarah 1848 (334)
    Mrs. Susan 1820 (264)
    Susan mother of Samuel Perry bapt 1823 (264)
    Mrs. Susan 1820 (264)
    Susan & sons Jacob Kirkpatrick & William
        Adolphis bapt 1821 (264)
    Thomas A. 1843 (318)
    Thomas Antipass 1860, d. 1868 (318)
    Thos. J. 1842 (264-2)
    W. B. 1858 (176)
    W. B. 1855 (176)
    W. C. bapt 1896 (271)
    W. N. pastor 1871 (271)
    William buried 13 Jun 1875, age 8 (47)
    William & Amanda parents of William b. Jan
        25, 1868 (289)
    Wm. & Manda parents of Franklin b. Feb 16,
        1871 (289)
    William & Amanda parents of Charles Thomas
        b. May 12, 1870 (289)

MOORE, William and Amanda parents of Robert Anderson b. May 24, 1874 (289)
    Wm. (infant child of) d. Feb 27, 1860, age 2 mo (289)
    William A. member before 1862, 1863 (318)
    Wm. B. 1850 (334)
    William R. 1850 (334)
    Mrs. 1823 (264)
    _____ d. Aug 13, 1868 (289)
MOORES, Z. W. pastor Oct 1892 for 2 yrs (128)
MOORING, Willie d. Dec 12, 1891 (65)
MOORMAN, Elvira 1857 (338)
    Mrs. Janey E. (Mays) (Harris) buried Feb 28, 1898 (225)
MORE, Christine 1842 (275)
    Daniel 1820 (205)
    Dyer 1837 (330)
    Nancy 1843 (275)
    Robert 1896 (220)
MORER, Robert bapt Jun 13, 1886 (43)
MORGAN, A. A. 1887 (275)
    A. E. & Georgia parents of Mary Emma bapt Jan 2, 1877 (289)
    Alex E. & Georgia L. parents of Robert Lawton b. Nov 22, 1872 (289)
    Alex E. & Georgia L. parents of John Lindsley b. Jan 18, 1871 (289)
    Allen F. & Kate Goergetta parents of Minnie Kate b. Jun 5, 1864 (289)
    Ana? 1858 (215)
    Area 1851 (215)
    Mrs. Betsy 1823 (264)
    Cara 1887 (275)
    Charles, original member, 1854, d. Mar 29, 1860 (257)
    D. Geo. 1888 (318)
    Mrs. E. L. (wife of D. G.) 1888 (318)
    Flora 1887 (275)
    G. W. (from Harriman) d. Sep 15, 1904 (318)
    Henry 1851, 1858 (215)
    Henry W. m. Tillie A. Evans 3 Nov 1880 (47)
    Mrs. Isabella 1867, d. 187_ (318)
    Isabella d. Oct 16, 1877 (318)
    Janey 1887 (275)
    Loyd 1881, d. spring 1890 (270)
    Loyd 1845, 1877 (reel # omitted)
    Margaret 1845, 1877 (270)
    Miss Martha 1854 (257)
    Mary Frances m. Joseph Alberti Gray Nov 11, 1896 (289)
    Miss Nancy 1854 (257)
    Oscar Hamilton bapt (infant) Oct 18, 1890 (parents--J. B. & Jean G.) (65)
    Hon. T. N. (of N.J.) buried Oct 5, 1844 (47)
    Thomas W. & Jane parents of Lula Florence b. Feb 20, 1871 (289)
    Thomas Wheatty & Jane Evaline parents of Winnie Eugenie b. Jul 26, 1873 (289)

MORGAN, Wm. Porter m. Nannie Lee Williams 22 Oct 1884 (47)
MORGIN, Jean 1811 (330)
MORIS, Nancy 1806 (164)
    Susanah 1818 (164)
MORISON, Louisa J. 1855 (334)
MORPHIS, Nancy 1836 (334)
MORRESS, Susanna 1806 (164)
MORRIS, Alice 1882 (281)
    Daniel 1849 (345)
    Mrs. Eva (wife of O. M.) 1890 (318)
    Georgia A. m. John T. Chrisman Sep 25, 1870 (257)
    John 1827, 1829, 1830 (335)
    Mrs. Malissa 1883 (271)
    Manerva 1866, 1870 (220)
    Manerve 1871 (220)
    O. M. m. Eva E. Steadman Dec 26, 1889 (318)
    Orville M. 1890 (318)
    S. M. 1866 (335)
    Susan M. 1883 (335)
    W. 1879 (281)
    William Wolf m. Sarah Smith Nicholls Nov 18, 1856 (47)
MORRISSET, Mrs. Dick d. Sep 26, 1873 (318)
MORRISON, A. A., wife & 2 dau 1869 (259)
    Alva M. 1876 (259)
    C. L. d. Jan 30, 1905 (infant) (318)
    Mrs. Carrie adult bapt 1884 (318)
    Mrs. Carrie (wife of Robt) 1884 (318)
    Christiana 1856 (259)
    Cleo 1876 (259)
    D. Kennedy d. Mar 7, 1884 (318)
    Elisha J. 1869 (259)
    Elizabeth 1869 (259)
    Elza 1856 (220)
    F. M. 1856 (220)
    Hugh d. May 21, 1889 (318)
    J. 1848 (220)
    J. m. Anna McFarland Apr 22, 1885 (318)
    J. B. 1856 (220)
    J. Ivor m. Carrie T. Burton Apr 10, 1886 (47)
    J. L. d. Jan 26, 1898 (318)
    John 1856 (220)
    M. (f) 1848 (220)
    Martha Ann Jane 1877 (335)
    Mary 1823, 1856, d. Jan 10, 1875 (220)
    Mary 1869 (259)
    Nancy 1869 (259)
    Nancy 1856, d. Jun 29, 1884 (220)
    Putnam 1889 (318)
    Mrs. R. mother of Putnan & Robert Waldo, infants bapt 1884 (318)
    Robert 1869 (259)
    Mrs. Robt. mother of Louise Martin infant bapt 1887 (318)
    Robert 1885 (318)

MORRISON, Serepti E. 1876 (259)
    W. D. 1856 (220)
    William 1869, 1876 (259)
    Mrs. Wm. d. May 8, 1903 (318)
    _____ 1869 (259)
    Miss _____ 1876 (259)
MORRISS, W. m. Lou H. Anderson Aug 15, 1878 (318)
MORROW, Ann 1869 (259)
    Elizabeth 1831 (259)
    Elizabeth d. Sep 17, 1854 (338)
    Elizabeth M. 1841 (259)
    H. 1842 (338)
    Hester 1836, 1857 (338)
    Mrs. Hester 1841 (338)
    James M. 1833 (259)
    Malinda A. 1842 (338)
    Melissa 1831, 1841 (259)
    Nancy 1857 (338)
    Nancy adult bapt Mar 10, 1844 (338)
    Nancy d. Mar 19, 1859 (338)
    Nancy member 1833, 1841, 1869; d. Jan 31, 1889 (259)
    Novella 1876 (259)
    Priscilla m. Alexander Blackburn Nov 23, 1826 (162)
    Robert L. 1876 (259)
    Ruthvan Wellington 1870 (Aug 11, 1872, VA) (264-2)
    S. & M. parents of Samuel James bapt Jul 30, 1854 (338)
    S. & M. A. parents of Robert bapt Mar 15, 1846 (338)
    Saml. & M. E. parents of Amelia Jane bapt Dec 9, 1851 (338)
    Samuel 1842, 1857 (338)
    Sml. & M. A. parents of Mary Elizabeth bapt Jul 12, 1845 (338)
    Mrs. Wm. ca. 1836, 1841 (338)
MORTON, Mrs. Alice Worth 1874 (from LaGrange TN) (225)
    Blanche m. Edward Cowley Horner Dec 28, 1886 (225)
    Brown 1855 (170)
    Elijah m. Mary A. Humphreys May 27, 1840 (47)
    Elizabeth ca. 1848 (225)
    Miss J. H. 1896 (345)
    James 1869, 1870 (43)
    Jane Elizabeth d. Jun 24, 1860 (289)
    Jesse 1822 (90)
    Jessie m. F. B. Howard Dec 28, 1886 (318)
    John W. & Annie H. parents of Queenie Humphreys b. Dec 17, 1872 (289)
    John W. & Annie H. parents of John Watson & Robert Lee both bapt Apr 29, 1888 (289)
    Jno. W. & Annie parents of West Humphrey bapt Mar 12, 1891 (289)
    Jonathan ca. 1848 (225)

MORTON, Mrs. M. A. buried Sep 27, 1840 (47)
    M. J. (stranger from Loudon Co.) d. Jul 12, 1888 (318)
    Mary (wife of Alfred) 1855 (170)
    Mrs. Mary C. 1877 (225)
    Mrs. Samuel H. buried May 15, 1891 (225)
    Sarah 1822 (90)
    Susanna 1822 (90)
    William & wife Susan 1816 (90)
    Wm. (die?) 1822 (90)
MOSBY, Bettie Brackin confirmed 1873 (225)
    Bettie Brackin 1873, 1874 (225)
    Cannon d. Sep 23, 1896, second son of Peter & Anna (225)
    Mrs. Cornelia 1872, 1874 (225)
    Edward 1872, 1874 (225)
    Eliza W. buried May 14, 1872 (225)
    Miss Eliza W. died in Memphis May 13, 1872 (225)
    Emory Blackwell b. Aug 5, 1895, bapt 1897; parents--Peter Booker & Ann Davenport (225)
    Joseph R. 1872, 1874 (225)
    Pattie Booker 1875, confirmed 1876 (225)
MOSE, H. Russell 1812 (330)
MOSER, A. F. 1826, 1854 (162)
    Ann A? 1832 (162)
    Augustine F. 1826 (162)
    Augustus F. (elder) 1846 (162)
    Augustus F. 1855 (162)
    David R. 1858 (162)
    Eliza Jane bapt Mar 23, 1834, dau of Joseph V. (162)
    Emily 1867 (162)
    Florence Almina b. Aug 27, 1858, dau of Phillip T. & Nancy A. (162)
    James Biddle b. Dec 30, 1831, son of Jos. R. (162)
    John V. 1858 (162)
    John W. 1832, 1854, 1855 (162)
    Joseph m. Sally Biddle May 1822 (162)
    Joseph 1824, 1854 (162)
    Joseph V.? (elder) 1832 (162)
    Katharine 1826 (162)
    Margarett 1831 (162)
    Martha Isabel bapt 1835, dau of John W. & Ann J. (162)
    Martha J. 1858 (162)
    Maryann b. Nov 27, 1826, dau of Joseph, bapt 1827 (162)
    Nancy A. 1858 (162)
    Phil T. 1867 (162)
    Priscilla J. 1858 (162)
    Priscilla R. 1832 (162)
    Prissilla b. Nov 14, 1819, dau of Sally (162)
    Prissilla Richards (dau of Sally) bapt 1820 (162)

MOSER, Robert Vaunce b. Nov 30, 1832 (son of
    Samuel) (162)
  Sally (wife of Joseph) 1824 (162)
  Samuel 1837 (elder) (162)
  Samuel 1825, 1828, 1837, 1854, 1855 (162)
  Samuel G. 1823 (162)
  Sarah 1826, 1854 (162)
  Thomas Snoddy b. May 18, 1834 (son of
    Samuel) (162)
  William 1883, 1887 (177)
  Wm. A. 1858 (162)
  William Augustine b. Dec 1832 (son of John
    W.) (162)
MOSES, Mrs. E. (wife of Evan) 1881 (318)
  Eliza Mitchell m. Frank H. Atlee Oct 20,
    1892 (338)
  Miss Emma 1881 (318)
  Evan 1881 (318)
  Frank & Lizy parents of James Coleman b.
    Jun 20, 1872 & Eliza Mitchell b. Nov
    10, 1872 (338)
  Frank A. 1866 (338)
  Frank A. m. Lizzie M. Mitchell Oct 20, 1870
    (338)
  J. C. & S. W. parents of James Colman bapt
    Dec 20, 1851, age 2 mo 20 da (338)
  Jas. C. & S. W. parents of Frank Armstrong
    bapt Sep 12, 1845, age 2 mo 29 da (338)
  Miss Mary Jane 1860 (338)
  Miss Mary Jane d. Nov 13, 1898, age 55 yr 2
    mo 24 da (338)
  S. W. 1842 (338)
  S. W. parent of Charles Howard bapt Oct 14,
    1848 (338)
  S. W. parent of Fanny Pearson bapt Jan 12,
    1850 (338)
  Susan W. 1857 (338)
  Susan W. mother of John bapt Jan 6, 1843
    age 1 yr 8 mo 5 da (338)
  Susan W. mother of Mary Pierson bapt Mar
    10, 1844, age 5 mo 18 da (338)
  Susan W. d. Mar 9, 1894, age 81 yr 7 mo
    (338)
MOSS, Mrs. Adelaide 1854, 1861 (257)
  Adelaide, original member (257)
  Mrs. Elizabeth d. Oct 20, 1891 (47)
  Elizbeth 1816 (178)
  Jessie member 1873, m. ____ Duke (257)
  L. E. 1882 (164)
  Mollie E. member 1873, d. Oct 9, 1874 (257)
  Mollie E. d. Oct 9, 1873 (257)
  Nannie member 1861, 1865, m. E. O. Buchanan
    Apr 6, 1871 (257)
  Nancy M. d. Nov 9, 1874 (43)
MOTON, Elazabeth 1843 (170)
  Jessey 1843 (170)
MOTTON, Sallie 1883 (331)
MOUNT, Humphry 1872 (205)

MOWRY, A. M. 1874 (176)
MOYER, Edwd. O. m. Annie C. Wheeler Jun 17, 1892
    (318)
MOYERS, Alfred 1829 (162)
  Alfred J. 1826 (162)
  Andrew Emmons bapt 1822 (son of John) (162)
  Christopher m. Sally McGowan Feb 1, 1822
    (162)
  David 1818 (162)
  David Henry b. Feb 19, 1825 (son of John)
    (162)
  George A. 1825 (162)
  George Alexander m. Katharin Nicholson Sep
    12, 1826 (162)
  James m. Syntha Carson Sep 2, 1824 (162)
  James jr.? 1818, 1827 (162)
  James Alfred b. ___ 8, 1830 (son of Alexan-
    der) (162)
  James Alfred bapt 1830 (son of Alexander)
    (162)
  James M. 1887 (177)
  James Pettigrew b. Feb 19, 1823 (son of
    Christopher) (162)
  James Pettigrew (son of Christopher) bapt
    Nov 1824 (162)
  Jane 1818 (162)
  Jane m. Richard Lanning May 25, 1820 (162)
  John 1818, 1827 (162)
  John Alexander b. Aug 30, 1825 (son of
    Christopher) (162)
  John Newton (son of John) bapt 1820 (162)
  John Newton b. Mar 12, 1820 (son of John)
    (162)
  Joseph Alexander (son of George A.) bapt
    1827 (162)
  Mary 1825 (162)
  Mary Blackburn (dau of John, bapt 1824,
    b. Oct 25, 1823 (162)
  Mary Eliza (dau of Christopher) bapt 1827
    (162)
  Nancy F. (see Nancy F. Griffin) (162)
  Oliver Hopkins b. Apr 2, 1824, bapt Nov
    1824 (son of Christopher) (162)
  Peggy 1818 (162)
  Polly 1827 (162)
  Sally 1825 (162)
  Sally bapt 1825 (162)
  Syntha 1827, 1825 (162)
  Thomas b. May 30, 1818 (son of John) (162)
  Thomas Snoddy (son of John) bapt 1818 (162)
  Wm. Anderson (son of James) bapt 1826 (162)
  William Anderson b. Sep 16, 1826 (son of
    James) (162)
MUECKE, Addie 1899 (264)
  Miss Addie M. member 1866, m. Thos. F.
    Sienknecht (26402)
  Addie M. m. Theodore F. Sienknecht Dec 23,
    1869 (264-2)

MUECKE, Adelade M. 1866 (264-2)
    Archer & Mary Pettyjohn parents of Bettie G.
        b. Apr 9, 1858 (264-2)
    Archie 1899 (264)
    Augusta 1884, 1883 (264)
    Miss Augusta Henrietta 1891 (264-2)
    Bessie 1899 (264)
    Bessie Adella 1893 (264-2)
    Elba 1899 (264)
    Etta 1899 (264)
    Mrs. F. 1883 (264)
    Mrs. Frederica 1858 (264-2)
    Mrs. Fredrica member 1858, d. Nov 26, 1900
        (264-2)
    Fredrica 1895 (264-2)
    Mrs. Henrietta 1883, 1884 (264)
    Henrietta member 1895, to Amsterdam OH
        1908, m. Rev. R. L. Houston (264-2)
    Mrs. Henrietta Charlotte Alwilda 1874 (264-2)
    J. A. supt. 1899 (264)
    J. A. 1884 (264)
    J. E. 1883, 1899 (264)
    John E. & B. G. parents of Archie Amanda b.
        Sep 7, 1887, bapt 1888 (264-2)
    John E. & Bettie G. parents of Rosa Fred-
        ricker b. May 2, 1885, bapt 1885 (264-2)
    John E. & Bettie G. parents of Mary Ella b.
        Apr 5, 1890, bapt 1890 (264-2)
    John E. & Bettie G. parents of Bettie Adella
        b. Jul 22, 1882, bapt 1882 (264-2)
    John Edward m. Bettie G. Pettyjohn Sep 29,
        1884 (264-2)
    Joseph & Fredrica parents of John Edward b.
        Sep 17, 1855 (264-2)
    Joseph A. sr. member 1861; m. H. C. A. Neer-
        gaard (264-2)
    Jose. A. 1883 (264)
    Joseph A. m. Henrietta C. A. Neergaard Dec
        12, 1872 (264-2)
    Joseph A. & Henrietta Charlotte Alwilker
        parents of Theodore Joseph bapt 1873
        (264-2)
    Jos. A. & H. C. A. parents of Henrietta bapt
        1884 (264-2)
    Jos. A. & H. C. A. parents of Adelaide Eliza-
        beth bapt 1888 & Emily Charlotte b. Nov
        22, 1889, bapt 1890, d. Jul 3, 1890 (264-
        2)
    Joseph A. & Henrietta Charlotte Alwilka
        parents of Augusta Henrietta bapt 1876
        (264-2)
    Joseph A. & Henrietta Charlotte Alwilka
        parents of Edward b. Oct 5, 1877, bapt
        1878 (264-2)
    Joseph A. 1861 (264-2)
    Joseph Adolph jr. 1893 (264-2)
    Josie 1899 (264)
    Rosa Fredericker 1893 (264-2)
    Rose 1899 (264)

MUECKE, Richl? 1899 (264)
MUELLER, Charles H. buried Apr 11, 1862 (about
    60 yrs of age) (47-1)
MUHA?, Jno. Willard d. Feb 1, 1891, age 21 (47)
MULHOLLAND, J. R. m. Anna A. Hill May 11, 1860
    (47)
MULICAN, Alice dau of Susan Jane b. Dec 1853 (345)
MULIGAN, Susan J. 1853 (345)
MULLEKIN, Mariam m. C. L. Carter Sep 1877 (345)
    Mariam (name changed to Carter on Dec 20,
        1877) (345)
    Susan J. d. Mar 1894 (345)
MULLEN, C. d. Jan 4, 1844 (338)
    Daniel W. father of Rosanna & Thomas Nelson
        bapt Jun 4, 1826 (338)
MULLICAN, Anderson F. 1816 (178)
    James 1816 (178)
    Jane 1816 (178)
    John 1816, 1826 (178)
    Lucinda 1816 (178)
    Mary 1816 (178)
    Nancy 1816 (178)
    Polly 1816 (178)
MULLIGAN, Nancy 1816 (178)
MULLIKIN, J. H. 1893 (345)
    J. P. d. Oct 18, 1893 (345)
    Mrs. . C. 1893 (345)
    Thos. A. 1893 (345)
MULLINS, B. E. (elder) 1871 (90)
    David 1855 (170)
    Dydana 1857 (170)
    E. 1860 (170)
    Harritt 1858 (170)
    Jas. 1856 (170)
    Jas. I. 1856 (170)
    Lemuel 1850 (170)
    Louiza M. 1857 (170)
    Margaret 1853 (170)
    Mrs. Margaret d. Jun 29, 1901 at Selma AL
        (318)
    Melvina 1856 (220)
    Rebecca 1860 (170)
    Robert 1860 (170)
    Suda 1879 (329)
    Miss Susan 1852 (170)
    Vinson 1850 (170)
    Wm. H. 1853 (170)
MUNAY, Mrs. M. M. d. Jun 21, 1895 (318)
MUNCY, Eleanor 1828 (338)
    Jane 1828 (338)
    Margaret adult bapt Oct 1828 (338)
MUNDAY, Mary Keeble 1855 (257)
    W. E. m. M. Keeble Thompson May 11, 1871
        (257)
MUNELL, Mary A. 1860 (225)
MUNK, Henry 1816 (338)
MUNN, Archibald Bonner b. Dec 11, 1851, Boonton,
    NJ to James & Eliza, bapt 1898 (47)

MUNROE, W. D. 1866 (225)
MUNSON, _____ (Swede) d. Mar 18, 1877 (318)
MURDEY, Catterine Anne d. Feb 19, 1861 (289)
MURDY, John H. & Catherine parents of Catherine
    b. Sep 22, 1859 (289)
MURELL, Lucy 1852 (225)
MURFREE, Eliza 1865 (90)
    William Law d. Jan 26, 1902, age 48 (289)
MURPHA, Lucy 1806? (164)
    Margaret 1806? (164)
MURPHEE, Mrs. Leonora C. d. Nov 30, 1890 (age 22)
    (47)
MURPHEY, Eliza C. (Mrs.) 1869 (338)
    John 1849, 1865 (275)
    Mary J. 1865 (275)
    Sealy 1849 (275)
    Suson 1849 (275)
MURPHY, Amanda M. m. Jno. H. Graves Nov 1841 (345)
    Amanda M. 1846 (345)
    Mrs. Annie Lou (wife of E. M.) 1893 (1895
        to Macon MS) (318)
    Carline 1848 (347)
    Constantine M. 1848, 1853 (347)
    Dr. E. M. 1892 (1895 to Macon MS) (318)
    Emma (see Emma McQuillan) (289)
    Mrs. Eugene 1870 (338)
    Johh 1854 (275)
    John C. 1848 (347)
    Manervy F. 1848 (347)
    Nancy (see George & Nancy Robinet) (289)
    Robert M. 1893 (1899 to OK), d. 1904 (318)
MURRAY, Albert 1890 (318)
    E. 1842 (338)
    Eleanor 1841 (338)
    Henry m. Mary Jane Cabler Aug 22, 1856 (47)
    J. d. Oct 1845 (338)
    Jane 1841 (338)
    Jane adult bapt Sep 29, 1827 (338)
    John (622 E. 4th) d. Feb 4, 1892 (318)
    Lizzie (m. Williams) bapt 1858 (271)
    H. d. Aug 16, 1845 (338)
    Malinda 1880 (329)
    Margaret 1841 (338)
    Mark 1821 (329)
    Martha bapt 1834, d. May 17, 1890 (271)
    Mrs. Mary S. 1861 (257)
    Nancy adult bapt May 1, 1828 (338)
    Patsy 1821 (329)
    S. C. 1879 (329)
MURRELL, Amos 1846 (225)
    Benjamin F. 1846; d. Sep 11, 1865 (225)
    J. L.? ca. 1848 (225)
    Jefferson A. 1860, d. 1862 (225)
    Jefferson S. 1857, d. 1862? (225)
    John Q. 1857 (225)
    Littleberry 1846 (225)
    Robert 1865 (225)
MURRY, E. V. (f) 1855 (334)
    H. L. W. 1850 (334)

MURRY, Mark 1877 (329)
    Mary S. 1868 (257)
    Patey 1877 (329)
MURTA, Mary Louise m. John Stephen Randal Cowan
    Dec 4, 1889 (225)
MUSE, W. B. G. 1847 (341)
MUSGROVE, A. d. Oct 27, 1880 (12 yrs) (318)
MUSICK, Jean & Elisabeth from Baron Co. KY 1809
    (330)
MUVEL?, Elizabeth 1806? (164)
    Thomas 1806? (164)
MYATT, Mary Jane 1882 (164)
MYENA, Charles W. adult bapt Jul 12, 1845 (338)
MYERS, Albert P. m. Lula Cooper Sep 18, 1889
    (289)
    Barbary E. 1844 (264-2)
    C. W. d. Nov 10, 1849 (338)
    C. W. 1845 (338)
    Chas. J. m. Lillian D. Young May 9, 1885
        (47)
    Daisy infant d. Aug 9, 1889 (318)
    Elizabeth 1806 (164)
    Jane m. Zenas W. Tolman Sep 10, 1867 (289)
    John 1871 (259)
    Miss M. C.? 1875 (259)
    Mrs. Malinda 1879 (177)
    R. M. (father-in-law of Thompson) d. Jul 23,
        1889 (318)
    Simon 1806 (164)
    Thmla? (4 yrs) d. Feb 2, 1896 (318)
    Victoria (see Victoria A. Pepper) (259)
MYNATT, Harriet mother of Andrew Jackson bapt Jun
    15, 1828 (338)
    Harriet 1822 (338)
    Harriet mother of Thos. Brown & James Park
        both bapt Nov 10, 1822 (338)
    Wm. C. adult bapt Nov 1828 (338)
MYNDERSE, C. E. d. Sep 17, 1882 (318)
MYRACK, John E. 1848 (347)
MYRES, Eleanor 1821 (329)
    James 1844 (335)
MYRICK, Bascom m. Marie Louise Scudder Mar 30,
    1875 (289)
NAIL, Ernest N. m. Lodia R. Powell Apr 20, 1897
    (318)
    Ezekel 1812 (330)
    Ezekil 1812 (330)
NALE, Joseph 1813 (164)
    Nancy 1813 (164)
NALL, Catherine 1806 (164)
    Edwin H. m. Helen B. Smedes Jan 11, 1881
        (47)
    John 1806?, 1813 (164)
    Mary 1813 (164)
    Molley 1806? (164)
NANCE, Catherine 1848 (334)
    Eleanor 1848, 1850 (334)
    Elizabeth 1843 (170)
    Elizabeth P. 1873, 1880 (275)

NANCE, Elizebeth 1887 (275)
    James A. 1853 (170)
    Jefferson 1850 (334)
    John W. 1849 (176)
    Joseph d. Mar 13, 1847 (334)
    Layfayet 1880 (275)
    LeFait 1887 (275)
    Lucinda J. 1847 (170)
    Martha 1848 (334)
    Matilda 1850 (334)
    Martin 1836, 1848 (334)
    Mary 1873, 1880, 1887 (275)
    Mary Ann 1845 (170)
    Reuben 1836 (334)
    Robt. Jordan d. Sep 24, 1893, age 1½ mos (47)
    Ruben 1850 (334)
    Tabitha 1848, 1850 (334)
    Theodocia B. 1845 (170)
    William 1843 (170)
    William W. 1843 (170)
    Bro. 1883 (331)
    _____ m. Louisiana Holden 1850 (347)
NARDBERG, F. A. m. Estella Brandon Feb 22, 1898 (318)
NARIN, Sarah E. 1855 (170)
NARON, Henderson 1855 (170)
    Mary Ann 1860 (170)
    Sister (mother of Mr. Noble Naron) 1855 (170)
    Miss 1856 (170)
NASH, Joseph N. d. Feb 15, 1899, age 88 (289)
    Peter, age 16, bapt Dec 24, 1892 (289)
    Susie d. Dec 22, 1901 (318)
NATCHES, William 1867 (257)
NATION, C. C. (from Salem Co. IL) 1874 (281)
    Hester Ann 1876 (281)
NAVE, Abigail B. b. Mar 8, 1831? d. Sep 6, 1904 (166)
    D. N. b. Nov 16, 1873, d. Jul 1902 (166)
    Elizabeth b. Mar 18, 1842, d. Mar 28, 1912 (dau of Leanard Bowers) (married D. S. Nave) (166)
    Gemmima V. b. May 14, 1828, d. Apr 16, 1908 (166)
    James S. b. Dec 23, 1869, d. Feb 11, 1911 (166)
    Orlia B. (nee Pearce) age 28, d. Mar 30, 1900 (166)
    Sarah A. b. Aug 8, 1825, d. Oct 23, 1907 (166)
    W. D. m. Dora E. Brewer Oct 19, 1896 (318)
    Wm. H. b. Sep 1812, d. Mar 15, 1896? (166)
NAZEUS, Sarah d. Apr 1861 (289)
NEAL, Adelaide D. d. Oct 12, 1910, age 78 (289)
    Archey 1878 (176)
    Harriet 1832 (334)
    J. A. 1868, 1869, 1874 (176)
    Thomas 1832, 1836 (334)
    W. P. 1855 (170)
    W. W. 1875 (318)
    William 1832, 1836 (334)
    Wm. m. Adelaide Diggon Aug 2, 1859 (289)
NEALL, Saml. 1827 (24)
NEARNS, Hannah 1825 (330)
NEBLETT, Dr. (C.V.) d. Feb 28, 1902 (318)
NEEDHAM, Benson 1876 (176)
    J. 1868, 1878 (176)
    J. M. 1849 (176)
    John 1879 (176)
    Jno. Wm. 1844 (176)
    William bapt 1849 (age 40) (47)
NEEDLES, Mrs. Hannah 1861 (257)
    Hannah Aug 4, 1868 to Columbus OH (257)
NEELEY, Jno. R. d. Apr 24, 1904 (318)
    Newton d. Jun 22, 1887 (318)
    Sally 1819 (162)
    Maj. William buried 1827 (22)
NEELLEY, Andrew G. 1848 (moved to AL) (347)
    Ephraim D. d. Jul 22, 1858 (member 1848) (347)
    J. C. d. Oct 28, 1858 (347)
    James 1848 (347)
    John C. member 1848, d. Oct 28, 1858 (347)
    Martha member 1848, d. May 23, 1858 (347)
    Paralee d. Dec 1889 (347)
    Pernelia 1848 (347)
    Sally 1819 (162)
    Sally Julia (dau of Sally) bapt 1819 (162)
    Samuel M. member 1848, d. Dec 26, 1879 (347)
    W. M. & S. A. parents of Carrie Mariah bapt Aug 1882 (347)
    W. M. & S. A. parents of Edna Hinton bapt Aug 5, 1883 (347)
    W. Henry d. Oct 24, 1908 (347)
    Wm. L. 1848 (347)
NEELLY, Louisa W. 1848 (347)
    Parallee 1848 (347)
NEELY, Miss Daisy 1889 (318)
    Miss Daisy adult bapt 1889 (318)
    Edgar C. adult bapt 1895 (318)
    J. B. m. Martha Cody May 14, 1877 (318)
    Jno. B. adult bapt 1886 (318)
    John B. d. Apr 23, 1904 (318)
    Jno. D. 1858 (170)
    Malissa (see Malissa Wilson) 1866 (345)
    Malissa A. 1866 (345)
    Martha adult bapt 1879 (318)
    Mrw. Martha V. (wife of J. B.) 1879 (318)
    Mary d. Feb 27, 1833 (22)
    Mary confirmed 1829 (22)
    Matilda A. 1858 (170)
    Thos. 1855 (170)
    W. C. (Butler Co. PA stranger) d. Apr 10, 1888 (318)
    William M. m. Malissa A. Wilson Sep 16, 1868 (345)

NEERGAARD, Henrietta C. A. m. Jos. A. Muecke Dec 12, 1872 (264-2)
    John Theodore 1895 (264-2)
    R. W. m. Nannie W. Patton Nov 8, 1877 (264-2)
    Ralph 1899 (264)
    Richard Jens 1877 (1890 Ritzville, state of Wash.) (264-2)
    Richd. W. member 1884, d. Feb 1, 1891 (264-2)
    Richd. W. 1883 (264)
    Richard W. member 1870, m. Nannie W. Patton, d. Feb 1, 1891 (264-2)
    Theo. A. m. Lena S. Bissplinghoff Oct 1877 (264-2)
    Theodore A. 1870 (264-2)
    Theodore A. b. Oct 23, 1855 (264-2)
NEERGARD, John Theodore bapt (adult?) 1895 (264-2)
NEERMEIN, Alfred d. Jul 1861 (289)
NEES, Gertrude A. m. Chas. J. Boulden Jun 29, 1893 (318)
    Huldah 1846 (341)
NEESE, Charity M. m. Jas. M. Wilson Sep 1841 (345)
    Elisabeth J. 1851 (345)
    Elizabeth 1890 (345)
    Mary R. 1880? (345)
NEETE, James W. father of Francis Alexander Ramsey bapt Apr 5, 1819 (338)
NEICE, D. F. 1877 (281)
    Huldeh 1833 (331)
NEIKIRK, A. F. d. Mar 25, 1900 (318)
NEIL, Samuel, elder 1825 (24)
NEILL, Ann 1827 (24)
    Geo. 1827 (24)
    Jennie R. m. Mont. S. Callison Jan 10, 1900 (338)
    M. S. 1848 (338)
    Saml. K. d. Jun 21, 1867 (318)
NEISE, John 1833 (331)
NELLUMS, Nancy b. NC, Nov 12, 1801, bapt 1874 (47)
NELSON, Alvinah Taylor d. Jul 18, 1873, age 30 (289)
    Ann M. 1841 (338)
    Beberly jr. 1855 (170)
    Bevely 1843 (170)
    C. C. d. Jun 20, 1909, age 73 yr 1 da (338)
    C. C. & E. J. parents of Annie Brown & Jenny Park both bapt Jul 10, 1875 (338)
    C. C. parent of Edward Sheppard bapt Oct 13, 1877 (338)
    C. C. d. Mar 28, 1875 (338)
    Caroline 1826 (338)
    Christian C. m. Elizabeth J. Baker Jun 18, 1857 (338)
    Christian Carriger adult bapt Dec 16, 1860, member 1875 (338)
    Dr. D. E. d. Nov 16, 1905 (318)
    David 1817 (338)
    David father of Mary bapt Feb 1818 (338)

NELSON, David father of Martha Jane bapt Apr 16, 1826 (338)
    David father of Moses White bapt May 6, 1821 (338)
    Eliza wife of Th. (338-1822)
    Elizabeth J. d. Jul 26, 1899, age 67 (wife of C. C.) (338)
    Elizabeth Jane d. Jul 26, 1899 (338)
    Elizabeth S. 1842 (90)
    Emeline 1859 (338)
    Francis 1866 (162)
    Frank A. 1893, 1894 (318)
    Hannah M. (Dr. Nelson's wife) 1843 (170)
    Huldy 1862? (215)
    James 1862? (215)
    James Henry d. Sep 4, 1872, age 1 day (289)
    James W. d. Oct 13, 1894 (b. Jan 27, 1866) (338)
    Julia A. m. M. L. Russell Nov 27, 1884 (338)
    Leona m. E. L. Bell Sep 4, 1884 (318)
    M. J. parent of Susan Park b. Mar 20, 1858 (338)
    Mamie L. m. Frank P. Galbraith Nov 14, 1899 (338)
    Martha 1816 (338)
    Martha (wife of Matthew) bapt May 5, 1816 (338)
    Martha mother of Matthew bapt Oct 19, 1817 (338)
    Miss Mary 1875 (from Charlottsville VA) (225)
    Miss Mary returned to VA Jun 1876 (225)
    Mrs. Mary d. Jan 16, 1901, age 76 (widow of Hon. T. A. R. N.) (338)
    Mary J. d. Aug 22, 1846 (338)
    Matthew d. Jun 1, 1894, age 77 (338)
    Matthew & Martha parents of Sydney G. & Lau. P. both bapt May 5, 1816 (338)
    Patsey mother of John bapt Jul 4, 1819 (338)
    Patsey mother of William Cannon bapt Apr 21, 1822 (338)
    Phobe wife of Dickelson 1819 (338)
    Polly 1862? (215)
    Robert M. 1850 (170)
    Sarah 1818 (338)
    Susan 1862? (215)
    Thomas bapt Apr 25, 1824 (338)
    Rev. Thos. H. d. Sep 24, 1838 (was b. in Guilford Co. NC Apr 2, 1776) (338)
    Thos. H. father of Ann Marehue bapt Nov 2, 1817 (338)
    Thomas Hart b. Apr 2, 1776, d. Sep 24, 1838 (338)
NESBIT, Mrs. Jos. A. d. May 12, 1884 (318)
NETHERLAND, George R. m. Matilda H. McEwen Dec 26, 1865 (264-2)
    Mrs. Matilda H. ca. 1880 (264-2)

NETHERLAND, Infant of R. G. d. Jul 8, 1869 (318)
NEUBERY, Henry 1873 (275)
 John 1873 (275)
NEUBY, Mary 1816 (178)
NEUGAARD, Fred 1899 (264)
 John 1899 (264)
NEUMAN, Kate Hazen mother of Mary bapt Jan 8, 1876 (338)
NEUMEIER, Maria m. Frank Schweiren Jan 13, 1859 (289)
NEUWMAN, Sarah 1896 (220)
NEVILLE, Frank m. Mollie Brewer Aug 24, 1889 (289)
NEVINS, Frank M. m. Anna W. Mayson Jul 1, 1876 (47)
NEW, N. L. 1870, 1875, 1879 (176)
NEWBERRY, Alice m. George H. Vining Jun 16, 1879 (289)
 Mrs. Berta bapt 1892 (271)
 Mrs. J. C. d. May 2, 1903 (318)
 Tillie m. Z. T. Atwood Nov 13, 1895 (318)
 W. C. 1879 (176)
 Wm. 1878 (176)
NEWCAM?, Thomas 1813 (164)
NEWCOM, Annie 1896 (220)
 Lillie 1896 (220)
 Micheal 1896 (220)
NEWCOMBE, Mamie Lee 1887 (257)
NEWCUM, Minerva 1857 (43)
NEWEL, July Ann 1849 (215)
 Mathes 1862? (215)
NEWELL, Ann 1843 (318)
 Edward M. 1887 (318)
 Mrs. buried Dec 9, 1872, age 76 (47)
NEWFORT, Willie 1884 (281)
NEWGAARD, Rich. W. 1884 (264)
NEWKIRK, Mrs. Emma A. mother of Laura Ellen bapt 1873 (257)
 Emma A. 1867 (to Lebanon MO) (257)
 Emma A. mother of George William bapt 1877 (257)
 J. N. 1878 (to Lebanon MO) (257)
 T. N. & Emma parents of Clara Estell, Edgar Allen & Cora Louisa bapt 1870 (257)
NEWLIN, Luther G. m. Ruley Johnson Dec 25, 1892 (318)
NEWMAN, C. S. (see Kate F. Hazen) (338)
 C. S. & Kate parents of William Hazen b. Mar 11, 1879 (338)
 C. S. & K. parents of James Stanley b. Apr 27, 1885 (338)
 C. S. m. Kate F. Hazen Jun 25, 1874 (338)
 Mrs. C. V. d. Jul 4, 1902 (338)
 Mrs. Catherine V. d. Jul 4, 1902, age 76, dau of Caleb Baker (338)
 Jesse Oliver & Emioy (Orriss) parents of Margaret Coote b. Jun 21, 1880 in Evansville IN (289)
 Jonathan & Easter (Gilbert) parents of Jesse Oliver b. Oct 1, 1856 in Evansville IN (289)

NEWMAN, Kate mother of Charles Sheridan bapt Oct 13, 1877 (338)
 Lee I. m. E. M. Horner Jul 25, 1897 (318)
 Martha (Littlefield) buried Feb 24, 1847 (47)
 Ophelia m. John H. Hill Apr 23, 1889 (47)
 R. B. (Boyce St) d. Aug 16, 1894 (318)
 Rebeck 1896 (220)
 Rennie 1896 (220)
 Samuel? d. Dec 2, 1903, age 81 yr 3 mo (338)
 Sarah m. Fletcher W. Horn Oct 15, 1865 (47)
 Sarah 1893 (220)
 Susan adult bapt Dec 2, 1875 (289)
 W. A. 1881 (331)
 W. D. buried Sep 11, 1870, age 55 (47)
 W. T. (from Atlanta GA) m. Fannie P. Alexander Sep 20, 1871 (338)
NEWMON, John 1896 (220)
 Rebeck 1893 (220)
NEWSOM, Hannah A. d. Oct 1912, age 71 (120)
 J. W. 1846 (341)
 James 1877 (322)
 Mrs. Joy d. 1910, age 34 (120)
 Polly 1816 (178)
 Sarah C. H. 1846 (341)
NEWSUM, Francis 1843 (170)
 Rebecha 1843 (170)
NEWTON, Albert J. & Charlotte A. parents of Freddie Elmer b. May 26, 1874, bapt 1875, d. Feb 25, 1883 (264-2)
 Albert J. (see Charlotte A. Guenther) (264-2)
 Mrs. Charlotte A., nee Guenther, & children Frank & James 1897 (264)
 Miss Clara Alberta 1891 (264-2)
 Miss Clara Alberta & children Walter Louis & Harry Russell 1897 (264)
 Rev. George 1832 (24)
 J. Albert & Charlotte A. parents of Clara Alberta b. Apr 1, 1878, bapt 1880; Walter Lewis b. Jul 13, 1884, bapt 1887 and Harry Russell b. Jul 31, 1888 (264-2)
 Mrs. Jessie d. Aug 3, 1905 (318)
 W. D. 1883, 1884 (264)
 Willford Dodson member 1877, m. Teressa Jane Patton (264-2)
 Wm. (see Miss Marian Thatcher) (264-2)
NIBB, Stephen 1862 (43)
NICE, W. G. m. Sue McKinney Jun 12, 1878 (318)
NICHOL, Alexander R. m. Sarah Osborne Jun 20, 1843 (47)
 Martha d. Feb 16, 1895, age 3 (47)
 Mrs. Maud Louise 1898 (22)
 Mrs. Sarah A. d. Jan 30, 1894, age 71 (47)
 Mrs. Sarah E. 1898 (22)
 Wm. L. jr. m. Charlotte Barnwell Shoup Aug 23, 1891 (289)
NICHOLL, John J. m. Amelia Friedler Jan 28, 1888 (289)

NICHOLL, Thos. W. buried Aug 30, 1847 (47)
NICHOLS, Ann (wife of Wm.) 1882 (318)
    D. P., elder, d. Sep 10, 1878 (21)
    David P. member 1840, d. Sep 19, 1878 (21)
    Elisabeth 1849 (335)
    Elizabeth 1827, 1829 (335)
    Emily d. Apr 7, 1902 (21)
    Ethel May d. May 15, 1888 (318)
    Frances 1862 (215)
    J. D., deacon 1890 (21)
    J. H., pastor 1875 (271)
    James M. 1857 (21)
    John 1882 (318)
    John 1883 (21)
    John m. Dory Voorhies (no date--1880?) (21)
    John 1883 (21)
    Mary 1869 (21)
    Mary 1841 (335)
    Melinda 1827 (335)
    Moses 1829 (335)
    Pierce 1841 (259)
    Queller R. 1869 (21)
    Sarah Ann 1871 (21)
    W. A., elder 1866, 1869, 1884 (21)
    W. A. 1881 (21)
    William & Kate (Wynne) parents of Edith Darrell b. May 26, 1893 (289)
    Wm. m. Georgia Smith Dec 12, 1888 (318)
    William 1882 (318)
    William L. & Katie M. parents of Edward Martin b. Aug 17, 1895 (289)
    William L. & Kate M. parents of Helen Logan b. Oct 27, 1897 (289)
NICHOLSON, A. O. P. & Hattie parents of Samuel O. bapt 1879 (257)
    Albert O. P. to Arkansas City, KS, Sep 19, 1887 (member 1874) (257)
    Catharine B. adult bapt 1827 (162)
    Jane M. 1827 (162)
    James M. C. adult bapt 1827 (162)
    Jeremiah 1822 (162)
    Katharine 1822 (162)
    Katharin m. George Alexander Moyers Sep 12, 1826 (162)
    Margery bapt 1822 (162)
    Ralph Christie & Sudan? Elizabeth parents of Anna Marie b. Dec 10, 1872 (289)
    Rebecca m. Thomas F. Howe Oct 30, 1889 (22)
    Mrs. Susie d. Aug 6, 1893, age 40 (289)
NICKELS, Alvina 1858 (215)
NICKELSON, Hatty Byron (see Hatty Byron Sanders) (257)
NICKLES, Elizabeth 1858 (215)
    Francis 1883 (164)
    Nancy 1846 (215)
    Willis 1853, 1858 (215)
NICKLESON, Mrs. Hattie B. member 1876, to Arkansas City, KS, Sep 19, 1887 (257)
    Miss Leola 1881 (257)

NICKLESON, Ophelia m. Ira? King, member 1882 (257)
    Victoria 1882 (257)
NICKLIN, Mrs. B. (widow) d. 1880 (318)
    Benj. Patten, Dwight Pendleton & Samuel Strong infant bapt 1884 (318)
    Mrs. Lizzie (wife of Jno. B.) 1872 (318)
    Miss Mary Va. (Gennie?) 1881 (318)
NICKS, Stephen 1860 (43)
NICOL, Katharine Matilda d. May 31, 1901 (original record said May 29); b. Jun 12, 1867 (289)
NICOLS, Frances 1860 (215)
NICOLSON, Mrs. Susan d. Aug 6, 1893 (age 45) (47)
NIGHTON, Lida 1871 (259)
NILES, J. B. m. Minnie Edmunds Jun 25, 1888 (318)
NIPPER, Allen 1846 (338)
    Mrs. M. bapt Aug 25, 1844 (338)
    M. 1844 (338)
    Margaret mother of Robert McMullen bapt Jul 12, 1845, age 4 mo 27 da (338)
    Margaret mother of Elizabeth age 11 yr 10 mo 19 da, James age 9 yr 10 mo 6 da, Rachel age 8 yr 6 mo and Margaret Jane age 3 yr 10 mo 25 da, all bapt Aug 25, 1844 (338)
    Margaret mother of Mary McIntire bapt Jan 12, 1850 (338)
NISBET, Fanny W. (taken to Charlotte NC) d. Jan 21, 1887 (318)
    Mrs. H. M. 1872 (318)
NISBETT, Martha 1876 (345)
    Nathaniel C. 1876 (345)
NITZSCHKE, Miss Augusta Emily member 1873, m. T. J. Jett (264-2)
    Augusta Emily bapt 1873 (264-2)
NIVINS, Miss E. C. 1867 (170)
    Jas. G. 1855 (170)
    Wm. 1855, 1858 (170)
    Miss 1860 (170)
NIX, Fordelia A. 1865 (331)
    J. J. m. Ella G. Price Aug 2, 1877 (318)
    J. M. N. B. m. Birdie Lanier Jul 9, 1890 (318)
NIXON, E. S. d. May 7, 1897 (318)
    Priscilla A. m. John M. Henrie Jan 16, 1838 (47)
NOA?, Cadet Loveman d. Feb 26, 1902 (killed in Phillipines) (318)
NOAKS, Mary 1857 (170)
NOBLE, Charles 1882 (318)
    Eli d. Apr 18, 1887 (Mrs. Watts father) (318)
    J. C. m. Mary E. McCoy Jun 25, 1891 (318)
    Lady Warren d. Mar 8, 1902, age 32 (289)
    Mrs. Martha A. d. Apr 5, 1891 (member 1867) (318)
    Mrs. buried Oct 13, 1870, age 49 (47)
NOBLETT, Kate 1883 (331)

NOEL, J. A. 1879 (176)
    J. G. 1867 (176)
    Robert d. Jan 19, 1895 (age 3) (47)
NOHLEY?, Amanda 1827 (264)
NOLEN, Mrs. Jane 1880 (177)
    M. A. (f) 1855 (170)
    Martha 1860 (170)
    Sarah 1855 (170)
NOLES, Burges 1844 (215)
    Elizabeth 1848, 1853 (347)
    Tyree 1848 (347)
NOLIN, John M. 1843 (170)
    Polley 1843 (170)
NOOE?, Emily B. d. Dec 17, 1843 (338)
    John Augustine m. Harriet Ellen Crowder Jan 16, 1851 (47)
    Laura V. 1844 (338)
NOOLIN, P. O. 1857 (43)
    Robt. 1857 (43)
NORIS, Elizabeth 1806?, 1818 (164)
NORMAN, Frances 1858 (215)
    Frances 1808 (330)
    Frankie d. Jul 12, 1890 (318)
    Jesse adult bapt 1866 (318)
    Joseph 1858 (215)
    Judith d. Oct 22, 1871 (318)
    Nancy 1841 (330)
    Sinthy 1838 (335)
    Wm. Harvey d. Feb 30 (sic) 1888, age 34 (289)
NORMENT, Mrs. Virginia (wife of W. T., member 1889) 1892 to Hillsboro TX (m. Anders) (318)
    W. M. member 1889, 1892 to Hillsboro TC (318)
    W. T. member 1889; d. Jun 27, 1890 (318)
NORRIS, Casandra 1848 (329)
    Emma m. W. S. Griscom Dec 16, 1885 (318)
    Miss Joe J. 1891 (318)
NORTHCROSS, William James b. Nov 18, 1864, bapt 1887; parents--James M. & Bettie (225)
NORTHCUTT, Sarah 1851 (90)
NORTHERN, Wm. W. & L. parents of Bessie Mary bapt Jun 9, 1886 (289)
NORTON, Augustus Hudson m. Fannie Buck Fisher Jan 26, 1892 in McMinnville (289)
    H. member 1879; d. 1887 (281)
    J. P. (wife of H.) (m. Mitchel) 1879 (281)
    Jesse Rowland m. Eunice Ophelia Polk Nov 15, 1894 (289)
    Jesse Rowland & Eunice Polk parents of Frederic Rowland b. Aug 5, 1897 in Chicago (289)
NORVELL, Hugh d. Jan 15, 1897 (age 17 mos) (47)
NORVILL, Alex. C. buried Jul 22, 1878, age 52 (47)
NORWOOD, Mrs. C. J. 1883 (271)
    Mrs. Lydia (wife of Maj.) 1886 (318)
    S. C. 1883 (271)
NOTGRASS, ____ m. Tersey E. Wright 1861 (347)

NOTT, Mrs. Sarah F. 1887 (318)
NOWALS, Catharine 1813 (264)
NOWANKAMP?, Lobertus J. J. m. Jennie Belle Gray Dec 31, 1885 (47)
NOWLAND, Mrs. H. M. buried Feb 14, 1872, age 63 (47)
NOWLIN, D. 1867 (341)
NOYES, Abigail adult bapt 1828 (22)
    Abigail buried May 27, 1828 (22)
    Abigail Catharine Dickinson bapt 1828 (22)
    Hester (4 yrs) (twin) d. Jun 11, 1882 (318)
    Ruth (3 yrs) (twin) d. Sep 4, 1881 (318)
NUBY, Mrs. Susan E. d. Feb 9, 1890 (318)
NUELL, Mathew 1845 (215)
NUNLEY, Elizabeth 1857, 1871 (259)
NUSUM, Samuel 1843 (170)
NUTT, Gipson 1893 (21)
    Henrietta d. Jul 11, 1884 (318)
    J. B. m. Carrie Bentley Jun 2, 1882 (318)
NYE, Mabel m. J. W. Elder Mar 26, 1899 (318)
OACHS, Milton B. m. Francis L. VanDyke Apr 26, 1893 (318)
OAKES, Emley 1893 (271)
    Evaline bapt 1871 (271)
    J. H. member 1886, d. Jan 22, 1887 (271)
    Julia Beaulieu d. May 25, 1910, age 99 (289)
    Sarah 1892, 1886 (271)
OAKFORD, Martha Canby m. Felix Parker jr. Nov 19, 1837 (47)
OAKLY, Ann 1848, 1861, 1865 (329)
    Sarah A. 1865 (329)
OAKMAN, Albert Sydney infant bapt 1884 (318)
    Mrs. Emily H. (wife of Dr) 1870 (318)
    Miss Josephine M. member 1866; m. Thos. Richardson; d. Dec 15, 1886 (318)
    Dr. d. Jan 9, 1884 (318)
OAKS, Bell (m. Smith) 1893 (271)
    MaryLou 1893 (271)
OAR, Wm. F. 1858 (120)
OBERLEY, Mrs. E. d. Aug 21, 1885 (childbed) (318)
OBERLY, Mrs. Elvira (wife of R.) d. Aug 21, 1885 (318)
    R. 1885 (318)
O'BRIEN, D. m. Virginia Smith May 12, 1886 (318)
    Jno. H. m. Mary E. Dodson Sep 23, 1891 (318)
    Phillip J. m. Lizzie P. Torbett Jan 9, 1882 (47)
    Mrs. Sarah buried Jun 13, 1873, age 30 (47)
O'CALLAGAN, Clinton adult bapt 1884 (318)
    Miss Eva adult bapt 1884 (318)
    Miss Pearl adult bapt 1884 (318)
    Miss Willie adult bapt 1884 (318)
O'CALLIGAN?, Miss Sallie d. Feb 14, 1883 (reads O'Oaliggan on film) (318)
ODAM, Mrs. J. T. E., age 69 (120) (date omitted)
    S. Ann (Buck) 1867 to TX (257)

ODELL, Mr. H. D. 1868 (338)
 H. D. d. Aug 12, 1879 (338)
ODOM, Charles Trousdale father of Ellen Kate, bapt 1866 (257)
 Eli m. S. Ann Buck Mar 3, 1870 (257)
O'DONNELL, Andrew m. Luella P. Boynton Jun 20, 1892 (318)
ODUM, J. C. 1876 (259)
ODWAY, S. Brown buried Jul 15, 1882 (2 wks) (47)
OFFICER, Mattie (m. Dr. H. Wood) bapt 1888 (271)
 Nannie 1877 (271)
 R. P. member 1874, d. 1923 (271)
 William bapt 1878 (271)
OFFUTT, Henry L. 1854 (257)
 Margaret 1855 (257)
 Mrs. Margaret 1854 (257)
OGDEN, Mrs. Alpha d. Nov 12, 1897 (age 49) (47)
 May E. bapt 1896 (271)
OGILVIA, Richard 1853 (345)
OGILVIE, Anna Lee d. Jul 27, 1882 (345)
 Camelia 1873 (345)
 James 1871 (345)
 Jennie A. (name changed to Hardison by marriage) 1888 (345)
 Lilly (name changed to McCord by marriage) 1873 (345)
 Lilly m. Henry G. McCord Jan 1, 1877 (345)
 Livonia 1871 (345)
 Manella U. E. 1880 (345)
 Mary d. Dec 29, 1889 (345)
 Mary J. m. S. R. Hopkins Dec 28, 1892 (345)
 Mary J. (Hopkins) 1878 (345)
 Mary Jane 1840, 1846 (345)
 Miss Susan 1892 (345)
 Wm. H. son of J. W. & M. J. b. Dec 24, 1841 (345)
 William H. 1867 (345)
 William H. d. Feb 26, 1894 (345)
OGLESBY, Nelly 1832 (334)
O'HARA, Jno. d. Oct 26, 1877, age 87 (318)
O'KEEF, C. T.? & Sarah parents of William Henry bapt Jan 14, 1860, age 1 mo (338)
 Mrs. S. H. 1869 (338)
OKEEFE, C. T. m. Sarah H. H. Ingles Dec 3, 1857 (338)
 C. T. 1857 (338)
OLDHAM, Ella L. m. William H. Hoss Nov 20, 1888 (338)
 Georgiana 1857 (338)
 Lee (see Alice Brown) (257)
 Lee O. m. Alice Brown 1895? (257)
 Lulie m. James V. Fulkerson Nov 18, 1874 (338)
 T. & G. parents of Lee Elder b. Jan 1, 1856 (338)
 T. W. & G. parents of Carrick Park bapt Dec 9, 1854 (338)
 Thedosia 1887 (215)

OLDHAM, Thos. E. & G. parents of Mary Kennedy b. Mar 7, 1858 (338)
 Thomas M. 1857 (338)
OLDHAN, T. E. 1852 (338)
OLDRIDGE, Nancy 1855, 1858 (43)
OLDRIGE, Elizabeth 1858 (43)
 James 1855, 1856 (43)
 Jane 1855, 1857 (43)
 Lucinda 1855, 1857 (43)
 William 1855, 1858 (43)
OLINGER, David (Greene Co.) 1827 (23)
OLIPHANT, M. Jackson 1843 (170)
 M. Sarah 1843 (170)
 Mary 1843 (170)
 Roseanah 1891 (164)
OLIVE, E. J. (f) 1879 (280)
 Harrit d. Apr 17, 1859 (280)
 Josey d. Aug 7, 1859 (280)
 Nancy d. Oct 1859 (280)
 Paradee 1879 (280)
 W. H. 1879 (280)
 William M. 1879 (280)
OLIVER, A. B. 1884 (281)
 Miss Cynthia 1859 (338)
 Daniel Cliffe b. Dec 2, 1889 to Lemuel & Lizzie Oliver sponsored in bapt by Dr. D. B. Cliffe & wife, Miss M. A. Clouston & C. M. Gray (22)
 J. W. 1878 (176)
 Judith 1823 (220)
 Lemuel (widower)). Pulaski m. Lizzie I. Shy Nov 26, 1888 (22)
 Mo 1870 (281)
 S. J. 1878 (176)
 Mrs. Sarah F. (from Green Plains KY) 1872 (281)
 William 1874 (176)
 Wm. F. d. Jul 8, 1887 (318)
O'NEAL, Alleeany 1849 (259)
 Cintha 1853 (345)
 J. K. 1887 (259)
 James C. 1849 (259)
 John m. Martha Gibbs May 14, 1892 (338)
 L. C. member 1893, d. 1895 (259)
 Martha 1880 (335)
 Permelia 1849 (259)
 S. F. 1884 (259)
 Samuel 1871 (259)
 Violet 1827, 1828 (335)
 W. E. 1884, 1888 (259)
 W. G. E. 1871 (259)
 W. J. 1887 (259)
 Wm. 1849 (259)
ONESBY, Thos. 1856 (220)
ONEY, Dr. I. H. & Mary parents of Susan DeBow b. Mar 15, 1868 (289)
 Mary Frances d. Jun 19, 1873, age 18 mo (289)
 Dr. J. H. & Mary parents of Mary Frances b. Dec 18, 1871 (289)

ONEY, Dr. John H. m. Mary Elliott Jun 18, 1867 (289)
    Susie D. d. Dec 29, 1891, age 24 (next Mar) (289)
    Dr. T. H. & Mary parents of Marion bapt Nov 10, 1889 (289)
OOTEN, Elizabeth 1871 (259)
OPL, Louisa M. m. Philip Schneider Mar 17, 1855 (47)
ORDWAY, Charles F. m. Mary L. Broun Jul 11, 1881 (47)
O'REILLY, Catharine m. Andrew Crawford Oct 17, 1839 (47)
ORMSBY, Willm. P. & Susie A. parents of Samuel Oscar b. Sep 13, 1901 (289)
ORNDORFF, Asa, pastor 1886-87 (264-2)
ORR, J. H. 1875 (176)
    J. W. 1879 (176)
    James d. Apr 1909, age 86 (120)
    Jno. 1864 (120)
    Jno. 1827 (24)
    John d. Jan 1903, age 82 (120)
    John, elder 1825 (24)
    John 1824 (24)
    Mrs. Mary Buchanan (W. F.) d. Jun 1902, age 72 (120)
    Mrs. Myra M. d. Mar 27, 1903 (318)
    Nancy (Turner) 1827 (24)
    Mrs. Nancy 1829 (24)
    R. A. 1860 (341)
    Miss Rebecca d. May 1909, age 83 (120)
    Robert d. 1911, Nov, age 77 (120)
    Thomas R. d. Dec 14, 1899, age 47 (residence Chicago) (338)
    W. E. 1868 (176)
    Wm. F. 1879 (120)
    William F. d. 1912, age 80 (120)
ORRISS, Emily (see Jesse Newman) (289)
ORSBORN, Wm. 1883 (331)
ORSBURN, Martha 1848 (331)
OSBERN, Polly 1848 (334)
OSBERRY, Lucretia A. 1850 (334)
OSBORN, Elizabeth 1865 (329)
    Matilda 1870 (329)
    William 1848, 1865 (329)
    Wm. T. m. Maggie L. Culther Nov 22, 1893 (318)
OSBORNE, David Rankin & Egbert Haywood (twins) bapt 1885 (257)
    Delia 1865, 1883 (331)
    G. G. 1867 (341)
    Lila 1883 (331)
    Pearl E. m. James A. Andes Dec 28, 1898 (338)
    Sarah m. Alexander R. Nichol Jun 20, 1843 (47)
    Mrs. W. T. d. Dec 29, 1900, age 68 (338)
OSBURN, Mary A. 1850 (334)
    Pearl E. m. Jas. A. Andes Dec 28, 1898 (338)

OSBURN, Polly (or Spivy) 1850 (334)
    Sarah A. 1850 (334)
OTEY, Elizabeth M. adult bapt (at Lynchburg VA) 1835 (22)
    Rt. Rev. J. H. 1855 (22)
    Rt. Rev. Jas. D. D., bishop of the diocese of TN, buried Apr 24, 1863 (22)
    James H. son of Jno. H. Otey Esq., bapt 1841 (22)
    Mrs. John H. confirmed 1841 (22)
    Mr. John H. confirmed 1841 (22)
    Mary Fogg infant bapt 1833 (22)
    Mrs. Mildred 1837 (22)
    Mildred L. confirmed 1835 (22)
    Mrs. Mildred L. buried 1841 (22)
    Patrick H. buried Apr 21, 1856 (22)
    Patrick H. member 1854, d. Apr 1856 (22)
    Reginald Heber bapt 1829 (22)
    Sarah McGavock infant bapt 1830 (22)
OTIS, Samuell H. buried Aug 10, 1883, age 84 (47)
OTTARSON, Aubrey Philip bapt Apr 6, 1882 (289)
    Isabel bapt Apr 6, 1882 (289)
OTTY, Robt. B. T. adult bapt 1832 (22)
OUTLAW, Sallie d. Oct 10, 1904 (128)
OVERBAY, Daniel 1806? (164)
    Jane 1859 (164)
OVERBEY, Jane 1862 (164)
    Martha E. 1870 (164)
OVERLY, Henderson 1843 (335)
OVERMAN, David R. m. Jessie Harman Feb 9, 1890 (289)
    Dr. David Reece & Jessie Hermon parents of Ruth b. Mar 2, 1891 (289)
OWEN, Ab 1887 (281)
    Al G. d. Aug 21, 1900 (318)
    Belle Eppa (Mrs) 1890 (177)
    Miss E. J. m. D. W. Sullenbarger Nov 26, 1873 (177)
    Franklin L. m. Elizabeth C. Maury Sep 13, 1827 (22)
    Grace m. Ed Ransom Nov 26, 1895 (318)
    H. H. buried Jul 2, 1867, age 54 (47)
    James 1854 (162)
    John M. 1877 (281)
    John T. (see Mrs. Abbie H. Estes) (318)
    Luana Brown (wife of W.) 1879 (281)
    Martha (wife of Wm. E.) buried Oct 25, 1854 (47)
    Mrs. Martha A. d. 1906, age 69 (120)
    Mary 1841 (259)
    Mary H. (now Anderson) 1858 (162)
    Mary J. 1880 (177)
    Mrs. Pheriby Whyte d. May 8, 1893, age 75 (47)
    Philip buried 19 Jun 1872, age 17 (47)
    Richard 1833 (162)
    Richard Brown infant bapt 1829 (22)
    Robert 1822, 1826 (90)
    Rufus M. 1883 (177)

OWEN, Samuel D. 1827 (24)
    Sylvia d. Jun 1903, age 42 (120)
    Wm. Andrew & Mollie Morton parents of Blanche bapt Aug 5, 1887 (289)
    William E. m. Margaret Wilson Oct 30, 1843 (47)
    William E. m. Phereby Craighead Nov 26, 1857 (289)
    Wm. E. & Pharaby parents of Whyte b. Aug 24, 1858 (289)
    William J. 1833, 1854 (162)
    William J. 1880 (177)
    William M. 1891, 1892 to Detroit MI (318)
OWENBY, J. W. (CV) (taken to Graysville GA) d. Jun 19, 1904 (318)
    W. W. 1867, 1870 (176)
OWENS, Mrs. Nancy (wife of Tom) 1870 (281)
    Richard 1833 (162)
    T. H. m. Annie Schweir Feb 4, 1880 (318)
    Thomas L. 1833 (162)
    Wm. T. 1876 (281)
OWNBY, J. H. d. May 24, 1902 (318)
OWSLEY, Jno. Q. m. Annie E. Roberts Dec 15, 1864 (47)
    John Q. & Annie E. parents of Eliza Roberts infant bapt Aug 11, 1868 (289)
PACE, J. D. 1875 (176)
PACK, Elizabeth A. d. 1899 (335)
    Mary d. 1892 (341)
PADGET, Ailcy 1827, 1860 (220)
    Ailey 1848 (220)
    Eiley 1856 (220)
PAGE, James 1855, 1874 (43)
    James & wife 1884 (43)
    Jesse & Fanny parents of Laura Folwell bapt Aug 21, 1859 (289)
    Thos. 1814 (90)
    Capt. Timothy d. Jul 15, 1884 (318)
PAIN, Rachel 1812 (330)
PAINE, Clarence O. m. Jennie D. McClure Jan 2, 1893 (338)
    Joseph N. & Georgetta parents of Laura Kate b. Apr 10, 1870; Geo. Gordon b. Mar 16, 1876; & Arthur Constentine b. Nov 16, 1881 (289)
    M. E. 1884 (259)
    Malvina 1884 (259)
    Martha E. 1871 (259)
    Melvina 1871 (259)
    O. B. 1886 (259)
    W. S. 1871 (259)
PAINTER, Carl m. Eva Truxall Jun 20, 1892 (318)
    Hepsey 1839 (335)
    Mahala M. (see Mahala M. Hunt) (318)
PAIRCE, Thomas 1827 (220)
PAKER, William 1870 (215)
PALM, Carl d. Oct 7, 1873, age 2 (289)
PALMER, Dr. A. W. 1894 (318)

PALMER, A. W. m. Elizabeth C. Brause Dec 19, 1878 (264-2)
    A. W. & Elizabeth C. parents of Constantine Brause b. Jun 20, 1889, bapt 1890 (264-2)
    Mrs. Elizabeth (wife of Dr. A. W.) 1895 (318)
    Miss Elizabeth Abbie 1897 (318)
    Elizabeth C. & A. W. parents of Elizabeth Elbion bapt 1880 (264-2)
    Ellen V. bapt 1893 (m. Webb) (271)
    Sarah m. H. W. Kendall Dec 7, 1882 (318)
    Sarah Martha 1836 (334)
    T. Hamilton bapt 1893 (271)
    Tennessee bapt 1893 (271)
PALMETER, D. (m) m. A. Armstrong (f) Oct 7, 1874 (318)
PALSTON, Perry 1881 (270)
PAMPHLEL, Urmsted 1833 (331)
PAMPHLET, John 1846 (341)
PAMPLIN, A. J. 1871 (322)
    Andrew J. 1871 (322)
    Jackson 1846 (341)
    John A. 1872 (322)
    Joseph 1878 (322)
    Lucinda 1848 (331)
    Lucinday 1833 (3319
    Polley 1846 (341)
PANE, Pations 1813 (164)
PANGLE, Clinton m. Elizabeth Langdon Oct 17, 1833 (162)
    Eliza bapt 1835 (dau of Elizabeth) (162)
    Elizabeth 1831 (162)
PAPINEAU, Minnie m. W. J. Branff Jul 31, 1885 (318)
    Mrs. d. Aug 17, 1889 (318)
PAPPAS, George C. jr. d. Mar 23, 1903 (289)
PARCUS, Manervy J. 1854 (215)
PARDON, Miss Jula m. Harry B. Fray 20 Feb 1889 (47)
PARDUE, Susan C. 1855 (318)
PARHAM, Mrs. Agnes (wife of L. L.) 1885 (318)
    F. A. jr. 1895 (318)
    Miss Kate 1866, d. 25 Oct 1898, m. S. B. Moe (318)
    L. L. 1885 (318)
    L. L. father of Wilfred Mae infant bapt 1885 (318)
    Mary T. 1866 (318)
PARIM, Winney 1879 (280)
PARIS, Sallie E. (see Sallie E. Jones (259)
PARISH, Charles D. confirmed 1834 (22)
    Columbia Branch d. May 15, 1908, age 82 (289)
    D. M. & Tabitha parents of Charles Ellison & William Edward bapt 1869 (2579
    John 1812 (330)
    Mrs. Lucy confirmed 1841 (22)
    Mary 1879 (280)
    Mary M. B. confirmed 1834 (22)

PARISH, Thomas James d. Jun 8, 1911, age 55 (289)
PARK, Mrs. Amanda M. d. Dec 25, 1900, age 91 (338)
C. W. m. Ann Devderrik? Dec 8, 1859 (338)
Carrick.W. d. Sep 28, 1890, age 64 lacking 4 da (338)
Elizer 1828 (338)
Eveline 1833 (338)
Fannie House d. Jul 12, 1893, age 29 yr 2 mo (338)
Mrs. Fannie House d. Jul 12, 1893 leaving 3 children--babe 7 wks old (338)
Harriet 1842, 1857 (338)
Harriet d. Mar 1, 1899, age 85 yr 6 mo 15 da (338)
Harriet d. Mar 1, 1899 (b. Aug 13, 1813) (338)
Hattie m. William J. Thomas Jun 6, 1888 (338)
J. sr. d. Sep 18, 1853 (338)
Rev. J. & Phebe parents of John Preston bapt May 24, 1851, age 3 mo (338)
J. C. d. Jan 11, 1848 (338)
J. P. & E. E. parents of James Sevier b. Sep 18, 1885 (338)
J. W. & F. M. parents of Katherine Douglas b. Aug 22, 1889 (338)
J. W. & F. M. parents of Lillie Mitchell b. Apr? 6, 1898 (338)
J. W. m. Fannie N. Mitchell Nov 21, 1888 (338)
J. Welcker d. Oct 11, 1902, 43 yr 1 mo 8 da (338)
Rev. James & Phebe parents of Mary b. Nov 26, 1856 (338)
James d. Sep 19, 1853 (338)
James & Sophia parents of James bapt Nov 10, 1822 (338)
James & Phebe A. parents of James Welcker b. Sep 3, 1859 (338)
James jr. 1842 (338)
James & Phebe parents of Sophia Moody bapt Sep 24, 1848, age 5 mo 4 da (338)
James d. Sep 19, 1853, age 85? (338)
Jas. d. Sep 18, 1853 (338)
James father of Margaret bapt Jan 1818 (338)
James father of Carrick White bapt Dec 1826 (338)
James 1817, 1841 (338)
James jr. d. Jul 14, 1912, age 89 yr 9 mo 26 da (338)
James & William both born in Donegal Co. Ireland; came to US in 1796 and to Knoxville in Mar 1798 (338)
Rev. Jas. Park, D.D. d. Jul 14, 1912 (b. Sep 18, 1822) (338)
James D. d. 9-7-1897, age 53 (22)
James D. 1896 (22)
James W. m. Fannie N. Mitchell Nov 21, 1888 (338)

PARK, James Welcker d. Oct 11, 1902, age 43 yr 1 mo 8 da (338)
Jane 1841 (338)
Jane (wife of Wm.) 1816 (338)
Jane m. Langdon Bowie of Charleston SC Sep 28, 1841 (338)
Jno. Preston m. Eva Elizabeth Sevier (from Jonesboro) Dec 3, 1884 (338)
Joseph (son of James) bapt Jul 7, 1816 (338)
Julia M. m. Andrew P. White Nov 10, 1874 (338)
Juliet M. m. Dr. A. P. White Nov 10, 1874 (338)
Juliet M. 1868 (338)
M. Jane d. Aug 23, 1844 (338)
Madaline m. N. B. Shepard Aug 29, 1891 (338)
Margaret 1842 (338)
Margaret m. James M. Welcher Dec 6, 1843 (338)
Mary 1828 (338)
Mary m. T. F. Howel (of Rome GA) Nov 25, 1880 (338)
Mary m. Theadore F. Howell from Rome GA Nov 25, 1880 (338)
Matt. A. & Sallie B. parents of Adolph b. Oct 26, 1880 & Emmett b. Jun 24, 1884 (289)
Mrs. Nancy d. Jan 25, 1903, 84 yrs (318)
Mrs. Phebe C. A. d. Jul 28, 1908, aged 83 yr 6 mo 26 da (338)
Robt. (taken to McMinnville) d. May 24, 1902 (318)
Robert & Evelina parents of Ann Eliza & John W. both bapt Apr 21, 1833 (338)
Robert father of James Thomas bapt Jan 1832 (338)
S. d. 1862 (338)
Sallie Bell adult bapt Feb 16, 1887 (289)
Miss Sallie C. 1870 (338)
Sallie C. m. Benj. J. Hughes (from Rome GA) Feb 24, 1881 (338)
Sarah Jane m. William Driver Jan 14, 1838 (47)
Mrs. Sophia 1841 (338)
Sophia d. Jun 1862 (338)
Sophia (wife of Jo) 1816 (338)
Sophia M. (married a Brooks?) 1866 (338)
Sophia M. 1857 (338)
Sophia M. (see Sophia M. White) (338)
Sophia M. d. Apr 28, 1886 (338)
Sophia Moody 1832 (338)
Sophie M. m. John M. Brooks Nov 12, 1868 (338)
Susan W. d. Mar 9, 1894 (338)
Theofilus 1806? (164)
Virginia Dudley (from Columbia) m. John J. Vertrees (from Nashville) Jun 16, 1886 (338)

PARK, W. d. Aug 31, 1846 (338)
    W. A. & Fanny parents of William House b.
        Sep 30, 1888 (338)
    W. A. & E. L. parents of Emily Ann b. Jan 10,
        1898 (338)
    W. A. & F. H. parents of Phebe Alexander b.
        Mar 19, 1890 (338)
    William 1816, 1841 (338)
    William father of Sophia Moody bapt Nov 2,
        1817 (338)
    William d. Aug 31, 1846, age 73 (338)
    Wm. father of Ann Eliza bapt Oct 7, 1816
        (338)
    William A. m. Fannie R. House Nov 23, 1887
        (338)
    Wm. A. m. Emma L. Gettys Sep 21, 1897 (338)

PARKER, A. 1872 (322)
    Aaron 1806? (164)
    Birdie 1897 (215)
    C. d. Dec 24, 1886 (318)
    Caldona 1853, 1854 (215)
    Carolin 1858, d. Apr 9, 1868 (257)
    Caroline S. d. May 10, 1868 (257)
    Chas. (see Caroline Wright) (257)
    Clerminta 1858 (215)
    David d. Dec 26, 1899 (318)
    Daniel sr. 1806? (164)
    Daniel jr. 1806? (164)
    Danniel 1818 (164)
    Dempsey 1862? (215)
    Dempsy 1853 (215)
    Elijah 1826 (330)
    Elisabeth 1862? (215)
    Eliza 1858, 1862? (215)
    Elizabeth 1852, 1855, 1888 (215)
    Elizabeth 1873 (164)
    Elizabeth G. 1866 (131)
    Elizabeth H. 1850 (215)
    Fanna 1862? (215)
    Mrs. Fanny 1854 (257)
    Fanny 1853 (215)
    Felix jr. m. Martha Canby Oakford Nov 19,
        1837 (47)
    Finnie? 1894 (215)
    Frances 1850, 1855, 1858, 1862? (215)
    Francis 1855, 1850, 1862? (215)
    Frank (engineer killed on C.S.) d. Sep 30,
        1903 (318)
    H. A. 1881 (164)
    Hannah 1806, 1818 (164)
    Hugh d. Jun 15, 1892 (N & C Watchman) (318)
    Irage L. 1862? (215)
    Irage S. 1850, 1852 (215)
    J. S. 1855 (215)
    James 1854, 1862? (215)
    James W. 1853, 1855 (215)
    Jane 1858 (215)
    John 1806? (164)

PARKER, John 1846, 1849, 1854, 1858, 1862? (215)
    John A. jr. 1888 (215)
    John F. 1854, 1852, 1850 (215)
    Johnathan A. 1887 (215)
    Jonathan A. 1869 (215)
    Jos. 1861 (341)
    Louisa 1849 (215)
    Luther 1880 (215)
    Malinda J. 1881 (164)
    Manervy J. 1852 (215)
    Margia A. 1882, 1887 (215)
    Martha 1858 (215)
    Miss Martha 1854 (257)
    Martha P. 1881 (215)
    Marthy 1862? (215)
    Mrs. Mary A. (formerly Miss Mary Edmundson)
        d. Aug 27, 1889, age 49 (289)
    Mary M. 1862, d. 1871 (164)
    Mary W. 1886, 1887 (215)
    Matilda 1852, 1854, 1860, 1849 (215)
    Meekey? 1806 (164)
    Moses? 1806, 1818 (164)
    Nancey 1806? (164)
    Nancy 1862? (215)
    Pernecia? D. 1887 (215)
    Pernecy D. 1858 (215)
    Polly 1862? (215)
    Rhoda 1887 (215)
    Rody 1853, 1858 (215)
    Ruth 1806? (164)
    R--- 1894 (215)
    Sally 1862? (215)
    Samuel 1880 (215)
    Samuel B. m. Jennie P. Chapman Jul 2, 1896
        (338)
    Samuel J. 1887 (215)
    Sarah 1853, 1854 (215)
    Sarah W. 1886, 1887 (215)
    Sary sr. 1806? (164)
    Sary jr. 1806? (164)
    Susan B. 1847 (215)
    Susannah D. 1853, 1854 (215)
    T. T. (see Nellie R. Craigmiles) (318)
    W. F. 1895 (215)
    Mrs. W. H. & child d. May 8, 1901 (318)
    Wammac 1855 (215)
    Warmac 1850 (215)
    Waumack 1862? (215)
    Wiley 1844, 1845, 1846, 1858 (215)
    William A. 1846 (341)
    Wm. M. 1854 (215)
    William M. 1862? (325)
    Wormack 1852 (215)

PARKES, Belinda Dickinson (aged 1 yr) dau of Thos.
    Esq. buried Apr 10, 1845 (22)
    Mrs. Elizabeth buried Oct 27, 1858 (22)
    Mrs. Eliz. confirmed 1842 (22)
    Elizabeth, dau of Thos. Parkes Esq. (aged
        4 yr) buried 1845 (22)

PARKES, Elizabeth Griffis, dau of Thos. & Elizabeth, bapt 1841 (22)
    James, youngest son of Mrs. Eliz. 1858 (22)
    Mary Manurva 1862 (162)
    Thomas m. Elizabeth Field Jan 7, 1838 (22)
    Thomas, son of Thos. & Elizabeth, bapt 1841 (22)
    William Jay, son of Thos. & Elizabeth bapt 1841 (22)
PARKS, Belle 1886 (281)
    Bettie 1883 (331)
    Corah 1883 (331)
    Dovey 1865, 1871 (322)
    Dovy 1848 (331)
    Elizabeth 1887 (131)
    H. 1849, 1855, 1879 (176)
    H. jr. 1875 (176)
    H. B. 1883 (331)
    Hamilton 1858 (176)
    Hughey (f) 1883 (331)
    Joseph L. 1886 (281)
    Levi 1886, d. 1889 (281)
    Mary Ann 1865, 1883 (331)
    Minerva 1882 (281)
    Onie (f) 1887 (281)
    Robert & Evelina parents of Ann Eliza & John Wm. bapt Apr 21, 1833 (338)
    Smith 1858, 1878 (176)
    Theophelus 1806? (164)
PARMILL, Ann R. confirmed 1829 (22)
PARMLEY, John 1821 (220)
PARMLY, Catherine 1821, 1823 (220)
    Catt. 1856 (220)
    John 1821, 1823 (220)
    Katherine 1848 (220)
    M. J. 1862 (220)
PARRISH, Dr. H. F. d. Dec 25, 1883 (318)
    Mary Ann E. m. Peter N. Smith Nov 15, 1827 (22)
PARROT, F. V. (f) m. M. H. Clift (m) Jun 28, 1883 (318)
PARROTT, John H. 1866 (338)
PARSON, Mr. (R. C.?) buried Nov 21, 1880 (47)
PARSONS, Edward L. d. Jun 26, 1909, age 15½ mo (289)
    Mary G. 1851 (318)
PARTAIN, James 1873 (329)
    Lucy J. 1872 (329)
    Wm. T. 1872 (329)
PARTIN, Caroline 1848 (329)
    James B. m. Elizabeth Jane Turner May 11, 1891 (338)
PARTNER, G. W. 1878 (43)
PARTON, Evaline 1846, 1883 (341)
    L. A. (f) 1843 (341)
    Maggie L. 1846, 1883 (341)
    Margaret 1865 (331)
    Robt. 1865, 1883 (331)
PASCHAL, Malinda J. 1879 (280)

PASCHALL, Ada V. m. Thomas W. Hill Oct 23, 1872 (289)
    John D. 1879 (280)
    Virginia May infant dau of Walter Goode & Mattie bapt Dec 25, 1870 (22)
PASCHELL, Robert Webster infant son of James Thomas & Medora bapt Mar 26, 1871 (22)
PASSMORE, A. 1888 (271)
    Julia member 1889 (m. Ed Gaines) (271)
    Maggie (nee Biles) 1882 (271)
    Maggie A. 1898 (271)
    W. A. 1898 (271)
PASSONS, Clarinda 1884 (259)
PASTUER?, Allen J. m. Sue E. Sale 2 Jul 1878 (47)
PATE, E. J. (f) 1887 (131)
    J. W. 1887 (131)
    Jessa 1834 (90)
    Jessee 1839 (90)
    John 1858 (162)
    Jno. F. d. Oct 26, 1898, age 88 (338)
    Kinceint 1825 (90)
    Kinchen 1822 (90)
    Kinchon 1821, 1834 (90)
    L. B. (f) 1887 (131)
    M. E. (f) 1887 (131)
    Martha J. 1887 (131)
    T. W. 1887 (131)
    Thomas 1822, 1832 (90)
    Thomas 1813 (from Ovehales Creek) (90)
    Tyre 1814 (90)
    W. L. 1887 (131)
PATEN, Alven 1881 (270)
    Cora 1881 (270)
PATERSON, Dicie 1896 (220)
PATES, James 1867 (21)
PATILLO, Mrs. Lizzie d. Oct 22, 1898 (Mexican-- from Birmingham) (reel # omitted)
PATRICK, Richard Calloway d. Aug 29, 1910, age 85 (289)
    Samuel 1836 (334)
PATTEN, Betsy 1819 (264)
    J. M. & Ann parents of Narcissa Matilda Joseph May bapt 11 Oct 1845 (47)
    Miss Lizzie O. 1885, m. T. J. Lupton 11/14/89 (318)
    Mrs. Mary d. Jul 30, 1875 (318)
PATTERSON, Agness L. 1848 (347)
    Andrew 1866 (345)
    Ann J. 1848 (347)
    Ann J. d. 1871 (347)
    Anna 1880 (345)
    Darthula A. 1870 (215)
    Delila d. Sep 23, 1871 (345)
    Delila d. Sep 23, 1870 (345)
    Dicie 1888 (220)
    Mrs. E. F. 1858 (264-2)
    Elbert 1888, 1896 (220)
    Eliza A. 1877, d. Sep 23, 1886 (257)
    Elizabeth d. May 1868 (347)

PATTERSON, Mrs. Ella W. (wife of J. L.) 1869 (318)
    Ewing 1873 (345)
    F. (see M. A. Clark) 1879 (281)
    F. J. 1878 (345)
    George m. Minnie Everett Mar 11, 1886 (318)
    Henry & Julia parents of Inez infant bapt Jan 21, 1889 (289)
    J. E. m. Martha Maxwell 1859 (347)
    J. R. m. Miss ____ Hunter 1860 (347)
    J. R. & M. A. parents of Willie T., Robt. O., Sidney Gordon, Ewing Estes, John Ennis & Emma Izora all bapt May 18, 1877 (347)
    J. R. & M. A. parents of Walter bapt Jul 21, 1888 (347)
    J. R. & M. A. parents of Annie Lee, Mary Beulah, James Roy & Bessie Virginia all bapt Apr 21, 1887 (347)
    J. W. 1875, 1878, 1879 (176)
    James 1836 (334)
    James L. 1869 (318)
    Jance? E. 1848 (347)
    John A. 1877 (257)
    John R. 1848 (347)
    Mary 1842 (345)
    Mary Ann 1848 (347)
    Mary Caroline bapt Apr 13, 1879 (225)
    Mary Jane m. Mabberry T. Hamilton Dec 13, 1843 (345)
    Mary Jane 1842 (345)
    Matilda d. 1894 (345)
    Matilda 1843, 1846 (345)
    May Ella 1873 (345)
    N. A. & E. parents of Anna Cora bapt 1862 (264-2)
    Newton A. & Elizabeth parents of Anna Cora bapt 1862 (264-2)
    Simeon 1866 (345)
    Susan 1866 (345)
    Susan Jane 1842 (345)
    T. A. 1871 (176)
PATTESON, Elbert 1893 (220)
    Susan Jane 1846 (345)
PATTISON, Daw 1881 (270)
    Walter L. buried Jan 22, 1882 (47)
PATTON, Mrs. Adelia 1870, d. Oct 12, 1908 (264-2)
    Andrew & Cathrine parents of Susan Caroline bapt 1866 (257)
    Andrew 1858 (257)
    Angeline 1884 (259)
    Mrs. Betsey d. Sep 30, 1885, age 77 (318)
    Betsey mother of Wm. Steel & Janey? Gamble bapt 1825 (264)
    Mrs. Betsy d. Nov 1869 (264-2)
    Mrs. Betsy & children Ferasa?, Rebecca John Perry?, Nancy McClenny & Jane McDonill bapt 1820 (264)
    Cathrine 1858 (257)
    Cynthia 1871 (259)
    David 1828 (264-2)

PATTON, David & wife & son Samuel Fisher bapt ca. 1829 (264)
    David d. Feb 1844 (264-2)
    David E. 1858, 1883 (264-2)
    David E. 1877, d. Jun 6, 1912 (264-2)
    David William 1870 (264-2)
    Eliza 1871, 1884 (259)
    Eliza Jane 1857 (259)
    Mrs. Elizabeth 1885, d. Nov 1869 (sic) (264-2)
    Elizabeth 1881 (270)
    Elizabeth 1884, d. Sep 1885 (318)
    Elizabeth Wood (dau of John) bapt Jul 15, 1821 (162)
    H. B. 1884 (259)
    Harvey B. 1871 (259)
    Hiram 1846, 1883 (341)
    I. L. 1894 (259)
    J. Edgar 1872 (257)
    J. F. 1884 (259)
    J. H. 1869, 1875 (176)
    J. M. 1884 (259)
    J. M. d. 3 May 1870 (225)
    Dr. J. P. 1883 (264)
    James 1857 (259)
    James G. 1842 (264-2)
    James M. 1871 (259)
    James Matthew 1891 (264-2)
    James Moyers (son of John) bapt Jul 15, 1821 (162)
    John & Grissy 1821 (162)
    John E. 1861, 1867 (257)
    John Jefferson (son of John) bapt Jul 15, 1821 (162)
    John P. 1830 (264-2)
    John P. d. Nov 10, 1903 (264-2)
    John P. & Mary O. parents of Theresa Jane bapt 1874 (264-2)
    John P. jr. adult bapt 1885 (264-2)
    Jno. P. & Mary Overton parents of James Matthew bapt 1891 (264-2)
    John Purris jr. 1885 (264-2)
    Josiah F. 1871 (259)
    L. M. m. Sarah J. Craig Oct 25, 1866 (21)
    Lizzie O. m. J. T. Lupton Nov 14, 1889 (318)
    Lizzie Olive infant bapt 1877 (318)
    M. A. 1857, 1884 (259)
    M. J. 1868 (338)
    Major Yandall S. d. Feb 18, 1875, age 56 (289)
    Mary d. 1818? (162)
    Mary 1827 (162)
    Mary 1857, 1871, 1884 (259)
    Mary Blackburn (dau of John) bapt Jul 15, 1821 (162)
    Mary E. m. John Ellis (264-2)
    Mary H. 1858 (264-2)

PATTON, Mrs. Mary Overton 1870, d. Dec 1919? (264-2)
    Mildred Angeline 1871 (259)
    Minnie Yates adult bapt 1885 (264-2)
    N. C. 1875 (176)
    Mrs. N. Emely (widow of J. M. Patton) d. 16 Apr 1871 (225)
    Nancy M. 1830 (264-2)
    Nannie W. m. R. W. Neergaard Nov 8, 1877 (264-2)
    Miss Nannie Winston 1870 (m. Richd. W. Neergaard) (264-2)
    Dr. P. father of Anna, infant bapt 1872 (318)
    S. A. 1884 (259)
    Samuel Alexander (son of John) bapt 1824 (162)
    Sarah 1822 (338)
    Sarah 1857 (259)
    Susan Jane b. Nov 8, 1821 (dau of John) (162)
    Synthia 1857 (259)
    T. V. 1894 (259)
    Teresa Rebecca 1827 (264)
    Miss Teressa Jane member 1874, m. Willford D. Newton (264-2)
    Teressa R. 1827 (264-2)
    Thos. Herbert 1896 (318)
    W. J. 1879, 1884 (259)
    W. S. 1858 (264-2)
    W. S. m. Adelia Martin Oct 13, 1870 (264-2)
    Mrs. W. S. 1883 (264)
    Wm. 1871 (259)
    Wm. Henry 1896 (318)
    Wm. Mathes (son of John) bapt 1827 (162)
    Wm. Mathis b. Jan 22, 1827 (son of John) (162)
    William S. d. Mar 27, 1875 (264-2)
    William S. 1858, d. Mar 27, 1875, m. Adelia Martin (264-2)
    Mr. Yandall S. d. Feb 18, 1875 (289)
    Yandell Sims & Sarah Elizabeth parents of Arthur Yandell b. Mar 9, 1874 (289)
    Dr. father of Anna infant bapt 1872 (318)
PATTY, Joseph L. m. Penelope L. Cooke Mar 25, 1897 (318)
    Joseph L. 1894, d. Oct 1911 (318)
    Nellie Lou (see Nellie Lou Cooke) (318)
    W. B. pastor 1889 (271)
PAUL, Amanda (wife of Franc M. Paul) bapt Apr 7, 1867 (289)
    Franc M. d. Apr 27, 1898, age 66 (289)
    Hattie Anderson m. Boline Arthur Johnson Aug 19, 1891 (289)
PAXTON, Mrs. Mary E. d. May 4, 1906, aged 72, widow of Dr. Jno. W. (338)
PAYN, Thomas 1836 (334)
PAYNE, A. G. (see Lucy A. McCampbell) (338)
    Albert G. m. Lucy McCampbell Jun 1, 1898 (338)

PAYNE, Albert B. jr. d. Jan 18, 1895, age 24 (47)
    Albert B. d. Jul 28, 1894, age 56 (47)
    Alice m. Dr. W. R. Tomkins Oct 12, 1868 (257)
    Mrs. Bettie M. d. Jul 13, 1912 (338)
    Dixie m. Elwood Brock Aug 27, 1889 (318)
    Everett d. Jan 3, 1904, age 44 (289)
    Forrest buried 7 Jun 1873, age 1 yr (47)
    Frank Dowles d. Nov 28, 1899 (318)
    Henrietta buried 30 Nov 1875, age 14 mo (47)
    J. D. m. Sarah R. Kaylor Apr 25, 1894 (318)
    James M. 1881 (331)
    Jerry m. Lillie Dodd Dec 15, 1888 (318)
    Jno. N. (C.V.) (928 Gilmer) d. Feb 7, 1892 (318)
    Joseph E. 1858 (271)
    Lewis B. father of Reuben Saunders b. Sep 2, 1897 (338)
    Mrs. Lucy Mc.C. d. Jul 16, 1908 (338)
    Lula m. Rev. T. Schuler Oct 26, 1886 (318)
    Miss Lula A. 1881, d. 1896, m. Rev. T. C. Shuler (318)
    Mrs. M. J. 1885, d. 1906 (328)
    Margie m. Jno. Hoyal Jan 2, 1883 (318)
    Mrs. Mary (wife of W. C.) d. Nov 16, 1905 (318)
    Miss Mary Arabella 872, d. 25 Dec 1879 (318)
    Mary S. m. F. A. Stevenson 21 Nov 1878 (47)
    Onis m. William H. Bennett Oct 15, 1868 (257)
    Pauline D. d. Aug 25, 1900 (338)
    Pauline D. m. Edwd. Maynard Jun 23, 1896 (she d. Aug 25, 1900) (338)
    Pauline Dismukes m. Ed. R. H. Maynard Jun 23, 1896 (338)
    R. S. d. Mar 31, 1896, age 58? (338)
    R. S. & Bettie M. parents of Samuel Dismukes b. Dec 19, 1880 (338)
    R. S. & Bettie M. parents of Pauline b. Jun 10, 1870 (338)
    R. S. & Betty parents of Reuben Sands b. Mar 1, 1872 (338)
    R. S. & Betty parents of Lewis Burks b. Sep 14, 1875 (338)
    Reuben S. m. Mary Towns Gaines Oct 6, 1896 (338)
    Reuben S. jr. d. Jun 30, 1900, age 28 (338)
    Reuben S. d. Mar 31, 1896 (338)
    Saml. S. d. Oct 8, 1904 (son of R. S. sr) (338)
    Susan B. 1850 (215)
    T. H. m. Mary E. Eaton Oct 18, 1876 (318)
    Wm. C. 1883 (318)
PEABLE, Lucy 1839 (90)
PEABODY, C. H. d. Nov 8, 1900 (318)
PEACHLOW, C. L. d. May 28, 1906 (318)

PEAK, Jane 1848 (329)
    Malissa 1848, 1865 (329)
    Prunella 1865 (329)
    Sarah 1818 (164)
    Sion member 1848, d. Jun 8?, 1864 (329)
    William d. Jun 11, 1887 (fireman killed by
        falling wall) (318)
PEAKE, Mary 1848 (329)
PEARCE, Albert R. & Annie (Haden) parents of
        Ruth Rowena b. Mar 9, 1893, and Albert
        Charles b. Mar 12, 1894 (289)
    Henry Whitman, infant bapt 1881 (318)
    Lavina 1840 (275)
    Nancy 1840 (275)
    Miss NOla member 1881 (1885 to Ringgold GA)
        (318)
    Orlia B. (see Orlia Nave) (166)
    Samuel 1852 (327)
    Wm. 1840 (275)
    Wm. & Mary parents of Lizzie Kate b. Jan 5,
        1882 (289)
PEARL, Mary A. d. Oct 3, 1909, age 81 (289)
    Mary Clorinda m. Jacob Joseph Viegman Oct
        27, 1874 (289)
    Infant child of W. E. & Mary Ann buried
        1854 (47)
    William Ellery m. Mary Ann Diggons Dec 11,
        1849 (47)
PEARSALL, Nathan & Louisa C. (Sharon) parents of
        Grace Allison b. Jul 13, 1873 (289)
    Nathan C. & Louisa (Shearon) parents of
        Mary Gertrude b. Nov 17, 1857 in
        Tuscumbia, AL (289)
PEARSON, A. J. 1830 (apparently came from
        Spartinburg SC) (338)
    Catharine I. 1866 (345)
    Catharine J. 1873 (345)
    Catharine J. (see Catharine J. Crutcher)
        (345)
    Laura (nee Biles) 1882 (271)
    Laura A. 1898 (271)
    Pearl 1884 (345)
    Pearl m. Charley Jarrell May 4, 1892 (345)
    William I. 1882 (345)
PEASE, Thomas Jarvis b. Jul 24, 1851, Wabash Co,
        IL, to Lewis P. & Catherin A. Pease,
        bapt 1898 (47)
PEAVIS, Allen W. 1844 (176)
PEAY, Laura 1876 (90)
    W. A. 1876 (176)
PEBLES, S. A. 1855 (f) (170)
PECK, Alexine d. Feb 3, 1888, age 58 (289)
    Miss Amelia member 1881, m. Capt Walton
        1882 (257)
    Myron K. & Margaret B. parents of Sadie
        Buckner b. Nov 3, 1884 (289)
    Myron K. & Margaret B. parents of Alexine
        King b. 1886 (289)
    P. P. d. May 7, 1889, age 67 (289)

PECK, William Henry d. Nov 5, 1895, age 43 (289)
    Wm. Henry & Lizzie King parents of Fannie
        King b. Jul 26, 1892 (289)
PECKINPAUGH, Mrs. Louella (wife of Geo. M.) 1882
        (318)
    Lou Ellen, adult bapt 1882 (318)
PEEBLES, Atlas J. 1872, 1874, 1880 (d. 1880?)
        (225)
    Atlas J. buried Jul 1896 (225)
    Miss Dora J. 1892 (1895 to Atlanta GA)
        (318)
    Marseva 1839 (90)
    Mrs. Sarah d. 1898 (225)
    Mrs. Sarah L. 1872, 1874 (225)
    Uriah 1870 (90)
PEEK, Isaac 1872 (329)
    James F. 1872 (329)
    Margaret E. 1872 (329)
    P. P. father of Myron b. 1867, bapt Aug 27,
        1868 (289)
    Sallie B. 1872 (329)
    Uriah 1872 (329)
    William C. 1872 (329)
PEERMAND, Polly 1825 (162)
PEGRAM, Mrs. Bettie C. 1890 (318)
PEIRCE, Cerilda J. m. Robt. Hallam Aug 16, 1888
        (318)
    Dorsey C. & Mary I. parents of Eda Randall
        b. Jul 26, 1868 (289)
PELLAM, Nancy 1857 (259)
PELLEAUX, Nell Marguerite d. Oct 4, 1908 (338)
PENCE, Eliza 1848, 1855 (329)
    Evaline 1848, 1855 (329)
    Joshua 1848, 1855 (329)
    Matilda 1848, 1855 (329)
    Rebecca 1848, 1855 (329)
PENDARVIS, Mattie 1885, 1887 (215)
PENDERGRAPH, Letishy d. 1883 (335)
PENDERGRASS, Elizabeth 1871, 1884 (259)
    Rebeca 1806 (164)
PENEBAKER, George 1851 (259)
PENICK, Edward P. m. Edna Crawford Oct 12, 1898
        (225)
PENLAND, Alex. to Sommerville AL 1842 (338)
PENLEY, J. m. Susie Clifford Oct 25, 1885 (318)
PENN, Ambrose 1866 (259)
PENNINGTON, Sarah Alice m. Wm. W. Shea Aug 21,
        1886 (289)
PENNY, Susannah 1856 (205)
PENSON, Isac 1858 (176)
PENTACOST, Martha 1879 (280)
PEPPER, Mrs. Cynthia 1876 (259)
    Elisha C. & wife Irenah 1873 (259)
    Mrs. Ellen member 1869, d. Mar 1873 (259)
    Eudorah (see Eudorah Gibbs) (259)
    Jennie 1876 (259)
    Joseph B. member 1873, d. Feb 1875 (259)
    Margaret D. member 1869, d. Aug 1877 (259)

PEPPER, Texan member 1869, d. Aug 1881 (259)
    Victoria A. 1869, 1884; m. Myers (259)
PEPPERS, Mrs. Joseph 1868 (259)
    Tenan 1868 (259)
PERCY, Maggie 1893 (220)
    Robert H. buried Sep 18, 1853, age 22 (47)
PERDEW, Mary E. m. Thomas E. Keutch 1870 (21)
PERIN, Mrs. C. B. d. Aug 23, 1885 (318)
PERKINS, Ada d. 1901 (128)
    Ann confirmed 1829 (22)
    Ann Greer infant bapt 1836 (22)
    Charles Ann infant bapt 1829 (22)
    Charles infant bapt 1831 (22)
    D. M. 1881 (331)
    D. V. 1881 (331)
    Edwin M. 1876 (22)
    Edwin Maury confirmed 1869 (22)
    Mrs. Edwin Maury 1898 (22)
    Mr. Edwin Maury 1898 (22)
    Eliza buried Jun 1, 1829 (22)
    Eliza Mildred adult bapt 1836 (22)
    George & Catherine parents of Mary Schooley
        adult bapt Apr 11, 1874 (289)
    Gus(tace?) d. Oct 1832 (22)
    James C. infant bapt 1831 (22)
    John d. Jan 1903, age 74 (120)
    Miss Leighla O. 1876 (22)
    Leighla Octavia confirmed 1869 (22)
    Leighla Octavia (dau of N. E. & M. T.) m.
        Hardin Perkins Cochrane of Birmingham
        AL, Jan 19, 1887 (22)
    Miss Leighton Octavia 1869 (22)
    Mrs. Louisa H. 1876 (22)
    Mand (see Mand Claiborne) (22)
    Miss Manda C. 1876 (22)
    Mandi C. 1876 (22)
    Mariah 1806 (164)
    Marietta infant bapt 1831 (22)
    Mrs. Martha T. 1854, 1876 (22)
    Mrs. Martha Thomas 1869 (22)
    Mrs. Martha Thomas d. Mar 30, 1897, age 70
        (22)
    Mary M. B. confirmed 1834 (22)
    Mary Sidway (parents--Edwin Maury & Caro
        Sidway) 1899 (22)
    Maude Claiborne dau of N. E. & M. T. 1854
        (22)
    Maude Claiborne confirmed 1869 (22)
    Mrs. Nancy 1846 (90)
    Mr. Nicholas Edwin confirmed 1854 (22)
    Nicholas Edwin 1869, d. Apr 27, 1871 (22)
    Mr. Nicholas Edwin, aged 50, buried Apr 29,
        1871 (22)
    Mrs. Peter 1837 (22)
    Louise H. (Mrs.) 1898 (22)
    Roberta 1870 (215)
    Samuel 1823 (90)
    Samuel Hardin infant bapt 1836 (22)

PERKINS, Mrs. Sarah E. d. Jun 26, 1912 (338)
    Sarah H. confirmed 1832 (22)
    Sarah P. infant bapt 1831 (22)
    Thomas d. Jan 1893 (22)
    Capt. Thomas Feam? jr. 1869 (22)
    Thomas Fearn jr. confirmed 1869 (22)
PERNET, John Louis d. Feb 14, 1904, age 58 (289)
PERREY, Jemime 1806 (164)
PERRY, Albert 1821 (329)
    Allen 1869 (338)
    Allen d. May 11, 1876 (338)
    Almeda d. 1864 (289)
    Mrs. E. J. 1868 (338)
    Elzabeth 1856 (220)
    Faney 1871 (220)
    Fancy 1856, 1866, 1870 (220)
    Frances 1821, 1858 (329)
    Frank 1879 (176)
    Mrs. Maria d. 1907 (age 95, name could be
        Terry) (120)
    Mary 1848, 1859 (329)
    Nancy 1856 (220)
    Paley 1870, 1871 (220)
    Poley 1866 (220)
    Sarah C. 1850 (334)
    Susan 1821 (329)
    Turner 1851 (170)
    Weston & Almedy parents of Alfred Sturde-
        vent b. Oct 7, 1855 and Al Pamela b. Dec
        11, 1859 (289)
    Weston & Almedy parents of Elisha Commodore
        b. Apr 6, 1854 (289)
    Mrs. buried 7 Jan 1874, age 74 (47)
    Miss 1852 (170)
    Dr. ___ m. Martha V. Goodrem 1862 (347)
PERRYMAN, J. L. 1893 (345)
PERY, Sary C. 1849 (334)
    W. A. 1874, 1879 (176)
    W. G. 1871 (176)
PETELETEL, Mrs. A. 1896 (271)
    Isaac 1896 (271)
PETERSON, A. L. 1882 (318)
    A. L. father of Elsie Blance infant bapt
        1889 (318)
    A. L. m. Matilda Fernquist Feb 26, 1884
        (318)
    E. F. (8 mos) d. Jun 25, 1885 (318)
    Miss Elsie Blance 1898 (318)
    Ernest Fernquist infant bapt 1885 (318)
    Fritz L. 1885 (318)
    Wm. G. adult bapt Jun 26, 1859 (289)
PETIT, Carlee 1884 (259)
    James 1871 (259)
    James 1884, d. 1891 (259)
    Sarah 1857, 1871, 1884 (259)
    Sarah L. 1857 (259)
PETITT, McCulow 1873 (275)
PETTIBONE, William d. Dec 9, 1902 (318)

PETTIS, Elizabeth 1858 (131)
    John H. 1848 (334)
    Mary 1848 (334)
PETTIT, Louza? 1865 (275)
    Lucie 1887 (275)
    Mary 1865 (275)
    Narcissa? 1865 (275)
    Susan 1865 (275)
PETTUS, Bettie 1883 (90)
    Mary A. 1882 (90)
    Samuel 1894 (90)
    Thomas F. 1893 (90)
    W. G. 1883 (90)
PETTY, Abygal 1813 (164)
    Elisabeth 1813 (164)
    Hubbart 1813 (164)
    Peggy 1813 (164)
    Selah 1813 (164)
    William 1813 (164)
PETTYJOHN, A. 1883 (264)
    Miss Amanda C. 1873 (264-2)
    Archer 1889, d. Aug 13, 1899 (264-2)
    Miss Bettie G. 1873, m. John E. Mueke (264-2)
    Bettie G. m.John Edward Muecke Sep 29, 1884 (264-2)
    Mrs. Mary 1872, d. Jul 12, 1891 (264-2)
    Miss Mary Archer 1873, m. Geo. W. Henderson (264-2)
    Miss Emily Turner d. Feb 15, 1896, age 65 (47)
PEYTON, Mrs. Fannie 1861 (257)
    Fannie 1866 (257)
    G. Bell & Fannie parents of Julius Trousdale bapt 1886 (257)
    J. B. & Fannie parents of Fannie Trousdale bapt 1880 (257)
    J. B. & Fannie parents of Julius Trousdale bapt 1886 (257)
    J. B. & Fannie P. parents of Louise Allen bapt 1877 (257)
    J. B. & Fannie parents of Bailie bapt 1869 (257)
    J. B. & Fannie parents of Mary Bugg bapt 1871 (257)
    John B. & Fannie parents of Louisa Allen bapt 1877 (257)
    John B. & Fannie parents of Chas. Wm. Trousdale bapt 1866 (257)
    John Bell m. Fannie Trousdale Oct 8, 1861 (257)
    John Bell & Hannah parents of Bailie bapt 1869 (257)
PEVES?, F. D. 1849 (176)
PEVREE?, James 1860 (275)
PFALYGRAF, Viola L. m. U. S. Archer Feb 5, 1891 (318)
PHELAN, Mrs. Jno. D. 1864 (mother--Anne Minick) (120)
PHELP, R. (m) m. Cata Matthews 1866 (347)

PHELPES, Asa 1843 (170)
    C. Jashuway 1843 (170)
    Joshuaway and wife Rachal 1845 (170)
    Sarahann 1843 (170)
PHELPH, Mrs. Joshuay 1843 (170)
PHELPS, Jas. 1856 (170)
    Mrs. Janet 1854 (257)
    Janet 1854, d. May 21, 1855 (257)
    Louiza I. 1857 (170)
    Susan A. 1857 (170)
PHILIPS, Caley 1887 (275)
    Calvin 1844 (176)
    Elisabeth 1833 (331)
    Permelia 1836 (334)
    Peter Talbor adult bapt Nov 23, 1873 (289)
    Rebecca 1836 (334)
    William 1836 (334)
PHILLIPS, Mrs. Amanda d. Mar 16, 1880 (289)
    Andrew pastor 1867-70 (264-2)
    Cullen 1872 (281)
    Elizabeth 1848 (331)
    Elizabeth C. 1855 (318)
    Frank d. Dec 20, 1900 (318)
    George S. member 1872, removed to Holly Springs MS (225)
    H. T. 1860 (318)
    J. M. 1880, 1887 (275)
    Dr. J. W. (of Williston) bapt Aug 31, 1890 (225)
    J. W., M.D. confirmed 1892 (225)
    Mrs. Joe buried Jul 30, 1882 (47)
    John 1821, 1827 (205)
    Joseph d. 1905, age 32 (120)
    Lucille b. Apr 3, 1885, bapt 1887, parents: Joseph W. & Kate R. (225)
    Malinda 1878 (281)
    Mary 1874 (205)
    Mary J. 1872 (281)
    Mary L. m. W. S. Raulston Sep 14, 1886 (318)
    Mattie m. Saml. Rhea May 21, 1882 (318)
    Nancy 1846 (341)
    Peter T. & Amanda L. parents of Edward Bradley b. May 21, 1875 (289)
    Peter T. & Amanda L. parents of _____ b. Sep 25, 1863, Peter Talbot b. Oct 24, 1865; James Richard b. Nov 29, 1869; and Jane Harriett b. Feb 5, 1870 (289)
    Phode 1821 (205)
    Rachel 1818, 1822 (205)
    Rachell 1820 (205)
    Robert confirmed 1889 (225)
    Rody 1827 (205)
    Thode 1830 (205)
    W. E. 1876 (176)
    W. H. m. Lavena A. Ramsey Dec 26, 1889 (318)
    William C. d. 1905, age 39 (120)
PHILLPOTE, Nancey 1843 (170)
PHILPATE, Samuel 1843 (170)
PHILPOT, Elizabeth 1857 (170)

PHILPOT, John G. 1853 (170)
    Margaret 1860 (170)
    Martha Q. 1853 (170)
PHIPPS, Annie m. Saml. Lee King Jun 6, 1894 (318)
    D. F. father of Katie Gray infant bapt 1870 (318)
    Mrs. Eliza d. Sep 12, 1865 (318)
    James Jones Joshua bapt 1866 (infant) (318)
    Mrs. Kate d. 1867 (318)
    Katie Gray (dau of W. F.) infant bapt 1870 (318)
    R. M. m. Mary A. Craig Sep 27, 1899 (318)
    Sallie m. W. B. Hale Jul 21, 1874 (318)
    Sam (Col) father of Ann infant bapt 1872 (318)
    W. F. father of Bessie infant bapt 1872 (318)
    W. F. P. father of Bessie infant bapt 1872 (318)
PICKEL, Adella 1888 (220)
    F. 1888 (220)
    Mary A. 1888 (220)
PICKEN, Margaret M. 1891 (327)
PICKENS, Rev. J. S. pastor ca. 1848 (225)
    Margaret 1883 (327)
    Margret M. 1882 (327)
    Samuel L. m. Eliza L. Keener Sep 15, 1891 (338)
PICKERAL, Lydia 1821 (329)
PICKETT, Alice (adult, dau of Genl. Pickett) bapt Apr 10, 1867 (289)
    Lida m. Theo. C. Caskin 28 Apr 1876 (47)
PICKINS, James 1864 (43)
    Joel R. bapt 1860 (225)
PICKLE, Allice G. d. Sep 3, 1887 (345)
    E. G. & Alice parents of Geo. Hazen b. Aug 7, 1895 & Iva Elizabeth b. Feb 8, 1897 (338)
    Edward George m. Alice McNutt Sep 5, 1894 (338)
    F. 1856 (220)
    Jacob 1856 (220)
    S. Daniel m. Allice G. Bell Oct 23, 1884 (345)
PIERCE, Albert R. m. Annie Haden Jun 22, 1892 (289)
    Alfred 1865 (275)
    Anna V. 1869, 1876 to Bridgelon NJ (318)
    Benj. d. Sep 5, 1875 (318)
    Dorsey C. m. Mary J. Martin Dec 17, 1867 (289)
    Dorsey C. & Mary J. parents of Dorsey bapt Feb 25, 1883 (289)
    Dorsey C. d. Jan 28, 1905, age 56 (289)
    Dorsey C. & Mary I. parents of Mary Elizabeth bapt? Nov 25, 1875 (289)
    Dorsey C. & Mary J. parents of Jennie Houston bapt May 1, 1881 (289)

PIERCE, Eda m. Frederic Walbridge Jun 26, 1888 (289)
    Elizabeth 1840, 1865 (275)
    Florence m. John W. T. Vining 4 May 1884 (47)
    Jas. 1840 (275)
    Jarat? 1843 (275)
    Margaret 1858 (275)
    Marquit 1865 (275)
    Mary 1840, 1843 (275)
    Mary A. d. Jul 1912, age 71 (120)
    Mary Elizabeth m. Jerome B. Sand Oct 8, 1896 (289)
    Nancy 1865 (275)
    Miss Nancy Belle 187_ (177)
    Sarah (see Sarah Carter) (341)
    Sarah 1840 (275)
    Stephen 1840, 1865 (275)
    W. F. 1874 (176)
    W. H. 1855 (275)
    W. Thos. 1856 (275)
    Wm. H. 1849 (275)
PIERCY, Thomas 1821 (220)
PIERSON, Thomas d. Feb 12, 1901, age 75 (Conf soldier, 1st NC V) (reel # omitted)
PIG, Jane 1848 (334)
PIGG, A. J. 1883 (331)
    Martha 1860 (335)
    Penophle 1891 (335)
    S. E. 1866 (335)
PIKE, Ann 1866 (329)
    Julia N. (see Calvin J. Mahaffy) (289)
PINGUELY, Julius A. m. Clara Strachauer Jul 15, 1857 (47)
PINION, W. (m) 1850 (334)
PINSON, Isaac 1868 (176)
PILCHER, Ferd F. buried 17 Aug 1884 (47)
    T. F. m. Hattie D. Sheffer Jan 5, 1887 (318)
PILES, Leonard 1813 (164)
PIPER, James 1821 (329)
PIPKIN, Stuart 1813 (164)
    Martha 1865 (329)
PIRCE, Bird 1849 (275)
    Elizabetth 1865 (275)
    Mary 1849 (275)
    Stephen 1849, 1865 (275)
    Vina 1849 (275)
    Wm. H. 1849 (275)
PIRRIE, Alexander buried Apr 12, 1849, age ab. 38 (47)
PITNER, Barbary 1821 (329)
PITTMAN, Maggie 1867 (225)
    Robert W. 1867 (225)
PITTS, Alice 1871, 1884 (259)
    Francis 1883 (331)
    James 1875, 1883 (331)
    Joel 1846 (341)
    John 1871 (259)

PITTS, Lavonia 1883 (331)
    Polly 1848, 1883 (331)
    Sarah (see John & Sarah Syford) (289)
    T. B. 1871 (322)
    Vant 1871, 1884 (259)
    Wm. 1871, 1884 (259)
PIVICK?, Elizabeth 1855 (334)
PLANK, John 1859, 1865 (275)
    Lizzie m. James Edminston Dec 25, 1884 (318)
    Margaret M. 1859 (275)
    Vina 1865 (275)
PLANT, David m. Mary A. Vestal Oct 31, 1899 (338)
    W. D. m. M. A. Hampton (f) Sep 21, 1891 (318)
    Mrs. Will d. Aug 26, 1895 (318)
PLATER, Sallie d. May 17, 1867 (289)
    Thomas m. Sarah Branaugh Buchanan Jan 10, 1851 (47)
    Thos. Roxbury d. Mar 2, 1861, age 2 mo (289)
PLEITZ, Mrs. Mary m. Charles William Wirwa Jul 29, 1879 (225)
PLOTT, Daniel 1850 (334)
    Lear 1855 (334)
PLUMMER, Jennie Whit b. Nov 24, 1876, bapt 1877; parents--P. B. & Mary Shall (225)
    Mary Shall b. Jan 4, 1874, bapt Jun 7, 1874, parents--P. Bruce & Mary Shall, sponsors--the parents and Jennie Yerger (225)
    Mrs. Mary Shall 1872, 1874, buried Oct 3, 1878 (225)
POE, A. W. m. Mary Crutchfield Jun 20, 1878 (318)
    H.? A. 1852 (327)
    Wm. Crutchfield infant bapt 1879 (318)
POINDEXTER, Claud S. 1888 (345)
    Mrs. Elisha 1883 (345)
    Elisha W. d. Feb 6, 1892 (345)
    G. W. 1852 (327)
    George ca. 1852 (327)
    J. W. (Rev) 1858 (259)
    James W. 1851 (259)
    Jemimah S. 1864 (90)
    Lizzie M. 1888? (345)
    Permelia d. Mar 1, 1886 (345)
    William d. Nov 1857 (345)
    William 1857 (345)
POINE, M. T. 1855 (43)
POINER, M. P. 1866 (43)
    Wm. 1855, 1866 (43)
POINTER, S. W. 1879 (176)
POLAN, Love 1878 (43)
    William 1884 (43)
POLEN, Mari(on) A. 1884 (43)
    William 1884 (43)
POLINS, Robbert 1865 (275)
POLK, Anne McNeal d. Nov 1910, age 31 (289)
    Annie buried Sep 18, 1878, dau of P. H. & the late Virginia G. Bowers (reel # omitted)

POLK, B. S. 1880 (43)
    Mrs. Belinda buried Mar 1844 (47)
    Charity B. member 1869, d. Dec 21, 1881 (43)
    Elizabeth 1878 (43)
    Eunice Ophelia m. Jesse Rowland Norton Nov 15, 1894 (289)
    Fanny 1874 (43)
    Geo. W. d. Jan 8, 1892, age 74 (22)
    Rev. J. H. & Priscilla parents of Margaret bapt Sep 17, 1893 (289)
    James 1880 (43)
    James K. & Mary (Hibbler) parents of Laurence Norton b. Feb 17, 1896 (289)
    James Knox & Mary Hibbler parents of James Knox bapt Jul 1881 (289)
    James Knox & Mary Hibbler parents of Kelsay Hibbler b. Dec 31, 1884 (289)
    John H. & Pricilla McN. parents of Priscilla infant bapt Mar 28, 1884 (289)
    John H. & Priscilla McN. parents of Horace Moore bapt Mar 21, 1886 (289)
    John H. (see Priscilla McNeal Warren) (225)
    John H. m. Priscilla McNeal Warren May 13, 1874 (225)
    John Huston jr. d. Jan 11, 1904 (shot accidentally) age 28 (289)
    Joseph & Charity & Fanney Barkley & ELizabeth 1881 (43)
    Lucics Eugene d. Dec 1, 1892, age 59 yr 5 mo (22)
    Marshall T. & Eva M. parents of Thomas Allison bapt Jul 7, 1881 (289)
    Mary m. Humphreys Kortrecht Nov 27, 1884 (289)
    Mary W. m. John M. Gault Apr 13, 1887 (22)
    Polan 1877 (43)
    Priscilla Warren d. Oct 26, 1904, age 47 (289)
    Richard 1878 (43)
    Mrs. Sally Hilliard d. Jul 23, 1894, age 74 (289)
POLLACK, E____ 1883 (21)
    Malinda R. 1863 (21)
    Robt. (died in NM) d. Feb 19, 1904 (318)
POLLEUX?, Miss Nell M. d. Oct 14, 1908, age 18 (338)
POLLOCK, A. B. m. Maryan Voorhies Nov 9, 1880 (21)
    A. B. 1867 (21)
    Alfred B. 1867 (21)
    Allen d. Nov 14, 1897 (21)
    Elizabeth d. May 28, 1867 (21)
    James T. 1872 (21)
    John 1900 (21)
    John d. Nov 1, 1868 (21)
    Lonia 1878 (21)
    Mary 1892 (21)
    Thomas C. m. Lizinka White Dec 29, 1892 (338)

POLLY, Shannon 1823 (162)
POND, Willetts d. Jan 3, 1904 (318)
POPE, A. D. d. Feb 26, 1903 (318)
 Alexander D. member 1874, d. Feb 26, 1893 (318)
 Alexis D. adult bapt 1874 (318)
 Cora M. m. William A. Davis Nov 25, 1885 (338)
 E. B. 1888 (220)
 Evia 1896 (220)
 Evie 1893 (220)
 Julia 1888 (220)
 Julie 1893, 1896 (220)
 Sallie 1897 (271)
PORTER, Alexr. buried Feb 13, 1888, age 65 (47)
 Mrs. Amanda buried Aug 2, 1886, age 77 (47)
 C. T. 1818 (162)
 Daniel P. P., infant bapt 1836 (22)
 Dickie W. buried Apr 1, 1888 (47)
 Elizabeth W. 1852 (225)
 F. buried 1845 (47)
 Dr. J. M. 1867 (318)
 James, first elder (259)
 Mannie m. Joseph W. Allison Jun 12, 1872 (47)
 Nancy A. d. Feb 21, 1886 (318)
 R. B. 1849 (176)
 Sarah 1812 (90)
 Solomon m. Sarah Ransom (free coloured) Jun 14, 1840 (47)
 Susan M. confirmed 1834 (22)
 T. R. 1858 (176)
 Wm. d. Jan 31, 1897 (318)
 Wm. J. jr. m. Louie Baker Jun 20, 1889 (289)
PORTERFIELD, Mrs. John d. Aug 11, 1898, age 71 (47)
PORTHRO, Dr. E. E. d. Dec 21, 1886 (318)
POSEY, James 1848, 1865 (329)
 John, father-in-law of James King Williams adult bapt Mar 3, 1873 (289)
POSTON?, Mrs. Mary 1870 (257)
POTTER, Elizabeth b. about 1862, d. 1911 (166)
 Jno. E. m. Nellie Gadsey Oct 15, 1890 (289)
 Nannie 1897 (271)
POTTEY, Wm. 1826 (330)
POTTS, C. F. 1870 (281)
 O. N. 1870 (281)
POWEL, Effie Alice m. Alvah Adolph Judd Dec 25, 1880 (47)
 Feby 1813 (164)
 Glenn 1889 (345)
 James 1836 (334)
 Mamie L. 1889 (345)
 Mary C. 1881 (345)
 Milton T. 1879 (345)
 Nancy 1813 (164)
 Sallie E. (Jones) 1884 (345)
 Sarah 1836 (334)

POWEL, Virginia B. m. James P. Buckner Jul 12, 1893 (338)
 William 1879 (345)
POWELL, Bell b. Oct 29, 1865, Franklin TN, to Andrew J. & Minerva Norman, bapt 1898 (47)
 C. E. (m) m. M. Clifton (f) Chapman Feb 21, 1894 (257)
 Chas. H. m. Sallie Williams Jun 11, 1895 (318)
 Christina (German) bapt 1883 (318)
 E. D. (m) m. M. Riley (f) Nov 27, 1873 (318)
 Eliza R. d. 1872 (318)
 F. M. d. Aug 25, 1900 (318)
 Lemuel B. & Mary Louisa parents of Augustus Weldon (b. May 1839), Thomas Cox (b. Oct 16, 1841), Theodosia Constantina (b. Oct 7, 1843) (47)
 Lillie adult bapt 1873 (318)
 Lodia R. m. Ernest N. Nail Apr 20, 1897 (318)
 Mrs. M. d. 1867 (318)
 Manerva 1869, d. 1873 (259)
 Margaret member before 1862 (318)
 Mrs. Margaret V., member 1870, m. Thos. Day 1874 (257)
 N. F. father of Maggie N., Eliza R. & Alice R. infants bapt 1868 (318)
 N. F. father of Fannie W. & George R. infants bapt 1872 (318)
 Salle E. m. H. E. Jones May 14, 1893 (345)
 Saml. father of Mary C. & Nettie M. infants bapt 1868 (318)
 Saml. P. father of Jennie R. infant bapt 1871 (318)
 Saml. P. father of Jerome infant bapt 1871 (318)
 Saml. P. father of Mary E. & Nettie M. infants bapt 1868 (318)
 Mrs. Susan W. m. Dabney M. Scales Jan 10, 1886 (289)
 W. F. 1869, 1873 (259)
 William & Harriet parents of Ida Florence b. Nov 13, 1859 (289)
 William 1892 (318)
 William F. 1866 (259)
POWER, James 1860 (341)
POWERS, Charles 1868 (176)
 Harit 1887 (257)
 R. P. & Emma parents of Zaida, Amos, Charles & Walter, all bapt Feb 5, 1889 at Cumberland Furnace (289)
 Mrs. 1872 (281)
POYNER, James M. 1879 (280)
PRANG, Anne Gesene b. Mar 12, 1856 to Henry & Mary Prang, bapt 1879 (47)
PRANGE, Celia A. m. O. S. Follett 1896, Nashville (22)

PRATCHARD, Kate d. Jan 5, 1900 (318)
PRATT, Daisy Denison 1884, age 20 (22)
  Daisy Denison b. Mar 7, 1864 to H. N. & S.
    A., sponsored in bapt by Mrs. Lula
    Perkins (bapt 1884) (22)
  G. S. 1867 (176)
  G. S. 1867 (176)
  J. M. 1875 (176)
  J. W. 1871 (176)
  John d. Jun 25, 1905 (taken to AL) (318)
  Russell bapt 1849, age 28 (47)
  William & Sarah Anne parents of John John-
    athan b. Jun 23, 1865 (289)
  William adult bapt Apr 20, 1879 (289)
  Wm. T. d. Jul 4, 1893, age 32 (r7)
PRENTICE, G. W. (stranger from Ohio) d. Sep 14,
  1882 (318)
PRESLEY, George 1845 (270)
  Jesey 1896 (220)
PRESLY, George 1877 (270)
PRESSLEY, Mrs. Jane 1850 (338)
PRESTON, David Craighead, buried Jun 29, 1884
  (47)
  Jane 1823 (220)
  Jane 1821, 1823 (220)
  Mary (wife of Thomas W.) buried Jun 1, 1849
    age 21 (47)
  Thos. R. m. Roberta Clift Jun 5, 1895 (318)
  Thomas W. m. Mary Craighead Jun 17, 1845
    (47)
PREWET, Sarah 1845 (270)
PRICE, A. (f) 1848 (220)
  Alice bapt 1878 (271)
  Aney 1856 (220)
  Catharine E. 1877 (270)
  Eliza 1888 (220)
  Ella G. m. J. J. Nix Aug 2, 1877 (318)
  Ellenor adult bapt Dec 23, 1866 (289)
  G. K. adult bapt 1873 (318)
  G. W. bapt 1882 (271)
  Mrs. J. mother of Mary A. infant bapt 1868
    (318)
  J. father of John W. infant bapt 1870 (318)
  J. father of John W. J. infant bapt 1870
    (318)
  Mrs. J. mother of Mary A. infant bapt 1868
    (318)
  J. P. father of Paralee L. infant bapt 1870
    (318)
  James A. 1882 (345)
  John adult bapt Dec 23, 1866 (289)
  John M. d. Mar 16, 1892 (65)
  Joseph? 1883 (331)
  Lucy A. adult bapt 1871 (318)
  Mag. W. infant bapt 1874 (318)
  Mary Lou 1893 (271)
  Mathew 1804 (90)
  Nannie B. m. M. C. Frazure Oct 9, 1895
    (318)

PRICE, Mrs. P. mother of Mary W. infant bapt
    1873 (318)
  R. W. d. May 3, 1893 (318)
  Sallie K. (alias Hatcher) 1870 (345)
  Sidney adult bapt 1868 (318)
  W. C. m. Nannie S. Horn Jul 27, 1864 (47)
  W. Lee bapt 1894 (271)
  Wm. T. d. Jun 8, 1874 (345)
PRICHARD, B. F. 1870 (176)
  Josephine E. m. Frederick Herschel Eichbaum
    Mar 10, 1853 (47)
  William & Mary M. parents of Josephine
    Eastland b. 25 Oct 1833; Cecilia Mary
    b. 25 Apr 35; & William b. 16 Nov 35;
    children bapt 13 Oct 1837 (47)
PRICHET, Sytha 1887 (275)
PRICHETT, Daniel d. Jul 29, 1898, age 15 (47)
  H. Clark d. Jul 3, 1894 (47)
  Samuel sr.? d. Sep 2? 1891, age 74 (47)
PRICHITT, Samuel buried 18 Jun 1886, age 9 mos
  (47)
PRICKETT, Oscar & Bessie parents of Margaret
    Christine b. Aug 11, 1899 (289)
  W. Oscar d. Aug 1, 1902 (289)
  William Oscar m. Bessie Walker Beesley Aug
    2, 1898 (289)
PRIDE, Arthur L. m. Etta Gaines Apr 27, 1892
    (338)
  Junius Atmore m. Martha Lillard Oct 11,
    1893 (338)
  Patsy 1820 (264)
  Samuel 1821 (264)
  Sarah A. 1833 (264-2)
PRIEST, Moses R. m. Maude Chadwell 12 Sep 1876
  (47)
PRIGG, Lucy Roseline b. 2 Apr 1828, Wilson Co
  TN, bapt 1874 (47)
PRIM, Malan 1846 (341)
PRINCE?, Alisey 1846 (341)
  G. H. 1867 (176)
  Hardy 1808, 1825 (330)
  Henry 1879 (280)
  Sarah 1808 (330)
  William 1808 (330)
PRIOR, Caroline E. 1857 (338)
PRITCHARD, Mrs. M. (wife of Robt.) 1892, d. 19
  Jun 1906 (318)
  Margaret B. adult bapt 1898 (318)
  Miss Margaret Blair 1898 (318)
PIRTCHEL, D. W. (see M. Porter Drane) (257)
PRITCHET, Elizabeth 1865 (275)
  Emaline 1865 (275)
  Sytha 1873, 1889 (275)
PRITCHETT, E. W. (C.V.) d. Oct 13, 1893 (318)
  Fielding d. Aug 17, 1884, age 25 (289)
  Hannah Jennette m. John Arch Draughon 18
    Apr 1876 (47)
  Mary A. (Mrs) 1876 (22)
  Mrs. Mary Ann 1872 (22)

PRITCHETT, Matthew F. 1876 (22)
    Van Kirkman d. Jul 12, 1897 (47)
PROCTOR, J. N. 1846, 1887 (341)
    Jas. H. 1855 (170)
    Susan 1855 (170)
PROFFIT, Lucy E. m. Jas R. Campbell Jun 18, 1890 (338)
PROFFITT, G. E. 1893, 1896 (220)
    J. E. 1888 (220)
    Lucy E. m. James R. Campbell Jun 18, 1890 (338)
    Sarah 1888, 1893, 1896 (220)
PROSSER, J. 1847 (341)
    James 1846 (341)
    Sarah E. 1846 (341)
PROTHEROE, E. B. 1878 (257)
    Mrs. 1879 (257)
PROTHO, Claudie m. D. T. Hall Jan 16, 1888 (318)
    S. M. m. Fannie Kennedy Dec 2, 1879 (318)
    Sallie m. Thos. W. Mitchel Oct 29, 1884 (318)
PROTHRO, Miss Claudia 1884, d. 21 Nov 1891, m. D. T. Hall 1888 (318)
    Mrs. Claudia adult bapt 1884 (318)
    Edward E. 1885, d. 19 Dec 1886 (318)
    Edward adult bapt 1885 (318)
    Mrs. Fanny d. Apr 28, 1900 (318)
    Richard d. Jan 9, 1884 (318)
    Dr. S. M. d. Feb 19, 1885 (318)
    Dr. S. M. 1881, d. 17 Feb 1885 (318)
    Dr. S. M. (see Mrs. Fannie Kennedy) (318)
    Miss Sallie E. 1881, 1885 to VA, m. T. W. Mitchell (318)
PROVENE, W. 1849 (176)
PROVINCE, William H. 1844 (176)
PROVINE, W. H. 1855 (176)
PROWEL, Erie 1878 (43)
    Lucy O. 1879 (43)
    Sampsun 1855 (43)
    Suller 1886 (43)
    Thomas W. 1855 (43)
PROWELL, Sampson 1858 (43)
    Sampson d. May 1859 (43)
    Thomas W. 1857 (43)
PRUET, Sarah 1877 (270)
PRUETT, Louisa L.? 1877 (257)
    Paul 1877 (257)
PRYER, Mrs. Caroline E. (adopted) mother of Margaret Powell Pryer bapt Jun 9, 1860 (338)
PRYOR, Fannie m. John B. Wright 24 Apr 1887 (47)
    Lee m. Annie L. McClure Nov 1, 1883 (318)
    Nathan 1847 (341)
    Phillip d. Jul 16, 1900 (318)
    W. 1847 (341)
PRYTON, Jane 1831 (259)
PUCKET, L. L. 1873 (345)
PUCKETT, A. J. 1880 (90)

PUCKETT, Anderson & Jemima parents of Henrietta b. Mar 6, 1844 (289)
    Catharine 1848 (334)
    G. W. 1881 (331)
    James T. 1875 (345)
    Miss Lyda d. Jul 24, 1898, age 50 (47)
    Mary E. 1848 (334)
    Sarah N. 1875 (345)
    William C. 1875 (345)
    William H. 1848 (334)
PUGSLEY, Mrs. Eliza 1846 (47)
    Mrs. Eliza buried Aug 31, 1862, age 79 (47)
    Miss Louisa d. Oct 8, 1894, age 74 (47)
PULLEN, Archabald 1806 (164)
    Elizabeth Sturdevant d. Mar 16, 1891, age 27 (289)
    Elizabeth Sturdevant (widow) b. Feb 23, 1864 (289)
    James d. Aug 1882 (347)
    Polly 1806 (164)
    Mrs. Sarah d. Nov 19, 1895 (347)
PULLENS, Sarah 1806 (164)
PULLEY, Samuel T. infant bapt May 15, 1870 (347)
PULLIAM, James Christopher bapt 1898, parents-- James N. & Mary Jane (Thomas) (225)
    James Norman m. Mary Jane Thomas Apr 27, 1892 (225)
    Sarah 1848 (347)
PULLIN, Martha J. 1848 (347)
    Susin A. 1848 (347)
PULLINS, Henry (colored) d. Jan 31, 1895, age 55 (47)
PUNSLEY, Sallie m. Julius C. Edwards Sep 27, 1871 (257)
PURDEN?, G. M. 1852 (131)
PURDOM, K. 1894, d. 1/2/1898 (271)
PURDON, Sadie M. (see Alfred Cravens) (289)
PURKENS, Edward 1806 (164)
    Elibeth 1806 (164)
    Patsey 1806 (164)
    Yenney 1813 (164)
PURKINS, Betsy 1813 (164)
    Edward 1813 (164)
    Grace 1808, 1811 (330)
    Jacob 1813 (164)
    Jane 1806 (164)
    Write 1806, 1813 (164)
PURRIS, Esther A. 1833 (264-2)
    H. G. 1830 (264-2)
    John d. 1829 (264-2)
PURSELE, Judey 1843 (170)
PURSER, Polly 1816 (178)
PURVIS, John d. 1829 (Sep) (264)
    John 1818 (264)
    Sarah 1818 (264)
    Sarah d. 1829 (264)
PURYEAR, Andrew J. d. 4/30/1883, age 37 (22)
    Andrew J. m. Mary Maury Reid Apr 20, 1871 (22)

PURYEAR, Andrew Mord 1889 (22)
    Andrew Mord b. Sep 17, 1874 to Andrew J. & Mary M., sponsored in bapt by Mrs. Sallie C. M. Reid (22)
    Harold Thorpe d. 6/16/1883, 1 yr 3 mo 1 da (22)
    Harold Thorpe b. Mar 15, 1883 to Andrew J. & Mary M., sponsored in bapt by Rev. Chas. M. Gray (22)
    Lenoir Fontaine of Franklin m. Henry Cooley Scruggs 1897 (22)
    Lenore Fontaine 1890 (22)
    Lenore Fontaine b. Sep 4, 1877 to Andrew J. & Mary M., sponsored in bapt by Miss Leighla O. Perkins (22)
    Miss Mary Clare 1898 (22)
    Mary Clare 1885, age 12 (22)
    Mary Clare b. Aug 4, 1873 to Andrew J. & Mary M., sponsored in bapt by Dr. W. S. Reid (22)
    Mrs. Mary M. 1876, 1898 (22)
    Mary Maury (Reid) (married to Andrew J. Puryear) member 1869 (22)
    Reid 1894, 1898 (22)
    William Reid b. Feb 12, 1880 to Andrew J. & Mary M. sponsored in bapt by Mrs. Mary M. Puryear (22)
PUTMAN, Miss Agnes 1881 (318)
    Mrs. Ella d. Oct 30, 1896, age 55 (47)
PYLES, Mrs. (Norwood's mother) d. Oct 23, 1887 (318)
PYOTT, Dr. Jno. E. 1893, d. 1 Nov 1904 (318)
    Miss Virginia Ann 1895 (318)
PYRON, C. Lee d. Oct 12, 1884 (infant) (reel # omitted)
    J. B. d. Mar 4, 1906 (318)
    James Lee d. Dec 26, 1892, 8 yr, only son (318)
    Mrs. Lee adult bapt 1884 (318)
QUARLES, Dan 1889, d. 10/31/1904 (271)
    J. L. 1889 (271)
    Sarah 1889 (271)
QUEENER, George W. d. Aug 11, 1913 (338)
QUICK, James pastor 1884-86, d. Jun 16, 1889 (264-2)
    Mrs. James 1886 (264-2)
    Miss Julia Elizabeth 1885, Dec 1886 to Detroit MI (264-2)
    Miss Lizzie 1885 (264-2)
    Mrs. Maria Elizabeth 1885, Dec 8 to Detroit MI (264-2)
    Miss Mary Eva 1885, Dec 1886 to Detroit MI (264-2)
    Miss Marian Thatcher 1885, Dec 1886 to Detroit MI, m. Wm. Newton (264-2)
QUIN, Cela 1858, 1859 (215)
QUINN, J. L. 1875 (176)
    Lillian Mai m. Theodore Tritschler Oct 22, 1895 (289)

QUINN, William 1868 (164)
QUINTARD, Rt. Rev. C. T. 1869 (22)
    C. T. & Eliza C. parents of Edw. Augustus b. Jun 12, 1860 (289)
    Kate bapt Aug 3, 1862 (289)
RACKLEY, Elizabeth 1836 (334)
RADER, Peter 1852 (327)
RADFORD, Lamuel 1866 (131)
    P. M. d. Sep 17, 1897, age 77 (47)
    Philip M. m. Caroline B. Smith 17 Aug 1886 (&47)
    Samuel 1852 (131)
RAGINS, Thomas 1852 (327)
RAGLAND, Delitha J. 1853 (215)
    Jno. N. 1889 (215)
    Joseph 1847 (215)
    Josiah 1849 (215)
    Norva 1844 (215)
    William 1871, 1876 (215)
RAGLEN, Elisabeth 1862? (215)
RAGON, Mrs. J. B. d. Apr 27, 1901 (318)
RAGSDALE, Miss Anna (from Knoxville) d. Jul 11, 1902 (reel # omitted)
    Britain & wife Lidda 1809 (330)
    D. B. d. Mar 27, 1897 (318)
    Sarah 1835 (90)
RAHM, Carl (infant of Enide) d. Jun 8, 1901 (318)
    Elizabeth m. N. G. Taggart Jan 23, 1895 (318)
    Emil 1895 (318)
    Miss Josephine 1898 (318)
    Miss Margaret 1898 (318)
RAINEY, Nancy P. 1836 (334)
RAINS, Elizabeth 1872 (329)
    Mrs. Elizabeth 1870, d. Jul 24, 1894 (264-2)
    Ida m. Ferdinand C. Maury 8 Jan 1874 (47)
    Irena S. 1848, 1855 (329)
    James E. m. Ida Bell Yeatman Jun 22, 1858 (289)
    James 1873 (329)
    Jane 1848 (329)
    Jane d. Mar 28, 1873 (329)
    John 1848, 1865, 1879 (329)
    Jno. Marcus & Clara Eliz. parents of Clara Barnes b. May 23, 1896 (289)
    Josiah 1876 (259)
    Julia A. M. E. m. ____ Berskas 1861 (347)
    Nancy 1848 (329)
    Nancy 1865, d.? Jul 1874 (329)
    Nancy d. Jun 1873 (329)
    Nancy C. 1872 (329)
    R. F. 1848 (329)
    Sallie 1865 (329)
    Sally 1848 (329)
    Sam G. B. 1870 (329)
    Sarah 1865, 1879 (329)
RAMSAY, Mrs. Ella (wife of R. L.) 1893 (318)
    Mrs. Eulalia A. (wife of W. B.) 1895 to Waco TX (reel # omitted)

RAMSAY, Rhoda 1818, 1820 (162)
    Robert L. 1893 (318)
    Wilburn B. 1889 (318)
RAMSEY, Mrs. Adelia C. (widow) 1890, d. 17 Jan 1891 (318)
    Andrew 1819, 1820 (205)
    C. m. Mary Jane Kerr Aug 1851 (347)
    Daniel 1840, 1843 (275)
    Eliza H. C. ca. 1836 (338)
    Elizabeth 1842, 1846 (345)
    Elizabeth S. 1846 (345)
    Elizabeth S. m. Geo. W. Garner Oct 6, 1840 (345)
    G. W. 1893 (345)
    Ida? buried 14 Sep 1884, age 9 (47)
    J. G. M. jr. d. Apr 26 1900, b. Jun 30, 1835 (338)
    Dr. J. G. M. d. Apr 11, 1884, age 87 yr 18 da (338)
    James S. 1850? (345)
    Jane J. 1842, 1846 (345)
    Jennie B. m. James D. Faucette (from Johnson City) Jan 21, 1891 (338)
    John, Elder, 1825 (24)
    John (clerk from 1826 to 1848) (24)
    Jno. M. 1893 (345)
    John Virgil son of Mary J. b. Sep 1852 (345)
    Lavena A. m. W. H. Phillips Dec 26, 1889 (318)
    Lawra M. & Margaret E. (infants) bapt Oct 6, 1853 (347)
    Lizzie 1884 (345)
    Lucille E. 1873 (259)
    Mrs. M. B. b. Sep 18, 1802, d. Oct 14, 1889 (338)
    M. T. d. Jun 17, 1906 (128)
    Malindey 1843 (275)
    Margaret mother of Francis Alexander bapt May 20, 1821 (338)
    Margaret wife of late F. A. 1822 (338)
    Marthey 1840 (275)
    Mary 1836 (334)
    Mary 1892 (345)
    Mary J. 1850? (345)
    Matilda 1850? (345)
    Nancy 1873 (259)
    P. B. d. Jul 18, 1905 (128)
    R. W. 1894, 1893 (345)
    Rode 1820 (205)
    Sallie m. T. Vernon Mar 5, 1893 (318)
    Sallie (see Sallie King) (318)
    Sallie J. d. Jun 29, 1889 (345)
    Samuel G. pastor 1809-1812 (338)
    Samuel G. d. Jul 5, 1817 (338)
    Sarah A. (Hall) 1827 (24)
    Susan H. 1881 (345)
    Susan P. 1842 (338)
    Thomas J. 1850? (345)

RAMSEY, W. B. A. & E. __ C. parents of John James Ramsey White, Elizabeth Lawson, Margaret Henrietta & Ann Temperance all bapt May 1838 (338)
    W. B. A. 1842 (338)
    W. B. A. member ca. 1836, d. Apr 27, 1874, age 74 (338)
    Col. W. B. A. 1841 (338)
    Wm. 1812 (90)
    Wm. B. A. d. Apr 27, 1874, age 74 yr 2 mo 20 da (338)
    William L. d. May 2, 1884 (345)
    Wm. P.? A. & Susan P. parents of Mary Letitia bapt Mar 10, 1844, age 4 mo 21 da (338)
RAMSY, James 1853 (345)
    Pricella 1848 (347)
RAND, Sophia m. Geo. F. Day Sep 22, 1891 (318)
RANDAL, G. 1847 (341)
RANDALL, B. W. & E. M. parents of Mary Olive Randall b. Mar 26, 1870 (289)
    Benj. W. & Elizabeth parents of Bessie Chase b. Oct 23, 1874 (289)
    Benjamin Wylie m. Elizabeth Martin Dec 17, 1867 (289)
RANDOLPH, Alfred 1876 (259)
    Anderson 1869, 1885 (wife Polly Ann) (259)
    Eillard 1833 (259)
    Henry 1823, 1824, 1825, 1845 (205)
    J. E. 1881 (331)
    J. H. 1876 (259)
    James 1833 (259)
    John 1841 (259)
    Rev. John, wife Mary & daus. Lutishy H. & Permely S. & son Robert 1847 (259)
    Rev. John 1841 (259)
    John 1831 (259)
    L. L. 1876 (259)
    Louise Jane 1869; m. L. Safley (259)
    Lucy F. 1866 (259)
    Margaret (husband W. C.) 1870 (259)
    Mary 1848 (329)
    Matilda 1831 (259)
    Mirah 1853 (259)
    Mirah J. 1869 (259)
    Parmelia S. 1833 (259)
    Polly Ann (see Anderson Randolph) (259)
    Robert 1844 (259)
    Sally Ann 1869, 1885 (259)
    Sarah 1841, 1869; m. Fesington Lowry (259)
    W. C. 1870; (wife Margaret) (259)
RANER, Miss Lou d. Aug 19, 1895 (Staunton--taken to N.O.) (318)
RANEY, Homer 1836 (334)
RANKHORN, Jane 1816 (178)
    Jesse 1816 (178)
    Joseph 1816 (178)
    Milly 1816 (178)

RANKIN, David, member before 1862; d. before
        1862 (318)
    Mollie 1850? (345)
    Rebecca mother of son born 1841 (name not
        given) (345)
    Rebecca 1846 (345)
    Zilpah d. Oct 27, 1882 (taken to Jasper?)
        (318)
    Zilpha member before 1862; d. 1883 (318)
RANNIE, Wm. m. Mary Simmons Mar 24, 1864 (47)
RANNY, Joseph m. Mrs. Fannie Lundy Dec 27?, 1888
        (225)
RANSOM, A. 1860 (341)
    Angaline 1881; d. 1890 (270)
    Ed m. Grace Owen Nov 26, 1895 (318)
    Ellis d. Jun 24, 1900, age 40 (289)
    Miltton 1881 (270)
    Sarah (free coloured) m. Solomon Porter Jun
        14, 1840 (47)
RANSSAM, Milton 1877 (270)
RANY, Jennie Emmett b. Oct 1, 1871, Hillsboro Co.
        FL to Emmett Edwd. & Jane A. Barry,
        bapt 1898 (47)
RATHBON, J. P. 1848 (338)
RATHER, R. F. m. Florence V. Wells Oct 3, 1888
        (318)
RATHERFORD, Polly 1877 (3290
RAULSTON, Harriet R. 1869 (257)
    W. S. m. Mary L. Phillips, Sep 14, 1886
        (318)
RAUNIE, Wm. Ross & Lillie parents of Wm. Ross (in
        Rochester NY) bapt Sep 29, 1889 (289)
RAVENSCROFF, Bishop (minister) 1829 (22)
RAWLINGS, Miss Alice G. 1886 (318)
    Alice G. m. Arthur J. Watkins Jan 31, 1894
        (318)
    Mrs. Anna d. Apr 17, 1900 (318)
    Mrs. Anna (wife of Jno. G.) member ca. 1871;
        d. Apr 15, 1900 (318)
    Ben M. 1885 (318)
    Mrs. C. G. (wife of F. C.) 1889 (318)
    D. Rich 1886 (318)
    Daniel R. member 1848, d. Feb 14, 1876 (318)
    Danl. R. member 1860; d. Feb 14, 1876 (318)
    Elizabeth A. 1871, 1857 (259)
    Elizabeth 1884 (259)
    F. C. father of Asher Graham, infant bapt
        1889 (318)
    Fenimore Cooper 1889 (318)
    Harriet 1840 (318)
    Hattie m. F. J. Klatz Dec 17, 1888 (318)
    Hetty 1840 (318)
    Mrs. Irene M. 1871 (318)
    J. G. (see Miss Madora Crutchfield) (318)
    J. G. father of Alice Gordevin, infant bapt
        1879 (318)
    J. G. father of Alice Goodwin, infant bapt
        1879 (318)

RAWLINGS, J. L. 1857 (259)
    John F. 1870 (318)
    Jno. G. 1871 (318)
    Louisa 1848 (318)
    Mrs. Louisa d. Nov 1877 (318)
    Mrs. M. G. mother of Elizabeth Virginia
        bapt Jul 10, 1859, age 1 mo (338)
    Martha J. (wife of D. R.) member 1859;
        d. Mar 9, 1876 (3180
    Mary A. 1857 (259)
    Mary A. 1871 (259)
    N. C. 1884 (259)
    Nancy C. 1857, 1871 (259)
    Mrs. Reese R. mother of Clarence, infant
        bapt 1874 (318)
    Rezin member 1840, d. Sep 1869 (318)
    Victoria A. 1862 (318)
    Virginia J. member before 1862 (318)
    W. W. 1871, 1884 (259)
RAWLINS, James Fisher b. Jul 8, 1857 (338)
    Mary G. 1857 (338)
RAWLS, Cordelia m. Micah Combs May 3, 1883 (289)
RAY, C. B. m. May Slatter May 6, 1879 (318)
    H. J. 1879 (176)
    Miss Maggie Pearl 1898 (22)
    Margaret Jane 1844 (335)
    Mary E. 1865 (329)
    N. T. (f) 1887 (131)
    Miss Susie 1898 (22)
    W. M. 1887 (131)
    W. T. (f) 1887 (131)
    Walter 1841 (259)
    Written 1831 (259)
RAYBORN, Miss Martha J. adult bapt 1881 (reel #
        omitted)
    Miss Martha J. 1881, d. Jan 13, 1882 (264-2)
RAYL, Mrs. Ann E. d. Jun 24, 1895, age 65 yr 2
        mo 24 da (338)
    Ann E. 1868 (338)
    J. A. b. Mar 2, 1825, d. Jan 13, 1897 (338)
    J. A. d. Jan 13, 1897, age 71 yr 10 mo (338)
    J. A. m. Anna E. Strong Feb 16, 1854 (338)
    Jesse A. d. Jan 13, 1897, age 71 yr 10 mo
        11 da (338)
    Jessie m. Frank Barker Feb 8, 1887 (338)
RAYMOND, C. F. m. Fanny Cleage Jun 25, 1887 (318)
    Christiana Cornelia d. Jun 24, 1912, age
        54 (289)
RAYSDELL, John 1813 (164)
REA, George & Mary parents of Caroline Ellen b.
        Oct 1881 (289)
    George & Mary parents of Charles Wesley
        bapt Mar 16, 1884 (289)
    George & Mary (Wesley) parents of Edith
        Degen b. Jun 9, 1894 (289)
    George m. Mary Wesley Easter Sunday 1880
        (289)
    Geo. J. & Mary C. parents of Geo. Sheffield
        b. Feb 27, 1887 (289)

REACE, Mariah (see Mariah Merman) (215)
READ, Alex Litton (age 20, d. from effects of
        campaign in Western VA, buried Dec 27,
        1861 (47)
    Mrs. Ann 1846 (47)
    Chas. W. d. Jan 1, 1899 (318)
    David & Anne parents of Anne Eliza Litton
        b. 17 Oct 1845, bapt 31 Jan 1847 (47)
    David & Ann parents of Arabella Litton b.
        Jan 1837, bapt Oct 15, 1837; John Litton
        b. 31 Jan 39, bapt 3 Nov 39; Alexander
        Litton b. 27 Feb 41, bapt 19 Sep 41;
        and Mary b. 10 May 43, bapt 5 Nov 43
        (47)
    G. B. (C.V. from AL, killed on R.R.) d.
        Aug 11, 1891 (318)
    Harriet W. dau of James L. b. Apr? 2, 1843
        (345)
    J. L. 1842 (345)
    John 1867 (341)
    John H. 1843 (170)
    John Litton (see David Read) (47)
    Dr. Jno. T. d. Jan 13, 1900 (318)
    Mrs. Lizzie S. (wife of Sam R.) 1890, d.
        1909 (318)
    M. A. 1847 (f) (170)
    Mrs. Maggie Cooke d. Sep 26, 1889 (338)
    S. R. m. Lizzie Sims Feb 24, 1887 (318)
    Sam (baby of) d. Dec 27, 1887 (318)
    Saml. R. adult bapt 1890 (318)
    Samuel R. 1890 (318)
READE, Isaac 1808 (330)
READEN, JosephT. 1850 (334)
READER, Casper (Severe Co.) 1827 (23)
REAGAN, Duke 1888 (220)
REAGOR, J. B. 1861 (341)
REAMS, Anne adult bapt 1826 (162)
    Obadiah 1827, 1831 (162)
    Richard 1827 (162)
REAR, Chas. & Elizth. parents of Jennie Jessie
        b. Aug 13, 1891 (289)
    Mrs. Wm. (Lucinda) d. Jul 13, 1902, age 69
        (120)
REASONOVER, Fannie ca. 1848 (225)
    Fannie adult bapt 1850 (225)
REAVES, J. 1867 (341)
    R. P. 1855 (176)
    Rachel 1877 (281)
REBAY, Dr. Geo. m. Mrs. E. C. Gason Apr 13, 1865
        (47)
RECTOR, William 1842 (220)
RED, Robert James b. May 2, 1849 (289)
REDDEN, Lydia 1816 (178)
REDDIN, Joseph F. 1850 (334)
REDDIX, Elizabeth 1837 (205)
REDE, Winey W. (f) 1848 (334)
REDFORD, Mrs. Carrie? d. May 8, 1897, age 50 (47)
    Samuel 1842, 1887 (131)

REDFORD, Sarah E. 1848 (347)
REDINGER, Chas. A. 1890 (318)
    Mrs. M. E. (wife of C. A.) 1890 (318)
REDMON, N. C. & wife Martha 1866 (220)
REECE, Ida infant d. Jun 18, 1882 (318)
    Ida Lutt d. Jun 13, 1882 (318)
    Mrs. Mamie d. Nov 9, 1893 (wife of Ellis)
        (318)
    Wm. d. May 3, 1895, age 43 (47)
REED, Adeline 1853 (318)
    Clara buried Jan 1850 (wife of Marvin)
        (47)
    David A. 1886 (318)
    E. M. 1860 (21)
    E. M. m. George Arch Dec 1865 (21)
    Elijah adult bapt 1827 (162)
    Elizabeth 1873 (329)
    Miss Emma Florence 1870, 1874 to Charles-
        town WV (264-2)
    H. R. 1855, 1858, 1879 (176)
    Isaac 1808 (330)
    Isaac & wife Elizabeth 1824 (330)
    J. G. 1871, 1876 (176)
    J. N. 1856 (176)
    James 1867 (176)
    Joel 1874 (329)
    John N. (son of Thomas) bapt Feb 2, 1828
        (162)
    Laura (Mrs) 1872 (225)
    Mrs. Laura A. d. Shelby Co., Sep 14, 1877,
        buried Memphis (Elmwood Cemetery)
        (225)
    Mrs. Laura A. 1874 (225)
    Mrs. Laura A. buried Sep 15, 1877 from the
        residence of her bro-in-law, E. S.
        Elam, Esqr. (225)
    Laura Amelia adult bapt 1872 (225)
    M. A. 1860 (21)
    M. A. m. Charles Holaway Oct 1861 (21)
    Mrs. M. C. (wife of D. A.) 1886 (318)
    Martan R. 1847 (341)
    Mary 1827 (162)
    Mary Elizabeth 1877 (264-2)
    Patrick Wilson (son of Thomas) bapt Feb
        2, 1828 (162)
    Rachael Ann b. 1 Sep 1831 (dau of Martha)
        (162)
    Rachel Hardin (dau of Thomas) bapt Feb 2,
        1828 (162)
    Mrs. Roberta Jane 1883 (264-2)
    Sally 1827 (162)
    Sarah T. 1874 (329)
    Thomas adult bapt 1827 (162)
    Vina W. 1850 (334)
    W. B. & wife 1883, 1884 (264)
    W. B. 1879, 1885, 1882, d. Feb 2, 1900
        (318)
    W. F. (see Miss Libbie Thompson) (318)

REED, William Benjamin 1877, d. Feb 2, 1900 (264-2)
    William F. jr. 1897 (318)
REEDEN, Frances 1816 (178)
REEDER, Lila m. James P. Young Oct 10, 1888 (338)
REEMS, Jane 1827 (162)
REERDUM, Mattie 1897 (271)
REES, Louis E. 1888, d. 1896 (318)
    Mrs. Margaret G. 1886 (318)
    Monah 1862? (215)
    Rebeca 1821 (329)
    Sue m. Lewis G. Gillespie Oct 2, 1894 (318)
    William B. 1862? (215)
REESE, Benjamin, member 1848, moved to MS (347)
    Evelyn (see Mrs. T. B. Harrison) (120)
    James 1848 (329)
    James Thomas & Sarah Jane parents of Mary Hyde b. Jan 18, 1874 (289)
    Laura confirmed 1866 (22)
    Martha 1848, 1864 (329)
    Rufus M. m. Margaret Ellis Feb 23, 1869 (257)
    Mrs. Sallie Butler d. 1908, Feb, age 75 (120)
    W. m. Ida Tutt Aug 8, 1880 (318)
    Wm. B. d. Oct 24, 1891, age 61 (47)
REEVE, James W. m. Anna McNairy Jul 12, 1860 (47)
REEVES, Mrs. America 1872 (225)
    Mrs. America 1874, removed to Brownsville TN Sep 8, 1874 (225)
    Brown 1899, d. Aug 29, 1900 (21)
    Charley bapt 1881 (271)
    Elizabeth King m. Alexander Gray 29 Apr 1879 (47)
    Hulda mother of Bessie (6 yrs old), Albert (3 yrs old) & Frank (w yrs old), all bapt Sep 28, 1884 (289)
    Dr. James d. Jan 5, 1896 (318)
    James O. K. buried Mar 6, 1876 (225)
    Jennie Estelle b. Jan 5, 1874, bapt Apr 5, 1874, parents--John G. & America, sponsors--J. M. Schurar, Atlas J. Peebles & Sarah L. Peebles (225)
    Katie 1892 (21)
    Miss S. C. 1872 (225)
    Miss Sallie C. 1874 (removed to Brownsville TN Sep 1, 1874) (225)
REID, Archibald S. pastor 1872-74 (264-2)
    Bessie Maury m. John E. Turney 13 Oct 1886 (47-1)
    Corinne m. Robert T. Frazier 26 Sep 1888 (47)
    D. A. m. Ella McCorkle Sep 12, 1883 (318)
    D. A. d. Apr 7, 1890 (318)
    E. C. m. L. E. King Dec 23, 1897 (318)
    Edwin Perkins b. Jul 31, 1887 to Jno. W. & Maud C. Reid, sponsored in bapt by Dr. W. S. Reid, Edwin N. Perkins, Leighla O. Chocrane & Dr. H. P. Cochrane (22)

REID, Edwin Perkins d. 9/27/1887, age 2 yr 1 mo 27 da (22)
    Eliza K. m. Frederick A. Woodward Feb 6, 1895 (257)
    Mrs. Eliz. confirmed 1841 (22)
    Miss Elizabeth confirmed 1854 (22)
    Fannie F. m. Thomas A. Harris Oct 22, 1856 (22)
    Frances Thorpe child of Dr. F. T. Reid, bapt 1841 (22)
    Francis F., D.M. confirmed 1841 (22)
    Mrs. Francis F. confirmed 1841 (22)
    Dr. Francis Thorpe d. 12/3/1882, 82 yrs 1 mo 3 da (22)
    Frank T. m. Josephine Woods 4 Jun 1872 (47)
    Jack (see Maria F. Thompson) (257)
    James Henry m. Louisa Reid Lindsley 4 Oct 1877 (47)
    John & Marise parents of George Argyle, Elizabeth Murry & Susan Thompson bapt 1868 (257)
    John & Maria F. parents of Sophia bapt 1868 (257)
    John 1827 (24)
    Judge John buried 14 Agu 1885, age 79 (47)
    John Dumont 1874, 1874 to Mineral Pt., WI (264-2)
    John W. 1890 (22)
    Mrs. John William jr. 1898 (22)
    John William 1894, 1898 (22)
    John William b. Jan 8, 1884 to John W. & Maud Perkins, sponsored in bapt by Edwin Maury Perkins, Mary T. Reid & Leighla O. Perkins (22)
    Julia infant dau of Dr. Wm. S. & Sallie O. buried Jul 25, 1854 (22)
    Mrs. Julia D. 1873, 1875 to Mineral Pt., WI (264-2)
    Mrs. Mand C. 1898 (22)
    Maria F. 1857 (257)
    Mary Maury m. Andrew J. Puryear Apr 20, 1871 (22)
    Mary Maury confirmed 1869 (22)
    Maud Claiborne b. Sep 21, 1889 to Jno. W. & Maud C. sponsored in bapt by C. M. Gray, E. N. Perkins, Mrs. Mary Puryear & Mrs. Leighla Cochran (22)
    Maury Thorp 1885 (22)
    Robert jr. 1888, 1891 to Troy NY (318)
    Mrs. Sallie C. 1854, 1876 (22)
    Mrs. Sallie Claiborne 1869 (22)
    Mrs. Sarah C. 1898 (22)
    Thorp age 5 mos, son of Wm. S. & Sallie bapt 1872 (22)
    Dr. Wm. S. 1876 (22)
    Dr. William S. confirmed 1854 (22)
    Dr. William Steptoe 1869, 1876, 1898 (22)
REILEY, Mrs. Nina 1893 (wife of W. W.) (318)
    W. W. 1891 (318)

REINS?, Jackson m. Emandia Wright 1863 (347)
RENCHER, Louiza 1860 (170)
RENEAU, S. C. 1848 (338)
RENEDA, Thomas 1848 (334)
RENEGAR, Anna 1833, 1848 (331)
  George 1833, 1848 (331)
RENG?, Thomas (old soldier National Cemetery) d.
  May 25, 1895 (318)
RENNER, John 1827 (Greene Co) (23)
RENNICK, May m. F. B. Surgvine Apr 10, 1893 (318)
RENNIDY, Victory 1876 (21)
RENO, Mary Ann 1893 (271)
  Thomas J. bapt 1893 (271)
RENTFRO, Lewis 1827? (264)
RENWICK, Geo. d. Jan 28, 1885 (318)
RESSERY, Daniel G. 1836 (334)
  Frances 1848 (334)
  Jane 1848 (334)
RETHERFORD, James 1856 (220)
  Paley 1871 (220)
  Poley 1866, 1870 (220)
REUNELS, Jacob Cannon b. May 15, 1830, Lincoln Co.
  TN to James & Jane, bapt 1898 (47)
REVIS, J. W. 1887 (335)
  Lewis & wife Jammima? 1834 (90)
  Lewis 1839 (90)
  Virginia E. 1885 (335)
REY, E. J. (see S. E. Corn) (318)
REYNOLDS, A. d. Sep 10, 1883 (318)
  Ada W. 1880 (345)
  Benjamin F. 1842 (345)
  C. L. (f) 1855 (334)
  D. S. 1881 (331)
  Henry 1825 (330)
  James 1850 (334)
  Jane 1849 (259)
  John m. Harriet Jeffs Aug 15, 1865 (47)
  John F. 1899 (318)
  John G. 1880 (345)
  Leon (from MS) m. Sallie Williams (from
    Concord) May 1881 (338)
  Mrs. Lydia (wife of Jno. F.) 1899 (318)
  Margaret 1825 (330)
  Margeret 1808 (330)
  Martha A. 1850 (334)
  Mary Ashlin b. Aug 26, 1886 to Carey Moore
    & Anna Eliza, sponsored in bapt by
    Miss Ophelia Polk, Miss Bettie Cunning-
    ham & Dr. W. S. Reid (22)
  Mary H. (wife of W. E.) 1881 (318)
  Precillar J. 1855 (334)
  Rhoda m. J. M. Cumley Oct 26, 1881 (318)
  Richard F. 1843 (345)
  Robt. B. d. Dec 1896, age 85 yr 1 mo (338)
  Samuel D. 1850 (334)
  Sarah S. 1855 (334)
  Suron (f) 1848 (334)
  Susan 1850 (334)

REYNOLDS, Thomas C. 1850 (334)
  W. J. m. Ella Crow Sep 20, 1882 (318)
  Wm. E. 1881 (318)
RHAIL, Amanda 1866 (264-2)
RHAME, Mrs. 1880 (318)
RHEA, Charles M. d. Sep 10, 1901, age 28 (338)
  E. W. 1868 (338)
  Florence (nee Marchbanks) 1881 (271)
  J. B. 1868 (338)
  Dr. J. S. 1881 (318)
  Rev. Jno. father of Carrie May infant bapt
    1879 (318)
  Joseph father of John infant bapt 1879 (318)
  Joseph & Eliza parents of John infant bapt
    1879 (318)
  Lydia 1862? (215)
  Mary adult bapt Oct 31, 1858 (338)
  Mary mother of Rhoda Anne & Malena Jane bapt
    Dec 5, 1858 (338)
  Miss Nannie A. 1881 (318)
  Rhoda 1859 (338)
  Saml. 1852 (327)
  Saml. m. Mattie Phillips May 21, 1882 (318)
  Wm. Edward 1893 (318)
  Wm. R. (Confed) d. Jun 1, 1903, aged 67
    (338)
RHINE, Gustave C. 1873, June 14, 1885 to Fort
  Worth TX (257)
RHINES, J. M. 1887 (131)
RHOEL, Miss Amanda member 1866, m. John Rose
  (264)
  Miss Anne Mollie 1874, d. Oct 16, 1902
    (264-2)
  Miss Arballa Matilda 1874 (264-2)
RHOMSON, Ann Maria 1842 (338)
RHYNE, G. C. & Ellen parents of Gustar Charles
  bapt 1877 (257)
  G. C. & Ellen parents of Kate Moore bapt
    1876 (257)
  G. C. & Ellen parents of Maggie May bapt
    1880 (257)
  Gustave C. & Ellen parents of Dora Elisa-
    beth, James Edward & Sarah Ellen bapt
    1873 (257)
RHYNN, Ellen (see Ellen Howard) (257)
  Ellen 1858, Jun 14, 1885 to Fort Worth TX
    (257)
RICE, A. 1854 (162)
  Alice 1879 (329)
  Amanda Malvina b. Dec 3, 1831? (reel #
    omitted)
  Augustus 1822, 1823, 1837, 1855 (162)
  Augustus (elder) 1832 (162)
  B. H. 1882 (318)
  Mrs. Beulah (wife of B. H.) 1882 (318)
  Dr. C. A. m. Julia Henley Jun 24, 1866
    (he from Brandon MS) (257)
  Charles d. Nov 1903, age 35 (120)

RICE, Edwin Augustus (son of Augustus) bapt 1824 (162)
    Eliza Elvira (dau of Augustus) bapt 1823 (162)
    F. George m. Gertrude Jenkins Jul 21, 1891 (318)
    Harriet Newel bapt May 25, 1822 (dau of Augustus (162)
    J. Porger d. Sep 25, 1897, age 24 (47)
    James A. 1866 (162)
    Joseph O. 1866 (162)
    Margaret H. adult bapt 1866 (318)
    Mary bapt 1822 (May 25), member 1859 (162)
    Mary Francis buried Jun 14, 1881 (age 6 mos) (47)
    Mary Jane 1866 (162)
    Maryan 1865, 1873 (275)
    Moses 1821, 1823 (162)
    Moses, Caroline Jane (dau of Moses) b. Jun 23, 1820 (162)
    Rufus E. 1866 (162)
    Rufus Eldridge (son of Augustus) b. 1826 (162)
    Rufus Gates m. Susan M. Mallett Apr 15, 1868 (289)
    Rufus Gates adult bapt Feb 22, 1867 (289)
    Susan 1820, 1823 (162)
    Wm. 1879 (329)
RICH, Mrs. Lurena 1835 (264-2)
    Mary L. 1858 (170)
    Miss Phoebe W. 1835 (264-2)
    Robt. 1855 (170)
RICHARD, Catharine J. 1867 (162)
    John V. 1866 (162)
RICHARDS, Belle b. Jul 11, 1874, Columbia TN to Wm. & Margaret Coggin, bapt 1898 (47)
    Charles m. Laura Bailey Nov 8, 1887 (47)
    Edward D. m. Maggie Buckner Jun 5, 1873 (47)
    Elizabeth A. 1854 (318)
    George & Fanny, parents of Henrietta b. Aug 16, 1858 (289)
    Harry A. 1892 (318)
    Harry Arthur, James McClure, Robert Cravens & Mary Helen, infants bapt 1887 (318)
    Mrs. Jeanie d. Aug 24, 1891 (15 Boyce St) (318)
    Mrs. Jennie (wife of H. W.) d. Aug 22, 1891 (member 1885) (318)
    Jno. Bennett & Elizabeth M. parents of Genevieve bapt Aug 17, 1884 (289)
    Sarah Thomas d. Jun 5, 1899 (b. Jan 6, 1899) (338)
    Miss Sophia m. Will Kansinger; member 1878 (318)
    Tho. buried Nov 1, 1865, age 11 (47)
    W. m. Jennie McClure Oct 2, 1873 (318)
    William buried Sep 26, 1854, age 30 (47)

RICHARDSON, A. J. 1880 (322)
    Augusta m. to Dr. John; member 1843 (170)
    David m. Laura S. Bearden Dec 11, 1857 (338)
    Drewry 1846 (341)
    E. E. m. Lillian Lobach Jun 24, 1889 (318)
    Mrs. Ella O. member 1890, wife of Jno. P., 1892 to New Orleans (318)
    F. 1847 (341)
    Mrs. J. (died in Augusta GA) d. Dec 18, 1886 (318)
    J. 1846 (341)
    James Buist m. Hattie Bishop Davies Jun 15, 1898 (289)
    John P. father of Mary Oliver infant bapt 1889 (318)
    John R. & Lucy (Brown) parents of James Buist b. Dec 19, 1873 (289)
    John R. 1877 (162)
    Joseph G. 1866 (318)
    Josephine M. (wife of Thos. sr.) d. Dec 15, 1886 (318)
    Josie Annetta Fry infant batp 1881 (318)
    Laurence L. buried Aug 15, 1882, age 2 yr 7 mo (47)
    Miss Mary A. member 1866, m. Albert Hooke, d. 187_ (318)
    Mary Oliver d. Jan 28, 1890 (taken to N. Orleans) (318)
    Priscilla 1846 (341)
    Susan 1846 (341)
    Susan A. member on 1862 membership list, but d. before 1862 (318)
    Miss Susie B. member 1890, 1892 to New Orleans, d. Jun 26, 1894 (318)
    Tennessee member 1848, d. Sep 4, 1864 (347)
    Thos. (see Josephine Oakman) (318)
    Thomas jr. 1866 (318)
    Thomas infant bapt 1874 (318)
    Thomas d. O-t 21, 1884 (318)
    Walker m. Mary C. Lewis Jan 22, 1879 (47)
RICHESON, Jemima 1862? (215)
RICHEY, Andw. Martin (son of James) bapt 1827 (162)
    C. A. 1875 (259)
    D. L. & wife 1875 (259)
    James 1828 (162)
    James Hardin (son of James) b. Apr 28, 1821, bapt 1821 (162)
    Miss L. C. 1875 (259)
    Lucinda 1875 (259)
    Robert m. Visa? Miller Sep 18, 1821 (162)
    W. H. & wife 1875 (259)
    W. N. 1875 (259)
RICHY, Agness Rhea (dau of James) bapt Aug 29, 1819 (162)
    Enoch W. Jackson (son of James) bapt Aug 29, 1819 (162)

RICHY, James 1818 (162)
  Joseph 1818 (162)
  Polly Willoughby (dau of James) bapt Aug 29, 1819 (162)
  Susanna Leechman (dau of James) bapt Aug 29, 1819 (162)
RICKETTS, Emela 1886 (21)
  N. S., elder, d. Sep 1861 (21)
  W. S. d. Sep 27, 1867 (21)
  William S. d. Sep 27, 1861 (21)
RICKLE, R. P. 1852 (327)
RICKY, James 1819 (162)
RIDDELL, A. M. & A. parents of Agnes Jardine b. Jan 2, 1898 (338)
  Alexr. & Agnes parents of James Mills b. Jun 19, 1891 (338)
  Annie C. m. Zebulon B. Vance Dec 10, 1873 (289)
RIDDLE, Elias 1845, 1877 (270)
  Jane 1838 (330)
  Mahalia 1845, 1877 (270)
RIDE, Ruth 1818 (264)
RIDELL, A. & A. parents of Jennie Luella b. Oct 23, 1895 (338)
  A. & A. parents of Annie Lennox b. Feb 1, 1893 (338)
RIDEN, Mrs. H. H. d. Dec 3, 1894 (318)
  W. H. (Eden Park) d. Aug 13, 1894 (318)
RIDER, Alice D. 1896 (271)
  George C. bapt 1896 (271)
  Jo 1884 (21)
  Mrs. Margaret 1876 (318)
  Matilda F. 1863 (21)
  Mattie m. D. C. Fisher Jul 6, 1892 (318)
  Miss Sarah L. 1876 (318)
RIDERS, M. F. m. James Arnell May 5, 1867 (21)
RIDGEWAY, Rebecca 1879 (280)
  Wm. S. d. Apr 12, 1889, age 42 (289)
RIDLEY, Elizabeth 1843 (170)
  Mrs. Eliza S. d. 1880?, on membership list 1880 (225)
  James A. m. Alice M. Vanleer Apr 30, 1872 (289)
  John M. & Mary D. parents of Catharine Logan b. Dec 11, 1873 (289)
  Rev. Joseph James D. D. member 1877, d. Mar 10, 1878 (225)
  Rev. Joseph James D. D. buried Mar 12, 1878 (225)
  M. E. m. Louise V. Garnier Dec 10, 1889 (318)
  Rebecca L. 1833 (259)
  Virginia 1851 (259)
RIED, John Wm., 22, m. Mand Claiborne Dec 13, 1882 (son of Wm. & Sallie C. Reid of Tree Lawn) (22)
RIEVES, Letty L. 1848 (335)
  Nancy L. 1848 (335)
RIGGS, Miss Lula May 1890 (177)
RIGGS, Margaret B. m. L. B. McCord Jun 3, 1893 (318)
  Mary Charlotte buried Jul 26, 1841 (47)
  Samuel buried Jul 6, 1847 (47)
  Samuel H. 1866, 1874 (162)
RIGHT, P. G. 1855 (176)
RIGHTSELL, John 1818 (205)
RIGHTSILL, Jenetta 1859 (162)
RIGOULOT, Fanny b. Jun 16, 1861, AL, to Geo. & Mary Jane Pieper bapt 1898 (47)
  Mary Louise d. Jun 5, 1893 (age 8? mos) (47)
RILES, Mary A. bapt 1889 (164)
RILEY, Alice d. Oct 12, 1870 (318)
  Irving 1890 (318)
  J. D. father of Sale K. infant bapt 1867 (318)
  J. D. father of Gale K. infant bapt 1867 (318)
  M. (f) m. E. D. Powell (m) Oct 27, 1873 (318)
  Martha J. buried Jun 17, 1883 (47)
  Mary Jane m. LeRoy Armstrong Feb 13, 1850 (47)
  William 1842 (259)
RING, Virginia T. 1879 (280)
RIPPETOE, George W. 1827 (162)
RISENOR, Rebecca 1841 (259)
RISING, Alice M. (from Greenville) m. Robert P. Chatlin (from Dakota) Jan 14, 1885 (338)
RISON, Harriet A. E. infant bapt 1831 (22)
  John W. infant bapt 1831 (22)
  Nancy B. infant bapt 1831 (22)
  Richard D. infant bapt 1831 (22)
  Sarah confirmed 1832 (22)
  Virginia D. infant bapt 1831 (22)
RITCHEY, Andrew Martin b. Apr 30, 1826 (son of James) (162)
  Elijah Anderson b. Nov 10, 1823 (son of James) (162)
  Elijah P. Anderson (son of James) bapt 1824 (162)
  Lavicy 1833 (259)
  Nancy 1826 (162)
  Miss Nancy J. 1883 (177)
  Robert & wife 1876 (259)
  Robt. R. 1833, 1841 (259)
  Susie 1876 (259)
RITCHISON, John W. 1843 (170)
RITTERTON, Whittow d. May 12, 1893 (318)
RIVER, Lewis 1837 (90)
RIVES, Nancy 1848 (335)
  Samue(l) R. 1847 (338)
RIX, George Edward 1892 (318)
  Mrs. Rebecca D. 1895, d. 1901 (318)
  Mrs. Rebecca D. d. May 1, 1901 (taken to Keokuk IA) (318)
ROACH, Ben 1880 (322)
  Edgar Kemp Thorne d. Jul 1903, age 26 (120)
  Elizabeth 1846 (341)

ROACH, G. H. m. Mary Warren Oct 1864 (21)
    J. 1871 (322)
    J. C. 1878 (176)
    J. H. 1858 (176)
    J. J. 1855 (176)
    J. N. 1849 (176)
    J. P. 1867, 1871, 1875 (176)
    John 1864 (335)
    John & wife Martha 1860 (335)
    John 1871 (322)
    Martha 1871 (322)
    Mary 1846 (341)
    Sarah 1863 (21)
ROADS, Miss Lizzie 1870 (22)
ROAF, Wm. W. m. Anna N. Gillespie Jan 27, 1887 (318)
ROALT, James P. 1875 (322)
ROAN, Jane adult bapt Jan 28, 1860 (289)
    John adult bapt Jan 28, 1860 (289)
    Otis m. Fannie Ezell Apr 20, 1892 (345)
ROARD, Elizabeth 1855 (215)
ROARK, Betsy 1862? (215)
    Burrel D. 1880 (215)
    Cintha 1853 (215)
    Elisabeth 1842, 1858 (215)
    Emma V. 1867 (225)
    Franklin 1864 (225)
    Henry 1842, 1853 (215)
    Isabella V. 1865 (225)
    John 1862? (215)
    Mary E. 1867 (225)
    Missouri 1859 (225)
    Tennessee 1860 (225)
    Vinna? 1846 (215)
    William 1842, 1858, 1890 (215)
ROBB, Clara 1873 (257)
    Doritha, original member, d. Jun 13, 1888 (257)
    Miss Elen B. 1861 (257)
    Ellen B. (see Ellen B. Robison) (257)
    Henry W. 1870, d. Dec 28, 1873 (257)
    Joseph M., original member 1854, 1861 (257)
    Julius G. & Clara parents of Bettie Lauderdale bapt 1877 (257)
    Julius Y. 1873 (257)
    Laura E. member 1854 m. H. F. Banks (257)
    Mrs. Martha K. 1854 (257)
    Martha K., original member, d. Nov 18, 1859 (257)
    Nella L. m. Ben P. Gibert Oct 26, 1892 (257)
    Saml. C. m. Mary E. Compton Jan 27, 1870 (257)
    W. H. m. Doritha M. Wilson Oct 4, 1870 (257)
    Wm. H. 1870, d. Jan 22, 1875 (257)
ROBBERTS, Mack 1887 (131)
ROBBIN, E. L. 1808 (330)
ROBBINS, E. D. 1844 (-30)
    J. B. m. Edna V. Gillespie Jun 29, 1892 (318)
    James 1848, 1850 (334)

ROBBINS, Pearl 1899 (264)
    W. W. m. Mary J. Alley Jul 5, 1892 (318)
ROBBINSON, John A. 1876 (281)
ROBERDE_, John & wife 1882 (43)
ROBERDS, J. C. 1887 (318)
    William 1848 (334)
ROBERSON, Elizabeth 1873 (43)
    Jeniet P. 1843 (335)
    Kaney 1855 (131)
    M. A. d. Feb 8, 1889 (335)
    Malisey 1887 (131)
    Malissa 1870 (131)
    Marian 1855, 1874 (43)
    Martha 1870 (131)
    Mary 1853, 1878 (131)
    Mary m. Benj. N. DuPre Mar 4, 1896 (318)
    Nancy 1866 (131)
    Rebeca J. 1874 (43)
    Thomas 1827, 1839 (335)
    W. H. 1872 (131)
    W. O. 1887, 1890 (131)
    William 1866 (131)
    William H. 1887 (131)
    William T. d. 1871? (131)
ROBERTS, A. C. 1850 (334)
    Albert d. Jul 16, 1895, age 61 (47)
    Albert & Edith M. parents of Florence & Paul infants both bapt Aug 11, 1868 (289)
    Albert & Edith parents of Mabel b. Nov 20, 1866 (289)
    Albert & Edith Mary parents of Albert Huxley b. Jan 5, 1875 (289)
    Albert U Edith parents of Thomas Scott b. Feb 23, 1879 (289)
    Albert & Edith parents of Thomas Scott bapt Feb 23, 1879 (289)
    Albert & Edith parents of Eva bapt Sep 20, 1881 (289)
    Almira 1847 (170)
    Andrew 1842 (345)
    Andrew 1848, 1850 (334)
    Andrew J. 1846 (345)
    Annie E. m. Jno. Q. Owsley Dec 15, 1864 (47)
    Anny 1822 (90)
    Ben. H. m. Lucy J. Bailey Jun 17, 1890 (338)
    Betsy 1810 (330)
    C. R. 1850 (334)
    Dr. Deering, father of Albert bapt Jan 29, 1888 (289)
    Eliza 1836 (334)
    Eliza d. Nov 16, 1871, age 61 (289)
    Elizabeth A. 1850 (334)
    Mrs. Emma 1882 (264-2)
    Eugene 1889 (22)
    Eugene H. & Mary C. parents of Mary Catharine b. Jan 4, 1873 (289)
    Eugene Henry & Mary C. parents of Eugene Henry b. Oct 6, 1874 (289)

ROBERTS, Firm 1893 (259)
    H. B. 1842, 1846 (345)
    H. V. 1842 (338)
    Harriet V. 1828, adult bapt (338)
    Miss Harriet V. 1841 (338)
    Harriet V. m. Charles Belden Nov 27, 1841 (338)
    Ida m. Robt. C. McCurdy Nov 21, 1878 (345)
    J. C. pastor 1887 (271)
    J. D. m. Belle B. Boughton Jan 5, 1895 (318)
    J. J. 1875 (176)
    J. M. d. Jan 1, 1903 (318)
    James 1889 (259)
    James Lambert d. Apr 4, 1901 (2 yrs, son of W. S.) (338)
    James T. 1871 (259)
    Jane 1832 (334)
    Jefferson 1850 (334)
    John & Eliza parents of Albert Coleman b. 11 Apr 1835, bapt 7 Nov 43; Eugene Henry b. 20 Mar 38, bapt 7 Nov 43; Deering John b. 20 May 40, bapt 7 Nov 40; Ann Eliza b. 30 Oct 40, bapt 30 Apr 43; Robert Clyatt b. 5 Jan 48, bapt 18 Jun 48 (47)
    John 1836 (334)
    John d. Sep 11, 1871, age 62 (289)
    John D. m. Susannah M. Wilson Aug 9, 1842 (345)
    Miss Julia D. 1890, 1891 to Charlotte NC (318)
    K. D. 1850 (334)
    L. A. 1846 (345)
    L. T. 1850 (334)
    Leatha d. May 4, 1850 (345)
    Lou. 1888 (259)
    M. D. 1850 (334)
    M. V. 1878 (176)
    Maned A. 1884 (43)
    Martha A. 1850 (334)
    Martha Ann 1836 (334)
    Martin 1808 (330)
    Mrs. Mary H. J. 1870 (264-2)
    Mary M. dau of Susannah M. b. Aug 6, 1843 (345)
    Mathew 1810 (330)
    N. P. 1850 (334)
    Nancy 1836 (334)
    Miss Nannie 1883 (264)
    Miss Nannie Alice member 1881, m. W. C. Shelley (264-2)
    Nannie Alice m. W. C. Shelley Feb 19, 1884 (264-2)
    Newton 1852, 1854 (131)
    Patsy 1821 (162)
    Rebecca 1855 (131)
    Richard 1836 (334)
    Robert & Florence parents of Alice b. Jan 4, 1877 (289)

ROBERTS, Robert C. & Florence M. parents of Lucy & Ralph Grovsenor bapt Sep 20, 1881 (289)
    Robert C. d. Jul 28, 1883, age 35 (289)
    Robert C. m. Florence M. Scott Sep 28, 1875 (289)
    Sally Hardin b. Mar 21, 1820 (dau of William) (162)
    Sarah 1850 (334)
    Susannah M. 1846 (345)
    William 1818, 1821 (162)
    William 1836 (334)
    Winny 1836 (334)
    Z. 1861 (341)
    Mrs. 1818 (162)
    Mrs. d. Jul 1, 1882 (Welsh) (318)

ROBERTSON, Allie m. W. H. Shelton Feb 13, 1890 (318)
    Anna m. B. F. Cheatham Mar 15, 1866 (47)
    C. P. d. Apr 26, 1903 (318)
    Carie B. 1876, see Mrs. Carie B. Thomas (225)
    Felix buried Jul 11, 1865, age 84 (47)
    Isabella C. m. Robert G. Barnwell Apr 11, 1871 (289)
    Jesse d. Aug 1, 1898 (318)
    Jno. Edwin 1886 (318)
    L. Ann 1842 (345)
    Mabel A. m. Lt. C. J. Whiting Jul 26, 1898 (318)
    Mary A. 1879 (280)
    Wm. M. & Eliza M. parents of William Donaldson b. Apr 29, 1875 (289)

ROBESON, Charles D. m. Mary G. Kelley Apr 9, 1850 (47)
    Mrs. Ellen B. 1861 (257)
    Hannah M. m. Franklin Thorp Oct 6, 1849 (47)
    Isaac & Hannah parents of Mary Caroline bapt 18 Nov 1838 (47)

ROBINET, George & Nancy (now Mrs. Murphy) parents of Willie Ann b. Jun 2, 1857 (289)

ROBINETTE, M. E. (f) m. F. O. Burge (m) Nov 1, 1881 (318)

ROBINS, (or Kincade), Margaret 1848 (334)
    Ruth 1848 (334)
    Rutha 1850 (334)

ROBINSON, Ada P. (Craig) 1885 (281)
    Amanda m. Thomas B. Jones Dec 11, 1845 (345)
    Andrew 1826 (178)
    Daniel bapt 1878 (271)
    Mrs. Elizabeth d. Aug 16, 1895, age 60 (289)
    Mrs. Esther B. (wife of J. B. F.) 1891, 1893 to Hollins AL (318)
    G. W. 1868, 1874 (176)
    J. 1849 (176)
    Jas. 1869 (43)
    James V. 1887 (318)

ROBINSON, Jno. B. F. 1891, 1893 to Hollins AL (318)
    Leonard M. & Elizabeth L. parents of John Leonard b. Dec 19, 1876 (289)
    Martha J. E. H. 1855 (43)
    Mrs. Mary adult bapt 1882 (264-2)
    Michel 1813 (164)
    N. J. 1855 (43)
    N. T. 1855 (43)
    Nancy 1813 (164)
    Miss Nannie 1887 (318)
    Sarie J. 1885 (43)
    Solon 1893 (271)
    Susan E. 1883 (43)
    W. J. 1878 (176)
ROBISON, Ellen B. 1866 (nee Robb) (257)
    Malvina member 1848 (moved to Giles Co) (347)
ROCHAL, M. E., elder 1889-90, d. Mary 29, 1890 (21)
    Maria G. m. Joseph B. Mathews Jan 25, 1866 (47)
ROCHEL, J. A. 1855 (176)
ROCHELL, Eliza d. May 20, 1890 (21)
    F. M. 1886 (21)
    M. B. 1867 (21)
    M. E. d. Mar 29, 1890 (21)
    M. E. d. Mar 30, 1890 (21)
    M. E. m. Bettie Currey Jan 1889 (21)
    M. F. 1865 (21)
    M. R. 1867 (21)
    M. Y. m. Ulissus Churchwell Jan 15, 1866 (21)
    Marcilus R. 1867 (21)
ROCHLY?, William V. 1846 (elder) (162)
ROCK, Mrs. Mollie B. (wife of R. S.) 1886, 1887 to Evansville IN (318)
    R. S. 1886, 1887 to Evansville IN (318)
ROCKHOLD, Alford 1877 (270)
RODDY, William 1833 (162)
    William V. 1846 (162)
RODES, Helen E. 1848 (225)
    R. E. ca. 1848 (225)
RODGERS, Alexander 1818, 1819 (162)
    Darcas b. 1818 (June) (dau of Isaac) (162)
    David 1818 (162)
    David 1852 (327)
    F. F. m. Annie A. Sanders Dec 18, 1898 (318)
    Flora Evaline M. (dau of Thomas) bapt 1828 (162)
    Gordon White b. Nov 8, 1823 (son of James W.) (162)
    Isaac 1818 (162)
    Isaac d. 1819 (162)
    Isaac G. B. b. Jun 16, 1826 (son of James W.) (162)
    Isabela 1826 (162)
    Isbela 1828 (162)
    J. A. 1874 (176)

RODGERS, James m. Rosannah McMullen Nov 16, 1843 (338)
    James 1818 (162)
    James 1852 (327)
    James H. m. Peggy White Aug 3, 1819 (162)
    James W. (his son bapt 1822) (162)
    James W. 1826 (162)
    Jane 1818 (162)
    Jane d. 1818? (162)
    Jane White (dau of Isaac) bapt 1818 (162)
    John 1818 (162)
    Lavinia 1842 (338)
    Lavinia d. Jun 28, 1854 (338)
    Lucinda 1857 (338)
    Mrs. M. 1850 (338)
    Malinda 1842 (264-2)
    Margaret (her dau bapt 1826) (162)
    Mary C. 1849 (334)
    Mary Jane White (dau of Thomas) bapt 1820 (162)
    Mary Jane (dau of Thomas) b. May 16, 1820 (162)
    Melinda M. d. Apr 30, 1876 (338)
    Peggy 1821 (162)
    Rhoda d. Sep 20, 1850 (338)
    Mrs. Rhoda ca. 1836, 1841 (338)
    Rhoda 1842 (338)
    S. 1842 (338)
    Sa-ly 1818 (162)
    Saml. 1841 (338)
    Samuel K. 1857 (338)
    Sarah Ann b. Mar 22, 1822 (dau of James W.) (162)
    Sarah Elizabeth (dau of Thomas) bapt 1825 (162)
    Thomas (son of Jas.) b. Dec 6, 1820 (162)
    Thomas, Elder, 1818 (162)
    Thomas sr. d. 1819 (162)
    Thomas jr. 1818 (162)
    Miss Virginia 1860 (338)
    Dr. Wm. 1841 (264-2)
    William m. Malinda W. White May 20, 1847 (338)
RODS, Alferd 1849 (275)
ROE, J. 1881 (331)
    Joe 1883 (331)
    Joseph 1865 (331)
ROEHL, Annie Mollie bapt 1874 (264-2)
    Arbella Matilda bapt 1874 (264-2)
ROES, J. C. 1879 (176)
ROESBUMB, Sousan 1896 (220)
ROGAN, Mrs. Caroline d. Jul 10, 1890, age 78, in Aug (338)
    Cornelia E. m. J. R. Crawford (of Blountville) Nov 2, 1868 (338)
    James W. buried May 20, 1873 (from residence of his father-in-law, J. J. Holloway) (225)
    Katie d. Jun 9, 1885 (338)

ROGAN, Margaret W. d. Aug 7, 1877 (338)
    McKinney d. Mar 20, 1873 (318)
    O. H. P. d. Jun 24, 1895 (338)
    O. H. P. d. Feb 27, 1894 (338)
    W. B. & C. parents of Willie Belle b. Jan 30, 1881 (338)
    Wm. & Katie parents of Ora Belle b. Oct 11, 1883 (338)
ROGEN, Mattie C. m. M. A. Cassidy Jan 13, 1881 (338)
ROGERS, Albert H. infant bapt 1875 (318)
    Alexander 1819 (338)
    Alma B. m. Herbert S. Mabry Sep 28, 1892 (338)
    Amy M. m. Thomas Jackson Smith Jun 3, 1886 (338)
    Anna 1855 (318)
    Anna B. & Nancy C. infant bapt 1899 (dranddaus of Mrs. I. Henderson) (318)
    Mrs. Claud d. May 27, 1903 (318)
    Church 1881 (270)
    Cynthia A. (wife of Wm. B.) 1866 (338)
    Mrs. Cynthia B. d. Nov 21, 1909 (in 73rd yr) (338)
    E. 1847, 1867 (341)
    Elijah 1871 (259)
    Elizabeth (or Grifin) 1836 (334)
    Elizabeth Ann 1836 (334)
    Fayette d. Jun 15, 1899, age 28? (338)
    H. P. B. 1841 (259)
    J. T. 1876 (259)
    J. W. 1855 (176)
    James 1873 (281)
    Jane, before 1862 (318)
    Jeff d. Dec 25, 1904 (318)
    Jno. d. Jun 16, 1901 (Jeff's boy) (318)
    John R. d. May 11, 1902 (killed by engine on R.R.) (338)
    John W. 1869, 1885 (reel # omitted)
    Joseph 1836, 1850 (334)
    Julian Ann 1850 (334)
    L. 1847 (341)
    Lucinda d. Nov 29, 1861 (338)
    M. S. & Rachel parents of Lafayett bapt Jul 23, 1876 (338)
    M. William 1843 (170)
    Martha 1844 (259)
    Martha J. 1848, 1850 (334)
    Mary C. 1850 (334)
    Mary E. d. Jun 18, 1888 (318)
    Minnie Van G. m. John Boyd 1890 (338)
    Nettie (Ooltewah) d. Sep 17, 1883 (318)
    Oscar 1869 (338)
    Mrs. Rachel M. d. Dec 13, 1913 (338)
    Mrs. Rachel M. d. Feb 26, 1894 (338)
    Rebecca wife of John 1825 (338)
    Samuel 1822 (338)
    Samuel R. d. Jul 16, 1866 (338)

ROGERS, Sarah E. 1872 (259)
    Mrs. Somerville N. 1869 (338)
    Thomas father of James Patton, Ann & Elizabeth bapt Sep 4, 1821 (338)
    Thomas 1822 (338)
    Thomas 1818 (elder) (162)
    Thomas, before 1862 (318)
    Thomas jr. d. Sep 15, 1872 (318)
    Thoms, ca. 1852 (327)
    W. B. & C. parents of Joseph Brooks bapt Jul 10, 1875 (338)
    Wedon 1845 (90)
    Wm. B. & Cynthia parents of Alma Brooks bapt Nov 3, 1872 (338)
    Wm. B. m. Cynthia Brooks Feb 9, 1865 (338)
    Mrs. Zana d. Jun 9, 1890 (A yison)? (318)
ROGGERS, Elizabeth A. 1850 (334)
ROGON, Mollie C. (Miss) 1870 (338)
ROLACH, Elizabeth 1843 (170)
    William 1843 (170)
ROLAND, B. 1847 (341)
    Henry 1854 (257)
    Mrs. Mary K. 1854 (257)
ROLLER, John Walter d. Feb 12, 1905, b. Jan 20, 1905 (289)
ROLLINGS, Frances m. Nicholas Alexander Oct 30, 1895 (338)
    John (age 16) and Sidney (age 14) both bapt Apr 7, 1895 (338)
ROLLINS, Florence m. Rev. Jos. R. Gray Nov 1, 1882 (289)
ROMAGE, Adam 1866 (338)
ROOF, Mary Margaret infant bapt 1888 (318)
ROOKER, Christopher 1852 (327)
ROOKS, G. W. 1870, 1878 (176)
ROOT, Melville E. m. Jinnie R. Knight Mar 7, 1882 (289)
RORIE, W. F. d. 1900 (128)
ROSCOE, A. H. m. C. A. Cox Jun 8, 1858 (47)
    Sarah A. m. Alexander S. Villeplait Dec 28, 1837 (47)
    Scott m. Mary B. Baker Jan 12, 1898 (257)
ROSE, Mrs. Amanda 1890 (264-2)
    Genie 1899 (264)
    H. N. 1849 (176)
    Henry 1870 (257)
    Hugh N. 1844 (176)
    J. A. J. d. 1909, age 82 (120)
    J. A. Jackson & Jennie F. parents of Robert Lee b. Nov 14, 1870 and Zuline b. Jul 18, 1869 (289)
    John & Amanda parents of William Christian & Ferdinand Theodore (twins, b. Feb 4, 1875), bapt 1875, Theodore d. Jun 20, 1875 (264-2)
    John & Amanda parents of John Bernard b. Mar 15, 1877, bapt 1877 (264-2)
    John 1883, 1899 (264)

ROSE, John & Amanda parents of Garcia? Imogene b.
Nov 3, 1884, bapt 1885, d. May 9, 1908
(264-2)
John & Amanda parents of Roy Revere b. Sep
29, 1880, bapt 1884 (264-2)
John & Amanda Margaret parents of Helene
Irene b. Jan 10, 1879, bapt 1879 (264-2)
John 1874, d. Apr 7, 1887 (264-2)
John (see Miss Amanda Rhoel) (264-2)
John A. Jackson & Jamie F. parents of Edmund
b. Oct 15, 1874 (289)
Miss Lena 1899 (264)
Miss Lena J. 1891 (264-2)
Rhoda 1862? (215)
Roy 1899 (264)
Sarah Elizabeth 1877 (264-2)
ROSEBUMB, Sousan 1893 (220)
ROSENBAUM, Sallie 1888 (220)
Susie 1888 (220)
ROSEVE?, Mrs. C. A. d. Oct 12, 1877 (289)
ROSS, Alfred 1850 (170)
Amanda 1866 (162)
Ann C. 1847 (170)
Augustin Bradford 1899, d. 2 Nov 1899
(318)
Drucilla C. 1869 (259)
Edward Barker d. Dec 7, 1911, age 71 (289)
Rev. F. A. 1853 (318)
Fred A. (son of C. C.) d. Jun? 1894 (infnat)
(338)
Gus B. d. Nov 3, 1899 (318)
Jane Elizabeth 1869, d. Jul 1864 (sic) (259)
Jno. H. d. Apr 30, 1906 (318)
John M. C. 1851 (259)
Madison 1843 (170)
Mary E. adult bapt 1896 (318)
Miss Mary Elizabeth 1896 (318)
Nancy ca. 1848 (225)
Nannie adult bapt 1850 (225)
Nellie m. James Milton Bailey Jul 22, 1898
(338)
Dr. O. E. d. Sep 21, 1884 (318)
P.? F. 1881 (164)
Sidney 1857 (259)
Sidney 1869, d. 1880 (259)
William (father of Oscar Ross) 1843 (170)
Wm. d. May 16, 1875 (killed on R. R.) (318)
Z. T. (m) m. F. M. Hoge (f) Apr 21, 1881
(318)
ROTH, Ethel d. Mar 30, 1897, age 7½ mos (47)
J. P. 1873 (257)
J. P. 1874 (318)
Mrs. Sarah Elisabeth b. Jul 23, 1855,
Nashville, to Jno. & Margaret Spain,
bapt 1898 (47)
Sarah M. (wife of J. G.) 1874 (318)
Susan M. 1873 (257)
Mrs. buried 31 Mar 1885 (47)

ROTHE, Bennie 1899 (264)
Miss Bennie L. 1880 (264-2)
Charles William 1886 (264-2)
Clara Augusta (Miss) 1874 (264-2)
Miss Mary Ann 1874 (264-2)
May 1899 (264)
Nannie 1899 (264)
Nannie May (Miss) 1886 (264-2)
Robert adult bapt 1870 (264-2)
ROULHAC, Emily 1855 (170)
Jos. H. 1853 (170)
Margaret M. 1858 (170)
Sally 1855 (170)
Robert 1870 (264-2)
ROWAN, S. D. 1868 (259)
ROWDEN, Carl J. m. Bertha M. Kunz Oct 7, 1896
(318)
T. M. d. May 17, 1902 (318)
ROWE, Fannie W. (see Fannie Ezell) (345)
S. B. (CV) d. Oct 20, 1902 (318)
ROWEN, William Drew buried 15 Jun 1876, age 1
(47)
Wm. M. m. Emeline E. Thome Feb 18, 1864
(47)
ROWLAND, Ada 1860, d. 1863 (257)
Mrs. Ada 1861 (257)
Henry, original member (257)
M. T. 1878 (281)
Mary K., original member (257)
R. F. pastor, 1873 (271)
T. W. 1892 (318)
ROWLES, George d. Oct 27, 1891 (318)
Jas. B. m. Carrie L. Russell Dec 2, 1888
(318)
Miss Mannie H. 1886 (318)
Marnie H. adult bapt 1886 (318)
W. A. (see Miss Mary Ellen Hooke) (318)
W. R. father of Queenie & James Reese in-
fants bapt 1888 (318)
Wm. R. 1870 (318)
William S. adult bapt 1886 (318)
Willie S. 1886 (318)
ROWLIN, George d. 1877 (318)
ROWLINGS, Ada d. May 30, 1875 (318)
Martha T. d. Mar 1878 (318)
Robert d. Feb 1874 (318)
ROWSEY, Lucy Ann 1823 (264)
ROWTIN, Richard buried Sep 10, 1854, age ca. 40
(47)
ROY, Abel 1806 (164)
Maggie Pearl 1894 (22)
Susie 1894 (22)
ROYAL, Daniel 1833 (259)
ROYASTER, Mary A. 1882, 1887 (215)
ROYCE, Miss Betsey Eliza Broyles member 1873,
moved to Greenville TN (22)
M. S. Rector of St. Paul's Church 1854 (22)
Mrs. Martha Ann 1854 (22)

ROYCE, Miss Sarah Caroline member 1873, moved to
 Greenville TN (22)
    Sarah Caroline dau of Rev. M. S. & Martha A.
       Royce 1856 (22)
ROYESTER, Elizabeth 1840 (90)
ROYSTER, Charles 1871 (345)
    Charles 1872, 1882 (345)
    Clayton Anna d. May 31, 1871 (345)
    Edward D. m. Sallie Polk Shuffield 1866
       (345)
    Mary J. 1850? (345)
    Mary Jane 1853 (345)
RUBIN, Fannie m. Horace N. Hawkins May 14, 1896
    (289)
RUBLE, Mrs. S. S. 1871 (318)
RUCHER, Mrs. C. M. d. Dec 31, 1896 (318)
    Margarett 184_ (335)
RUD, Cora Bell m. Charles Jones Feb 25, 1879 (289)
RUDD, J. C. (m) m. M. H. Lawry (f) May 22, 1877
    (318)
    Julia m. George Drumbar Dec 29, 1875 (318)
    Julia m. George Drumbar Dec 29, 1875 (318)
RUFF, Catharine 1877 (329)
    Etheender? 1877 (329)
RUFFIN, D. K. d. 1913, age 76 (120)
RUGGLES, Miss Lucy 1860 (338)
    Robena B. buried Sep 20, 1864, age 25 (47)
RUHR, George L. & Joena M. parents of Lenora
    Agnus bapt Nov 24, 1879 (289)
RUITZER, Mrs. Burchlow? d. Mar 3, 1901 (318)
RUMNEY, William d. Oct 19, 1857, age 23 (289)
RUNION, Avey 1856 (275)
    Hugh 1856 (275)
    Samuel 1856, 1865, 1873 (275)
    S. 1865 (275)
RUNNELS, Elizabeth 1836 (334)
    Fanny 1822 (330)
    Henry 1808, 1820 (330)
    James 1836 (334)
    Moses 1808 (330)
    Susana 1822 (330)
RUNYAN, N. J. 1880 (275)
    Nancy 1873 (275)
    S. J. 1887 (275)
    S. W. 1880, 1887 (275)
    Sarahnn 1880 (275)
    Sarhan 1887 (275)
RUNYON, Hugh 1858 (275)
    Sarah A. 1873 (275)
RUOFF, Miss Alice member 1885, m. A. C. Spencer
    (318)
    Mrs. Amanda 1871 (wife of J. F.) d. 9 Aug
       1886 (318)
    J. F. d. Oct 15, 1881 (318)
    James E. & Elizabeth infants bapt 1877 (318)
    James F. 1858 (264-2)
    R. father of William & Alice infants bapt
       1874 (318)

RUOFF, Mrs. R. mother of James E. & Elizabeth
    infants bapt 1877 (318)
    William & Alice infants bapt 1874 (318)
RUSEL, John 1808 (330)
    William 1808 (330)
RUSHELL, M. R. Deacon 1880 (21)
RUSHING, A. J. 1876 (176)
    W. H. 1874 (176)
RUSSEL, Betsy 1813 (164)
    David 1832 (162)
    Elisibeth 1813 (164)
    Elizabeth 1829 (162)
    Leemmuel? 1813 (164)
    Lemuel 1806 (164)
    Nancy 1806, 1862 (164)
    Nancy J. 1870 (164)
    Peter 1826, 1829 (162)
    Polly 1813 (164)
    William & Minty 1832 (330)
    Willis 1813 (164)
RUSSELL, Agnes 1810 (330)
    Avo? 1899 (259)
    Benj.? 1808 (330)
    Miss Carrie L. member 1885, m. J. B. Rowles
       (318)
    Carrie L. m.Jas. B. Rowles Dec 2, 1888 (318)
    Claude F. (3 yrs) d. Oct 25, 1894 (318)
    E. M. 1891 (259)
    Ellen 1883 (331)
    Miss Hattie R. 1886, d. 21 Apr 1886 (318)
    Henry 1808, 1811 (330)
    Henry jr. 1812 (330)
    Jeff 1883 (331)
    John 1812 (330)
    Joseph d. Oct 21, 1871 (318)
    Lanceforde 1812 (330)
    Lela 1897 (259)
    Louise adult bapt 1899 (318)
    M. B. adult bapt 1886 (318)
    M. L. m. Julia A. Nelson Nov 27, 1884 (338)
    Major 1812 (330)
    Major William 1808 (330)
    Mamie m. E. F. Beckham Jun 6, 1893 (318)
    Miss Mamie J. 1885 m. E. F. Beckham 6/6/93
       (318)
    Melinda Alexander (wife of Wm. Briscoe)
       d. Mar 15, 1904 (338)
    Capt. Milton d. Dec 5, 1903 (318)
    Mrs. Milton d. Dec 24, 1888 (318)
    Milton Bardon 1886 (318)
    Purella 1827 (24)
    Rachel 1884 (259)
    Rebeckah 1808 (330)
    Richard 1897 (259)
    Robert D. 1886 (318)
    Thos. 1897, d. 1906 (259)
    William 1811 (330)
    Wm. jr. 1812 (330)

RUSUM?, John S. 1833 (90)
RUTHERFORD, Stanton bapt 1878 (271)
RUTLEDGE, Alfred 1846 (341)
    Alice Izard? buried Aug 27, 1854, age 16 (47)
    Arthur Middleton m. Eliza Underwood Nov 4, 1851 (47)
    Arther Middleton buried 19 Jun 1876 (47)
    B. F. 1883 (331)
    Dona 1883 (331)
    George 1833, 1848, 1865 (331)
    Henry & Caroline parents of Septima Middleton b. 3 Feb 1836, bapt 27 Agu 1836 (47)
    Ida 1883 (331)
    Isaac 1833, 1848, 1865 (331)
    Isaac 1883, d. 1886 (331)
    James 1883 (331)
    John C. 1852 (327)
    Katharine 1833 (331)
    Loler 1865 (331)
    Louisa 1848, 1865, 1883 (331)
    Mary 1833 (331)
    Orvel 1883 (331)
    Polly 1833, 1848 (331)
    Rebecca 1848, 1865, 1883 (331)
    Mrs. S. S. buried Jun 11, 1865, age 82 (47)
    Samuel 1848, 1865 (331)
    Septima Middleton (see Henry Rutledge) (47)
    Mrs. Septima S. 1846 (47)
URTLIDGE, S. 1867 (341)
RYALL, Thomas C. m. Elizabeth S. Scudder Dec 21, 1837 (47)
RYAN, J. D., father of Frank Albert & Chester Bachman infants bapt 1881 (318)
    Mrs. Jennie (wife of J. D.) 1881, 1884 to Detroit MI (318)
    John D. 1881, 1884 to Detroit MI (318)
    Mrs. Mattie 1892, 1893 to Ashville NC (318)
RYCKMAN, Katie d. Dec 17, 1884 (318)
SABASTIAN, Joseph 1848 (331)
    Mary 1848 (331)
SABDAHAN?, Joseph 1833 (331)
SACCHERSON, Margaret d. May 15, 1860, age 34 (289)
SACHEL?, Juanita & Senuvarius? infants bapt 1887 (318)
SAFLEY, D. A. 1871, 1884 (259)
    I. L. 1886 (259)
    Isham G. 1871 (259)
    J. D. 1894 (259)
    Jerusha 1871, 1884 (259)
    L. (see Louise Jane Randolph) (259)
    Laura 1884 (259)
    Lawson 1871, 1884 (259)
    Marion 1871, 1884 (259)
    Myra 1871 (259)
    Nancy 1884, 1871 (259)
    Nancy m. Isaac Green (259)
    Richard 1871 (259)
SAILOR, J. H. adult bapt 1886 (318)

ST. JOHN, A. F. father of Mary G. infant bapt 1871 (318)
    A. F. S. J. father of Mary C. infant bapt 1871 (318)
    Alice Rhea m. Ben L. Dulaney Dec 26, 1895 (318)
    Carrie Eva m. Thomas Curtin Dec 26, 1895 (318)
SAKERSON, Mrs. buried May 16? 1878 (47)
SALE, George Osborn d. Jul 10, 1875, age 30 (289)
    Sue E. m. Allen J. Pastuer? 2 Jul 1878 (47)
SALES, Stephen adult bapt 1899 (318)
SALMON, David m. Isabella McMullen Aug 17, 1848 (338)
    Isabella 1857 (338)
    Isabella mother of William Henry b. Jul 22, 1849; Thomas McMullen b. Dec 30, 1850; & Fanny McMullen b. Feb 26, 1856 (338)
SALMONS, Wm. buried 20 Apr 1889 (47)
SALT, Eleanor d. Jun 26, 1890, age 9 mos (47)
    George d. Jun 30, 1890, age 2 yrs (47)
SAMPLE, Barbara 1818 (162)
    John ca. 1848 (225)
    Sophronia ca. 1848 (225)
SAMPLES, Barbara 1823 (162)
    Betsy 1818 (162)
    Daniel 1836 (90)
    Elizabeth 1823 (162)
SAMSEL, Sarah d. Jun 5, 1907 (338)
SAMUEL, Bradly 1836 (334)
    Maryann 1836 (334)
    Stephen S. 1836 (334)
    William 1832, 1836 (334)
SAMUELS, Mrs. Catherine d. Nov 30, 1903 (318)
    Mrs. Mary d. Jul 15, 1882, age 68 (289)
    Roberta C. m. Saml. Madison Berry Dec 29, 1868 (289)
SAND, Jerome B. m. Mary Elizabeth Pierce Oct 8, 1896 (318)
SANDELS, John & Catharine Mary parents of Montilus Hines 1852 (22)
SANDERS, Mrs. Anna H. 1871, 1887 to Augusta GA (318)
    Annie A. m. F. F. Rodgers Dec 18, 1898 (318)
    Charles H. d. Oct 1908, age 63 (120)
    Ed. G. 1894 (271)
    Fanny 1853, 1858 (215)
    George d. May 15, 1902, age 65 (289)
    Hatty Bryon member 1876, m. Nickelson (257)
    Isaac d. 1909, age 29 (120)
    Kizziah 1859 (164)
    Lillie D. m. Chas. M. Fisher Sep 2, 1890 (289)
    Mary Isabelle infant bapt 1887 (318)
    Mary 1841 (335)
    Mary C. m. John B. Baker Dec 24, 1896 (257)
    May (nee Snodgrass) 1882 (271)
    Mina m. Isaac M. Baker Mar 19, 1890 (257)

SANDERS, Syritha 1843 (170)
    Viney 1809 (330)
    W. H. 1896 (271)
    Wm. 1879, d. 1886 (Feb) (281)
SANDERSON, Jacob 1806 (164)
    Milley 1806 (164)
SANDIRS, Fanny 1853 (215)
SANDREWS, L. A. 1866 (335)
SANDFORD, Polly 1832 (90)
SANDS, B. F. 1879 (329)
    Geo. 1876 (329)
    J. M. & M. parents of Tennison? F., Susan Lillie, Sam. McCleun & Martha Lou all bapt Oct 27, 1886 (347)
    James D. m. Sarah Jane Markham Dec 4, 1855 (47)
    John S. 1865 (329)
    Mary Ann adult bapt Oct 25, 1858 (289)
    Nancy 1821 (329)
    Rebecca 1821 (329)
    Wm. d. May 20, 1889 at Water Valley MS, age 30 (289)
    William James adult bapt Feb 10, 1875 (289)
SANFORD, Miss 1856 (170)
SANFORDE, Darnida 1843 (170)
    Payton 1843 (170)
SANHAM, Sarah 1816 (178)
SAPICE, P. M. B. m.Jennie H. Donelson Oct 5, 1857 (47)
SARGENT, Aron & wife Jerncy 1811 (330)
    James & wife Jean 1812 (330)
    Johnson & wife Polly 1812 (330)
    Mary 1851 (259)
    Peggy 1810, 1812 (330)
    Robert (from England) member 1874, d. Jan 1877 (259)
    Temple 1811 (330)
    William 1812 (330)
SARY, Russells 1812 (330)
SASSER, Thomas adult bapt Oct 3, 1875 (289)
SATTERFIELD, Jasper adult bapt 1874, 1887 to Birmingham AL (318)
    Miss Jennette 1890 (177)
    Thomas E. 1890 (177)
SAULS, Miss Mollie 1883 (22)
SAUNDERS, Belle (Mrs.) adult bapt 1884 (318)
    Cynthia m. Capt. T. O. Williams May 29, 1865 (47)
    Cynthia m. Aaron V. Brown Oct 1, 1845 (47)
    Cynthia P. (adult) bapt Jul 7, 1860 (289)
    Elise m. Cullin E. Douglas Oct 18, 1899 (257)
    Fanny 1843 (215)
    Henry Graeme & Fannie Annabel parents of Henry Graeme b. Apr 6, 1885 & Elizabeth Cree b. Jul 8, 1886 (289)
    Mrs. Isabella (Robt.) 1884 (318)
    J. W. buried Sep 1, 1842 (47)
    James E. d. Sep 16, 1908, age 70 (289)

SAUNDERS, Lillie Logan d. Oct 20, 1873, age 4 (289)
    Mrs. Mary d. Jan 29, 1896, age 66 (47)
    Miss Mira 1882 (257)
    Narcissa Pillar adult bapt Jul 7, 1860 (289)
    Robt. T. m. Belle M-Clure Nov 1, 1883 (318)
    W. P., Rev., took charge Jun 1841, left Oct 1, 1844 (22)
    Wm. P. rector of St. Paul's 1844; missionary 1841 (22)
SAVAGE, Annie V. m. Alfred L. Wilson May 28, 1883 (289)
    Elizabeth 1869, d. Jul 12, 1889 (259)
    George 1858, 1869, d. Mar 1873 (259)
    Geo. Monroe 1873 (259)
    Laura member 1871, 1882; m. G. M. Maddux (259)
    Margarette 1847 (170)
    Mary Ella member 1873; m. W. K. Smartt (259)
    Richard 1843 (170)
SAVERIN, Mrs. d. Jan 24, 1902 (318)
SAWYER, Mrs. Henrietta 1854 (257)
    J. W. 1876 (bapt) (271)
    Sallie B. m. Will G. Scott Jan 23, 1895 (289)
    Sarah R. 1876 (bapt) (271)
    Thomas L. 1854 (257)
SAWYERS, David 1853 (90)
    Harry Everett bapt Apr 30, 1882 (289)
    John & Mary Ann parents of Ashur b. Aug 9, 1882 and Alma May b. Apr 11, 1889 (289)
    John Hamilton & Mary Ann parents of Wm. Longworth & Maud Crew (twins) b. Jan 5, 1890 (289)
    Jno. Hamilton & Mary Ann parents of Ellen Ethel b. May 23, 1886 (289)
    Stephen 1881 (331)
    Wm. Longworth d. Mar 6, 1890, age 2 mo (289)
SAXON, David & Lucinda parents of James b. Sep 20, 1860 (289)
    Wm. & Jane parents of Mortimer b. Dec 23, 1849 (289)
SAXTON, H. M. & S. B. parents of Irvin Southerland b. Mar 7, 1891 (338)
    Mrs. Harry d. Sep 3, 1912 (338)
    Henry N. jr. m. Sarah S. Boyd Apr 20, 1887 (338)
    Sallie (see Sallie Boyd) (338)
SAY, Ann 1810 (24)
    William 1810 (24)
SAYERS, S. J. 1871 (90)
SAYLOR, J. H. 1886 (318)
    Mollie 1889 (271)
SCAGGS, Anne Mary 1830 (162)
    Clarissa 1829 (162)
    Henry 1832 (162)
    Mary 1832 (162)
    Milly 1832 (162)
SCAGS, Clarissa 1827 (162)

SCAGS, Clarissa adult bapt 1827 (162)
 Milliner C. adult bapt 1827 (162)
SCAIFE, Robert d. Nov 30, 1889 (289)
SCALES, Betsey jr. 1832 (90)
 Dabney M. m. Mrs. Susan W. Powell Jan 10, 1886 (289)
 Elizabeth 1804, 1834 (90)
 Elizbeth 1822 (90)
 Miss Jennie d. Jan 12, 1883 (289)
 Jimmimah 1832 (90)
 John Cannon m. Caroline Westover Apr 4, 1850 (47)
 Joseph H. 1815, 1839 (came from NC) (90)
SCANTLAND, Jas. H. & Eliza E. parents of Mary Ellen Marshall (bapt Oct 7, 1837), James Marshall (bapt Jun 6, 1841), and Albert Wagner (b. Mar 17, 1837, bapt Oct 15, 1837) (47)
SCATES, E. 1874, 1879 (176)
SCEARCY, Miss Elizabeth confirmed 1848, member 1854 (22)
 Miss Sophia confirmed 1854 (22)
 Mrs. Sophia 1854 (22)
SCEARS, Louiza Parelle 1881 (164)
SCHALTZ, Mrs. Julius d. Apr 19, 1899 (318)
SCHEFFLER, Rev. Albert d. Jul 31, 1897 (47)
SCHEIB, Theodore buried Sep 23, 1874, age 21 (47)
SCHELL, Henry Aug. m. Bettie M. Baker May 30, 1861 (257)
 Miss Josephine 1854 (257)
 Mrs. Mamie E. member 1873, d. Apr 4, 1880 (257)
 Mary, original member, member 1854, 1861, 1865, m. Rev. J. W. Shearer; Jul 5, 1881 to Huntingdon WV; d. Jan 6, 1883 (4331 # omitted)
 Miss Mary G. 1861 (257)
 Mary G. m. J. W. Shearer Jun 24, 1881 (257)
 W. B. & Mary E. parents of Julius Trousdale bapt 1878 (257)
 W. B. (see Mary E. Barker) (257)
 W. B. & Mary E. parents of Edna bapt 1875 (257)
 William B. member 1861, 1865; d. Sep 12, 1883 (257)
SCHENCK, Mrs. Caroline buried Jun 1847 (47)
 Jno. Blackwell m. Caroline Almira Bicknell Oct 12, 1842 (47)
SCHIFF, Charles m. Mary Ballard Burch Sep 12, 1883 (47)
SCHLESINGER, Mrs. Emily M. (wife of J. N.) 1893 (318)
 John N. 1893 (318)
SCHLIEF, F. adult bapt 1885 (318)
 Mrs. F. 1885 (318)
 Miss Sofia 1891 (318)
SCHULER, Mrs. Sarah 1861 (257)
SCHLUTER, Miss Anna 1854 (257)

SCHLUTER, Lewis, original member, member 1854; d. Sep 4, 1858 (257)
 Sarah, original member; d. Jun 5, 1861 (257)
 Mrs. Sarah 1854 (257)
 Shelby d. Jan 3, 1869 (257)
SCHMIDT, Elizabeth m. James M. Crouch Nov 24, 1889 (318)
SCHMISSRAUTER, Eva Pauline infant bapt 1886 (318)
SCHMITT, Cooper (wife of Prof. U. T.) d. Dec 6, 1910, age 52 (338)
 Prof. Cooper D. d. Dec 6, 1910 (338)
SCHNATH, Chas. d. Sep 22, 1897 (318)
SCHNEE, Henry m. Annie Hulihan Dec 8, 1887 (318)
 Mrs. Mary L. d. Sep 6, 1891 (318)
 Miss Nellie M. adult bapt 1899 (318)
 Will m. Mary Lieker Feb 6, 1889 (318)
 William adult bapt 1898, d. Jan 10, 1898 (318)
 William d. Jan 8, 1898 (318)
SCHNEER, Belle J. m. H. F. McDonald Nov 15, 1887 (318)
SCHNEIDER, Charles m. Emma Kroll Mar 27, 1851 (47)
 Philip m. Louisa M. Opl Mar 17, 1855 (47)
 Philip & Marie Louisa parents of Geo. Washington b. Feb 22, 1857 (289)
SCHNEIDMAN, Chas. Harmon infant d. Nov 13, 1894 (318)
SCHOFIELD, Mrs. C. C. (wife of E. W.) 1888 (318)
 Edward W. 1888 (318)
 L. d. Feb 7, 1894, 78 yrs (318)
SCHOLGE, Mrs. Julius d. Jan 22, 1905 (318)
SCHONMAN, Carlina b. Aug 1888 (289)
SCHOOLEY, George E. and Mary parents of John Edward b. Dec 8, 1872 (289)
SCHOTT, Mary adult bapt Dec 3, 1889 (289)
SCHOUGGHINGES, Asbery 1892 (275)
 David 1889 (275)
 Janey 1887 (275)
 Nancy 1887, 1889 (275)
SCHOUGGHINGS, Daniel 1887 (275)
SCHOUGHINGES, Mary 1889 (275)
SCHULER, Rev. T. m. Lula Payne Oct 26, 1886 (318)
SCHWARTZ, Sam d. Feb 19, 1883 (318)
SCHWEIR, Annie m. T. H. Owens Feb 4, 1880 (318)
SCHWEIREN, Frank m. Maria Neumeier Jan 13, 1859 (289)
SCHWRAR, Mrs. Anna W. d. Sep 4, 1876 (in Memphis, of consumption) (225)
 Mrs. Anna W. 1872, 1874 (225)
 Rev. J. M. buried Oct 11, 1878, d. of yellow fever (225)
SCOBY, J. D. 1871 (176)
 N. 1878 (176)
 W. B. 1878 (176)
 W. J. 1878 (176)
SCOT, Elizabeth 1849 (275)
SCOTT, A. J. 1884 (164)
 Adell M. m. H. C. Hulse Mar 18, 1879 (318)

SCOTT, Alexander 1887 (318)
    Alexander J. J. 1896 (318)
    Alice bapt Feb 17, 1890 (289)
    Alvis G. m. Susan E. Hillsman May 1, 1855
        (338)
    Miss Anna Belle 1891 (318)
    Charles m. Elizabeth M. Bullus Sep 19, 1839
        (47)
    David m. Sarah E. Amis 1859 (347)
    E. 1842 (338)
    E. J. wife of James, member 1822; d. Jan
        1858 (338)
    Edward 1821 (338)
    Judge Edward 1841 (338)
    Edward 1822 (338)
    Edward & Sarah parents of Charles, Edward
        Ward & William Parker all bapt Dec 16,
        1821 (338)
    Eliga T. B. 1857 (338)
    Eliza 1827 (335)
    Eliza J. 1842 (338)
    Mrs. Eliza Jane 1841 (338)
    Ella Burns d. Mar 25, 1901, age 34 (338)
    Mrs. Ellen (wife of Alex) 1887 (318)
    Emma d. Apr 17, 1881, age 3 (289)
    F. A. R. & Margarette parents of Mary b.
        Dec 27, 1869 (338)
    F. A. R. & M. parents of John Barton bapt
        Nov 1, 1873, and James Foster bapt
        Nov 1, 1873 (338)
    F. A. R. m. M. F. Deaderick (f) Sep 24,
        1857 (338)
    F. A. R. 1843 (338)
    F. A. R. & Margaretta D. parents of James
        Alexander bapt Jun 9, 1860 (338)
    Mrs. Fannie member 1892; 1898 to St. Louis
        MO (318)
    Florence M. m. Robert C. Roberts Sep 28,
        1875 (289)
    Mrs. Florida buried Dec 22, 1897 in Memphis
        (225)
    Frances A. R. 1857 (338)
    G. A. M. 1848 (338)
    Geneva m. A. A. Keller Nov 20, 1881 (318)
    Gettys 1857 (338)
    Henry m. Sarah R. A. Mack Sep 4, 1866 (347)
    Henry Franklin b. Dec 14, 1834 in Cheatham
        Co.; parents--Harry & Patsy Scott
        (baptised 1898) (47)
    Hugh d. Aug 20, 1901, age 17 (338)
    James 1822 (338)
    Jas. F. & Adelia parents of Eliza bapt Oct
        15, 1871 (338)
    James W. 1879 (281)
    Jane 1827, 1828, 1841 (335)
    Mrs. Jane buried Feb 6, 1841 (47)
    Jane E. 1857 (338)
    Jane E. G. m. Von A. Anderson of Tulahoma
        Jul 1, 1858 (338)

SCOTT, John 1826, 1827 (335)
    Jonathan Edward b. Aug 19, 1874 (289)
    Jonathan H. & Emma parents of Alice Ruth
        (age 16 mo) bapt Dec 23, 1877 (289)
    Jonathan H. and Emma A. parents of Johna-
        than Edward b. Aug 19, 1874 (289)
    Jonathan Harris and Emma Arabell parents of
        Sarah Alvie Elizabeth b. Apr 6, 1872
        (289)
    Jonathan Harris m. Emma A. Erb Dec 31, 1867
        (289)
    Mrs. Julia b. Dec 12, 1857, Selma AL, to
        James L. & Elizabeth; bapt 1898 (47)
    Katharine 1827 (335)
    Miss Lula A. member 1877, to Birmingham AL;
        m. C. N. McCormick (318)
    Lulu m. C. N. McCormack Nov 12, 1877 (318)
    M. F. parent of Elizabeth Crozier b. Jul
        22, 1858 (338)
    M. J. C. 1843 (338)
    Maggie d. Oct 31, 1895 (318)
    Miss Margaret S. member 1889, d. Oct 30,
        1895 (318)
    Maria Elisebeth 1879 (281)
    Mrs. Marie Antoinette d. Jul 24, 1885, age
        58 (289)
    Mary Ann bapt 1884 (164)
    Mrs. Mary Florida 1872, 1874 (225)
    Miss Mary Garden 1891 (318)
    Mary Jane (see Mary Jane Hickey) (47)
    Melvina b. about 1848, Tomkin KY to Zechar-
        iah & Sallie Simpson (bapt 1898) (47)
    Peter H. 1879 (281)
    Miss Robina Georgia 1896 (318)
    S. 1842 (338)
    Mrs. Sarah 1841 (338)
    Sarah 1821, 1822 (338)
    Sarah A. of Monroe Co. m. Luke A. Spofford
        of Madisonville Oct 13, 1853 (338)
    Sophia A. 1879 (281)
    Sophia E. (wife of S. C. Jackson) 1876 (281)
    Will G. m. Sallie B. Sawyer Jan 23, 1895
        (289)
    William d. Oct 9, 1897, age 37 (47)
    William 1828 (335)
    Wm. m. Suenie? Capehart Apr 28, 1881 (318)
    Wm. S. pastor 2 yrs from Oct 1881 (128)
    William T. 1827 (335)
    Wilson 1827, 1828 (335)
SCROGGINS, Mary 1880 (275)
SCRUGGS, B. C. 1879 (176)
    Henry Cooley of Nashville m. Lenoir
        Fontaine Puryear Oct 1897 (22)
    Mrs. Lenore Fontaine 1898 (22)
    Robert 1816 (178)
    Mrs. Susan J. d. Sep 24, 1898, age 55?
        (sis of Rev. S. H. Davis) (reel #
        mitted)
    Willy d. Mar 12, 1898, age 24 (47)

SCRUGS, John d. Aug 16, 1851 (131)
SCUDDER, Mrs. Abbie N. 1891 (318)
 Elizabeth S. m. Thomas C. Ryall Dec 21, 1837 (47)
 Marie Louise m. Bascom Myrick Mar 30, 1875 (289)
SEAHORN, George adult bapt Nov 1828 (338)
SEARCY, Miss Bettie member 1870 (moved to Nashville) (22)
 Martha member 1848, d. 1850 (329)
 Mrs. Sophia 1837 (22)
 Sophia Thorpe d. Jun 15, 1887, age 75 yr 10 mo 20 da (22)
 Sophie confirmed 1838 (22)
SEARIGHT, Alexius Peck bapt Dec 2, 1875 (289)
 Mrs. Bessie m. Wm. Barry Oct 24, 1888 (289)
 Mrs. Bessie McCrea d. Oct 10, 1896, age 44 (47)
 Elizabeth Anne b. Dec 25, 1844 to George & Matilda Puryear Searight; 1872 (22)
SEARL, Rosinta d. Feb 18, 1882 (318)
SEARLE, Marion Bailey d. Jan 2, 1899, age 2 yr 1 mo (289)
 Mrs. R. Frank d. 1905, age 45 (120)
 R. Frank d. 1905, age 39 (120)
SEAWRIGHT, George Michle buried Jun 12, 1876, age 1 (47)
 George N. buried Oct 18, 1876, age 29 (47)
SEAWELL, Mrs. Susan 1854 (257)
SEAY, Geo. W. m. Tracy L. Seay Dec 24, 1887 (47)
 Geo. Wharton d. Sep 26, 1900 (289)
 Geo. Wharton sr. d. Jan 30, 1901 (289)
 Jeff & Eliz parents of Jane (Fusse) bapt Jul 16, 1891, age 54 (289)
 Dr. John d. May 8, 1898, age 73 (47)
 Mary W. m. B. F. Bently Nov 16, 1860 (289)
 Samuel d. Nov 22, 1907, age 64 (289)
 T. W. d. 1897 (128)
 Tracy L. m. Geo. W. Seay Dec 24, 1887 (47)
SEBASTIAN, Mary 1833 (331)
SEBLEN, M. 1877 (270)
SECKERSON, Maria m. William Knox Nov 17, 1839 (47)
 Richard buried Oct 13, 1841 (47)
 Richard & Margaret parents of Matilda (b. Feb 27, 1833, bapt Sep 22, 1839) and Amelia (b. May 24, 1835, bapt Sep 22, 1839) (47)
SEE, Mollie J. d. Jul 23, 1899 (318)
SEEMAN, Edgar (Bridgeport AL) d. Jul 17, 1894 (318)
SEGALL, E. (f) 1848 (220)
SEHON, John & Annie parents of Thos. Maney age 3, bapt Aug 1865 (289)
SEIGLER, Georg W. 1889 (275)
 Minnie 1889 (275)
 Nancy 1889 (275)
SEIGNOR, John Britton 1843 (170)
 John D. Cooke d. 1854, member 1843 (170)
SEILZER, August 1882 (318)

SELBY, Bengamon F. bapt 1893 (271)
 Jessie F. bapt 1893 (271)
 Lucinda 1894 (271)
 Nannie bapt 1893 (271)
SELEER?, Wm. M. m. Maude Laney Aug 25, 1896 (318)
SELF, Benjamin 1848 (275)
 Sarah 1848 (275)
SELLARS, Sarah 1813 (164)
SELLER, Cal 1866 (220)
SELLERS, Call 1869 (220)
 H. H. 1848, 1856 (220)
 Mikah 1821, 1825 (220)
 S. (f) 1848 (220)
 Sarah 1856 (220)
 Susanna 1806 (164)
SELSOR, Jennie 1894 (215)
 William 1887 (215)
SELVAGE, John 1828 (220)
SEMYSS, J. A. & Annie W. parents of William Edwin & Albert, bapt 1884 (257)
SENSEBOUGH, Sarah d. Dec 2, 1868 (318)
 Susan d. Jan 14, 1870 (318)
SENTER, William 1825 (205)
SENTERS, William 1823 (205)
SERGANT, Johnson 1808 (330)
 Polly 1808 (330)
SERTEL, Nancy J. adult bapt 1892 (318)
 Nellie F. d. Nov 15, 1891 (318)
SETTLE, Isaac 1827 (162)
SEVERE, Sarah 1846 (341)
SEVERIN?, Adam d. Dec 6, 1903 (318)
SEVIER, Miss Annie E. member 1870; 1888 to Ashgrove, MO; m. N. Lybarger (264-2)
 Charles B. 1870 (264-2)
 Eva E. infant bapt 1866 (318)
 Eva Elizabeth (from Jonesboro) m. Jno. Preston Park Dec 3, 1884 (338)
 Geo. J. adult bapt 1873 (318)
 James member 1870, d. Sep 11, 1908 (264-2)
 James 1883 (264)
 John adult bapt 1866 (318)
 Miss Mary C. member 1870, d. Dec 3, 1890 (264-2)
 Mary Douglas d. Jun 14, 1887, age 16 (289)
 Mary I. infant bapt 1868 (318)
 Mary J. infant bapt 1868 (318)
 Capt S. father of Eva E. infant bapt 1866 (318)
 Samuel Conway 1874 (264-2)
 Capt. T. F. & Mary Donlop parents of Douglas bapt Apr 28, 1861 (289)
 Theodore Francis m. Mary Benton Douglass Nov 2, 1859 (289)
 Thomas member 1870, d. Mar 8, 1894 (264-2)
SEVILLS, Josephine, John Reuben, Robert & Maria Elizabeth all bapt Mar 28, 1858 (289)
SEWARD, Cofeed 1842 (90)
SEWEL, Isaac 1877 (270)

SEWEL, Nancy 1877 (270)
    Sarh 1887 (275)
    Thomas 1887 (275)
SEWELL, Henry & wife Permelia 1855 (330)
    Sarh 1880 (275)
SEWELTON, G. Y. 1864 (43)
SEYMOUR, Edward Henry adult bapt Mar 15, 1868
    (289)
SHACKELFORD, Thos. F. m. Torie Vaughn Sep 16, 1897
    (338)
SHAFER, Miss Frederica 1889 (257)
    George (Sulivan Co. TN) 1827 (23)
    Ida May member 1874, m. Beckwith (257)
    Katie member 1874; m. ___ Williamson (257)
    Mrs. Lou d. Oct 23, 1888 (318)
    Mrs. Zerildo 1889 (257)
    Miss (on Missionary Ridge) d. Jun 9, 1902
    (318)
SHAFFIELD, J. H. m. Katie Kinsel Jun 1, 1893 (318)
SHALLADAY, Barbara m. David Barr Dec 22, 1892 (318)
SHAMALUTCHI, Mrs. Jno. d. Sep 2, 1904 (318)
SHANNAN, Thomas W. d. Nov 28, 1896, age 5 mos (47)
SHANNON, Alexandrix 1849 (334)
    Almira A. 1832 (162)
    Anne 1823 (162)
    Cathrine bapt 1830 (dau of Willim jr.) (162)
    Cathrine Jane b. Oct 26, 1829 (dau of Willm)
    (162)
    Eleanor 1850 (334)
    Eleanor 1818 (162)
    Elmina Adaline (dau of Joseph) b. Apr 16,
    1820, bapt 1820 (162)
    Hardin Porter (son of Joseph) bapt 1823
    (162)
    Hugh C. (age 1, son of John) bapt Nov 1826
    (162)
    James 1850 (334)
    James Moffet (son of Joseph) b. 1826 (162)
    James Moffit (son of Joseph) bapt 1825 (162)
    John 1826 (162)
    John H. 1855 (43)
    Joseph 1818, 1819, 1827 (162)
    Joseph Newton (son of Joseph) bapt 1818
    (162)
    Lucretia T. 1848 (347)
    Margaret Jane (age 6, dau of John) bapt
    1826, Nov (162)
    Robert 1849 (334)
    Pauling (f) 1849 (334)
    Peggy 1823 (162)
    Polly (of William) 1826, 1827 (162)
    W. N. 1850 (334)
    Mrs. W. T. 1898 (22)
    William Sr. 1823, 1826, 1828 (162)
    William 1826 (162)
    William 1849 (334)
    Mrs. 1823 (162)
SHANON, William 1879 (43)

SHAPARD, C. parent of Jane b. Nov 19, 1832,
    Lavinia Williamson b. Apr 17, 1854,
    Margary Naomi b. Jun 19, 1856 (338)
    D. parent of William B. b. Oct 16, 1857
    (338)
    Cordelia 1857 (338)
    Fannie Jane child bapt 1873 (225)
SHAPPARD, John 1806? (164)
SHARBOR, J. W. 1870 (176)
SHARNECK, James 1831 (259)
SHARP, Miss Ellen 1891 (318)
    Henry F. member before 1862 (318)
    J. R. 1870 (329)
    James B. 1861 (257)
    Jennie McM. m. H. H. Hager Oct 12, 1898
    (318)
    Jessee E. member 1848, moved to Texas (347)
    Jno. Cesna? 1894 (318)
    L. J. (see Miss Cornelia Gillespie) (318)
    L. J. m. Nellie Gillespie Apr 27, 1875
    (318)
    Miss Maggie Gillespie 1889 (318)
    Mariah J. 1866 (162)
    Mary J. 1866 (162)
    Mrs. Nellie, mother of Maggie Gillespie,
    Ellen, John Cessna & Alice Neilson,
    infants bapt 1886 (318)
    R. P. 1879, 1887 (177)
    Robt. & Mary parents of Walter Calvert b.
    Dec 19, 1884 (289)
    Robt. & Mary parents of Emma Kate b. May
    21, 1887 (289)
    Robt. & Mary parents of Wm. Barnard b. Oct
    19, 1889 (289)
    Robt. and Mary parents of Edith Mary infant
    bapt Jul 2, 1882 (289)
    Robt. & Mary parents of Henry b. Dec 6,
    1891 (289)
    Robert & Mary parents of Francis Allan b.
    Dec 28, 1879 (289)
    Robt. P. 1869 (162)
    Sarah E. 1872 (329)
    Thomas m. Ella Smith Nov 19, 1887 (338)
    W. J. m. Mary R. Horshaw Jun 18, 1891 (318)
SHARPE, Mrs. J. B. d. Jun 21, 1905 (318)
    James T. 1813 (164)
    James B. member 1866; Nov 4, 1866 to Little
    Rock AR (257)
SHATTUCK, Iremus C. member 1885; 1891 to Waco,
    TX, d. 1900 (318)
    Mrs. M. C. (wife of I. C.) member 1885;
    1891 to Waco TX (318)
SHAUVER, T. J. member 1888; moved to TN from
    Shauvers Mills, Tazewell Co VA (48)
SHAVER, Henry J. 1891 (215)
    Jno. d. Jun 5, 1826 (47)
    Lorena b. Feb 12, 1862 to Thomas & Sallie
    Woddair, bapt 1898 (47)

SHAVER, Louisa J. 1891 (215)
SHAW, B. B. 1869 (21)
    Eliza m. John Chafin Oct 1868 (21)
    Elizabeth 1806? (164)
    Elizabeth 1831 (259)
    Ema R. 1883 (43)
    Isabella 1833 (259)
    Jane E. 1856 (21)
    Jessee 1884 (43)
    Miss Lizzie 1874 (318)
    Mary Alice (see Mary Alice Gerstle) (318)
    Mary E. 1869 (21)
    Nancy d. May 15, 1873 (21)
    Nancy L.? d. May 16, 1873 (21)
    Nancy T. 1878 (21)
    R. A., elder, 1866-75 (21)
    Robert A. 1875 (21)
    Mrs. Sarah 1874 (318)
    Sarah E. 1867 (21)
    Sephry 1884 (43)
SHAWE, Jane 1832 (259)
SHEA, Sarah Alice (wife of Wm. W.) bapt Aug 31, 1890 (289)
    Wm. W. m. Sarah Alice Pennington Aug 21, 1886 (289)
SHEAHORN, George 1828 (338)
SHEARER, J. W. m. Mary G. Schell Jun 24, 1881; he from Huntington WV (257)
    Mary B. 1873 to Liberty Corner NJ (257)
SHEARN, Sarah 1876 (329)
SHEARON, Louisa C. (see Nathan Pearsall) (289)
    Sarah 1879 (329)
SHEEGOG, Jas. & Frances parents of James William bapt 20 Nov 1842 (47)
    Robt. & Mary parents of Jane Eliza b. 27 Jul 1830, bapt 5 Feb 43 (47)
SHEFFER, Hattie D. m. T. F. Pilcher Jan 5, 1887 (318)
SHEFFEY, Thomas, Laura & John infants bapt 1871 (318)
SHEFFIELD, E. J. d. Jan 3, 1892 (345)
    Dr. Henry m. Margaret T. Vanleer Jan 14, 1862 (289)
    Margaret Tennessee d. Dec 2, 1872, age 39 (289)
    Midean E. 1853 (345)
    Minnie B. m. Leonidas Gee Mar 18, 1867 (289)
    Rose 1892? (345)
    William 1854 (345)
    Miss Willia 1892 (345)
SHEGOG, James & Fanny parents of Fanny Bang b. Nov 13, 1847 (289)
    _____ d. Dec 6, 1861, age 27 (289)
SHEIDT, Chas. F. m. Julia Doud May 4, 1893 (318)
SHELBOURNE, Susan 1855 (131)
SHELBY, Caroline m. Henry Blood Nov 18, 1844 (47)
    John & Maria G. parents of Priscilla bapt 21 Dec 1828 (47)
    Dr. Jno. 1858 (120)

SHELBY, Dr. John buried May 16, 1859, age 74 (47)
    Mrs. Maria 1846 (47)
    Orville & Caroline parents of John and Caroline Laura bapt 27 Aug 1837 (47)
    Mrs. buried 17 Dec 1869, age 78 (47)
SHELLEY, R. C. father of Fay infant bapt 1888 (318)
    W. C. 1880 (43)
    W. C. m. Nannie Alice Roberts Feb 19, 1884 (264-2)
SHELLY, Mrs. Mary L. (wife of R. C.) 1888 (318)
    William d. Jul 24, 1874 (43)
SHELOR, Tho. G. 1859 (43)
SHELTON, David S. m. Alice R. McKee Jul 13, 1898 (318)
    E. Henry buried Jul 4, 1877 (225)
    Florence May confirmed 1878 (225)
    Frank Trimble b. Apr 1, 1871, parents--E. Henry & Mary C., sponsors--J. H. Schurar, Zebulon P. Gray & Mrs. Sarah L. Peebles, bapt 1874 (225)
    George W. 1848 (347)
    Hegen Cooper m. Cora V. Wilbourne Apr 27, 1887
    Hester d. May 9, 1890 (318)
    Jno. m. Ellen McCalla Jan 29, 1882 (318)
    John R., member before 1862 (318)
    Malinda 1827 (162)
    Martha 1826 (162)
    Martha P. 1849 (225)
    Mary 1873, 1880 (275)
    Mary C. (Mrs) 1872, 1874 (225)
    Matthew Talbot confirmed 1878 (225)
    Miss Mollie 1885 (318)
    May adult bapt 1885 (318)
    Nancy, member before 1862 (318)
    Mrs. S. E. (widow) 1888, 1892 to Birmingham AL (318)
    Mrs. S. M. d. Sep 12, 1889 (Christian Ch.) (318)
    Sallie C. m. James S. Hunt Oct 14, 1894 (318)
    Susan (wife of M. L.) buried Jan 29, 1850, age 27 (47)
    Thos. 1855 (170)
    W. H. m. Allie Robertson Feb 13, 1890 (318)
SHEPARD, N. B. m. Madaline Park Aug 29, 1891 (338)
SH(E)PHEARDE, Cyrena 1843 (170)
SHEPHERD, John d. Oct 5, 1861 (257)
    John 1854 (257)
    Mrs. Martha 1854 (257)
    Martha 1855, d. Oct 1871 (257)
    Mary Lewis b. Jul 10, 1891, bapt 1892, parents--T. W. & J. M. (225)
SHEPPARD, Richard 1860? (345)
    Betsy 1806? (164)
SHEPPLISON, Nellie Lee b. Jul 13, 1871?, Tullahoma TN to Wm. & Sarah Muse, bapt 1898 (47)

SHERIDEN, Matildy d. Feb 14, 1860 (280)
SHERMAN, David A. 1822 (338)
    Polly Ann 1849 (334)
SHERRELL, Rebeckah 1827 (220)
SHERREN, Maggie m. S. O. Crutcher Oct 24, 1888 (345)
SHERRON, Sarah 1870 (329)
SHERWELL, Sam, missionary 1845 (22)
    William son of Sam. & Anna bapt 1846 (22)
SHIELD, Clarra 1896 (220)
    James m. Manerva McGonegal May 10, 1842 (345)
SHIELDS, Crowning buried 9 Jul 1874, age 74 (47)
    Eliza 1840 (318)
    Elizabeth 1896 (220)
    Elizabeth J. 1888 (220)
    Henry Dearbornne (son of John) bapt Jul 11, 1819 (162)
    J. S. & A. B. parents of Josephine Luttrell b. Sep 4, 1895 (338)
    James Maddison (son of John) bapt Jul 11, 1819 (162)
    J. S. & A. B. parents of Josephine Luttrell b. Sep 4, 1895 (338)
    James Maddison (son of John) bapt Jul 11, 1819 (162)
    John 1819 (162)
    John H. of Grainger TN m. Margt. A. McMillan Jan 15, 1852 (338)
    Jos. Sevier m. Annie B. Luttrell Jun 1, 1892 (338)
    Margaret m. John Stewart Sep 1823 (162)
    Margaret 1823 (162)
    Milton d. Feb 4, 1902, aged 35 (d. in Greensboro, NC) (338)
    Milton Lea m. Rhoda Campbell King Jan 21, 1891 (338)
    Mollie 1888, 1893, 1896 (220)
    Nancy 1818 (162)
    Oliver Hayes m. Jennette Cockrill 2 Nov 1887 (47)
    Peggy 1818 (162)
    Polly sr. 1819 (162)
    Mrs. Polly d. 1820 (162)
    Virginia (see Virginia Temple) (259)
    W. S. m. M. Alice Watkins Oct 20, 1889 (318)
SHIPHERD, David A. m. Rebecca Correy 4 Feb 1873 (47)
SHIPLEY, E. R. 1870 (281)
    R. W. 1873 (281)
    Mrs. Tryan (wife of E. R.) 1870 (281)
SHIPP, Sally Polk adult bapt Dec 23, 1860 (289)
SHIRLEY, Laura 1882 (281)
    Capt. Paul (US Navy) buried Nov 26, 1876 (47)
SHITESPUNNER, Henry N. Danier d. Aug 20, 1892, age 8 mo (289)
SHIVERS, Nathan d. Nov 10, 1859, age 26 (289)

SHOART, Hannah 1849 (215)
SHOCKLEY, John E. 1869, 1866 (259)
    Nancy Addolin 1836 (334)
    Nannie 1892 (271)
    Sarah J. bapt 1880, d. 2/22/1887 (271)
SHOCKLY, Benjamin 1836 (334)
    Jonathan L. 1836 (334)
    Jonathin 1836 (334)
    Lily 1836 (334)
    Pressly B. 1836 (334)
SHOFFNER, James 1865 (331)
    Jeptha 1865 (331)
    John E. 1869 (259)
    Nancy 1865 (331)
SHOFNER, Florence 1883 (331)
    J. H. 1867 (341)
    James 1848, 1883 (331)
    Jep 1883, d. Mar 11, 1886 (331)
    Jeptha H. 1848 (331)
    Mary 1883 (331)
    Nancy 1883 (331)
    R. T. 1883 (331)
    W. K. 1867 (341)
SHOFORN, Julia M. bapt 1893 (271)
SHOKEY, John 1819 (338)
SHOMAKE, Mary J. m. Chas. L. Hollester Jun 7, 1864 (47)
SHONNON, J. H. 1855 (334)
SHORN?, Sarah 1862? (215)
SHORT, A. A. 1862? (215)
    Elizth. buried Feb 13, 1867, age 45 (47)
    Elizzie 1885 (335)
    Elzira 1862? (215)
    Hannah 1848 (215)
    J. B. 1849 (215)
    J. J. d. Jun 12, 1898 (335)
    James & Elizabeth parents of Tennessee b. Feb 25, 1849; Sarah Francis b. May 9, 1851; Wm. Henderson b. May 5, 1853; Mary Ellen b. Nov 1858 (289)
    Marthy 1849, 1862? (215)
    Mary E. adult bapt 1866 (318)
    Rhoda 1842, 1849 (215)
    Sally 1862? (215)
    Susan 1848, 1849 (215)
    Thos. R. 1862? (215)
SHOULTS, Joseph 1827 (335)
SHOULTZ, Joseph 1829 (335)
SHOUP, Charlotte Barnwell m. Wm. L. Nichol jr. Aug 23, 1891 (289)
    Mary Conwell d. Dec 4, 1877 (289)
SHOW, Sarah d. May 2, 1877 (318)
SHREOE, Mrs. B. P. 1878, 1879 to Montgomery AL (318)
SHRIVEK, Louisa 1828 (338)
SHROPSHIRE, Catharine 1808 (330)
    Joel 1804 (90)
    Joseph R. 1808 (330)
SHRUM, Elisabeth 1860 (215)

SHRUM, Mary J. 1860 (215)
    Nancy 1854, 1858 (215)
    Nancy J. 1860 (215)
    Wm. 1853, 1855 (215)
SHUFFIELD, C. J. m. ____ Dobson (f) Jan 15, 1874 (345)
    Columbus J. d. Jan 3, 1892 (345)
    E. V. m. Mary Allison Feb 9, 1884 (345)
    Elisha A. 1875 (345)
    Elizabeth d. May 3?, 1871 (345)
    Emily 1851 (345)
    Gertrude 1888 (345)
    Laura 1885 (345)
    Martha d. Apr 29, 1883 (345)
    Martha C. m. D. D. Carson May 30, 1867 (345)
    Martha C. (name changed to Cason by marriage) 1850? (345)
    Mary 1848, 1887 (345)
    Sallie G. d. Aug 31, 1867 (345)
    Sallie Polk m. Edward D. Royster 1866 (345)
    Sallie Polk d. Aug 31, 1867 (345)
    Samuel 1888 (345)
    Susan C. 1873 (345)
    W. D. m. Susan C. Gregory Aug 28, 1873 (345)
    William D. d. 1898 (345)
SHULE, Lavinia Hilliard b. Sep 22, 1870, Nashville to Wm. Dixon & Lavinia L., bapt 1898 (47)
SHULTS, Joseph 1830 (335)
SHULTZ, Chas. Frederick m. Mary Petronille Davison Nov 4, 1841 (47)
SHUSTER, L. S. 1894 (259)
SHUTE, John & Martha parents of Mary Donaldson bapt 1871 (257)
    John 1869 (257)
    John M. m. Martha W. Donaldson Oct 30, 1867 (257)
SHUTTLES, Mrs. Ida 1883, m. A. Tschopik 1885 (318)
SHY, Lizzie I. m. Lemuel Oliver Nov 26, 1888 (22)
    Lizzie Irene b. Jan 22, 1864 to James Louis & Tennie Bell, sponsored by Miss Margaret A. Clouston & Miss Leighla O. Perkins (22)
    Lizzie Irene Inez bapt Dec 8, 1878 (-2)
    Lizzie Lucy Irene 1878, age 18 (22)
SHYLOUR, Mary 1865 (331)
SICK, W. G. d. 1910, age 37 (120)
SIDES, Barbara 1827 (24)
SIEGMAN, George B. d. Mar 29, 1906, age 23 (289)
    Jacob & Mary C. parents of William Pearl b. Nov 28, 1876 (289)
    Mary Pearl d. Apr 5, 1900, age 48 (289)
SIENKNECHT, Adele 1899 (264)
    Dr. C. 1883 (264)
    Christian & Amanda C. parents of Mary Lila b. Jun 16, 1892, bapt 1907 (264-2)
    Miss Christina M. 1870, d. Jan 3, 1900 (264-2)
    Florence adult? bapt 1895 (264-2)

SIENKNECHT, Miss Fredrica Christina member 1886, m. W. C. Denton (264-2)
    Miss Johanna 1891 (264-2)
    Miss Katie 1874, 1883 to Villisca? IA, d. May 24, 1889, m. Rev. Wm. B. Brown (264-2)
    Margeret 1899 (264)
    Mary 1899 (264)
    Sallie Augusta 1877 (264-2)
    Sallie Augusta 1892 (264)
    Miss Stena 1883 (264)
    T. F. & A. M. parents of Fredrica Christina b. Oct 14, 1870, bapt 1871 (264-2)
    T. F. & A. M. parents of Mary C., Sarah A. & Jackson O., bapt 1870 (264-2)
    Theodore & Addie parents of Mary C., Sarah A. & Jackson O., bapt 1870 (264-2)
    Mrs. Theo. F., Miss Johanna & Miss Fredrica Christina 1892 (264)
    Theo. F. & Addie M. parents of Joseph August bapt 1873 (264-2)
    Theodore F. & Addie M. parents of Johanna b. Feb 16, 1876, bapt 1877 (264-2)
    Theodore F. m. Addie M. Muecke Dec 23, 1869 (264-2)
    Theodore F. & Addie M. parents of Theodore Adulphus bapt 1875 (264-2)
    Theo. F. & Addie M. parents of Willie Henrietta bapt 1879 (264-2)
SIETZ, Mrs. Mary d. Jun 28, 1869 (264-2)
SILBY, James 1854 (318)
SILIDGE?, Nancy J. 1887 (131)
SILLARD, W. M. 1859 (259)
SILLIMAN, A. P. 1841 (338)
SILLIVAN, Amy 1833, 1848 (331)
    Tempea 1833 (331)
SILVA, Mrs. Carrie (wife of W. P.) 1889 (318)
SIMERELL, Mollie 1887 (271)
SIMMONS, A. P. 1884 (259)
    Abijah 1871 (259)
    Annie E. m. William A. Allen Apr 4, 1888 (289)
    Cinthia 1827 (335)
    Eddie R. 1885 (281)
    Fannie 1893 (259)
    James d. Aug 11, 1897, age 73 (47)
    John 1813 (164)
    Joseph K. 1871 (259)
    Joshua A. 1861, 1867 (257)
    L. C. 1884 (259)
    Larisey S. 1870, Jul 8, 1874 to MS (257)
    Lou. 1871 (259)
    Miss Louisa C. 1861 (257)
    Louisa C. 1866 (257)
    M. C. 1884 (259)
    M. L. 1884 (259)
    Maggie L. 1891 (259)
    Margaret Graham d. Mar 2, 1904, age 74 (289)
    Mary 1871, 1887 (259)

SIMMONS, Mary m. Wm. Rannie Mar 24, 1864 (47)
    Recy? 1884 (259)
    Sarah 1887 (259)
    Susan Victoria 1870, Jul 8, 1874 to MS (257)
    W. R. d. Jan 2, 1908, age 47 (289)
    Wm. 1871, 1884 (259)
    William d. Mar 27, 1906, age 84 (289)
SIMMS, Mrs. Rebecca 1846 (47)
    Sarah J. S. 1866 (162)
SIMONS, Martha C. d. Apr 21, 1883 (281)
SIMPSON, F. M. 1876 (259)
    James & Cornelia M. parents of Ephriam
        Foster b. Aug 4, 1856; Jane Lytle b.
        Apr 20, 1858; & John b. Mar 25, 1860
        (289)
    James S. adult bapt 1873 (318)
    John 1833 (259)
    Kate member 1875, m. C. W. Hitchcock (257)
    Mrs. Lou 1894 (318)
    Mr. Marion C. (died in Baltimore) d. Nov
        10, 1894 (318)
    Mary 1872 (281)
    Mildred m. W. H. Brannon Nov 20, 1884 (318)
    Parthence 1831 (259)
    William (Confed) d. Jul 12, 1901 (aged 65,
        stepfather of Felix Hunt) (338)
SIMS, Allin 1811, 1812 (330)
    C. G. 1899 (271)
    Charles G. 1893 (271)
    Emma C. 1872, d. 9/10/1925 (271)
    G. D. 1876 (271)
    G. D. 1888, d. 3/1896 (271)
    G. W. 1876 (259)
    Hattie (m. Clark) bapt 1897 (271)
    Henry W. bapt 1880 (271)
    J. W. d. Jul 17, 1898 (318)
    Lizzie m. S. R. Read Feb 24, 1887 (318)
    Mrs. Lottie 1899 (271)
    Lou bapt 1892 (271)
    M. G. 1889 (271)
    Maggie bapt 1888, 1889 (271)
    Martha E. 1877 (270)
    Martin d. Dec 6, 1884 (318)
    T. 1867 (341)
    W. G. bapt 1878 (271)
SIMSON, Randal 1845 (270)
SINCLAIR, Dr. J. G. d. May 29, 1897, age 63 (47)
    William Preston infant bapt 1876 (318)
SINCOLER, William Preston infant bapt 1876 (318)
SINDHALUCK, David (Swede) infant bapt 1875 (318)
SINDIE?, Josie 1899 (264)
SINGLETON, Nancy Ann 1865 (275)
    Polaann 1865 (275)
SINTHEY, Nick? 1856 (220)
SITLER, Caroline m. Gilbert Hagan May 24, 1838 (47)
SKAGGS, Milly 1834 (162)
SKEGGS, Ervin buried Aug 25, 1869, age 24 (47)
    Eugene buried Sep 10, 1877, age 35 (47)

SKEGGS, John & Saidie parents of Vivian Menees b.
    Aug 21, 1888; and Saidie Louise b. Nov 18,
    1890 (note: we are not certain these
    listed dates were intended to be birth
    dates, but they definitely appear to be)
    (289)
    Mary Jane b. Aug 4, 1818, Nashville, to Wm.
        & Catherine Drennon, bapt 1898 (47)
    Paul A. & Rozanna parents of Mary Kate b.
        Jul 20, 1895; Frank Elmer b. Jul 22, 1893
        (289)
    Thomas S.? buried Jul 27, 1880 (47)
    Vivian Menees d. Mar 29, 1897, age 6 (289)
SKELEY, Guess 1886 (43)
    Harda 1885 (43)
    S. E. d. 1887 (43)
    Sisrow 1886 (43)
SKELLS, Miss Mary Ann adult bapt 1870 (264-2)
    Mary Ann m. Joseph Stallcup Oct 12, 1878
        (264-2)
SKELLY, Luvinda 1873 (43)
SKELTON, Lillian d. Sep 1, 1887, 2 yrs (318)
    Willie M. d. Jul 26, 1885, 20 mos (318)
SKELY, Idar 1885 (43)
SKILLIN, Elizabeth A. 1878 (21)
SKINNER, Barnard Dollison bapt 1849, age 37 (47)
    Mrs. d. Mar 13, 1890 (Staunton House) (318)
SKIPWITH, Mattie B. 1881 (225)
SLATTER, James R. d. Feb 6, 1896, age 87 (Confederate Home) (47)
    L. (f) m. F. Whitesides 22 Apr 1874 (318)
    May m. C. B. Ray May 6, 1879 (318)
SLAUGHTER, Sallie 1888 (128)
    Sallie C. m. George F. Finlay 13 May 1889
        (47)
SLAVIN, M. C. buried Oct 11, 1855, age 45 (47)
SLEDG, Daniel d. Jun 20, 1873 (131)
    Saley (Sarah) d. 1877 (131)
    Timothy d. 1875 (131)
SLEDGE, Daniel 1852 (131)
    Nancy L. 1877 (131)
    Sarah 1852 (131)
    Timothy 1851, 1852 (131)
SLEED, Abner 1833 (331)
    Tempea W. 1833 (331)
SLOAN, A. N. 1889 (318)
    A. N. father of Nevins S. infant bapt 1887
        (318)
    A. N. 1881 (318)
    Adelle Baldwin d. Jul 7, 1896 (47)
    Mrs. Annie (wife of R. F.) 1891 (318)
    Fielding 1891 (318)
    Flavel Baxter 1895 (318)
    James 1891 (318)
    John 1857 (338)
    John D. d. 1910, age 51 (120)
    John & W. P. parents of Isabella Parthenia
        b. Apr 4, 1857 (338)

SLOAN, Mrs. L. (wife of A. N.) 1881 (318)
    Malcolm Guille d. Mar 1, 1898 (318)
    Mrs. Mary d. 27 Jun 1856, being about 72
        years old (225)
    Mollie Louisa d. Feb 27, 1861, age 2 yr 8
        mo (289)
    R. F. 1891 (318)
    R. F. m. Katie B. Guille Jun 25, 1894 (318)
    Rebecca L. buried 24 Jul 1862, age 32 (47)
    Thos. J. & Rebeca L. parents of Jacqueline
        Rose b. Jun 10, 1858; Rebecca Adelaide
        b. Jun 9, 1856; and Thos. Edward b. May
        27, 1861 (289)
SLOANE, Nellie 1889 (215)
SLUDER, E. J. 1884 (259)
    Elezebeth 1813 (164)
    Elizabeth J. 1871 (259)
    Elizebeth 1813 (164)
    J. A. 1884 (259)
    J. M. 1884 (259)
    J. T. 1884 (259)
    James P. 1871 (259)
    John M. 1871 (259)
    Lida 1884 (259)
    Lyda 1871 (259)
    M. E. 1884 (259)
    M. J. member 1884, m. M. J. Chisam, d. 1887
        (259)
    Martha 1871 (259)
    Mary 1871 (259)
    Thos. 1871 (259)
SMALL, Alice 1865, 1883 (331)
    Martha d. 1820 (264)
    Mrs. Mary & dau Mary bapt 1819 (264)
    Mary 1818 (264)
    Mary J. 1848 (347)
    Michael m. Cornella Farris May 14, 1883 (318)
    Patsy 1819 (264)
    R. J. 1883 (331)
    Robert 1865 (331)
SMALLDIND?, Henry 1854 (215)
SMALLDING, Henry 1853 (215)
SMALLEY, Julia 1896 (220)
    S. K. 1896 (220)
SMALLMAN, Lucinda 1849 (259)
SMART, Andrew 1843 (275)
    Miss Ann buried Jul 15, 1870, age 72 (47)
SMARTT, Miss Ada member 1869, m. John T. Wilson
    (259)
    Ann 1833, 1869, d. 12/1/70 (259)
    Anna Bell 1873 (259)
    B. T. 1876 (259)
    B. W. & Esther parents of Nancy L. & Bennet
        White bapt 1844 (259)
    B. W. 1841 (259)
    B. W. 1869, d. Sep 1874 (259)
    Bennett W. 1833 (259)
    Bert W. 1831 (259)
    Caroline 1842 (259)

SMARTT, Caroline C. 1844 (259)
    Mrs. Cornelia A. 1873 (259)
    Elizabeth 1833, 1841 (259)
    Elizabeth infant dau of Geo. M. & Ann bapt
        1848 (4331 # omitted)
    Elizabeth A. (see Elizabeth A. Jones (259)
    Elizabeth V. member 1866 & 1869, m. Cummings
        (259)
    Emma Octavia (Miss) 1869, 1877 (259)
    Esther 1842, 1869, d. Jul 1874 (259)
    Euclid Waterhouse 1854 (259)
    F. G. ordained Aug 1890 (259)
    F. P. 1876 (259)
    George M. 1833, 1841, 1869 (259)
    Geo. M. & wife Ann parents of Euclid bapt
        1845 (259)
    Geo. M. & wife Ann parents of James Polk
        bapt 1844 (259)
    Geo. M. ordained in 1835 (259)
    Geo. M. & Annie parents of William Dick &
        Ve-ta Annie bapt 1860 (259)
    Hezekiah 1851 (259)
    I. C. 1868 (259)
    James P. ordained 2/1/68, moved to Nashville
        Nov 1868 (259)
    John R. 1876, d. in TX Nov 1888 (259)
    Joseph C. 1866, 1869, 1870 (259)
    Joseph C. ordained Aug 1874, moved to TX
        (259)
    Josephine 1868, d. 11/5/81 (259)
    Lillie Octavia 1876 (259)
    Lou 1872 (259)
    Loulin 1876 (259)
    M. Rebella 1876 (259)
    Margaret 1842 (259)
    Margaret infant dau of Geo. M. & Ann bapt
        1852 (259)
    Margaret C. 1866, 1869, m. E. Waterhouse
        12/11/72 (259)
    Mrs. Martha 1869, d. Feb 1871 (259)
    Martha E. 1869 (259)
    Mary B. 1869 (259)
    Mary C. 1869, m. B. Cagle 1882 (259)
    Mary L. 1876 (259)
    Mary M. 1866 (259)
    Mary M. member 1869, m. McAdoo (259)
    Mat. 1876 (259)
    Nancy 1841 (259)
    Rate 1876, d. Aug 14, 1886 (259)
    S. G. (& wife) 1876, d. 2/23/80 (259)
    S. G. 1851 (259)
    S. G. jr. 1876 (259)
    S. H. 1876 (259)
    S. T. 1876 (259)
    Samuel C. 1841 (259)
    Samuel C. father of Joseph Calhoun, Mary
        Margaret, William Kennedy & Martha
        Caroline bapt 1854 (reel # omitted)
    Samuel G. 1833 (259)

SMARTT, Sam. T. 1897 (259)
    Sarah 1841 (259)
    Selash 1833 (259)
    T. C. jr. 1876 (259)
    V. A. 1876 (259)
    W. __. 1870 (259)
    W. C. 1831 (259)
    W. D. 1869, d. 1/13/89 (259)
    W. Dick 1876 (259)
    W. H. & W. C. parents of Hanna and Octavia 1841 (259)
    W. K. (see Mary Ellen Savage) (259)
    W. T. 1868 (259)
    Wm. C.? 1st Elder, d. 5/18/1863 (259)
    William C. 1841 (259)
    Wm. D. ordained 2/1/1868, d. 1/13/1889 (259)
    William Davidson 1854 (259)
    Wm.H. ordained 2/1/1868 (259)
    Wm. H. 1851, 1869 (259)
    Wm. Kennedy 1869, 1871 (259)
    Wm. T. 1869 (259)
SMEDES, Helen B. m. Edwin H. Nall 11 Jan 1881 (47)
SMEDLEY, Mary L. m. S. G. Whiteman of Nashville Oct 7, 1856 (338)
SMILEY, Ida (alias Miller) 1872 (345)
    Ida m. Hartwel F. Miller Dec 14, 1879 (345)
    Miss Irene member 1866, m. F. J. Bennett (318)
    J. B. m. Velma Brown May 16, 1899 (318)
    J. Thad. 1891 (345)
    James T. 1885 (345)
    Louisa (wife of R. W.) 1866 (318)
    Mary A. m. Edward Jones Mar 23, 1889 (345)
    Mary A. 1871 (345)
    R. W. 1866 (318)
    Sallie 1872 (345)
SMITH, A. & L. parents of Henry Lawrence & Thomas Allen both bapt May 16, 1886 (347)
    A. H. 1874, 1880 (176)
    Ada C. m. Calvin R. Cross 9 Jan 1886 (47)
    Ada M. (nee Lowery) 1893 (271)
    Agga 1845, 1881 (270)
    Albert d. Mar 28, 1871, age 49 (289)
    Alice m. C. E. Wilson Feb 25, 1886 (318)
    Mrs. Alice B. d. Apr 8, 1893, age 57 (47)
    Allen 1862? (215)
    Alice 1883 (331)
    Amanda 1848, 1865 (329)
    America 1871, 1884 (259)
    Mrs. Amy Rogers d. May 21, 1896, age 29 yr 4 mo (338)
    Mrs. Anna L. (wife of O. N.) 1891 (264-2)
    Annie L. m. Geo. W. Cline 4 Feb 1880 (47)
    Annie Selma b. Sep 21, 1874, bapt 1898 (47)
    Antoinette infant bapt 1836 (22)
    Miss Antoinette confirmed 1848 (22)
    Araneta 1877 (270)
    Arson bapt 1893 (271)
    Auston 1881 (270)

SMITH, Ayga? 1877 (270)
    B. W. m. Pearl Summers Oct 16, 1898 (318)
    B. W. 1869 (162)
    Mrs. Baker (died at Lauderdale MS) d. Apr 11, 1897 (318) (318)
    Baker m. Mary E. McClure Nov 1, 1883 (318)
    Bartow A. & Maggie McL. parents of Rhoton A. bapt Apr 1893; Glen Evans bapt Apr 14, 1894; & Russell McLin bapt Aug 1896 (338)
    Baxter (see Bettie Guild) (257)
    Baxter & Bettie parents of Guild bapt Dec 2, 1860 (257)
    Bell (nee Oakes) 1893 (271)
    Benjamin 1845, 1877 (270)
    Bettie 1854 (257)
    Buela (see Buela Able) (271)
    C. F. m. Abbie C. Wylie Aug 4, 1897 (264-2)
    Caleb B. 1846 (341)
    Canaier? bapt 1877 (271)
    Carl F. m. Lizzie Dolan Jul 4, 1898 (318)
    Caroline B. m. Philip M. Radford 17 Aug 1886 (47)
    Caroline L. (Lipscomb, wife of Milo) 1840 (318)
    Carr 1808, 1814 (330)
    Catharine J. 1866 (162)
    Caty 1819 (205)
    Chaney 1854 (162)
    Chany 1833, d. Jun 21, 1861 (162)
    Charles Rice m. Helena Pearl Edmonds Apr 27, 1892 (338)
    Christian 1848, 1851 (347)
    Cissley 1843 (170)
    Cora 1893 (271)
    D. M. 1879 (322)
    Daniel E. 1848, 1865 (329)
    Darthula A. 1869, d. Nov 25, 1874 (162)
    David 1892 (271)
    Delia m. Henry D. Boyd (both from Concord) Jan 7, 1886 (338)
    Dinitha 1851 (215)
    Dintha 1862? (215)
    Drewry 1821 (329)
    Drury J. 1833 (331)
    E. D. 1878 (329)
    E. M. jr. (killed on Southern head) d. Aug 30, 1903 (318)
    E. V. (f) 1855 (334)
    Ed, father of Bessie Voux bapt 1886 (318)
    Edward 1881 (331)
    Edw. B. m. Wilkie M. Evans Feb 12, 1896 (318)
    Ed M. m. Lila Gibbs Oct 15, 1884 (318)
    Ed. M. adult bapt 1885 (318)
    Edward M. 1885 (318)
    Effie 1893 (271)
    Egga 1877 (270)
    Eli 1848, 1865, 1879 (329)

SMITH, Elisabeth 1845 (270)
    Eliza 1872 (329)
    Eliza 1846 (170)
    Eliza A. 1848 (347)
    Eliza Ann m. James Mack Sep 13, 1849 (347)
    Elizabeth 1821, 1848, 1865, 1879 (329)
    Elizabeth 1849, 1850 (215)
    Elizabeth 1832 (205)
    Elizabeth 1833 (330)
    Elizabeth 1847 (170)
    Elizabeth & Ander? 1841 (335)
    Miss Eliz. buried Aug 25, 1870, age 41 (47)
    Elizabeth 1867 (345)
    Ella m. Thomas Sharp Nov 19, 1887 (338)
    Ella E. bapt 1888 (271)
    Miss Ellen M. 1889, 1900 to Columbus OH, d. 24 Mar 1911 (318)
    Emma L. 1848 (329)
    F. B. m. Julia S. Crandall Dec 13, 1887 (318)
    Fanna 1877 (270)
    Felix Robertson (see Thos. Smith) (47)
    Florence (nee Graham) bapt 1893 (271)
    Frank d. Aug 21, 1893 (318)
    Franklin 1865 (275)
    G. 1847 (341)
    George 1845 (270)
    George 1832, 1808 (330)
    Geo. M.jr. 1871 (259)
    Geo. T. 1857 (259)
    Geo. W. 1848 (329)
    Georgia m. Wm. Nichols Dec 12, 1888 (318)
    Gerrit 1878, 1880 to Macon GA (318)
    Glaphra 1884 (259)
    Glaphrey 1871 (259)
    Mrs. H. B. 1861, 1891 to Beeville TX (264-2)
    H. B. 1879 (176)
    H. H. buried 30 Oct 1884 (47)
    Hannah 1832 (330)
    Harriet Dandridge bapt 1835 (dau of Elias & Chaney) (162)
    Henry 1859 (225)
    Henry Sheffield d. Jul 28, 1874, age 4 mo (289)
    Hetty 1834 (205)
    Hillry 1848, 1859 (329)
    Henry & Dollie parents of Anna Caldwell infant bapt Nov 10, 1888 (289)
    Henry m. Dollie Brown Oct 13, 1887 (289)
    Hugh F. 1880 (215)
    Ira M. 1869, d. Sep 25, 1877 (162)
    Isaac 1845, 1877 (270)
    Isaac 1820 (205)
    J. 1847 (341)
    J. L. 1869, 1876, 1878, 1879 (176)
    J. M. 1867 (176)
    J. P. & Mary parents of Ethel Wheeler b. Sep 25, 1882 (338)
    J. P. & Mary parents of Jessie King b. Jun 21, 1878 (338)

SMITH, J. T. C. 1879 (322)
    J. W. 1876 (176)
    J. W. pastor 1895 (271)
    J. Webb buried 7 Sep 1869, age 34 (47)
    James Randolph infant bapt 1887 (318)
    James & William (infant twins, sons of Henry T. & Mattie) d. Nov 17 & 18, age 1 da & 2 da (289)
    James bapt 1878 (271)
    James 1858 (176)
    James S. 1843 (170)
    James Webb m. Alice B. Cheatham Oct 13, 1859 (47)
    Jane 1851 (318)
    Miss Jane 1844 (330)
    Jane G. d. 1866 (329)
    Jane g. 1848 (329)
    Jesse 1821 (329)
    Jesse P. 1870 (329)
    Jestine 1831 (205)
    Mrs. Joan 1887 (271)
    Joe 1893 (271)
    Jno. 1889 (271)
    John 1846, 1855, 1858 (215)
    John buried Feb 1828 (22)
    John 1816 (178)
    John 1818 (205)
    John (contractor?) d. Feb 1903, age 45 (120)
    John & Harriet parents of Laura Ellen b. Jul 17, 1852 (289)
    Jno. C. 1892 (271)
    John M. 1844 (259)
    John P. & Mary parents of Alfred Carter b. Nov 22, 1867; Anne Craig b. Oct 12, 1869; and Mary Powell b. Oct 28, 1871 (338)
    Jno. P. 1866 (338)
    Jno. P. m. Mary Craig Feb 7, 1867 (338)
    Jordan 1846, 1849 (215)
    Joseph 1813 (164)
    Julia (see Julia Moore) (329)
    L. C. 1884 (259)
    Rev. L. L. 1858 (120)
    Laura L. infant bapt 1836 (22)
    Lee d. Nov 2, 1903 (318)
    Leeander 1881 (270)
    Leander 1845 (270)
    Mrs. Lila Gibbs d. Feb 4, 1903 (318)
    Lilley A. 1869 (162)
    Mrs. Lillie F. (wife of E. M.) 1885, d. 1901 (318)
    Litha 1821 (329)
    Louisa 1848 (329)
    Louisa P. 1840 (318)
    Louise M. d. Mar 17, 1899, age 64 (289)
    Louvina C. 1867 (162)
    Lucey (wife of James) 1843 (170)
    Lucinda 1836 (334)
    Luvena 1871 (259)

SMITH, Lydia m. Robert J. Furquaharson Oct 22, 1855 (47)
    Miss Lydia B. 1842 (264-2)
    Lytha J. 1845 (270)
    M. A. 1889 (271)
    M. A. 1870 (329)
    Mrs. M. E. 1889 (318)
    M. N.? 1870 (329)
    M. P. & H. B. parents of Miss Mary Alice bapt 1881 (264-2)
    M. S. 1881 (270)
    Malcumb 1862? (215)
    Malinda C. d. 1866 (329)
    Margaret (see Margaret McFarland) (162)
    Margarett 1845 (330)
    Mrs. Marie Lucile Fry 1899 (318)
    Marier 1881 (270)
    Martha 1869 (162)
    Martha 1846, d. Jul 11, 1872 (341)
    Martha 1860 (170)
    Martha 1848, 1850 (334)
    Martha Ann b. May 20, 1844, NC, to Matthew & Sarah Vance, bapt 1898 (47)
    Martha H. 1833 (330)
    Mary 1846, 1847, 1849, 1862? (215)
    Mary 1848, 1815 (330)
    Mary 1871 (259)
    Mary 1870 (329)
    Mary 1877, 1881, d. Sep 17, 1886 (270)
    Mary mother of Eliza Jane bapt Apr 16, 1826 (338)
    Mary (wife of Kenzie) 1825 (338)
    Mary mother of Jon Alexander bapt Mar 1827 (338)
    Mary A. confirmed 1834 (22)
    Mary A. moved to MS 1866 (21)
    Mary A. 1869 (162)
    Mary A.? 1845 (270)
    Miss Mary Alice 1881, 1891 to Beeville TX (264-2)
    Mary Ann 1877, 1881 (270)
    Mary F. 1857 (225)
    Mary J. (of James) 1860 (162)
    Mary J. 1854, 1848 (347)
    Mary Lee infant bapt 1888 (dau of Mr & Mrs. E. M.) (318)
    Mary Lydia (see Thos. Smith) (47)
    Mathew 1845 (270)
    McPhail d. Dec 13, 1897, age 60 (47)
    Mila 1845 (270)
    Milia C. 1877 (270)
    Milly 1872 (259)
    Milo (Dr.) 1840, d. Sep 1869 (318)
    Minerva 1878 (329)
    Mitcham 1821 (329)
    Mollie m. O. S. Long Jul 12, 1866 (257)
    Miss Mollie O. 1883 (177)
    Monro 1845 (270)
    Rev. N. K. father of Wm. Moore infant bapt 1881 (318)

SMITH, Nancy 1892 (271)
    Nancy 1857, 1872 (259)
    Nancy 1848 (329)
    Nancy 1825, 1834 (205)
    Nancy m. Horatio Berry Dec 1880 (47)
    Nancy J. 1870 (329)
    Nathan 1818 (164)
    Nelly 1844 (259)
    Nicy 1822 (205)
    Oscar Newton & wife Anna L. & children Joseph, David & Henry 1893 (264)
    Oscar Newton 1890 (264-2)
    Peter N. m. Mary Ann E. Parrish Nov 15, 1827 (22)
    Philip father of James Beverly & Wm. Harvey (twins), Eliza Minerva Houston, Darthula Carolina & Priscilla Emily, all bapt Sep 11, 1829 (338)
    Philip father of Almeda Clementina bapt May 7, 1831 (338)
    Philip adult bapt Aug 4, 1828 (338)
    Pleasant A. d. 1912 (Sep), age either 71 or 31 (120)
    Plinas E. 1872 (329)
    Polley Shields 1843 (170)
    Polly 1844, 1877 (259)
    Polly 1845 (270)
    Polly 1827 (205)
    Polly 1828 (338)
    Polly 1813 (164)
    Pryor D. 1868 (162)
    Rachel 1857, 1871 (259)
    Richard 1848, 1865 (329)
    Robert m. Ursula Dew Jul 1851 (347)
    Roger m. Lelia Stutson Oct 12, 1898 (289)
    Rosanna 1828 (338)
    S. S. 1888 (220)
    Sallie 1883 (331)
    Sally 1821 (329)
    Sally 1818 (205)
    Samuel 1855, 1858 (43)
    Saml. B. 1848 (329)
    Samuel Granville (see Thos. Smith) (47)
    Saml. H. 1830 (264-2)
    Sarah 1876 (259)
    Sarah 1847, 1849 (215)
    Sarah jr. 1856 (205)
    Sarah 1848 (329)
    Sarah A. 1869 (162)
    Sarah A. 1847 (215)
    Sarah B. m. William H. Gerard Sep 16, 1841 (47)
    Sarah C. 1860, d. Mar 9, 1875 (162)
    Sarah C. 1844 (259)
    Sarah Elizabeth m. Edward Reynolds Wade Apr 22, 1896 (289)
    Sarah F. 1858 (215)
    Sarah P. m. D. M. Boyd Oct 13, 1869 (264-2)
    Miss Sarah P. 1858, d. Sep 6, 1870, m. David M. Boyd (26402)

SMITH, Sarah R. 1848, 1850 (347)
    Sary 1812 (330)
    Shadrach 1848 (329)
    Shadrack C. 1848 (329)
    Simeon 1850 (170)
    Simon 1818, 1834 (205)
    Solomon 1846, 1847 (215)
    Solomon 1836 (334)
    Sophia W. 1865, d. Dec 1, 1870, aged 79 (329)
    Sophia W. 1821, 1848 (329)
    Susan 1833 (162)
    Susan 1847 (215)
    Susan C. 1847 (170)
    Susannah 1826 (205)
    Synthia wife of Thomas A. 1817 (338)
    Synthia mother of Lucy Ann & James White
        both bapt Feb 11, 1817 (338)
    Tennessee m.Michael Maddin Nov 28, 1860 (47)
    Thankful 1855, 1858 (43)
    Thomas 1845, 1877 (270)
    Thomas 1846 (341)
    Thomas 1818 (205)
    Thos. & Elizabeth A. parents of Samuel Granville b. Apr 15, 1835, MaryLydia b. Jun 17, 1836, Felix Robertson b. Mar 16, 1838 (children bapt Oct 10, 1841) (47)
    Thomas Jackson m. Amy M. Rogers Jun 3, 1886 (338)
    Tom 1846 (341)
    Tyler 1836 (334)
    Mrs. Venetia Dexter d. Jul 12, 1881 (289)
    Viesey? 1843 (275)
    Vina 1845 (270)
    Virginia m. D. O'Brien May 12, 1886 (318)
    W. L. 1875 (176)
    W. R. 1855, 1875, 1878 (176)
    W. S. 1847 (341)
    W. Spot d. Jun 28, 1890 (318)
    W. R. 1877 (271)
    W. T. m. Ruth Heywood Apr 20, 1898 (318)
    W. W. 1881 (270)
    W. W. 1845 (270)
    W. Z. 1881 (270)
    Walter H. m. Liela K. Bussey Jun 29, 1897 (289)
    Warren A. 1860 (225)
    Webb Cheatham buried Jun 12, 1872, age 6 (47)
    William member 1840; d. before 1850 (318)
    William 1848, 1876 (329)
    William 1849, 1850, 1862? (215)
    William 1845, 1877 (270)
    William 1820 (205)
    William D. 1849, 1860, 1877 (162)
    William G. member 1893; 1898 to Gainesville GA (318)
    William M. member 1876, to Dallas TX (318)
    William M. 1877 (270)
    Wm. S. m. Lillian W. Tau Jun 5, 1898 (318)

SMITH, Wm. W. 1852 (327)
    Wm. W. & M. M. parents of Jospehine Thomas adult bapt Nov 10, 1888 (289)
    Willie d. May 14, 1905 (318)
    Wilson T. 1868 (162)
    Zilpha L. member 1860; d. Aug 22, 1861 (162)
    Mrs. buried 1842 (& child) (22)
    ____ d. Sep 11, 1884 (Baker Smith's) (318)
SMITHE, Elanor 1848 (220)
    George 1877 (270)
    Sarah 1847 (215)
SMITHSON, Amanda 1853 (131)
    B. J. (f) 1887 (131)
    Betty J. 1887 (131)
    Elizabeth 1854, 1887 (131)
    Elizabeth C. 1887 (131)
    Hattie m. Conrad Baumgartner Sep 26, 1889 (318)
    J. D. (f) 1887 (131)
    J. P. 1887 (131)
    Jno. & Ann parents of John Patterson & Samuel C. both b. Jan 11, 1898 (338)
    Louvinia 1887, 1897 (131)
    M. F. 1878 (43)
    M. L. (f) 1887, 1890 (131)
    Margaret 1854, 1866, 1887 (131)
    Margarett 1856 (131)
    Martha 1853 (131)
    N N. 1887 (131)
    S. H. 1887 (131)
    S. W. member 1852; d. Mar 15, 1872 (131)
    Sarah 1849 (90)
SMITHSTON, John 1873 (43)
SMOTHERMON, T. L. 1888 (345)
SMOTHERS, Mary Ann 1847 (215)
SNEED, Arthur b. Dec 14, 1872; parents--Junius G. & Victoria M. Sneed; sponsors--Dr. Thos. B. Yancey & Mrs. Virginia M. Peticolas (225)
    Dudley Revlin? (inf of Rev. H. H. S.) d. Aug 19, 1889 (318)
    John L. T. (not residing in Somerville) 1872 (225)
    M. A. B. 1855 (170)
    Mary 1872 (225)
    Mrs. Myra buried Jun 26, 1829 (22)
    Mrs. Victoria M. member 1872; removed to Funtyn Station near Memphis Dec 5, 1874 (225)
SNELLING, Thomas 1833 (259)
SNELSON, James 1823 (220)
SNODDY, Cary 1832 (162)
    Corra Lea (Miss) (1883) (reel # omitted)
    Edward B. m. Mary Biddle Jan 30, 1834 (162)
    Edward B. 1826 (162)
    Elizabeth bapt 1825; member 1828 (162)
    Gideon b. Oct 4, 1826 (son of John D.) (162)
    Grissy M. 1832 (162)

SNODDY, Grissy Margaret (dau of Thomas) b. Jun 1, 1820 (162)
    Hannah 1822 (162)
    Jane (of John) (her son Gideon bapt 1826) (162)
    Jane M. 1826 (162)
    John D. m. Jane McDonald Dec 1, 1825 (162)
    John D. 1828, 1832 (elder) (162)
    John L. 1885 (177)
    John Wilson 1890 (177)
    Margaret Caroline (dau of Jane) bapt 1828 (162)
    Nancy 1818 (162)
    R. N. 1859, 1880 (177)
    Robert 1818, 1828 (162)
    Robert m. Elizabeth Donaldson Jul 29, 1824 (162)
    Robert N. 1866 (162)
    Mrs. Susan 1880 (177)
    Thomas 1804, 1818, 1819 (162)
    Thomas Andrew (son of Robert) b. 1826, bapt 1826 (162)
    Thos. E., elder 1873 (177)
    Miss Virginia Pearl 1890 (177)
    Wm. G. 1866 (162)
SNODGRASS, Aminda m. Alfred Woods Mar 1826 (162)
    Clemora? 1866 (271)
    D. C. 1889 (271)
    David 1818, 1828 (162)
    F. L. bapt 1876 (271)
    Joseph 1818, 1822 (162)
    Josephine 1858 (271)
    LaVouchia m. Jno. S. Greever Oct 27, 1897 (318)
    Lula bapt 1882 (271)
    Lynn 1826 (162)
    Miss M. E. A. 1883 (177)
    Maggie bapt 1878 (271)
    Miss M. E. A. 1883 (177)
    Maggie bapt 1878 (271)
    Mary D. 1826 (162)
    Mary E. bapt 1871 (271)
    May bapt 1882 (m. Sanders) (271)
    Nancy 1828 (162)
    Newton bapt 1888 (271)
    Polly 1828 (162)
    S. E. bapt 1876, member 1877 (271)
    Sallie buried Jul 17, 1882; 14 mos (47)
    Sarah 1889 (271)
SNOW, Almedy 1856 (220)
    Amda? 1866 (220)
    Bettie 1893, 1896 (220)
    Elizabeth 1888, 1893, 1896 (220)
    J. A. 1896 (220)
    James & wife Nancy 1827, 1838 (335)
    James 1856 (220)
    Jane 1887 (215)
    John 1856 (220)
    Lula 1893, 1896 (220)

SNOW, Manda 1870, 1871 (220)
    Mary 1856 (220)
    R. E. 1893, 1896 (220)
    Sam 1888, 1893, 1896 (220)
SNOWDEN, Imogina d. Sep 25, 1859 (289)
    J. B. buried Oct 24, 1862, age 61 (47)
    J. Bayard & Aspusia? s. Imogine parents of Victoria Imogine b. Apr 1838, and Octavia Augusta b. Mar 6, 1840, bapt Apr 22, 1840 (47)
    Laura m. George B. Abbott Jan 24, 1855 (47)
    Susanna 1874 (257)
SNYDER, Chas. M. m. Carrie F. Wheeler Apr 23, 1898 (318)
    Mary T. m. Jas. H. Beck Sep 1, 1896 (318)
    Robert 1891 (318)
    Robt. Milford m. Norina Kennedy Aug 2, 1899 (338)
SOFGE, Henry & Emma (Kinnear) parents of Charles Henry b. Aug 10, 1883 (289)
    Henry D. & Mary Ellen (Kinnear) parents of Benjamin Harold b. Mar 17, 1886 in Madison TN and Ralph Kinnear b. May 20, 1888 in Nashville (289)
SOLOMON, Agness (dau of Black) bapt 1820 (162)
    Elizabeth, original member; member 1854, m. C. W. Boyers (257)
    Mrs. Elizabeth 1861 (257)
    Elizabeth mother of Wilhelmina Houston bapt 1865 (257)
    Elizabeth m. C. W. Boyers Dec 20, 170 (257)
SOMERVILLE, Emily 1868 (338)
    J. P. & Emily C. parents of James Lee b. Feb 7, 1872 (338)
    J. P. & E. H. parents of John Murray b. Jul 28, 1870 (338)
    James member 1868, 1875; removed to Montgomery AL Jan 1879 (338)
    Jas. & Emily C. parents of Spencer Baw? b. Nov 11, 1875 (338)
    Jas. & E. C. parents of Alfred Holliday b. Nov 8, 1873 (338)
    John buried Apr 27, 1846 (47)
    Miss Martha buried Apr 17, 1879, age 81 (47)
SOMMERVILLE, Geo. & H. M. parents of Mary b. Nov 8, 1876 (338)
SOPER, Augustus C. buried May 1, 1881 (47)
    Augustus C. m. Leila P. Loftin Dec 20, 1876 (47)
SOUTHALL, John 1860 (43)
SOUTHERLAND, Rebecca J. member before 1862; m. Eave? (318)
    Sarah M. member before 1862 (318)
SOUTHGATE, W. W. sr. d. Feb 1908, age 79 (120)
    Wright Bernard jr. d. Nov 1902, age 2 (120)
SPACKMAN, Susan buried Nov 15, 1865, age 68 (47)
SPAIN, Sarah Elisabeth (see Mrs. Sarah Elizabeth Roth) (47)
SPAN, Ann 1861 (90)

SPAN, Elizabeth 1865 (90)
    Hartwell 1821, 1822, 1825 (90)
    Mary 1822 (90)
    Polly 1821 (90)
    Wm. d. 1881 (90)
    William R. 1860 (90)
    Willis 1822 (90)
SPANN, Jeremiah 1813 (came from Warren Co, KY) (90)
    Terrel 1813 (came from Warren Co, KY) (90)
SPARK, Isac 1858 (176)
SPARKMAN, Aner. 1883 (43)
    Betty 1878 (43)
    Bety 1878 (43)
    Bosana d. Feb 1861 (43)
    Charley 1888, minister (43)
    E. 1888 (259)
    Emely D. 1855 (43)
    Isa 1874 (letter from Nashville) (43)
    J. J. 1-84 (259)
    James 1855, 1866 (43)
    Jas. S. 1855 (43)
    James T. 1855 (43)
    Jesse G. d. Sep 19, 1878 (43)
    Jesse J. 1855 (43)
    John J. 1871 (259)
    John J. 1855, 1856, 1858 (43)
    Julia J. 1871 (259)
    Lucinda 1855, 1858 (43)
    M. E. 1884 (259)
    M. J. 1866 (43)
    Mrs. M. Jane 1858 (43)
    M. S. (f) 1855 (43)
    Macdonal 1886 (43)
    Mack 1871 (259)
    Margaret 1871, 1893 (259)
    Margaret F. 1855 (43)
    Martha E. 1871 (259)
    Mary E. 1883 (43)
    McDonel 1878 (43)
    McDonnel d. Jun? 14, 1888 (43)
    Nancy Jane 1857 (259)
    Nathan A. 1855, 1860 (43)
    Nelly A., member 1855, d. Aug 21, 1879 (43)
    Nelson 1871, 1893 (259)
    Permelia 1889 (259)
    Rebeca d. Apr 20, 1883 (43)
    Rebecca 1855 (43)
    Rebecca J. 1855 (43)
    Rosana 1878 (43)
    Rosana jr. 1855 (43)
    Rosana sr. 1855 (43)
    Ross 1887 (43)
    S. 1856 (43)
    Samuel T. 1855 (43)
    Sarah C. 1855 (43)
    Sarah E. 1855, 1856 (43)
    Seth member 1855, 1856; d. Oct 8, 1884 (43)
    Seth C. 1855 (43)
    T. W. 1855, 1856 (43)

SPARKMAN, Thomas 1888 (43)
    Tolburt 1883 (43)
    Wm. H. 1855 (43)
    William L. 1855 (43)
    Wm. M. 1864 (43)
    William T. 1855 (43)
SPARKS, Anna bapt 1893 (271)
    M. T. 1879 (176)
    Mrs. Mattie Porter member 1889; 1894 to
        Louisville KY (318)
    Rbcert bapt 1893, d. 1894 (271)
    S. P. 1884 (264)
    Mrs. S. P. 1899 (264)
SPAULDING, A. C. d. Jun 28, 1897 (buried Memphis?)
    (318)
    J. B. m. Mattie M. Key Aug 15, 1899 (318)
SPEAR, J. K. 1854 (170)
    Margaret 1854 (170)
SPEARS, C. H. adult bapt 1873 (318)
SPEER, Mrs. A. H. 1857 (170)
    E. A. 1855 (170)
    M. A. (f) 1855 (170)
    Sarah 1855 (170)
SPEIGHT, J. M. 1879 (280)
    Mariah 1879 (280)
SPEIGHTS, Patsey d. Mar 13, 1863 (280)
SPENCE, C. P. 1858 (176)
    Joseph & Sarah Ann parents of Nina Elizabeth
        b. Mar 15, 1878 (289)
SPENCER, Mrs. Anna d. Apr 7, 1893 (taken to
    Columbus OH) (318)
    Mrs. Anna E. member 1889, d. Apr 5, 1893
        (318)
    Charles Lyman 1892 to Jacksonville FL (318)
    Daniel (164)
    H. L. member before 1862 (318)
    Indanna 1862 (164)
    Indian 1806 (164)
    J. M. 1847, 1867 (341)
    Kate E. m. Wm. H. Weddle Jun 25, 1899 (318)
    Levi 1821 (220)
    Lewis 1821 (220)
    Mrs. Lucy C. member 1877, d. Oct 1878, yel-
        low fever (318)
    Mrs. Marian (wife of C. L.) 1892 to Jackson-
        ville FL (318)
    Mary member before 1862 (318)
    Nancy 1833 (331)
    Orlena 1880 (164)
    Samuel 1880 (164)
    Susanah 1821 (220)
    Dr. Wm. d. Mar 26, 1896 (47)
    William 1833 (331)
    Wm. 1847, 1867 (341)
SPERRY, Blossom bapt 1882 (271)
    Callie bapt 1889 (271)
    Charley L. bapt 1882 (271)
    Effie bapt 1878, d. May 1928 (271)
    F. M. bapt 1888 (271)

SPERRY, F. N. 1882 (271)
    Fred W. bapt 1876 (271)
    Mahala bapt 1853, d. 1922 (reel # omitted)
    Mary J. 1873 (271)
    NANCY 1870 (271)
    Stella bapt 1889 (271)
    T. F. bapt 1852; d. Aug 1891 (271)
SPIGHT, Joseph 1879 (280)
SPIKER, Grizzie? Ann 1879 (280)
SPIKES, Mary 1879 (280)
    Peterson 1879 (280)
SPIRO, Simon (Jew) m. Ella Gertle (Jewess) Dec 10, 1882 (338)
SPITZER, T. E. adult bapt 1873 (318)
SPIVEY, Elizabeth 1850 (334)
    H. J. (f) 1855 (334)
    Henry J. 1850 (334)
    James 1850 (334)
    Lucy 1850 (334)
    M. L. (f) 1855 (334)
    Mary A. 1850, 1855 (334)
    Matthew 1850 (334)
    Phebe J. 1850 (334)
    Sarah A. 1850 (334)
    Thos. J. 1850 (334)
    W. L. 1850 (334)
SPIVY, Eliza J. 1855 (334)
    J. K. 1855 (334)
    Jemima E. 1855 (334)
    Mary A. 1855 (334)
    Mary A. Cinthey 1855 (334)
    Mathew 1836 (334)
    Sarah Ann 1836 (334)
    Wm. H. 1850 (334)
SPOFFORD, Luke A. of Madisonville m. Sarah A. Scott of Monroe Co. Oct 13, 1853 (338)
SPOONER, J. (f) m. H. Case (m) May 19, 1874 (318)
    Jacob K. & wife, their dau Elizabeth Wallis bapt 1827 (264)
    Sarah Ann 1827 (264)
SPORER, F. A. & Sophia, parents of Francis Anthony (bapt 1860) (257)
    F. A. member 1861; to Sherman TX Dec 15, 1875 (257)
    F. A. & Sophia parents of Thos. Donnell (bapt 1856) & John Bain (bapt 1855) (257)
    Mrs. Sophia 1854 (257)
    Sophia, original member; Apr 20, 1854 to Sherman TX (257)
    Thomas Donnell 1874 list; 1873 to Sherman TX (257)
SPRADLIN, Hanner 1813 (164)
SPRAGUE, C. E. m. Ina Louisa Kalleen Aug 10, 1899 (318)
    Frank m. Ella Edna McNutt Apr 22, 1891 (264-2)
SPRINGFIELD, Mrs. Jack d. May 8, 1902 (318)
    T. J. (engineer) d. Dec 21, 1895 (318)

SPRINTILES, W. m. Nann Whitinton May 1868 (21)
SPURGEN, elkanah 1852 (327)
SPURGIN, John 1852 (327)
SPURLOCK, Drury 1858 (259)
SQUIRES, Sarah E. (see W. P. Crow) (289)
SRIGLEY, Joseph 1836 (334)
SROAT, John 1891 (281)
    Miss Liza 1870 (281)
    Miss Mattie 1874 (281)
    Miss Rebecca 1870 (281)
SROPSER, Keteran 1811 (330)
SROPSHEAR, James 1812 (330)
    Sabery 1812 (330)
SROWE?, Rozanah 1813 (164)
STACEY, Frances d. Jun 3, 1892, age 12 (289)
    John Franklin, Lilleon Van Brocklin & Frances Nettie Louisa all bapt Dec 26, 1886 (289)
    Lydia Teresa d. Jun 22, 1883, age 17 mo 5 da (289)
STACKS, Peggy Ann 1830 (338)
    Mrs. Lillian d. Jan 2, 1899, age 39 (289)
STAFFORD, Aleth S. 1887 (215)
    Mrs. Alice M. (wife of F. M.) d. Aug 22, 1911 (member 1892) (318)
    Atilla? J. 1862? (215)
    Bettie S. 1871 (215)
    Cain 1850, 1862? (215)
    Cintha 1867 (215)
    Elizabeth 1862? (215)
    F. M. 1892 (318)
    Frances E. 1871 (215)
    Miss Helen B. member 1892; 1896 to Keokuk IA; m. D. H. Steele Oct 31, 1895 (318)
    Helen B. m. Dane H. Steele Oct 31, 1895 (318)
    James J. 1874 (215)
    Jane 1869 (215)
    John 1871, 1887 (215)
    John 1806 (164)
    Josephine 1889 (215)
    Louisa J. 1883, 1887 (215)
    Louisa Malissa 1870 (215)
    Martha E. 1882 (215)
    Martha J. 1890 (215)
    Marthy 1862? (215)
    Mary 1872 (215)
    Mary A. 1874 (215)
    Matilda J. 1887 (215)
    Matilda T. 1882 (215)
    Nancy E. 1871 (215)
    Polly 1806 (164)
    Prisciller 1862? (215)
    Richard 1888 (215)
    Saly 1813 (164)
    Sarah J. 1870 (215)
    Sarah W. 1862? (215)
    Susan 1858 (215)
    Verdilla P. 1871 (215)

STAFFORD, William C. 1871 (215)
    Wm. S. 1892 (215)
STAHLSMITH, Clara adult bapt 1881 (318)
    Clara m. Jno. R. Dean Jan 1, 1884 (318)
STALCUP, Sarah A. 1871 (215)
STALEY, Jesse B. 1877 (264-2)
STALKUP, William 1862? (215)
    William 1858 (215)
STALLCUP, Jos. (see Miss Mary Ann Skells) (264-2)
    Joseph m. Mary Ann Skells Oct 12, 1878 (264-2)
STALLINGS, Miss Addie member 1893, d. May 9, 1906 (341)
    J. N. 1892 (341)
    Miss Mable d. Aug 9, 1907 (341)
STALLSMITH, Miss Clara member 1881, m. Jno. R. Dean Jan 11?, 1887 (318)
STAMPER, J. M. pastor Oct 1886, 1 yr (128)
    John D. 1878 (345)
STAMPS, Chas. Wesley infant bapt 1888 (318)
STANDFIELD, John 1860 (275)
STANDLY, Polly 1865 (275)
STANFIELD, D. (f) 1887 (131)
    Henry A. & Hattie parents of Ruby Maria b. Jun 27, 1876 (289)
    John 1840 (275)
    Miss Lee S. 1886 (318)
    Mary (see William Duffil) (289)
    Mason (son of Hary & Hattie) d. Mar 19, 1889 age 7 mo (289)
    Susan adult bapt 1886 (318)
STANFORD, Don Lelan 1895 (318)
    Mrs. W. R. K. 1895 (318)
STANHOFF, Sallie E. m. John V. Armstrong Jul 18, 1872 (289)
STANIFER, James M., Jan 1884, pastor for 9½ mo (128)
STANLEY, Rev. A. O. 1874 (120)
    Herbert N. d. 1911, age 34 (120)
    John 1865, 1873 (275)
    John E. m. Jennie E. Haines Nov 9, 1887 (289)
    Mrs. W. H. d. 1911, age 77 (120)
STANLY, Delila adult bapt 1855 (345)
    Delila 1854 (345)
    Eliza member 1854, adult bapt 1855 (345)
    Eliza m. William A. Woods Jan 8, ca. 1856 (345)
    Margaret 1854 (345)
STAPLES, Mathilde (see Robert Lewis) (289)
STARK, William J. m. Sophia M. McDermott Dec 22, 1892 (338)
STARKES, Margarett 1848 (329)
STARNS, Rosa May d. Feb 24, 1896, age 3 (289)
STARRITT, Benjamin d. Sep 6, 1849 (225)
    Ben. member 1848, d. Sep 6, 1849 (225)
STASCALL, William A. m. Maud Mitchell Apr 26, 1891 (338)
STATEN, Catherine 1873 (275)

STATEN, Clary 1873 (275)
    Mary 1873 (275)
STATIM, Absley 1833 (162)
    David 1833 (162)
STATON, Catherine 1887 (275)
    John 1873, 1880, 1887 (275)
STAUB, Josephine H. m. David C. Baldwin May 1, 1878 (47)
    Peter d. May 19, 1904, age 77 (338)
STAYTON, Laura 1890 (275)
    Margret 1890 (275)
STEADMAN, Eva E. m. O. M. Morris Dec 26, 1889 (318)
    Mrs. Mary d. Jun 28, 1896, age 56 (47)
STEAGALL, Ilia C. 1853 (131)
    Lucy A. 1856, 1887 (131)
    T. R. 1870, 1887 (131)
STEAKELY, Mary E. 1876 (259)
    Sarah 1871 (259)
    Wm. L. 1871 (259)
STEARNS, Mrs. C. buried Aug 2, 1840 (47)
    Dr. buried Apr 13, 1887 (47)
STEED, Abner 1831, 1843, 1848 (335)
    Nancy 1833, 1848 (331)
STEEL, Edwd. T. m. Courtenay Crutchfield Jun 9, 1897 (318)
    Elizabeth 1853 (338)
    Elizabeth J. 1844, 1857 (338)
    Elizabeth J. (E. J. Dudley) 1857 (338)
    Mira 1857 (338)
    W. H. 1879 (176)
    William 1857 (338)
    William killed accidentally by pistol shot Oct 28, 1858 (338)
    Wm. M. & E. J. parents of Hugh McClung bapt Mar 15, 1846 (338)
    Wm. M. 1844 (338)
STEELE, Dane H. m. Helen B. Stafford Oct 31, 1895 (318)
    Edward G. & Lucy James parents of Albert Wagner b. Mar 17, 1837, bapt Oct 15, 1837 (47)
    Hume R. m. Marianne Trabue Dec 30, 1889 (47)
    Lucy J. buried 1847 (47)
    Selima, original member, d. Apr 1865 (257)
    Mrs. Selima 1861 (257)
    Thos. Tenn member 1871; 1890 to Birmingham AL (318)
    William H. 1826 (162)
    Wm. M. 1837 (264-2)
    Wm. M. parent of Wm. Richards bapt 1839 (264-2)
    Mrs. 1837 (264-2)
STEELMAN, Bettie 1865 (331)
    Close 1846 (341)
    Hallifax 1846 (341)
    James 1846 (341)
    John 1893 (341)
    Polley 1846 (341)

STEELMAN, Silas 1846 (341)
____ 1846 (341)
STEELMON, Elizabeth 1846 (341)
STEEMAN, Alfred bapt Jan 27, 1862 (289)
STEGALL, Artemus 1856, 1871 (220)
    A____ 1866 (220)
    Elizabeth 1870, 1871 (220)
    Elz. 1856 (220)
    Elzabeth 1866 (220)
    Jincy 1870 (220)
    Lucy 1854 (131)
    M. H.? 1856 (220)
    M. S. 1866, 1870 (220)
    Margaret 1856 (220)
    Margret 1871 (220)
    Mary 1866, 1870 (220)
    R. A. 1856 (220)
    Tincy? 1866 (220)
STEGER, Mary Maddin d. Jan 29, 1898, age 20 (47)
STEIN, Albert & Caroline parents of Gerard Albert b. Oct 13, 1834; Caroline b. May 30, 1837; Francis Troost b. Jun 2, 1838; and Alberta b. Jan 1, 1841; all bapt Oct 26, 1841 (47)
    Lewis (Sulivan Co, TN) 1827 (23)
STEINER, L. D. bapt 1882 (271)
    Nancy 1882 (271)
STEINWEHR, Miss Elizabeth Matilda 1883 (264-2)
STEITENROTH, Andrew d. Feb 19, 1892, age 23 (289)
STENSLEY?, C. M., pastor 1880 (271)
STEPHENS, A. W. 1869 (271)
    Mrs. Abednego buried Apr 9, 1845 (47)
    B. W.? pastor 1866 (271)
    Benj. J. member 1866; d. Nov 14, 1903, age 69 (338)
    E. L. Samuel 1852 (327)
    Miss Eliza N. 1841 (338)
    Eliza N. 1830 (338)
    George W. 1899 (318)
    James d. 1883 (335)
    Jerry (elder) 1870 (90)
    John B. 1860 (335)
    Mrs. Mary Annetta (wife of W. C.) 1892 (318)
    Mrs. Mary K. (wife of G. W.) 1899 (318)
    Sarah 1811 (330)
    Sarrah 1822 (330)
    W. C. adult bapt 1898 (318)
    Wm. C. 1898 (318)
STEPHENSON, Mrs. Bell mother of Henry White bapt Sep 25, 1858 (338)
    Ben. J. d. Dec 14, 1903 (338)
    Benj. J. d. Nov 14, 1903 (338)
    Casie Hopper 1885 (345)
    Germelia 1886 (345)
    Mrs. Isabella M. d. Jun 30, 1913 (338)
    Mrs. Issabella W. mother of Sophy b. Jun 19, 1860 (338)
    James 1828 (338)
    James father of James Reed bapt Nov 1831 (338)

STEPHENSON, James father of Wm. Kennedy bapt Jun 17, 1829 (338)
    James father of Sarah Agnes & Isobella Boyd both bapt Nov 1828 (338)
    James adult bapt Oct 1828 (338)
    John 1837 (264-2)
    Margt. 1828 (338)
    Nancy 1821 (338)
    Nannie 1885 (345)
    Mrs. ____ 1818 (264)
STERCHE, Francis Henri 1858 (338)
    Wilhelmina 1858 (338)
STERCHI, Julias H. 1868 (338)
STERLING, McNiel (son of Polly) bapt Jun 16, 1816 (338)
STEVENS, Ann Washington m. John Benjamin Carrington Sep 6, 1849 (47)
    E. J. N. m. Andrew Vance of Blount county Feb 26, 1846 (338)
    E. N. 1842 (338)
    Elizabeth (adult orphan) bapt Dec 6, 1874 (289)
    Samuel 1825 (330)
    (twin babies) d. Mar 31, 1894 (47)
    Miss ____ d. May 1, 1906 (Market St., from IL) (318)
STEVENSON, A. 1849 (176)
    Elizabeth 1821 (329)
    F. A. m. Mary S. Payne Nov 21, 1878 (47)
    Isabella B. m. George A. McNutt Dec 19, 1844 (338)
    Isabella M. 1857 (338)
    John G. 1891 (318)
    Josiah 1821 (329)
    M. (removed to Campbell Sta. TN Apr 1842) (338)
    M. d. 1856 (338)
    Margaret d. 1856 (338)
    Mrs. Margaret 1841 (338)
    Mary 1821 (329)
    Richd. buried Oct 5, 1862 (A.Q.M., U.S.A.) (age 20) (47)
    Sarah 1821 (329)
STEWARD, Jacob S. & Margaret parents of Fannie McMillon bapt Jun 15, 1860, age 5 mo 12 da (338)
    Rosanna bapt 1849, b. Jul 10, 1820 (47)
STEWART, A. M. 1878 (176)
    David 1818, 1823 (162)
    David adult bapt 1899 (318)
    Elisha 1846, 1847 (215)
    Ellen bapt May 9, 1858, as an adult (289)
    Mrs. Ellen G. d. Feb 8, 1896, age 61? (47)
    Geo. W. & Jane, parents of Elizabeth Jane b. Sep 6, 1860 (289)
    Hettie Anna m. Thomas Jefferson Gibson Aug 20, 1879 (225)
    James 1814 (330)
    James 1844 (176)

STEWART, James (adult residing 60 mi. north of
          Memphis on the Mississippi) b. Apr 7,
          1814 (289)
    James Hervey (son of Jane) bapt 1819 (162)
    Jane 1819, 1823 (162)
    Mrs. Jane member 1823; d. Nov 7, 1872
        (264-2)
    John m. Margaret Shields Sep 1823 (162)
    Jno. W. m. Amelia Mauze Jun 14, 1898 (318)
    Joseph 1808, 1817 (330)
    Joseph L. 1892 (318)
    Madge m. Wm. J. Whitman Jun 6, 1893 (318)
    Miss Madge Emioy 1892 (318)
    Manerva 1848 (220)
    Marga 1846 (215)
    Margery 1847 (215)
    Martha 1849 (318)
    Mary Shields (dau of George) b. Apr 7, 1820
        (162)
    Mrs. Mattie (wife of J. L.) 1892 (318)
    Myrum 1846 (215)
    W. 1868, 1870 (176)
    W. R. bapt 1842, d. 1883 (271)
    Wm. 1839 (48)
    Wm. Brown & Ellen parents of Jenny Brown
        & Wm. Brown bapt May 19, 1858 (se 3½ yr
        old & he 2 yr old) (289)
    Wm. S. & Cars. Stille parents of Wm. Armitage
        b. Feb 22, 1892 (289)
    Sm. S. m. Stelle M. Forde Dec 11, 1889 (289)
    William Sherman adult bapt Apr 16, 1889 (289)
    Mrs. 1818, 1823 (162)
STICHMAN, Mary 1887 (257)
STICKLE, Timothy Dwight m. Annie F. Glass Sep 28,
        1871 (47)
STICKLER, Richd. (see Miss Mary Porter Hooke) (318)
STIGALL, Juley C. d. Aug 17, 1881 (131)
    Lucy 1866 (131)
STILES, James 1841 (259)
    Julia 1851 (259)
    Mrs. N. G. 1869 (259)
    Wm. W. C. 1867 (259)
STILL, Fred d. Nov 10, 1887 (318)
STILLMAN, Mrs. C. E. (wife of G. R.) 1891 (318)
    Geo. m. Cora Fallis Oct 7, 1889 (318)
    George R. 1891 (318)
STIMER, Laura (m. Austin) bapt 1878 (271)
    Laura (see Laura Austin) (271)
STINE, James bapt 1849, age 45 (47)
STINETT, Cathrine 1884 (43)
    Rebeck M. 1884 (43)
    W. F. 1884 (43)
    William 1855, 1884 (43)
STINIT, William 1874 (43)
STINNER, Joe bapt 1888 (271)
STINNETT, William 1888 (43)
STINSON, Martha Ann bapt 1889 (164)
STIPE, Angeline member 1884, d. Jan 24, 1904 (259)

STIPE, Angeline 1871 (259)
    Ann 1857 (259)
    D. A. 1884 (259)
    G. O. member 1884, d. Feb 24, 1904 (259)
    G. S. 1857, 1884 (259)
    Glaphrey 1871 (259)
    J. M. 1894 (259)
    J. P. member 1884, d. 1887 (259)
    Jacob 1871 (259)
    James 1871 (259)
    L. E. 1884 (259)
    Lou member 1894, d. 1901 (259)
    Lucy Emma 1871 (259)
    M. F. 1884 (259)
    Mary F. 1871 (259)
    S. E. 1884 (259)
STISMAN, Alfred adult bapt May 7, 1861 (289)
STITH, Mrs. Cornelia confirmed 1858 (22)
    Dr. F. buried Dec 10, 1855 (22)
    Marianne 1858 (22)
    Miss Marianne confirmed 1858 (22)
    Jessie m. James Allerton Knott Nov 8, 1853
        (47)
STOAKLEY, E. 1871 (259)
STOCKARD, Amanda 1884 (21)
    Annie 1900 (21)
    Clard 1897 (21)
    David F. 1848 (347)
    E. A. 1886 (21)
    Elizabeth 1848 (347)
    Emily J. 1848 (347)
    Eugenia V. 1869 (21)
    J. E. 1869 (21)
    J. R. 1878, 1885 (21)
    J. W. 1872, 1876 (21)
    James W. 1872 (21)
    Joel B. 1848; d. Sep 21, 1899 (347)
    John 1848 (347)
    John R. m. Jo. Walker Aug 1873 (21)
    Josephine E. 1869 (21)
    Lula 1890 (21)
    M. M. d. Mar 6, 1883 (347)
    Margaret member 1848, d. Mar 6, 1883 (347)
    Permelia A. 1867 (21)
    Permilea A. member 1865, d. Feb 24, 1894
        (21)
    Mrs. S. 1898 (22)
    S. N. 1884, 1886 (21)
    Susan 1848 (347)
    W. J. member 1869, d. Feb 11, 1902 (21)
    W. J. elder 1875 (21)
    Willie 1893 (21)
STOCKERD, John m. _____ West 1864 (347)
    Joseph B. 1848 (347)
    Ruth m. N. J. Matthews Sep 1866 (347)
    Samul J. 1848 (347)
STOCKHART, Dr. buried Dec 30, 1874, age 60 (47)
STODDART, Rebecca m. David Hubbard Jul 1, 1845
        (47)

STOERMER, Laura A. m. A. Mangold Dec 14, 1899 (318)
STOKES, Frederick 1889 (22)
    Frederick B. d. Feb 23, 1897, age 23 (22)
    J. W. (see Ella J. Landess) (341)
    Josiah 1822 (90)
    Mary 1822 (90)
    Miss Mattie B. 1876 (259)
STOLTZFUS, J. H. member 1895, 1898 to Meridian MS (318)
STONE, A. M. 1841 (259)
    Belle d. Feb 22, 1885 (318)
    Mrs. Cynthia member 1877, d. Dec 22, 1883 at Augusta GA (318)
    Mrs. Emma (wife of F. J.) member 1877; 1896 to Atlanta GA; d. Sep 15, 1909 (318)
    F. I. father of Charles Frederick & Annie Lucile infant bapt 1887 (318)
    F. J. member 1877, 1896 to Atlanta GA (318)
    Frank member 1885; 1896 to Atlanta GA (318)
    John 1813 (164)
    Lavina m. Theo. Barridge Dec 1, 1887 (318)
    Lila d. Jan 28, 1903 (318)
    Marie d. Sep 21, 1881, 15 mos (318)
    Maud m. Charles Cavert Feb 21, 1884 (289)
    S. H. 1874 (176)
    Spencer 1885 (318)
    Victor M. infant d. Jul 5, 1890 (318)
    Will K. member 1885, 1896 to Atlanta GA (318)
STONESTREET, Elizabeth Hays Blackman d. Jan 20, 1902, age 36 (289)
    Louisa Jane d. Apr 19, 1903, age 64 (289)
    Reginald m. Bessie N. Blackman Oct 25, 1888 (289)
    Reginald & Elizabeth N. (Blackman) parents of Samuel Martin b. Nov 12, 1894 (289)
    Reginald M. & Elizabeth Hays parents of Wilhelmine Blackman (age 6 mos) bapt Jan 8, 1892 (289)
STOOKS, William 1896 (220)
STOOPS, Anne d. Dec 16, 1903 (318)
STOPPORD, Elizabeth 1858 (215)
STOREY, Alonzo D. 1895 (318)
STORM, E. A. m. N. A. Warner Mar 28, 1886 (318)
STORY, Archibald 1836 (334)
STOUT, Eliza Jane adult bapt 1877 (264-2)
    Dr. S. H. 1882 (318)
    T. E. father of Rane McMillan & Martha Abernathy infants bapt 1884 (318)
    T. E. father of Ocall? infant bapt 1889 (318)
    Mrs. (wife of T. E.) d. 1900? (318)
    Thomas E. 1881 (318)
STOVALL, Sary 1844 (215)
    Mrs. Louise d. Jun 8, 1889 in MS (289)
    Wm. Howard m. Louise Goodwin Oct 23, 1888 9289)
STOVER, Mrs. M. H. d. Sep 29?, 1900, age 26 (338)
    Martin S. (Tunnell Hill, GA) d. Nov 23, 1883 (318)

STOVER, Mrs. Mattie Hopper d. Sep 28 or 29, 1900, in Stanford KY (338)
    Dr. Robert Bruce m. Sallie Edna David (dau of L. L. Davis, Esq) Jun 19, 1879 (225)
STOVICK, Louis m. Mary Francis Sep 7, 1885 (289)
STOW, Beatis 1871 (21)
    Jacob, 1869, deacon 1870-75 (21)
STOWELL, Mariah 1825 (338)
STRACHAUER, Clara m. Julius A. Pinguely Jul 15, 1857 (47)
STRACHAUR?, Emma m. Nicholas Krott Mar 4, 1847 (47)
STRADER, Martha d. Sep 10, 1867 (289)
STRAKLEY, Della 1893 (271)
STRATCH, Margaret H. m. Ashley Cabell Oct 19, 1881 (47)
STRAWN, C. P. 1874 (167)
    John 1813 (164)
    Polly 1813 (164)
STRAYER, Dr. Hinson d. Jan 17, 1905 (318)
STREET, Ada L. 1873 (345)
    Elizabeth 1846 (214)
    John T. 1855, 1856, 1881 (345)
    John T. jr. 1871 (345)
    John Z.? 1855 (345)
    Joseph G. 1865 (345)
    Lou 1865 (345)
    Lucinda 1855 (345)
    Lucinda D. 1855 (345)
STREKARD, James m. L. V. Voorhies Dec 26, 1872 (21)
STRETCH, Aaron m. Frances Mary Gowdey Mar 10, 1852 (47)
    Jenny mother of Margaret Hodges bapt Nov 24, 1885 (289)
STRICKEY, Jno. E. m. Lucy B. Tipton Jul 25, 1888 (318)
STRINGER, George member 1875 (from Memphis; d. Jan 8, 1876) (225)
    Mrs. Mary member 1875 (from Memphis, returned to Memphis Apr 12, 1876) (225)
STROMBERG, Carl (Swede) d. Jun 22, 1875 (318)
STRONG, A. E. 1848 (338)
    Achille M. buried Oct 20, 1885, age 19 (47)
    Anna E. m. J. A. Rayl Feb 16, 1854 (-38)
    Catharine d. Jan 22, 1898 (338)
    G. H. m. Lizzie Brice Jun 7, 1877 (318)
    J. d. Oct 3, 1846 (338?)
    J. C. d. Nov 3, 1844 (338)
    Jane 1828 (338)
    Mrs. Jane 1841 (338)
    John Albert d. 1904, age 38 (120)
    Jos. C., M.D., came to Knoxville in 1801; d. Nov 3, 1841, age 69 (338)
    Dr. Joseph C. father of Martha Albert, Joseph Churchhill, Catharine & Mary all bapt May 5, 1816 (338)
    Joseph C. 1816 (338)

STRONG, Joseph C. (physician) father of Ann Eliza
    bapt Jun 18, 1831 (338)
    Joseph C. father of John Claiborne bapt
        May 20, 1821 (338)
    Jos. C. d. Nov 3, 1841 (338)
    Doct. Jos. C. 1841 (338)
    Joseph E. father of Jane bapt Apr 26, 1818
        (338)
    Joseph L. father of Benjamin Rush & Wm. Kain
        both bapt Jun 24, 1827 (338)
    Robert N. 1828 (338)
    Rosa D. m. Allen S. Mebane Oct 7, 1891 (338)
    Sarah 1833, 1848 (331)
    Will E. m. Rosalie Davis Dec 18, 1881 (338)
STROTHER, Martha E. d. Mar 30, 1868 (257)
    Martha E. d. Mar 31, 1868 (257)
    Mrs. Martha E. 1861 (257)
    Robert F. 1868 (257)
    Robert F. father of Hattie & Willie bapt
        1868 (257)
STROUD, James 1850 (334)
    Jane 1806 (164)
    Mary 1818 (164)
    Wm. D. m. Minnie L. Lauter Apr 27, 1893
        (318)
STROUP, J. M. m. G. Lewis (f) Oct 25, 1875 (318)
STROYLY, Willie (son of Rev. M. S.) (6 yrs) d.
    Jan 18, 1899 (318)
STUART, Adelia J. m. F. A. Worth (of Ashville NC)
    Nov 10, 1881 (338)
    J. G. father of Willie infant bapt 1873
        (318)
    J. G. S. father of Willie infant bapt 1873
        (318)
    J. L. & M. F. parents of Alexander Hampden
        bapt Oct 3, 1858 (338)
    J. S. & Margaret parents of James Deaderick
        b. Jan 11, 1870 (338)
    Jacob & Margaret F. parents of Rosa Alexina
        bapt Aug 2, 1857 (338)
    Jacob S. & Margaret F. parents of Ann Eliza-
        beth bapt Mar 11, 1855, age 4 mo 2 da
        (338)
    Jacob S. of Jonesboro m. Margt. F. Anderson
        Dec 8, 1853 (338)
    Lidia 1843 (275)
    Margaret 1857 9338)
    Marthey 1843 (257)
STUBBLEFIELD, Mrs. A. M. (wife of Willie) 1872
    (281)
    Mrs. Anna 1871, 1872 to Concord KY (281)
    J. S. 1872 (281)
    Miss L. E. 1870 (281)
STUBLEFIELD, P. T. 1872 (281)
STUCKEY, Mrs. Lucy B. d. Feb 14, 1901 (318)
STULTZ, Mrs. John 1889 (279)
    John 1889 (271)
STUM, W. F. father of Wesley infant bapt 1872
    (318)

STUMAN, Elizebeth 1813 (164)
    Genny 1813 (164)
STURGIS, Rev. E. F. m. Lula Barnes Dec 3, 1879
    (338)
    Mackie m. Austin Holcomb Aug 7, 1897 (318)
STURM, Wm. F. father of Willie P. infant bapt 1870
    (318)
    W. F. S. father of Wesley infant bapt 1872
    (318)
STUTSON, Lelia m. Roger Smith Oct 12, 1898 (289)
STYLES, Wm. 1826 (330)
SUBLETT, Col. D. L. (taken to VA) d. Mar 25, 1896
    (318)
    D. L. 1878, d. 24 May 1896, to KY in 86 &
        returned 87 (318)
    Mrs. M. F. (wife of D. L.) 1878, to KY in
        86 & returned 87 (318)
SUDBERRY, Martha 1860? (345)
SUDDATH, Elizabeth 1871, d. 1883 (257)
SUEL, Joseph 1808, 1844 (330)
    Sally 1816 (178)
SUELL, Tommus 1880 (275)
    William 1859 (259)
SUFFIELD, Elizabeth d. May 3, 1871 (345)
SUGARS, Amelia 1833 (331)
    Isaac 1833 (331)
SUGG, Wm. 1867 (341)
SULIVAN, B. 1883 (331)
    Betsyan 1846 (341)
    Dannel 1813 (164)
    Dampsey d. 1888 (341)
    Elijah 1813 (164)
SULIVER, Daniel 1813 (164)
    Nancy 1813 (164)
SULIVIN, Mariar 1865 (275)
SULLENBARGER, D. W. m. Miss E. J. Owen Nov 26,
    1873 (177)
SULLEVANTS, Mrs. (Love) 1806 (164)
SULLINS, Charles C. m. Lillie M. Mitchell Nov 20,
    1884 (338)
SULLIVAN, Amy 1846 (341)
    Catharin 1806 (164)
    Conie 1881 (345)
    David 1846, d. 1879 (341)
    Dempsey 1846 (341)
    J. B. d. Sep 1896 (347)
    Rev. J. O. d. Jun 12, 1900 (318)
    John 1846 (341)
    Jos. H. d. Apr 11, 1890 (289)
    Katherine 1846 (341)
    Lee m. Ann E. Harris Oct 22, 1838 (47)
    Lucinda 1833 (331)
    Lucinda 1846 (341)
    Margaret 1846 (341)
    Mary 1846 (341)
    Mary J. 1881 (345)
    Owen L. 1886 (345)
    Sarah 1846 (341)
SULLIVANT, Daniel 1806 (164)

SULLIVANT, John 1806 (164)
    Martha 1806 (164)
    Uritah 1806 (164)
SULLY, Miss Ida 1876, removed to Corsicana TX Aug
    1876 (225)
    Miss Ida 1875 (from New Orleans LA) (225)
SULSY, John 1881 (331)
SUMMERS, Charry d. Dec 1864 (280)
    Helen 1868 (338)
    Loudy 1876 (128)
    Pearl m. B. W. Smith Oct 16, 1898 (318)
    Susan 1882 (128)
    T. Jennie m. George H. H. Cozzens 25 Feb
        1884 (47)
SUNS, Jennie B. m. Herman Bisplinghoff Jul 1,
    1896 (318)
SURGVINE, F. B. m. May Rennick Apr 10, 1893 (318)
SUSEL?, Sarah 1820 (330)
SUTEN?, Wayne & Mary Ruth bapt 1823 (264)
SUTHERLAND, Harry J. d. Feb 1908, age 20 (120)
    Sarah A. of Texas m. James P. N. Craighead
        Jan 5, 1843 (338)
SUTTON, Andrew J. 1848 (215)
    Ann 1842, 1845 (215)
    George 1850, 1855 (215)
SWAFFORD, A. C. 1876 (259)
    A. D. 1876 (259)
    A. H. 1876 (259)
    C. A. 1876 (259)
    E. T. 1876 (259)
    Jack (see Miss Carrie Flinn) (318)
    Mollie (m. Biles) bapt 1878 (271)
    T. J. R. bapt 1878 (271)
    W. 1876 (259)
SWAFORD, M. A. 1876 (259)
SWAN, A. D. 1871, Jun 10, 1874 to IL (257)
    Christina Isabella buried 15 Oct 1875 (3 mos)
        (47)
    H. W. 1852 (338)
    Hannah W. 1857 (338)
    Jane d. May 26, 1855 (338)
    Miss Jane 1843 (338)
    Mrs. Jane 1842 (338)
    Jane mother of Christian J. age 6 yr 8 mo 3
        da; Moses M. age 4 yr 10 mo 15 da; Samuel
        H. age 3 yr 3 mo 28 da; and George Y.
        age 1 yr 11 mo 3 da; all bapt Oct 16,
        1842 (338)
    Jane mother of John Duncan age 12 yr 8 mo 3
        da; Margaret Jane age 9 yr 10 mo 22 da;
        and Martha Ann age 8 yr 4 mo 2 da; bapt
        Oct 16, 1842 (338)
    Jane mother of Robert McMullen bapt Jun 23,
        8144, age 4 mo 4 da (338)
    M. d. Jun 14, 1855 (338)
    M. A. d. Nov 22, 1843 (338)
    M. J. 1848 (338)
    M. P. 1848 (338)

SWAN, Maggie m. Daniel W. Lumpkin Dec 26, 1895
    (338)
    Mrs. Mamie d. Feb 22, 1906 (347)
    Margaret P. 1857 (338)
    Martha d. Jun 14, 1855 (338)
    Mary d. Mar 20, 1890 (128)
    Mrs. Mary Ann 1832, 1841 (338)
    W. G. & M. P. parents of William & Margaret
        Paralee bapt Jul 14, 1855 (338)
    Wm. m. Hannah W. Crozier Nov 11, 1847 (338)
    William G. 1857 (338)
    William G. d. Apr 1869 (338)
    Wm. G. 1842 (338)
    Wm. G. m. Margaret P. Mabry Feb 16, 1848
        (338)
    William Gordon adult bapt Jan 1, 1843 (338)
    W. J. & M. P. parents of Alice Mabry bapt
        Mar 30, 1851 (338)
SWANEY, Julia Bentley d. Dec 1, 1899 (318)
    Mary C. (wife of Wm. B.) 1885 (257)
    Mary J. (see Mary J. Cooke) (318)
    W. B. m. Mary Cooke Jan 8, 1885 (318)
    W. B. 1888 (318)
    Wm. B. & Mary C. parents of Burch Cook bapt
        1886 (257)
    Wm. Bentley (wife Mary C.) 1885 (257)
SWANN, Mrs. Chas. H. d. 1906, age 67 (120)
SWANNER, Letty 1848 (335)
    Lydia B. 1848 (335)
    Nancy B. 1848 (335)
    Obediah B. 1848 (335)
    Ruthe E. 1848 (335)
    Ruttsey 1848 (335)
SWANSON, Junine? m. Franklin H. Ezell Dec 6, 1886
    (345)
SWEAT, F. V. 1874 (281)
    Geo. 1879 (281)
    wife of James 1871 (281)
    James 1871 (281)
    John (CV) d. Dec 25, 1896 (318)
SWEET, Louis m. Laura N. Wynn Oct 31, 1856 (47)
SWENFORD, Sarah 1829 (335)
SWICK, Henry, member before 1862 (318)
    Mary member before 1862 (318)
    Micajah F. member before 1862, d. 28 Aug
        1911 (318)
SWIFT, Annie E. m. Daniel R. Mayo from Monroe Co.
    AR Feb 5, 1880 (338)
    Dr. I. J. m. Laura McMullen Jan 7, 1868
        (338)
    Dr. I. J. b. Jul 2, 1826, d. May 1889 (338)
    James Waltan d. Apr 6, 1894, age 15 (47)
    John L. d. Sep 20, 1901, aged 34 (died in
        Houston TX) (338)
SWIMMER, _____ d. Jun 5, 1891 (infant) (289)
SWINFORD, John 1827 (335)
    Phebe 1827 (335)
    Sarah 1827, 1829 (335)

SWINNEY, Jennie 1887 (131)
SWOPE, Geo. 1812 (330)
SWOPY, Elisabeth 1812 (330)
SWORD, Mary m. N. F. Davis Mar 18, 1882 (318)
SYFORD, John & Sarah (now Mrs. Pitts) parents of
    Charity b. Apr 30, 1850 (289)
SYKES, Mariah 1842, d. Apr 22, 1867 (162)
SYMER, Charles d. Oct 8, 1857, age 45 (289)
TABB, Mrs. M. R. 1861 (257)
    Mary R. A. member 1861, to Richmond VA (257)
    T. T. T. 1861 (257)
    Thos. T. T. & Mary R. A. parents of Mary
        Argyle bapt 1861 (257)
    Thos. T. T. member 1861, to Richmond VA
        (257)
TABLER, John R. m. Nancy J. Havely Mar 23, 1852
    (338)
TABOR, Fairman buried Dec 4, 1877 (47)
    HEnry Edwards buried Jul 1871, age 24 (47)
TAFT, Anna 1892 (271)
    Mary L. 1891 (271)
    Nannie C. 1892 (271)
    W. M. 1891 (271)
TAGGART, N. G. m. Elizabeth Rahm Jan 23, 1895 (318)
TAILLOR, Jacob & wife Mariah 1816 (90)
TAILOR, B. 1855 (176)
    Priscilla 1834 (90)
TAINES, Maud (nee Baker) 1888 (271)
TAIT, Mary m. Malcolm Clerk 31 Oct 1878 (47)
TALBOT, C. H. (see Helen Tabitha Baker) (257)
    Charles Stewart m. Susan Maria Green Jun 15,
        1852 (47)
TALLEY, Alexander N. 1858 (162)
    Benjamin 1855 (162)
    Carter 1868 (205)
    Clementine 1866, 1869 (259)
    Dudley 1827 (162)
    Dudley C. 1855 (162)
    E. F. 1873 (281)
    Elizabeth 1866, 1869 (259)
    Eveline 1848 (335)
    F. S. 1876 (259)
    G. H. 1870 (281)
    Jane (now Knorland) 1827 (162)
    Jane O. 1831 (162)
    Jeremiah J. 1859, d. Jan 31, 1863 (162)
    Jos. 1827 (162)
    Joseph A. 1885, Elder (162)
    Lish 189_ (259)
    M. W. 1868? (281)
    Martha E. 1869, d. Jul 1869 (259)
    Martha E. 1866 (259)
    Martha J. (Brown) 1858 (162)
    Mary A. 1858, d. Feb 1, 1862 (162)
    Miss Pauline 1868 (259)
    Plesent 1806? (164)
    Polly 1887 (259)
    R. Layette 1866 (259)
    Robt. 1827 (162)

TALLEY, Mrs. Sarah 1855 (162)
    Sarah 1806? (164)
    Shadarach 1855 (162)
    W. J. 1870 (281)
    W. J. 1884 (259)
TALLIAFERRO, Jane 1832 (334)
TALLY, Armidee 1869 (259)
    Avy 1862? (215)
    Caroline (dau of Sally) bapt 1827 (162)
    Miss F. A. M. 1869 (259)
    G. H. 1876 (281)
    James 1862? (215)
    Jane 1854 (162)
    Jane O. 1854 (162)
    John M. 1869 (259)
    R. LaFayette 1869 (259)
    Robert P. 1885 (281)
    Sally 1830 (205)
    Susy 1806? (164)
    T. C. (see Laura N. Merriman (259)
    Theodocia 1862? (215)
    Thos. C. 1873 (259)
TAMLIN, D. M. 1887 (131)
TAMPLEY, Joseph 1806 (164)
TANEN, Jacob 1849 (334)
TANER, Mary 1848 (334)
TANKESLEY, Maj. R. M. d. Apr 19, 1905 (318)
    James M. m. Lucy Ann Bell Feb 1889
        (345)
TANNER, A. J. 1850 (334)
    Ann buried 4 Jul 1873, age 61 (47)
    Mrs. Annie d. Jun 1873 (289)
    E. D. (f) 1887 (131)
    Elisabeth d. Dec 28, 1874 (335)
    Elisabeth 1846 (335)
    Joseph buried 24 Jul 1873, age 22 (47)
    Martha 1872 (131)
    Martha E. 1887 (131)
    S. H. 1887 (131)
    Sarah S. 1869 (259)
    William buried 22 Jun 1873 (47)
    William d. Jun 1873 (289)
TAPPAN, Benj. G. confirmed 1829 (22)
    Benjamin Sweeth? infant bapt 1829 (22)
    Daniel P. P. infant bapt 1837 (22)
    Ellen Madison infant bapt 1833 (22)
    General 1837 (22)
    James Camp infant bapt 1828 (22)
    John Wood infant bapt 1828 (22)
    Margaret B. adult bapt 1832 (22)
    Margaret B. confirmed 1834 (22)
    Margaret B. confirmed 1829 (22)
    Margaret B. infant bapt 1831 (22)
    Mary B. d. Jun 28, 1831 (22)
    Mary M. B. adult bapt 1835 (22)
TARBOX, Delia m. Thomas S. Marr May 1, 1861 (289)
TARDIFF, Wm. Saunders d. Jun 31, 1858, age 31 yr
    6 mo (289)
TARKINGTON, W. J. buried Jun 22, 1858 (-2)

TATE, Lenora C. 1889 (215)
    Robert F. m. Anna M. Hagan 27 Jun 1882 (47)
    Samuel father of Mary Cordelia Elizabeth bapt Oct 31, 1843, age 6 mo 25 da (338)
TATOM, William C. d. Jul 3, 1909, age 50 (Catholic) (289)
TATUM, Mrs. Mildred W. 1879 (318)
TAU, Lillian W. m. Wm. S. Smith Jun 5, 1898 (318)
TAUMIGS?, Mamie D. m. C. F. Heckmann Jul 29, 1898 (318)
TAVEL, Albert Henry b. Dec 1, 1889 to Chas. Albert & Mary F. Beech, sponsored in bapt by Miss Ophelia Polk, Mrs. C. M. Gray, Mrs. W. J. Bennett, Henry McClelland, Mrs. Sarah Beech (22)
    Chas. Albert m. Mary Fannie Beech Nov 30, 1887 (22)
    Elizabeth Beach d. Mar 10, 1893, age 7 da (22)
    Mary Fanney Beach d. Mar 17, 1893, age 26 (22)
TAWLER?, Wm. C. 1847 (215)
TAYLER, H. H. & Ignez parents of Elizabeth b. Dec 30, 1880 (338)
    Mary (date omitted) (164)
    Samuel 1806? (164)
    Sary 1806? (164)
TAYLOR, A. C. m. Lula King Jun 24, 1885 (318)
    Amanda J. 1880 (215)
    Ann 1865 (331)
    Artie bapt May 26, 1896 (289)
    Ben 1871, 1884 (259)
    C. P. 1860 (341)
    Charles adult bapt Jan 25, 1880 (289)
    D. D. 1888 (318)
    Daniel 1806 (164)
    Dollie 1897 (271)
    Duncan d. Mar 10, 1895, age 10 (47)
    Elizabeth 1849 (215)
    Emma m. C. Laker May 31, 1880 (318)
    Flora m. George Burge Sep 11, 1883 (318)
    Frank 1865, 1883, d. May 3, 1888 (331)
    George M. m. Camille Urso Jun 24, 1856 (47)
    George M. & Camille Ursa parents of Emily Georgina b. Aug 1, 1857 (289)
    H. H. & Inez parents of Alfred Wilson b. May 21, 1884 (338)
    H. H. d. Apr 13, 1903, age 62 (Confed) (338)
    H. H. & Inez parents of Henry H. b. Sep 24, 1887 (338)
    Ida I. (alias Hunter) 1878 (345)
    Ida L.? m. Bright C. Hunter Aug 9, 1883 (345)
    Isabella (infant A. C.) d. Aug 12, 1889 (318)
    J. m. L. Burnsides (f) Apr 15, 1874 (318)
    James 1808 (330)
    James & wife Milley 1812 (330)
    James d. May 27, 1896, age 32 (47)
    James M. d. Jun 18, 1896 (reel # omitted; may have been 338)

TAYLOR, Jeremiah V. 1870, 1887 (215)
    John N. 1883 (281)
    John Porterfied buried Aug 26, 1881, age 8 (47)
    Kittie m. W. B. Miller Apr 14, 1875 (318)
    Leslie (age abt 25) buried Aug 20, 1854 (47)
    Lucile m. Robt. L. Wills Sep 18, 1895 (318)
    Maldorah T. member 1865, d. May 1867 (329)
    Margaret 1848 (329)
    Mary 1848, 1865 (329)
    Mary 1870, 1887 (215)
    Mary m. Joseph Alexander Humphreys Nov 9, 1887 (47)
    Mary A. bapt 1887 (47)
    Mary E. 1875 (345)
    Mary E. m. William H. Bell Mar 4, 1883 (345)
    Mrs. Mary J. F. 1872, 1874 (225)
    Matt d. Mar 21, 1892 (318)
    Milton 1848, 1879, 1865 (329)
    Miria W. d. Apr 9, 1882 (345)
    Nancy 1848, 1865 (329)
    O. H. 1878 (281)
    Ora? A. 1872 (215)
    S. L. 1897 (271)
    Sallie 1865 (329)
    Sallie m. V. J. Whitesides Jan 1, 1878 (318)
    Sally 1848 (329)
    Samuel T. m. Jane M. Litton May 7, 1856 (47)
    Sarah 1813 (164)
    Sarah A. 1865 (329)
    Sarah Ann 1848 (329)
    Thos. J. 1850 (334)
    Vallie bapt May 26, 1896 (289)
    Vina (colr'd) 1865 (331)
    W. C. 1865, 1878 (281)
    West? Edward (Lulu King) d. Jun 6, 1889 (318)
    Wm. d. Jan 7, 1894 (age 44?) (47)
    Wm. D. infant bapt 1871 (318)
    William J. of Lancaster PA m. Mary E. Bearden Sep 11, 1854 (338)
    William N. m. Elizabeth Bragg Yancey Nov 18, 1897 (225)
    Wm. Needam b. Feb 27, 1850, Lincoln Co. TN; bapt 1898 (47)
    Z. A. 1883 (331)
    Mrs. (Lincoln Co.) d. Nov 30, 1888 (318)
    Mr. (steam boatman) d. Mar 28, 1876 (318)
TAYLUR, W. C. 1875 (281)
TEAFFORD, William H. m. Katie Patterson Ballowe May 7, 1873 (289)
TEAGE, J. L. pastor Oct 1900 for 2 yrs (128)
TEASDALE, Mrs. Delia R. d. Jul 5, 1899, age 88 yr 6 mo (338)
TEASLEY, Geo. (age 15) bapt Dec 24, 1892 (289)
TEETERS, E. B. 1857, 1884 (259)
TELFORD, Mary Ellen 1851 (259)

TEMPLE, Caladonia L.? 1857 (338)
    Helen Mayhew b. at Franklin TN, Mar 2, 1875 to Dr. Bellville & Mrs. Evelyn Metcalf (22)
    Miss Levis A. 1869 (259)
    Mrs. Levy A. 1868 (259)
    Lizzie Currin born at Mount Meigs AL, Feb 12, 1869 to Dr. Bellville & Mrs. Evelyn Metcalfe; member 1875 (22)
    Maurice E. 1885 (318)
    O. P. 1852 (338)
    O. P. & C. S. parents of Mary b. Jul 7, 1856 (338)
    Judge O. P. d. Nov 2, 1907, age 87 (338)
    Oliver P. adult bapt Nov 19, 1852; member 1857 (338)
    Virginia m. Shields; member 1873 (259)
TEMPLETON, Mrs. Clara 1886 (264-2)
    J. H. 1878 (176)
TENISON, Marion R. m. Chas. S. Martin Dec 12, 1883 (289)
    Mary 1887 (259)
TERASS, Frederick buried Aug 19, 1875, age 55 (47)
TERIL, Jane 1863 (164)
    Jozip R. member 1862; d. 1863 (164)
TERMAN, Nancy 1813 (164)
TERRASS, Mrs. Amy d. Jun 29, 1874, age 87 (289)
    Charles buried Jul 20, 1884 (47)
    Henry Adolphus buried Aug 2, 1854, 28 yrs of age (47)
TERREL, P. W. P. 1863 (164)
TERRELL, Sallie member 1865; Nov 1868 to Waco TX (257)
    Susan 1848, 1855 (329)
TERRILL, Anthony 1848 (329)
    Jane 1863 (164)
TERRY, Elizabeth 1836, 1850 (334)
    J. H. H. 1850 (334)
    James D. 1850 (334)
    Miss Jennie d. Aug 22, 1887 (289)
    Jenny buried Aug 1887 (47)
    John 1836, 1850 (334)
    Jno. 1850 (334)
    Marry 1850 (334)
    Martha A. 1855 (334)
    Mary A. m. Capt. Michael Walsh USA, Nov 5, 1867 (289)
    Mary F. 1855 (334)
    Mata Landers member 1878, 1880; d. Nov 5, 1889 (335)
    Nancy 1877 (270)
    Nancy J. 1855 (334)
    Sally 1877 (270)
    ___lly 1877 (270)
THARP, W. A. 1849 (334)
    Wm. H. (see Miss Lizziejo Cocke) 1874 (225)
    William H. m. Lizziejo Cocke Oct 15, 1874 (225)

THATCHER, Mrs. Edna C. (wife of L. P.) 1879 (318)
    Emma m. B. Gibson Jan 28, 1886 (318)
    Miss Emma H. m. B. Gibson 1886, divorced, m. C. R. Barrol; member 1885 (318)
    Kennie M. m. Edwin H. Eaton Sep 26, 1899 (318)
    Kennie McElvy adult bapt 1885 (318)
    Miss Kinny M. m. E. H. Eaton 1899, member 1885 (318)
    L. P. father of Burton Craighead infant bapt 1889 (318)
    Miss Laura member 1877, m. C. C. Lewis; d. Apr 7, 1900 (318)
    Laura m. C. C. Lewis May 8, 1879 (318)
    Lewis P. member 1874, 1877; d. 1907 (318)
    Baby of Lou d. Jul 4, 1899 (318)
    Miss Louise R. member 1898; m. Dowell (318)
    Miss Mary 1877 (318)
    N. L. (f) m. F. H. Kirkpatrick Dec 28, 1891 (318)
    Nancy Bell infant bapt 1883 (318)
    Mrs. Nancy Y. (wife of W. C.) 1885 (318)
    Miss Nannie B. (Nina) 1898 (318)
    Sammie d. Oct 20, 1883 (drowned) (318)
    W. C. d. Oct 12, 1901, 73 yrs (318)
    Will C. jr. 1886 (318)
    Wm. C. 1885, d. 10 Oct 1901 (318)
THAW, William & Maria parents of Matilda b. 24 Mar 1834; William Henry b. 6 Dec 1837; bapt 6 Oct 1839; and Benjamin Robeson b. 13 Jan 1840, bapt 21 Jun 1840 (47)
THAYER, Harry buried Aug 3, 1847 (47)
    James S. buried Mar 26, 1881 (47)
    Mrs. M. buried Mar 20, 1880 (47)
THAYES?, Albert D. d. Dec 6, 1877, age 2½ (289)
THENING, Martha 1833 (331)
THEOBALD, Ellen L. m. William M. Cook 10 Nov 1880 (47)
    Mrs. buried May 20, 1880, age 60 (47)
THIERMANCE, C. E. m. Rosa Ehzler Jun 12, 1884 (318)
THINIS, J. M. 1890 (131)
THIRMAN, Emla Jane 1865 (275)
THIRMON, William 1865 (275)
THOBURN, J. M. 1884 (264)
    Miss May 1886 (264-2)
THOMAE, Cornelia m. Louis Boses Apr 20, 1890 (289)
THOMAERSON, Martha 1843 (215)
THOMAS, A. D. 1844, 1849 (176)
    Albert D. 1852 (225) (he was killed at Franklin TN 1860)
    Andrew & wife Elizabeth 1834 (90)
    Mrs. Carie B. (now Mrs. Robertson) 1876 (225)
    Carie B. (see Miles S. Watkins) (225)
    Mrs. Carie B. 1872, 1874 (225)
    Catherine 1820, 1822 (90)
    Conductor d. Apr 7, 1901 (318)
    David member before 1862 (318)

THOMAS, E. 1869, 1871 (176)
    E. W. d. Dec 27, 1887 (347)
    Edard 1820 (90)
    Eddie W. d. Dec 27, 1887 (347)
    Edward 1822, 1824 (90)
    Elizabeth Elenora (nee Maxwell?) d. Oct 12, 1883 (347)
    Emma 1857 (259)
    Ethel Gidden d. Dec 7, 1912 (347)
    Miss Eula M. d. Feb 18, 1894 (347)
    F. d. Jan 9, 1895, age 86 (47)
    Frank Preston m. Lizzie Mercer Dec 7, 1898 (289)
    G. W. m. Cora V. Cook Aug 9, 1891 (318)
    George L. d. Jan 16, 1899, age 49 (289)
    Gorge S. infant bapt Aug 19, 1867 (347)
    H. B. 1869 (176)
    Hanner 1809 (330)
    J. B. 1866, d. Apr 1867 (225)
    J. J. T. d. 1883 (347)
    J. L. & M. W. parents of Martha Louise bapt Dec 31, 1895 (347)
    J. W. B. jr. d. Jan 26, 1892 (347)
    John & M. parents of Chassie infant bapt 1879 (318)
    John 1848, d. 1850 (329)
    Jno. A. m. Annie C. Faidley Jan 15, 1879 (318)
    John A. infant bapt Oct 6, 1853 (347)
    John F. 1859 (225)
    Jno. L. m. Julia G. Mills Apr 6, 1865 (47)
    Jonas E. 1848, d. Aug 3, 185_ (347)
    Joshua J. T. 1848 (347)
    Laura (see John Dougheny) (289)
    Long Jane & Edward W. infants bapt Aug 25, 1867 (347)
    Lucretia 1859 (225)
    Lucy 1820 (90)
    Margaret 1839 (225)
    Mrs. Margaret A-n d. Dec 1903, age 67 (120)
    Mary 1846 (345)
    Mary d. 1865 (329)
    Mary 1848 (329)
    Mary m. Thos. Cheatham 1856 (345)
    Mary E. 1859 (225)
    Mary E. 1848 (347)
    Mary Jane m. James Norman Pulliam Apr 27, 1892 (225)
    Mrs. Maud G. d. Aug 31, 1901 (347)
    Maud W. d. Aug 30, 1901 (347)
    Mehitabel 1884, d. 1907 (259)
    Mitchell 1871 (259)
    N. M. d. Sep 12, 1869 (225)
    Nancey 1820 (90)
    Nancy 1859 (225)
    Nancy V. 1880 (215)
    Ollie (f) 1894 (90)
    P. Y. 1849, 1855 (176)
    Rebecca 1848 (347)

THOMAS, Rufus 1848 (347)
    S. A. & C. E. infants bapt Aug 10, 1863 (347)
    S. J. & C. E. parents of John Barnes & Harry E. both bapt Aug 8, 1896 (347)
    S. J. & C. E. parents of Clyde A. bapt Aug 8, 1896 (347)
    S. Y. 1844, 1879 (176)
    Mrs. Sarah C. d. Jun 1, 1905 (318)
    Soulsberry 1848 (347)
    T. D. 1844 (176)
    T. J. d. Jul 10, 1906, age 64 (338)
    W. J. & Hattie P. parents of William Alexander b. Jan 3, 1890 (338)
    W. J. & Hattie parents of Edward Brown b. Jul 29, 1891, Robert Craighead b. Oct 19, 1892; & Madeliene b. Aug 9, 1897 (338)
    Wm. J. infant bapt Jul 13, 1859 (347)
    William J. m. Hattie Park Jun 6, 1888 (338)
    Willie 1899 (264)
THOMASION, G. 1869 (176)
THOMASON, Amy 1862? (215)
    Elisa 1862? (215)
    Elisabeth 1862? (215)
    Emma 1884 (259)
    Jennie 1884 (259)
    Jimmie 1871 (259)
    Marion 1871, 1884 (259)
    Marthy 1862? (215)
    R. B. 1884 (259)
    Rachel 1862? (215)
    Sarah 1871, 1884 (259)
    Susan 1871, 1884 (259)
THOMASSON, E. B. m. Nannie Gillespie Jun 1, 1882 (318)
    Eugene father of Margaret infant bapt 1885 (318)
THOME, Emeline E. m. Wm. M. Rowen Feb 18, 1864 (47)
THOMERSON, G.? W. 1876, d. Feb 1879 (281)
    Louena 1851 (215)
    Louina 1842 (215)
    Martha 1860 (215)
THOMIS, Abigal 1856 (275)
THOMISON, Jane 1848, 1865 (331)
    Jane 1883, d. 188_ (331)
    William 1865 (331)
THOMKINS, Silas 1818 (164)
THOMPHSON, Anna 1877 (164)
THOMPKINS, James F. 1821 (329)
    James J. 1877 (329)
    Mary 1806 (164)
    Susan 1877 (329)
THOMPSON, Mrs. A. V. d. 1907 (120)
    Althea Elliott d. Mar 10, 1874 (289)
    Althea Elliott d. Mar 18, 1874, age 9 mo (289)
    Amy? W.? 1889 (215)

THOMPSON, Andrew P. member before 1862 (318)
    Angela d. Jun 24, 1867, age 6 wks (289)
    Anna 1833, 1848 (331)
    Anna buried Oct 28, 1865, age 4 yr (47)
    Anna (dau of John) d. Jun 23, 1889 (318)
    Annie b. Nov 27, 1846, Bedford Co., to Gideon & Martha Crutchfield, bapt 1898 (47)
    Bessie 1899 (318)
    Mrs. Cecilia d. Feb 1877 (289)
    Charles & Kittie, parents of Anna Kinnch & Edward Wade bapt 1865 (257)
    David T. 1862 (164)
    Dorcas B. d. Sep 2, 1878 (177)
    Elizabeth adult bapt Oct 27, 1858 (289)
    Elizabeth m. W. F. Reed Nov 4, 1896 (318)
    Mrs. Elizabeth d. Aug 25, 1868, age 76 (289)
    Fanny 1872 (281)
    G. W. 1860 (341)
    Geo. m. Anna McMillin Jun 18, 1884 (318)
    George & Mary parents of George Richard b. Feb 1, 1874 and Margaret Ellen b. Jan 27, 1877 (289)
    George 1861 (257)
    Dr. George 1854 (257)
    Dr. George 1857, d. Apr 3, 1874 (257)
    Miss Georgia G. 1854 (257)
    Greenfield Reeder d. Mar 14, 1874, age 3½ (289)
    Harry bapt 1883 (271)
    Helen d. Jan 7, 1871 (318)
    Henry G. m. Lila B. Colyar Apr 24, 1889 (289)
    J. J. ca. 1872 (281)
    James 1817 (338)
    James m. Jennie Colt May 4, 1870 (264-2)
    James W. d. 19 Jun 1852 (225)
    Jane 1848, d. Apr 1851 (347)
    John 1890 (318)
    John 1846 (341)
    John 1878 (176)
    Mrs. Jno. d. Aug 10, 1889 (318)
    John m. Elizabeth McCullough Sep 28, 1857 (289)
    John & Elizabeth parents of Jane b. Aug 13, 1859 (289)
    John A. 1848 (347)
    Jno. F. d. Jul 7, 1903, aged 70, in St. Petersburg FL (reel # omitted)
    Lawrence D. 1879, 1887 (215)
    Leah M. 1851 (318)
    Lewis 1869 (21)
    Miss Libbie 1892, m. W. F. Reed 11/4/96 (318)
    Lucinda 1855, 1857 (43)
    M. Keeble m. W. E. Munday May 11, 1871 (257)
    Miss M. S. 1871 (318)
    Maggie E. m. George B. Davison Feb 22, 1881 (289)

THOMPSON, Miss Margaret d. Apr 8, 1896, age 60 (47)
    Margaret E. (see Margaret E. Felknor) (162)
    Maria F. 1857, d. 1875, m. Jack Reid (257)
    Miss Maria F. 1854 (257)
    Miss Martha A. 1871 (318)
    Mary 1879 (215)
    Mary 1846 (341)
    Mary A. 1881 (164)
    Mrs. Mary E. B. 1854 (257)
    Mary E. B. 1857, d. Jan 31, 1878 (257)
    Rena buried Jul 25, 1880, age 37 (47-1)
    Richard buried Apr 8, 1883, age 44 (47)
    Richd. H. & Cecilia parents of Angela b. May 17, 1867 (289)
    Richard H. & Cecilia parents of Robt. Fielding bapt Mar 28, 1860 (289)
    Robert buried 30 Nov 1886 (47)
    Robt. jr. buried 8 Nov 1888 (47)
    Robert & Elizabeth C. parents of Rowena Chidsey b. Dec 3, 1874 (289)
    Robert father of Roberta infant bapt Mar 20, 1868 (289)
    Robert & Elizabeth parents of Margrt. E. b. Jul 3, 1859 (289)
    Robert M. & Mary parents of Lillian Beaumont b. Dec 7?, 1876 (289)
    Mrs. Rosa C. (wife of Jno.) 1891 (318)
    Sallie M. 1875? (345)
    Samuel m. Sallie M. Williams Jan 14, 1875 (345)
    Sarah 1850 (334)
    Sarah Ann 1851 (215)
    Sidney m. Geo. R. Dupuy Feb 10, 1862 (47)
    Miss Susan A. 1854 (257)
    Susan A. 1857 (257)
    Susanah E. 1862 (164)
    Susannah E. 1862 (164)
    T. N. m. Mary A. Erwin 1856 (347)
    Thomas G. N. 1848 (347)
    Thomas J. 1886 (215)
    Vandenburg 1870, 1870 to Dalton GA (318)
    Rev. Wm. 1851 (318)
    Mrs. (see John B. Walker) (338)
THOMSON, Betty 1813 (164)
    David C. 1842 (338)
    J. F. d. Jul 7, 1903, in FL (338)
    Mary 1887 (215)
    Nancy 1813 (164)
    Neely 1813 (264)
    Polly 1813 (164)
    Solomon 1806? (164)
    Thomas J. 1887 (215)
    William 1813 (164)
    William 1848 (331)
THONI, John & Eliz. parents of Emil b. Mar 31, 1878 (289)
THORNBERG, Mary K. m. Frederick Bailey 22 Oct 1874 (47)

THORNTON, Gustavus m. Mrs. Ella B. Henry Apr 14,
        1887 (289)
    John M. 1866 (338)
    Leesel 1881 (331)
THRONELY, J. N. 1867 (341)
THROP, Franklin m. Hannah M. Robeson Oct 6, 1849
        (47)
THURMAN, Mrs. M. mother of Frank W. infant bapt
        1871 (318)
TIBBELS, W. A. d. May 9, 1900 (318)
TIBBELS, W. A. d. May 9, 1900 (318)
TIDWELL, Catharine 1862 (164)
    Catharine T. 1862 (164)
    Eli 1862 (164)
    Jane 1862 (164)
    Jane jr. 1862 (164)
    Judieth A. 1886 (164)
    Judith A. bapt 1888 (164)
    Levy 1818 (164)
    Mary 1806 (164)
    Rebecca (164) (date omitted)
    Temperence 1818 (164)
    Tennissee C. 1862 (164)
    Thomphson J. 1866 (164)
    Tompson J. 1866 (164)
    Wm. bapt 1885 (164)
    Wm. 1885 (164)
TILCOMB, Georgie May d. Jun 16, 1888, age 1 yr 9
        mo (289)
TILEY, Jerry 1893 (220)
TILGHMAN, R. C. 1879 (176)
TILLET, Mrs. Mary & dau Harriet A. & son James M.
        1873 (259)
    Wm. R. 1873 (259)
TILLEY, Jerry 1888, 1896 (220)
    Magie 1896 (220)
    Sarah 1896 (220)
TILLMAN, George 1814 (90)
    Geo. Newton m. Martha S. Washington 12 Dec
        1882 (47)
TILMAN, George 1809, 1810, 1827 (90)
TIMMONS, F. O. m. Emma Law Oct 18, 1886 (318)
TINER, J. A. 1878 (176)
TINLEY, Sarah 1842, 1857 (338)
    Mrs. Sarah d. Nov 29, 1870, age 78? (338)
TIPPET, John 1826 (178)
TIPPIT, Ellender 1816 (178)
    John 1816 (178)
TIPTON, Geo. father of Louelia bapt 1869 (318)
    Geo. T. father of Luelia infant bapt 1869
        (318)
    Harriet d. Dec 1875 (329)
    Harriett 1848 (329)
    Ida A. m. W. L. Martin Mar 24, 1892 (318)
    Lucy B. m. Jno. E. Strickey Jul 25, 1888
        (318)
    Lydia 1821 (329)
TIRY, Nathan 1823, 1824 (205)
TISDALE, Mrs. A. M. 1876 (259)

TISDALE, G. T. 1876 (259)
    M. B. 1876 (259)
TITLOW, A. d. Aug 3, 1859 (338)
    Ann 1842, 1857 (338)
    Ann mother of Darthula bapt Mar 20, 1842
        (338)
    Ann d. Aug 3, 1859 (338)
    Elizabeth adult bapt Dec 9, 1832 (338)
    Mary Jane m. James R. T. Askins of Sumpter
        AL Jun 2, 1842 (338)
    P. d. Mar 1854 (338)
    Philip 1842 (338)
TITTSWORTH, R. H. 1893 (259)
TITUS, Mrs. Katie D. d. Oct 31, 1913 (338)
TODD, Carel 1878 (43)
    Miss Carrie J. 1892, m. R. M. Murphy Feb
        95 (318)
    Frank Armstrong d. Jan 14, 1898 (diptheria)
        (318)
    J. B. 1852 (170)
    James C. jr. m. Susie A. Lillard Apr 12,
        1897 (338)
    John L. infant bapt Nov 1848 (347)
    Laura D. m. William Lipscomb Jul 16, 1868
        (257)
    R. R. 1870 (281)
    Susan A. 1848 (347)
    Tolbert 1878 (43)
TOLLEFERO, Charles 1828 (220)
TOLLEY, A. F. (f) 1865 (331)
    James 1883 (331)
    Jennie 1883 (331)
    John 1869 (220)
    John D. 1883 (331)
    W. P. 1883 (331)
TOLLIEOFFER, Virginia P. m. James H. Wilson jr.
        Nov 2, 1858 (47)
TOLMAN, Zenas W. m. Jane Myers Sep 10, 1867 (289)
TOMENY, Blanch m. L. G. Baker Dec 22, 1892 (338)
TOMES, Rev. Charles & Henrietta parents of Mar-
        garet Ann bapt Jun 19, 1858 (289)
    Charles d. Jul 10, 1857, age 42 yr 7 mo 24
        da (289)
    Mrs. Henrietta d. Feb 22, 1897, age 71 (47)
    Sarah Otey buried 3 Jun 1874 (47)
TOMKENS, Isaac 1806 (164)
TOMKINS, Aby 1813 (164)
    Isaac 1818 (164)
    Mrs. Susan 1854 (257)
    Susan, original member, d. 1864 (257)
    Dr. W. R. m. Alice Payne Oct 12, 1868 (257)
TOMLIN, E. A. (f) 1887 (131)
    J. A. 1887 (131)
    M. E. (f) 1887 (131)
    Parcilla 1887 (131)
    Rebecca 1887 (131)
TOMLINSON, Mrs. Jessie G. (wife of Walter) 1894
        (318)
    O. M. m. Lydia M. Frentuss Aug 19, 1888 (318)

TOMLINSON, Mrs. Sarah Collins d. Jan 1904, age 84
  (120)
    Walter 1892 (318)
    William father of Henry Gibson (about 1 mo
      old) bapt Nov 8, 1865 (289)
TOMPKINS, Bessie Washington buried 12 Aug 1887, age
  25 (47)
    Chas. B. m. Mary Pleas. McClung Jun 4, 1888
      (338)
    Isaac 1813 (164)
    Jas. L. m. Georgiana Johnson Nov 14, 1871
      (257)
    Mrs. Susan 1861 (257)
    Susan 1821 (329)
TONCRAY, M. d. Jun 16, 1855 (338)
TONCRE, Mary 1844 (338)
TOOKER, D. M. 1878 (271)
    Lizzie bapt 1878 (271)
    Martha 1878, d. 12/6/78 (271)
TOOKLE, Peter jr. 1852 (327)
TOOMY, Jane 1818 (264)
    Micael 1818 (264)
TOON, Nancey 1857 (131)
TOPP, Robert Douglas d. Jan 20, 1899, age 4 (289)
TOPPER, Carl G. infant d. Jul 9, 1887 (318)
    Hattie M. d. Jun 16, 1886 (318)
TORBETT, Lizzie P. m. Phillip J. O'Brien 9 Jan
  1882 (47)
TORNES, James Otey d. Jul 2, 1858 at Memphis (289)
TOUNEHILL, Miss Helen 1895, d. 1905 (318)
TOUSLEY, Jno. E. m. Mattie E. Lewis Jul 4, 1894
  (318)
TOWERS, Reuben (see Miss Bee A. Gerstle) (318)
    Dr. W. C. d. Nov 2, 1897 (318)
TOWNES, Mrs. Eliza 1890, d. 1 Apr 1899 (318)
    Mrs. Eliza d. Apr 1, 1899 (taken to Oxford,
      MS) (318)
    Miss Julia adult bapt 1890 (318)
    Miss Lizzie 1890 (318)
    Miss Rosa 1890 (318)
    Miss Wortley 1890, m. Sayre? 1897 (318)
TOWNLY, Joseph 1876 (281)
TOWNS, B. C. 1857 (170)
TOWNSED, Joshua 1822 (330)
TOWNSEN, Betsy 1812 (330)
    Elisabeth 1809 (330)
TOWNSEND, Betsey 1808 (330)
    Dora bapt 1897 (271)
    Elizabeth 1896 (271)
    Elizabeth 1808 (330)
    Martha J. 1850 (318)
    William 1896 (271)
    William S. 1850, 1870 to Dalton GA (318)
TOWNZ, Sally 1857 (170)
TRABUE, Edward b. Oct 28, 1858, b. Davidson Co
  TN to Andrew & Anna bapt 1898 (47)
    Marianne m. Hume R. Steele 30 Dec 1889 (47)
TRACY, Howard m. Bessie Lindsley 5 May 1886 (47)
    Isaac G. 1885 (215)

TRAHUE, Andrew d. Apr 29, 1892, age 55 (47)
TRAINOR, Mary m. C. H. Blakesly Mar 18, 1886
  (318)
TRAMMEL, Mrs. Laura 1896 (271)
TRANGOS, Spero d. Jul 28, 1904, age 1½ mo (289)
TRASY, Silas 1887 (131)
TREADWELL, A. & E. parents of Alvin Mead b. Jun
  21, 1890 (338)
    A. & E. parents of Esther McMillan b. Apr
      11, 1897 (338)
    Alvin d. Sep 14, 1899 (child of A. & E.)
      (338)
TREAKOR?, Thomas buried 20 Oct 1875, age 73 (47)
TREANOR, Mrs. John O. d. 1912, age 70 (120)
    John O. d. 1911, age 73 (120)
    Margaret m. William L. Granbery 9 Oct 1888
      (47)
TREAVAR, Mrs. Mary d. May 18, 1891, age 53 (47)
TREDWAY, Catherine (wife of Jacob) d. Dec 23,
  1896, age 48 (166)
TREECE, Nora d. Jan 4, 1896 (318)
    Z. T. jr. d. Jan 2, 1896 (318)
TREINAM?, Mrs. Elizabeth d. Dec 25, 1903 (318)
TRELAWNEY, A. T. d. Dec 22, 1874, age 30 (289)
TRESSIDEN?, James d. 1906, age 70 (120)
TREZEVANT, Mary 1852, moved to TX 1862 (225)
TRIGG, A. K. d. Oct 30, 1901 (318)
    A. K. m. Rose Lamon Feb 3, 1887 (318)
TRIM, Katie A. m. Geo. M. Wolt Feb 26, 1888 (318)
TRIMBLE, Adria-na buried Jul 4, 1878, age 7 mo
  (47)
    Mrs. Anna W. 1854 (257)
    Anna W. 1854, d. Nov 7, 1858 (257)
    James 1854 (257)
    James m. Laetitia Lindsley 26 Oct 1876 (47)
    James Lindsley buried Apr 7, 1880 (3 days)
      (47)
    John 1861, 1867 (257)
    Mrs. Letites d. Sep 24, 1894 (47)
    Margaretta McEwall d. Sep 11, 1867, age 51
      yr 1 mo 10 da (289)
    Margaretta Morgan buried 31 Mar 1889, age
      2½ (47)
    Morgan buried 25 Jan 1887 (age 2?) (47)
    R. 1862 (43)
    Robert 1861, 1862 (43)
    Thel--- buried 24 Feb 1884 (47)
    Thomas 1861 (257)
    Thomas C. jr. member 1865, to Mobile (257)
    Thos. C. & Sarah A. parents of Keeble
      Thompson bapt 1869 (257)
    William T. 1867 (257)
TRITSCHLER, Theodore m. Lillian Mai Quinn Oct 22,
  1895 (289)
    Theodore & Lillian (Quinn) parents of
      Theodore Girard b. Sep 14, 1896 (289)
TROGDON, Edwina bapt 1896 (271)
TROGLEN, L. V. 1884 (259)
    Lucinda 1871, 1884 (259)

TROOP, Sary An 1881 (335)
TROTTER, I. 1842 (338)
    James 1819, 1841 (338)
    James father of Samuel Bell bapt Aug 11, 1816 (338)
    Mrs. Margaret (wife of W. H.) 1895 (318)
TROUD, Isaac 1818 (164)
TROUP, J. G. 1898 (335)
TROUSDALE, A. C. 1870 (281)
    Mrs. Annie Berry b. Jun 16, 1854 (289)
    Charles, father of Ellen Kate Odam bapt 1866 (257)
    D. W. d. Jan 22, 1910 (347)
    Mrs. Elen 1861 (257)
    Elisabeth Jane 1887 (wife of F. L.? jr.) (281)
    Eliza A. 1848 (347)
    Ellen O. 1865, d. Apr 1866 (257)
    F. G.? ca. 1872 (281)
    F. G. 1883, 1868, 1873 (281)
    Fanna L. 1848 (347)
    Fannie m. John Bell Peyton Oct 8, 1861 (257)
    Henretta d. 1901 (347)
    Hettie E. 1868 (281)
    J. M. ca. 1872 (281)
    James ca. 1870 (281)
    James M. 1871 (281)
    John Bell & Fannie Peyton parents of Fannie bapt 1880 (257)
    Leon 1898 (22)
    Leon d. Apr 21? 1897, age 74 (47)
    Leon m. Lillian James Cantrell Dec 27, 1892 (289)
    Levi J. & Mary (Wade) parents of Margaret b. Jan 11, 1894 (289)
    Mary A. 1866, d. 2 Feb 1882 (257)
    Mrs. Mary A. 1861 (257)
    Nancy J. d. Feb 1885 (281)
    Sarah A. d. Nov 14, 1885 (347)
    Sarah Jane d. Nov 14, 1882 (347)
    Mrs. Virginia d. Nov 3, 1899, age 58 (289)
    Wilson d. Dec 17, 1912 (347)
TROUT, Carrie J. (2 yrs) d. May 17, 1897 (318)
TROUTT, Mrs. Annie (wife of John) 1889 (318)
    J. M. 1877 (281)
    J. M. 1874 (from Princeton KY) (281)
    John 1885 (318)
    Jno. m. Annie Guilliam (Dayton) Oct 11, 1888 (318)
TROXELL, Sarah M. 1882 (327)
TROXLER, Lorenzo bapt 1849, age 26 (47)
TRUBY, Chas. M. & Ann parents of Mabel Gertrude adult bapt Nov 10, 1888 (289)
TRUETT, Caroline 1855 (43)
    Jas. 1868 (43)
    Jas. M. 1855 (43)
    Jas. M. & Caroline 1866 (43)
TRUIT, Fanny 1821 (329)
    Levi 1821 (329)

TRUXALL, Eva m. Carl Painter Jun 20, 1892 (318)
TSCHAPIC, Ludwig (Jew) d. Jul 10, 1888 (318)
TSCHOPIK, A. (see Mrs. Ida Shuttles) (318)
TSCHIFFELY, Rev. L. P. 1868 (120)
TSCHUDI, Lila m. J. C. Bradely Oct 19, 1887 (318)
TUCKER, Ada R. m. W. E. Dyer Oct 9, 1889 (318)
    Albert E. 1892 (318)
    Mrs. Almira N. 1872, 1874 (225)
    Amelia d. Jun 23, 1867, age 51 (289)
    Mrs. Ann & children Rebecca, Easter, Samuel, James Roan, Robert Otis, & Mary Elender bapt 1818 (264)
    Mrs. Ann & son Adonijah bapt 1819 (264)
    Ann 1818 (264)
    Daniel M. 1846 (341)
    Easter 1819 (264)
    Mrs. Eliza S. 1894 (318)
    Mrs. Emma G. 1892 (wife of A. E.) d. 20 Apr 1909 (318)
    Fanny 1818 (264)
    Frank W. & Helen (Wilkins) parents of Ruth b. Nov 23, 1889; Mary Wilkins b. Feb 26, 1891; and Frances b. Nov 22, 1893; all three children b. in Clover Bend AR (289)
    Jane 1818 (264)
    Jane E. 1850 (334)
    Jane Elizabeth 1836 (334)
    Mrs. Mary J. 1895, d. 22 Nov 1910 (318)
    Maud L. m. Lester B. Lowry Jul 30, 1899 (318)
    Nancy 1872 (131)
    Nancy J. 1887 (131)
    Nancy Y. 1846 (341)
    O. D. adult bapt Nov 21, 1852 (338)
    Rebecca 1819 (264)
    Robert & Marry parents of Emma Jane b. Feb 3, 1850 (289)
    Sarah Frances d. Mar 10, 1867, age 19 (289)
    Thomas & Prsicilla parents of Alelia b. Oct 2, 1852, Susan F. b. Oct 14, 1851, Charles b. Dec 22, 1856 (289)
    W. R. d. Jan 4, 1904 (318)
    W. S. 1887 (131)
TUGGLE, Caroline 1865 (329)
TUMMEL, Mrs. Lavagne d. Sep 12, 1887 (318)
TURLEY, Wm. L. d. Sep 20, 1899, age 76 (338)
TURMEN, E. (f) 1848 (220)
TURNBULL, Mrs. Isabella d. Dec 6, 1897, age 81 yr 2 mo 6 da (338)
    James Robert d. Sep 29, 1800 (338)
    Robt. & A. E. parents of Robert Arthur b. Nov 4, 1896 (338)
    Robert d. Sep 29, 1900 (338)
    Robert m. Annie Lee White Jan 22, 1896 (338)
TURNER, A. R. 1879 (176)
    Cal m. Lizzie Sophia Welcker Dec 6, 1870 (338)

TURNER, Cora? 1880 (215)
    Drewery 1855, 1863 (43)
    E. 1847, 1860 (341)
    Elisha 1876 (259)
    Elizabeth 1846 (341)
    Mrs. Elizabeth buried Sep 30, 1883, age 77 (47)
    Elizabeth 1871 (322)
    Elizabeth Jane m. James B. Partin May 11, 1891 (338)
    Frances 1865, 1871 (331)
    Francis 1848 (331)
    H. 1847 (341)
    Hamelton V. 1827 (24)
    Jas. 1818, 1827 (162)
    Jas. Ed. buried Sep 17, 1866, age 32 (47)
    James H. 1880 (322)
    James N. m. Pattie Bullock Oct 17, 1865 (257)
    Jesabeler Duckison 1846 (215)
    Jesse (& Elsa) 1855 (21)
    John 1854 (345)
    John 1852 (330)
    Josephine 1871 (21)
    Judith 1813 (330)
    Lizzie Welcker m. Henry A. Chambers Dec 31, 1895 (338)
    Lucy A. 1871 (322)
    Lucy Ann 1846 (341)
    Mollie 1882 (128)
    Mrs. Mollie d. Apr 22, 1888 (289)
    Mrs. Mollie bapt Apr 5, 1888 (289)
    N. C. 1845 (220)
    Nancy (see Nancy Orr) (24)
    Stephen H. & Almira E. (Fuller) parents of Adeline Roxana b. Nov 10, 1892 in Chicago (289)
    Tommie bapt 1887 (271)
    W. J. m. Ada Bryant Oct 14, 1887 (318)
    Wm. Joseph d. May 28, 1891, age 18 days (47)
TURNEY, H. L. W. 1879 (176)
    John E. m. Bessie Maury Reid 13 Oct 1886 (47)
    Margaret 1857 (271)
TURNLEY, Mrs. Miriam d. Jan 13, 1898 (318)
TURPIN, Mary Jane (see Mary Jane Wison) (259)
TUTON, Z. 1848, 1856, 1860 (220)
TUTT, Ed. d. Dec 26, 1897 (318)
    Mrs. Elizabeth S. 1872 (318)
    Ida m. W. Reese Aug 8, 1880 (reel # omitted)
    Mary A. m. J. L. McMurphy Mar 24, 1897 (318)
    Mrs. Mary A. d. Apr 14, 1903 (318)
    Miss Mary Aileen 1890, d. 13 Apr 1903, m. J. L. McMurphy 3/24/97, divorced (318)
TYLER, Francis E. 1871 (318)
    James W. 1868 (164)
    Marget 1868 (164)
    Mrs. Mary F. (wife of F. E.) 1871 (318)

TYLOR, Dlfiner (sic) m. ____ McKight (m) Oct 1866 (347)
    Foust infant bapt Aug 22, 1867 (347)
    John W. 1869 (164)
TYNES, A. T. buried Nov 24, 1881 (47)
TYREE, Bettie L. m. J. S. Tyree Jun 10, 1884 (318)
TYSON, Cornelious 1853 (345)
TZCHOPIK, Frank d. May 7, 1902 (318)
UHLES, Bettie 1889 (215)
    Elizabeth 1870, 1887 (215)
    Marth Eller 1872 (215)
    Mary 1850 (215)
    Ora 1886, 1887 (215)
    Rachel 1860 (215)
    Richard N. 1871 (215)
    William 1887 (215)
UHLS, Catharine 1862? (215)
    Elisabeth 1862? (215)
    Hannah 1862? (215)
    John B. 1842 (215)
    Louisa 1842, 1862? (215)
    Marthy 1862? (215)
    Mary 1843 (215)
    Miliam 1867 (215)
    Nancy 1842, 1862? (215)
    Polly 1862? (215)
    Prudence 1843, 1844 (215)
    Vilot 1862? (215)
ULISE, Emely 1846 (341)
ULSA, Mary 1871 (21)
UMSTATTD, John W. m. Alice Mitchell Oct 5, 1893 (338)
UNDERHILL, J. H. buried Mar 19, 1883 (47)
    J. P. 1862? (215)
    John 1845 (215)
    Martha 1880 (164)
    Mary C. buried 3 Jan 1889 (47)
    Wm. H. buried Jan 15, 1883, age 23 (47)
UNDERWOOD, Carrie (taken to MI) d. May 8, 1897 (318)
    Eliza m. Arthur Middleton Rutledge Nov 4, 1851 (47)
    Joseph & Mary 1846 (335)
    Robert & wife Ann 1823 (220)
    Robert 1821 (reel # omitted)
    Wm. 1840 (257)
UPCHURCH, Charity 1816 (178)
    Emaline 1871, 1884 (259)
    T. C. 1871, 1884 (259)
URMSTON, Mrs. Blanche Elder (wife of T. E. H.) 1895 (318)
    T. E. H. 1893 (318)
URSO, Camille m. George M. Taylor Jun 24, 1856 (47)
URSSELL, James 1855 (43)
USHER, F. C. 1849 (176)
USRY, Sally 1816 (178)
USSERY, D. G. 1850 (334)
    Elizabeth 1836 (334)

USSERY, Faithful 1836 (334)
  Frances 1850 (334)
  Jane 1850 (334)
  Mary 1836, 1850 (334)
UZRY, Sally 1816 (178)
VADEN, Martha M. 1858 (215)
VAIL, Electa J. 1840 (318)
  John 1840, d. 1871 (318)
VAIN, Cintha A. 1848 (347)
VALENTINE, Annie English d. Aug 26, 1872, age 24 (289)
  M. N. B. 1873 (281)
  Mary C. (wife of J.) 1871, 1873 (281)
VALENTINO, Louis & Anna parents of Roberta b. Nov 13, 1867 (289)
VANBIBBER, George L. m. Adele Franklin 3 Aug 1871 (47)
VANBURN, Mary E. m. William D. Bentley 27 Aug 1882 (47)
VANCE, Andrew of Blount County m. E. J. N. Stevens Feb 26, 1846 (338)
  David 1874 (318)
  Emma R. (wife of J. C.) 1871 (318)
  H. E. 1894 (259)
  Jennie R. m. Wm. M. McCall Oct 5, 1893 (338)
  Mrs.? Jno. d. Feb 4, 1913, aged 87 (338)
  John D. d. Nov 20, 1905, age 68 yr 4 mo (338)
  Jos. C. 1871 (318)
  M. A. 1894 (259)
  Mrs. Martha J. d. Feb 4, 1913, age 78 (338)
  Saml. buried Nov 25, 1867, age 55 (47)
  Zebulon B. m. Annie C. Riddell Dec 10, 1873 (289)
VANCLEAR, W. B.? 1870 (176)
VANCLEAVE, W. B. 1867, 1876 (176)
  Wm. 1878 (176)
VAN DEMAN, Dr. J. H. d. Oct 19, 1902 (318)
VANDERFORD, C. F. d. Jan 3, 1899, age 65 (338)
VANDEVER, Mary 1827 (335)
VAN DUSEN, H. F. m. Cora Hulse Jun 30, 1885 (318)
  S. C. d. Jun 2, 1905 (318)
VAN DYKE, Miss Anna C. 1884 (318)
  Mrs. Anna M. (wife of W. D.) 1867, d. Oct 8, 1911 (318)
  Carey bapt 1874 (318)
  Miss Carey S. 1886 (318)
  Miss Fannie L. 1882, m. W. B. Ochs 1893 (318)
  Francis L. m. Milton B. Ochs Apr 26, 1893 (318)
  Mrs. Maud F. (wife of J. N.) 1893 (318)
  Mrs. V. mother of Carey infant bapt 1874 (318)
  W. D. d. Aug 1883 (318)
VAN EPPS, A. C. 1860 (318)
  Amos C. 1849 (318)
VAN HORN?, Teddy d. Jun 3, 1876 (killed by street car) (318)

VAN KETTLE, Mrs. Mary Ann 1898 (318)
VANLEER, Alice M. m. James A. Ridley Apr 30, 1872 (289)
  Mrs. Amelia d. Mar 5, 1894, age 87 (47)
  Ann T. m. Francis Johnson Aug 20, 1856 (47)
  Anthony W. buried Jul 10, 1862, age 80 (47)
  J. Stacker & Margaret parents of Fredk. Terrass bapt Dec 5, 1858, & Amelia bapt same day (289)
  John S. buried Aug 6, 1857, age 28 (47)
  Joseph H. d. Dec 18, 1881 (289)
  Joseph H. adult bapt Jun 30, 1860 (289)
  Margaret T. m. Dr. Henry Sheffield Jan 14, 1862 (289)
  Rush d. May 14, 1871, age 30 (289)
  Samuel adult bapt Dec 5, 1866 (289)
  Capt. Saml. & Alice W. parents of John Stocker b. Dec 31, 1860 (289)
  Samuel m. Alice Clark Nov 22, 1859 (289)
VANNEY, William & Catherine C. parents of Sampta Laura bapt 1833 (259)
VAN PELT, Ann H. adult bapt 1831 (22)
VANTEER, Samuel d. Jan 15, 1867, age 34 (289)
VANUXEM, Elizabeth 1857 (338)
  F. W. 1852 (338)
  Fred W. m. Lizzie Kennedy May 9, 1854 (338)
  Fred W. & E. parents of Jane Kennedy bapt Sep 2, 1855 (338)
  Fred W. & E. parents of Frederick William b. Oct 17, 1857 (338)
  Frederick W. 1857 (338)
VARNER, John m. Sallie Howard Jun 22, 1886 (318)
  Mattie d. Jul 15, 1905 (reel # omitted)
VARY, Chas. A. 1867 (338)
VASSER, Catharine 1832 (334)
  Elisabeth 1832 (334)
  Mary 1832 (334)
  William 1832 (334)
VATCHER, William H. 1861 (257)
VAUGHAN, A. H. 1870 (176)
  G. B. 1858 (176)
  J. J. m. Sallie Walton Jan 2, 1879 (289)
  Mack & Rosa (Polk) parents of Eva Jessie b. Dec 14, 1887 & Marshall b. Jun 8, 1895 (289)
  S. Louise buried Oct 2, 1883, age 3 (47)
  Susan 1850? (345)
  Thomas m. Susan Epperson Feb 1875 (345)
  Mrs. buried Jun 8, 1880 (47)
VAUGHN, A. H. 1868 (176)
  James J. & Sallie Humphrey parents of Sallie Louise bapt 1881 (289)
  M. A. 1877 (281)
  M. I. m. Edward Chapin Jun 5, 1890 (318)
  Robt. d. Apr 1878 (318)
  Sallie Louise d. Oct 1, 1883, age 3 yr 6 mo (289)
  Sherwood & Mary 1853, 1839 (48)

VAUGHN, Torie m. Thos. F. Shackelford Sep 16, 1897 (338)
    Mrs. _____ d. Jun 30, 1897 (she the mother of Mrs. Felix Hunt) (338)
VAUGHTER, Geo. A. m. Margaret L. Cox Feb 17, 1898 (318)
VEACH, Nancy A. 1848, 1852 (347)
VEALE, Thomas C. & wife 1887 (318)
VEASEY, R. L. 1879 (280)
VENABLE, Fannie 1879 (381)
    J. member ca. 1872 (moved to KY) (281)
    James 1876 (281)
    James F. 1843 (345)
    Joseph 1870 (281)
    Sarah Jane 1841 (345)
VENIS, Josephine (see Alexander Fall) (289)
VERKOUTERON, A. J. 1886 (318)
VERNON, Ann 1843 (170)
    Jas. H. 1848 (275)
    James H. 1843 (275)
    Julia Ann 1840 (275)
    T. m. Sallie Ramsey Mar 5, 1893 (318)
        Tinsley (87 yrs) d. Jan 5, 1904 (318)
VERNOR, E. E. 1825 (24)
    Henry 1808, 1829 (330)
    Noah 1808, 1829 (330)
    Sally E. 1829 (330)
VERNOY, J. H. m. Fannie Gordon Sep 2, 1877 (318)
VERTREES, John J. (from Nashville) m. Virginia Dudley Park (from Columbia) Jun 16, 1886 (338)
VEST, Nancy 1871, 1884 (259)
VESTAL, Annie M. m. David A. Plant Oct 31, 1899 (338)
    James Park jr. d. Aug 14, 1905 (8 mos, infant son of J. P.) (338)
    Mary A. m. David Plant Oct 31, 1899 (338)
    Mary Mina m. _____ French Oct 4, 1893 and went to Boston 8n 1895 (338)
    Meena m. Geo. E. French Oct 4, 1893 (338)
    Mena m. George E. Franch Oct 4, 1893 (338)
    R. & M. parents of Edward b. Jan 17, 1881 (338)
    R. M.? parent of Chalmers Park bapt Oct 13, 1877 (338)
    R. T. & Mary parents of Hattie bapt Mar 8, 1874 (338)
    Robert b. Jul 1842, d. Oct 15, 1889 (338)
    Robt. & Mary parents of James Park b. Apr 14, 1879 (338)
    Robt. (see Mary Annie Gredig) (338)
    Robert & Mary parents of Mary bapt Oct 15, 1871 (338)
    Robt. & M. A. parents of Robert bapt Jul 10, 1875 (338)
    Wm. P. d. Dec 7, 1901, aged 61 (Confed soldier, 13 wounds) (338)
VESTALL, R. T. & Mary parents of Meena bapt 1873 (338)

VETTER, Annie May d. Jun 6, 1906 (318)
    Ida (infant) d. Aug 25, 1884 (318)
    Jacob m. Mary Gillam Feb 20, 1884 (318)
    Will d. Oct 15, 1900 (318)
VICK, A. T. 1849 (334)
    Amanda 1881 (270)
    Cullen 1850 (334)
    Elisabeth 1845 (270)
    Elizabeth 1877 (270)
    Elizabeth A. 1850 (334)
    Elizabeth Jane 1849 (334)
    Ester Ann 1845 (270)
    Goel T. 1850 (334)
    Harriet 1845, 1877 (270)
    Jeff 1881 (270)
    Joseph 1848 (329)
    Keziah 1881 (270)
    Kissiah 1845, 1877 (270)
    Margarett 1855 (334)
    Mary 1845, 1848 (329)
    Nacy (f) 1850 (334)
    Rebeca 1836 (334)
    Rebecca 1850 (334)
    Rhoda A. 1850 (334)
    Robert C. 1850 (334)
    Saby L. W. (f) 1849 (334)
    Samuel M. 1836 (334)
    W. J. 1850 (334)
VICKERY, Wm. F. m. Ida Bryant Dec 29, 1888 (318)
VIEGMAN, Jacob Joseph m. Mary Clorinda Pearl Oct 27, 1874 (289)
VILLEPLAIT, Alexander S. m. Sarah A. Roscoe Dec 28, 1837 (47)
VILLON, A. M. 1848 (347)
VINCENT, E. A. bapt 1878 (271)
    Geo. m. Mary Anderson Apr 6, 1881 (318)
    Harriet P. 1836 (334)
    J. C. bapt 1878 (271)
    Jane d. 1877 (345)
    Mary Jean 1866 (162)
    Motte P. & Adah F. parents of Motte Crombie b. Nov 7, 1895; Lucy Swift b. Jan 12, 1891; John Henry b. Mar 1, 1899 (289)
    Ozias 1816 (came from Cool Spring, Wake Co. NC) (90)
    Ozias 1822, 1825 (90)
    Perry 1822 (90)
    Sarah C. 1836 (334)
    Sarah C. bapt 1882 (271)
    Thos. S. m. Jennie Baker Aug 24, 1871 (he from LA) (257)
    Unity 1822 (90)
VINES, Henry G. & Rachael parents of Henry Gilman b. Mar 1, 1849 (289)
VINING, George H. m. Alice Newberry Jun 16, 1879 (289)
    John W. T. m. Florence Pierce 4 May 1884 (47)

VINING, George Walter buried Feb 16, 1881, age 6
    mos (47)
VINSON, Jennie m. H. R. Fiddler Jan 14, 1897 (257)
    Jennie Baker 1885 (257)
    Jenny E. (nee Baker) 1870 (257)
    Sulie E. d. Jan 20, 1902 (128)
    Thomas S. 1885 (257)
VINYARD, Meloney 1881 (164)
VISCREY, Mary 1828 (220)
VIVRETT, Julia Ann 1848 (329)
    Margaret 1865 (329)
VOLENTINE, E. H. 1871 (281)
VOLMAR, Annie m. David F. Mitchell Jan 18, 1883
    (338)
VON ULRIC, William d. Jul 14, 1874 (318)
VOLTZ, Mrs. Sarah Jane d. Aug 28, 1881, age 38
    (289)
VOORHEES, Margarett A. 1856, d. Aug 27, 1870 (21)
VOORHIES, Carrie 1899 (21)
    D. F.? Elder 1886, 1878 (21)
    D. L. 1867--d. 1905 (21)
    David L. 1867, Deacon 1870-75 (21)
    Dory m. John Nichols (no date--1880?) (21)
    Eliza 1886 (21)
    Elvira C. m. David Hickets (no date, between
        1868 & 70) (21)
    Elvira C. 1867 (21)
    Frank 1897 (21)
    H. L. 1886 (21)
    J. A. 1890 (21)
    J. G. Elder 1890 (21)
    J. G. 1886 (21)
    J. N. Elder 1890 (21)
    John 1857--d. Jul 24, 1902 (21)
    Johnathan 1886 (21)
    L. V. m. James Strekard Dec 26, 1872 (21)
    Lizy L. 1876 (21)
    Lugena V. 1869 (21)
    M. A. 1869, 1872 (21)
    M. A. J. 1890, d. Jul 1904 (21)
    M. J. 1886 (21)
    Mahalia A. 1883 (21)
    Mary A. 1869 (21)
    Maryan m. A. B. Pollock Nov 9, 1880 (21)
    Mattie 1884 (21)
    Sallie 1884 (21)
    Sallie J. 1893, d. Nov 22, 1919 (21)
    Sidny 1884, d. May 1889 (21)
    Sopha T. 1867 (21)
    Sophiah Y.? 1867 (21)
    T. G. m. Sallie Currey Oct 25, 1888 (21)
    Thomas 1860 (21)
    Thos. d. Jul 9, 1900 (21)
    Thomas P. deacon 1875 (21)
    W. J. 1886 (21)
    Wm. elder 1888 (21)
    Y. D. 1899 (21)
VOSS, Susan J. 1848 (347)
    Wadey P. 1848 (347)

VOWELL, Reuben Toye & Felix Maze parents of Bessie
    Ruhl b. Feb 21, 1893 (289)
VREK, H. C. 1883 (43)
WADE, Bettie 1876 (281)
    Edward Reynolds m. Sarah Elizabeth Smith
        Apr 22, 1896 (289)
    Jeremiah 1804 (90)
    Mary Ann H. 1879 (280)
    Mary M. 1848 (334)
    Mary W. 1850 (334)
    Mimucan 1808 (330)
    Obediah 1822 (90)
    P. C. 1879 (280)
    P. C. d. Jan 11, 1894 (280)
    R. H. 1869, 1879 (176)
    Safronia 1846 (341)
WADELL, T. W. (see Adrewina Craig) (318)
WADDLE, John S. 1879, d. Nov 28, 1885 (322)
WADKINS, Mary Jane 1833 (162)
    Nancy Ann 1833 (162)
WADY, Belle 1887 (275)
    Wm. 1887 (275)
WAFFORD, Mary E. m. Robert Dyson Sep 25, 1890
    (289)
WAGGONER, A. N. 1878 (345)
    Cintha 1883 (331)
    Daniel 1883 (331)
    Henry B. d. Oct 19, 1905, age 79 (289)
    Marget 1848 (331)
    Margret 1883 (331)
    Minerva 1883 (331)
WAGNER, Dicy 1812 (330)
    J. 1860 (341)
    Sary 1810 (330)
    W. S. m. Anne L. Castillo Apr 2, 1890 (318)
WAGONER, Cintha 1865 (331)
    Margret 1865 (331)
    Minerva 1865 (331)
    W. A. 1867 (176)
WAID, Susan 1822 (90)
WAIDE?, Mandey 1843 (275)
WAIHEL, Jno. A. m. Evelyn L. Hollyburton Sep 23,
    1896 (318)
WAIN, Thomas d. 1910, age 78 (120)
    Thomas H. d. Jul 1903, age 44 (120)
WAKEFIELD, Booker 1842 (215)
    Cyrus J. 1880 (215)
    Elizabeth? 1849 (215)
    Lenora 1883 (215)
    Lenora W. 1887 (215)
    Martha 1850 (215)
    Mary 1841 (335)
    Nancy 1848 (215)
    S. Duncan adult bapt 1898 (318)
    Steel Duncan 1898 (318)
    Todd P. adult bapt 1898 (318)
    Todd Polk 1898 (318)
WAKER, E. W. 1871 (322)
WALACE, Mrs. Thankfull 1821 (264)

WALAUCE, Oliver 1821 (264)
WALBRIDGE, Frederic m. Eda Pierce Jun 26, 1888
(289)
    Frederic & Eda (Pierce) parents of Frances
(4 mos old) bapt Apr 27, 1890 (289)
WALD, Elizabeth (see Elizabeth White) (264-2)
WALDEN, B. F. 1858 (170)
    Conneley (f) 1843 (170)
    Demarius H. (f) 1854 (170)
    E. 1858 (170)
    Isadora H. 1853 (170)
    L. C. 1843 (170)
    Nancey 1843 (170)
    Nancy 1853 (170)
    Paralee 1847 (170)
    Q. W. 1856, d. 1860 (170)
    Duel 1843 (170)
    William 1843 (170)
WALDRON, W. H. m. Addie Coffey Nov 18, 1887 (318)
WALDROP, Hetta 1865 (275)
    Thos. 1820 (330)
    W. E. (from Jefferson Co.) m. Sallie R. Bell
Apr 5, 1881 (338)
    _____ 1808 (330)
WALKER, Mrs. Adell (wife of L. G.) 1883 (318)
    Adora m. Thomas C. Wright 9 Dec 1879 (47)
    Agnes (from Athens) d. Feb 1, 1888 (318)
    Allice A. 186_ (21)
    Ann d. Jun 28, 1874 (21)
    Annie m. Andrew Meshaw Oct 28, 1891 (318)
    Barbary 1819 (264)
    Barbary M. 1818 (264)
    Miss Bessie 1898 (22)
    Bessie 1895 (22)
    Betsy 1818 (264)
    Buckner 1823 (220)
    Caroline P. 1865 (21)
    Catherine 1818, 1819 (264)
    Daniel 1836, 1850 (334)
    E. W. 1846 (341)
    E. W.? 1881 (331)
    E. W. 1871 (322)
    Edley 1818 (264)
    Edwd. G. d. Dec 29, 1893 (Montevello AL)
(318)
    Eliza A. 1838, d. Jan 13, 1872 (21)
    Eliza Ann 1870 (21)
    Eliza Jane 1870 (21)
    Elisabeth 1818 (264)
    Elisabeth M. 1818 (264)
    Elvira 1849 (275)
    Francis M. before 1862, d. 1864 (318)
    Frank M. 1889 (318)
    G. A. Elder ret. May 1875 (21)
    G.? L. 1872, d. Aug 30, 1872 (21)
    George J. 1838 (21)
    Gideon 1812 (330)
    H. (f) (Sanders) 1878 (281)
    H. J. 1850 (334)

WALKER, Henry H. 1850 (334)
    Dr. Hu d. Sep 12, 1866 (318)
    Dr. J. father of Joseph R. infant bapt 1870
(318)
    J. A. deacon 1875-89 (21)
    J. A. Elder 1889 (21)
    J. C. 1850 (334)
    J. Linn 1883, 1884 to Delaware (318)
    J. M. 1849 (334)
    J. P. 1847 (341)
    J. W. 1855 (176)
    Dr. J. W. father of Joseph R. infant bapt
1870 (318)
    James d. Mar 2, 1860 (280)
    James B. d. Sep 30, 1812 (264)
    James B. 1818 (264)
    James H. 1879 (281)
    Jas. M. 1870 (21)
    Jane 1848 (334)
    Jane 1818 (264)
    Jane P. 1818 (264)
    Jo. m. John R. Stockard Aug 1873 (21)
    John 1813 (164)
    John d. Dec 1829 (264)
    John 1818 (264)
    John d. 1872 (318)
    John A. 1857 (21)
    John B. (Cincinnati) d. May 10, 1900, age
56 (brother of Mrs. Thompson) (338)
    John Blackburn 1818 (264)
    John C. 1836 (334)
    John M. 1818 (264)
    Jno. Mc. & Ida parents of Wm. Thomas, Judy?,
Laurence Weakly & Eddie Reed all bapt
Aug 8, 1896 (347)
    John P. 1808 (330)
    John W. m. Lassie Haley Jul 17, 1870 (289)
    Johnson M . 1850 (334)
    Josephine E. 1869 (21)
    Lap. G. 1883 (318)
    Mrs. Laura 1898 (22)
    Levina 1836 (334)
    Mrs. Lucy 1866 (259)
    Lucy A. 1867, 1869, 1880 (259)
    Luvisa 1850 (334)
    M. K. 1848 (338)
    Mrs. M. K. 1883, d. 5 Sep 1890 (318)
    M. L. 1850 (334)
    M. S. 1849 (334)
    Maggie S. (wife of F. M.) 1889 (318)
    Margaret 1819 (264)
    Mrs. Margaret 1818 (264)
    Mrs. Margaret d. Aug 10, 1819 (264)
    Mrs. Margaret K. member before 1862 (318)
    Margaret L. 1818 (264)
    Margret 1816 (178)
    Martha 1848, 1850 (334)
    Martha C. m. Charles B. Young 16 Aug 1874
(47)

WALKER, Mary d. Apr 1878 (220)
    Mary 1818 (264)
    Mary A. d. Dec 12, 1871 (318)
    Mary F. 1869 (21)
    Nancy 1833 (331)
    Nancy R. Arbuthnot 1818 (264)
    Otey 1890, 1898 (22)
    Polley 1812 (330)
    R. S. 1867 (21)
    Rosa d. Oct 31, 1888 (318)
    S. J. (f) 1855 (334)
    Saml. d. 1829 (264)
    Samuel 1818 (264)
    Samuel R. 1818 (264)
    Saml. R. d. Sep 30, 1819 (264)
    Sarah H. 1836 (334)
    Susan 1818 (264)
    Mrs. Susan d. Feb 7, 1822 (264)
    Sylvenas 1813 (164)
    T. D. m. E. J. Copeland Nov 15, 1899 (318)
    Theodore F. bapt 1874 (264-2)
    Theodore Fuller 1874 (264-2)
    Theophilus 1818 (264)
    Thos. B. 1874 (281)
    Thos. F. infant bapt 1866 (318)
    Tillitha 1816 (178)
    Dr. W. father of Thos. F. infant bapt 1866 (318)
    W. R. m. Ann J. Gilmer 1859 (347)
    William 1840, 1863 (318)
    William 1854 (257)
    William 1858, d. May 5, 1858 (257)
    Mrs. Wm. 1840 (318)
    William 1840 (318)
    William J. 1836 (334)
    Zachariah 1818 (264)
    Mrs. d. Mar 20, 1893, 74 yrs (318)
WALKINS, Flora 1827 (162)
WALKLEY, Russell G. d. Mar 24, 1905 (318)
WALKUP, John Pegram bapt 15 Oct 93 (John & Annie parents) (65)
    Louise Douglas bapt 15 Oct 93 (John & Annie parents) (65)
WALL, Allice 1875 (345)
    G. N. 1879 (176)
    James 1856? (345)
    Sallie 1856? (345)
    W. C. 1874 (43)
WALLACE, Ada bapt 1897 (271)
    Mr. & Mrs. C. B. 1881, 1888 to Cartersville GA (318)
    Chas. father of Margaret Rankin infant bapt 1884 (318)
    Mrs. Eliza J. 1889 (318)
    Ellen 1897 (271)
    Mrs. Frances (wife of J. R.) 1889, d. 1912 (318)
    Frank W. m. Appeline Knittel Oct 27, 1896 (318)

WALLACE, Rev. J. A. d. Jul 10, 1900 (318)
    James A. 1867, d. 189_ (318)
    Jehu m. Mary Jordan Apr 19, 1870 (257)
    John 1872 (215)
    John R. 1889 (318)
    Louiza E. 1874 (215)
    Margie (m. Crane) bapt 1897 (271)
    Martha m. Robt. Keller Feb 8, 1876 (318)
    Mrs. Mary 1890 (271)
    Oliver & wife & dau Ruth bapt 1818 (264)
    Oliver & wife & son Washington Wade bapt 1821 (264)
    R. O. m. Mary E. Love Nov 22, 1894 (318)
    Sally 1822 (264)
    Miss Sarah 1894 (318)
    Susie m. N. Wingfield Nov 18, 1884 (318)
    Wm. 1890 (271)
WALLAR, Elisabeth d. May 1820 (264)
WALLCEY, Samuel 1888 (220)
WALLER, Adelia bapt 1893 (271)
    W. B. P. 1868, 1870 (21)
WALLES, Nancy 1839 (205)
WALLIN, Fanny 1812 (330)
WALLINS, Mrs. Maggie B. (see Mrs. Maggie Wishendorf) (318)
WALLIS, Jefferson 1862? (215)
    Jno. & wife, parents of William bapt 1826 (264)
    Miss Polly 1822 (264)
    Sarah 1858 (215)
    Sary 1862? (215)
WALLS, Hattie 1895 (345)
    Nancy 1844 (205)
WALLWORK, Hattie Margaret b. 23 Sep 1899, bapt 1900, parents--Harry & Charlotte Rebecca (225)
    Henry Gardiner b. Sep 27, 1897, bapt 1897, parents--Harry & Charlotte Rebecca (225)
WALPOLE, Mary 1856 (170)
WALS, Margaret 1843 (205)
    W. C. 1884 (43)
WALSH, E. P. 1885, 1887 to Eminence KY (318)
    E. P. d. Mar 27, 1900 (318)
    Faster d. Jan 24, 1902 (318)
    James F. 1854 (257)
    James F. original member (257)
    Mrs. Jennie 1885 (318)
    Miss Mary J. 1861 (257)
    Mary J. 1865, d. Oct 18, 1868 (257)
    Capt. Michael USA m. Mary A. Terry Nov 5, 1867 (289)
    Miss Minnie d. Jan 29, 1896 (318)
    Miss Minnie, 1885, d. 28 Jan 1896 (318)
    Mrs. Sarah A. 1854 (257)
    Sophia m. William Zachery Oct 5, 1868 (257)
    Thomas d. Mar 26, 1893 (died in GA) (318)
    Wm. W. 1886, d. Mar 22, 1886 (257)
    Willie J. jr. d. Oct 6, 1900 (318)
WALSTON, J. R. 1897, 1898 to Huntsville AL (318)

WALTER, John 1826 (264)
WALTERS, E. J. 1863 (21)
    Walter m. Margaret Jardine Nov 21, 1899 (318)
WALTERSDORF, Miss Ada Ball 1886 (264-2)
    Miss Mary C. 1881 (264-2)
WALTERSON, W. H. W. father of Alice R. & Henry Lee infants bapt 1873 (318)
WALTERSTOF, M. Alporstiff (f) m. J. R. Kennedy (m) Mar 2, 1876 (318)
WALTON, Carrie Belle m. Arthur Andrew Adams Apr 29, 1890 (289)
    Chas. (killed at Memphis) d. Dec 24, 1889 (318)
    Lena m. Joseph Ford Nov 21, 1883 (289)
    Sallie m. J. J. Vaughan Jan 2, 1879 (289)
    Sally L. d. Oct 30, 1860 (infant of Mrs. S. L.) (289)
    Sally L. adult bapt Oct 31, 1860 (289)
    W. B. 1858 (120)
    William B. d. Mar 19, 1903, age 47 (289)
    Wm. B. & Mary Emily parents of Daisy Lawrence bapt Aug 16?, 1881 (289)
    Capt. Wm. B. & Sally L. parents of Mary Letitia, Wm. Bowen, Sallie Humphries & Fanny Campbell, b. Jul 9, 1850, Apr 2, 1852, Mar 31, 1854 & Apr 8, 1856, respectively (289)
WAMBAUGH, Hannah d. Dec 4, 1891 (buried Cincinnati) (65)
WAMMACK, John M. 1882 (215)
    Nanie 1882 (215)
WANEN, Mrs. Andy (10th & Baldwin) d. Aug 25, 1894 (318)
WANN, Alice G. m. Jno. McCoy Marshall Jun 7, 1899 (318)
WARD, Anna Elizabeth m. Joseph William Belote Dec 1, 1887 (225)
    Benjamin d. 1880 (347)
    Chas. E. d. Sep 2, 1901, 86 yrs (318)
    E. C. 1867 (341)
    H. R. & L. (Lelia?) J. parents of Clyde Judson b. Aug 21, 1882 (338)
    Henry C. m. Frances C. Maney Dec 6, 1876 (47)
    Hugh & Susan parents of Susan Ann b. Nov 12, 1860? (289)
    J. J. 1879 (176)
    James B. 1844 (176)
    John H. m. Cemmie Cabler Nov 17, 1880 (47)
    Joseph 1851 (259)
    Maria J. m. Jeptha Fowlkes 1846 (47)
    Mary J.? 1891 (259)
    Nan 1857 (259)
    Nancy 1884 (259)
    Nancy Jane 1848 (275)
WARDEN, D. 1867 (341)
    Daniel 1846 (341)
    J. 1871 (322)
    John 1871 (322)
    John 1846 (341)

WARDEN, John W. 1879 (322)
    John Zill b. Apr 22, 1869, Maury Co. TN to Am? & Mary C. Warden, bapt 1898 (47)
    Malinda J. 1846 (341)
    Martha A. 1871 (322)
    Martha Ann 1846 (341)
    Mrs. Mary (wife of Daniel?) d. Apr 21, 1891 (341)
    Mary 1846 (341)
    Moses 1848 (334)
    Richard 1836, 1850 (334)
    Robert 1846 (341)
    T. J. d. Apr 8, 1888 (318)
WARDROPER, D. Lee 1890 (318)
    Mrs. S. C. (wife of D. Lee) 1890 (318)
WAREN, Nathaniel 1824 (90)
WARIGHT, Mary 1896 (215)
WARLICK, W. D. m. Elizabeth Kimbraugh Jul 23, 1888 (318)
    Mrs. W. D. d. Oct 1, 1891 (318)
WARNE, William, father of Jas. Hawkins bapt Feb 15, 1858 (reel # omitted)
WARNER, Alice G. infant bapt 1874 (318)
    Mrs. Alice G. (wife of Jos. H.) 1868 (318)
    Annie E. 1865 (257)
    Miss Annie E. 1861 (257)
    Elizabeth 1858 (215)
    Elizabeth (original member) (257)
    Mrs. Elizabeth J. 1854, 1861 (257)
    Elizabeth J. (original member) d. Nov 7, 1876 (257)
    (Eze)kel E. 1827 (24)
    Frankie C. member 1865, m. Thos. King Feb 17, 1869 (257)
    Miss Frankie E. 1861 (257)
    Frankie Y. m. Thos. H. King Feb 14, 1869 (257)
    Henry d. Apr 17, 1881 (318)
    J. (m) m. M. Whitesides (f) Jul 8, 1874 (318)
    J. H. father of Mary Marguerite infant bapt 1888 (318)
    J. H. father of James Cartright infant bapt 1885 (318)
    J. L. 1880 (318)
    Jacob L. original member, 1854 (257)
    John 1814 (90)
    John Burch buried Sep 23, 1886 (age 4 yr) (47)
    Mary Jehi? H. buried Mar 23, 1887 (47)
    Miss Mary Margurite 1899 (318)
    N. A. m. E. A. Storm Mar 28, 1886 (318)
    Miss Nellie d. Apr 14, 1905 (318)
    Miss Nellie H. member 1885; d. Apr 12, 1905 (318)
    Porter m. Katherine Jones Sep 3, 1896 (338)
    Sarah A. original member (257)
    Unice 1870 (220)
    Mrs. W. mother of Alice G. infant bapt 1874 (318)

WARREN, Adaline 1865 (21)
    Daniel 1846, 1867 (341)
    Daniel jr. 1846 (341)
    Eligah 1846 (341)
    Elijah 1867 (341)
    Elizabeth W. 1865 (21)
    Elizebeth 1846 (341)
    Frank (7th & Cherry) d. Jan 22, 1896 (318)
    H. B. 1855, 1858 (176)
    Hariett E. 1865 (21)
    J. 1867 (341)
    Jessee & Frances parents of Ladie, age 15
        yr 6 mo, bapt May 4, 1884 (289)
    John H. 1844 (176)
    Joseph L. 1865 (21)
    Martha 1846 (341)
    Mary 1846 (341)
    Mary, member 1863, m. G. H. Roach Oct 1864
        (21)
    Mary 1877, 1881 (270)
    Nancy 1846 (341)
    Nathaniel 1813, 1825, 1839 (90)
    Nathanuel 1822 (90)
    Nicy? 1866 (220)
    P. H. 1867 (176)
    Peter jr. 1846 (341)
    Peter 1846 (341)
    Priscilla McNeal m. John H. Polk, Mar 13,
        1874 (225)
    Priscilla McNeal m. May 13, 1874 to John H.
        Polk & removed to Bolivar TN (225)
    Rebecca 1846 (341)
    Robert jr. 1846 (341)
    Robert sr. 1846 (341)
    Sallie A. (Mrs) 1872, 1874 (225)
    Sarah 1846 (341)
    Tempy 1846 (341)
    Unice 1870 (220)
    William 1846 (341)
    Wm. T. F. 1895 (318)
    Winney m. S. W. Losson Jul 4, 1865 (21)
WARSHAM, E. parent of John Green age 7 yr 7 mo
        2 da; Mary Catharine age 5 yr 3 mo 25
        da; George William age 3 yr 3 mo 21 da;
        & Joseph Ludison age 1 yr 1 mo 7 da;
        all bapt Jul 11 (yr omitted) (338)
WARSHAW, Joseph L. 1867 (338)
WASHBURN, John 1873 (281)
WASHINGTON, Mrs. Geo. A. buried Nov 27, 1844 (47)
    Geo. A. d. Dec 4, 1892, age 77 (47)
    George Augustine m. Margaret Adelaide Lewis
        Sep 13, 1842 (47)
    James Gray buried Jan 26, 1838 (47)
    Mrs. Jane S. d. Feb 11, 1894, age 63 (47)
    Jeanette Love (see Thomas Washington) (47)
    Jeannette Love? m. Andrew Woods Feb 2, 1857
        (47)
    Lawrence buried Feb 28, 1887 (47)

WASHINGTON, Lucy Amelia m. John LaRue Helm Jun 8,
        1881 (47)
    Maria Adelaide m. John Kirkman May 4, 1857
        (47)
    Martha S. m. Geo. Newton Tillman Dec 12,
        1882 (47)
    Mary m. James S. Frazer May 8, 1878 (47)
    Mary buried Apr 16, 1867, age 64 (47)
    Mrs. Mary 1846 (47)
    Mary Eliza buried Jan 25, 1842 (47)
    Mrs. Needham buried 1846 (47)
    Thomas & Mary, parents of Maria Adelaide
        (b. Feb 9, 1832, bapt Jul 10, 1832);
        Jeanette Love (b. Jan 23, 1838, bapt Jun
        17, 1838); and Thomas Lawrence (bapt
        Jul 25, 1841) (47)
    Thos. buried Dec 18, 1863, age 76 (47)
WASON, Alma Brooks d. Nov 17, 1900, age 29 yr
    (338)
    John T. m. Alma Brooks Oct 26, 1892 (338)
WASSOME, Sarah 1877 (270)
WATER, Polly mother of Christopher Columbus bapt
    1823 (264)
WATERBARGER, Jackson 1873 (275)
WATERHOUSE, Callie m. W. P. Darwin Jan 7, 1885
    (318)
    Miss Cornelia I. 1889 (318)
    D. father of Willie H., Harry & Virgie,
        infants bapt 1889 (318)
    Darius 1883 (318)
    E. (see Margaret Smartt) (259)
    Mrs. Mattie (wife of Darius) 1883 (318)
    Mrs. Nellie I. adult bapt 1889 (318)
    Vesta 1833, 1841 (259)
    W. H. 1891 (318)
WATERS, Bell 1896 (271)
    F. d. Jul 24, 1882 (son of E. O. W.) (318)
    H. (see Miss Manice Lowe) (318)
    Polly 1823 (264)
    Mrs. Polly 1823 (264)
    Samuel S. m. Rebecca S. Maney Dec 6, 1881
        (47)
    W. A. bapt 1896; d. 1897 (271)
    Mrs. Dr. buried Jul 2, 1844 (47)
WATKINS, A. B. d. Mar 25, 1884 (318)
    Ab. member 1881; d. Mar 25, 1884 (318)
    Alfred Moore m. Jane Douglass Crowders Aug
        31, 1854 (47)
    Alice M. member 1884; m. W. S. Shillds Oct
        30, 1889 (318)
    Miss Ann W. 1890 (318)
    Mrs. Anna N. 1870 (318)
    Anna V. m. J. W. Berry Feb 18, 1880 (318)
    Arthur J. m. Alice G. Rawlings Jan 31, 1894
        (318)
    B. O. (see Julia Reese Martin) (264-2)
    Dr. Brittain Oswell member 1899, d. Jun 30,
        1922 (264-2)

WATKINS, Charles William b. Mar 27, 1873; parents--
Stephen K. & Grace Watkins; sponsors Atlas
J. & Sarah L. Peebles (225)
Flora 1854 (162)
Mrs. Grace 1872, 1874 (225)
Mrs. Idilette D. (wife of Ed) member 1890
(318)
Isabella Houston m. William Harman Jun 13,
1842 (47)
James Morgan 1897 (318)
John F. m. Lavinia B. Levering May 20, 1880
(47)
Lizzie d. Nov 9, 1883 (consumption) (318)
Miss Lizzie S. member 1881, d. Nov 8, 1883
(318)
Mrs. Lou (wife of Ab) member 1881, d. Apr 18,
1888 (318)
Mrs. Lou d. Apr 10, 1888 (318)
Loula H. member 1884; m. Doyal 1885 (318)
Lucy Sneed b. Apr 13, 1874; parents--
Thomas R. & Susan G. (225)
Lula m. T. A. Doyl Sep 18, 1884 (318)
M. Alice m. W. S. Shields Oct 20, 1889 (318)
Mrs. M. E. member before 1862, d. Aug 2,
1908 (318)
M. E. (f) m. E. Carson (m) Feb 6, 1878 (318)
Mary bapt 1822; member 1822, 1842, 1854 (162)
Mrs. Mary D. d. Oct 1908, age 85 (120)
Mary Jane 1854 (162)
Miles S. buried May 23, 1875 (225)
Miles S. m. Mary D. Maury Jun 2, 1875 at
residence of the bride's sister, Mrs.
Carie B. Thomas (225)
Nancy A. 1833 (162)
Nancy Ann 1854 (162)
Patrick H. member before 1862, d. before
1866 (318)
Susan 1860 (162)
Walter H. 1895 (318)
William d. 1864 (289)
William W. 1858 (162)
WATS, Jane 1856 (220)
WATSON, Mrs. Betty Searight, age 32, member 1881
(32)
Caroline 1833 (331)
Charles Frederick son of Matthew & Rebecca
b. Mar 25, 1845 (47)
Cyras 1862? (215)
Cyrus 1850 (215)
Elizabeth Ann Searight d. Oct 14, 1896, age
52 (22)
George Seabright b. Sep 7, 1880 to John &
Elizabeth Anne Watson sponsored in bpat
by ___ (see Margaret Matilda Watson)
(22)
George Searight d. Mar 18, 1884, age 3 yr 6
mo 11 da (22)
Geo. T. bapt Apr 15, 1860, age 23 (289)

WATSON, J. N. & E. W. parents of Mattie Lee b.
Jul 19, 1866 (289)
Jane 1862? (215)
Jane Harriet m. Edward Butler Donaldson Nov
6, 1851 (47)
Jane Harriet bapt Jul 10, 1832 (see Matthew
Watson) (47)
John Dexter bapt Nov 1, 1840 (see Matthew
Watson) (47)
John Henry moved to AR 1841 (47)
John M. 1833 (90)
Letitia m. David Currin Dec 16, 1846 at the
house of John Watson; witnesses--John
McGavock & Miss Marianne Stith (22)
Lewis D. m. Minnie M. Maney Dec 21, 1880
(47)
Margaret Matilda 1885 (22)
Margaret Matilda b. Mar 27, 1875 to John &
Elizabeth Anne Watson sponsored in bapt
by Dr. W. S. Reid, Miss Leighla O.
Perkins, Miss M. A. Clouston & Mrs. V.
C. Cliffe (22)
Mary Frances buried Aug 18, 1841 (47)
Mary Frances bapt Dec 21, 1828 (see Matthew
Watson) (47)
Matilda 1853 (215)
Matthew & Rebecca parents of Mary Frances
(b. May 8, 1826), Jane Harriet (b.
Nov 30, 1831); Matthew (b. Oct 17, 1836)
& John Dexter (b. Jun 14, 1840) (47)
Matthew buried Feb 20, 1884, age 84 (47)
Nancy 1887 (131)
Mrs. Rebecca 1846 (47)
Rebecca buried Jul 22, 1885, age 78 (47)
Rutha 1846 (341)
Samuel buried Sep 27, 1876 (47)
Samuel d. Oct 1903, age 57 (120)
William 1862? (215)
Wm. & Jennie parents of Bessie (adult bapt
Dec 9, 1888) (289)
Wm. Jones & Jennie parents of Edna Grace
(18?) bapt Mar 23, 1891 (289)
WATT, Charles Boatrun 1895 (318)
James K. 1897 (318)
John, father of James Kelly, infant bapt
1887 (318)
Mrs. M. (wife of J. W.) 1885 (318)
Miss Sarah E. 1886 (318)
WATTERS, Henry m. Mamie L. Lowe Oct 14, 1896
(318)
WATTERSON, J. W. (col.) father of Lizzie P. infant
bapt 1871 (318)
Thomas d. Oct 1908, age 66 (120)
W. H. father of Alice R. & Henry Lee infant
bapt 1874 (318)
W. H. adult bapt 1870 (318)
WATTON, Nancy 1866 (131)
WATTONBARGER, Jackson 1880 (275)

WATTONBARGER, Jacson 1887 (275)
WAVERLY, Jonathan 1884 (318)
WAYNE, Mrs. O. H. P. d. Feb 24, 1902 (318)
WEAKLEY, Robt. F. d. Sep 1903, age 49 (120)
WEANER, Mrs. Sarah d. Nov 10, 1884, 75 yrs (318)
WEATHERFORD, J. P. 1875 (176)
WEATHERLY, Mrs. Mag. J. 1872, 1874 (225)
 Martha 1848 (347)
 Sallie confirmed 1891 (225)
 Sallie Emma b. Feb 18, 1873, bapt 1879;
  parent--Margaret J. Weatherly (225)
 William Henry b. Sep 1874, bapt 1879;
  parent--Margaret J. (225)
WEAVER, Adam 1804 (162)
 Corrie d. Oct 5, 1876 (318)
 Cravin 1846 (341)
 Easter 1846 (341)
 John B. member 1862; 1867; d. 1878 (318)
 Mary A. member 1875; d. 1879 (318)
 Mary J. member before 1862; d. before 1866 (318)
 Mrs. Mattie C. (wife of J. B.) member 1866; d. 1878 (318)
 Mrs. S. S. 1891 (318)
 Saml. H. member 1875; d. 1879 (318)
 William 1846 (341)
 Winney 1846 (341)
WEB, Bennet 1877 (329)
 Patey 1877 (329)
WEBB, A. D. member 1889; m. Clara Johnson Dec 4, 1889 (318)
 Alex 1885 (128)
 Alfred d. Jan 16, 1889 (318)
 Amelia V. m. Fidelio Williams Birgham Nov 30, 1858 (289)
 Anna D. 1885 (128)
 Blanche 1870 (338)
 Mrs. C. M. d. Jan 3, 1898 (318)
 Chesley 1816 (178)
 Elizabeth 1821 (329)
 Ellen V. (nee Palmer) 1893 (271)
 Ezra bapt May 9, 1858, as an adult (289)
 J. A. 1874 (225)
 J. S. & Helen parents of Thomas Shepard b. Jun 28, 1894 (338)
 Joel 1816 (178)
 John 1865 (331)
 Joshua 1816 (178)
 Joshuway 1826 (178)
 M. Lee 1870, 1877 (329)
 Mallary d. Jul 22, 1873, age 5 mo (289)
 Manervy C. 1848 (334)
 Martha 1816 (178)
 Martha A. 1850 (334)
 Martha Ann 1848 (334)
 Martha Jane 1846 (341)
 Mary 1816 (178)
 Nancy 1865 (331)
 Rebecca 1816 (178)

WEBB, Rebecky 1816 (178)
 Mrs. T. S. d. Oct 15, 1894, age 48 yr 5 mo (338)
 Thomas H. 1872 (329)
 W. S. 1834 (90)
 W. W. m. Clarissa Hooker Sep 6, 1892 (318)
 Washington 1848, 1850 (334)
 Z. T. 1850 (334)
WEBBER, Kate adult bapt Jan 12, 1861 (289)
 Prefessor buried May 18, 1878, age 65 (47)
WEBER, A. ___ 1866 (225)
 Carl & Beulah parents of Chas. Beaumont bapt Feb 29, 1888 (289)
 Mrs. Henri d. Jan 1908, age 84 (120)
 Henry & Margaret parents of Henry Carleton b. Nov 7, 1860 (289)
 John d. Mar 2, 1895, age 42 (47)
 John W. m. Manda J. Greves 18 Mar 1879 (47)
 Kate m. Newton Crittenden DEc 20, 1864 (47)
 Mrs. Kittie S. d. Aug 14, 1877, age 37 (289)
 Mary E. m. Frederic E. Farrar May 25, 1892 (289)
 Randal bapt Feb 12, 1858 (289)
 Randal M. m. Kitty S. Eichbaum Jun 19, 1860 (289)
 Randall M. & Catherine E. parents of Ida Eichbaum b. Mar 21, 1861 (289)
 Randall W. d. Dec 12, 1889 at New Orleans (289)
WEBSTER, Charles buried Oct 25, 1851, age abt 26 (47)
 John W. bapt 1893 (271)
 Mrs. Kate (wife of Thos.) member before 1862, d. 29 Apr 1913 (318)
 Katie m. C. E. James Dec 14, 1876 (318)
 Mrs. Octa (wife of J. W.) d. Dec 14, 1905 (318)
 Olivia C. m. G. W. Davenport Nov 15, 1881 (318)
 Mrs. Sue (wife of William) d. Feb 6, 1901 (318)
 Thomas 1858, d. 25 Oct 1908 (318)
WEDDINGTON, R. G. 1844 (176)
WEDDLE, Wm. H. m. Kate E. Spencer Jun 25, 1899 (318)
WEED, Nellie m. James W. Dennis 21 Jul 1874 (47)
WEEK?, Harriett 1819 (264)
WEEKS, Miss Edna d. Oct 14, 1892 (318)
WEEVER, Jno. 1838 (335)
WEINBERG, Joseph d. May 6, 1898 (Reason's graveyard) (318)
WEISEGER, Evie m. John Butler Dec 29, 1896 (257)
 Joe & Callie parents of Obion? Mathes b. Feb 28, 1896 (257)
 Joseph & Callie W. parents of Isaac Mathes b. Nov 22, 1893 (257)
WEISIGER, Joseph 1885 (257)
 Joseph (see Callie M. Baker) (257)
WEITESMAN, Annetta d. May 2, 1883, age 33 (289)

WELCH, Miss Ethel d. May 18, 1903 (318)
L. B. d. May 1891 (335)
Margaret 1845, 1877 (270)
Martha E. 1860, 1885 (335)
N. N. d. Jun 26, 1886 (335)
Richard 1878 (335)
WELCHER, Albert G. m. Nancy P. White Nov 18, 1847 (338)
James M. m. Margaret Park Dec 6, 1843 (338)
Margaret 1857 (338)
Margaret mother of Sophia Elizabeth bapt Jun 29, 1845, age 8 mo 18 da (338)
Nancy P. 1857 (338)
Nancy P. (see George M. White) (338)
WELCKER, Belle m. Ed. E. McMillan Jan 5, 1882 (338)
Katie m. William James McNutt Jan 19, 1872 (338)
Lizie S. 1866 (338)
Lizzie Sophia m. Cal Turner Dec 6, 1870 (338)
Margaret P. d. Mar 10, 1892, age 74 5 mo (338)
N. A. P. parent of Isabella Clinton bapt Jun 22, 1856, b. Jan 9, 1856 (338)
N. P. parent of Mary Elizabeth, Kate & George Henry all bapt Feb 21, 1855 (338)
N. P. 1852 (338)
Mrs. Nan P. mother of Albert Gallatin b. Jan 15, 1858 (338)
Mrs. Nancy P. d. Dec 27, 1898, age 70 yr 4 mo 14 da (338)
WELDON, A. M. (f) 1878 (281)
WELL, R. R. 1880 (43)
William 1865 (331)
WELLMAN, Vance M. m. Annie A. Aull Jul 5, 1898 (318)
WELLONS, C. M. m. Marie L. Adams Aug 22, 1894 (318)
WELLS, Catherine 1855 (318)
E. O. m. Emma H. Middleton Aug 20, 1891 (318)
Ed O. 1891 (318)
Florence V. m. R. F. Rather Oct 3, 1888 (318)
J. W. father of Virgie E. infant bapt 1888 (318)
Jackson member before 1862 (318)
John W. 1875 (318)
Katherine D. (only child of E. O. W.) d. Jul 8, 1897 (318)
Mrs. L. (wife of W.) 1885 (318)
Moses d. Dec 2, 1901, 81 yrs (318)
Sarah A. m. Samuel P. Jones Nov 5, 1844 (47)
Miss Virgie E. 1898 (318)
Mrs. Virgin L. (wife of Jno. W.) 1886 (318)
W. 1885, d. 12 Jun 1885 (318)
Wm. S. 1833 (90)
WELSH, Harry d. Mar 27, 1902 (318)
WEMYSS, Mrs. Annie 1873 (257)

WEMYSS, J. A. & Annie W. parents of Annie bapt 1878 (257)
J. A. & Annie W. parents of Walter & Samuel Hatch bapt 1876 (257)
J. A. & Annie parents of Walton & Lemuel Hatch bapt 1876 (257)
J. A. & Annie parents of A-nie bapt 1878 (257)
James A. m. Josaphine Austin Jun 21, 1899 (257)
WERT, Anna M. m. Baynard L. Malone Apr 21, 1897 (318)
Miss Annie Margaret 1895, m. Malone 4/21/97 (318)
Mrs. Augusta M. (widow of J. B.) 1895, d. 18 Apr 1907 (318)
F. O. m. H. E. McClure (f) Nov 25, 1891 (318)
Frank O. 1895, d. 25 Apr 1910 (318)
Miss Greeta 1895 (318)
J. B. d. Feb 6, 1894 (318)
Lesslie H. 1896 (318)
Robert Youngblood 1898 (318)
Wallace 1895 (318)
WESLEY, Mrs. Caroline d. Nov 19, 1891, age 67 (289)
Mary m. George Rea on Easter Sunday 1880 (289)
W. H. d. Sep 12, 1893, age 35 (289)
Wm. & Fannie parents of Alfred Erroll b. Jan 8, 1885 (289)
William H. (deceased) & Fanny (Manley) parents of Frank Wilson b. Feb 10, 1893; Victor Frederic b. Oct 22, 1890; and Nellie Gray b. Oct 21, 1888; all bapt Apr 21, 1894 (289)
Wm. H. m. Fannie H. Manly Dec 30, 1883 (289)
Wm. Henry & Fanny H. parents of Hugh Edwin b. Jan 11, 1886 (289)
WESSENBACH, Leonard d. Jul 29, 1898 (318)
WEST, Mrs.? Arthur d. Oct 31, 1899 (318)
Mrs. Caroline, 83 yrs, d. Oct 23, 1903 (318)
Carrie B. m. W. D. Ligan Nov 23, 1897 (318)
D. D. (f) 1887 (131)
F. O. (see Miss Helen E. McClure) (318)
G. W. 1887 (131)
G. W. 1879, d. Feb 1885 (281)
J. K. P. 1854 (131)
J. W. P. 1856, 1887 (131)
J. W. T. 1886 (131)
Jno. B. buried Jun 29, 1867, age 83 (47)
Lucy Price d. Oct 22, 1887 (318)
M. F. 1860 (341)
Mamie B. m. P. C. Cannon Feb 18, 1897 (318)
Margaret Ann 1854, d. Jan 1891 (128)
Mary D. d. Oct 5, 1877 (131)
Mary D. 1854 (131)
Robert B. adult bapt 1898 (318)
Sally 1808 (330)

WEST, Sarah E. m. James M. McKensie Aug 15, 1867
    (289)
    W. A. d. Nov 15, 1901 (128)
    Washington 1848, 1850 (334)
    William E. m. Sarah Ashby Mar 28, 1855 (47)
    William J. 1878 (257)
    _____ m. Mary E. Gilmer 1860 (347)
    _____ m. John Stockerd 1864 (347)
WESTCOTT, Mrs. F. E. 1893 (318)
WESTER, Grady 1899 (264)
    John M. & Josephina Maria parents of Wilton
        Grady b. Jun 16, 1874, bapt 1906 (264-2)
    Mrs. Josephine Maria 1890, d. Jul 15, 1904
        (264-2)
    Katie 1899 (264)
    Thomas Hamilton 1897 (264-2)
WESTERVELT, M. m. Chas. H. Brown Jun 6, 1865 (47)
WE(S)TMORE, William Hastings m. Ellen Temperance
    Kizer Mar 15, 1849 (47)
WESTON, Horatio Nelson buried Feb 1849, age 43 (47)
WESTOVER, Caroline m. John Cannon Scales Apr 4,
    1850 (47)
WETHERFORD, J. P. 1876, 1878, 1879 (176)
WEYNIS, James A. & Annie parents of William,
    Edwin & Albert bapt 1884 (257)
WHALEY, Elizabeth 1843 (275)
    Mary 1843 (275)
WHALLEY, George m. Jessie Cunningham 7 Sep 1874
    (47)
WHEAT, Col. E. D. buried 13 Mar 1884 (47)
    Edward S. d. Jun 16, 1892, age 33 (47)
    Harry Elliot buried 8 Oct 1875, age 1 (47)
    J. T. rector 1837, wife--S. B. (47)
    Leonidas Polk son of J. T. & Selina b. 5
        May 1841, bapt 19 Sep 1841 (47)
    Reginald Heber buried Jun 7, 1839 (47)
WHEELEN, M. 1848 (220)
WHEELER, Alpha (see Victoria Wilson) (259)
    Mrs. Amanda E. (wife of Ken) 1867, d. 189_
        (318)
    Annie C. m. Edwd. O. Moyer Jun 17, 1892
        (318)
    Carrie F. m. Chas. M. Snyder Apr 23, 1898
        (318)
    Charity 1845 (220)
    Jessee 1845 (220)
    Martha 1845 (220)
    Mary Jane adult bapt 1877, witness: Emma
        Caroline Wheeler (225)
    Mary Jane confirmed 1878 (225)
    Mashack 1845 (220)
    Priscilla 1816 (330)
    Richard Clyde b. Aug 20, 1884, William Earle
        b. Jul 2, 1886, bapt 1888, parents: R.
        R. & Jennie (225)
    W. B. 1847 (341)
    W. C. m. Laura L. Dickson Oct 31, 1892 (318)
WHEELESS, E. 1857 (338)
    W. _____ E. parents of Willie bapt Jan 3,
        1858 (338)

WHEELESS, William T. 1857 (338)
WHEELIS, Rubin & Sary 1815 (330)
WHEELLIS, Benjamin 1815 (330)
WHEELOCK, Dr. C. B. d. Jun 8, 1894, age 51 (47)
WHERRY, Jane E. 1866 (257)
    Mrs. Jane E. 1861 (257)
    John J. 1861, 1866 (257)
WHIGHAM, Mrs. Josephine 1889 (318)
    R. d. Apr 10, 1893 (318)
WHINNERY, John adult bapt 1827 (162)
WHIPPLE, Ida R. m. C. Hoyt Bradford Oct 23, 1889
    (318)
WHITACRE, Miss Hattie 1880 (318)
WHITAKER, Capt. Alfred d. 1910, age 70 (120)
    Caroline 1833 (331)
    Fannie 1865 (331)
    Fanny 1883 (331)
    Franka 1865 (col) (331)
    Jennie 1865 (331)
    Jenny 1883 (331)
    Joe (col'd) 1865 (331)
    Joseph L. 1881 (318)
    Katharine 1833 (331)
    M. 1847 (341)
    Mark 1833, 1848 (331)
    Mark 1883, d. 1887 (331)
    Rosie 1865, 1883 (331)
    __aton 1833 (331)
WHITALL, Saml. R. & Lucy N. parents of William
    Van Renselear b. Dec 12, 1869 (289)
WHITAMORE, Henry L. 1853, 1858 (215)
WHITE, Dr. A. P. m. Juliet M. Park Nov 10, 1874
    (338)
    A. P. & Juliet parents of Juliet b. Oct 24,
        1877 (338)
    Adam 1852 (327)
    Amanda M. m. Jos. T. McTeer Jan 15, 1869
        (338)
    An. P. & Juliet parents of Isabel b. Jan
        3, 1876 (338)
    Andrew P. m. Julia M. Park Nov 10, 1874
        (338)
    Ann 1806? (164)
    Ann R. d. 1872 (347)
    Annie Lee m. Robert Turnbull Jan 22, 1896
        (338)
    B. W. 1850 (334)
    C. S. 1842 (338)
    Caroline 1878, 1887 (131)
    Carrick A. C. parent of James Park bapt
        Dec 26, 1826 (338)
    Carrick A. C. parent of Sophia Elizabeth &
        Hugh Lawson both bapt Feb 1, 1827 (338)
    Catharine A. original member, d. Apr 28,
        1867 (in Nashville) (257)
    Mrs. Catharine A. 1861 (257)
    Mrs. Catharine S. 1854 (257)
    Cathrine d. May 1, 1867 (257)

WHITE, Charles A. of Nebletts Landing MS? m.
    Irene Clouston Feb 12, 1890 (22)
  Charles A. C. adult bapt Jan 17, 1826 (338)
  Cynthia S. 1857 (338)
  Miss Cynthis S. 1841 (338)
  Daisy 1895 (345)
  Daniel 1806 (164)
  Danniel 1818 (164)
  David Walker (son of James P. W.) d. Oct 9,
    1902 (338)
  Ebe? B. B. 1850 (334)
  Ed. 1869 (220)
  Elen Martin (Miss) 1881 (171)
  Elizabeth 1828 (338)
  Elizabeth 1867, m. Wald (264-2)
  Elizabeth member 1870; to Cave City KY Mar
    15, 1885 (257)
  Mrs. Elizabith (wife of H. K.) 1868 (318)
  F. M. 1870, 1887 (131)
  Mrs. Fannie M. (wife of Linn) 1889 (318)
  G. M. & S. P. parents of George McNutt bapt
    Dec 12, 1846, age 3 mo 14 da (338)
  G. M. & S. P. parents of Amanda Morgan
    (McTeer--later married name?) bapt Jan
    5, 1845, age 4 mo 1 da (338)
  G. M. & S. P. parents of Carrick bapt Aug
    10, 1850, age 5 mo (338)
  Dr. Garrett 1891, 1899 (345)
  Infant of Geo. d. Feb 9, 1883 (1 day) (318)
  George H. adult bapt 1873 (318)
  Geo. K. & Malty parents of Allen Robert b.
    Sep 25, 1876 (338)
  George M. & S. P. parents of Nancy Park
    (later married a Welcher?) (14 yr 10 mo
    12 da); Moses (12 yr 6 mo 7 da); Isabella
    McNutt (9 yr 10 mo 26 da); Naomi Jane
    (8 yr 5 mo 14 da); James Park (6 yr 3 da);
    Hugh (4 yr 4 mo 4 da); Margarett (later
    m. a McDermott?) (2 yr 2 mo 25 da); and
    Sophia Moody (5 mo 12 da); all bapt Jun
    25, 1843 (338)
  Geo. M. jr. & Molly K. parents of Lizinka
    bapt Jan 10, 1874 (338)
  George M. (son of Moses) d. Dec 18, 1884,
    age 84 yr 8 mo 6 da (338)
  Geo. M. & Sophia P. parents of Andrew (later
    Dr. A. J. N.?) bapt Dec 9, 1848, age 6
    mo 1 da (338)
  George M. 1843, 1857 (338)
  Geo. M. jr. 1866 (338)
  George M. jr. m. Mollie K. Martin Jul 5,
    1871 (338)
  Ge. M. J. & Mollie parents of Andrew b. Feb
    11, 1882 (338)
  Geo. M. d. Dec 18, 1884 (338)
  Geo. M. jr. & Mollie parents of Albert
    Welcker b. May 19, 1874 (338)
  George McNutt adult bapt Jun 3, 1843 (338)
  Geo. R. 1891 (345)

WHITE, Georgette d. Dec 1884 (338)
  H. K. 1869 (318)
  Mrs. Hattie 1870 (338)
  Henry Earle d. Aug 25, 1903, age 84 (289)
  Henry K. 1868 (318)
  Hugh 1857 (338)
  Hugh Lawson b. Oct 29, 1773, d. Apr 10,
    1840 (338)
  Isabel m. Jos. Earnest Briscoe Oct 30, 1895
    (338)
  Isabella 1822 (338)
  Mrs. Isabella 1841 (338)
  Isabella M. 1857 (338)
  J. m. Judith Haskins Sep 30, 1874 (318)
  Dr. J. & Lillie parents of Anna B. &
    Charles W. bapt 1898 (345)
  J. A. 1887 (131)
  J. M. 1852 (338)
  James d. Aug 14, 1821 (338)
  James 1853, 1857 (338)
  Jas.? d. Mar 25, 1842 (338)
  Gen. James d. Aug 15, 1821 (338)
  James 1817 (338)
  James H. infant bapt 1873 (318)
  Mr. James L. 1880 (177)
  James P. & Hattee parents of George McNutt
    bapt Jul 7, 1871 (338)
  James P. d. in Nashville Jul 2, 1906, age
    69 (338)
  James U. 1880 (215)
  Jane 1818 (162)
  Jess? M. (son of James P. W.) d. Oct 9,
    1902 (338)
  Jesse 1886 (164)
  John 1852 (327)
  John m. Mary Fords? ca. 1853 (345)
  John J. 1854, 1861 (257)
  John J. original member, d. Apr 9, 1863
    (257)
  Mrs. John P. d. 1913, age 87 (120)
  Joseph 1823, 1824 (205)
  Mrs. Julian Divine 1877 (257)
  Juliet m. Charles Wesley Metcalf Oct 10,
    1899 (338)
  Juliet d. Dec 15, 1899 (338)
  L. A. d. Nov 1881 (281)
  Miss Lillie B. 1883 (177)
  Mrs. Lilly 1891 (345)
  Lizinka m. Thomas C. Pollock Dec 29, 1892
    (338)
  Lizzie H. 1895 (345)
  Lois Fate? 1866, 1870 (220)
  Mrs. Lucy 1836 (334)
  Lucy A. d. Nov 18, 1881, aged 63 yrs (281)
  M. J. d. Feb 3, 1844 (338)
  M. W. 1842 (338)
  Malinda W. m. William Rodgers May 20, 1847
    (338)
  Miss Margaret J. 1841 (338)

WHITE, Margaret Jane 1832 (338)
    Margaret P. member 1860 (m. a McDermot?) later moved to Atlanta (338)
    Mark H. 1893 (345)
    Martha (see Martha Woods) (215)
    Martha 1806 (164)
    Martha 1842 (215)
    Martha Ann d. Sep 27, 1877 (164)
    Martha Ann 1869 (162)
    Martha Mary infant bapt 1827 (22)
    Marthe 1818 (164)
    Marthy 1862 (215)
    Mary mother of Mary L. & Lydia both bapt May 6, 1821 (338)
    Mary adult bapt May 6, 1821 (338)
    Mary 1862? (215)
    Mary B. 1860, 1862 (164)
    Mary Blair b. Feb 22, 1899 (might be 1897) to Chas. Aaron & Irene Eudora (22)
    Mrs. Mary Catharine 1881 (177)
    Medy 1806? (164)
    Miss Moody d. Mar 10, 1902 (338)
    Moses (son of James) d. May 30, 1830, age 55 yr 1 mo 8 da (338)
    Moses 1822 (338)
    Moses father of Mary Lawson, Margaret Jane, Samuel Carrick, Synthia Smith, Melinda Williams & Catharine Ann all bapt May 4, 1822 (338)
    Moses father of Thomas Smith bapt Apr 1, 1827 (338)
    Moses d. May 30, 1830 (338)
    N. J. 1852 (338)
    Nancy 1827 (338)
    Nancy P. m. Albert G. Welcher Nov 18, 1847 (338)
    Naomi J. d. Sep 3, 1854 (338)
    Patsy 1813 (164)
    Peggy m. James H. Rodgers Aug 3, 1819 (162)
    R. B. 1893 (345)
    Rity 1813 (164)
    Robt. S. 1883 (177)
    Sophia M. (Park) d. Apr 30, 1894, age 84 yr 10 mo (338)
    Miss Sophia Moody d. Jan 13, 1903, aged 59, birthday (338)
    Sophia E. m. Robert Craighead Sep 28, 1841 (338)
    Sophia P. 1843, 1857 (338)
    Steven 1813 (164)
    Synthia Smith 1832 (338)
    T. A. & Minnie parents of Elon Clair bapt Oct 12, 1886 (347)
    T. M. ca. 1871 (281)
    Thomas 1867 (341)
    Thomas W. 1852 (327)
    William C. infant bapt 1827 (22)
    Wm. J. m. Ella A. Jennings May 28, 1888 (318)

WHITE, Wm. Russell & Catharine L. parents of Arthur C., George W., Jane Eliza, Aaron C., Lucy C., Alfred H., & Washington Lafayette (children bapt 15 Apr 1827) (47)
    Mrs. buried Mar 15, 1883, age 76 (47)
    Mrs. ____ confirmed 1842 (22)

WHITECOTTON, Sarah E. member before 1866 (318)

WHITEMAN, A. G. of Nashville m. Mary L. Smedley Oct 7, 1856 (338)
    William 1843 (170)

WHITESIDE, Adelaide L. 1853, d. 22 Nov 1898 (318)
    Mrs. Emma (wife of Chas.) 1882 (318)
    F. father of Frank Fairfax, infant bapt 1889 (318)
    Foster member before 1862, d. 188_ (318)
    Frank father of John Bachman infant bapt 1885 (318)
    Jacob 1843 (275)
    Jane 1843 (275)
    John 1821 (205)
    Lillie G. adult bapt 1885 (318)
    Mrs. Lillie S. (wife of Frank) 1885 (318)
    Miss Mary 1873, d. Jan 1875 (318)

WHITESIDES, A. Sharp d. Nov 27, 1885 (318)
    Mrs. Adelaide d. Nov 21, 1898 (318)
    Alice 1870, d. May 19, 1870 (257)
    Chas. jr. d. Jan 28, 1890 (318)
    Chas. d. Oct 26, age 33 (289)
    Ex. Chief d. Sep 19, 1904 (318)
    Judge Hugh d. Feb 16, 1896 (318)
    F. (m) m. L. Slatter (f) Apr 22, 1874 (318)
    Jacob 1855 (275)
    John d. May 1874 (318)
    M. (f) m. J. Warner (m) Jul 8, 1874 (318)
    V. J. m. Sallie Taylor Jan 1, 1878 (318)

WHITFIELD, Mary Virginia m. Henry Thomas Massengale, Jan 29, 1857 (47)

WHITING, Lt. C. J. m. Mabel A. Robertson Jul 26, 1898 (318)
    Maj. Henry A. (Confed) d. Dec 26, 1907, age 76 (Henrico VA) (338)

WHITINTON, Nann m. W. Sprintiles May 1868 (21)

WHITLEY, Elisabeth 1816 (178)

WHITLOCK, Miss Fannie C. 1871, d. 1873 (318)
    Nathan Izard B. & Emily Adeline parents of Mary Virginia b. Aug 1831, bapt Nov 1840; Matilda Wright b. 23, Oct 1831-- (sic) bapt Nov 1840; and Robert Bacon b. 3 Jul 1841, bapt 18 Aug 1842 (47)
    Mr. buried Aug 1842 (from Mr. Yeatman) (47)

WHITMAN, Emma L. (wife of J. R.) 1889 (318)
    J. R. m. Emie L. Marshall Dec 12, 1888 (318)
    Jos. R. 1889 (318)
    R. ____ d. 1911, age 61 (120)
    Saml. N. m. Jennie P. Lindholm Oct 9, 1894 (318)
    W. L. (Ringgold GA) d. Nov 21, 1886 (318)

WHITMAN, Wm. J. m. Madge Stewart Jun 6, 1893 (318)
WHITNEY, Elizabeth L. member 1868, to OH (318)
    Frances A. m. Herbert E. Beecher Jul 14, 1888 (318)
    Thomas adult bapt Dec 13, 1889 (289)
WHITS, Wm. H. 1848 (329)
WHITSET, Bettie m. __ A. McCord 1880 (345)
WHITSETT, Miss Lida 1684 (257)
WHITSILL, James 1812 (90)
WHITSON, G. N. 1871 (176)
WHITSWORTH, John 1846 (341)
WHITTED, Mary A. 1856 (21)
WHITTINGHAM, Henry d. Jan 25, 1868, age 52 (289)
WHITTON, M. 1875, 1878 (176)
WHITWORTH, John 1888 (341)
    M. C. 1883 (322)
    Martin 1875 (322)
    Mary 1846, 1879? (341)
    ___ d. 1888 (341)
WICE, Elizabeth S. 1866 (162)
    Henry P. 1860 (162)
    Martha J. 1860 (162)
    Mary A. 1860 (162)
WICHENDORF, Jennie D. bapt 1886 (318)
    Jennie D. d. Nov 11, 1886 (318)
WICHL, F. F. d. Sep 2, 1900 (318)
WICKSTROM, Julius m. Maria Erikson Oct 7, 1889 (318)
WIDINGTON, R. G. 1849, 1855, 1858 (176)
WIDMAN, Bertha m. I. A. Briggs, Oct 15, 1898 (318)
WIEHL, Joe d. Nov 9, 1900 (318)
WIERICK, D. G. 1888 (220)
    J. C. 1888 (220)
    M. C. 1888 (220)
    Mary A. 1888 (220)
    W. A. 1888 (220)
    Wm., wife Nancy & dau Feba 1866 (220)
WIGART, C. S. 1892 (335)
WIGGINS, Mary A. ca. 1848 (225)
    Wiley W. ca. 1848 (225)
WIGGS, T. A. 1891, 1891 to Atlanta GA (318)
WIGHAM, Mrs. Josephine adult bapt 1889 (318)
WIKSIN, Karl 1887 (318)
    Mrs. Emma (wife of Karl) 1887 (318)
WIKSTROM, Julius 1891 (318)
    Mrs. Marie (wife of Julius) 1891 (318)
WILBAR, Miss Sallie J. 1868 (338)
WILBERN, Elizabeth 1862? (215)
    Sarah 1862? (215)
WILBORN, Elizabeth 1851 (215)
    Sally 1858 (215)
    Sarah H. 1859 (215)
WILBOURNE, Cora V. m. Hegen Cooper Shelton Apr 27, 1887 (225)
WILBUR, Courtright m. Willard Clippinger Jun 1, 1897 (318)
    Jno. T. O. 1868 (338)
    N. W. m. E. A. Miller Nov 4, 1876 (318)
    Mrs. Sarah 1868 (338)

WILBURN, Edwin 1845 (215)
    Ellin 1845 (215)
WILBY, Geo. T. m. L. B. Erwin Jun 22, 1892 (318)
WILCHER, Christian 1833 (259)
    Elizabeth 1833 (259)
    John Thomas 1841 (259)
    Nancy 1833 (259)
    Paulina 1833 (259)
    Robert 1876 (259)
WILCHERS, Julia 1854 (259)
WILCOX, Helen A. 1872 (318)
    Nellie? Seymour d. Jul 15, 1881 (318)
WILCOXEN, G. R. 1872, d. Nov 1872 (318)
    Mrs. M. J. (wife of G. R.) 1872 (318)
WILDE, Capt. d. Dec 28, 1887, 78? yrs (318)
WILDER, China 1849 (176)
WILDON, Mary E. m. Robert Asa Nov 30, 1859 (289)
WILDS, Polly 1833 (331)
WILES, Elizabeth 1848, 1883 (331)
    Emily d. Mar 20, 1892, buried Decatur AL (65)
WILEY, David 1836 (334)
    Eliza J. 1839 (264-2)
    F. M. & G. J. parents of Abley Charlotte b. Jul 4, 1879, bapt 1885 (264-2)
    Martha 1887 (131)
    Mrs. Mary B. 1839 (264-2)
    Mary E. 1844 (264-2)
    Prof. (killed by Electric) d. Aug 3, 1905 (318)
WILHITE, Minnie bapt 1893 (271)
    Gracy R. 1893 (271)
WILHOITE, Narcissa bapt 1886 (271)
    Nellie d. Feb 7, 1893 (9 mos) (318)
WILK, Nancy 1879 (43)
WILKERSON, J. P. d. Dec 13, 1876 (318)
    Mary 1816 (178)
    Nathy 1846 (341)
    Oby C. 1862? (215)
    Rachel 1862? (215)
    W. W. 1847 (341)
WILKES, Allice 1855, 1866 (43)
    Elizabeth 1850 (334)
    Elizabeth d. Jan 10, 1852 (wife of Josiah) (334)
    Fannie 1855, 1866 (43)
    Jno. H.? 1855 (43)
    Jno. W. 1866 (43)
    Josiah 1850 (334)
WILKEY, Eugene Beall 1893 (318)
    Miss Willie Clyde 1893 (318)
WILKIE, W. C. m. Belle Campbell Sep 21, 1880 (318)
WILKINS, L.? A. (old man) d. Oct 5, 1882 (318)
WILKINSON, Elizabeth 1862? (215)
    Elizebeth (Miss) 1870 (281)
    Isaac 1876 (281)
    Peyton d. Sep 18, 1888 (318)
WILKS, Biley 1884 (43)
    Catharine (or Hays) 1848 (334)

WILKS, David 1832, 1836 (334)
    Elizabeth 1836 (334)
    Emey 1881 (43)
    J. T. 1878 (43)
    James 1864 (43)
    James H. and wife and dau Nancy 1876 (43)
    Jane L. 1850 (334)
    M. L. 1850 (334)
    Maggert 1882 (43)
    Marry d. Feb 26, 1879 (43)
    Mary 1836 (334)
    Mary A. 1866, by letter from Columbia (43)
    Mary M. 1855 (43)
    Minor W. 1850 (334)
    Nancy 1874 (43)
    Pulina C. 1850 (334)
    Sarah 1836, 1848 (334)
    Vilett 1855 (334)
WILLAMER, Ann Louisa d. Dec 22, 1874, age 70 (289)
WILLARD, Mrs. A. (wife of J. J.) 1877 (318)
    J. J. member 1877; d. May 1884 (318)
    S. W. d. May 26, 1887 (from Michigan, young man) (318)
    Mrs. (from Michigan) d. May 30, 1887 (318)
WILLAUER, Dr. J. B. buried Nov 22, 1877, age 76 (47)
WILLBORN, Edwin 1842 (215)
    Robert 1842 (215)
WILLET, Jas. Francis 1883 (177)
WILLIAM, Allice bapt 1878 (271)
    En. H. (f) 1896 (220)
    M. C. Emer 1871 (281)
    Mary 1893, 1896 (220)
    W. B. 1893 (220)
WILLIAMS, Able 1888 (220)
    Alexander adult bapt 1827 (162)
    Allen L. 1849 (176)
    Amanda L. 1858 (162)
    Amanda Monro m. Frederick Lewis Miller Jul 16, 1856 (47)
    Ambrose 1816 (178)
    Anna Maria bapt Sep 22, 1839 (47)
    Asa C. (see Miss Mabel Martin) (264-2)
    Miss Avis 1885 (318)
    B. W. m. Ida E. Manuel May 21, 1890 (318)
    Belle Coffin d. Oct 13, 1884 (338)
    Carleton d. Dec 4, 1905 (318)
    Collie L. (wife of O.) 1870 (281)
    D. F. 1850 (334)
    D. H. 1866 (225)
    Daniel 1848 (334)
    David and Priscilla D. parents of John Shelby (b. Mar 7, 1832); Joseph Minnick (b. Mar 7, 1832); David (b. Feb 21, 1836, d. Mar 25, 1836); David Shelby (b. Mar 29, 1837); and Anna Maria (bapt Sep 22, 1839) (47)
    David Shelby buried Jan 25, 1841 (47)
    Delana P. 1860 (162)

WILLIAMS, Dilly 1821 (329)
    E. H. (f) 1888 (220)
    E. M. 1847 (338)
    E. N. 1856 (176)
    E. P. 1870 (281)
    Earnest H. 1884 (345)
    Edmund Wilkins confirmed 1892 (225)
    Elam T. 1866, 1890 (345)
    Elgin T. 1856? (345)
    Elizabeth 1821, 1824, 1826 (205)
    Elizabeth 1821, 1877 (329)
    Elizabeth m. C. E. Bristow Aug 16, 1899 (318)
    Elizabeth B. 1865 (257)
    Mrs. Elizabeth Kronet 1854 (257)
    Emaline 1870, 1871 (220)
    Emaly 1866 (220)
    Emma (Hays) 1885 (281)
    Emma (wife of R. L.) 1885, 1888 to Brooklyn NY (257)
    Emme 1888 (220)
    Esther 1847 (170)
    Eugenia 1883 (21)
    Florence C. m. C. E. Hamlin Aug 26, 1891 (318)
    Frank m. Henrietta Cannon (colored person) Jun 15, 1861 (47)
    Frank 1888 (220)
    G. W. ca. 1870 (281)
    Mrs. Geo. mother of Mary C. infant bapt 1866 (318)
    George Lafayette bapt May 7, 1882 (289)
    Gertruede M. d. Jan 9, 1894 (318)
    Gilly 1821 (329)
    Gincy 1860 (275)
    Grey 1877 (329)
    H. L. 1858 (176)
    Harden 1816 (178)
    Hardin & wife Jean 1811 (330)
    Harry A. Randell? buried Nov 9, 1876, age 5 (47)
    Henney 1843 (170)
    Miss Hettie & Miss Lottie 1883 (264)
    J. & L. N. parents of Mary Nelson b. Jan 14, 1886 (338)
    J. C. J. & Annie parents of Rhoda Morgan b. Nov 10, 1874 (338)
    J. F. 1866, 1871 (220)
    J. S. bapt 1892 (271)
    J. T. d. Jan 18, 1902 (318)
    J. T. 1870 (281)
    J. Thomas d. Sep 6, 1899 (345)
    James 1818, 1821 (205)
    James 1827 (162)
    James 1855, 1865 (275)
    James C. J. m. Ann S. Hazen Nov 26, 1873 (338)
    James K. d. Mar 4, 1873 (289)
    James King (see John Posey) (289)

WILLIAMS, James King d. Mar 4, 1873, age 28 (289)
    Mrs. Jane T. d. 1900 (225)
    Jantha E. 1858, d. Feb 1, 1862 (reel # omitted)
    Jennie m. Herbert Spencer Bevan Nov 19, 1895 (225)
    Jerry 1821 (329)
    Jessey 1843 (170)
    Jinca 1865 (275)
    John buried 14 Nov 1841 (47)
    John 1821, 1856, 1888 (220)
    John Shelby bapt 30 Jul 1832 (see David Williams) (47)
    John B. 1879 (345)
    John F. 1827, 1854 (162)
    John F. d. Mar 4, 1875 (220)
    John F. J. 1831 (162)
    John F. J. adult bapt 1827 (162)
    John F. T. 1827 (162)
    Jno. Shelby 1860 (120)
    Jno. W. 1877 (329)
    Jos. buried Dec 16, 1877, age 2 (47)
    Joseph M. 1874 (345)
    Joseph Minnick bapt 4 Mary 1834 (see David Williams) (47)
    L. C. (f) 1855 (334)
    Laura S. (wife of S. L.) 1879 (318)
    Letty 1821 (329)
    Lizzie 1888 (220)
    Lizzie (see Lizzie Murray) (271)
    Lizzie bapt 1858 (271)
    Lou C. m. Jas. T.? Gentry Dec 21, 1882 (345)
    Lucy V. m. John A. Hanson (from FL) Sep 29, 1885 (338)
    M. L. ca. 1870 (281)
    Malinda 1827, 1854 (162)
    Malissa An 1865 (275)
    Mrs. James buried Apr 10, 1847 (47)
    Martha m. S. T. L. Witherspoon Oct 30, 1884 (318)
    Marry 1821 (330)
    Mary m. Calvin Fite 1877 (21)
    Mary 1836, 1850 (334)
    Mary 1816 (178)
    Mary 1821 (329)
    Mary C. 1858 (162)
    Mary L. 1822 (338)
    Mattie B. 1884 (345)
    Melinda mother of John, Synthia Smith, Susan bapt May 6, 1826 (338)
    Melinda 1822 (338)
    Melinda mother of Charles Thomas bapt Nov 1828 (338)
    Mollie O. 1879 (345)
    Morgan Brown b. 10/1/1866 (47)
    Miss Myra d. Apr 9, 1900 (318)
    Myra d. 1880 (289)
    N. C. & Ella H. parents of Charles Thomas b. Dec 21, 1872 (289)

WILLIAMS, N. Cave d. May 2, 1900, age 54 (289)
    N. Cave & Ella B. parents of Rowena Laira bapt Jan 31, 1886 (289)
    Nancy 1827, 1835 (205)
    Nancy 1877 (329)
    Mrs. Nancy 1867 (264-2)
    Nancy E. 1890 (215)
    Mrs. Nancy M. 1867, 1882 (264-2)
    Nannie Lee m. Wm. Porter Morgan 22 Oct 1884 (47)
    Nathn. C. & Ella H. parents of Myra bapt Apr 28, 1877 (289)
    Nathaniel Cave adult bapt Apr 20, 1879 (289)
    Mrs. Nellie S. (wife of Brownie) 1896 (318)
    O. A. ca. 1872 (281)
    Paul 1808, 1811, 1822 (330)
    Peggy 1819 (330)
    Penelope A. (Bronson) m. Daniel Fisher Sep 14, 1841 (47)
    Piety 1877 (329)
    Polly 1828 (205)
    Priceller 1877 (329)
    R. C. 1870 (281)
    R. G. 1847 (338)
    R. J. ca. 1872 (281)
    R. L. 1885, 1888 to Brooklyn, NY (wife, Emma) (257)
    R. M. 1870 (281)
    Rachel 1827 (162)
    Rebeca 1836 (334)
    Rebeca 1847 (330)
    Rebecah 1822 (330)
    Rebecca 1821, 1877 (329)
    Rebecca F. d. Sep 12, 1884 (345)
    Richard 1836 (334)
    Ros m. John Evers (?) May 12, 1886 (318)
    S. L. d. Sep 16, 1904 (318)
    S. L. 1879, d. 1906 (318)
    Mrs. S. L. d. Feb 21, 1904 (318)
    Sallie m. Chas. H. Powell Jun 11, 1895 (318)
    Sallie (from Concord) m. Leon Reynolds (from MI) May 1881 (338)
    Sallie M. m. Samuel Thompson Jan 14, 1875 (345)
    Sallie M. (name changed to Thompson by marriage) 1871 (345)
    Samuel 1848, 1850 (334)
    Sarah 1847 (330)
    Sarah 1813 (164)
    Sarah Ann bapt 27 Aug 1837 (see Willis Williams) (47)
    Sarah Caroline 1847 (281)
    Seth? 1816 (178)
    Seth S. bapt 1892 (271)
    Sherod 1814 (330)
    Shadrick 1818, 1826 (205)
    Susan 1856, 1866, 1871 (220)
    Susan C. 1871 (345)
    T. C. 1842 (338)

WILLIAMS, T. C. 1842 (338)
    T. L. d. Dec 2, 1856 (338)
    T. L. & Belle parents of Isabel Sevier bapt
        Nov 4, 1883 (338)
    T. L. & Belle parents of Cornelias Coffin
        b. Aug 21, 1879 (338)
    T. L. & Belle parents of Ella b. Nov 26,
        1875 (338)
    Capt. T. O. m. Cynthia Saunders May 29,
        1865 (47)
    Thomas 1821, 1877 (329)
    Thomas 1808, 1825 (330)
    Thos. G. 1871 (281)
    Tho. L. 1828 (338)
    Thos. L. d. Sep 23, 1908 (338)
    Judge Thos. L. 1841 (338)
    Thomas L. 1828 (338)
    Thomas L. father of Margaret McClung,
        Melinda, Frances Elizabeth & Mary Ann
        bapt Jun 22, 1828 (338)
    Thomas L. d. Dec 2, 1856 (338)
    Thos. L. d. Sep 23, 1908, age 50? (338)
    Thomas L. m. Belle Coffin Oct 29, 1874 (338)
    Capt. W. A. (Confed) d. Jun 13, 1901 (aged
        64, of Atlanta GA) (338)
    W. B. 1888 (220)
    W. L. 1850 (334)
    William 1821, 1823 (220)
    Dr. Wm. & Eliz. Branch parents of Eranda
        bapt 1858 (257)
    William J. 1843 (170)
    Willis & Penelope parents of Sarah Ann b. 9
        Jul 1834 (47)
    (Y)earwood 1808 (330)
    Zelpha 1847 (330)
    Mrs. d. Feb 18, 1901 (Payne's dau) (318)
WILLIAMSON, Alice A. 1869, d. Oct 7, 1869 (257)
    Ann E. bapt 1886 (318)
    Mrs. Anna E. 1872 (wife of J. T.) (318)
    Charles S. 1848 (347)
    Miss Clara 1885, 1897 to St. Louis MO,
        1/25/94, m. E. L. Bartlett (318)
    Clara S. m. Edwin L. Bartlett Jan 25, 1894
        (318)
    Clara Sidney adult bapt 1885 (318)
    Elizabeth 1869, d. Jun 17, 1870 (257)
    Dr. G. R. 1879 (120)
    Dr. George R. d. 1904, age 66 (120)
    Dr. Geo. R. 1861 (120)
    J. T. d. Oct 25, 1885 (318)
    James G. 1848 (347)
    Joseph & Sallie parents of Lizzie Dismukes
        bapt 1868 (257)
    Katie (see Katie Shafer) (257)
    Katie Shafer 1874 (257)
    Laucy 1862? (215)
    Laura (see Laura McClenny) (341)
    Miss Lizzie Dismukes 1884 (257)

WILLIAMSON, Maggie m. George C. Cantrell Sep 10,
    1867 (257)
    Martha 1848 (347)
    Nellie bapt Oct 1888, parents: Thomas &
        Corrine (225)
    Richard d. Jan 21, 1852 (131)
    Robert 1869, d. Jan 14, 1872 (257)
    Rush (see Sallie J. Miller) (257)
    Sallie (Dismuke) (Joe) 1865 (257)
    Sallie J. (Miller) (Rush) 1865, c. Jan 21,
        1874 (257)
    Susan G. buried Jun 11, 1865, age 16 mo (47)
    Thos. 1853 (345)
    William Alexander b. Jan 30, 1886, bapt
        1887, parents--Thomas & Corrinne;
        sponsors--Mrs. M. F. Scott, Miss Lula
        Brown, by proxy (reel # omitted)
    __asler 1833 (331)
WILLINGHAM, F. D. m. Annie M. Brown Jul 4, 1893
    (318)
WILLIS, Andrew 1848 (329)
    Catharine 1853, 1858 (215)
    Edward 1821, 1848, 1858 (329)
    James 1847, 1858 (215)
    John 1858 (215)
    Lucy d. Jun 5, 1868 (329)
    Lucy 1848 (329)
    Olivia 1848, d. 1852 (329)
    Patsey 1847 (215)
    Patsy 1858 (215)
    Polly 1842, 1858 (215)
    Rachel 1858, 1862? (215)
    Rebecca 1858, 1862 (215)
    Saml. R.? 1882 (327)
    Wm. B. 1872 (329)
    Mrs. buried Jan 16, 1846, aged 95 (22)
WILLOUGHBY, C. A. 1883 (281)
    Chas. d. Dec 1887 (281)
    Emily 1876, mother of Wm. W. (281)
    Lucy C. 1879 (281)
    Mary 1876, wife of Wm. (281)
    Mary J. d. ca. 1888 (281)
    Robert H. ca. 1885 (281)
    W. H. ca. 1872 (281)
    Wm. A. 1876 (281)
WILLS, Florence Wayne buried 31 Jan 1875, age 6
    (47)
    Harold A. buried Jul 28, 1882, 11 mos (47)
    Robt. L. m. Lucile Taylor Sep 18, 1895
        (318)
WILLSON, L. C. 1858 (176)
WILSFORD, Don d. 1900 (347)
WILSON, A. C. 1867, 1869, 1878 (176)
    A. R.? ca. 1872 (281)
    Agnes J. d. Nov 4, 1904, aged 75 yr 2 mo 7
        da (338)
    Agnes (see Agnes J. Baker) (338)
    Alfred L. m. Annie V. Savaga May 28, 1883
        (289)

WILSON, Almeda J. bapt 1861, dau of William T. & Mary E. (225)
    Miss Ann 1870 (281)
    Annie Walker m. W. A. Hascall Nov 8, 1897 (338)
    Annie W. m. Wm. Allcott Hascall Nov 8, 1897 (338)
    Aron A. ca. 1869 (281)
    Agnes J. (see Agnes Baker) (338)
    Augustus 1856? (345)
    Bruce Carter 1894, 1899 to Charlottsville VA (318)
    C. E. m. Alice Smith Feb 25, 1886 (318)
    C. P. 1875 (176)
    Cara C. m. W. S. McClung Sep 22, 1886 (318)
    Mrs. Carrie (wife of R. A.) 1870 (281)
    Charity M. 1840? (345)
    Clara Estelle d. Jul 1, 1879, age 10 (289)
    Cleopatra T. (name changed to Ezell by marriage) 8156? (345)
    Cleopatra T. m. James B. Ezell ca. 1868 (345)
    Dora (Salmon) d. 1886 (281)
    Doratha, original member, m. Wm. Robb Oct 4, 1870 (257)
    Doritha M. m. W. H. Robb Oct 4, 1870 (257)
    Mrs. Dorothea 1854, 1861 (257)
    Effie (wife of A.) 1876 (281)
    Eletha (see Thos. Wilson) (259)
    Mrs. Eliza J. 1860 (338)
    Elizabeth d. Nov 1902 (128)
    Elizabeth 1847, 1858 (215)
    Elizabeth 1855 (281)
    Elizabeth adult bapt 1874 (318)
    Elizabeth 1873 (259)
    Miss Elizabeth 1874 (318)
    Elizabeth J. d. Aug 18, 1861 (345)
    Elmore Elzy (Burton) 1877 (281)
    Miss Emalina 1854 (257)
    Miss Emaline 1861 (257)
    Emaline, original member (257)
    Emma 1883 (Burton) (281)
    Emma (see Emma Ebben) (264-2)
    Emma L. m. William E. K. Doak 29 Mar 1883 (47)
    Mrs. Eugenia buried Mar 14, 1841 (47)
    Evelyn buried 20 Apr 1887, age 8? (47)
    Ewing A. d. Apr 18, 1883 (345)
    F. F. d. Sep 29, 1871 (345)
    Fanney 1887 (131)
    Fannie 1881 (131)
    Flank Edwin d. Nov 2, 1875, age 27 (289)
    Flavius d. Sep 29, 1871 (345)
    Florence 1885 (281)
    Mrs. Florence 1896 (271)
    Florence I. m. J. H. Flournoy Jun 30, 1897 (318)
    Frank & Eliza parents of Laura Belle and William Preston both b. Oct 27, 1874 (289)

WILSON, Mrs. Frank C. d. 11-2-1875 (289)
    Frank E. & Eliza parents of Clara Estelle b. Dec 29, 1870 (289)
    Frank Edwin adult bapt Jan 3, 1875 (289)
    Frank Edwin & Elise parents of William Preston b. Nov 4, 1872 (289)
    George buried Feb 12, 1853, age 59 (47)
    George A. buried May 12, 1846 (47)
    George A. 1885 (281)
    George J. 1895 (318)
    H. F. 1879 (345)
    H. F. m. Dora Gibson Aug 30, 1888 (345)
    H. M. & C. parents of Fannie Cox b. Jul 7, 1886 (338)
    Harry N. m. Vivian Alsobrook Jan 19, 1898 (318)
    Henry M. d. Dec 4, 1866, age 45 (289)
    Hu & Carrie parents of Mary b. Feb 5, 1877 & Richard I. b. Feb 25, 1879 (338)
    Isaac P. 1866 (21)
    Izabella C. 1850 (334)
    J.? Anderson 1846--(345)
    J. B. 1855 (334)
    J. F. 1850 (334)
    Jaily 1822 (330)
    James 1846 (345)
    James d. Apr 11, 1843 (345)
    James 1877 (281)
    James Addison 1885 (345)
    James H. jr. m. Virginia P. Tollieoffer Nov 2, 1858 (47)
    James M. 1840, 1846 (345)
    Jas. M. m. Charity M. Neese Sep 1841 (345)
    James M. member 1853; killed Apr 11, 1862 in skirmish by Federals at War Trace Bedford Co. (345)
    James R. 1856? (345)
    Jasper 1871, 1879 (281)
    Jeanett Frances dau of Jas. & Frances, bapt Aug 18, 1847 (47)
    Jennie 1892 (271)
    Miss Jessie adult bapt 1891; m. F. M. Lowry Oct 5, 1892 (318)
    Jessie G. m. Fred M. Laury Oct 5, 1892 (318)
    John d. Jul 9, 1887 (128)
    John 1854 (345)
    John H. d. 1871 (345)
    John M. d. Dec 1850 (225)
    John T. (see Ada Smartt) (259)
    Jno. W. father of Anna infant bapt 1872 (318)
    Julia d. Dec 14, 1872 (318)
    L. P. 1891, 1892 (345)
    Leander J. d. Jul 3, 1875 (345)
    Levi 1869, 1874 (259)
    Lizzie m. Louis Worth Oct 28, 1874 (318)
    Malissa A. (name changed to Neely by marriage) 1866 (345)

WILSON, Malissa A. m. William M. Neely Sep 16, 1868 (345)
    Marcellus W. 1884 (281)
    Margaret m. William E. Owen Oct 30, 1843 (47)
    Margaret (wife of George) b. Oct 26, 1776, d. Aug 30, 1812 (338)
    Margaret Ann 1856? (345)
    Margret 1846 (215)
    Marth A. m. I.? Covey 1860 (347)
    Miss Martha A. 1873 (259)
    Martha S. m. Thomas A. Boyd Dec 20, 1866 (345)
    Martha S. (name changed to Boyd by marriage) 1866 (345)
    Mary 1858 (215)
    Mary 1821 (329)
    Mary B. m. William M. House Sep 9, 1896 (338)
    Mary E. member 1848, 1871; m. ____ Allison Sep 26, 1882 (345)
    Mary Jane member 1869; m. Turpin (259)
    Mary V. Lee (infant, 6 mos) d. Jul 28, 1878 (318)
    Mattie R. (Albbritten) 1879 (281)
    Maud d. Jan 5, 1897 (318)
    N. J. 1876 (281)
    Nannie C. 1882 (345)
    Noel J. 1876 (259)
    Dr. Owen Harris b. Jul 20, 1870, Saundersville TN to Thos. B. & Lucy C. Wilson; bapt 1898 (47)
    Polley 1812 (330)
    R. A. (see Mrs. Carrie Wilson) (281)
    R. P. member 1875, 1876; d. Jan 5, 1891 (281)
    Richard 1808 (330)
    Richd. J. m. Mary L. Love Oct 7, 1866 (257)
    Richard Thos. 1894 (345)
    Robbert A. 1870 (281)
    Robert son of Mary Jane b. Mar 1856 (345)
    Robert T. 1860 (338)
    Mrs. Rosa A. d. Mar 10, 1890 (80 yrs) (318)
    S. A. d. 1896 (345)
    Mrs. S. C. 1892 (345)
    S. F. 1868 (257)
    S. F. & Kate W., parents of Kate PennyBaker, Samuel Branklin, Marth Bostick & Mary Moore bapt 1887 (257)
    S. Lamar m. Lula Gleaves May 2, 1894 (318)
    Mrs. Sadie M. (wife of W. R.) member 1889; 1899 to Charlottesville VA (318)
    Sallie C. 1856 (345)
    Sallie G. m. Cowden McCord Jul 21, 1864 (345)
    Sallie G. (name changed to McCord by marriage), member 1840 (345)
    Samuel O. 1870 (281)
    Sarah 1846 (345)
    Miss Sarah E. 1859 (338)

WILSON, Sarah G. m. J. Williamson Butler Jan 16, 1842 (47)
    Sarah T. m. John Adkisson 1860 (347)
    Miss Selina 1854 (257)
    Sintha 1808 (330)
    Susanah 1848 (345)
    Susannah M. member 1846; m. John D. Roberts? Aug 9, 1842 (345)
    T. M. 1892 (271)
    T. W. ordained Aug 1874; d. 1897 (259)
    Tempa d. Dec 23, 1869 (345)
    Miss Terissa, original member; member 1854 (257)
    Terrissa d. Dec 23, 1869 (reel # omitted)
    Thomas 1818 (164)
    Thos. 1808 (330)
    Thos. W. & wife Eletha 1872 (259)
    Thornton S. 1870 (338)
    Victoria member 1873, m. Alpha Wheeler (259)
    W. N. ca. 1870 (281)
    W. R. d. Sep 22, 1892 (taken to WV) (318)
    W. W. (see Elizabeth C. Hooke) (318)
    Wallace m. Maria K. Dascomb Mar 15, 1865 (47)
    Wesley ordained Aug 1874 (259)
    Wm. H. bapt 1857 (128)
    William Henderson 1857 (128)
    Wm. R. member 1889; d. Sep 21, 1893 (318)
    Wm. W. jr. 1882 (281)
WILTSHIRE, Lillie M. m. R. N. Gillespie May 21, 1879 (318)
WILY, Mrs. Nancy A. 1869 (259)
WINBOURN, James R. d. May 26, 1913, age 76 (289?)
WINCHESTER, Valeria bapt Feb 10, 1858; m. Thos. J. Erwin Nov 8, 1859 (289)
WINDES, Enoch 1870 (329)
WINDSOR, Blanche adult bapt 1890 (318)
    Jane 1853 (215)
    Miss Virgie 1889 (318)
    W. B. jr. adult bapt 1890 (318)
    Wm. B. 1889 (318)
WINFIELD, Jessie Ella b. Apr 10, 1864; bapt 1875 (225)
    Mrs. Margaret 1875, 1876 (225)
    Miss Medora R. member 1875 (from LaGrange TN); removed to Forrest City, AR, Mar 5, 1878 (225)
    Wright Edward adult bapt 1875 (225)
WINFREY, Lane Prewette b. Dec 20, 1897, bapt 1898; parents--John A. jr. & Sallie E. (Weatherly) (225)
WING, J. d. Mar 1854 (338)
    J. N. 1842 (338)
    Jane d. Mar 1854 (338)
    Jane M. 1822 (338)
    Jane N. (Miss) 1841 (338)
    Kittie? buried May 1, 1883 (age 30) (47)
WINGER, Elizabeth 1840 (275)

WINGFIELD, A. B. m. Wylie Durando Nov 25, 1885 (318)
    Miss Anna H. 1880, d. 25 Jul 1891, m. McDonald (318)
    Lou A. d. Feb 14, 1884 (318)
    Miss Lou A. 1880, d. 13 Feb 1884 (318)
    N. m. Susie Wallace Nov 18, 1884 (318)
    N. father of Robt. Wallace infant bapt 1887 (318)
    Nisbet 1886, 1898 to Augusta GA (318)
    Mrs. Susie W. (wife of Nisbet) 1886, 1898 to Augusta GA (318)
WINGFILD, Anna H. m. R. G. McDonald Nov 2, 1881 (crossed out) (318)
WINGO, Henry N. 1848, d. 1863 (June?) (329)
WINKLEMAN, O. m. Maggie Craig Nov 14, 1865 (338)
    Otto F. 1867 (338)
WINN, Dr. Chas. W. d. Jan 15, 1893, age 38 (47)
    James 1818 (164)
    James P. 1893, 1896 to Florence AL (318)
    Maria Louise adult bapt Mar 31, 1860 (289)
    Sou? W. 1870 (257)
    Thomas 1818 (164)
    W. S. m. Lena L. McDermott Sep 12, 1894 (318)
WINSET, B. R. 1879 (280)
WINSETT, Bennie d. Feb 1, 1875, age 1 da (289)
    Robert Finney d. Jan 4?, 1871 (289)
    Robert D. (MD) & Anna Maney parents of Robert Finney b. Aug 10, 1872 (Anna Maney bapt at same time, Sep 21, 1873) (289)
    Dr. Robert D. 1877, d. Apr 19, 1878 (225)
WINSOR, Jane 1851 (215)
    Mrs. S. A. d. Jul 30, 1877 (minister's wife) (318)
WINSTON, Elizabeth G. m. John G. Lowe Oct 28, 1868 (257)
    Olive confirmed 1874 (225)
    Olive 1874, removed to Buntyn's Station near Memphis Dec 5, 1874 (225)
    Olive m. William A. Carter Sep 12, 1876 (225)
    Pattie m. John Doak Carr Feb 22, 1868 (257)
    WM. A. & wife before 1862 (318)
WINTERS, Andrew Jackson & Dicey Ann both bapt Apr 4, 1858 (289)
    Mrs. Margaret 1887, d. 2 Jan 1894 (318)
    Mrs. Margaret d. Jan 3, 1893 (wife of W. S. W.) (318)
WINTON, Cooper 1870 (329)
WIRICK, G. W. 1888 (220)
    J. H. 1888 (220)
    M. C. 1888 (220)
    W. J. 1856 (220)
WIRRICK, Nan 1856 (220)
    Phebe 1856 (220)
    W. 1856 (220)
WIRSCHING, John W. d. 1913, age 46 (120)
WIRT, Miss Caroline 1872 (225)
WIRT, Miss Carrie 1874 (225)
WIRWA, Charles William m. Mrs. Mary Pleitz Jul 29, 1879 (225)
    Mrs. Henrietta buried Sep 21, 1878 (225)
    Minna Rosina b. Dec 25, 1872; parents-- Charles W. & Henrietta; sponsors-- Mrs. Sarah L. Peebles & Gus Reichardt (225)
    Rheinhold--remains brought from Texarkana TX Feb 12, 1878 (225)
    Reinhold Carl b. Nov 7, 1876, bapt 1878; parents--Charles W. & Henrietta (225)
WISDOM, Mary A. 1865 (21)
WISE, Edward & Jane parents of Leonora bapt May 23, 1858, age 5; also parents of Aaron V. Brown & Narcessa Sanders bapt same day (aged 2 yrs & 3 mos, respectively) (289)
    Joseph 1819, 1823 (205)
    Peter 1818, 1824, 1828 (205)
WISEHEART, G. W. 1871 (281)
    Mrs. (wife of G. W.) 1871, 1873 (281)
    J. M. 1876 (281)
    Miss M. A. 1870 (281)
WISEMAN, Mollie 1883 (331)
WISER, David? 1877 (270)
    David 1845 (270)
    Rebecca 1877 (270)
    Susaner 1845 (270)
WISHAVEN?, Elizabeth 1846 (341)
WISHENDORF, Jno. B. 1885 (318)
    Lula d. Oct 25, 1891 (318)
    Mrs. Maggie B. (wife of J. B.) 1885, d. 26 Jun 1901, divorced, m. Wallins 1898 (318)
WITCOMB, Mrs. Sarah N. d. Oct 13, 1892, age 58 (47)
WITHERS, C. McD. 1897 (318)
WITHERSPOON, Mrs. Catherine Eliz. 1874 (257)
    Miss Fannie 1881 (257)
    Miss Mattie 1889 (257)
    S. T. m. Ada McIntyre May 22, 1878 (318)
    S. T. L. 1874, 1893 to Tecumseh OK (318)
    S. T. L. m. Martha Williams Oct 30, 1884 (318)
    Thomas & Catherine E. parents of Robert Sidney & Martha Hatch bapt 1876 (257)
    W. & Kate W. parents of Thomas Franklin & Walter bapt 1882 (257)
    Walter & Catherine parents of Frank Webb Robt. Wemyss & Chas. Leroy bapt 1888 (257)
    Walter & Kate parents of William Graves bapt 1889 (257)
    Walter & Cathrine parents of Morris & Cathrine bapt 1892 (257)
    Walter & Cathrine parents of William Graves bapt 1889 (257)
WITHEY, George Jerome adult bapt Nov 26, 1886 (289)

WITT, Calib 1822 (205)
  Elizabeth 1832 (162)
  Ira d. Sep 20, 1892, age 35 (47)
  Ira C. m. Minnie Knapp 20 Jan 1887 (47)
  Margaret E. 1861 (162)
  Mary 1829 (162)
  P. A. 1845 (205)
  Pleasant A. 1826 (205)
  Sarah buried 5 Jul 1885, age 35 (47)
WITTE, George C. 1892, 1894 to Atlanta GA (318)
WITTS, Mary 1834 (162)
WITTSLOCK, Mrs. Corrie May d. Sep 1907, age 29 (120)
WITTY, John d. Mar 10, 1858 (289)
  John & Frances parents of Johnnetta bapt Mar 11, 1858 (289)
WODY, Nancy 1887 (275)
  Wm. 1880 (275)
WOFFORD, Mary Elizabeth adult bapt Oct 1, 1888 (289)
WOLFE, Henry d. Jul 11, 1900 (318)
  Joseph & Nancy parents of John Winston b. Sep 20, 1863 (289)
  Joseph d. Nov 1, 1888 at Dickson, age over 70 (289)
  Robert Temple son of T. R. & Maria bapt 11 Oct 1845 (47)
WOLSEY, Chrissie 1893, 1896 (220)
WOLT, Geo. M. m. Katie A. Trim Feb 26, 1888 (318)
WOMAC, Thomas 1887, 1889 (275)
WOMACK, Abner 1816 (178)
  Anna 1816 (178)
  Arsey 1816 (178)
  Daisey bapt 1888 (271)
  Frances 1816 (178)
  George 1816 (178)
  J. 1847 (341)
  Josiah 1816 (178)
  Lillie B. bapt 1887 (271)
  Mary 1816 (178)
  Sarah 1816 (178)
  Sarilda 1816 (178)
  Thomas 1873, 1880 (275)
  Thomas 1816 (178)
  William 1816 (178)
WOMBLE, Jack m. Nettie Anderson Dec 25, 1895 (318)
WOMMACK, Anna 1816 (178)
  John M. 1887 (215)
  Nannie 1887 (215)
WOMOCUT, W. father of John W. infant bapt 1874 (318)
WOOD, Miss Bessie adult bapt 1879 (318)
  Birdie Lawrence d. Jan 5, 1913 (289)
  Catherine C. member before 1862 (318)
  Della Rosa adult bapt Nov 23, 1873 (289)
  Fanney 1822 (90)
  Hewitt D. 1885 (318)
  J. R. 1855 (43)

WOOD, J. R. & wife 1866 (43)
  J. R. jr. 1855 (43)
  James S. (from Bristol TN) m. Mary M. Dudley (from Louisville KY), Nov 9, 1890 (338)
  Johnson 1822, 1833, 1839 (90)
  Johnson 1853, 1866 (131)
  Jonathan 1870 (318)
  Joseph m. Sally Carson Jan 4, 1821 (162)
  Lizzie 1876 (90)
  Mrs. Lydia Caroline (wife of G. A.) 1867 (318)
  M. A. 1873 (215)
  Margret E. 1873 (43)
  Maria Eliza, adult bapt Apr 3, 1873 (289)
  Martha A. 1853, 1866 (131)
  Martha Ann 1852 (131)
  Mary M. B. adult bapt 1832 (22)
  Mary M. B. d. Aug 13, 1834 (22)
  Mattie (nee Officer) 1888 (271)
  Priccilia d. Jun 3, 1877 (43)
  Rosa Della adult bapt Nov 23, 1873 (289)
  Sarah A. 1896 (271)
  Stephen 1839 (90)
  Stephen 1888 (215)
  Susannah 1856 (205)
  Thompson 1815, 1822, 1839 (90)
  William 1823 (205)
WOODALL, Ed m. Annie Minchin Oct 1886 (289)
  Ed & Annie parents of Marion Louise bapt Sep 8, 1889 (289)
  J. Morgan d. Jul 1903, age 39 (120)
  Marion Louise d. Sep 15, 1889, age 4 mo (289)
WOODARD, Ellen (see Robert M. Dillard) (289)
  Felix & Annie W. parents of Frederick Augustus bapt 1870 (257)
  Felix & Anna parents of Nannie Bell, Sallie George & Gettie bapt 1866 (257)
  William 1883 (331)
WOODDS, William 1861 (330)
WOODFIN, J. G. Elder 1886 (90)
WOODHEAD, Sarah Ann m. William Alley Mar 5, 1850 (47)
WOODLEE, L. M. 1876 (259)
WOODMORE, Isabella 1871 (215)
  James 1872 (215)
  Lenora 1875, 1887 (215)
  Susan 1870 (215)
WOODRUFF, Ann L. 1854 (170)
  Anna V. before 1862 (318)
  Fannie J. m. J. C. Anderson Mar 27, 1879 (318)
  Jesse member before 1862, d. before 1866 (318)
  Mrs. W. W. d. Oct 17, 1905 (Baptist), aged 52 (338)
WOODS, A. 1881 (331)
  A. 1847 (341)
  Alfred m. Aminda Snodgrass Mar 1826 (162)

WOODS, Andrew m. Jeannette Love? Washington Feb 2, 1857 (47)
    Andrew d. Mar 5, 1890, age 7 (47)
    C. 1847 (341)
    C. F. 1860 (341)
    F. 1848 (220)
    Foul father of Martha (12 yrs old) bapt Sep 28, 1884 (289)
    Francis H. elder 1810 (24)
    Georgine C. m. Stanley H. Bell 6 Feb 1871? (47)
    Hanner 1812 (330)
    Mrs. Ida May 1890 (177)
    J. G. 1871 (322)
    Mrs. James d. Mar 7, 1891, age 27 (47)
    James buried Nov 22, 1880, age 9 (47)
    James G. 1871 (322)
    John Calvin b. Aug 7, 1824, son of Joseph B. (162)
    Joseph B. m Polly L. Carson Jan 24, 1822 (162)
    Josephine m. Frank T. Reid 4 Jun 1872 (47)
    Laura C. 1833 (259)
    Leonard Hardin b. Oct 8, 1823 (son of Joseph B.) (162)
    Louisa 1871 (322)
    Louisa Julian (dau of Joseph B.) bapt 1826 (162)
    Louisa Juliann b. Jul 30, 1826 (dau of Joseph B.) (162)
    Mrs. Marina Cheatham d. Feb 20, 1891, age 60 (47)
    Martha (formerly White) 1844 (215)
    Mary 1822 (162)
    Mary 1858 (330)
    Mary A. 1871 (322)
    Mary Ann 1846 (341)
    Mollie bapt 1897 (271)
    Peter & wife Joly? 1809 (330)
    Polly L. 1822 (162)
    Rober jr. buried 2 Mar 1872, age 16 (47)
    Robert F. buried Mar 17, 1883, age 58 (47)
    Robert F. m. Maria? T. Cheatham 12 Oct 1848 (47)
    S. O. 1879 (176)
    Sally 1821 (162)
    Samuel, Elder 1811 (24)
    W. C. 1860 (341)
    William A. m. Eliza Stanly Jan 8, ca. 1856 (345)
    Wm. Houston (son of Joseph B.) bapt 1828 (162)
    _____ m. Nancy J. McCord 1880 (345)
WOODSON, Amanda E. 1866 (225)
    Miller m. Eva Brown 1895? (257)
    Sallie P. 1867 (225)
WOODWARD, Miss Alice 1877, m. J. T. Hill 187_ (318)
    Anna, original member (257)
WOODWARD, Mrs. Annie 1861 (257)
    Mrs. Bettie 1876, d. Jun 1889 (257)
    Elizabeth 1865 (3310
    F. A. & Eliza parents of Frederick Ralston b. Mar 13, 1896 (257)
    Frederick A. m. Eliza K. Reid Feb 6, 1895 (257)
    H. D. 1877, 1879 to Gadsden AL, d. 12 Dec 1893 (318)
    Mrs. Mary (wife of H. D.) 1877, 1879 to Gadsden AL, d. 189_ (318)
    William 1865 (331)
WOODWORD, Alice m. J. T. Hill Mar 14, 1878 (318)
WOODWORTH, Mrs. F. H. d. Oct 17, 1904 (318)
WOODY, Rebecca 1820 (264)
    William 1873 (275)
WOOLLUM, John 1827 (335)
WOOLSAY, Sarah d. Jun 11? 1887 (220)
WOOLSEY, Crissey 1856 (220)
    Crissie 1888 (220)
    Fethea? 1856 (220)
    Harret 1856 (220)
    James? 1856 (220)
    John 1856 (220)
    Maggie 1888 (220)
    Miss Minnie S. 187_ (177)
    Polley 1856 (220)
WOOLSON, J. B. & wife 1884 (318)
WOOLUM, Isabel 1827 (335)
    John 1830 (335)
WOOLWINE, Wm. M. m. Fanny Hicks 29 Oct 1884 (47)
WOOSEY, Elizabeth 1828 (220)
WOOSLEY, Jos. 1860 (341)
WOOTEN, Abner 1845 (270)
    Mrs. Ellen 1876 (318)
WORALL, Rich. & Sarah parents of Margaret age 2 yr 6 mo; and Fanny age 5 yr both bapt Sep 3, 1877 (289)
WORD, Mrs. A. bapt 1896 (271)
    Col. G. A. d. Aug 12, 1891 (318)
    J. B. 1849 (176)
    James B. 1858 (176)
    M. A. 1846 (225)
    Nannie J. 1859 (225)
    Pleasant 1846, d. 13 May 1861 (225)
WORECUT, John W. infant bapt 1874 (318)
WORLDLEY, William 1826 (178)
WORLDLY, Willis 1833 (162)
WORLEY, Edah 1816 (178)
    Louvicy 1816 (178)
    Margaret Ursula b. Dec 31, 1833 (dau of John) (162)
    Mary 1806 (164)
WORLY, Polly 1813 (164)
    Rachel 1813 (164)
WORMAC, Franklin 1880 (215)
WORMLEIGHTON, Mrs. Elizabeth (wife of H.) before 1862 (318)
    Henry, member before 1862 (318)

WORNACUT, Thomas K. member before 1862, d. Oct 3, 1872 (318)
WORNER, Ann 1862 (215)
    Elizabeth 1846 (215)
    John 1862 (215)
    Nancy J. 1862 (215)
WORNICUT, Jno. W. d. Jun 1874 (318)
WORSHAM, Mrs. B. B. 1843 (338)
    B. B. parent of William Edward b. Oct 31, 1854 (338)
    Betsy B. mother of Hugh Fulton b. Mar 6, 1857 (338)
    E. B. parent of Jane Boyd bapt Apr 14, 1844 age 2 mo 28 da (338)
    Mrs. Elizabeth B. d. Feb 27, 1875 (338)
    Elizabeth B. 1857 (338)
    Mrs. Elizabeth Boyd bapt Jul 23, 1843 (338)
    Joseph L. d. May 13, 1909, age 57 yr 1 mo (338)
WORTH, F. A. (of Ashville NC) m. Adelia J. Stuart Nov 10, 1881 (338)
WORT, J. B. 1855 (176)
WORTH, Jesse 1827 (162)
    Louis m. Lizzie Wilson Oct 28, 1874 (318)
WRAY, Kenneth & wife Katharine 1833 (90)
WRIGGLESWORTH, Benjamin buried Nov 24, 1852, age 46 (47)
WRIGHT, Adaline 1843 (215)
    Adaline D. 1887 (215)
    Mrs. Amelia Ann buried 17 Oct 1841 (47)
    Ann R. 1848 (347)
    Bartholomew d. Dec 9, 1897, age 67 (47)
    Bartholomew & Kate parents of Thompson b. Apr 10, 1858 (289)
    Barzillia 1816 (178)
    Bettie F. 1895? (215)
    Calperna 1847, 1849 (215)
    Caroline 1858, m. Chas. Parker (257)
    Catharine 1845 (215)
    Chas. d. Dec 6, 1902 (318)
    Edith 1848 (329)
    Edith d. Dec 1878 (329)
    Elisabeth 1887 (215)
    Mrs. Elizabeth 1854 (257)
    Emandia m. Jackson Reins? 1863 (347)
    G. B. 1865, 1880 (257)
    Gideon B. 1861 (257)
    H. B. m. H. E. Brent Mar 5, 1898 (318)
    Hamilton M. & Amelia Ann parents of Myrthe Elizabeth b. Mar 1840, bapt Aug 30, 1840 (47)
    Hannah 1843, 1858 (215)
    Hanty 1862? (215)
    Hubbard 1843 (215)
    Hubboard 1849 (215)
    Mrs. J. F. d. Apr 12, 1906 (318)
    J. Knox 1865 (257)
    James A. 1890 (215)
    James F. 1871, 1887 (215)

WRIGHT, James K. P. 1861 (257)
    Mrs. Jane member 1854, d. Oct 9, 1861 (257)
    Jennie m. Emile O. Moore 4 Jan 1881 (47)
    Jennie (dau of Steve & Ellen) d. Sep 14, 1887, age 20 mo (289)
    John B. m. Fannie Pryor 24 Apr 1887 (47)
    John V. father of Mary Lee (4 yr old) bapt Oct 18, 1885 (289)
    Josephine 1848, 1849 (215)
    Joshua Thomas & Mitchel B. Gillham infants bapt Oct 6, 1853 (347)
    Lay Jane 1862? (215)
    Leathy 1862? (215)
    Letha S. 1880 (215)
    Lillian A. m. George M. Houseley Dec 19, 1888 (338)
    M. A. (f) m. D. H. Landers (m) Jan 18, 1886 (318)
    Manda 1843 (215)
    Martha M. m. Wm. Boyene Jul 12, 1877 (318)
    Mary 1879 (281)
    Mrs. Mary d. Oct 10, 1860 (257)
    Mary 1858, m. Mr. Conklin (257)
    Mary Ann 1862? (215)
    Massa 1849 (215)
    Massy 1862? (215)
    Matilda 1843 (215)
    Myrthe Elizabeth (see Hamilton Wright) (47)
    Nancy 1827 (335)
    Otto C. m. Hattie L. Lamar Oct 22, 1895 (318)
    P. G. 1874 (176)
    Pitkin C. 1880, confirmed 1891 (225)
    Mrs. Pitkin C. confirmed 1891 (225)
    Judge Pitkin Cowles d. Sep 15, 1896 (225)
    Prudence L. 1848, 1849 (347)
    Samuel 1848, 1849 (347)
    Sarah 1869 (259)
    Sarah E. 1848 (347)
    Sarah J. 1853, 1858 (215)
    Selina C. 1848 (347)
    Sidney B. m. May M. Moe Jan 24, 1893 (318)
    Stephen H. P. 1848 (347)
    Tersey E. 1848 (347)
    Tersey E. m. _____ Notgrass 1861 (347)
    Thomas C. m. Adora Walker 9 Dec 1879 (47)
    Unity J. V. 1848, 185_ (347)
    William 1848 (347)
    William m. Jane Griffith Jun 28, 1861 (257)
    Wm. T. m. Emma Hazel Nov 3, 1864 (47)
WRINER?, Nancy 1806 (164)
WRING, John N. 1879 (280)
WRITESELL, _____ 1821 (205)
WROE, Catharine 1823 (264)
    Mrs. Sarah 1823 (264)
WURBY, Leonades 1858 (215)
WYATT, Miss Annie L. d. Aug 30, 1900 (318)
    C. P. 1827 (335)
    Caroline P. 1830 (335)

WYATT, E. P. (f) 1827, d. 9 Jun 1830 (335)
 Edwin W. pastor 1870-72, d. Jun 30, 1873 (264-2)
  Sally 1827 (335)
WYLDE, Wm. d. 1881 (killed W. & A. R.R.) (318)
WYLEY, Saml. Y. d. Jul 20, 1857 (338)
WYLIE, Abbie C. member 1891, m. C. F. Smith Aug 4, 1897 (264-2)
WYNDET, E. A. d. Aug 29, 1881 (318)
WYNN, Robert A. m. Lucy Goster Harwell Dec 24, 1889 (225)
WYNNE, Ida m. William Montgomery Yancey Aug 14, 1867 (289)
 Mrs. Jane buried Oct 24, 1880, age 42 (47)
 Kate (see Wm. Nichols) (289)
WYRICK, Allis 1896 (220)
 D. G. 1896 (220)
 Emaline 1893, 1896 (220)
 J. C. 1893, 1896 (220)
 J. H. 1893, 1896 (220)
 James 1896 (220)
 L. G. 1893 (220)
 Lizzy 1896 (220)
 Sallie 1896 (220)
 W. A. 1893, 1896 (220)
YANCEY, Asbury Warren b. Feb 15, 1872, parents--Thomas B. & Narcissa J.; sponsors--Joseph R. Mosby, Mrs. Sallie A. Warren & Mrs. Mary E. Harris (225)
 Elizabeth Bragg b. Jul 21, 1874 & Mary Harris b. Apr 17, 1876, bapt 1877; parents--Thomas B. & Narcissa J. (225)
 Elizabeth Bragg m. William N. Taylor Nov 18, 1897 (225)
 Mrs. Narcissa J. 1873, 1874 (225)
 Naricissa Junius confirmed 1873 (225)
 S. & E. parents of Powel E. bapt Oct 24, 1886 (347)
 S. L. & E. E. parents of Milton & Fannie both bapt May 15, 1887 (347)
 S. L. d. 1910 (347)
 Sam & Emma parents of Annie Ciotrade? bapt Sep 17, 1893 (347)
 Susan A. 1848, 1860 (347)
 Thomas B. 1872, 1874 (225)
 Thomas Bragg b. Mar 30, 1878, bapt Sep 4, parents--Thomas B. & Narcissa J. (225)
 William Montgomery m. Ida Wynne Aug 14, 1867 (289)
 ____ b. Mar 10, 1880, bapt 1880, parents--Thomas B. & N. J. (225)
YANCY, Cornelia H. infant bapt Sep 1849 (347)
 Isabella 1848, 1860 (347)
 Margaret 1848, 1860 (347)
 Maria member 1848, gone to TX (347)
 Marriah m. ____ Fain 1859 (347)
 Mary O. d. 1892 (347)
 Nancy E. 1848 (347)

YANCY, Newton W. infant bapt Sep 1849 (347)
 William J. 1848, 1860 (347)
YANDEL, James 1821 (220)
 Sarah 1841 (220)
YANK, F. J. 1855, 1857 (43)
YANT, Moses W. 1848 (331)
 M. W. 1843 (335)
YARBER, Louisa 1860 (162)
YARBOROUGH, D. W. C. ca. 1848, 1857 (225)
 Elam ca. 1848, 1857 (225)
YARBROUGH, B. B. 1834 (pastor) (271)
 Walter L. m. Eliza Gibson 6 Dec 1887 (47)
YATES, James 1884 (164)
 Joseph 1862, d. 1863 (164)
 J. (Joseph) 1847 (341)
 Joshua 1826 (330)
 Martha 1845 (330)
 Sarah 1846 (341)
YATS, Mary 1862 (164)
 Nancy 1862 (164)
YEAGER, H. m. Winnie Gee Jan 29, 1885 (318)
YEATES, Hattie 1883 (331)
 Jane A. 1848, 1865 (331)
 Lavona 1848 (331)
 Lavonia 1865 (331)
 Linda 1865 (331)
 Lora 1883 (331)
 Lynda 1865 (331)
 Malinda 1883 (331)
 Mary 1848 (331)
 Mary sr. 1848 (331)
 Mary A. 1865 (331)
 Medora 1865 (331)
 T. B. 1847, 1865 (341)
 Thomas 1848, 1865 (331)
 Y. B. 1883 (331)
YEATMAN, Hanry T. father of Ida bapt Feb 9, 1858 (289)
 Harry buried 15 Feb 1889, age 82 (47)
 Harry buried 1874 (47)
 Henry T. father of Joseph Wood & Thos. Henry bapt Feb 13 & 14, 1858 (289)
 Henry Thornton d. Apr 25, 1874, age 7 (289)
 Ida Bell m. James E. Rains Jun 22, 1858 (289)
 Mary (wife of Woods) buried Mar 18, 1862 (47)
 Robinson buried 19 Jan 1873, age 72 (47)
YEATS, Thoams 1848 (331)
YENGER?, Mary 1813 (164)
YERGER, Miss Jennie 1874 (225)
YOAKLEY, Benjamin L. 1852 (327)
 J. C. 1852 (327)
YONG, David 1808 (330)
 Mary Elizabeth 1891 (22)
 Melvina 1884 (43)
 W. B. 1884 (43)
YONGUE, Annie 1889 (22)

YORK, Jonathan 1848 (329)
    Lydia 1836 (334)
    Mary Ann 1848 (329)
YOUNG, Aleck C. (from Columbus GA) m. Clementine
        Miller Jun 2, 1880 (338)
    Amazia (m) 1836 (334)
    Archabald U. d. 10 Jul 1853 (225)
    Charles B. m. Martha C. Walker 16 Aug 1874
        (47)
    D. W. bapt 1878 (271)
    Dan (Col.) d. Feb 16, 1870, aged 93 (reel #
        omitted)
    Elexander 1838 (330)
    Miss Elizabeth d. Jul 12, 1896, age 74 (47)
    Hannah 1848, 1856 (329)
    James P. m. Lila Reeder Oct 10, 1888 (338)
    Jane L. 1833 (259)
    Jauld? 1851 (215)
    Mrs. Jennie d. Jun 18, 1891, age 38 (47)
    Jno. d. Mar 5, 1871 (310)
    Jones & wife Hanner 1810 (330)
    Judith 1862 (215)
    Leonard Atchison d. Sep 18, 1873, age 61
        (289)
    Lillian D. m. Chas. J. Myers 9 May 1885
        (reel # omitted)
    Martha 1893 (259)
    Mary bapt 1878 (271)
    Mary B. 1856 (329)
    Mrs. May (wife of J. W.) 1887, 1891 to
        Birmingham AL (318)
    Mildred 1848 (329)
    Mirtil (nee Hill) 1888 (271)
    Norris R. 1872 (318)
    Polly 1862? (215)
    Rufus K.? 1836 (334)
    Sally 1862? (215)
    Sara 1866 (131)
    Dr. (see Mirtil Hill) (271)
YOUNGMAN, W. E. (GAR) d. Aug 7, 1902 (318)
ZACERY, Delilah 1877 (329)
ZACHERY, William m. Sophia Walsh Oct 5, 1868 (he
        from CumberlandMD) (257)
ZACHREY, Eliza 1848 (329)
ZACKERY, Miss Mary member 1882 (married Enoch)
        (257)
    Sopha W. 1870, d. 23 May 1878 (257)
    T.? & Sophia parents of Mary Ellen bapt 1874
        (257)
ZANCOR, Samuel 1874 (176)
ZARICON, J. C. 1878 (176)
ZARICOR, J. C. 1874 (176)
    W. M. 1879 (176)
ZBINDEN, David H. m. Rowana Davis Dec 10, 1884
        (338)
ZELLNER, Cornelia 1864 (225)
    Fanny J. 1866 (225)
    Joanna 1867 (225)
    John W. 1861 (225)

ZELLNER, Josephine 1860 (225)
    Josephus 1860 (225)
    Martha 1864 (225)
    Martha A. 1860 (225)
    Martha A., Mary C., Francis J., George W.
        & Hershel Porter, bapt 1860 (children
        of M. & Martha A.) (225)
ZINN, Mrs. Julia 1869 (264-2)
    Mrs. Julia M. 1869, 1890 to New Haven CT
        (264-2)
ZOINE?, Patrick E. 1871, d. 1885 (257)
ZOLLICOFFER, Miss A. M. d. Oct 3, 1902 (dau of
        Gen. Felix K.) (338)
    Genl. Felix K. buried Feb 7, 1862 (killed
        in battle) (338)
ZOPFIE, Casper & Anna parents of Emma b. Jul 13,
        1877 (289)

www.ingramcontent.com/pod-product-compliance
Lightning Source LLC
Chambersburg PA
CBHW081146230426
43664CB00018B/2816